D1923206

FamRZ-Buch 43

GIESEKING

Die

FamRZ-Bücher

werden herausgegeben von

VERLAG ERNST UND WERNER GIESEKING, BIELEFELD

Die vorweggenommene Erbfolge

von

Dr. Tobias Kappler
Notar in Osterhofen
Lehrbeauftragter an der Universität Regensburg

Dr. Susanne Kappler
Notarin in Schwandorf

unter Mitarbeit von

Thomas Littig
Rechtsanwalt in Würzburg
Fachanwalt für Erbrecht

Heiko Wunderlich
Rechtsanwalt in München
Fachanwalt für Steuerrecht und Erbrecht

2., völlig neu bearbeitete Auflage

2023

VERLAG ERNST UND WERNER GIESEKING, BIELEFELD

Bibliografische Information der Deutschen Nationalbibliothek

Die Deutsche Nationalbibliothek verzeichnet diese Publikation in der Deutschen Nationalbibliografie; detaillierte bibliografische Daten sind im Internet über http://dnb.d-nb.de abrufbar.

2023

Lektorat: Dr. iur. Jobst Conring

Satz: Publikations Atelier, Dreieich
Gesamtherstellung: CPI books GmbH, Leck – Germany

ISBN 978-3-7694-1278-9

Vorwort zur 2. Auflage

In allen Kulturkreisen beschäftigt den Menschen die Frage, wer ihm in seine vermögensrechtlichen Positionen nachfolgt – sei es zu Lebzeiten oder von Todes wegen.

Die Vermögensnachfolge zu Lebzeiten, mit der sich dieses Buch beschäftigt, steht in einem besonderen Spannungsverhältnis zwischen wirtschaftlichen Erwägungen einerseits und emotionalen Gesichtspunkten andererseits. So werden als tragende Gründe für eine lebzeitige Zuwendung meist der Erhalt des Vermögens in der Familie bei gleichzeitiger Vermeidung von Streitigkeiten unter den einzelnen Familienmitgliedern genannt. Daran ist richtig, dass zu Lebzeiten des (künftigen) Erblassers die Interessen künftiger Erbprätendenten rechtssicher „unter einen Hut gebracht" werden können. Namentlich die Vorschriften zum Erb- bzw. Pflichtteilsverzicht geben entsprechende Gestaltungswerkzeuge zur Hand.

Auch der psychologische Aspekt des Schenkens „mit warmer Hand" ist nicht von der Hand zu weisen.

Daneben spielen oftmals auch erbschaftsteuerliche Überlegungen eine tragende Rolle. Lassen sich doch durch lebzeitige Vermögensverteilung gerade Erbschaftsteuerfreibeträge planbar ausnutzen, anders als beim Erwerb von Todes wegen. Die gerade mit dem Jahressteuergesetz 2022 in Kraft getretenen Änderungen im Erbschaftsteuergesetz sind ein aktuelles Beispiel hierfür.

Zuletzt fürchten nicht wenige Menschen einen Zugriff der Sozialhilfebehörden bei „Altersarmut". Auch dies ist in vielen Fällen der lebzeitigen Vermögensnachfolge tragendes Argument – sowohl der Übergeber als auch der Erwerber.

Nach dem beachtlichen Erfolg der Vorauflage freuen wir uns über diese zweite, nunmehr aktualisierte und im Erbschaftsteuerrecht vollständig neu bearbeitete Auflage unseres Handbuchs. Dieses Handbuch möchte einen Überblick über die Möglichkeiten der vorweggenommenen Erbfolge geben und für den damit befassten Praktiker Lösungsvorschläge unterbreiten.

Rechtsprechung und Literatur fanden bis Ende 2022 Berücksichtigung, ebenso die Änderungen im Betreuungs-/Vormundschaftsrecht zum 01.01.2023 sowie die erbschaftsteuerlichen Auswirkungen des Jahressteuergesetzes 2022.

Osterhofen/Schwandorf, im Mai 2023 *Tobias* und *Susanne Kappler*

Inhaltsverzeichnis

Verzeichnis der Formulierungsbeispiele

Literaturverzeichnis

Abele/Klinger/Maulbetsch, Pflichtteilsansprüche reduzieren und vermeiden, 2010

Bamberger/Roth, Kommentar zum BGB, 4. Auflage, 2019

Baumbach/Hopt, Kommentar zum HGB, 39. Auflage, 2020

Baumbach/Hueck, Kommentar zum GmbHG, 22. Auflage, 2019

Birk/Brühl/Conradis, Bundessozialhilfegesetz – Kommentar, 6. Auflage, 2003

Brandis/Heuermann, Ertragsteuerrecht, 165. Auflage, 2023

Bunjes, Umsatzsteuergesetz, 21. Auflage, 2022

Demharter, Grundbuchordnung, 31. Auflage, 2018

Doering-Striening, Sozialhilferegress bei Erbfall und Schenkung, 2. Auflage, 2022

Erman, Kommentar zum BGB, 16. Auflage, 2020

Feick, Stiftung als Nachfolgeinstrument, 2015

Fischer/Pahlke/Wachter, Erbschaftsteuergesetz (ErbStG), 8. Auflage, 2023

Grube/Wahrendorf/Flint, SGB XII, 7. Auflage, 2020

Grüneberg, Kommentar zum BGB, 81. Auflage, 2022

Grziwotz/Ring, Systematischer Praxiskommentar Personengesellschaften, 2. Auflage, 2020

Gustavus, Handelsregisteranmeldungen, 10. Auflage, 2020

Hofmann, Grunderwerbssteuergesetz, 11. Auflage, 2016

Hügel, Grundbuchordnung, 4. Auflage, 2020

Kappler/Kappler, Handbuch Patchworkfamilie, 2. Auflage, 2018

Korn, Einkommensteuergesetz, 142. Ergänzungslieferung, 2023

Krauß, Vermögensnachfolge in der Praxis, 6. Auflage, 2022

Langenfeld/Günther, Grundstückszuwendungen zur lebzeitigen Vermögensnachfolge, 6. Auflage, 2009

Lenski/Steinberg, Gewerbesteuergesetz, 144. Aktualisierung, 2023

Littig/Mayer, Sozialhilferegress gegenüber Erben und Beschenkten, 1999

Neuner, Allgemeiner Teil des Bürgerlichen Rechts, 12. Auflage, 2020

Mayer/Geck, Der Übergabevertrag, 3. Auflage, 2013

Mayer/Süß/Tanck/Bittler, Handbuch Pflichtteilsrecht, 4. Auflage, 2017

Meincke/Hannes/Holtz, Erbschaftsteuer- und Schenkungsteuergesetz: ErbStG, 18. Auflage, 2021

Michalski/Heidinger/Leible/Schmidt, Kommentar zum GmbHG, 4. Auflage, 2023

Münchener Kommentar, Kommentar zum BGB, 8. Auflage, 2020

Münchener Anwaltshandbuch Erbrecht, 4. Auflage, 2014

Nieder/Kössinger, Handbuch der Testamentsgestaltung, 5. Auflage, 2015

Nomos-Kommentar, Kommentar zum BGB, 4. Auflage, 2016 / 5. Auflage, 2018

Rössler/Troll, Bewertungsgesetz: BewG, 35. Auflage, 2022

Schlitt/Müller, Handbuch Pflichtteilsrecht, 2. Auflage, 2017

Schmidt, Einkommensteuergesetz: EStG, 42. Auflage, 2023

Schöner/Stöber, Grundbuchrecht, 16. Auflage, 2020

Schürmann, Sozialrecht für die familienrechtliche Praxis, 2. Auflage, 2022

Schwerdtfeger, Gesellschaftsrecht, 3. Auflage, 2015

Soergel, Kommentar zum BGB, 13. Auflage, 1999 ff.

Spiegelberger, Unternehmensnachfolge, 2. Auflage, 2009

Spiegelberger, Vermögensnachfolge, 2. Auflage, 2010

Staudinger, Kommentar zum BGB, Bearb. 1993 ff.

Strunk/Kaminski/Köhler, Außensteuergesetz – Doppelbesteuerungsabkommen, 63. Ergänzungslieferung, 2022

Sudhoff, Unternehmensnachfolge, 5. Auflage, 2005

Tipke/Kruse, Abgabenordnung – Finanzgerichtsordnung, 174. Ergänzungslieferung, 2023

Troll/Gebel/Jülicher/Gottschalk, Erbschaftsteuer- und Schenkungsteuergesetz: ErbStG, 64. Ergänzungslieferung, 2022

Viskorf, Grunderwerbsteuergesetz: GrEStG, 20. Auflage, 2022

Viskorf/Schuck/Wälzholz, Erbschaftsteuer- und Schenkungsteuergesetz, Bewertungsgesetz, 6. Auflage, 2023

Vogel/Lehner, Doppelbesteuerungsabkommen, 7. Auflage, 2021

von Hoyenberg, Vorweggenommene Erbfolge, 2010

Waldner, Vorweggenommene Erbfolge, 2. Auflage, 2011

Wegmann, Grundstücksüberlassung, 2. Auflage, 1999

Weirich, Erben und Vererben, 6. Auflage, 2010

Wever, Vermögensauseinandersetzung der Ehegatten außerhalb des Güterrechts, 8. Auflage, 2023

Wolfsteiner, Die vollstreckbare Urkunde, 4. Auflage, 2019

Würzburger Notarhandbuch, 4. Auflage, 2015

Abkürzungsverzeichnis

a.A.	anderer Ansicht
Abs.	Absatz
AcP	Archiv für die civilistische Praxis
AEAO	Anwendungserlass zur Abgabenordnung
a.F.	alte Fassung
AfA	Absetzung für Abnutzung (steuerliche Abschreibung)
AG	Amstgericht
AGBGB	Ausführungsgesetz zum BGB
AgrarR	Agrarrecht (Zeitschrift)
AktG	Aktiengesetz
ALG	Gesetz über die Alterssicherung der Landwirte
AO	Abgabenordnung
AStG	Außensteuergesetz
Aufl.	Auflage
BauGB	Baugesetzbuch
BayObLG	Bayerisches Oberlandesgericht
BayStG	Bayerisches Stiftungsgesetz
BB	Betriebs-Berater
BeckOK	beck-online – Kommentar zum Zivilrecht
BeckRS	Beck-Rechtsprechung
Beschl.	Beschluss
BewG	Bewertungsgesetz
BFH	Bundesfinanzhof
BFH/NV	Sammlung der Entscheidungen des Bundesfinanzhofs
BGB	Bürgerliches Gesetzbuch
BGBl.	Bundesgesetzblatt
BGB-RGRK	Reichsgerichtsräte-Kommentar zum BGB
BGH	Bundesgerichtshof
BGHZ	Sammlung der Entscheidungen des Bundesgerichtshofs in Zivilsachen
BMF	Bundesministerium der Finanzen
BSG	Bundessozialgericht
BSHG	Bundessozialhilfegesetz
BStBl.	Bundessteuerblatt

BT-Drs.	Bundestags-Drucksache
BVerfG	Bundesverfassungsgericht
BVerwG	Bundesverwaltungsgericht
BWNotZ	Baden-Württembergische Notar Zeitschrift
DAI	Deutsches Anwaltsinstitut
DB	Der Betrieb (Zeitschrift)
DBA	Doppelbesteuerungsabkommen
DNotI-Report	Informationsdienst des Deutschen Notarinstituts
DNotZ	Deutsche Notarzeitschrift
DÖV	Die Öffentliche Verwaltung (Zeitschrift)
DStR	Deutsches Steuerrecht (Zeitschrift)
DVBl.	Deutsches Verwaltungsblatt
EFG	Entscheidungen der Finanzgerichte
EGBGB	Einführungsgesetz zum BGB
EGZVG	Einführungsgesetz zum ZVG
ErbbauRG	Gesetz über das Erbbaurecht
ErbR	Zeitschrift für die gesamte erbrechtliche Praxis
ErbStG	Erbschaftsteuer- und Schenkungsteuergesetz
ErbStH	Erbschaftsteuer-Richtlinien, Amtliche Hinweise
ErbStR	Erbschaftsteuer-Richtlinien
EStDV	Einkommensteuer-Durchführungsverordnung
EStG	Einkommensteuergesetz
EStH	Einkommensteuer-Richtlinien, Amtliche Hinweise
EStR	Einkommensteuer-Richtlinien
EU	Europäische Union
EWR	Europäischer Wirtschaftsraum
f./ff.	folgende/fortfolgende
FamFG	Gesetz über das Verfahren in Familiensachen und in den Angelegenheiten der freiwilligen Gerichtsbarkeit
FamRZ	Zeitschrift für das gesamte Familienrecht
FG	Finanzgericht
FGPrax	Praxis der freiwilligen Gerichtsbarkeit
FPR	Familie Partnerschaft Recht (Zeitschrift)
FS	Festschrift
GBO	Grundbuchordnung
GbR	Gesellschaft bürgerlichen Rechts
GBV	Verordnung zur Durchführung der Grundbuchordnung
GewStG	Gewerbesteuergesetz

GG	Grundgesetz
GmbH	Gesellschaft mit beschränkter Haftung
GmbH & Co. KG	Gesellschaft mit beschränkter Haftung & Compagnie Kommanditgesellschaft
GmbHG	Gesetz betreffend die Gesellschaften mit beschränkter Haftung
GmbHR	GmbH-Rundschau
GrdstVG	Grundstückverkehrsgesetz
GrEStG	Grunderwerbsteuergesetz
GSiG	Grundsicherungsgesetz
HGB	Handelsgesetzbuch
h.L.	herrschende Lehre
HöfeO	Höfeordnung
Hs.	Halbsatz
i.d.R.	in der Regel
InsO	Insolvenzordnung
i.S.d.	im Sinne des
IStR	Internationales Steuerrecht (Zeitschrift)
JA	Juristische Ausbildung (Zeitschrift)
JR	Juristische Rundschau (Zeitschrift)
Jura	Juristische Ausbildung (Zeitschrift)
JuS	Juristische Schulung (Zeitschrift)
JZ	Juristenzeitung
KG	Kommanditgesellschaft
KStG	Körperschaftsteuergesetz
LG	Landgericht
LS	Leitsatz
MDR	Monatsschrift für Deutsches Recht
MittBayNot	Mitteilungen des Bayerischen Notarvereins
MittRhNotK	Mitteilungen der Rheinischen Notarkammer
MoPeG	Personengesellschaftsrechtsmodernisierungsgesetz (ab 1.1.2024)
MünchKomm	Münchener Kommentar zum BGB
m.w.N.	mit weiteren Nachweisen
NDV	Nachrichtendienst des Deutschen Vereins
NJOZ	Neue Juristische Online-Zeitschrift

NJW	Neue Juristische Wochenschrift
NJW-RR	Neue Juristische Wochenschrift Rechtsprechungs-Report
NK-BGB	Nomos-Kommentar zum BGB
notar	Monatsschrift für die notarielle Praxis
NotBZ	Zeitschrift für die notarielle Beratungs- u. Beurkundungspraxis
NZG	Neue Zeitschrift für Gesellschaftsrecht
NZS	Neue Zeitschrift für Sozialrecht
OECD-MA	OECD-Musterabkommen
oHG	Offene Handelsgesellschaft
OLG	Oberlandesgericht
OLG-Report	OLG-Report
OLGZ	Entscheidungen der Oberlandesgerichte in Zivilsachen
PflegeVG	Pflegeversicherungsgesetz
PreisklauselG	Preisklauselgesetz
R	Richtlinie
RdL	Recht der Landwirtschaft (Zeitschrift)
RFH	Reichsfinanzhof
RGZ	Sammlung der Entscheidungen des Reichsgerichts in Zivilsachen
Rpfleger	Der Deutsche Rechtspfleger (Zeitschrift)
Rn.	Randnummer
RNotZ	Rheinische Notar Zeitschrift
S.	Satz / Siehe
SG	Sozialgericht
SGB I–XII	Sozialgesetzbuch I-XII
UmwG	Umwandlungsgesetz
UmwStG	Umwandlungsteuergesetz
Urt.	Urteil
UStAE	Umsatzsteuer-Anwendungserlass
UStG	Umsatzsteuergesetz
VG	Verwaltungsgericht
VGH	Verwaltungsgerichtshof
VO	Verordnung

WEG	Wohnungseigentümergesetz
WM	Wertpapiermitteilungen (Zeitschrift)
WpHG	Wertpapierhandelsgesetz
ZErb	Zeitschrift für Erbrecht
ZEV	Zeitschrift für Erbrecht und Vermögensnachfolge
ZFE	Zeitschrift für Familien- und Erbrecht
ZfF	Zeitschrift für das Fürsorgewesen
ZfIR	Zeitschrift für Immobilienrecht
ZGR	Zeitschrift für Gesellschaftsrecht
Ziff.	Ziffer
ZIP	Zeitschrift für Wirtschaftsrecht
ZMR	Zeitschrift für Miet- und Raumrecht
ZNotP	Zeitschrift für die Notarpraxis
ZPO	Zivilprozessordnung
ZVG	Zwangsversteigerungsgesetz

Kapitel 1: Einleitung

1 Die „vorweggenommene Erbfolge" ist ein schillerndes Konstrukt[1]. Das Gesetz definiert den Begriff der vorweggenommenen Erbfolge nicht, setzt ihn aber mancherorts, so in § 593a Satz 1 BGB, § 17 HöfeO oder § 8 Nr. 2 GrstVG, voraus.

2 In einer Entscheidung aus dem Jahr 1991 versteht der *BGH* unter vorweggenommener Erbfolge „die Übertragung des Vermögens (oder eines wesentlichen Teiles davon) durch den (künftigen) Erblasser auf einen oder mehrere als (künftige) Erben in Aussicht genommene Empfänger"[2].

3 Wie wenig damit an Kontur gewonnen ist, belegen gleichwohl (weitere) Gerichtsentscheidungen[3]. In einem früheren Urteil aus dem Jahr 1981 versteht der *BGH* die Wendung „im Wege der vorweggenommenen Erbfolge" zugleich als Ausgleichungsanordnung[4]; zur Bestimmung des Rechtsgrunds als Schenkung oder gemischte Schenkung verweist der *BGH* zurück an die Vorinstanz[5]. In einem Urteil aus dem Jahr 2010 stellt der *BGH* klar, es müsse durch Auslegung ermittelt werden, ob eine „im Wege ‚vorweggenommener Erbfolge unentgeltlich'" vorgenommene Zuwendung die Anordnung, die Zuwendung gemäß §§ 2316 Abs. 1, 2050 Abs. 3 BGB zur Ausgleichung zu bringen, oder die Bestimmung, die Zuwendung gemäß § 2315 Abs. 1 BGB auf den Pflichtteil anzurechnen, oder beides, § 2316 Abs. 4 BGB, beinhalte[6]. Bereits davor hatte der *BGH* geäußert, für die vorweggenommene Erbfolge bestünden im Rahmen eines Rechtsgeschäfts unter Lebenden „vielfältige Gestaltungsmöglichkeiten"[7]. Die Ermittlung dessen, was im Einzelfall vereinbart sei, obliege weiterhin dem Tatrichter, der sich dabei der Mittel der Auslegung bediene[8]. In einer Entscheidung aus dem Jahr 1995 betont der *BGH* schließlich, die in einem Übergabevertrag enthaltene Wendung „in Vorwegnahme der Erbfolge"

---

1 Vgl. *Everts,* MittBayNot 2011, 107.
2 BGH, DNotZ 1992, 32, 33.
3 BGH, ZEV 2010, 190.
4 BGH, NJW 1982, 43.
5 BGH, NJW 1982, 43, 44 f.
6 BGH, DNotZ 2011, 59; kritisch *Everts,* MittBayNot 2011, 107; siehe hierzu auch *Thubauville,* MittRhNotK 1992, 289, 297.
7 BGH, DNotZ 1992, 32, 34.
8 BGH, DNotZ 1992, 32, 34.

besage für sich nichts über die Unentgeltlichkeit (den Rechtsgrund) des Rechtsgeschäfts[9].

4 Das OLG Brandenburg las die Formulierung in einem Übergabevertrag, wonach die Zuwendung „im Wege der vorweggenommenen Erbfolge, unter Anrechnung auf den Pflichtteil des Erwerbers am künftigen Nachlass des Veräußerers" erfolgen sollte, nun sogar als stillschweigende Enterbung des Erwerbers ohne Erbeinsetzung eines anderen (§ 1938 BGB)[10].

5 Die vorweggenommene Erbfolge – ein „Chamäleon"[11] der Vertragsauslegung und „Sammelkonzept für Vermögensübertragung unter Lebenden"[12]?

A. Die vorweggenommene Erbfolge als eigenständiger Vertragstyp?

6 Als *ein* eigenständiger Vertragstyp lässt sich die vorweggenommene Erbfolge in der Tat wohl kaum bezeichnen[13]. Zu vielfältig sind ihre Erscheinungsformen: Die Überlassung eines Bauplatzes unterscheidet sich wesentlich von der Übergabe eines landwirtschaftlichen Betriebes, und selbst die Überlassung einer vermieteten Immobilie gestaltet sich anders als die Überlassung des eigengenutzten Wohnhauses[14].

7 Auch variiert der Personenkreis der vorweggenommenen Erbfolge. Nach der hier vertretenen Auffassung liegt der Schwerpunkt der vorweggenommenen Erbfolge auf der **Generationennachfolge**[15] (Ehegattenüberlassungen erfolgen meist aus anderen Motiven („ehebedingt") und haben ihren gestalterischen Schwerpunkt eher in der Ausgestaltung der ehelichen Lebensgemeinschaft oder der Vorwegnahme von Scheidungsfolgen, vgl. § 1380 BGB). Offen ist, ob – wie hier vertreten – die vorweggenommene Erbfolge auch an einen gewillkürten Erben erfolgen kann oder ob sie den gesetzlichen Erben vorbehalten bleibt[16].

---

9 BGH, NJW 1995, 1349, 1350.

10 OLG Brandenburg, RNotZ 2023, 178.

11 *Kühn,* ZEV 2010, 320.

12 *Kühn,* ZEV 2010, 320, 321.

13 A.A. *Langenfeld/Günther*, Grundstückszuwendungen, Kap. 1 Rn. 48, der den Begriff der vorweggenommenen Erbfolge als Unterfall der lebzeitigen Vermögensnachfolge aber enger fasst als hier; *Mayer,* DNotZ 1996, 604, 610 spricht von einem „offenen Typus".

14 *Sudhoff/Stenger,* Unternehmensnachfolge, § 19 Rn. 1.

15 So auch *Langenfeld/Günther,* Grundstückszuwendungen, Kap. 1 Rn. 52.

16 Dazu *Kühn,* ZErb 2010, 320, 323 f., m.w.N.; wie hier *Hermanns,* MittRhNotK 1997, 149, 150.

Gemeinsamkeiten bestehen gleichwohl. Unstreitig ist zunächst, dass die vorweggenommene Erbfolge **Rechtsgeschäft unter Lebenden** ist[17] und nicht den erbrechtlichen Formvorschriften unterliegt. Auf tatsächlicher Ebene geht es den Vertragsteilen aber sehr wohl um erbrechtliche Fragen, namentlich um lebzeitige Vorwegnahme dessen, was ansonsten durch Testament oder Erbvertrag zu regeln oder in den Vorschriften zum Pflichtteilsrecht und zur Ausgleichung gesetzlich vorgegeben wäre[18]. 8

Warum aber diese lebzeitige Vorwegnahme? Steuerliche und sozialrechtliche Aspekte spielen eine – von den Vertragsteilen vielleicht überschätzte – Rolle[19]. Zentral ist stets das Anliegen, „klare Verhältnisse" zu schaffen, dem Streit ums Erbe durch lebzeitige Verteilung des Vermögens – in vielen Fällen unter Einbeziehung der gesamten Familie, insbesondere also auch der weichenden Geschwister (hin und wieder aber auch unter bewusstem Ausschluss eben dieser) – den Boden zu entziehen[20]. 9

Daher ist es weniger die *rechtliche Zuordnung* (als Schenkung, Ausstattung usw.) als vielmehr die *Motivlage* der Vertragsteile, die all das, was im Folgenden als vorweggenommene Erbfolge verstanden wird, charakterisiert und die Vertragsgestaltung prägt[21]: 10

Dem Übergeber geht es, neben dem Hauptanliegen der **geordneten Vermögensnachfolge** – nicht in jedem Fall, aber doch regelmäßig – darum, **Versorgungssicherheit** für sich (und seinen Ehegatten) im Alter zu schaffen, gibt er doch (vorzeitig) sein ganzes oder wesentliches Vermögen aus der Hand. Bei der (landwirtschaftlichen) Betriebsübergabe geht damit regelmäßig der **Rückzug auf das „Altenteil"** einher. Daneben tritt der Wunsch, dem Übernehmer bei dessen **Existenzgründung** unter die Arme zu greifen und dabei gleichsam das geschaffene **Vermögen im Kreis der Familie zu halten**[22]. 11

Diese Motive können unterschiedlich gewichtet sein; sie müssen nicht kumulativ vorliegen. 12

In den seltensten Fällen erstreckt sich die Vorwegnahme der Erbfolge auf das gesamte Vermögen des Erblassers (§ 311b Abs. 2 und 3 BGB sind dann zu beachten); sie erfasst oft nur einzelne, meist aber wesentliche Vermögenswerte des Übergebers. 13

---

17 BGH, DNotZ 1992, 32, 33 f.; BGH, NJW 1995, 1349, 1350.

18 Ähnlich *Kühn*, ZErb 2010, 320, 322 f.

19 *Mayer/Geck/Mayer*, Der Übergabevertrag, § 1 Rn. 2.

20 Vgl. *Mayer/Geck/Mayer*, Der Übergabevertrag, § 2 Rn. 20.

21 So auch *Mayer*, DNotZ 1996, 604, 610; *Hermanns*, MittRhNotK 1997, 149, 150.

22 *Mayer/Geck/Mayer*, Der Übergabevertrag, § 2 Rn. 20; *Langenfeld/Günther*, Grundstückszuwendungen, Kap. 1 Rn. 51; *Coing*, NJW 1967, 1777; *Spiegelberger*, MittBayNot 2000, 1.

B. Rechtliche Zuordnung der vorweggenommenen Erbfolge

14 Die rechtliche Zuordnung der vorweggenommenen Erbfolge (im Einzelfall) kann dennoch nicht offenbleiben, entscheidet sie doch darüber, welche gesetzlichen Bestimmungen im Konfliktfall anzuwenden sind.

I. Voll entgeltliche Rechtsgeschäfte

15 Unstreitig ist, dass sich die vorweggenommene Erbfolge zwischen Schenkung, Schenkung unter Auflage, gemischter Schenkung und Ausstattung[23] bewegt.

16 Ob auch **voll entgeltliche** Rechtsgeschäfte zur vorweggenommenen Erbfolge rechnen, ist hingegen streitig[24]. Der ablehnenden Meinung liegt die hergebrachte (und meist auch zutreffende) Vorstellung einer wohlwollenden Elterngeneration zugrunde, die sich – zum Wohl des übergebenen Betriebs und der Folgegeneration – mit mehr oder weniger bescheidenen Versorgungsansprüchen begnügt.

17 Generationennachfolge kann aber auch anders aussehen: der Familienvater, der in eine finanzielle Schieflage geraten ist und das Eigenheim, um es der Familie zu erhalten (und zur finanziellen Gesundung), vollentgeltlich an seine Tochter veräußert; die 52-jährige Witwe mit kleinem Einkommen, die nach dem Umzug in eine 2-Zimmer-Wohnung das bislang selbst genutzte Einfamilienhaus an ihren Enkelsohn überträgt, sich dafür aber eine dem Wert der Immobilie äquivalente monatliche Rente ausbedingt; der 43-jährige Landwirt, der aus gesundheitlichen Gründen den modernisierungs- und sanierungsbedürftigen Betrieb in einer strukturschwachen Region unter Vorbehalt umfassender Austragsrechte und gegen Übernahme bestehender Verbindlichkeiten an seinen Sohn übergibt.

18 Zuzugeben ist, dass sich im erstgenannten Fall die vertragliche Gestaltung in nichts von einem Kaufvertrag unter fremden Dritten unterscheidet und daher – mag tragendes Motiv auch der Erhalt des Vermögens in der Familie und für die nächste Generation sein – keine Berührungspunkte zu den hier sonst erörterten Gestaltungen bestehen. Zuzugeben ist auch, dass sich in den beiden erst genannten Fällen die für die vorweggenommene Erbfolge sonst typischen Fragen der Ausgleichung und Pflichtteilsanrechnung mangels Freigiebigkeit[25] nicht stellen, mag der zweite Fall auch,

23 *Langenfeld/Günther,* Grundstückszuwendungen, Kap. 1 Rn. 52, 59, behandelt die Ausstattung als einen von der vorweggenommenen Erbfolge zu unterscheidenden eigenständen Vertragstyp.

24 Ablehnend *Mayer,* DNotZ 1996, 604, 611 f. m.w.N.

25 *MünchKomm/Lange,* § 2315 Rn. 7.

namentlich bei der Ausgestaltung der Gegenleistungen, Anleihen aus dem klassischen Übergabevertrag nehmen. Ob man diese ersten beiden Beispiele der vorweggenommenen Erbfolge zuordnen möchte, hängt letztendlich davon ab, inwieweit man allein das Interesse auf Erhalt eines bestimmten Vermögenswertes in der Familie und/oder dessen Weitergabe an eine jüngere Generation[26] als Merkmal vorweggenommener Erbfolge genügen lassen möchte.

Es sind aber keine Gründe dafür ersichtlich, auch den letztgenannten Fall der landwirtschaftlichen Übergabe aus dem Anwendungsbereich der vorweggenommenen Erbfolge auszuscheiden, nur weil die Gegenleistungen[27] voraussichtlich den Wert der Zuwendung übersteigen (was im Übrigen wohl erst durch Sachverständigengutachten geklärt werden könnte). **19**

Nach Auffassung des *BGH* stellen Entgeltlichkeit und Vorwegnahme der Erbfolge tatsächlich keinen Widerspruch dar, und zwar selbst dann nicht, wenn die Gegenleistungen den Verkehrswert des übergebenen Objekts erreichen oder gar übersteigen[28]. Zurecht weist das Gericht darauf hin, in diesem „stark von persönlichen Beziehung geprägten Bereich" kalkulierten die Vertragsteile „erfahrungsgemäß kaum je den exakten Wert und – ohnehin nur schätzbaren – Gegenwert, sondern sie bewirken ohne nähere synallagmatische Erwägung die von ihnen gewollte Eigentumsnachfolge und die Sicherstellung des Altenteils des Übergebenden sowie einen für angemessen erachteten Ausgleich für bei der vorweggenommenen Erbfolge übergangene Erbberechtigte"[29]. Praxisrelevant ist dies übrigens nicht nur im Rechtsstreit um Rückforderungs- und Widerrufsrechte (§§ 528, 530 ff. BGB), sondern auch im Rechtsstreit um den Zugewinn des Erwerbers, namentlich bei der Zurechnung privilegierten Erwerbs zum Anfangsvermögen, § 1374 Abs. 2 BGB[30]. **20**

Jedenfalls wird auch entgeltliche Rechtsgeschäfte zur vorweggenommene Erbfolge rechnen können, wer mit dem *BGH* die Aufnahme eines persönlich haftenden Gesellschafters in eine bestehende offene Handelsgesellschaft oder in das Geschäft eines Einzelkaufmanns allein wegen der damit einhergehenden Übernahme der persönlichen Haftung als voll entgeltlich ansieht[31]. **21**

---

26 Den Aspekt der Generationennachfolge etwa betonen – in anderem Zusammenhang – *Langenfeld/Günther*, Grundstückszuwendungen, Kap. 1 Rn. 52; *Spiegelberger*, MittBayNot 2000, 1.

27 Zur Abgrenzung von Leistung und Gegenleistung siehe Rn. 22 ff.

28 BGH, NJW 1995, 1349, 1350; siehe auch BGH NJW-RR 1283, 1284.

29 BGH, NJW-RR 1990, 1283, 1284.

30 BGH, NJW-RR 1990, 1283, 1284 m.w.N.

31 BGH, NJW 1990, 2616, 2617; *Soergel-Kappler/Kappler*, § 1374 BGB Rn. 30 f. m.w.N.

II. Schenkung gemäß § 516 BGB

1. Reine Schenkung gemäß § 516 BGB

22 Eine **Schenkung** im Sinne von § 516 BGB erfordert *objektiv* eine Zuwendung, durch die der Zuwendende **entreichert** und der Zuwendungsempfänger **bereichert** wird, sowie *subjektiv* die **Einigung** über die Zuwendung selbst und deren Unentgeltlichkeit[32].

23 **Unentgeltlich** ist die Zuwendung, wenn sie nicht von einer Gegenleistung abhängig ist[33].

Der Hinweis in einem Übergabevertrag, die Zuwendung erfolge „in Vorwegnahme der Erbfolge", besagt für sich genommen nichts über deren Unentgeltlichkeit[34].

24 „Kostenlos" muss die Zuwendung indessen nicht sein; unschädlich ist es daher, wenn der Erwerber einer Immobilie die Beurkundungskosten beim Notar trägt[35]. Auch die Übernahme von in Abteilung II und III des Grundbuchs eingetragenen Belastungen durch den Erwerber stellt keine Gegenleistung dar, sondern mindert lediglich den Wert des Geschenks[36].

25 Nach dem Prinzip der **subjektiven Äquivalenz** unterliegt die Frage nach der Unentgeltlichkeit der Zuwendung dem Parteiwillen[37]. Auch unter nahen Verwandten besteht eine Vermutung für den Schenkungscharakter der Leistung nur in den Grenzen der §§ 685, 1620 BGB[38]. Besteht ein auffallend grobes Missverhältnis zwischen dem wirklichen Wert der Leistung und der Gegenleistung, streitet aber eine (Beweiserleichterung in Form einer) tatsächliche Vermutung für eine Einigung über die (jedenfalls teilweise) Unentgeltlichkeit[39].

26 Das Schenkungsversprechen bedarf der **notariellen Beurkundung**, § 518 Abs. 1 Satz 1 BGB.

2. Gemischte Schenkung

27 Ist der Beschenkte durch einen Überschuss des Wertes der Zuwendung verglichen mit seinen Gegenleistungen *objektiv bereichert*, und sind sich die Vertragsteile dieses Überschusses bewusst und *subjektiv* darüber einig,

---

32 *Erman/Hähnchen* § 516 Rn. 3 ff.

33 *Erman/Hähnchen* § 516 Rn. 5.

34 BGH, NJW 1995, 1349, 1350; BGH, FamRZ 2012, 207, 208.

35 *Erman/Herrmann* 15. Aufl. § 516 Rn. 7.

36 BGH, DNotZ 1989, 775, 776.

37 *Mayer,* DNotZ 1996, 604, 616.

38 BGH, NJW 1995, 1349, 1350.

39 BGH, NJW 1982, 43, 45; BGH, NJW 1995, 1349, 1350.

dass jedenfalls der überschießende Zuwendungsteil dem Beschenkten unentgeltlich zufließen soll, liegt eine **gemischte Schenkung** vor[40]. Erforderlich ist ein einheitlicher Austauschvertrag, bei dem der überschießende Zuwendungsteil nicht real teilbar ist[41].

Die rechtliche Behandlung der gemischten Schenkung ist umstritten[42]. Nach der wohl herrschenden **Zweckwürdigungstheorie** sind – unter Verzicht auf die Zuordnung zu einem bestimmten Regelungstyp – im jeweiligen Einzelfall diejenigen Normen anzuwenden, die dem Zweck oder dem Parteiwillen am ehesten entsprechen[43]. Auch kann es hier zur Anwendung der Grundsätze über den Wegfall der Geschäftsgrundlage kommen (§ 313 BGB), wenn das Verhältnis zwischen Übergeber und Erwerber heillos zerrüttet ist[44]. **28**

3. Schenkung unter Auflage gemäß § 525 BGB

Die **Schenkung unter Auflage** ist Schenkung im Sinne des § 516 BGB, wobei sich auch der Beschenkte zu einer Leistung verpflichtet, wenn er den Schenkungsgegenstand denn erhalten hat[45]. Im Gegensatz zur gemischten Schenkung erbringt der Empfänger aber keine Gegenleistung, sondern vielmehr eine Leistung *aus dem Wert des ihm Zugewandten*[46]. **29**

Eine Schenkung unter Auflage wurde angenommen bei einer Grundstücksübertragung gegen Nießbrauchsvorbehalt[47], ferner bei Übergaben gegen Versorgungsleistung, namentlich Leibgeding und Wohnrecht, bei gleichzeitigem Einrücken des Übernehmers in die Existenzgrundlage des Übergebers[48]. **30**

Unterbleibt die Vollziehung der Auflage, steht dem Schenker ein Anspruch auf Herausgabe des Geschenks bzw. auf Wertersatz gemäß § 527 BGB zu. **31**

40 BGH, FamRZ 2012, 207.

41 *Erman/Hähnchen* § 516 Rn. 30.

42 Dazu *MünchKomm/Koch* § 516 Rn. 36 ff.; *Bamberger/Roth/Gehrlein* § 516 Rn. 13 f.

43 *MünchKomm/Koch* § 516 Rn. 38; *Bamberger/Roth/Gehrlein* § 516 Rn. 14; *Erman/Hähnchen* § 516 Rn 31.

44 Vgl. BGH, ZEV 2021, 771: Übertragung unter Vorbehalt eines Wohnungsrechts und Vereinbarung von Wart und Pflege. Im vorliegenden Fall hat der BGH einen Rückübertragungsanspruch des Übergebers nach den Grundsätzen über die Störung der Geschäftsgrundlage aufgrund heilloser Zerrüttung des Vertrauensverhältnisses zwischen Übergeber und Erwerber bejaht.

45 *MünchKomm/Koch* § 525 Rn. 1, *Erman/Hähnchen* § 525 Rn. 2.

46 *MünchKomm/Koch* § 525 Rn. 7.

47 OLG Köln, NJW-RR 1999, 239.

48 BGH, NJW 1989, 2122, 2123; so auch BGH FamRZ 1970, 185, 186; abl. *Mayer/Geck-Mayer,* Der Übergabevertrag, § 2 Rn. 9, siehe aber auch BGH FamRZ 1967, 214, BGH NJW 2009, 1346, 1347 und BGH, FamRZ 2012, 207 (gemischte Schenkung).

III. Ausstattung gemäß § 1624 BGB

32 **Ausstattung** ist, was einem Kind mit Rücksicht auf seine Verheiratung oder auf die Erlangung einer selbständigen Lebensstellung zur Begründung oder zur Erhaltung der Wirtschaft oder der Lebensstellung von dem Vater oder der Mutter zugewendet wird, § 1624 Abs. 1 BGB.

33 Die Ausstattung unterliegt – mit Ausnahme der Gewährleistung, § 1624 Abs. 2 BGB – Schenkungsrecht nur insoweit, als sie das den Umständen, insbesondere den Vermögensverhältnissen des Vaters oder der Mutter, entsprechende Maß übersteigt, § 1624 Abs. 1 BGB. Eine Ausstattung ist nur im *rechtlichen* **Eltern-Kind-Verhältnis** möglich[49]. Zuwendungen an das Stiefkind oder von den Großeltern fallen folglich nicht hierunter.

34 Die Zuwendung kann – muss aber nicht – **unentgeltlich** sein. Folglich kann selbst eine landwirtschaftliche Übergabe mit umfassenden Austragsrechten Ausstattung sein[50].

35 Die von § 1624 BGB verlangte **Zwecksetzung** („mit Rücksicht auf") erfordert keine bestimmte zeitliche Abfolge, es genügt ein sachlicher Zusammenhang[51].

36 Die Verfolgung weiterer, aber untergeordneter Zwecke, ist unschädlich[52]; Ausstattung und Vorwegnahme der Erbfolge schließen sich also nicht aus[53]. Eine Ausstattung liegt aber dann nicht vor, wenn der Zuwendende lediglich eigene Interessen – etwa den Erhalt einer Immobilie für sich selbst – verfolgt[54]. Das *OLG Karlsruhe* sieht die „Dominanz des Ausstattungszwecks" dann gefährdet, wenn sich der Zuwendende nicht lediglich ein partielles Wohnungsrecht, sondern den umfassenden Nießbrauch vorbehält[55].

37 Für die Frage der **Angemessenheit** der Zuwendung stellt das Gesetz die Vermögensverhältnisse der Eltern in den Vordergrund. Es soll darauf ankommen, „inwieweit die Zuwendung die bisherige selbständige Lebensstellung der Eltern erheblich beeinträchtigt oder ihre Altersversorgung gefährdet"[56]. Maßgeblicher ist der Zeitpunkt der Zuwendung[57].

---

49 *NK-BGB/Schilling-Ignacio Czeguhn*, § 1624 Rn. 2.

50 *MünchKomm/v. Sachsen-Gesaphe*, § 1624 Rn. 1; siehe auch OLG Stuttgart, MittBayNot 2005, 229, 231 m. zust. Anm. *Böhmer*; siehe aber OLG Karlsruhe ZEV 2011, 531, 533.

51 *NK-BGB/Schilling-Ingacio Czeguhn*, § 1624 Rn. 4.

52 *MünchKomm/v. Sachsen-Gesaphe*, § 1624 Rn. 5.

53 OLG Stuttgart, MittBayNot 2005, 229, 230.

54 *BeckOK-BGB/Enders*, § 1624 Rn. 3.

55 OLG Karlsruhe, ZEV 2011, 531, 533.

56 *MünchKomm/v. Sachsen-Gesaphe*, § 1624 Rn. 6.

57 *BeckOK-BGB/Enders*, § 1624 Rn. 5.

Das Ausstattungsversprechen kann – wenn nicht anderweitige Formvorschriften, insbesondere § 311b BGB greifen – **formfrei** erfolgen, für Übermaßausstattungen gilt jedoch § 518 BGB. 38

Die Ausstattung ist ausgleichspflichtig gemäß § 2050 Abs. 1 BGB, soweit bei der Zuwendung nicht anders angeordnet. Gemäß § 2316 Abs. 3 BGB besteht zwingende Ausgleichungspflicht. 39

Übersicht: Schenkung und Ausstattung 40

	Schenkung gemäß § 516 BGB	**Ausstattung gemäß § 1624 BGB (nicht Übermaßausstattung)**
Form	§ 518 BGB (Schenkungsversprechen in notarieller Form)	(–) aber: § 311b BGB, § 15 Abs. 3 GmbHG, etc.
Rückforderung	§§ 528, 530 ff. BGB	§§ 528, 530 ff. BGB (–)
Betreuung	Schenkungen nach dem Willen des Betreuten, § 1821 Abs. 2 BGB, aber unter dem Vorbehalt des § 1821 Abs. 3 BGB	Ausstattungen nach dem Willen des Betreuten, § 1821 Abs. 2 BGB, aber unter dem Vorbehalt des § 1821 Abs. 3 BGB
Pflichtteilsergänzung gemäß § 2325 BBGB	(+)	h.M. (–)
Ausgleichung	nur, wenn angeordnet, §§ 2050 Abs. 1, § 2316 BGB	auf den **Erbteil**, wenn nicht anders angeordnet, § 2050 Abs. 1 BGB; auf den **Pflichtteil** zwingend § 2316 Abs. 3 BGB

C. Vorweggenommene Erbfolge und Erbfall

Zutreffend weist der *BGH* darauf hin, die vorweggenommene Erbfolge richte sich „im Grundsatz nicht nach Erbrecht“, sondern müsse sich „der Rechtsgeschäfte unter Lebenden bedienen“[58]. 41

Das kann und soll nicht darüber hinwegtäuschen, dass die Vorwegnahme der Erbfolge rechtliche und wirtschaftliche Folgen auch im Erbfall zeitigt. Namentlich geht es um Fragen der **Ausgleichung** (§§ 2050 ff., 2316 BGB), der **Pflichtteilsanrechnung** (§ 2315 BGB) und der **Pflichtteilsergänzung** (§ 2325 BGB). 42

Schon früh wurde die Frage aufgeworfen, ob nicht aufgrund des womöglich langen Zeitraums zwischen Rechtsgeschäft über die vorweggenommene Erbfolge und dem Erbfall den Vorschriften über den Wegfall der 43

58 BGH, DNotZ 1992, 32, 33 f.

Geschäftsgrundlage (§ 313 BGB) besondere Bedeutung zukomme; sie wurde unter Verweis u.a. auf eben diese Bestimmungen zur Ausgleichung und Pflichtteilsanrechnung als „ausreichende Vorsorge“ sogleich verneint[59].

44 Die Frage wurde – nunmehr unter dem Stichwort der **richterlichen Inhaltskontrolle** – für den Erb- und Pflichtteilsverzicht jüngst wieder gestellt und erneut verneint; hier unter Verweis auf den aleatorischen Charakter des Pflichtteilsverzichts[60]. Gegen eine richterliche Anpassung eines Erb- und/oder Pflichtteilsverzicht wegen geänderter Vermögenslage zwischen Verzicht und Erbfall lässt sich zudem anführen, dass Änderungen in der Vermögenslage des Erblassers, die die Äquivalenz zwischen Zuwendung und Verzicht verschieben oder Änderungen im erb- und pflichtteilsberechtigten Personenkreises „innerhalb des typischen Risikos einer vorweggenommen Erbfolge“ liegen[61]. Einen etwaigen Wertverlust oder gar Untergang des Zuwendungsgegenstandes verweist bereits die in §§ 2055 Abs. 2 und 2315 Abs. 2 Satz 2 BGB angeordnete Anrechnung mit dem Wert *zur Zeit der Zuwendung* in die Risikosphäre des Erwerbers[62].

D. Neue Herausforderungen

I. Von der Naturalleistung hin zur rein finanziellen Unterstützung

45 Im landwirtschaftlichen Bereich hat die lebzeitige Hofübergabe eine lange Tradition. Gleichwohl haben strukturelle Veränderungen, weg vom Selbstversorgerbetrieb hin zum Agrarunternehmen, zu tief greifenden Veränderungen auch in der Vertragsgestaltung geführt. Regelungen, wonach der Übernehmer dem Übergeber „vier Eier und einen halben Liter Milch täglich sowie zehn Zentner Kartoffeln und acht Ster Holz jährlich“ schuldet, sucht man in Hofübergabeverträgen heute vergeblich.

46 Letztlich ist die Vereinbarung tradierter Naturalleistungen des Übernehmers in allen Bereichen lebzeitiger Vermögensübertragung rückläufig[63] (im gewerblichen Bereich spielt sie seit jeher keine Rolle). So wird die Verpflichtung zur Wart und Pflege im ländlichen Bereich – wo die Generationen nahe beisammen, vielleicht sogar im selben Haus, wohnen – noch nachgefragt, im städtischen Bereich und dort, wo die Übernehmergeneration (meist berufsbedingt) weit entfernt wohnt, spielt sie kaum mehr eine Rolle.

59 *Coing*, NJW 1967, 1777, 1778 ff.; einschränkend BGH, DNotZ 1992, 32, 34 f.; für den Fall der Vermögenslosigkeit des Erwerbers siehe aber BGH, DNotZ 1996, 636.
60 *Bengel*, ZEV 2006, 192, 196.
61 *Coing*, NJW 1967, 1777, 1779.
62 *Coing*, NJW 1967, 1777, 1778.
63 Vgl. auch *Bengel*, MittBayNot 2003, 270, 277.

Zusehens ersetzt die *rein* ***finanzielle*** **Unterstützung** (oft als „Rente“, „Taschengeld“ oder „Kostgeld“ bezeichnet), die Verpflichtung zur Erbringung von Naturalleistungen, namentlich der Wart und Pflege in ihrem herkömmlichen Sinne. Zugleich scheint sich aber eine ganz neue Form der „Hilfeleistungspflicht“ zu etablieren, namentlich die Verpflichtung des Übergebers zur Unterstützung bei der Auswahl und Anstellung einer (familienfremden) häuslichen Pflegekraft, zur Organisation (externer) Beratung in vertraglichen und (renten-)versicherungsrechtlichen Angelegenheiten, etc[64]. **47**

II. Altersdemenz und Betreuung als Hemmschuh?

Vor ganz andere Herausforderungen wird die vorweggenommenen Erbfolge durch eine steigende Zahl der Demenzerkrankungen[65] und einen damit einhergehenden Anstieg an Betreuungsverfahren[66] gestellt. **48**

Nach bis zum 31.12.2022 geltenden Recht konnte ein Betreuer gemäß § 1908i Abs. 2 BGB a.F. i.V.m. § 1804 BGB a.F. Schenkungen in Vertretung des Betreuten nicht – auch nicht mit Genehmigung des Betreuungsgerichts[67] – vornehmen. Dem Schenkungsverbot unterlagen auch **gemischte Schenkungen**[68]. Ausgenommen vom Schenkungsverbot waren lediglich **Pflicht- und Anstandsschenkungen**, § 1804 Satz 2 BGB a.F., **Gelegenheitsgeschenke** im Sinne des § 1908i Abs. 2 BGB a.F. und **Ausstattungen**, §§ 1908, 1624 BGB a.F. Ein Verstoß gegen das Schenkungsverbot machte sowohl das schuldrechtliche Kausal-, als auch das dingliche Zuwendungsgeschäft unheilbar nichtig[69]. **49**

Nach dem **seit 01.01.2023 geltenden Recht** ist im Rahmen einer rechtlichen Betreuung nunmehr maßgeblich auf die **Wünsche des Betreuten abzustellen**, § 1821 Abs. 2 BGB. I.E. bedeutet dies, dass fortan dem Betreuer – nicht wie nach altem Recht – die Hände gebunden und Schenkungen (abgesehen von den o.g. engen Ausnahmetatbeständen) faktisch ausgeschlossen sind. Vielmehr wird künftig auch einem Betreuer die Vornahme von **Schenkungen rechtlich gestattet** sein. Allerdings ist diese Befugnis nicht schrankenlos gewährt. Die **Grenze** erlaubter Schenkungen ist in § 1821 Abs. 3 BGB zu sehen, wonach gemäß Abs. 3 Nr. 1 das Vermögen des Betreuten nicht erheblich gefährdet werden darf. Folglich wird jede beabsichtige Schenkung künftig an dieser Schranke zu messen sein. Weitere Entwicklungen in der Rechtspraxis bleiben abzuwarten. **50**

64 Vgl. hierzu auch *Kappler/Kappler,* MittBayNot 2019, 217 ff.
65 Vgl. *Böckmann,* FPR 2004, 648.
66 Vgl. *Coeppicus,* NJW 2014, 3703.
67 BayObLG, FamRZ 1999, 47, 48.
68 *MünchKomm/Schneider,* § 1908i, Rn. 38.
69 *MünchKomm/Schneider,* § 1908i, Rn. 38.

51 Auch nach dem bislang bis zum 31.12.2022 geltenden Recht bestand ein praktisches Bedürfnis, dem (geschäftsunfähigen) Betreuten die lebzeitige Vermögensübergabe gegen Versorgungsleistungen zu ermöglichen[70]. Das *LG Traunstein* behalf sich mit einer sehr großzügigen Auslegung des Begriffs der Pflicht- und Anstandsschenkung im Sinne des § 1804 Satz 2 BGB a.F. Eine sittliche Pflicht wurde bejaht, „wenn eine rechtsgeschäftliche Zuwendung aus Mitteln eines Betroffenen unter Berücksichtigung seiner materiellen und immateriellen Belange letztlich in seinem Interesse liegt“[71]; auch entspreche es „der Üblichkeit und der Sitte, dass der designierte Hoferbe die Landwirtschaft zu Lebzeiten seiner Eltern übernimmt, den landwirtschaftlichen Betrieb übertragen erhält und im Gegenzug dafür seinen Eltern ein Leibgeding mit Wohn-, Versorgungs- und Pflegeleistungen auf der Hofstelle einräumt“[72]. Das Gericht möchte (lediglich) geprüft wissen, „ob die vereinbarten Gegenleistungen […] an den Betroffenen ausreichen, um ihn für die Zukunft unter Berücksichtigung der vorgesehenen Naturalleistungen hinreichend zu sichern“[73].

52 Herrschende Meinung war diese Lesart der Pflicht- und Anstandsschenkung sicherlich nicht[74]; ihr wurde entgegengehalten, es bestehe eben „keine sittliche Pflicht, wirtschaftlich vernünftige Geschäfte vorzunehmen“[75].

53 Das *OLG Stuttgart* schlug unter Verweis auf §§ 1624, 1908 BGB a.F. auch einen anderen Weg ein, um der vorweggenommenen Erbfolge durch den Betreuer zur Wirksamkeit zu verhelfen[76]. Nur wenn die zugesagte Gegenleistung des Übernehmers deutlich hinter den absehbaren Bedürfnissen des Übergebers zurückbleibe, also das Maß der Angemessenheit i.S.v. § 1624 Abs. 1 BGB a.F. überschritten werde, könne Schenkungsrecht und damit das Verbot des § 1804 BGB a.F. zur Anwendung kommen[77].

54 Dem Grunde nach keiner Schranke unterliegen hingegen Schenkungen – sofern nicht die Vollmacht selbst eine ausdrückliche Beschränkung enthält oder sich aus dem zugrundeliegenden Grundverhältnis etwas anderes ergibt – die durch einen (General-/Vorsorge-)**Bevollmächtigten getätigt werden**[78]. Wurde die Vollmacht dem Übernehmer erteilt, ist – wenn nicht Befreiung hiervon erteilt wurde – § 181 BGB zu beachten.

70 So auch LG Traunstein, MittBayNot 2005, 231, m. Anm. *Böhmer,* MittBayNot 2005, 232, 233.

71 LG Traunstein, MittBayNot 2005, 231, 232, m. abl. Anm. *Böhmer,* MittBayNot 2005, 232, 233 f.

72 LG Traunstein, MittBayNot 2005, 231, 232.

73 LG Traunstein, MittBayNot 2005, 231, 232.

74 Das LG Traunstein beruft sich auf OLG Hamm, FamRZ 1987, 751; zur (zurückhaltenden) h.M. *MünchKomm/Schneider,* § 1908i Rn. 39.

75 *Böhmer,* MittBayNot 2005, 232, 233; vgl. auch BayObLG, MittBayNot 1996, 432.

76 OLG Stuttgart, MittBayNot 2005, 229, 231 m. zust. Anm. *Böhmer.*

77 OLG Stuttgart, MittBayNot 2005, 229, 231.

78 *Bühler,* FamRZ 2001, 1585, 1588.

Kapitel 2: Typische Überlassungs- und Übergabeverträge

Verträge zur vorweggenommenen Erbfolge können über alle vermögenswerten Güter (Sachen und Rechte) geschlossen werden. Neben beweglichen Gegenständen, Geld und Kapitalanlagen kommen insbesondere die Übertragung von Grundbesitz und/oder betrieblichen Vermögen in Betracht. Nachfolgend soll der Fokus auf beiden letztgenannten Vermögensgruppen liegen – typische Konstellationen der vorweggenommenen Erbfolge sollen dargestellt werden. 55

A. Grundstücksüberlassung

In der notariellen Praxis werden Zuwendungen im Rahmen der vorweggenommenen Erbfolge, die Grundstücke betreffen, typischerweise unter dem Begriff der **„Überlassung"** behandelt (so auch nachfolgend). Zur dogmatischen Einordnung siehe Rn. 14 ff. 56

I. Grundlegendes Formulierungsbeispiel

Formulierungsbeispiel [Überlassung unbebautes Grundstück, keine Gegenleistungen]: 57

Grundstücksüberlassung

[… Urkundseingang]

Über den Grundbuchinhalt habe ich mich unterrichtet. Auf Ansuchen der Erschienenen beurkunde ich ihren Erklärungen gemäß was folgt:

I. Grundbuch- und Sachstand

1. Grundbuchstand

Im Grundbuch des Amtsgerichts … für … Blatt … ist eingetragen was folgt:

Gemarkung …

Flst. … … [Beschrieb]

… [Größe]

Eigentümer:

…

Im Grundbuch sind folgende Belastungen eingetragen:

Abteilung II:

diverse Versorgungsdienstbarkeiten

Abteilung III:

keine Rechte

2. Sachstand

Der in Ziffer 1. bezeichnete Grundbesitz ist unbebaut.

II. Überlassung

§ 1 Überlassung

…, nachstehend auch kurz „Übergeber" genannt,

überträgt hiermit den in Abschnitt I. dieser Urkunde näher bezeichneten Grundbesitz (nachstehend auch kurz „Vertragsgegenstand" oder „Vertragsgrundbesitz" genannt) mit allen Rechten, Pflichten, Bestandteilen und dem gesetzlichen Zubehör

an

…, nachstehend auch kurz „Erwerber" genannt,

zum Alleineigentum.

§ 2 Rechtsgrund

Die Überlassung erfolgt unentgeltlich als Schenkung.

§ 3 Besitzübergang

Besitz, Nutzen und Lasten, die Gefahr eines zufälligen Unterganges und einer zufälligen Verschlechterung, die mit dem Vertragsgrundbesitz verbundene Haftung und die Verkehrssicherungspflicht gehen mit dem heutigen Tage der Beurkundung auf den Erwerber über.

§ 4 Sach- und Rechtsmängel, Erschließung

1. Sachmängel

Sämtliche Rechte und Ansprüche des Erwerbers wegen eines Sachmangels des Vertragsgegenstands sind ausgeschlossen. Vereinbarungen über die Beschaffenheit des Vertragsgegenstands sind weder Inhalt noch Geschäftsgrundlage des Vertrages.

2. Rechtsmängel

Der Erwerber übernimmt die in Abteilung II eingetragenen Belastungen zur weiteren dinglichen Duldung. Im Übrigen schuldet der Übergeber dem Erwerber den ungehinderten Besitz- und lastenfreien Eigentumsübergang, soweit in dieser Urkunde nichts anderes bestimmt ist. Die Beteiligten stimmen allen Erklärungen, die der Lastenfreistellung dienen, wie Löschungen und Pfandfreigaben zu und

beantragen

deren Vollzug im Grundbuch.

Der Vertragsgrundbesitz ist weder vermietet noch verpachtet.

3. Öffentliche Erschließung

… (Alternative: noch nicht erschlossen, aber Möglichkeit der öffentlichen Erschließung vorhanden)

Der Vertragsgrundbesitz ist nach Angabe noch nicht erschlossen. Beiträge und Kosten für künftig hergestellte Erschließungsanlagen und -einrichtungen zahlt der Erwerber.

… Alternative: Erschließungsanlagen vorhanden, aber noch nicht abgerechnet)

Der Vertragsgrundbesitz ist nach Angabe in der Natur bereits erschlossen (es besteht Anschluss an die öffentliche Straße; gemeindliche Wasser- und Kanalanschlüsse sind bis an die Grundstücksgrenze verlegt). Erschließungskosten seitens des Übergebers an öffentliche Erschließungsträger sind bislang aber noch nicht bezahlt. Beiträge und Kosten für die derzeit bestehenden sowie künftig hergestellte Erschließungsanlagen und -einrichtungen zahlt der Erwerber.

§ 5 Gegenleistungen

Gegenleistungen an den Übergeber sind nicht geschuldet.

§ 6 Erbrechtliche Vereinbarungen

Der Erwerber hat sich den Wert der Zuwendung nicht auf sein gesetzliches Pflichtteilsrecht anrechnen zu lassen. Der Wert der Zuwendung ist beim Ableben des Übergebers unter Abkömmlingen nicht auszugleichen.

§ 7 Rückforderung

Ein vertragliches Rückforderungsrecht soll nicht vereinbart werden.

III. Auflassung, Vormerkung

1. Auflassung

Die Vertragsteile sind einig, dass das Eigentum an dem veräußerten Grundbesitz vom Übergeber auf den Erwerber in dem in Abschnitt II. § 1 bezeichneten Berechtigungsverhältnis übergeht. Diese Einigung ist unbedingt. Der Übergeber bewilligt und der Erwerber

beantragt

die Eintragung der Auflassung in das Grundbuch.

2. Vormerkung

Die Eintragung einer Vormerkung zur Sicherung des Anspruchs des Erwerbers auf Übertragung des Eigentums an dem Grundbesitz wird trotz Hinweises des Notars auf die damit verbundenen Risiken nicht gewünscht.

IV. Genehmigungen

Behördliche Genehmigungen sind zum vorliegenden Vertrag nicht erforderlich.

V. Kosten

Die Kosten dieser Urkunde, der öffentlich rechtlichen Genehmigungen und Zeugnisse, der rechtsgeschäftlichen Genehmigungen, des grundbuchamtlichen Vollzuges sowie die Katasterfortführungsgebühren trägt der Erwerber. Eine etwa anfallende Schenkungsteuer trägt der Erwerber.

VI. Hinweise

[…]

VII. Vollzugsauftrag

Der Notar wird beauftragt und bevollmächtigt, den grundbuchamtlichen Vollzug dieses Vertrages im Namen der Beteiligten zu betreiben und dazu insbesondere Löschungs-, Zustimmungs- und Genehmigungserklärungen zu fertigen und diese, sowie alle weiteren zum Vollzug notwendigen Erklärungen einzuholen und entgegenzunehmen. Er kann die Beteiligten im Grundbuchverfahren uneingeschränkt vertreten, Teilvollzug beantragen, Anträge stellen, zurücknehmen und erneut stellen.

Alle Erklärungen gelten spätestens mit ihrem Eingang beim Notar den Vertragsteilen als mitgeteilt und sind rückwirkend wirksam. Zur Entgegennahme behördlicher Genehmigungen ist der Notar nur ermächtigt, wenn sie frei von Auflagen bzw. Bedingungen erteilt werden.

VIII. Abschriften

Von dieser Urkunde erhalten:

<u>einfache Abschriften:</u>

- alle Beteiligten,
- Finanzamt (Grunderwerbsteuerstelle),

<u>beglaubigte Abschriften:</u>

- Grundbuchamt,
- Finanzamt (Schenkungsteuerstelle),

<u>Ausfertigung:</u>

- alle Beteiligten (nach Vollzug im Grundbuch).

[… Schlussvermerk]

II. Gegenstand der Überlassung

1. Gegenstand der Überlassung

Gegenstand einer Überlassung können Grundstücke und grundstücksgleiche Rechte sein. Dies sind: (ganze) Grundstücke, reale Teilflächen aus einem Grundstück, Miteigentumsanteile, Wohnungs-/Teileigentum sowie Erbbaurechte. **58**

Der zu übertragende Gegenstand muss sich zum Zeitpunkt der Überlassung nicht bereits im dem (Rechts-)Zustand bestehen, in dem er letztlich auf den Erwerber übergehen soll: **59**

- der Übergeber muss bspw. nicht bereits Eigentümer des zu übertragenden Grundstücks sein; die (schuldrechtliche) Übertragung kann auch **aufschiebend bedingt** mit Eigentumserwerb des Übergebers geschlossen werden.
- eine zu übertragende reale **Grundstücksteilsteilfläche** muss nicht bereits im Zeitpunkt der Überlassung vermessen sein; die Vermessung (zur Erforderlichkeit siehe Rn. 63) kann auch im Nachgang erfolgen.
- **Wohnungs- bzw. Teileigentum** muss nicht bereits bestehen. Es kann auch erst „im Zuge" der Überlassung geschaffen werden (siehe Rn. 148 ff.).
- auch kann erstmals im Überlassungsvertrag zugunsten des Erwerbers ein **Erbbaurecht** bestellt werden (siehe Rn. 153 f.).

2. Allgemeines

60 Grundstücksüberlassungen gliedern sich auf in das zugrunde liegende schuldrechtliche Rechtsgeschäft einerseits und den dinglichen Übertragungsakt andererseits (Trennungsprinzip). Das **schuldrechtliche Rechtsgeschäft** regelt primär den Rechtsgrund für die Übertragung. Daneben werden darin auch sonstige Vereinbarungen getroffen, wie Austrags- und Rückforderungsrechte, Bestimmungen zur Gewährleistung und zum Besitzübergang. Besonderheiten gibt es hier grds. keine. Die Gewährleistung (insbesondere Haftung für Sachmängel) kann vollständig ausgeschlossen werden (die §§ 307 ff. BGB finden keine Anwendung); dies ist in der Praxis auch der Regelfall.

61 Vor allem in steuerlicher Hinsicht von Bedeutung ist der **wirtschaftliche Übergang** des übertragenen Vermögens; dies ist der Zeitpunkt des sog. **Besitzübergangs** (oftmals auch bezeichnet als *„Übergang von Besitz, Nutzen und Lasten"*). Freilich ist dieser auch für die Vertragsteile selbst bedeutsam, gerade wenn es um den Anfangszeitpunkt für vereinbarte Austragsleistungen geht. Jedenfalls bei der Übertragung von Grundstücken kann insofern nicht auf den Tag der Eintragung der Auflassung im Grundbuch abgestellt werden; dieser ist durch die Vertragsteile selbst nicht beeinflussbar. Der Zeitpunkt des Besitzübergangs kann zwischen den Vertragsteilen, da rein schuldrechtlich getroffen, beliebig bestimmt werden (zu den steuerlichen Vorgaben und Grenzen, siehe das Kapitel Steuerrecht, Rn. 890 ff.); die Schranke des § 925 Abs. 2 BGB gilt insofern nicht.

62 Zur **dinglichen Übertragung** eines Grundstücks bedarf es der Einigung zwischen Übergeber und Erwerber über den Eigentumsübergang (Auflassung, § 925 Abs. 1 S. 1 BGB) sowie der daran anschließenden Eintragung im Grundbuch (§ 873 Abs. 1 BGB).

3. Besonderheiten

a) Reale Teilflächen

Besonderheiten ergeben sich hinsichtlich realer Grundstücksteilflächen beim dinglichen Übertragungsakt. Die **Auflassung** (§ 925 BGB) hinsichtlich einer realen Grundstücksteilfläche kann nur dann erfolgen, wenn sie entsprechend dem sachenrechtlichen Bestimmtheitsgrundsatz **hinreichend bestimmt** ist[1]. Sie muss nach ihrer Lage und Größe in einer dem Verkehrsbedürfnis entsprechenden zweifelsfreien Weise bezeichnet sein[3]. Hierzu kann auch die Einzeichnung in einem Lageplan genügen, sofern durch die Planskizze die Grundstücksgrenzen zweifelsfrei bestimmt sind[4]. Die **Grundbucheintragung** (entsprechend die Bewilligung, § 19 GBO) kann aber erst erfolgen, wenn die Teilfläche amtlich vermessen und das (nunmehr vermessene) Grundstück aufgrund vorliegenden Fortführungsnachweises im Grundbuch als selbständiges Grundstück gebucht worden ist (vgl. §§ 2 Abs. 3, 28 GBO). Aus zuletzt genanntem Grund bedarf es in der Praxis i.d.R. einer amtlichen Vermessung; insbesondere weil etwaige Rechte, die sich der Übergeber vorbehalten hat, erst nach grundbuchlichem Vollzug im Grundbuch abgesichert werden können. **63**

b) Wohnungs- und Teileigentum

Für die Übertragung von Wohnungs- bzw. Teileigentum gelten zunächst die gleichen Vorschriften wie bei der Übertragung von Grundstükken (vgl. § 925 BGB, § 1 Abs. 2 WEG). Allerdings kann die Übertragung an die **Zustimmung** anderer Wohnungseigentümer oder eines Dritten (insbesondere des Verwalters) gebunden sein (vgl. § 12 Abs. 1 WEG). Ist dies der Fall, ist eine entsprechende Zustimmung (in der Form des § 29 GBO) im Zuge der Überlassung einzuholen. **64**

Ist die Eigentumsumschreibung auf den Erwerber erfolgt, tritt dieser in die für die Wohnungseigentümer geltenden Bestimmungen, insbesondere die **Gemeinschaftsordnung** ein (vgl. §§ 10 Abs. 3 S. 1, 14 WEG). An frühere Beschlüsse der Wohnungseigentümergemeinschaft ist er grds. gebunden (§ 10 Abs. 3 S. 2 WEG), gleichgültig ob er sie kennt oder nicht[5]. Für **Beiträge** bzw. **Verbindlichkeiten** gegenüber der Wohnungseigentümergemeinschaft (Wohngeld, Sonderumlage) haftet der Erwerber nur für solche, die nach Eigentumsumschreibung entstehen bzw. solche, die bereits **65**

---

1 BGH, NJW 1984, 1959, 1960; *Bamberger/Roth/Grün,* § 925 Rn. 10.

3 BayObLG, NJW-RR 1986, 505, 506.

4 BGHZ 59, 15; BayObLG, NJW-RR 1986, 505, 506; vgl. auch BGH, NJW 1984, 1959, 1960; ebenso *Erman/Artz,* § 925 Rn. 7; *Bamberger/Roth/Grün,* § 925 Rn. 10.

5 *Grüneberg/Wicke,* § 10 WEG Rn. 21 ff.

vorher entstanden waren, aber erst nach Eigentumsumschreibung fällig werden (vgl. § 16 Abs. 2 WEG)[6].

66 **Praxistipp:** Wenngleich im Rahmen der vorweggenommenen Erbfolge die Gefahr gering ist, dass der Übergeber dem Erwerber diesem nicht bekannte Lasten aufbürden möchte, bietet es sich dennoch an, den Übergeber eine Erklärung abgeben zu lassen, dass keine Zahlungspflichten entstanden sind, die erst nach Eigentumsübergang fällig werden.

67 **Formulierungsbeispiel** [Eintritt in Wohnungseigentümergemeinschaft]:

> Der Erwerber tritt ab Besitzübergabe in die Verpflichtungen aus der Teilungserklärung und der Gemeinschaftsordnung ein. Von diesem Tage an hat er auch das monatliche Wohngeld zu tragen. Soweit Kosten nicht nach Verbrauch abgerechnet werden können, ist die Jahresabrechnung zwischen Übergeber und Erwerber entsprechend zum Besitzübergang aufzuteilen.
>
> Der Übergeber garantiert, dass keine Rückstände an Beiträgen gegenüber der Eigentümergemeinschaft bestehen und keine Maßnahmen beschlossen sind, die nicht aus den Rücklagen geleistet werden können. Dem Erwerber ist bekannt, dass er an alle Beschlüsse der Eigentümergemeinschaft gebunden ist.

68 Bloß **schuldrechtliche Vereinbarungen** unter den Wohnungseigentümern gehen nicht auf den Erwerber über; hieran ist er nicht gebunden. Anders verhält es sich nur, wenn der Erwerber auch in diese Vereinbarungen eintritt. Hierzu bedarf es, neben einer entsprechenden Abrede zwischen Übergeber und Erwerber, auch der Zustimmung der anderen Wohnungseigentümer, wenngleich die zugrunde liegende (schuldrechtliche) Vereinbarung unter den Wohnungseigentümern i.d.R. eine entsprechende antizipierte Zustimmung enthalten wird[7]. Den Erwerber in allen Fällen auch in alle schuldrechtlichen Vereinbarung eintreten zu lassen, ist gleichwohl wenig ratsam; vielmehr bedarf es einer Einzelfallbetrachtung[8]. Ist ein Eintritt einmal tatsächlich gewollt, ist hierfür eine pauschale Eintrittserklärung *„in alle auch nur schuldrechtlich wirkenden […] Rechte und Pflichten“* ausreichend[9].

---

6 *Grüneberg/Wicke,* § 16 WEG Rn. 35.

7 *Hügel,* FS Wenzel, 2005, 219, 229 ff.; *Häublein,* DNotZ 2005, 741, 743.

8 Ebenso *Häublein,* DNotZ 2005, 741, 742; *Würzburger Notarhandbuch/Hügel,* Teil 2 Kap. 5 Rn. 283.

9 Ebenso *Würzburger Notarhandbuch/Hügel,* Teil 2 Kap. 5 Rn. 283; weitergehend BayObLG, DNotZ 2005, 789; *Häublein,* DNotZ 2005, 741, 752 f.: entsprechender Eintrittswille kann nur angenommen werden, wenn die Rechte und Pflichten, in die eingetreten werden soll, hinreichend bestimmt sind.

Einer (ausdrücklichen) Übertragung des Verwaltungsvermögens auf den Erwerber bedarf es nicht, da dieses der Eigentümergemeinschaft zusteht (vgl. § 10 Abs. 7 WEG). Ebenso wenig ist ein Eintritt des Erwerbers in den Verwaltervertrag erforderlich, da dieser zwischen Verwalter und Eigentümergemeinschaft besteht[10]. **69**

Ggf. kann es sich anbieten, dem Erwerber schon vor Eigentumsübergang in der Überlassungsurkunde eine Stimmrechtsvollmacht für die Versammlung der Wohnungseigentümer zu erteilen, insbesondere wenn eine Eigentümerversammlung in nächster Zeit ansteht. Andernfalls ist der Erwerber erst ab dem Zeitpunkt stimmberechtigt, ab dem er im Grundbuch als Eigentümer eingetragen ist[11]. **70**

Formulierungsbeispiel [Stimmrechtsvollmacht]: **71**

> Der Übergeber erteilt dem Erwerber Vollmacht, ihn ab sofort in der Eigentümerversammlung zu vertreten und Ladungen hierzu entgegenzunehmen.

c) Erbbaurechte

Soll ein bereits bestehendes Erbbaurecht übertragen werden, ist darauf zu achten, ob es zur Übertragung der **Zustimmung des Grundstückseigentümers** bedarf (vgl. § 5 Abs. 1 ErbbauRG). Oftmals wird die Zustimmung vom Eintritt des Erwerbers in die (bloß) schuldrechtlich wirkenden Bestimmungen des Erbbaurechtsvertrags abhängig gemacht sein (vgl. § 7 ErbbauRG), insbesondere von der Schaffung eines Vollstreckungstitels durch Unterwerfung unter die sofortige Zwangsvollstreckung hinsichtlich des zu zahlenden Erbbauzinses (§ 794 Abs. 1 Nr. 5 ZPO). Die dingliche Übertragung des Erbbaurechts richtet sich nach § 11 Abs. 1 ErbbauRG i.V.m. § 873 Abs. 1 BGB. **72**

Formulierungsbeispiel [Eintritt in den Erbbaurechtsvertrag samt Zwangsvollstreckungsunterwerfung hinsichtlich des zu zahlenden Erbbauzinses]: **73**

> Der Erwerber tritt in alle Verpflichtungen des Übergebers aus dem Vertrag über die Bestellung des Erbbaurechtes ein, mit der Verpflichtung, diese auch seinen Rechtsnachfolgern aufzuerlegen. Der Erbbaurechtsvertrag lag bei heutiger Beurkundung in beglaubigter Abschrift vor; auf ihn wird verwiesen. Auf erneutes Verlesen und Beiheften wird verzichtet. Der Inhalt ist dem Erwerber bekannt.

---

10 OLG Düsseldorf, NJW 2007, 161; OLG Hamburg, ZMR 2008, 899.
11 *Bamberger/Roth/Hügel*, WEG § 25 Rn. 3.

Vom Tag der Besitzübergabe an hat der Erwerber den Erbbauzins in Höhe von derzeit … Euro jährlich an den Grundstückseigentümer zu leisten, für das laufende Jahr zeitanteilig. Der Erwerber unterwirft sich wegen dieser Zahlungsverpflichtung gegenüber dem jeweiligen Grundstückseigentümer der sofortigen Zwangsvollstreckung aus der Urkunde in sein gesamtes Vermögen. Vollstreckbare Ausfertigung darf jederzeit ohne weitere Nachweise erteilt werden.

III. Überlassung unbebautes Grundstück (Bauplatz)

74 Als „Grundfall" der Überlassung kann die Übertragung eines unbebauten (vermessenen) Grundstücks bezeichnet werden. Unbebaute Grundstükke i.d.S. sind Wiesen, Ackerflächen, Waldflächen sowie jegliche Art von Grundstücken, die zur Bebauung geeignet sind (Bauplatz). Bei der Übertragung eines unbebauten Grundstücks (insbesondere eines Bauplatzes) wird i.d.R. die finanzielle Unterstützung und Erlangung einer **eigenständigen Rechtsposition des Erwerbers** im Vordergrund stehen. Versorgungsinteressen des Übergebers spielen hier meist keine Rolle. Weiteres Motiv kann die Gleichstellung eines weichenden Geschwisters mit dem Erwerber sein.

75 Zu achten ist insbesondere auf folgende Gesichtspunkte (relevant v.a. bei Bauplatz):

- die Erschließung des Grundstücks: Ist das Grundstück durch öffentliche Wege/Versorgungseinrichtungen erschlossen? Oder bedarf es der Vereinbarung etwaiger Rechte, um die Erschließung sicherzustellen? Sind seitens der Gemeinde bereits Erschließungskosten erhoben und bezahlt oder fallen solche erst künftig (durch die erstmaligen Bebauung) an?
- Rückforderungsrecht: Ist die Vereinbarung eines Rückforderungsrechts ratsam?

76 Ist das zu übertragende Grundstück durch öffentliche Wege und Versorgungseinrichtungen erschlossen, stellt sich die Frage nach den **Erschließungskosten** (i.S.d. BauGB sowie der landesrechtlichen Abgabengesetze). Zu klären ist, ob und in welcher Höhe Erschließungskosten bereits angefallen und bezahlt sind oder erst künftig anfallen werden. In letzterem Fall ist zu klären, wer künftige Erschließungskosten tragen soll; üblicherweise wird dies der Erwerber sein.

77 **Praxistipp:** Es empfiehlt sich, den Erschließungsstand im Überlassungsvertrag festzuhalten. Dann kann sich der Erwerber bereits im Vorfeld entsprechende Kenntnis verschaffen.

Ist das Grundstück nicht öffentlich erschlossen, ist zu klären, ob Erschließungsanlagen (Zuwege, Ver- und Entsorgungsleitungen) auf Nachbargrundstücken bereits errichtet sind bzw. errichtet werden können. Befinden sich die erforderlichen Nachbargrundstücke gleichfalls im Eigentum des Übergebers, sollten Vereinbarungen die Erschließung betreffend gleich im Überlassungsvertrag getroffen werden. Von Bedeutung ist hierbei insbesondere die Gewährleistung des dauerhaften Bestands der Erschließungsanlagen. **78**

Praxistipp: Soll die Erschließung langfristig gesichert sein, ist darauf zu achten, dass auf Nachbargrundstücken entsprechende Dienstbarkeiten bestellt sind bzw. werden (Grunddienstbarkeit bzw. beschränkte persönliche Dienstbarkeit). Insoweit ist besonderes Augenmerk auf die grundbuchliche Rangstelle zu legen, um ein Erlöschen der Dienstbarkeit im Falle der Versteigerung des belasteten Grundstücks zu vermeiden. **79**

Ob bei der Übertragung eines unbebauten Grundstücks ein **Rückforderungsrecht** zugunsten des Übergebers vereinbart werden sollte, ist Frage des Einzelfalls. Gerade bei der Übertragung eines Bauplatzes erscheint ein Rückforderungsrecht wenig opportun, insbesondere wenn der Erwerber selbst Familie hat (Gefahr des „Rauswurfs“ aus dem Familienwohnheim). Oftmals wird die Ausübung des Rückforderungsrechts aber bereits an den fehlenden finanziellen Mitteln seitens des Übergebers scheitern (zu den womöglich fälligen Gegenleistungen bei Ausübung des Rückforderungsrechts, siehe Rn. 550 ff.). **80**

Soll ein **land- oder forstwirtschaftliches Grundstück** übertragen werden, sind Genehmigungserfordernisse nach dem GrdstVG zu beachten (vgl. hierzu Rn. 94). **81**

IV. Überlassung des elterlichen Wohnhauses

Bei der Übertragung des elterlichen Wohnhauses steht i.d.R. die **Absicherung des Übergebers** im Vordergrund. Zu denken ist hier insbesondere an die Vereinbarung eines Nießbrauchs- oder Wohnungsrechts. Zu den möglichen Austragsleistungen, siehe Rn. 283 ff. **82**

Auch wird sich in dieser Fallgestaltung oftmals die Vereinbarung eines Rückforderungsrechts anbieten; siehe hierzu Rn. 511 ff. Im Übrigen gelten keine Besonderheiten. **83**

V. Überlassung eines Mietshauses

84 Bei der Übertragung eines Mietshauses können sowohl die **Erlangung einer eigenständigen Rechtsstellung des Erwerbers** als auch die **Absicherung des Übergebers** im Vordergrund stehen. Im erst genannten Fall werden Austragsleistungen an den Übergeber i.d.R. nicht oder nur in geringem Umfang vereinbart werden; im zweit genannten Fall wird sich insbesondere die Vereinbarung eines Nießbrauchsrechts anbieten. Zu den möglichen Austragsleistungen, siehe Rn. 329 ff.

B. Landwirtschaftliche Übergabe

I. Grundfall: Hofübergabe

1. Einzelheiten

85 Bei der Übertragung eines landwirtschaftlichen Betriebs handelt es sich (jedenfalls bei einer aktiv betriebenen Landwirtschaft) um einen Unterfall der **Betriebsübergabe**. Im allgemeinen Sprachgebrauch findet der Begriff „Hofübergabe" Verwendung.

86 Hier sieht sich der Rechtsberater mit vielfältigen – teils konträren – Interessen der Beteiligten konfrontiert. Einig sind sich alle Beteiligten in der Regel darin, dass der Hof als wirtschaftliche Einheit erhalten bleiben soll. Der Übergeber, der sich soeben seiner Lebensgrundlage begibt, wünscht zudem angemessene und verlässlich zu vereinnahmende Austragsleistungen, möglichst lückenlos dinglich gesichert, und jedenfalls einen Rest an Mitspracherecht im Falle der Veräußerung der betrieblichen Grundlagen, während der Erwerber nach finanzieller und unternehmerischer Freiheit strebt. Gehör verschaffen sich hier auch die weichenden Erben (die nicht selten leer ausgehen): Sie wollen – wenn schon keine angemessene Abfindung zu erhalten ist – jedenfalls die Versorgung des Übergebers im Alter sichergestellt wissen, um nicht selbst zum Elternunterhalt herangezogen zu werden.

a) Gegenstand der Übergabe

87 Gegenstand der Hofübergabe ist (i.d.R.) die Übertragung des (gesamten) **landwirtschaftlichen Betriebs samt aller Aktiva** (insbesondere des landwirtschaftlichen Grundbesitzes) **und Passiva** (Verbindlichkeiten). Um die zu übertragende Sachgesamtheit hinreichend zu bestimmen, genügt zunächst die Bezeichnung des Hofes. Erfolgt die Übertragung ausdrücklich „samt aller Aktiva und Passiva" gehen auch alle sonstigen Be-

triebsgrundlagen mit auf den Erwerber über, insbesondere das landwirtschaftliche Inventar (vgl. §§ 98 Nr. 2, 926 Abs. 1 BGB) und – vorbehaltlich etwaiger Anmeldeerfordernisse – etwaige Lieferrechte (bspw. Zückerrübenlieferrecht) sowie Ansprüche auf Agrarförderung (GAP); hingegen nicht die persönliche Habe des Übergebers[12]. Für Grundbuchzwecke ist es freilich erforderlich, jedenfalls den mitübertragenen Grundbesitz detailliert zu bezeichnen.

Will sich der Übergeber **einzelne Gegenstände** (die dem Betriebsver- 88
mögen zuzuordnen sind) **zurückbehalten**, bedarf es hierzu einer ausdrücklichen Vereinbarung. Hierbei sind zunächst die steuerrechtlichen Vorgaben zu beachten (Betriebsentnahme), vgl. Rn. 1050 ff. Zum anderen kann der Rückbehalt jedenfalls wesentlicher Betriebsgrundlagen zum Wegfall des Anspruchs auf Altersgeld (nach dem Gesetz über die Alterssicherung der Landwirte, ALG) führen; des weiteren können Probleme bei der Genehmigung nach dem GrdstVG auftreten (vgl. § 9 Abs. 1 Nr. 2, Abs. 3 GrstVG)[13]. Die Problematik des Rückbehalts kann gleichsam bei Einräumung eines Nießbrauchs- oder ähnlichen Nutzungsrechts zugunsten des Übergebers bestehen.

Bei der Hofübergabe (als Unterfall der Betriebsübergabe) handelt es 89
sich im Übrigen um einen Fall der **Sonder-, nicht der Gesamtrechtsnachfolge**. Schuldrechtliche Vertragsverhältnisse mit Dritten gehen danach grds. nicht ohne deren Mitwirkung auf den Erwerber über (zum Sonderfall des Übergangs zugepachteter bzw. verpachteter Grundstücksflächen siehe Rn. 92 f.). Insofern empfiehlt sich jedenfalls eine Vereinbarung im Innenverhältnis zwischen Übergeber und Erwerber derart, als der Erwerber den Übergeber von allen Ansprüchen aus den betreffenden Vertragsverhältnissen freizustellen hat. Anders verhält es sich bei bestehenden **Arbeitsverhältnissen**. Hier sieht § 613a BGB bei einem Betriebsübergang einen entsprechen Übergang auch der Arbeitsverhältnisse auf den Erwerber vor.

b) Austragsleistungen

Die landwirtschaftliche Übergabe ist gerade bei der Vereinbarung von 90
Austragsleistungen bis in die Gegenwart durch (teils regional unterschiedliche) Traditionen geprägt. Generell kennzeichnen sich Hofübergaben durch die Vereinbarung von Austragsleistungen, weil die gesetzliche Altersabsicherung (ALG) des Übergebers oftmals unzureichend ist. Neben der (zumeist notwendigen) Vereinbarung eines Wohnungsrechts auf der Hofstelle sind i.d.R. monatliche Geldzahlungen sowie Wart- und Pfle-

12 Vgl. *Grüneberg/Ellenberger*, § 98 Rn. 4.
13 *Krauß*, Vermögensnachfolge, Rn. 4702 ff.

geleistungen gewünscht (siehe Rn. 373 ff.); oftmals werden hier auch Leistungen an Geschwister vereinbart (siehe hierzu Rn. 637 ff.).

c) Sonderfall: Veräußerungs- und Belastungsverbot

91 Gleichfalls von Relevanz sind Veräußerungs- und Belastungsverbote (siehe Rn. 529). Zu beachten ist hierbei die neuere Rechtsprechung des BGH, welche die Zulässigkeit eines ***uneingeschränkten*** **Veräußerungs- und Belastungsverbots** im Rahmen der Übertragung eines Betriebs verneinen möchte[14]. Danach sollen in Übergabeverträgen vereinbarte Unterlassungspflichten, die dem Erwerber Verfügungen über das Vermögen des übertragenen Betriebs *insgesamt* oder jedenfalls über dessen *gesamtes Grundvermögen* untersagen, nichtig sein (§ 138 Abs. 1 BGB), wenn der Erwerber von dem Übergeber nicht die Zustimmung zu einer mit den Grundsätzen ordnungsgemäßer Wirtschaft zu vereinbarenden und den Zweck des Verfügungsverbots nicht wesentlich gefährdenden Verfügung (Veräußerung oder Belastung) verlangen kann[15]. Entsprechende Verfügungsverbote sollen nach Ansicht des BGH die wirtschaftliche Entfaltungsmöglichkeit des Erwerbers in einem Maße einschränken, dass dieser seine Selbständigkeit und wirtschaftliche Handlungsfreiheit in einem wesentlichen Teil einbüßt (sittenwidrige Knebelung)[16]. Da der Übergeber gerade nicht zur Übergabe zu Lebzeiten gezwungen ist, sondern sich bspw. darauf beschränken könnte, mit dem „Hofnachfolger" einen Bewirtschaftungsvertrag zu schließen (vgl. Rn. 102) und ihm die Stellung als Eigentümer erst von Todes wegen zuzuwenden, erscheint die Entscheidung des BGH fraglich[17]; dennoch wird sich die Praxis darauf einstellen. Sofern (gerade bei früheren Hofübergaben) noch umfassende Veräußerungs- und Belastungsverbote vereinbart sind, hilft die Rechtsprechung jedenfalls im Wege der ergänzenden Vertragsauslegung (§§ 133, 157 BGB) damit, eine bestehende Regelung um die Abrede zu ergänzen, dass der Erwerber vom Übergeber eine Zustimmung zu einer Veräußerung oder Belastung verlangen kann, wenn diese Maßnahme den Regeln einer ordnungsgemäßen Wirtschaft entspricht und den mit dem Verfügungsverbot verfolgten Zweck, das Eigentum in der Familie zu halten, nicht wesentlich beeinträchtigt oder gefährdet[18].

---

14 Bislang wurde dies für zulässig erachtet, vgl. *Fassbender*, DNotZ 1986, 67, 75; *von Hoyenberg*, Vorweggenommene Erbfolge, Kap. 3 Rn. 204; *Krauß*, Überlassungsverträge in der Praxis, 1. Aufl., Rn. 1559; *Wegmann*, Grundstücksüberlassung, 2. Aufl., Rn. 180.

15 BGH, MittBayNot 2013, 218.

16 BGH, MittBayNot 2013, 218, 220; zweifelnd *Hertel*, MittBayNot 2013, 221, 222 f.

17 Ebenso *Hertel*, MittBayNot 2013, 221, 223.

18 BGH, MittBayNot 2013, 218, 221.

d) Zugepachtete bzw. verpachtete Grundstücksflächen

Sind Grundstücksflächen, die der Landwirtschaft dienen, zugepachtet, gehen die entsprechenden Pachtverträge im Zuge der Betriebsübergabe (Hofübergabe) auf den Erwerber über (vgl. § 593a BGB). Für den Eintritt in den Pachtvertrag durch den Erwerber bedarf es danach keiner Zustimmung des Verpächters. Dieser kann den Übergang auch nicht verhindern; ihm steht nach § 593a S. 3 BGB lediglich das Recht zur vorzeitigen Kündigung des Pachtverhältnisses unter Einhaltung der gesetzlichen Kündigungsfrist zu, wenn die ordnungsgemäße Bewirtschaftung der Pachtsache durch den neuen Pächter nicht gewährleistet ist[19]. Nach § 593a S. 2 BGB ist der Verpächter vom Betriebsübergang unverzüglich zu benachrichtigen, wenngleich ein Unterlassen nicht den Eintritt der Rechtsfolge nach § 593a S. 1 BGB verhindert[20]. **92**

Sind Grundstücksflächen an Dritte verpachtet, gilt der Grundsatz „Übertragung bricht nicht Miete/Pacht"; der Erwerber tritt gemäß §§ 593b, 566 ff. BGB in die zugrunde liegenden Miet- und Pachtverträge ein. **93**

e) Grundstücksverkehrsgesetz (GrdstVG)

Die Übertragung eines landwirtschaftlichen Betriebs bedarf zu ihrer Wirksamkeit i.d.R. der Genehmigung nach dem **GrdstVG**. Das GrdstVG statuiert eine allgemeine Verfügungsbeschränkung, der land- und forstwirtschaftliche Grundstücke – unter bestimmten Voraussetzungen – unterliegen. Solange eine erforderliche Genehmigung nicht erteilt ist, ist das schuldrechtliche Verpflichtungsgeschäft schwebend unwirksam[21]. Die bundesrechtlichen Regelungen des GrdstVG können durch landesrechtliche Vorschriften ergänzt oder ersetzt werden (vgl. Art. 70 GG); die Länder haben hiervon Gebrauch gemacht[22]. Bei Hofübergaben ist die Genehmigung i.d.R. ohne weiteres zu erteilen (vgl. § 8 Nr. 2 GrdstVG). Im Grundbuchverfahren ist ein entsprechender Nachweis über die Erteilung der Genehmigung bzw. die Genehmigungsfreiheit vorzulegen (vgl. § 7 GrdstVG). **94**

---

19 BGH, NJW-RR 2002, 1205.

20 OLG Koblenz, RdL 2002, 121.

21 *Schöner/Stöber*, Rn. 3944.

22 *Schöner/Stöber*, Rn. 3934.

95 **Formulierungsbeispiel** [Hofübergabe mit Verfügungsverbot][23]:

Hofübergabe

[… Urkundseingang]

Über den Grundbuchinhalt habe ich mich unterrichtet. Auf Ansuchen der Erschienenen beurkunde ich ihren Erklärungen gemäß was folgt:

I. Grundbuch- und Sachstand

1. Grundbuchstand

Im Grundbuch des Amtsgerichts … für … Blatt … ist eingetragen was folgt:

Gemarkung …

Flst. … … [Beschrieb] … [Größe]

Eigentümer:

…

Im Grundbuch sind folgende Belastungen eingetragen:

Abteilung II:

diverse Versorgungsdienstbarkeiten

Abteilung III:

keine Rechte

2. Sachstand

Auf dem in Ziffer 1. bezeichneten Grundbesitz betreibt der Übergeber den landwirtschaftlichen Betrieb „11011 Maxstadt, Hauptstr. 1".

II. Übergabe

§ 1 Übergabe

…, nachfolgend auch kurz „Übergeber" genannt,

übergibt hiermit an

…, nachfolgend auch kurz „Erwerber" genannt,

---

23 Vgl. *Spiegelberger,* Unternehmensnachfolge, § 5 Rn. 36; *Langenfeld/Günther,* Grundstückszuwendungen, Kap. 6 Rn. 1.

zum Alleineigentum den gesamten landwirtschaftlichen Betrieb „11011 Maxstadt, Hauptstr. 1" mitsamt allen Aktiven und Passiven.

Nicht mitübergeben sind: …

§ 2 Rechtsgrund

Die Übergabe erfolgt unentgeltlich als Schenkung, soweit nachfolgend nichts anderes vereinbart ist.

§ 3 Wirtschaftlicher Übergang

Wirtschaftlich erfolgt die Übergabe mit Wirkung zum

… (Stichtag).

Besitz, Nutzen und Lasten gehen zum Stichtag auf den Erwerber über.

§ 4 Sach- und Rechtsmängel

1. Sachmängel

Sämtliche Rechte und Ansprüche des Erwerbers wegen eines Sachmangels des Vertragsgegenstands sind ausgeschlossen. Vereinbarungen über die Beschaffenheit oder die Vermögens- und Ertragssituation des Vertragsgegenstands sind weder Inhalt noch Geschäftsgrundlage des Vertrages.

2. Rechtsmängel

Der Erwerber übernimmt die in Abteilung II eingetragenen Belastungen zur weiteren dinglichen Duldung. Im Übrigen schuldet der Übergeber dem Erwerber den ungehinderten Besitz- und lastenfreien Eigentumsübergang, soweit in dieser Urkunde nichts anderes bestimmt ist. Die Beteiligten stimmen allen Erklärungen, die der Lastenfreistellung dienen, wie Löschungen und Pfandfreigaben zu und

beantragen

deren Vollzug im Grundbuch.

… (Alternative: selbstbewirtschaftet)

Der Vertragsgegenstand ist nicht verpachtet.

… (Alternative: an Erwerber verpachtet)

Der Vertragsgegenstand ist an den Erwerber verpachtet. Das Pachtverhältnis wird mit Wirkung zum Besitzübergang einvernehmlich aufgehoben.

… (Alternative: fremd verpachtet)

Der Vertragsgegenstand ist verpachtet.

§ 5 Gegenleistungen

Der Übergeber erhält auf Lebensdauer die nachfolgenden Gegenleistungen:

[vgl. Rn. 283 ff.]

§ 5a Grundbuchanträge

Der Erwerber bestellt dem Übergeber zur Sicherung der ihm in dieser Urkunde eingeräumten Rechte:

[…]

§ 6 Leistungen an Geschwister des Erwerbers

[vgl. Rn. 637 ff.]

§ 7 Erbrecht

[vgl. Rn. 688 ff.]

§ 7a Ertragswertklausel

Für die Berechnung etwaiger Pflichtteils- und Pflichtteilsergänzungsansprüche soll das landwirtschaftliche Anwesen mit dem Ertragswert angesetzt werden.

§ 8 Rückforderung

Der Übergeber behält sich das Recht vor, die Rückübertragung des gesamten mit heutiger Urkunde übergebenen landwirtschaftlichen Betriebs samt aller Aktiva und Passiva (insbesondere samt aller Grundstücke) auf sich zu verlangen, wenn der Erwerber den vertragsgegenständlichen Grundbesitz ganz oder teilweise ohne vorherige schriftliche Zustimmung des Übergebers veräußert oder belastet. Der Erwerber kann vom Übergeber jedoch die Zustimmung zu Veräußerungen oder Belastungen verlangen, wenn die jeweilige Maßnahme den Regeln einer ordnungsgemäßen Wirtschaft entspricht und den mit dem Verfügungsverbot verfolgten Zweck, das Eigentum in der Familie zu halten, nicht wesentlich beeinträchtigt oder gefährdet.

[vgl. im Übrigen Rn. 543]

III. Auflassung, Vormerkung

1. Auflassung

Die Vertragsteile sind einig, dass das Eigentum an dem veräußerten Grundbesitz vom Übergeber auf den Erwerber in dem in Abschnitt II. § 1 bezeichneten Berechtigungsverhältnis übergeht. Diese Einigung ist unbedingt. Der Übergeber bewilligt und der Erwerber

beantragt

die Eintragung der Auflassung in das Grundbuch.

2. Vormerkung

Die Eintragung einer Vormerkung zur Sicherung des Anspruchs des Erwerbers auf Übertragung des Eigentums an dem Grundbesitz wird trotz Hinweises des Notars auf die damit verbundenen Risiken nicht gewünscht.

IV. Bewegliche Gegenstände, Forderungen und Verbindlichkeiten

Die Vertragsteile sind über den Eigentumsübergang der zum Stichtag vorhandenen und zum Betriebsvermögen zählenden beweglichen Gegenstände, insbesondere der Geschäftsausstattung und der Vorräte einig. Ferner tritt der Übergeber sämtliche Forderungen aus Lieferungen und Leistungen sowie die sonstigen betrieblichen Ansprüche, insbesondere Guthaben auf betrieblichen Bankkonten, wie diese am Stichtag bestehen, an den Erwerber ab, der die Übertragung hiermit annimmt. Die Abtretung der Forderungen werden die Vertragsteile gemeinsam den Gläubigern anzeigen.

Der Erwerber tritt zum Stichtag an Stelle des Übergebers in alle Verpflichtungen aus etwaigen betrieblichen Darlehens- und sonstigen Schuldverhältnissen mit der Verpflichtung ein, den Übergeber von jeglicher Inanspruchnahme freizustellen. Die erforderlichen Zustimmungen der Vertragspartner werden die Beteiligten selbst einholen.

V. Dauerschuldverhältnisse und Arbeitsverhältnisse

Die bestehenden Miet-, Leasing-, Wartungs- und Versicherungsverträge sowie die sonstigen betrieblichen Dauerschuldverhältnisse sind dem Erwerber bekannt. Er tritt zum Stichtag an Stelle des Übergebers in alle Verpflichtungen aus diesen Schuldverhältnissen mit der Verpflichtung ein, den Übergeber von jeglicher Inanspruchnahme freizustellen. Der Übergeber bevollmächtigt den Erwerber ab dem Stichtag alle Rechte aus diesen Dauerschuldverhältnissen gegenüber dem jeweiligen Vertragspartner geltend zu machen. Die erforderlichen Zustimmungen der Vertragspartner werden die Beteiligten selbst einholen.

Der Erwerber übernimmt ferner alle etwa zum Stichtag bestehenden Arbeitsverhältnisse.

VI. Genehmigungen

Zu diesem Vertrag ist die Genehmigung nach dem Grundstücksverkehrsgesetz erforderlich. Sonstige behördliche Genehmigungen sind zum vorliegenden Vertrag nicht erforderlich.

VII. Kosten

[…]

VIII. Hinweise

[…]

IX. Vollzugsauftrag

[…]

X. Abschriften

Von dieser Urkunde erhalten:

einfache Abschriften:

- alle Beteiligten,
- Finanzamt (Grunderwerbsteuerstelle),
- Landratsamt (Grundstücksverkehrsgesetz),

beglaubigte Abschriften:

- Grundbuchamt,
- Finanzamt (Schenkungsteuerstelle),

Ausfertigung:

- alle Beteiligten (nach Vollzug im Grundbuch).

[… Schlussvermerk]

2. Pflichtteilsrechtliche Auswirkungen: Ertragswertklausel

96 In erbrechtlicher Hinsicht ist bei der Übertragung eines landwirtschaftlichen Betriebs an die sog. **Ertragswertklausel** zu denken. Danach kann der Übergeber anlässlich der Hofübergabe anordnen, dass – abweichend vom Grundsatz der Maßgeblichkeit des Verkehrswertes – für die Berechnung etwaiger Pflichtteils- und Pflichtteilsergänzungsansprüche lediglich der Ertragswert des übertragenen Vermögens maßgeblich sein soll (vgl. § 2312 Abs. 1 S. 1 BGB), folglich ein Wert, der i.d.R. hinter dem Verkehrswert zurückbleibt[24]. Der **Ertragswert** errechnet sich nach dem Reinertrag, den der (konkrete) Betrieb nach seiner bisherigen wirtschaftlichen Bestimmung bei ordnungsgemäßer Bewirtschaftung nachhaltig gewähren kann (vgl. § 2049 Abs. 2 BGB)[25]. Der entsprechende Kapitalisierungsfaktor bestimmt sich gemäß Art. 137 EGBGB nach dem jeweiligen Landesrecht.

Die Bestimmung soll dem öffentlichen Interesse an der Erhaltung leistungsfähiger land- und forstwirtschaftlicher Betriebe (= Landgut) dienen[26]. Der **Begriff des land- oder forstwirtschaftlichen Betriebs** wird eng gefasst. Erforderlich ist eine Besitzung, die eine zum selbständigen Betrieb der Land- oder Forstwirtschaft geeignete und bestimmte Wirtschaftseinheit darstellt und mit den nötigen Wohn- und Wirtschaftsgebäuden versehen ist. Sie muss eine gewisse Größe haben – welche ist Frage des Einzelfalls[27] – und dem Inhaber eine selbständige Einkommensquelle bieten, die einen erheblichen Teil seines Lebensunterhalts decken kann[28]. Zudem muss der Betrieb mit dem erforderlichem Inventar ausgestattet sein (Geräte, Maschinen, etc.). Unschädlich soll es sein, wenn der Betrieb als Nebenerwerbsbetrieb geführt wird[29]. Weiter kann die Privilegierung nur „klassischen“ land- oder forstwirtschaftlichen Betrieben gewährt werden, die Nahrungsmittel (Ackerbau, Obst- und Gemüsebau, Milch- und Nutzviehwirtschaft) bzw. Nutzholz produzieren, sog. Urproduktion[30]. Betrieben mit rein gärtnerischer Nutzung (wie Blumenzucht[31]), reinen Brut- oder Zierbetrieben[32] (wie Geflügel- oder Pferdezucht), Baumschulen oder Biomassebetrieben ist die Privilegierung zu versagen; in diesen Fällen han- **97**

24 Vgl. *Damm* AgrarR 1987, 209 zu den Ergebnissen einer empirischen Untersuchung.

25 Zur Bewertung vgl. *Ruby*, ZEV 2007, 263; *Kempfler*, ZEV 2011, 337.

26 Vgl. BVerfG FamRZ 1985, 256, 260; BVerfG FamRZ 1989, 939, 941 (zu § 1376 Abs. 4 BGB).

27 BGH, NJW-RR 1992, 770; OLG Stuttgart, NJW-RR 1986, 822, 823; *Kempfler*, ZEV 2011, 337, 338 ff.

28 BGH, NJW 1987, 951; BGH, ZEV 2008, 40; OLG München, MittBayNot 2004, 369, 370; *Mayer*, MittBayNot 2004, 334, 336 f.; *Weber*, BWNotZ 1992, 14, 15; *Haegele*, BWNotZ 1973, 34, 35.

29 BGH, NJW 1964, 1414, 1416; BGH, NJW-RR 1992, 770.

30 In diesem Sinne auch OLG München MittBayNot 2004, 369, 370.

31 A.A. für Gärtnereibetrieb BGH FamRZ 1977, 195; OLG Oldenburg FamRZ 1992, 726, 727.

32 *Mayer*, MittBayNot 2004, 334, 336.

delt es sich um reine „Industriebetriebe". Das gleiche gilt für Liebhabereien, Hobby- oder Freizeitbetriebe[33].

98 § 2312 BGB ist auch dann anwendbar, wenn das Landgut nicht erst beim Erbfall, sondern schon zu Lebzeiten aufgrund vorweggenommener Erbfolge auf einen (pflichtteilsberechtigten) nahen Angehörigen übergeht[34]. Dabei soll es aber keine Rolle spielen, ob der Erwerber im Einzelfall tatsächlich einen Pflichtteilsanspruch hätte oder zunächst durch Näherstehende nach § 2309 BGB ausgeschlossen wäre[35]. Die Voraussetzungen für die Anwendbarkeit des § 2312 BGB müssen nicht im Zeitpunkt der Übergabe vorgelegen haben; maßgeblich ist vielmehr der Zeitpunkt des Ablebens des Übergebers[36]. § 2312 BGB findet umgekehrt auch dann Anwendung, wenn der Erwerber die Voraussetzungen für eine dauerhafte Bewirtschaftung als Landgut des zu Lebzeiten übergebenen Grundbesitzes erst nach der Übergabe bis zum Zeitpunkt des Erbfalls herstellt; etwa wenn die Bewirtschaftung im Zeitpunkt der Übergabe aufgegeben war, der Übernehmer den Betrieb aber bis zum Ableben des Übergebers selbst oder durch einen Abkömmling dauerhaft wieder aufnimmt[37].

99 Ist die Geltung der Ertragswertklausel nicht ausdrücklich angeordnet, ist die Auslegungsregel des § 2049 Abs. 1 BGB heranzuziehen[38]. Keinesfalls anwendbar ist die Ertragswertklausel aber in Gebieten, in denen die HöfeO gilt[39].

100 **Praxistipp:** Soll der Ertragswert maßgeblich sein, empfiehlt sich eine ausdrückliche Anordnung der Ertragswertklausel, um spätere Streitigkeiten zu vermeiden (siehe Rn. 95).

II. HöfeO

101 Besonderheiten bei der Übergabe eines landwirtschaftlichen Betriebs gelten im Anwendungsbereich der HöfeO. Zum Anwendungsbereich vgl. Art. 64 EGBGB.

---

33 Ebenso OLG München MittBayNot 2004, 369, 370 zu einer Pferdepension: der Boden wird lediglich als Unterstell- und Auslaufmöglichkeit für eingestellte Pferde genutzt; a.A. *Mayer*, MittBayNot 2004, 334, 337 f.

34 BGH, NJW 1964, 1323; BGH, NJW 1995, 1352.

35 OLG Jena, ZEV 2007, 531; *Grüneberg/Weidlich*, § 2312 Rn. 1.

36 BGH, NJW 1995, 1352.

37 BGH, NJW-RR 1992, 770; BGH, NJW 1995, 1352.

38 BGH, NJW 1964, 1323.

39 *Erman/Röthel*, § 2312 Rn. 2.

III. Gleitender Vermögensübergang (Pachtvertrag)

Ist der Betriebsinhaber noch nicht gewillt, das Eigentum an seinem Betrieb zu übertragen, möchte er aber gleichwohl Verantwortung abgeben, kommt als Alternative zur (dinglichen) Übergabe der Abschluss eines Pachtvertrags mit dem (designierten) Nachfolger in Betracht (auch als „Bewirtschaftungsvertrag“ bezeichnet). In der Praxis wird diese Gestaltung insbesondere dann gewählt, wenn es dem Hofinhaber darauf ankommt, bereits vor der (dinglichen) Übergabe eine Rente nach dem ALG zu erhalten (vgl. § 11 Abs. 1 Nr. 3 ALG). **102**

Folge der Verpachtung ist, dass der **Pächter Betriebsinhaber** ist und ausschließlich er am wirtschaftlichen Verkehr teilnimmt[40]. Sind landwirtschaftliche Flächen zugepachtet, gehen diese nach § 593a BGB auf den Betriebspächter über[41]. **103**

C. Übergabe von Betriebsvermögen

I. Einzelkaufmännisches Unternehmen

1. Allgemeines

Ist Gegenstand der Vermögensübergabe ein einzelkaufmännisches Unternehmen, gelten für die Übertragung im Vergleich zur Hofübergabe zunächst keine Besonderheiten. Auf die dortigen Ausführungen kann verwiesen werden (siehe Rn. 85 ff.). **104**

Zu beachten ist, dass der *BGH* Unentgeltlichkeit bei der Aufnahme eines persönlich haftenden Gesellschafters in das Geschäft eines Einzelkaufmanns verneint, weil der neu eintretende Gesellschafter – auch wenn er keine Einlage leisten muss – jedenfalls die persönliche Haftung sowie die Beteiligung an einem etwaigen Verlust übernimmt und im Regelfall zum Einsatz seiner vollen Arbeitskraft verpflichtet ist[42]. Hieraus kann man, mit Blick auf § 2325 BGB, der nur unentgeltliche Zuwendungen der Pflichtteilsergänzung unterwirft, Strategien zur Reduzierung von Pflichtteilsansprüchen entwickeln[43]. **105**

---

40 Vgl. *Spiegelberger*, Unternehmensnachfolge, § 4 Rn. 3.

41 OLG Celle, AgrarR 1991, 350; *MünchKomm/Harke*, § 593a Rn. 3; *Soergel/Heintzmann*, § 593a Rn. 3; abl. *Bamberger/Roth/Wagner*, § 593a Rn. 3 (nur bei Einräumung eines Anwartschaftsrechts zugunsten des Pächters).

42 BGH, NJW 1981, 1656.

43 Siehe hierzu *Kappler/Kappler*, ZEV 2017, 601; *Kappler/Kappler*, Handbuch Patchworkfamilie, § 3 Rn. 298 ff.; zur Kritik an dieser Rechtsprechung siehe *MünchKomm/Koch*, § 516 Rn. 91 f; siehe nunmehr aber auch BGH, ZEV 2020, 420: hier vertritt der BGH i.E. die

2. Besonderheiten

a) Gewährleistungsansprüche

106 Bringt der Betrieb des einzelkaufmännischen Unternehmens auch **Haftungsansprüche** gegenüber dritten Geschäftspartnern mit sich (gesetzliche Gewährleistung, Garantien), empfehlen sich entsprechende Vereinbarungen zwischen Übergeber und Erwerber. Danach wird es i.d.R. sachgerecht sein, wenn der Erwerber den Übergeber (jedenfalls) im Innenverhältnis gegenüber Dritten in Bezug auf Gewährleistungsansprüche **freizustellen** hat. Dem Erwerber wird, im Gegensatz zum Übergeber, der sich seines Betriebs und damit verbunden der tatsächlichen und finanziellen Möglichkeit der Regulierung etwaiger Gewährleistungsfälle begeben hat, die Erfüllung von Gewährleistungsansprüchen sowohl finanziell als auch in tatsächlicher Hinsicht i.d.R. leichter fallen[44].

b) Betriebsprüfungsrisiko

107 In der Praxis übernimmt der Erwerber oftmals auch das sog. Betriebsprüfungsrisiko. Danach verpflichtet sich der Erwerber zur Tragung (und Freistellung des Übergebers) von etwaigen Steuernachzahlungen für Umsatz-, Gewerbe- und Lohnsteuer. Weiter kann erwogen werden, die Haftungsübernahme auch auf private Einkommensteuernachzahlungen des Übergebers zu erstrecken.

108 **Formulierungsbeispiel** [Betriebsübergabe einzelkaufmännisches Unternehmen mit Grundstück][45]:

> Betriebsübergabe
>
> [... Urkundseingang]
>
> Über den Grundbuchinhalt habe ich mich unterrichtet. Auf Ansuchen der Erschienenen beurkunde ich ihren Erklärungen gemäß was folgt:
>
> I. Sach- und Grundbuchstand
>
> 1. Sachstand
>
> ... betreibt unter der Firma „...“ in ... (Anschrift: ...) ein Einzelunternehmen, das folgenden Unternehmensgegenstand hat: ...

Ansicht, dass rein vermögensverwaltende Ehegatten-Innengesellschaften kautelarjuristisch nicht zur Reduzierung von Pflichtteilsansprüchen verwendet werden können

44 *Spiegelberger,* Unternehmensnachfolge, § 4 Rn. 135.

45 Vgl. *Langenfeld/Günther,* Grundstückszuwendungen, Kap. 5 Rn. 5; *Spiegelberger,* Unternehmensnachfolge, § 4 Rn. 131.

Der Betrieb ist im Handelsregister nicht eingetragen.

Der Betrieb befindet sich auf dem nachfolgend in Ziffer 2. aufgeführten Grundbesitz.

2. Grundbuchstand

Im Grundbuch des Amtsgerichts … für … Blatt … ist eingetragen was folgt:

Gemarkung …

Flst. … … [Beschrieb] … [Größe]

Eigentümer:

…

Im Grundbuch sind folgende Belastungen eingetragen:

Abteilung II:

diverse Versorgungsdienstbarkeiten

Abteilung III:

keine Rechte

II. Überlassung

…,

im Folgenden auch kurz als „Übergeber" bezeichnet,

überlässt hiermit den in Abschnitt I.1. bezeichneten Gewerbebetrieb „…" mit allen Aktiven und Passiven, insbesondere mit dem in Abschnitt I.2. aufgeführten Grundbesitz mit allen Rechten, Pflichten, Bestandteilen und dem gesetzlichen Zubehör

an …,

im Folgenden auch kurz als „Erwerber" bezeichnet,

zum Alleineigentum,

der das Unternehmen unter der bisherigen Bezeichnung „…" ohne Beifügung eines Nachfolge- oder Inhaberzusatzes fortführt. Der Übergeber erteilt hierzu seine Einwilligung.

III. Wirtschaftlicher Übergang

Wirtschaftlich erfolgt die Übertragung mit Wirkung zum

… (Stichtag).

Besitz, Nutzen und Lasten gehen zum Stichtag auf den Erwerber über.

IIIa. Gewinn, Betriebsprüfungsrisiko

Der sich nach Maßgabe der Schlussbilanz zum Stichtag ergebende Gewinn verbleibt dem Übergeber.

Sofern sich Nachzahlungen für betriebliche Steuern (Umsatzsteuer, Gewerbesteuer, Lohnsteuer, usw.) ergeben oder zu Lasten des Übergebers höhere Einkommens- oder Kirchensteuerzahlungen für die betrieblichen Einkünfte für den Zeitraum bis zum Stichtag festgesetzt werden, übernimmt der Erwerber an Stelle des Übergebers diese Zahlungsverpflichtungen und verpflichtet sich, den Übergeber von jeglicher Inanspruchnahme freizustellen. Erstattungen stehen dem Erwerber zu.

IV. Auflassung

[…]

V. Bewegliche Gegenstände, Forderungen und Verbindlichkeiten

[…]

VI. Dauerschuldverhältnisse und Arbeitsverhältnisse

[…]

VII. Sach- und Rechtsmängel

[…]

VIII. Gegenleistung

[…]

IX. Rückforderung

[…]

X. Erbrecht

[…]

XI. Kosten

[…]

XII. Hinweise

[…]

XIII. Vollzugsauftrag

[…]

XIV. Abschriften

[…]

[… Schlussvermerk]

3. Sonderfall: eingetragener Kaufmann (e.K.)

Ist der einzelkaufmännische Betrieb im Handelsregister eingetragen (vgl. §§ 1 und 2 HGB), kann der Erwerber die bisherige **Firma** (vgl. § 17 HGB) des Übergebers – sofern dieser einwilligt – mit oder ohne Beifügen eines Namenszusatzes **fortführen** (§ 22 Abs. 1 HGB). Der Inhaberwechsel ist zum Handelsregister anzumelden. Entsprechendes gilt, wenn der Betrieb aufgrund eines Nießbrauchs, Pachtvertrags oder ähnlichen Verhältnisses durch den Erwerber übernommen wird (§ 22 Abs. 2 HGB); auch hier hat eine Eintragung im Handelsregister zu erfolgen[46]. **109**

Führt der Erwerber die Firma fort, haftet er für die im Betrieb des Geschäfts begründeten **Verbindlichkeiten des früheren Inhabers** (§ 25 Abs. 1 S. 1 HGB). Freilich hat der Erwerber die Möglichkeit, die Haftung nach Maßgabe des § 25 Abs. 2 HGB auszuschließen. Ein Haftungsausschluss ist gleichwohl nur dann im Handelsregister eintragungsfähig, wenn die Möglichkeit einer Haftung nach § 25 Abs. 1 HGB ernsthaft in Betracht kommt[47]. Zu beachten ist hierbei, dass die von § 25 Abs. 2 HGB geforderte Publizität (Eintragung und Bekanntmachung im Handelsregister oder Mitteilung an den Dritten) unverzüglich nach Geschäftsübernahme zu erfolgen hat[48]; die Bekanntmachung muss alsbald nach dem Inhaberwechsel bewirkt werden[49]. Wie lange der Zeitraum hierfür zu bemessen ist, ist fraglich; als noch „alsbald" wird ein Zeitraum von fünf Monaten erachtet[50]. **110**

46 Zur Eintragung siehe *Gustavus,* Handelsregister-Anmeldungen, A 5 ff.

47 OLG Köln, NJW-RR 2010, 1558.

48 *Baumbach/Hopt/Hopt,* HGB, § 25 Rn. 15.

49 BGHZ 29, 1, 4; OLG Düsseldorf, NJW-RR 2003, 1120, 1121.

50 Vgl. OLG Hamm, DB 1998, 2590, 2591; OLG Düsseldorf, NJW-RR 2003, 1120, 1121; OLG München, MittBayNot 2007, 333, 334.

II. Beteiligungen an Kapitalgesellschaften (GmbH) sowie Personengesellschaften (oHG, KG)

111 Gegenstand der vorweggenommen Erbfolge können auch Beteiligungen an Kapital- oder Personengesellschaften sein. Dabei steht es dem Übergeber frei, die gesamte von ihm gehaltene Beteiligung zu übertragen oder nur einen Teil. Freilich sind gerade bei Teilübertragungen die steuerlichen Vorgaben zu beachten.

112 Die „gleitende" Nachfolge, also die schrittweise Heranführung des Übernehmers an Kapital und Leitung der Gesellschaft kommt hier besonders häufig vor. Sie bringt für alle Beteiligten Vorteile: der Erwerber kann – unter Anleitung des bisherigen Betriebsinhabers und ohne spürbare Zäsur für die Mitarbeiter – mit dem Unternehmen vertraut gemacht werden, während sich der Übergeber „schonend" und schrittweise aus der Unternehmensleitung zurückziehen kann („Innovation trifft Erfahrung"). Auch können Schenkungsteuerfreibeträge mehrfach ausgenutzt werden.

1. Beteiligung an Kapitalgesellschaften (GmbH)

a) Übertragung und Rechtsfolgen

113 Geschäftsanteile an einer GmbH sind grds. **frei übertragbar** (vgl. § 15 Abs. 1 GmbHG). Der Gesellschaftsvertrag kann aber vorsehen, dass die Übertragung an besondere Zustimmungserfordernisse geknüpft ist, insbesondere die Genehmigung durch die Gesellschaft oder die restlichen Gesellschafter, sog. **Vinkulierung** (vgl. § 15 Abs. 5 GmbHG). Die Prüfung des zugrunde liegenden Gesellschaftsvertrags ist danach von grundlegender Bedeutung.

114 Der Vertrag über die Verpflichtung zur Abtretung und die Abtretung selbst bedürfen jeweils der **notariellen Beurkundung** (vgl. § 15 Abs. 4 bzw. 3 GmbHG).

115 Mit der Übertragung des Geschäftsanteils gehen alle damit verbundenen Rechte (und auch Pflichten) auf den Erwerber über, insbesondere auch das nicht abspaltbare Gewinnbezugsrecht[51]. Soweit ein Gewinnverwendungsbeschluss noch nicht gefasst ist, findet im Verhältnis zwischen Veräußerer und Erwerber § 101 Nr. 2 BGB Anwendung; § 101 Nr. 2 BGB ist allerdings dispositiv[52].

---

51 Vgl. BGH, NJW 1995, 1027, 1028.

52 BGH, NJW 1995, 1027, 1028; *v. Hoyenberg*, Vorweggenommene Erbfolge, Kap. 10 Rn. 5.

b) Nießbrauchsbestellung

Die Bestellung eines Nießbrauchs an GmbH-Geschäftsanteilen ist zulässig (möglich ist auch die Bestellung eines Quotennießbrauchs[53]). Es handelt sich hierbei um einen Nießbrauch an einem Recht (vgl. §§ 1068 ff. BGB). Die Bestellung ist nur wirksam durch notarielle Beurkundung (vgl. § 1069 Abs. 1 BGB). Zu beachten ist in diesem Zusammenhang § 1069 Abs. 2 BGB, wonach auch die Nießbrauchsbestellung nur dann zulässig ist, wenn der GmbH-Geschäftsanteil selbst übertragbar ist (s.o. zur Vinkulierung). Andernfalls ist die Nießbrauchsbestellung (schwebend) unwirksam[54]. **116**

Der Nießbrauch vermittelt das Recht zur **Nutzungsziehung** (vgl. §§ 1068 Abs. 1, 1030 Abs. 1 BGB). Der Nießbraucher hat entsprechend Anspruch auf den auf den belasteten Geschäftsanteil entfallenden (anteiligen) Gewinn, einen entsprechenden Gewinnverwendungsbeschluss vorausgesetzt[55]. Keine Teilhabe hat der Nießbrauch hingegen an einem in die Rücklage eingestellten Gewinn[56]. Die mit dem Geschäftsanteil verbundenen Pflichten, wie etwa fällige Einlagen oder Nachschüsse, hat der Gesellschafter zu erfüllen, sofern die Vertragsteile im Innenverhältnis nichts Abweichendes vereinbaren[57]. **117**

Der Nießbrauch setzt sich auch an **Surrogaten**, wie etwa einem Abfindungsanspruch oder Liquidationsguthaben, fort[58]. Bei einer Kapitalerhöhung aus Gesellschaftsmitteln erstreckt sich der Nießbrauch automatisch auf den hinzuerworbenen Anteil des Bestellers[59]. Hingegen besteht bei Kapitalerhöhung durch Einlage lediglich ein Anspruch auf Bestellung eines zusätzlichen Nießbrauchs insoweit, als der belastete Geschäftsanteil einen Wertverlust erlitten hat[60]. **118**

Höchst strittig ist, wem das **Stimmrecht** in der Gesellschafterversammlung gebührt. Mit der h.M. verbleibt das Stimmrecht beim Gesellschafter[61]. Allerdings hat der Gesellschafter auf die Interessen des Nieß- **119**

---

53 *v. Hoyenberg,* Vorweggenommene Erbfolge, Kap. 10 Rn. 7.

54 *MünchKomm/Pohlmann,* § 1068 Rn. 38.

55 *Erman/Bayer,* § 1081 Rn. 6.

56 *Fricke,* GmbHR 2008, 739, 742.

57 *Scholz/Seibt,* GmbHG, § 15 Rn. 218; *v. Hoyenberg,* Vorweggenommene Erbfolge, Kap. 10 Rn. 8.

58 *v. Hoyenberg,* Vorweggenommene Erbfolge, Kap. 10 Rn. 8; *Lutter/Hommelhoff/Bayer,* GmbHG, § 15 Rn. 101.

59 *Erman/Bayer,* § 1081 Rn. 6; *Baumbach/Hueck/Servatius,* GmbHG, § 15 Rn. 54.

60 *Erman/Bayer,* § 1081 Rn. 6; *Baumbach/Hueck/Servatius,* GmbHG, § 15 Rn. 54.

61 *Baumbach/Hueck/Servatius,* GmbHG, § 15 Rn. 53; *Erman/Bayer,* § 1081 Rn. 7; *Grüneberg/Herrler,* § 1068 Rn. 5; differenzierend *Bamberger/Roth/Wegmann,* § 1069 Rn. 17: beim Stimmrecht ist danach zu unterscheiden, ob die Rechtsstellung des Nießbrauchers (z.B. laufende Angelegenheiten und Gewinn) oder des Gesellschafters (Grundlagenbeschlüsse,

brauchers Rücksicht zu nehmen[62]. Entsprechend sollte diese Frage bei der Vertragsgestaltung nicht außer Acht gelassen werden. Als zulässig erachtet wird hier die Einräumung einer Stimmrechtsvollmacht für den Nießbraucher[63].

120 Der Nießbrauch als dingliches Recht an dem Geschäftsanteil geht bei einer etwaigen Übertragung des Geschäftsanteils auf einen Dritt-Erwerber mit über. Dennoch ist seine Bestellung nicht in der Gesellschafterliste (vgl. § 40 GmbHG) eintragungsfähig[64]. Aber auch ohne Eintragung ist ein lastenfreier gutgläubiger Erwerb durch einen Dritten ausgeschlossen, da die Gesellschafterliste kein tauglicher Rechtsscheinträger ist[65].

c) Sonstige Gegenleistungen

121 Alternativ zu einem Nießbrauchsvorbehalt können auch sonstige Gegenleistungen vereinbart werden. Insbesondere ist an die Verpflichtung zur Zahlung einer **dauernden Last** zu denken (siehe hierzu Rn. 373 ff.).

d) Rückforderungsrechte

122 Wie bei Grundstücksübertragungen kann auch hinsichtlich einer übertragenen Gesellschaftsbeteiligung ein **Rückforderungsrecht** vereinbart werden. Ein Rückforderungsrecht kann insbesondere für den Fall vereinbart werden, dass der Erwerber die Gegenleistung, zu der er sich im Übertragungsvertrag verpflichtet hat (etwa einer dauernden Last), nicht erbringt[66]. Siehe i.ü. zu den Rückforderungsrechten Rn. 511 ff.

123 Als problematisch erweist sich bei der Übertragung von Gesellschaftsbeteiligungen der Vorbehalt eines **freien Rückforderungsrechts**. Unter dem Stichwort „Hinauskündigungsklauseln“ will der BGH i.d.R. die Nichtigkeit eines Rückforderungsrechts nach § 138 Abs. 1 BGB dann annehmen, wenn einem Gesellschafter seine Gesellschafterstellung jederzeit frei (willkürlich) entzogen werden kann[67]. Dies soll nach h.M. auch bei unentgeltlichen Übertragungen gelten; denn auch der Gesellschafter, der seine Gesellschaftsbeteiligung im Wege einer unentgeltlichen Übertragung

---

Kernbereich der Mitgliedschaft) betroffen ist; nach BGH, NJW 1999, 571, soll jedenfalls die Kompetenz für Grundlagenbeschlüsse beim Gesellschafter verbleiben, im Übrigen hat er die Frage aber offen gelassen (zur GbR).

62 *Erman/Bayer*, § 1081 Rn. 7.

63 *Erman/Bayer*, § 1081 Rn. 7; *Scholz/Seibt*, GmbHG, § 15 Rn. 217; *Frank*, MittBayNot 2010, 96, 99.

64 *Bayer*, GmbHR 2012, 1, 5 ff.

65 BGH, DNotZ 2011, 943, 946; *Mayer*, DNotZ 2008, 403, 417.

66 *v. Hoyenberg*, Vorweggenommene Erbfolge, Kap. 10 Rn. 15.

67 Vgl. BGH, NJW 2005, 3641.

erlangt hat, ist nicht Gesellschafter „zweiter Klasse“[68]. Als zulässig erachtet werden aber Rückforderungsrechte, die an einen konkreten Rückforderungsgrund anknüpfen[69]. Denn in diesen Fällen ist nicht anzunehmen, dass der Erwerber in der freien Ausübung seiner Gesellschafterrechte beeinträchtigt und so zum „Gesellschafter minderen Rechts“ wird[70]. Eine zeitliche Begrenzung des Rückforderungsrechts ist nicht erforderlich, wenngleich eine Befristung (abhängig von der Kenntniserlangung des Rückforderungsgrundes) als opportun erscheint[71]; vgl. allgemein Rn. 511 ff.

Will man dem Grunde nach ein Rückforderungsrecht anerkennen (s.o.), schließt sich die Frage an, ob die Rückforderung unentgeltlich, ohne Abfindungsverpflichtung, ausgestalten werden kann[72]. **124**

Formulierungsbeispiel [Übertragung eines GmbH-Geschäftsanteils][73]: **125**

Überlassung eines Geschäftsanteils

[... Urkundseingang]

I. Sachstand

Im Handelsregister des Amtsgerichts ... ist unter HRB ... die

GmbH

mit dem Sitz in

mit einem Stammkapital in Höhe von ... eingetragen.

Ausweislich der zuletzt in das Handelsregister aufgenommenen Gesellschafterliste zum ... halten folgende Geschäftsanteile:

... den Geschäftsanteil mit der Nr. ... in Höhe von ...;

... den Geschäftsanteil mit der Nr. ... in Höhe von ...

Alle Stammeinlagen auf die Geschäftsanteile sind in voller Höhe einbezahlt. Nachschusspflichten bestehen nicht.

---

68 BGH, NJW 1989, 2685; BGH, DNotZ 1991, 917, 918; ebenso *Ivo,* ZEV 2007, 139; siehe aber auch BGH, DNotZ 1991, 819, 823: Trennung zwischen gesellschaftsrechtlichen Beziehungen und Rechten aus dem Schenkungsvertrag; eingehend hierzu *Miesen,* RNotZ 2006, 522.

69 OLG Karlsruhe, ZEV 2007, 137.

70 *Ivo,* ZEV 2007, 139; ebenso *Wälzholz,* NZG 2007, 416, 418; *v. Hoyenberg,* Vorweggenommene Erbfolge, Kap. 10 Rn. 17.

71 *Ivo,* ZEV 2007, 139, 140.

72 Vgl. OLG Karlsruhe, ZEV 2007, 137; für eine entschädigungslose Rückübertragung *Wälzholz,* NZG 2007, 416, 419; *v. Hoyenberg,* Vorweggenommene Erbfolge, Kap. 10 Rn. 18-

73 Vgl. *v. Hoyenberg,* Vorweggenommene Erbfolge, Kap. 10 Rn. 2; *Frank,* MittBayNot 2010, 96, 104.

Der Gesellschaft liegt der Gesellschaftsvertrag in der Fassung vom … zugrunde.

Der Übergeber hat für Verbindlichkeiten der Gesellschaft keine Sicherheiten (z.B. Bürgschaften, Grundschulden) geleistet. Er hat keine Gesellschafterdarlehen an die Gesellschaft ausgereicht oder Miet-/Pachtverträge mit der Gesellschaft geschlossen. Die Gesellschaft hat keinen Grundbesitz.

II. Überlassung und Abtretung

1. Überlassung, Abtretung

…

– nachfolgend „Übergeber" genannt –

überlässt den Geschäftsanteil mit der Nr. … im Nennbetrag von …

a n

…

– nachfolgend „Erwerber" genannt –

zur Alleinberechtigung.

Der Übergeber tritt den Geschäftsanteil an den Erwerber ab, der diese Abtretung annimmt.

Die Abtretung erfolgt mit dinglicher Wirkung zum …

2. Wirtschaftlicher Übergang

Wirtschaftlich (schuldrechtlich) erfolgt die Überlassung mit Wirkung zum … (Stichtag).

3. Rechtsgrund

Die Überlassung erfolgt unentgeltlich als Schenkung, soweit nachfolgend nichts anderes vereinbart ist.

4. Haftung für Mängel

Der Übergeber garantiert dem Erwerber, dass

– der überlassene Geschäftsanteil frei von Rechten Dritter auf den Erwerber übergeht,

– die Angaben zur Gesellschaft in Abschnitt I. dieser Urkunde richtig sind.

Zur Beschaffenheit des veräußerten Geschäftsanteils vereinbaren die Beteiligten Folgendes:

- Die Einzahlungen auf das Stammkapital sind wirksam erbracht. Es sind keine verdeckten Sacheinlagen geleistet.
- Nachschuss- oder Erstattungspflichten bestehen nicht.
- Es sind keine Änderungen des Gesellschaftsvertrags beschlossen, die noch nicht im Handelsregister eingetragen sind.

Darüber hinausgehende Rechte des Erwerbers werden ausgeschlossen. Der Übergeber schuldet also nicht Werthaltigkeit und Ertragsfähigkeit des Geschäftsanteils, Umfang und Eigenschaften der zum Vermögen der GmbH gehörenden Gegenstände, insbesondere nicht deren Freiheit von Sachmängeln und Rechtsmängeln.

5. Zustimmung, Erwerbsrechte

Nach der Satzung der Gesellschaft ist eine Zustimmung zur Abtretung nicht erforderlich; es bestehen keine Erwerbsrechte.

III. Gegenleistungen

Der Übergeber (nachfolgend auch „Nießbraucher") behält sich an dem übertragenen Geschäftsanteil auf seine Lebensdauer den Nießbrauch vor.

Bei einer Kapitalerhöhung aus Gesellschaftsmitteln – nicht jedoch gegen Einlage – erstreckt sich der Nießbrauch auch auf den neuen Geschäftsanteil.

Die mit dem übertragenen Geschäftsanteil verbundenen Gesellschafterrechte, insbesondere das Stimmrecht, stehen dem Erwerber zu. Der Erwerber ist jedoch verpflichtet, den Nießbraucher über alle Angelegenheiten der Gesellschaft zu informieren. Der Erwerber ist weiter verpflichtet, das Stimmrecht nur unter Beachtung der berechtigten Interessen des Nießbrauchers auszuüben.

Der Erwerber bevollmächtigt den Nießbraucher, das Stimmrecht bei Beschlüsse über die Gewinnverwendung sowie die Ausübung von Kontroll- und Informationsrechten zum Gewinn selbst auszuüben. Soweit der Nießbraucher hiervon keinen Gebrauch macht, darf der Anteilsinhaber das Stimmrecht nur mit Zustimmung des Nießbrauchers ausüben.

IV. Bedingtes Rückerwerbsrecht

Der Übergeber ist berechtigt, die Rückübertragung des überlassenen Geschäftsanteils zu verlangen, wenn zu seinen Lebzeiten

- der Erwerber verstirbt, oder
- der Erwerber den Geschäftsanteil ohne Zustimmung des Übergebers veräußert oder belastet, oder

- über das Vermögen des Erwerbers ein Insolvenzverfahren eröffnet oder die Eröffnung mangels Masse abgelehnt wird, oder
- Zwangsvollstreckungsmaßnahmen in den Geschäftsanteil angeordnet und nicht innerhalb von drei Monaten wieder aufgehoben werden.

Sobald eine dieser Bedingungen eingetreten ist, kann der Übergeber innerhalb eines Jahres, nachdem er Kenntnis vom Rückübertragungsgrund erlangt, die Rückübertragung des Geschäftsanteils verlangen. Ist die Frist bezüglich eines Rückerwerbsgrundes abgelaufen, steht dies der Geltendmachung wegen eines anderen Grundes nicht entgegen.

Die Rückübertragung hat unentgeltlich zu erfolgen. Für gezogene Nutzungen ist kein Ersatz zu leisten.

Das Rückerwerbsrecht ist nicht übertragbar und nicht vererblich. Die Ansprüche aus dem fristgerecht geltend gemachten Recht sind jedoch übertragbar und vererblich.

V. Schlussbestimmungen

[…]

126 **Formulierungsbeispiel** [Abfindung bei Rückforderung]:

Soweit sich der Verkehrswert des überlassenen Geschäftsanteils zwischen dem heutigen Tag und der Rückübertragung nicht erhöht hat, hat die Rückübertragung unentgeltlich zu erfolgen. Soweit sich der Verkehrswert des überlassenen Geschäftsanteils zwischen dem heutigen Tag und der Rückübertragung erhöht hat, hat die Rückübertragung gegen Zahlung einer Abfindung in Höhe des Erhöhungswerts abzüglich 20 % hiervon zu erfolgen. Das derart errechnete Abfindungsguthaben ist mit Rückübertragung fällig. Für gezogene Nutzungen ist kein Ersatz zu leisten.

2. Beteiligung an Personengesellschaften (oHG, KG)

a) Übertragung und Rechtsfolgen

127 Die Übertragung eines Anteils an einer Personengesellschaft erfolgt nach §§ 413, 398 BGB. Zur Übertragung bedarf es der **Zustimmung sämtlicher (weiterer) Gesellschafter**[74]. Die Übertragung wird erst mit Zustimmung des letzten Gesellschafters wirksam; bis dahin ist sie schwe-

---

74 BGHZ 44, 229; *Grüneberg/Sprau*, § 719 Rn. 6.

bend unwirksam[75]. Ein Anspruch auf Zustimmung besteht, sofern nicht im Gesellschaftsvertrag anderweitig geregelt, grds. nicht[76].

Die Übertragung ist grds. **formfrei** möglich; dies gilt selbst bei grund- **128** stücksbesitzenden Gesellschaften[77]. Unberührt bleibt freilich das Formerfordernis des § 518 Abs. 1 BGB (mit der Heilungsmöglichkeit des § 518 Abs. 2 BGB). Sollen aber zusammen mit den Anteilen an der Personengesellschaft (KG) auch die Geschäftsanteile an der persönlich haftenden GmbH (im Falle einer GmbH & Co. KG) übertragen werden, wird der gesamte Verpflichtungsvertrag beurkundungspflichtig (vgl. § 15 Abs. 4 GmbHG)[78].

Bei der Übertragung von Anteilen an einer oHG oder KG ist die **129** Rechtsnachfolge in die Gesellschafterstellung zum Handelsregister anzumelden (vgl. § 107 HGB). Der Eintritt eines Gesellschafters in die Gesellschaft als persönlich haftender Gesellschafter einer oHG oder Komplementär einer KG führt zur unbeschränkten **Haftung** des Eintretenden für alle (auch bereits bestehenden) Gesellschaftsverbindlichkeiten (vgl. § 130 HGB). Anders verhält es sich beim Eintritt als Kommanditist. In diesem Fall haftet der Eintretende nur in Höhe der im Handelsregister eingetragenen Hafteinlage, sofern diese ordnungsgemäß geleistet und nicht zurückgewährt ist (vgl. § 172 HGB) und der Gesellschaftsvertrag keine Nachschusspflicht vorsieht[79].

Praxistipp: Will der Eintretende auch eine Haftung für etwaige Ver- **130** bindlichkeiten, die zwischen (dinglichem) Eintritt in die KG und Eintragung des Eintritts in das Handelsregister begründet werden, vermeiden (vgl. § 176 Abs. 2 HGB), ist darauf zu achten, die Übertragung – mit dinglicher Wirkung – aufschiebend bedingt mit Eintragung der Rechtsnachfolge in das Handelsregister zu vereinbaren[80].

Mit der Gesellschaftsbeteiligung gehen im Zweifel – sofern nicht an- **131** derweitig vereinbart – auch etwaige **Gesellschafterkonten** (mitsamt einem positiven oder negativen Saldo) auf den Erwerber über[81]; abweichende Vereinbarungen sind möglich. Für die Teilhabe an Gewinn und Verlust der Gesellschaft gilt § 101 Nr. 2 BGB (siehe hierzu Rn. 115).

---

75 OLG München, ZIP 2009, 810, 812.

76 *v. Hoyenberg,* Vorweggenommene Erbfolge, Kap. 11 Rn. 12.

77 BGHZ 86, 367.

78 *v. Hoyenberg,* Vorweggenommene Erbfolge, Kap. 11 Rn. 10.

79 *v. Hoyenberg,* Vorweggenommene Erbfolge, Kap. 11 Rn. 14.

80 Vgl. BGH, NJW 1983, 2258, 2259.

81 Vgl. BGHZ 45, 221, 223; *Grüneberg/Sprau,* § 719 Rn. 7.

b) Nießbrauchsbestellung

132 Auch an Anteilen einer Personengesellschaft ist die Bestellung eines Nießbrauchs (Nießbrauch an einem Recht, § 1068 BGB) nach nunmehr einhelliger Meinung möglich[82]. Zu unterscheiden ist hierbei zwischen einer **Nießbrauchbestellung am Gesellschaftsanteil** selbst oder nur an übertragbaren **Beteiligungsrechten** (Gewinn, Auseinandersetzungsguthaben, vgl. § 717 S. 2 BGB)[83].

133 Soll an der Gesellschaftsbeteiligung selbst der Nießbrauch bestellt werden, bedarf es zur Wirksamkeit der **Zustimmung** sämtlicher Gesellschafter bzw. einer entsprechenden Zulassung im Gesellschaftsvertrag[84]; als nicht ausreichend sieht es die h.M. an, wenn lediglich eine Anteilsübertragung allgemein für zulässig erklärt ist[85]. Anders verhält es sich bei der Bestellung lediglich an einzeln übertragbaren Beteiligungsrechten; eine solche ist auch ohne Zustimmung der anderen Gesellschafter möglich (vgl. §§ 1069 Abs. 1, 717 S. 2 BGB), sofern nicht die Übertragbarkeit gesellschaftsvertraglich eingeschränkt ist[86].

134 Beim Anteilsnießbrauch steht dem Nießbraucher der Anspruch auf den entnahmefähigen Gewinn einschließlich Zinsen zu[87], nicht aber der von der Verteilung ausgenommene Gewinnanteil[88]. Bei einer Auflösung der Gesellschaft setzt sich der Nießbrauch nach h.M. am Auseinandersetzungsguthaben fort (analog §§ 1074, 1075 BGB)[89].

135 Nach richtiger Ansicht trifft den Nießbraucher **keine Außenhaftung**[90]. Der Nießbrauch an einem Gesellschaftsanteil an einer im **Handelsregister** eingetragenen Personengesellschaft soll nach h.M. im Handelsregister eingetragen werden können[91]. Eine Eintragungspflicht besteht jedoch nicht[92]. Sofern man eine Außenhaftung des Nießbrauchers aller-

---

82 BGHZ 108, 187, 199; BGH, NJW 1999, 571.

83 *Erman/Bayer*, § 1069 Rn. 9.

84 *Erman/Bayer*, § 1069 Rn. 9; *MünchKomm/Pohlmann*, § 1068 Rn. 34 f.

85 *Erman/Bayer*, § 1069 Rn. 9; siehe auch *Kruse*, RNotZ 2002, 69, 71.

86 Vgl. BGH, WM 1978, 514.

87 BGH, NJW 1999, 571, 572.

88 BGHZ 58, 316, 320; siehe i.Ü. *Erman/Bayer*, § 1069 Rn. 10.

89 *MünchKomm/Schäfer*, § 705 Rn. 106; *Erman/Bayer*, § 1069 Rn. 10 (str.).

90 *MünchKomm/Pohlmann*, § 1068 Rn. 69; *Staudinger/Frank*, Anh. §§ 1068, 1069 Rn. 91; *Kruse*, RNotZ 2002, 69, 81; *v. Hoyenberg*, Vorweggenommene Erbfolge, Kap. 11 Rn. 39; a.A. *MünchKomm/Schäfer*, § 705 Rn. 107; tendenziell wohl auch LG Köln, RNotZ 2001, 170.

91 OLG Oldenburg, NZG 2015, 643, 644; LG Köln, RNotZ 2001, 170; LG Aachen, RNotZ 2003, 398; *Frank*, MittBayNot 2010, 96, 98; *MünchKomm/Pohlmann*, § 1068 Rn. 87; a.M. OLG München, NZG 2016, 1064; ausführlich hierzu *Lindemeier*, RNotZ 2001, 155.

92 *v. Hoyenberg*, Vorweggenommene Erbfolge, Kap. 11 Rn. 37.

dings bejahen möchte, sollte die Eintragung zur Haftungsvermeidung angedacht werden[93].

Hinsichtlich der Aufteilung der **Verwaltungsrechte** ist in der Lit. streitig, welche Rechte dem Gesellschafter und welche dem Nießbraucher zustehen[94]. Nach Ansicht der Rechtsprechung soll aber jedenfalls das Stimmrecht bei Abstimmungen über Grundlagengeschäfte alleine dem Gesellschafter zustehen[95]. Im Übrigen ist nach überwiegender Meinung das Stimmrecht danach aufzuspalten, ob die Rechtsstellung des Nießbrauchers (z.B. laufende Angelegenheiten und Gewinn) oder des Bestellers (Grundlagenbeschlüsse, Kernbereich der Mitgliedschaft) betroffen ist[96]. Daneben soll aber auch eine (teilweise) Stimmrechtsübertragung auf den Nießbraucher möglich sein[97]. Der sicherste Weg (der auch zu eindeutigen Ergebnissen führt) wird aber sein, das Stimmrecht im Außenverhältnis beim Gesellschafter zu belassen und lediglich im Innenverhältnis zwischen Gesellschafter und Nießbraucher ggf. eine Stimmrechtsbindung zu vereinbaren[98]. 136

c) Sonstige Gegenleistungen, Rückforderungsrechte

Zu den sonstigen Gegenleistungen sowie der Vereinbarung von Rückforderungsrechten gelten die Ausführungen unter Rn. 121 ff. entsprechend. 137

Formulierungsbeispiel [Übertragung eines Kommanditanteils][99]: 138

Überlassung eines Kommanditanteils

[... Urkundseingang]

I. Sachstand

Im Handelsregister des Amtsgerichts ... ist unter HRA ... die

KG

mit dem Sitz in

eingetragen.

---

93 Vgl. LG Köln, RNotZ 2001, 170; *Frank,* MittBayNot 2010, 96, 98.

94 Vgl. *MünchKomm/Ulmer/Schäfer,* § 705 Rn. 99 ff.

95 BGH, NJW 1999, 571.

96 *MünchKomm/Schäfer,* § 705 Rn. 100; *Bamberger/Roth/Wegmann,* § 1069 Rn. 16; *Baumbach/Hopt/Roth,* HGB, § 105 Rn. 46.

97 *Schmidt,* ZGR 1999, 601, 611; *Kruse,* RNotZ 2002, 69, 75; *MünchKomm/Pohlmann,* § 1068 Rdnr. 84.

98 *Frank,* MittBayNot 2010, 96, 99.

99 Vgl. *v. Hoyenberg,* Vorweggenommene Erbfolge, Kap. 11 Rn. 3; *Frank,* MittBayNot 2010, 96, 104.

An der Gesellschaft sind beteiligt:

… als Komplementär mit einem Festanteil am Gesellschaftsvermögen in Höhe von …;

… als Kommanditist mit einem Festanteil am Gesellschaftsvermögen in Höhe von … und einer im Handelsregister eingetragenen Hafteinlage in Höhe von …

Die Hafteinlage ist voll eingezahlt und auch nicht an den Gesellschafter zurückgewährt worden.

Der Gesellschaft liegt der Gesellschaftsvertrag in der Fassung vom … zugrunde.

Der Übergeber hat für Verbindlichkeiten der Gesellschaft keine Sicherheiten (z.B. Bürgschaften, Grundschulden) geleistet. Er hat keine Miet-/Pachtverträge mit der Gesellschaft geschlossen. Die Gesellschaft hat keinen Grundbesitz.

II. Überlassung und Abtretung

1. Überlassung, Abtretung

…

– nachfolgend „Übergeber" genannt –

überlässt den Kommanditanteil im Nennbetrag von …

a n

…

– nachfolgend „Erwerber" genannt –

zur Alleinberechtigung.

Der Übergeber tritt den Kommanditanteil an den Erwerber ab, der diese Abtretung annimmt.

Die Abtretung erfolgt dinglich aufschiebend bedingt mit Eintragung des Erwerbers als Kommanditist im Handelsregister im Wege der Sonderrechtsnachfolge.

Mitübertragen sind alle Gesellschafterkonten und vermögensrechtlichen Ansprüche (§ 717 S. 2 BGB).

2. Wirtschaftlicher Übergang

Wirtschaftlich (schuldrechtlich) erfolgt die Überlassung mit Wirkung zum … (Stichtag).

3. Rechtsgrund

Die Übergabe erfolgt unentgeltlich als Schenkung, soweit nachfolgend nichts anderes vereinbart ist.

4. Haftung für Mängel

Der Übergeber garantiert dem Erwerber, dass

- der überlassene Kommanditanteil frei von Rechten Dritter auf den Erwerber übergeht,
- die Angaben zur Gesellschaft in Abschnitt I. dieser Urkunde richtig sind.

Zur Beschaffenheit des veräußerten Kommanditanteils vereinbaren die Beteiligten Folgendes:

- Die Einzahlungen auf die Hafteinlage sind wirksam erbracht; die Hafteinlage ist nicht zurückgewährt.
- Nachschuss- oder Erstattungspflichten bestehen nicht.
- Es sind keine Änderungen des Gesellschaftsvertrags beschlossen, die noch nicht im Handelsregister eingetragen sind.

Darüber hinausgehende Rechte des Erwerbers werden ausgeschlossen. Der Übergeber schuldet also nicht Werthaltigkeit und Ertragsfähigkeit des Kommanditanteils, Umfang und Eigenschaften der zum Vermögen der KG gehörenden Gegenstände, insbesondere nicht deren Freiheit von Sachmängeln und Rechtsmängeln.

5. Zustimmung, Erwerbsrechte

Zur Wirksamkeit der Abtretung bedarf es der Zustimmung sämtlicher Gesellschafter. Der Notar wird ersucht, diese einzuholen. Genehmigungen gelten mit Eingang beim Notar allen Beteiligten als zugegangen und wirksam.

Es bestehen keine Erwerbsrechte.

III. Gegenleistungen

Der Übergeber behält sich an dem übertragenen Kommanditanteil auf seine Lebensdauer den Nießbrauch vor. Der Nießbrauch erstreckt sich auch auf Guthaben auf den mitübertragenen Gesellschafterkonten.

Bei einer Kapitalerhöhung aus nicht entnommenen Gewinnanteilen – nicht jedoch gegen Einlage – erstreckt sich der Nießbrauch auch auf den neuen Gesellschaftsanteil.

Die mit dem übertragenen Kommanditanteil verbundenen Gesellschafterrechte, insbesondere das Stimmrecht, stehen dem Erwerber zu. Der Erwerber ist jedoch verpflichtet, den Übergeber über alle Angelegenheiten der Gesellschaft zu informieren. Der Erwerber ist weiter verpflichtet, das Stimmrecht nur unter Beachtung der berechtigten Interessen des Nießbrauchers auszuüben.

IV. Bedingtes Rückerwerbsrecht

[...]

V. Schlussbestimmungen

[...]

D. Rückbehalt beim Übergeber und Vermögensteilung unter mehreren Erwerbern (Teilung des Vermögens)

139 In der Praxis kommen oftmals Fallgestaltungen vor, in denen der Übergeber nicht einen gesamten Vermögensgegenstand übertragen, sondern sich selbst einen Teil zurückbehalten möchte, etwa weil Schenkungsteuerfreibeträge ausgeschöpft werden sollen (zu unterscheiden vom Vorbehalt eines Nießbrauchs; hierzu Rn. 329 ff.). Oder es sollen jeweils Teile eines (vormals) einheitlichen Vermögensgegenstands auf mehrere Erwerber zu (realen) Teilen übertragen werden, um alle Kinder gleichmäßig am Vermögen zu beteiligen. In beiden Fällen geht es um die Frage, wie ein einheitlicher Vermögensgegenstand geteilt werden kann. Bei Geld, Aktien oder vergleichbaren Anlageformen ist dies einfach.

140 Bei Grundstücken kommen folgende rechtliche Gestaltungen in Frage:

- vermessungstechnische Teilung eines Grundstücks (Realteilung);
- Übertragung von Miteigentumsanteilen (Bruchteilsgemeinschaft);
- Aufteilung nach dem Wohnungseigentumsgesetz (WEG);
- Bestellung eines Erbbaurechts;
- Einräumung einer Nutzungsdienstbarkeit;
- Gründung einer Familiengesellschaft (siehe hierzu Rn. 199 ff.).

I. Teilflächenvermessung

141 Soll der Erwerber lediglich eine reale Teilfläche aus einem Grundstück erhalten, kann dieses vermessungstechnisch in zwei (oder mehrere) Teilflä-

chen vermessen werden (Realteilung). Rechtlich werden hierdurch selbständige Grundstücke (Flurstücke) gebildet. Grds. unerheblich ist, ob das zu teilende Grundstück bebaut oder unbebaut ist (jedenfalls sofern nicht ein bestehendes Gebäude real geteilt werden soll).

Soll ein bestehendes Gebäude geteilt werden, gilt: Jedenfalls eine horizontale Teilung ist nach geltendem Recht ausgeschlossen (die Möglichkeit der Bildung von sog. Stockwerkseigentum besteht seit Inkrafttreten des Wohnungseigentumsgesetzes nicht mehr); hier bleibt nur die Aufteilung in Wohnungs- und Teileigentum (siehe Rn. 148 ff.). Eine vertikale Teilung ist hingegen möglich, wenngleich nur dann sinnvoll, wenn das Ergebnis der Vermessung in sich abgeschlossene Gebäudeteile sind. Andernfalls, etwa bei „verschachtelten" Wohnebenen, sollte eine Realteilung vermieden werden, andernfalls (sofern rechtlich überhaupt möglich) gegenseitige Nutzungsrechte (Dienstbarkeiten) erforderlich werden. **142**

Zur Teilflächenübertragung i.Ü. siehe Rn. 63. **143**

II. Bruchteilsgemeinschaft

Kommt eine Teilflächenvermessung – etwa aus baurechtlichen Gründen – nicht in Betracht, kann dem Erwerber lediglich ein ideeller Miteigentumsanteil an dem Grundstück des Übergebers überlassen werden (§§ 741 ff., 1008 ff. BGB). **144**

Zu beachten ist, dass die Bruchteilsgemeinschaft im Vergleich zu den in Kapitel 3 erörterten gesellschaftsrechtlichen Gestaltungen die weniger flexible Handhabung bietet, weil jeder Miteigentumsanteil frei vererblich und frei übertragbar ist. Als Steuerungsinstrumente stehen hier insbesondere erbrechtliche Regelungen sowie vertraglich vereinbarte Rückforderungsrechte für den Fall der Veräußerung und des Vorversterbens des Erwerbers (siehe Rn. 511 ff.) zur Verfügung, sowie Miteigentümervereinbarungen nach § 1010 BGB; ein Ausschluss der Aufhebung der Gemeinschaft (§§ 741 Abs. 2, 1010 BGB) steht der Aufhebung aus wichtigem Grund aber nicht entgegen. **145**

Soll iE eine Bruchteilsgemeinschaft entstehen, können im Wege einer Miteigentümervereinbarung (§ 1010 BGB) Regelungen zur Verwaltung und Benutzung der Immobilie getroffen werden. Vom Inhalt her kann die Miteigentümervereinbarung derart ausgestaltet werden, dass sie inhaltlich einer Vereinbarung von Wohnungseigentum nahekommt. Insbesondere die detaillierte Nutzung der Immobilie kann durch Miteigentümervereinbarung geregelt werden. **146**

147 **Formulierungsbeispiel** [Miteigentümervereinbarung: Nutzung der Immobilie sowie Ausschluss der Aufhebung der Gemeinschaft]:[100]

Die Miteigentümer regeln die Benutzung der Immobilie wie folgt:

1. Der Übergeber nutzt allein und ausschließlich diejenigen Räume, die in den beigefügten Grundrissplänen rot umrandet gekennzeichnet sind (Wohnung A).
2. Der Erwerber nutzt allein und ausschließlich diejenigen Räume, die in den beigefügten Grundrissplänen blau umrandet gekennzeichnet sind (Wohnung B).
3. Die Nutzung des Gartens wird derart geregelt, dass der im Lageplan grün gekennzeichnete Gartenteil zur Wohnung A gehört und der im Lageplan gelb gekennzeichnete Gartenteil zur Wohnung B gehört.
4. Jeder Miteigentümer hat an den von ihm alleine genutzten Räume die laufenden Ausbesserungen und Reparaturen auf seine Kosten vorzunehmen; dies betrifft auch die Unterhaltung und Instandsetzung von Innentüren, der Wohnungsabschlusstüre sowie den in der jeweiligen Wohnung gelegenen Fenster. Die Kosten für die Unterhaltung und Instandsetzung von tragenden Wänden, Dach, Heizungsanlage und sonstiger gemeinschaftlicher Hausteile tragen die Miteigentümer entsprechend ihren Miteigentumsanteilen.
5. Die Aufhebung der Gemeinschaft am Grundstück ist auf Dauer ausgeschlossen.

Jeder Miteigentümer bewilligt und

beantragt,

die Benutzungsregelung sowie den Ausschluss der Aufhebung der Gemeinschaft in das Grundbuch an seinem Anteil zugunsten des jeweiligen Eigentümers des anderen Miteigentumsanteils einzutragen.

III. Begründung von Wohnungs- und Teileigentum (WEG)

148 Durch das Wohnungseigentumsgesetz (WEG) wird der Grundsatz der Einheit von Grundstück und aufstehenden Gebäuden (vgl. § 94 BGB) durchbrochen[101]. Das WEG ermöglicht die Schaffung von rechtlich ei-

100 Vgl. *Spiegelberger/Wartenburger,* Münchner Vertragshandbuch, BGB II., Ziffer 16; *Schöner/Stöber*, Rn. 1459.

101 *Würzburger Notarhandbuch/Hügel, A* Kap. 5 II Rn. 1.

genständigen Sondereigentumseinheiten (verbunden mit einem Miteigentumsanteil am Grundstück). Wohnungs-/Teileigentum ist zivilrechtlich Eigentum i.S.d. § 903 BGB[102], wobei sich Wohnungseigentum einerseits und Teileigentum andererseits nur in ihrer Zweckbestimmung, nicht aber ihrer rechtlichen Eigenschaft unterscheiden[103]. Nachfolgend wird Wohnungs- und Teileigentum begriffseinheitlich als „Wohnungseigentum" bezeichnet.

Wohnungseigentum kann durch vertragliche Einräumung von Sondereigentum (§ 3 WEG) oder durch Teilung (§ 8 WEG) begründet werden (vgl. § 2 WEG). Eine vertragliche Einräumung kommt dann in Betracht, wenn mehrere Personen Miteigentümer eines Grundstücks sind (vgl. § 3 Abs. 1 WEG). **149**

Geteilt werden kann nur „ein" Grundstück im Rechtssinne; sind mehrere rechtlich selbständigen Grundstücke vorhanden, müssen diese zunächst rechtlich (nicht auch vermessungstechnisch) vereinigt werden (vgl. § 890 BGB)[104]. **150**

Neben Sondereigentum können auch Sondernutzungsrechte begründet und einer Wohnungseigentumseinheit zugeordnet werden. Sondernutzungsrechte werden durch Vereinbarung der Wohnungseigentümer begründet (vgl. § 10 WEG); sie berechtigen zur ausschließlichen Nutzung eines bestimmten Grundstücks- oder Gebäudeteils, der im Übrigen rechtlich Gemeinschaftseigentum verbleibt. Sie enthalten eine positive Komponente (Einräumung der ausschließlichen Nutzung durch den Berechtigten) und eine negative Komponente (Ausschluss der restlichen Miteigentümer)[105]. **151**

In Betracht kommt die Begründung von Sondereigentum sowohl an „klassischen" Wohnungen (etwa bei mehrgeschossiger Bauweise), als auch an ganzen Gebäuden (etwa wenn sich zwei Gebäude, auch als Doppelhaus etc., auf dem aufzuteilenden Grundstück befinden). Voraussetzung für die Begründung von Wohnungseigentum ist (grds.) nur, dass das zu schaffende Sondereigentum in sich abgeschlossen ist (vgl. § 3 Abs. 3 WEG). Zwar handelt es sich hierbei lediglich um eine Sollvorschrift, die die Wirksamkeit der Begründung von WEG nicht berührt[106]. Allerdings hat das Grundbuchamt die Eintragung zurückzuweisen, wenn es die fehlende Abgeschlossenheit erkennt[107]. Zur Vervollständigung selbständiger Eigentumseinheiten können, wie beschrieben, Sondernutzungsrechte an unbebauten Grundstücksflächen, wie etwa Garten oder Hofraum, begründet **152**

---

102 BGH, NJW 1992, 978; *Bamberger/Roth/Hügel*, WEG, § 1 Rn. 3.

103 *Bamberger/Roth/Hügel*, WEG, § 1 Rn. 3.

104 *Würzburger Notarhandbuch/Hügel*, A Kap. 5 II Rn. 54.

105 Vgl. BGHZ 91, 343; *Erman/Grziwotz*, WEG, § 15 Rn. 7.

106 BayObLG, Rpfleger 1980, 295.

107 BayObLGZ 71, 102; *Würzburger Notarhandbuch/Hügel*, A Kap. 5 II Rn. 29.

werden, bzw. nunmehr, nach Neufassung der Vorschriften des WEG, auch Sondereigentum hieran begründet werden (§ 3 Abs. 2 WEG) Faktisch lassen sich durch die Aufteilung nach dem WEG gleiche Ergebnisse herbeiführen, wie bei einer Realteilung (wenngleich die Aufteilung nach WEG noch darüber hinausgehen kann).

IV. Bestellung eines Erbbaurechts

153 Alternativ zur Vermessung einer realen Teilfläche (oder auch der Begründung von Wohnungseigentum) kann an die Einräumung eines Erbbaurechts i.S.d. ErbbauRG gedacht werden. Als Erbbaurecht versteht man das veräußerliche und vererbliche Recht, auf oder unter der Oberfläche des Grundstücks ein Bauwerk zu haben (vgl. § 1 Abs. 1 ErbbauRG). Die Einräumung eines Erbbaurechts führt (abweichend von § 94 BGB) zum Auseinanderfallen der Einheit von Grundstück und aufstehenden Gebäuden. Auf das Erbbaurecht, das als grundstücksgleiches Recht behandelt wird, finden die Vorschriften über das Grundstückseigentum Anwendung (vgl. § 11 ErbbauRG)[108].

154 Belastungsgegenstand eines Erbbaurechts kann aber immer nur ein ganzes Grundstück sein; an einem ideellen Teil, wie einer unvermessenen Teilfläche oder einem Miteigentumsanteil, kann ein Erbbaurecht nicht bestellt werden[109]. Allerdings kann der Ausübungsbereich des Erbbaurechts auf eine (unvermessene) Teilfläche beschränkt werden, wenngleich das Erbbaurecht an dem ganzen Grundstück lastet[110]. Hierdurch lässt sich eine faktische (als auch rechtliche) Teilung – ohne Vermessung – herbeiführen.

V. Einräumung einer Nutzungsdienstbarkeit

155 Auch kann die Bestellung eines Nutzungsrechts in Form einer Dienstbarkeit in Betracht kommen (vgl. §§ 1018 ff. BGB). Als Belastungsgegenstand kommen zunächst (rechtlich selbständige) Grundstücke, aber auch Wohnungs- und Teileigentum sowie ein Erbbaurecht in Betracht[111]. Grds. auch möglich wäre die Belastung einer unvermessenen Teilfläche, sofern hiervon eine Verwirrung nicht zu besorgen ist (vgl. § 7 Abs. 2 GBO)[112]. Andernfalls kann auch der Ausübungsbereich der Dienstbarkeit beschränkt

108 Vgl. BVerfG, ZfIR 1999, 113.
109 *Grüneberg/Wicke,* ErbbauRG, § 1 Rn. 1.
110 *Würzburger Notarhandbuch/Maaß,* A. Kap. 6 II Rn. 18.
111 *Bamberger/Roth/Wegmann,* § 1018 Rn. 8.
112 BGH, NJW 1986, 1820, 1821.

werden (wenngleich hier Belastungsgegenstand das gesamte Grundstück ist)[113].

Berechtigter der Dienstbarkeit kann sowohl der jeweiliger Eigentümer eines bestimmten Grundstücks (Grunddienstbarkeit, § 1018 BGB) als auch eine bestimmte Person (beschränkte persönliche Dienstbarkeit, § 1090 BGB) sein. **156**

Als Inhalt der Dienstbarkeit kann aber nur die Nutzung des belasteten Grundstücks in einzelnen Beziehungen vereinbart werden (vgl. §§ 1018, 1090 Abs. 1 BGB). Unzulässig ist die Einräumung eines unspezifizierten und damit umfassenden Benutzungsrechts ohne Beschränkung auf bestimmte Benutzungsarten[114]. Zulässig ist hingegen ein auf eine konkrete Nutzungsart beschränktes Benutzungsrecht, wie etwa die Nutzung eines Gebäudes zu Wohnzwecken[115], siehe hierzu Rn. 283 ff. **157**

Formulierungsbeispiel [Beschränkte persönliche Dienstbarkeit: Holzlagerplatz]: **158**

> Der jeweilige Eigentümer des Grundstücks Flst. … Gemarkung … (nachfolgend auch „dienendes Grundstück“) räumt … (nachfolgend auch „Berechtigter“) auf dessen Lebensdauer das Recht ein, das dienende Grundstück als Holzlagerplatz zu benutzen. Der Ausübungsbereich der Dienstbarkeit ist auf die in dem dieser Urkunde als Anlage beigefügten Lageplan gelb gekennzeichnete Teilfläche beschränkt. Der vorbezeichnete Lageplan wurde von den Beteiligten durchgesehen und genehmigt. Er ist wesentlicher Bestandteil dieser Urkunde.
>
> Der Eigentümer des dienenden Grundstücks ist zur Mitbenutzung nicht berechtigt.
>
> Die Kosten der ordnungsgemäßen Unterhaltung und der Instandsetzung der vom Ausübungsbereich betroffenen Teilfläche sowie die Verkehrssicherungspflicht trägt der Berechtigte.
>
> Zur Sicherung des vorstehend vereinbarten Rechts bestellt der Eigentümer des dienenden Grundstücks zu Gunsten des Berechtigten eine beschränkte persönliche Dienstbarkeit. Der Eigentümer des dienenden Grundstücks
>
> bewilligt und beantragt
>
> die Eintragung der beschränkten persönlichen Dienstbarkeit im Grundbuch. Die Dienstbarkeit erhält … nächst offene Rangstelle.

---

113 BGH, NJW 2002, 3021.

114 BGH, DNotZ 2019, 274; BayObLG, MDR 2003, 684; OLG Celle, NJW-RR 2005, 102; *Grüneberg/Herrler*, § 1018 Rn. 15.

115 Vgl. BGH, NJW 1980, 179.

E. Sonderfall: Vorweggenommene Erbfolge unter Beteiligung Minderjähriger

159 Die vorweggenommene Erbfolge an minderjährige Erwerber ist in aller Regel steuerlich motiviert. Die Angst vor einer drastischen Erhöhung der Schenkungsteuer hat gerade in jüngerer Zeit Eltern dazu bewogen, Vermögen – und sei es die selbst genutzte Immobilie – „noch rechtzeitig" und steuerfrei an ihre Kinder zu übertragen. Bei größeren Vermögen geht es hier meist um die mehrfache Ausnutzung der Schenkungsteuerfreibeträge.

I. Geschäftsfähigkeit

1. Allgemeines

160 Bei Übertragung von Vermögen an Minderjährige stellt sich zum einen die Frage, ob der Minderjährige **selbst handeln** kann oder ob für ihn ein gesetzlicher Vertreter handeln muss. Zum anderen sehen die §§ 1643 Abs. 1, 1850 bis 1854 BGB bei Vertreterhandeln für bestimmte Rechtsgeschäfte eine **Genehmigungspflicht durch das Familiengericht** vor

161 Ein **Untersiebenjähriger** kann selbst keine Rechtsgeschäfte tätigen; er ist geschäftsunfähig (§§ 104 Nr. 1, 105 Abs. 1 BGB). Ist ein Geschäftsunfähiger beteiligt, muss für ihn sein gesetzlicher Vertreter handeln.

162 Ein Minderjähriger, der das **siebente Lebensjahr vollendet** hat, ist beschränkt geschäftsfähig (§ 106 BGB). Er kann Rechtsgeschäfte dann selbst wirksam tätigen, sofern sie für ihn lediglich rechtlich vorteilhaft sind; andernfalls bedarf er der Einwilligung seines gesetzlichen Vertreters (§ 107 BGB).

2. Lediglich rechtlicher Vorteil

163 Rechtsgeschäfte, die lediglich rechtlich vorteilhaft sind, kann ein beschränkt Geschäftsfähiger selbst vornehmen. Ob ein Rechtsgeschäft „lediglich rechtlich vorteilhaft" ist, ist (grds.) alleine nach seinen **rechtlichen Wirkungen zu beurteilen**, nicht nach seinen wirtschaftlichen Wirkungen[116]. Ein auf den Erwerb einer Sache gerichtetes Rechtsgeschäft ist für den Minderjährigen dann nicht lediglich rechtlich vorteilhaft, wenn er in dessen Folge mit Verpflichtungen belastet wird, für die er nicht nur dinglich mit der erworbenen Sache, sondern **auch persönlich mit seinem son-**

116 BGH, NJW 2005, 415, 418; *Erman/Müller*, § 107 Rn. 3; a.A. *Stürner*, AcP 173 (1973), 402.

stigen Vermögen haftet[117]. Nach neuerer Ansicht des BGH soll es jedoch möglich sein, bestimmte Rechtsnachteile wegen ihres typischerweise ganz unerheblichen Gefährdungspotenzials als vom Anwendungsbereich der Vorschrift nicht erfasst anzusehen. Dies soll jedenfalls für solche den Minderjährigen kraft Gesetzes treffenden persönlichen Verpflichtungen gelten, die ihrem **Umfang nach begrenzt und wirtschaftlich derart unbedeutend** sind, dass sie unabhängig von den Umständen des Einzelfalls eine Verweigerung der Genehmigung durch den gesetzlichen Vertreter oder durch einen Ergänzungspfleger nicht rechtfertigen könnten (wie etwa laufende öffentliche Grundstückslasten)[118].

a) Verpflichtungsgeschäfte

Verpflichtungsgeschäfte sind danach dann lediglich rechtlich vorteilhaft, wenn der Minderjährige keine Verpflichtungen übernimmt, wie etwa bei einer **reinen Schenkung**. Die Schenkung bleibt auch dann lediglich rechtlich vorteilhaft, wenn der Schenker eine **Ausgleichungspflicht** nach § 2050 Abs. 3 BGB anordnet[119]. Das gleiche gilt bei einer **Anrechnungsbestimmung auf den Pflichtteil** nach § 2315 BGB[120]; anders aber bei Abgabe eines **Pflichtteilverzichts**[121]. Unbeachtlich sind auch die Pflicht zur Tragung von Notar- und Grundbuchkosten sowie etwaiger Verkehrssteuern (Schenkungsteuer, Grunderwerbsteuer)[122]. **164**

Rechtlich nachteilig sind hingegen Verpflichtungsgeschäfte, mit denen der Minderjährige zu einer **Gegenleistung** verpflichtet wird, etwa einer monatlichen Zahlung[123]. Ebenfalls nachteilig ist eine **Schenkung unter Auflage** (vgl. § 525 BGB)[124] oder die Verpflichtung zur **Übernahme von Verbindlichkeiten** oder sonstigen Pflichten (demnach soll bspw. die Schenkung einer Photovoltaikanlage mit Eintritt in den Energieeinspeisevertrag wegen den sich aus dem Einspeisevertrag ergebenden Pflichten **165**

---

117 BGH, NJW 2005, 415, 417; BGH, NJW 1981, 109.

118 BGH, NJW 2005, 415, 418; BGH, NJW 2005, 1430, 1431; zustimmend *Grüneberg/Ellenberger,* § 107 Rn. 3; *Preuß,* JuS 2006, 305, 307; krit. *Schmitt,* NJW 2005, 1090; *Müßig,* JZ 2006, 150.

119 BGHZ 15, 168, 170 f.; OLG Stuttgart, FamRZ 1992, 1423.

120 OLG Dresden, MittBayNot 1996, 291; *Fembacher,* MittBayNot 2004, 24, 25; *Everts,* Rpfleger 2005, 180; *Weigl,* MittBayNot 2008, 275; a.A. *NK-BGB/Bock,* § 2315 Rn. 11; *MünchKomm/Lange,* § 2315 Rn. 19; *Mayer/Geck/Mayer,* Der Übergabevertrag, § 16 Rn. 68; *Keim,* MittBayNot 2008, 8, 12.

121 *Fembacher/Franzmann,* MittBayNot 2002, 78, 85; *Kölmel,* RNotZ 2010, 618, 622; *Mayer/Geck/Mayer,* Der Übergabevertrag, § 16 Rn. 67.

122 *Kölmel,* RNotZ 2010, 618, 629 ff.; *Mayer/Geck/Mayer,* Der Übergabevertrag, § 16 Rn. 79; *Krauß,* Vermögensnachfolge, Rn. 4490.

123 *Mayer/Geck/Mayer,* Der Übergabevertrag, § 16 Rn. 53.

124 OLG Stuttgart, FamRZ 1992, 1423; OLG Köln, NJW-RR 1998, 363.

nicht lediglich rechtlich vorteilhaft sein[125]) Zur Beurteilung von zu übernehmenden dinglichen Rechten, siehe Rn. 168.

166 Vertragliche **Rückforderungsrechte** sollen dann am rechtlichen Vorteil des Verpflichtungsgeschäfts nichts ändern, wenn die Rückabwicklung nach Bereicherungsrecht erfolgt (§§ 818 ff. BGB)[126]; anders aber, wenn die Rückforderung nach den Vorschriften über das gesetzliche Rücktrittsrecht (§ 346 BGB) erfolgen soll oder mit der Rückabwicklung eine sonst wie über den Zuwendungsgegenstand hinausgehende Haftung des Minderjährigen verbunden ist (etwa die Pflicht zur Tragung von Steuern und Gebühren für die Rückabwicklung)[127].

b) Verfügungsgeschäfte

167 Der Übergang des Eigentums an einer Sache oder eine Forderungsabtretung sind lediglich rechtlich vorteilhaft, wenn der Minderjährige nicht mit Verpflichtungen belastet wird, für die er **nicht alleine dinglich mit der übertragenen Sache, sondern auch persönlich** mit seinem sonstigen Vermögen haftet[128]. Nach neuerer Rechtsprechung des BGH[129] soll nunmehr grds. auch eine **Verpflichtung aus öffentlich-rechtlichen Vorschriften** einen entsprechenden Rechtsnachteil begründen können (jedoch einschränkend für Verpflichtungen, die ihrem Umfang nach begrenzt und wirtschaftlich unbedeutend sind, siehe Rn. 163). Ob dies allerdings auch für außerordentliche Grundstückslasten, insbesondere die Verpflichtung zur Entrichtung von Erschließungs- oder Anliegerbeiträgen gilt, hat der BGH offengelassen; jedenfalls die bloß theoretische Möglichkeit, dass der Minderjährige in Zukunft zu Anliegerbeiträgen oder ähnlichen außerordentlichen Lasten herangezogen werden könnte, soll keinen Rechtsnachteil begründen[130].

168 **Rechtlich lediglich vorteilhaft** ist die Übertragung des Eigentums auch dann noch, wenn ein mit einem **Grundpfandrecht** belastetes Grundstück übertragen wird; denn hierdurch wird lediglich der rechtliche Vorteil gemindert, nicht aber das restliche Vermögen des Minderjährigen belastet (der Minderjährige ist nur zur Duldung der Zwangsvollstreckung verpflichtet, vgl. § 1147 BGB)[131]. Das gleiche gilt bei Belastung mit einem

---

125 OLG Dresden, NJW 2016, 1027.

126 BGH, NJW 2005, 415, 416; BayObLG, ZEV 2004, 340; OLG Brandenburg, NJW 2021, 477; a.A. *Böttcher,* Rpfleger 2006, 297.

127 *Mayer/Geck/Mayer,* Der Übergabevertrag, § 16 Rn. 65; *Kölmel,* RNotZ 2010, 618, 622.

128 BGH, NJW 1981, 109; BGH, NJW 2005, 415, 417; *Erman/Müller,* § 107 Rn. 6.

129 BGH, NJW 2005, 415, 418.

130 BGH, NJW 2005, 415, 418.

131 BGH, NJW 2005, 415.

Vorkaufs- oder Wiederkaufsrecht[132] sowie generell mit einer **Auflassungsvormerkung**, da diese das Entstehen des zu sichernden schuldrechtlichen Übereignungsanspruchs voraussetzt, jedoch den Anspruch nicht begründet und auch sonst keine persönlichen Verpflichtungen des Grundstückseigentümers zur Folge hat[133]. Lediglich rechtlich vorteilhaft bleibt die Übertragung auch, wenn das Grundstücks mit einem **Nießbrauch** belastet ist, jedenfalls, wenn der Nießbraucher über die §§ 1042 S. 2, 1047 BGB hinaus auch die Kosten außergewöhnlicher Ausbesserungen und Erneuerungen sowie die außergewöhnlichen Grundstückslasten zu tragen hat, der Eigentümer insoweit also nicht zum Aufwendungs- oder Verwendungsersatz gemäß §§ 1049, 677 ff. BGB verpflichtet ist[134]; Entsprechendes gilt bei Belastung mit einem Wohnungsrecht[135]. Unschädlich ist auch die Belastung mit einer **Dienstbarkeit**, sofern der Grundstückseigentümer nicht zur Unterhaltung der Anlage verpflichtet ist (§§ 1021, 1108 Abs. 1 BGB)[136].

Unerheblich für die Beurteilung, ob ein rechtlicher Vor- bzw. Nachteil vorliegt, ist hingegen, ob die Belastung **bereits vor der Übertragung im Grundbuch eingetragen** war oder **erst im Zuge der Übertragung bestellt** wird[137]; auch Letztere verhindert (in den aufgezeigten Grenzen) nicht einen lediglich rechtlichen Vorteil. Wird der minderjährige Erwerber in der Übertragungsvereinbarung aber verpflichtet, später eine entsprechende Belastung zu bestellen, soll der rechtliche Vorteil zu verneinen sein, da hierdurch eine persönliche Verpflichtung des Minderjährigen begründet wird[138]. Unschädlich ist es hingegen, wenn das im Überlassungsvertrag vorbehaltene bzw. eingeräumte Recht lediglich nicht sofort im Grundbuch eingetragen wird. Maßgeblich ist alleine, dass Auflassung und dingliche Einigung über die Belastung gleichzeitig erfolgen[139]. **169**

Keinesfalls rechtlich vorteilhaft ist – wegen der Haftung nach §§ 10 Abs. 8, 16 Abs. 2 WEG – die Übertragung von **Wohnungs- und Teileigentum**[140]. Aufgrund der persönlichen Haftung des Grundstückseigentümers nach § 1108 Abs. 1 BGB ist der Erwerb eines mit einer **Reallast** be- **170**

---

132 *Mayer/Geck/Mayer,* der Übergabevertrag, § 16 Rn. 79; *Krauß,* Vermögensnachfolge, Rn. 4490; *Rastätter,* BWNotZ 2006, 6; *Kölmel,* RNotZ 2010, 618, 642.

133 BGH, NJW 2005, 415, 417.

134 BGH, NJW 2005, 415, 417; OLG Dresden, MittBayNot 1996, 288, 290.

135 *Mayer/Geck/Mayer,* Der Übergabevertrag, § 16 Rn. 79; *Krauß,* Vermögensnachfolge, Rn. 4490; *Kölmel,* RNotZ 2010, 618, 642; großzügiger *Schöner/Stöber,* Rn. 3610d.

136 *Mayer/Geck/Mayer,* Der Übergabevertrag, § 16 Rn. 79.

137 Vgl. BGH, NJW 2005, 415; BayObLG, DNotZ 1999, 589.

138 *Mayer/Geck/Mayer,* Der Übergabevertrag, § 16 Rn. 79; *Kölmel,* RNotZ 2010, 618, 642 f.

139 BGH, NJW 2021, 1673.

140 BGH, NJW 2010, 3643, 3644; OLG München, MittBayNot 2008, 389; anders noch BGH, NJW 1981, 109.

lasteten Grundstücks ebenfalls nicht lediglich rechtlich vorteilhaft[141]. Der rechtliche Vorteil ist auch bei Übertragung eines **vermieteten oder verpachteten** Objekts zu verneinen (Eintritt des Erwerbers in die Pflichten aus dem Miet-/Pachtverhältnis, vgl. §§ 566, 581 Abs. 2, 593b BGB)[142]; dies gilt auch dann, wenn sich der Veräußerer ein Nießbrauchsrecht vorbehält[143]. Unschädlich soll es hingegen sein, wenn sich der Veräußerer an einem nicht vermieteten bzw. verpachteten Grundstück ein Nießbrauchsrecht vorbehält, wenngleich auch hier die (aber bloß theoretische) Möglichkeit besteht, dass bei Beendigung des Nießbrauchs ein durch den Nießbraucher begründetes Miet-/Pachtverhältnis auf den Grundstückseigentümer übergeht (§ 1056 Abs. 1 BGB analog)[144]. Ob der Erwerb eines **Erbbaurechts** lediglich rechtlich vorteilhaft ist, ist Einzelfallfrage; weist das Erbbaurecht bloß den gesetzlich notwendigen Inhalt auf, ist lediglich rechtliche Vorteilhaftigkeit zu bejahen[145].

141 *Bamberger/Roth/Wendtland,* § 107 Rn. 8; *MünchKomm/Spickhoff,* § 107 Rn. 59.

142 BGH, NJW 2005, 1430; *Grüneberg/Ellenberger,* § 107 Rn. 4.

143 BGH, NJW 2004, 1430; *Grüneberg/Ellenberger,* § 107 Rn. 4; krit. *Fembacher,* DNotZ 2005, 627; abl. *Everts,* ZEV 2005, 209; *Staudinger/Knothe,* § 107 Rn. 16.

144 BGH, NJW 2005, 1430, 1431; zweifelnd *Schöner/Stöber,* Rn. 3610k („widersprüchlich"), sowie *Mayer/Geck/Mayer,* Der Übergabevertrag, § 16 Fn. 106.

145 *Mayer/Geck/Mayer,* Der Übergabevertrag, § 16 Rn. 74; *Krauß,* Vermögensnachfolge, Rn. 4493; vgl. im Einzelnen *Kölmel,* RNotZ 2011, 332, 335 ff.

Übersicht: Prüfschema minderjähriger Erwerber 171

Wer gibt Erklärungen für den Minderjährigen ab?		
Minderjähriger selbst	**Eltern des Minderjährigen, § 1629 Abs. 1 S. 2 BGB**	**Ergänzungspfleger, § 1809 BGB**
lediglich rechtlicher Vorteil od. rechtlich neutral, § 107 BGB	• Minderjähriger kann Erklärungen nicht selbst abgeben • alternativ in allen Fällen in denen der Minderjährige auch selbst handeln könnte	Mindestens ein Elternteil ist von der Vertretung gemäß § 1629 Abs. 2 S. 1 i.V.m. § 1824 BGB ausgeschlossen • Selbstkontrahieren und Mehrfachvertretung, § 1824 Abs. 2 i.V.m. § 181 BGB (Ausnahme: lediglich rechtlicher Vorteil) • Übergeber ist der Ehegatte, Lebenspartner oder ein Verwandter in gerader Linie eines Elternteils, § 1824 Abs. 1 Ziff. 1 BGB; Ausnahme: Erfüllung einer Verbindlichkeit oder lediglich rechtlicher Vorteil Es bestehen beträchtliche Zweifel an der Vertretungsbefugnis der Eltern[144]
	Bedarf die Erklärung der Genehmigung durch das Familiengericht, § 1643 bzw. §§ 1809, 1813 BGB?	

Übersicht: Lediglich rechtlicher Vorteil und Genehmigungspflicht beim Erwerber einer Immobilie durch Minderjährige 172

	lediglich rechtlicher Vorteil	**Genehmigungspflicht**
reine Schenkung	(+)	(–)
Schenkung unter Auflage	(–) wegen Verpflichtung zur Vollziehung der Auflage	(–)
gemischte Schenkung	(–)	§ 1850 Nr. 6 BGB
Überlassung Wohnungs- oder Teileigentum	(–) wegen Haftung gemäß §§ 10 Abs. 8 S. 1 Hs. 1, 16 Abs. 2 WEG	§ 1850 Nr. 4 und Nr. 5 BGB
Überlassung Erbbaurecht	(+), wenn lediglich gesetzlicher Inhalt	ggf. § 1853 S. 1 Nr. 1 BGB
Überlassung einer vermieteten Immobilie	(–)	(–)
laufende öffentliche Lasten	(+)	(–)

Übernahme (künftiger) Erschließungskosten und Anliegerbeiträge	?	(–)
Übernahme dinglicher Belastungen	(+) Hypothek, Grundschuld, Vorkaufsrecht, Wiederkaufsrecht, Auflassungsvormerkung (–) Reallast wegen § 1108 BGB und Dienstbarkeiten bei Haftung des Grundstückeigentümers gemäß § 1021 Abs. 2 BGB i.V.m. § 1108 BGB	(–) § 1854 Nr. 4 BGB
Bestellung dinglicher Rechte im Zuge der Überlassung	(+), außer Eigentümer ist zum Kostenersatz gemäß §§ 1049, 667 ff. BGB verpflichtet	(–)
vertragliche Rückforderungsrechte	(+), wenn Ausgestaltung nach Bereicherungsrecht	(–)
Pflichtteilsverzicht	(–)	§ 1851 Nr. 9 BGB
Anrechnung auf den Pflichtteil	(+)	(–)
Anordnung Ausgleichung, § 2050 Abs. 3 BGB	(+)	(–)
Pflicht zur Tragung von Kosten und Verkehrssteuern	(+)	(–)

c) Gesellschaftsrecht

173 Nicht lediglich rechtlich vorteilhaft ist der **Abschluss eines Gesellschaftsvertrags**, sowohl die Gründung einer GbR wegen Übernahme der persönlichen Haftung[146], als auch die Gründung einer KG, GmbH oder Aktiengesellschaft wegen Verpflichtung zur Einlageleistung[147].

174 Die **Übertragung einer Beteiligung** an einer **GbR** oder **oHG** ist wegen der Übernahme der persönlichen Haftung für den Minderjährigen nie lediglich rechtlich vorteilhaft. Die Übertragung eines **GmbH-Geschäftsanteils** ist gleichfalls – auch wenn die Stammeinlage vollständig erbracht ist – (wegen der Möglichkeit der Ausfallhaftung nach §§ 24, 31 GmbHG) nie lediglich rechtlich vorteilhaft[148]. Nach h.M. sollen hingegen die Über-

146 *Krauß*, Vermögensnachfolge, Rn. 4500.
147 *Krauß*, Vermögensnachfolge, Rn. 4500.
148 *Bürger*, RNotZ 2006, 156, 162.

tragung von voll eingezahlten **Aktien**[149] lediglich rechtlich vorteilhaft sein. Hinsichtlich von **Kommanditbeteiligungen**, die voll eingezahlt sind, ist die Rechtslage streitig. Die zutreffende OLG-Rechtsprechung will eine Einzelprüfung des jeweiligen Schenkungs- und Gesellschaftsvertrags vornehmen, wonach idR lediglich rechtliche Vorteilhaftigkeit zu bejahen sein wird[150]. Aus Gründen der Rechtssicherheit sollte im Ergebnis jedoch die Bestellung eines Ergänzungspflegers anzuraten sein, um etwaigen Unwägbarkeiten vorzubeugen[151].

II. Zustimmung des gesetzlichen Vertreters

1. Eltern als gesetzliche Vertreter

Sind Verpflichtungs- oder/und Verfügungsgeschäft nicht lediglich rechtlich vorteilhaft, bedarf der beschränkt geschäftsfähige Minderjährige der Zustimmung seines gesetzlichen Vertreters. **Gesetzlicher Vertreter** des Kindes sind grds. dessen **Eltern**, und zwar beide gemeinschaftlich (§ 1629 Abs. 1 S. 2 BGB); außer es liegt ein Fall der alleinigen Sorgeberechtigung nur eines Elternteils vor (vgl. §§ 1673 ff. BGB). **175**

Die **Eltern** sind jedoch **von der Vertretung** des Kindes in den Fällen des §§ 1629 Abs. 2, 1824 BGB selbst **ausgeschlossen**. Ist auch nur ein Elternteil von der Vertretung ausgeschlossen, ist es auch der andere Elternteil ausgeschlossen, selbst wenn bei ihm die Voraussetzungen des § 1824 BGB nicht vorliegen[152]. Ausgeschlossen ist danach eine Vertretung insbesondere bei Rechtsgeschäften zwischen dem Ehegatten eines Elternteils oder einem seiner Verwandten in gerader Linie einerseits und dem Kind andererseits, sofern nicht das Rechtsgeschäft ausschließlich in Erfüllung einer Verbindlichkeit besteht (§ 1824 Abs. 1 Nr. 1 BGB) oder lediglich rechtlich vorteilhaft ist[153]. Auch können die Eltern das Kind nicht vertreten bei **176**

---

149 *Maier-Reimer/Marx,* NJW 2005, 3025; *Grüneberg/Ellenberger,* § 107 Rn. 4.

150 Vgl. OLG Brandenburg, DNotZ 2020, 687; OLG Köln, FGPrax 2018, 118; OLG Bremen, NZG 2008, 750; *Harbecke,* RNotZ 2022, 521, 536 f.; *Maier-Reimer/Marx,* NJW 2005, 3025; *Grüneberg/Ellenberger,* § 107 Rn. 4; a.A. OLG Frankfurt, DNotZ 2009, 142; OLG Oldenburg, NJW-RR 2019, 1127; LG Aachen, NJW-RR 1994, 1319; LG Köln, Rpfleger 1970, 245.

151 Ebenso *Harbecke,* RNotZ 2022, 521, 537; *Lüdecke,* NJOZ 2018, 681, 688; *Menzel/Wolf,* MittBayNot 2010, 186.

152 So die bislang herrschende Rspr., vgl. etwa BGH, NJW 1972, 1708; BayObLG, FamRZ 1976, 168; OLG Frankfurt, NotBZ 2012, 303; sowie die h.L., vgl. *Grüneberg/Götz,* § 1629 Rn. 14. Nunmehr möchte der BGH nach neu vertretener Ansicht, s. FamRZ 2021, 1127 – jedenfalls bei geschiedenen Eltern(!) – einen Ausschluss der Vertretungsmacht auch des anderen Elternteils bei Verhinderung nur eines Elternteils verneinen; diese Ansicht ist jedoch abzulehnen, wie hier *Zorn,* FamRZ 2022, 334.

153 *MünchKomm/Spickhoff,* § 1795 Rn. 32 f.

Rechtsgeschäften zwischen dem Minderjährigen einerseits und einem (oder beiden) seiner Eltern im eigenen Namen andererseits (Verbot des In-Sich-Geschäfts, § 1824 Abs. 2 BGB i.V.m. § 181 Alt. 1 BGB), sowie wenn die Eltern zugleich als Vertreter eines Dritten handeln (Verbot der Mehrfachvertretung, § 1824 Abs. 2 BGB i.V.m. § 181 Alt. 2 BGB).

177 Allerdings soll das **Verbot des § 181 BGB im Wege teleologischer Reduktion** dann keine Anwendung finden, wenn das vorzunehmende Rechtsgeschäft für den Minderjährigen **lediglich rechtlich vorteilhaft** ist[154]. Problematisch ist dies v.a. in Fällen, in denen die Eltern selbst die Zuwendung (Verpflichtungsgeschäft) getätigt haben und lediglich das **Verfügungsgeschäft mit einem rechtlichen Nachteil** verbunden ist. In diesem Fall könnten die Eltern – bei isolierter Betrachtung – das Verfügungsgeschäft in Erfüllung der Verbindlichkeit aus dem Verpflichtungsgeschäft (wirksam) erfüllen (vgl. § 181 Alt. 2 BGB). Nach der früher vom BGH vertretenen **Gesamtbetrachtungslehre** sollten in diesen Fällen Verpflichtungs- und Verfügungsgeschäft gemeinsam zu beurteilen sein: der rechtliche Nachteil des Verfügungsgeschäft führte dazu, dass auch das Verpflichtungsgeschäft nicht lediglich rechtlich vorteilhaft war[155]. Diese Rechtsprechung wurde in der Lit. unter dem Gesichtspunkt, dass hierdurch gegen das Trennungsprinzip verstoßen wird, abgelehnt[156]. Stattdessen wurde vorgeschlagen, das für richtig gehaltene Ergebnis durch eine teleologische Reduktion des § 181 letzter Hs. BGB herbeizuführen[157]. Ob der BGH an seiner bisherigen Rechtsprechung weiter festhalten wird, hat er ausdrücklich offen gelassen[158]. Eine Gesamtbetrachtung soll aber jedenfalls dann nicht (mehr) veranlasst sein, wenn alleine das Verpflichtungsgeschäft bei isolierter Betrachtung mit Rechtsnachteilen für den Minderjährigen verbunden ist; in diesem Fall fehle es von vornherein an einer Verpflichtung, die der gesetzliche Vertreter im Wege des In-Sich-Geschäfts gemäß § 181 letzter Hs. BGB erfüllen könne[159]. Folge dessen ist, dass etwa das Grundbuchamt bei Übertragung eines Grundstücks die Auflassung vollziehen müsste – unabhängig von der Unwirksamkeit des zugrunde liegenden Verpflichtungsgeschäfts – obgleich die Möglichkeit der Rückab-

---

154 BGH, NJW 1985, 2407; BayObLGZ 1979, 49, 52; BayObLG, FamRZ 2004, 1055, 1056; *Grüneberg/Götz*, § 1795 Rn. 13.

155 BGHZ 78, 28.

156 *Erman/Palm*, 11. Aufl. § 107 Rn. 5; *Jauernig*, JuS 1982, 576; *Feller*, DNotZ 1989, 66, 72; *Kern*, JA 1990, 281, 284; *Ultsch*, Jura 1998, 524, 528; zust. dagegen *MünchKomm/Schwab*, 4. Aufl., § 1909 Rn. 21; *Palandt/Heinrichs*, 63. Aufl., § 107 Rn. 6; *Gitter*, JR 1981, 283, 284.

157 *Soergel/Hefermehl*, 13. Aufl., § 107 Rn. 5; *Erman/Palm*, § 107 Rn. 5; *Jauernig*, JuS 1982, 576, 577; *Ultsch*, Jura 1998, 524.

158 BGH, NJW 2005, 415, 417.

159 BGH, NJW 2005, 415, 417.

wicklung nach §§ 812 ff. BGB besteht[160]. Wie sich die Rechtsprechung weiter entwickeln wird, bleibt abzuwarten.

2. Ergänzungspfleger

Sind die Eltern von der Vertretung des Kindes ausgeschlossen, ist ein Ergänzungspfleger zu bestellen, § 1809 Abs. 1 S. 1 BGB. Allerdings können bereits **ernstliche Zweifel**, ob eine rechtliche Verhinderung der Eltern an der Vertretung besteht, eine Pflegerbestellung rechtfertigen[161]. Gerade in Zweifelsfällen sollte daher (dem Weg der sichersten Vertragsgestaltung folgend) die Bestellung eines Ergänzungspflegers angeregt werden[162]. 178

Erhalten **mehrere Minderjährige** eine Zuwendung, ist fraglich, ob für den Übertragungsvorgang **nur ein Ergänzungspfleger** zu bestellen ist, der mehrere Minderjährige gleichzeitig vertritt; oder ob für jeden Minderjährigen jeweils separat ein Ergänzungspfleger zu handeln hat. Richtigerweise ist danach zu unterscheiden, ob die Minderjährigen unter Bildung neuer Gesellschaftsanteile in die Gesellschaft aufgenommen werden oder eine neue Gesellschaft gegründet wird; in diesen beiden Fällen bedarf es der Bestellung mehrerer Ergänzungspfleger. Anders aber, also nur ein "gemeinsamer" Ergänzungspfleger, beim derivativen Erwerb einer bereits bestehender Gesellschaftsbeteiligung[163]. Probleme können sich ggf. aber noch aus einer erforderlichen Anwendung des § 181 BGB stellen, wenn nach dem Gesellschaftsvertrag eine Zustimmung der anderen Gesellschafter erforderlich ist[164]. Unanwendbar ist § 181 BGB in jedem Fall, wenn in der gleichen Urkunde gleichzeitig die Anteile an alle Minderjährige abgetreten werden; denn in diesem Fall ist im Zeitpunkt der Abtretung keiner der Minderjährigen schon an der Gesellschaft beteiligt[165]. Anders könnte es sich verhalten bei zeitlich gestaffelten Abtretungen. Überzeugend ist hier aber das Argument, dass § 181 BGB als formale Ordnungsvorschrift in jedem Fall unanwendbar ist, wenn eine Genehmigungserklärung gegenüber dem anderen Vertragsteil erklärt wird[166]. Sachlich zuständig für die Bestellung ist das **Familiengericht** (§ 23a Abs. 1 S. 1 Nr. 1 GVG; §§ 111 Nr. 2, 151 Nr. 5 FamFG). 179

---

160 Vgl. BGH, NJW 2005, 415, 417.

161 BayObLGZ 1961, 277, 283.

162 *Kölmel*, RNotZ 2010, 1, 15; *Mayer/Geck/Mayer*, Der Übergabevertrag, § 16 Rn. 83; *Schöner/Stöber*, Rn. 3603.

163 OLG München, RNotZ 2010, 461, 462; *Bock*, notar 2022, 531, 537; *Ivo*, ZEV 2005, 193, 195; a.A. OLG Zweibrücken, NJW-RR 1999, 1174, 1175.

164 Generell den § 181 BGB auf die Zustimmung nicht anwenden wollend *Baumbach/Hopt/Roth*, § 105 HGB Rn. 70.

165 *Maier-Reimer/Marx*, NJW 2005, 3025, 3027.

166 *Ivo*, ZEV 2005, 193, 195; BayOLGZ 1977, 76, 80.

III. Gerichtliche Genehmigung (§§ 1850 ff. BGB)

1. Gerichtliche Genehmigungsbedürftigkeit bei Elternhandeln

a) Ermessensentscheidung des Gerichts

180 Wenngleich das Vertretungsrecht der Eltern nicht ausgeschlossen ist, bedürfen Eltern zu den in § 1643 BGB genannten Rechtsgeschäften einer **gerichtlichen Genehmigung** durch das Familiengericht (§ 1643 Abs. 1 BGB). Bis zur Erteilung der Genehmigung ist das Rechtsgeschäft **schwebend unwirksam** (vgl. § 1643 Abs. 3 i.V.m. § 1856 BGB)[167]. Wirksam wird die Genehmigung dem anderen Vertragsteil gegenüber mit Mitteilung durch den gesetzlichen Vertreter (§ 1856 Abs. 1 S. 2 BGB). Nach § 1856 Abs. 2 BGB besteht für den anderen Vertragsteil die Möglichkeit, den gesetzlichen Vertreter aufzufordern, ihm mitzuteilen ob die Genehmigung erteilt ist; erfolgt die Mitteilung der erteilten Genehmigung sodann nicht innerhalb von zwei Monaten, gilt sie als verweigert (§ 1856 Abs. 2 letzter Hs. BGB).

181 Bei der Erteilung bzw. Verweigerung der Genehmigung handelt es sich nach h.M. um eine **Ermessensentscheidung** des Gerichts[168]. Die Entscheidung hat sich nach dem **Interesse und Wohl des Kindes** zu richten, nicht nach Belangen Dritter. Das Gericht ist zwar nicht gehindert, auch die Interessen der Familie in Betracht zu ziehen, jedoch erst in zweiter Linie und nur dann, wenn sich das mit den Interessen des Kindes vereinbaren lässt[169]. Das Gericht hat eine Gesamtschau vorzunehmen, in die alle für das Gesamtinteresse maßgebenden Umstände vernünftig gegeneinander abzuwägen sind. V.a. ist auf finanzielle Gesichtspunkte abzustellen; aber auch ideelle Gesichtspunkte und Erwägungen zur Zweckmäßigkeit und Nützlichkeit können in die Ermessensentscheidung eingestellt werden[170].

182 Hinsichtlich der genehmigungspflichtigen Rechtsgeschäfte verweist § 1643 Abs. 1 BGB auf die §§ 1850 bis 1854 BGB.

---

167 BGHZ 15, 97.

168 BGH, NJW 1986, 2829; BayObLG, FamRZ 1981, 196, 197; BayObLG, DNotZ 1995, 941, 943 f.; *Erman/Döll*, § 1643 Rn. 30; a.A. *MünchKomm/Huber*, § 1643 Rn. 32: unbestimmter Rechtsbegriff, dessen richtige Anwendung auch durch das Rechtsbeschwerdegericht voll überprüfbar ist.

169 BayObLG, DNotZ 1995, 941, 943.

170 BayObLG, DNotZ 1995, 941, 943 f.

b) Rechtsgeschäfte nach § 1850 BGB

aa) § 1850 Nr. 1, 4 und 5 BGB

§ 1850 Nr. 1 BGB sieht eine Genehmigungspflicht bei **Verfügungen über ein Grundstück** oder ein Recht an einem Grundstück und § 1850 Nr. 5 BGB bei einer Verpflichtung zu einem in Nr. 1 bezeichneten Rechtsgeschäft vor. Allerdings setzen § 1850 Nr. 1 und 4 BGB voraus, dass der Minderjährige bereits Eigentümer des Grundstücks bzw. Inhaber des Rechts ist. Keine Anwendung findet die Vorschrift hingegen bei **Übertragung eines Grundstücks auf den Minderjährigen**, sowie auf Belastungen, die bereits auf dem Grundstück bestehen[171] oder die im Zusammenhang mit dem Erwerb des Grundstücks durch den Minderjährigen erst bestellt werden (etwa die Bestellung eines Wohnungs- oder Nießbrauchsrechts zugunsten des Übergebers im Zuge der Übergabe)[172]. Wird eine derartige Schenkungsauflage (Wohnungs-/Nießbrauchsrecht) nicht gleichzeitig mit dem Erwerb vollzogen, sondern wird lediglich eine entsprechende Verpflichtung zur Bestellung vereinbart, bedarf es zur Grundstücksübertragung gleichwohl keiner Genehmigung[173]; allerdings ist dann eine Genehmigung bei der später vorzunehmenden Belastung des Grundstücks erforderlich[174]. Zur unentgeltlichen Übertragung von Wohnungs- oder Teileigentum bedarf es seit 01.01.2023 immer die Genehmigung des Familiengerichts (§ 1850 Nr. 4 BGB). 183

bb) § 1850 Nr. 6 BGB

§ 1850 Nr. 6 BGB sieht eine Genehmigungspflicht zu einem Vertrag, der auf einen **entgeltlichen Erwerb eines Grundstücks** gerichtet ist, vor. Nicht hierunter fallen aber Grundstückserwerbe im Rahmen einer unentgeltlichen Übertragung, wenn der Minderjährige lediglich bereits bestehende dingliche Belastungen zu übernehmen hat[175] oder solche anlässlich der Übertragung bestellt werden sollen (insbesondere Wohnungs- oder Nießbrauchsrecht)[176]. Problematisch kann die Abgrenzung im Einzelfall dennoch sein, insbesondere wenn der Minderjährige **bestehende Verbindlichkeiten** übernehmen soll. Hier wird man von einem unentgeltlichen Erwerb nur dann sprechen können, wenn die übernommenen Ver- 184

171 *MünchKomm/Kroll-Ludwigs*, § 1821 Rn. 27.

172 BGH, NJW 1957, 303; BayObLG, DNotZ 1999, 589; *MünchKomm/Kroll-Ludwigs*, § 1821 Rn. 26; *Mayer/Geck/Mayer*, Der Übergabevertrag, § 16 Rn. 32.

173 OLG Frankfurt, Rpfleger 1981, 19.

174 *MünchKomm/Kroll-Ludwigs*, § 1821 Rn. 26.

175 BayObLGZ 1968, 1.

176 *MünchKomm/Kroll-Ludwigs*, § 1821 Rn. 49.

bindlichkeiten eindeutig durch den Wert des zugewendeten Vermögens gedeckt sind; anderenfalls ist ein entgeltlicher Erwerb anzunehmen[177].

c) Rechtsgeschäfte nach §§ 1852 bis 1854 BGB

aa) § 1852 BGB

185 Nach **§ 1822 Nr. 3 BGB a.F.** (bis 31.12.2022) bedurfte ein Vertrag, der auf den **entgeltlichen Erwerb** oder die **Veräußerung eines Erwerbsgeschäfts** gerichtet ist, sowie ein **Gesellschaftsvertrag**, der zum Betrieb eines Erwerbsgeschäfts eingegangen wird, der gerichtlichen Genehmigung.

185a **Seit 01.01.2023** regelt **§ 1852 BGB** das Genehmigungserfordernis für handels- und gesellschaftsrechtliche Rechtsgeschäfte: Danach bedarf es **immer** (!) einer Genehmigung für den Erwerb oder die Veräußerung eines Erwerbsgeschäfts (Nr. 1 lit. a), eines Anteils an einer Personen- oder Kapitalgesellschaft, die ein Erwerbsgeschäft betreibt (Nr. 1 lit. b), sowie zu einem Gesellschaftsvertrag, der zum Betrieb eines Erwerbsgeschäfts eingegangen wird (Nr. 2). Dies gilt somit **auch für unentgeltliche Übertragungen**[178]. Fraglich ist, wie mit Anteilen (Aktien) an einer AG zu verfahren sein wird. Zwar handelt es sich hierbei unzweifelhaft um eine Kapitalgesellschaft. Allerdings sollen Aktien nach der Begründung des Regierungsentwurfs als Wertpapiere anzusehen sein und damit nicht dem Genehmigungserfordernis des § 1852 BGB unterfallen[179]. I.E. wird dies – bei richtiger teleologischer – Reduktion aber nicht für Aktiengesellschaften gelten, die nicht an der Börse notiert sind; auch hier wird es richtigerweise der Genehmigung nach § 1852 BGB bedürfen[180].

186 Maßgeblich ist damit der Begriff des Erwerbsgeschäfts, wenngleich auch das reformierte Vormundschafts- und Betreuungsrecht (leider) auf eine entsprechende Definition verzichtet. Unter **Erwerbsgeschäft** versteht sich nach h.L. jede regelmäßig ausgeübte, auf selbständigen Erwerb gerichtete Tätigkeit, die auf Gewinnerzielung gerichtet und auf gewisse Dauer angelegt ist[181]. Unerheblich ist, in welcher **Rechtsform** das Erwerbsgeschäft ausgeübt wird[182]. Nach der bis zum 31.12.2022 geltenden Rechtslage hing die Genehmigungspflichtigkeit i.E. davon ab, ob dem Minderjährigen lediglich eine **bloße Kapitalbeteiligung**, die keine Partizipation an Verlust, Betriebsrisiko oder Betriebsführung mit sich bringt, übertragen

177 *MünchKomm/Kroll-Ludwigs,* § 1821 Rn. 50, unter Verweis auf OLG Düsseldorf, MittRhNotK 1975, 113; a.A. KG, FamRZ 2011, 736, 738 (genehmigungspflichtig); siehe hierzu auch *Kölmel,* RNotZ 2010, 1, 19.

178 *Bock*, notar 2022, 351, 355.

179 Vgl. BT-Drucks. 19/24445, S. 288.

180 Tendenziell ebenso *Bock*, notar 2022, 351, 356; *Eble*, RNotZ 2021, 117, 123.

181 BayObLG, FamRZ 1996, 119; OLG München, FamRZ 2009, 623.

182 *MünchKomm/Kroll-Ludwigs,* § 1822 Rn. 13.

wurde, oder ob ihn künftig auch das **Unternehmerrisiko** treffen sollte[183]. Danach sollte der Erwerb eines oHG-Anteils (auch Kommanditanteils[184]) unter die Genehmigungspflicht des Nr. 3 fallen[185], hingegen grds. nicht der Erwerb einer bloßen Beteiligung an einer AG oder GmbH (anders beim Erwerb einer unternehmerischen Mehrheit[186]), da bei AG und GmbH das „Erwerbsgeschäft" der juristischen Person und nicht etwa dem einzelnen Aktionär oder Gesellschafter zugeordnet wurde[187]. Allerdings nahm die Rspr. eine Genehmigungspflicht in diesen Fällen dann an, wenn der Erwerb vor Eintragung der Gesellschaft im Handelsregister erfolgte (wegen der Möglichkeit der Handelndenhaftung, vgl. § 41 Abs. 1 AktG, § 11 Abs. 2 GmbHG)[188]. Risiken, die aus einer Inanspruchnahme wegen der im Zeitpunkt der Anmeldung bereits fälligen Ansprüche und aus einer möglicherweise später fällig werdenden Ausfallhaftung nach § 24 GmbHG drohten, wurde durch die Genehmigungspflicht nach § 1822 Nr. 10 BGB a.F. begegnet[189]. Nach nunmehr geltendem Recht seit 01.01.2023 bedarf es gemäß § 1852 Nr. 1 BGB immer einer Genehmigung (s.o.). Anders aber dann (keine Genehmigungspflicht), wenn der Minderjährige selbst handelnd kann (da der Erwerb lediglich rechtlich vorteilhaft ist) und dies auch tut (also keine Vertretung durch Eltern oder Ergänzungspfleger erfolgen); in diesen Fällen bedarf es dann auch keiner Genehmigung des Familiengerichts[190].

Der Genehmigungspflicht unterliegt auch der **Abschluss** eines **Gesellschaftsvertrags** unter Beteiligung eines Minderjährigen. Hierunter fallen sowohl die Gründung von Personengesellschaften (GbR, oHG, KG)[191], als auch Kapitalgesellschaften (GmbH, AG)[192], seit 01.01.2023: § 1852 Nr. 2 BGB. **187**

§ 1852 BGB greift nicht, wenn kein Erwerbsgeschäft vorliegt, sondern es sich lediglich um **Vermögensverwaltung** handelt; in diesen Fällen bedarf es keiner Genehmigung nach § 1852 Nr. 1 und 2 BGB. Die Abgrenzung von Erwerbsgeschäft und Vermögensverwaltung ist im Einzelnen **188**

183 Vgl. *Grüneberg/Götz* (81. Aufl.), § 1822 Rn. 6; *MünchKomm/Kroll-Ludwigs,* § 1822 Rn. 13.

184 OLG Bremen, NJW-RR 1999, 876; OLG Zweibrücken, FamRZ 2001, 181; OLG Frankfurt, DNotZ 2009, 142.

185 *MünchKomm/Kroll-Ludwigs,* § 1822 Rn. 17.

186 BGH, DNotZ 2004, 152.

187 *MünchKomm/Kroll-Ludwigs,* § 1822 Rn. 18.

188 BGH, FamRZ 1989, 605, 607; *MünchKomm/Kroll-Ludwigs,* § 1822 Rn. 18.

189 BGH, FamRZ 1989, 605, 607; *MünchKomm/Kroll-Ludwigs,* § 1822 Rn. 18.

190 *Bock,* notar 2022, 351, 356.

191 Vgl. BGHZ 17, 160; BayObLG, FamRZ 1997, 842; OLG Naumburg, FamRZ 2003, 57; *MünchKomm/Kroll-Ludwigs,* § 1822 Rn. 22.

192 *Erman/Schulte-Bunert,* § 1822 Rn. 15; *MünchKomm/Kroll-Ludwigs,* § 1822 Rn. 26; *Soergel/Zimmermann,* § 1822 Rn. 23 f.

umstritten[193]. Auf die Rechtsform alleine kann dabei nicht abgestellt werden; so kann auch Verwaltung von (Grund-)Vermögen in Form einer (Handels-)Gesellschaft private Vermögensverwaltung sein[194]. Bloße Vermögensverwaltung scheidet aus, wenn der Vermögensumfang entweder eine berufsmäßige Verwaltung erfordert oder die Gesellschaft unternehmerisches Risiko übernimmt oder das Gesellschaftsvermögen sich angesichts der Dauer seiner Bindung vom Typus des Privatvermögens entfernt[195]. So wurde ein Erwerbsgeschäft etwa bejaht bei einer Gesellschaft, deren Gegenstand die Verwaltung, Vermietung und Verwertung gewerblich nutzbarer Immobilien von erheblichem Wert ist[196] oder wenn der Gesellschaftsvertrag auch den Erwerb und die Vermietung weiterer Objekte zulässt[197]. Anders aber (bloße Vermögensverwaltung) bei Verwaltung eines selbst genutzten Wohnhauses[198].

189 **Praxistipp:** In Zweifelsfällen empfiehlt es sich, eine gerichtliche Genehmigung bzw. ein entsprechendes Negativattest einzuholen[199].

bb) § 1853 BGB

190 Genehmigungsbedürftig ist nach § 1643 Abs. 4 S. 1 BGB der Abschluss eines Miet- oder Pachtvertrags oder anderen Vertrags, durch den der Minderjährige zu wiederkehrenden Leistungen verpflichtet wird, sofern das Vertragsverhältnis länger als ein Jahr nach dem Eintritt der Volljährigkeit des Minderjährigen fortdauern soll. Seit 01.01.2023 bedarf es nach § 1853 S. 1 Nr. 2 BGB zudem immer der Genehmigung bei Abschluss eines Pachtvertrags über einen gewerblichen oder land- bzw. forstwirtschaftlichen Betrieb. Nicht hierunter fällt jedoch der sich durch Erwerb eines Grundstücks **kraft Gesetzes vollziehende Eintritt in einen Miet-/Pachtvertrag** (§ 566 BGB)[200].

193 Vgl. OLG München, FamRZ 2009, 623.

194 OLG München, FamRZ 2009, 623; *Erman/Saar*, § 1822 Rn. 14.

195 *Erman/Schulte-Bunert*, § 1822 Rn. 14.

196 OLG Schleswig, NZG 2020, 593; BayObLG, FamRZ 1996, 119; BayObLG, FamRZ 1997, 842.

197 OLG Brandenburg, NZG 2020, 597.

198 OLG München, FamRZ 2009, 623; *Woinar*, NotBZ 2020, 87, 89; *Wertenbruch*, FamRZ 2003, 1714, 1716.

199 *von Hoyenberg*, Vorweggenommene Erbfolge, Kap. 13 Rn. 22; *Langenfeld/Günther*, Grundstückszuwendungen, Rn. 738.

200 BGH, FamRZ 1983, 371, 372; LG München II, MittBayNot 2005, 234, 235.

cc) § 1854 BGB

Genehmigungspflichtig ist ferner die Übernahme einer fremden Verbindlichkeit, insbesondere die Eingehung einer **Bürgschaft** (§ 1854 Nr. 4 und 5 BGB). Nr. 10 erfasst auch Fälle des Schuldbeitritts sowie einer Erfüllungsübernahme[201]. **Nicht** hierunter fallen jedoch die **Übernahme von auf dem Grundstück ruhenden Lasten** oder der **Eintritt in ein bestehendes Mietverhältnis** nach § 566 BGB[202]. Anders als für Übertragungen bis zum 31.12.2022 besteht hingegen keine Genehmigungspflicht mehr bei Erwerb eines Bruchteils (also lediglich eines Miteigentumsanteils an einer Wohnungseigentums-Einheit) von Wohnungseigentum (wegen der gesamtschuldnerischen Haftung gemäß § 16 Abs. 2 WEG)[203]; dies ist insofern freilich unerheblich, als der Erwerb von Wohnungseigentum nach nunmehr geltendem Recht immer dem Genehmigungsvorbehalt unterliegt (§ 1850 Nr. 4 BGB). War bis zum 31.12.2022 der Erwerb eines **Geschäftsanteils an einer GmbH**, dessen Stammeinlage nicht vollständig eingezahlt ist, nach § 1822 Nr. 10 BGB a.F. genehmigungspflichtig (Haftung nach §§ 16 Abs. 2, 24 GmbHG)[204], gilt **seit 01.01.2023** eine generelle **Genehmigungspflicht** nach **§ 1852 Nr. 1 lit. b BGB.** 191

2. Gerichtliche Genehmigung bei Handeln eines Ergänzungspflegers

Ist ein Ergänzungspfleger bestellt, bedarf auch dieser zur Vornahme bestimmter Rechtsgeschäfte der Genehmigung des Familiengerichts (vgl. § 1813 BGB i.V.m. § 1799 BGB). 192

IV. Verwaltung des von einem Minderjährigen erworbenen Vermögens

1. Ausschluss der Vermögenssorge (§ 1638 BGB)

Nach § 1626 Abs. 1 S. 2 BGB steht die Sorge über das Vermögen eines Minderjährigen dessen gesetzlichem Vertreter zu. Jedoch kann der Zuwendende anlässlich einer unentgeltlichen Zuwendung an einen Minderjährigen die Vermögenssorge hinsichtlich des zugewandten Vermögens be- 193

---

201 *Erman/Schulte-Bunert*, § 1822 Rn. 29a.

202 *Mayer/Geck/Mayer*, Der Übergabevertrag, § 16 Rn. 37; *Krauß*, Vermögensnachfolge, Rn. 4547

203 KG, BeckRS 2010, 28459; *MünchKomm/Kroll-Ludwigs*, § 1822 Rn. 66; *Krauß*, Vermögensnachfolge, Rn. 4552.

204 BGH, FamRZ 1989, 605; KG, NJW 1962, 54; *MünchKomm/Kroll-Ludwigs*, § 1822 Rn. 66; *Soergel/Zimmermann*, § 1822 Rn. 42; weitergehend OLG Stuttgart, OLGZ 1978, 426: stets genehmigungspflichtig.

schränken (§ 1638 Abs. 1 BGB); die Anordnung muss bei der Zuwendung selbst erfolgen, also zur gleichen Zeit, nicht vorher oder nachher[205].

194 Sofern der Ausschluss des Verwaltungsrechts gegenüber beiden Elternteilen erfolgt, ist in Ansehung des so von der Vermögenssorge ausgenommenen Vermögens vom Familiengericht ein **Ergänzungspfleger** zu bestellen (§ 1809 BGB)[206]. Der Zuwendende hat insofern eine Benennungsrecht nach § 1811 Abs. 2 Nr. 1 BGB. Er kann zudem den Pfleger von den Beschränkungen der §§ 1852 bis 1854 BGB befreien (seit 01.01.2023: § 1811 Abs. 2 Nr. 2 i.V.m. §§ 1843, 1845, 1846, 1848, 1849 Abs. 1 S. 1 Nr. 1 und 2 sowie § 1865 BGB). An die Benennung ist das Familiengericht gebunden; es kann hiervon nur abweichen, wenn die Voraussetzungen des § 1778 BGB vorliegen (§§ 1782 bis 1784 BGB)[207].

195 **Formulierungsbeispiel** [Ausschluss der Vermögenssorge]:

> Solange der Erwerber noch minderjährig ist und die elterliche Sorge seinen leiblichen Eltern bzw. einem von diesen zusteht, schließe ich, Übergeber, die Verwaltung hinsichtlich des heute dem Erwerber zugewendeten Vermögens durch dessen leibliche Eltern gemäß § 1638 BGB aus. Für die Dauer der Minderjährigkeit des Erwerbers benenne ich in Ansehung dieses Vermögens … als Pfleger. Für den Pfleger sind die in § 1811 Abs. 2 Nr. 2 BGB bezeichneten Befreiungen anzuordnen.

2. Verwaltungsanordnung (§ 1639 BGB)

196 Anstatt eines vollständigen Verwaltungsentzugs nach § 1638 BGB kann der Zuwendende auch Verwaltungsanordnungen treffen (§ 1639 Abs. 1 BGB). Hierdurch kann er den Eltern als gesetzlichen Vertretern genaue Vorgaben für die Verwaltung des zugewandten Vermögens machen, die nach §§ 1666, 1667 BGB auch gerichtlich durchsetzbar sind[208]. Eine Verletzung dieser Pflichten kann zur Schadensersatzpflicht nach § 1664 BGB führen[209]. Da den Eltern aber nicht die Befugnis zur Verwaltung per se entzogen ist, ist die Ernennung eines Ergänzungspflegers nicht erforderlich[210].

197 Allerdings können die Eltern von den Verwaltungsanordnungen abweichen, wenn andernfalls das Kindeswohl gefährdet wäre; allerdings be-

---

205 OLG Naumburg, FamRZ 2003, 1406, 1407.
206 Vgl. BayObLG, FamRZ 1989, 1342.
207 *Frenz,* DNotZ 1995, 908, 911 f.
208 *Erman/Döll,* § 1639 Rn. 1.
209 *Mayer/Geck/Mayer,* Der Übergabevertrag, § 16 Rn. 108.
210 BayObLG, Rpfleger 1982, 180.

darf es hierzu einer gerichtlichen Genehmigung (§ 1639 Abs. 2 BGB i.V.m. § 1837 Abs. 2 BGB).[211]

3. Inventarisierungspflicht (§ 1640 BGB)

Anlässlich der Zuwendung kann der Zuwendende auch bestimmen, **198**
dass hinsichtlich des zugewandten Vermögens abweichend von § 1640 Abs. 1 BGB kein Vermögensverzeichnis durch die Eltern zu führen ist (§ 1640 Abs. 2 Nr. 2 BGB).

211 *Erman/Döll*, § 1639 Rn. 2.

Kapitel 3: Familiengesellschaft und Familienstiftung

A. Grundgedanken und Abgrenzung

Neben der Übertragung ganzer Wirtschaftseinheiten oder der Übertragung von Bruchteilen hieran (vgl. hierzu die Ausführungen unter Rn. 58 ff.) besteht als weitere Gestaltungsmöglichkeit die Gründung einer Familiengesellschaft oder auch einer Familienstiftung – wenngleich sich Familiengesellschaft und Familienstiftung erheblich voneinander unterscheiden. 199

Bei Gründung einer **Familiengesellschaft** steht im **Vordergrund der Wunsch des Übergebers**, weiterhin an dem (teilweise) **übertragenen Vermögen beteiligt** zu sein. Es handelt sich hier also i.d.R. um Fallgestaltungen, in denen (wirtschaftlich) nicht der gesamte Vermögensgegenstand aus der Hand gegeben wird, sich der Übergeber vielmehr einen Teil zurückbehält (nicht nur in Form eines Nutzungsrechts, wie etwa eines Nießbrauchs)[1]. Ähnliche Ergebnisse können erreicht werden, wenn lediglich ein Bruchteil (Miteigentumsanteil) des Vermögenswertes übertragen wird; in diesen Fällen entsteht eine Bruchteilsgemeinschaft mit den hierfür geltenden §§ 741 ff. BGB. 200

Als **Vorteil** einer „gesellschaftsrechtlichen Lösung" wird deren im Vergleich zur Bruchteilsgemeinschaft größere Flexibilität erachtet. So unterscheidet sich die Gesellschaft von der Bruchteilsgemeinschaft bereits durch ihre (gesellschafts-)vertragliche Grundlage sowie Verfolgung eines gemeinsamen Zwecks (vgl. § 705 BGB)[2], der über das Halten eines konkreten Vermögensgegenstands weit hinausgehen kann. Hingegen erschöpft sich das gemeinsame Interesse bei der Bruchteilsgemeinschaft in dem gemeinschaftlichen Haben und Verwalten der derart (gesetzlich) begründeten Einheit[3]. 201

Wenngleich sich (auch) die Gründung einer Gesellschaft unter Einbringung eines konkreten Vermögensgegenstands auf dessen Halten und Verwalten begrenzen kann, muss sie dies gerade nicht. Vielmehr können 202

1 Eingehend hierzu *Oppermann*, RNotZ 2005, 453.

2 *Erman/Westermann*, Vor § 705 Rn. 4.

3 *Erman/Westermann*, Vor § 705 Rn. 4.

im Rahmen des Gesellschaftszwecks weitere „Verwaltungshandlungen“ vorgenommen werden, wie etwa die Neuanschaffung eines Vermögensgegenstands, die Vornahme weiterer Einbringungsakte, die Veräußerung und/oder Umschichtung bereits gehaltenen Gesellschaftsvermögens, etc. V.a. der Einfluss des ursprünglichen Gründers („Übergeber“) kann derart weit ausgestaltet werden, dass er – ggf. auch bei Halten lediglich einer Minderheitsbeteiligung – maßgeblichen Einfluss auf die Geschicke der Gesellschaft hat.

B. Familiengesellschaft

203 Wegen ihrer Flexibilität wird bei vermögensverwaltenden Familiengesellschaften zumeist der Weg in die **Personengesellschaften** gesucht. **Haftungsrisiken** stellen sich oftmals bei rein verwaltenden Gesellschaften nicht (bzw. lassen sich zumeist über entsprechende Versicherungen abdekken). Aber auch i.R. einer Personengesellschaft kann etwa durch Gründung einer GmbH & Co. KG das Haftungsrisiko auf das Gesellschaftsvermögen begrenzt werden, wenngleich diese (Misch-)Rechtsform die Vorteile einer Personengesellschaft bietet[4]. Die Frage nach der Rechtsform sowie der Ausgestaltung des Gesellschaftsvertrags kann freilich immer nur auf den Einzelfall bezogen entschieden werden.

204 Nachfolgend sollen die in der Praxis am häufigsten vorkommenden vermögensverwaltenden Familiengesellschaften beleuchtet werden: die Gesellschaft bürgerlichen Recht sowie die Kommanditgesellschaft.

I. Gesellschaft bürgerlichen Rechts

1. Entstehen der Gesellschaft

205 Für die Gesellschaft bürgerlichen Rechts (GbR) gelten die §§ 705 ff. BGB. Die GbR ist die Grundform der Personengesellschaft. Sie kennzeichnet sich durch den Zusammenschluss mindestens zweier Personen zur **Erreichung eines gemeinschaftlichen Zwecks** sowie **Förderung dieses Zwecks** in der vertraglich vereinbarten Weise (vgl. § 705 BGB). Die Gesellschafter können sich zur Verwirklichung jeden erlaubten Zwecks vereinigen, sofern er irgendwie auf die Förderung durch vermögenswerte Leistungen gerichtet ist[5].

---

4 Zu Einzelheiten vgl. *Ring/Grziwotz/Kappler*, Systematischer Praxiskommentar Personengesellschaften, Kap. 3.

5 *Grüneberg/Sprau*, BGB, § 705 Rn. 20.

Die Verwaltung von Familienvermögen ist legitimer Zweck im vorstehenden Sinne. Die Förderung des Zwecks wird hier erreicht durch Zurverfügungstellung von finanziellen Mitteln, i.d.R. durch **Einbringung eines Vermögenswertes** in das Gesellschaftsvermögens, dessen Verwaltung gleichsam Zweck der Gesellschaft ist. 206

Der Zusammenschluss der Gesellschafter (Gründung) kann grds. **formfrei** erfolgen. Es bedarf keines schriftlichen Gesellschaftsvertrags; in diesen Fällen gelten dann ausschließlich die gesetzlichen Vorschriften. **Formbedürftig** (notarielle Beurkundung) wird der Gründungsakt dann, wenn sich ein Gesellschafter im Rahmen der Gründung verpflichtet, ein **Grundstück oder einen Geschäftsanteil an einer GmbH** in die Gesellschaft einzubringen (vgl. § 311b BGB; § 15 Abs. 4 GmbHG). Zudem begründet § 518 Abs. 1 BGB ein Beurkundungserfordernis bei (teil-)unentgeltlicher Zuwendung einer Gesellschafterstellung (Aufnahme eines Gesellschafters ohne oder bei unter Wert der erworbenen Beteiligung vereinbarten Kapitaleinlageverpflichtung)[6]. 207

Die sog. (Außen-)GbR, die durch Teilnahme am Rechtsverkehr eigene Rechte und Pflichten begründet, ist nach nunmehr vertretener Ansicht der Rechtsprechung **rechtsfähig**; sie selbst ist Träger von Rechten und Pflichten[7]. 208

Anders als oHG oder KG wird sie jedoch **nicht in das Handelsregister eingetragen** (Folge: fehlende Registerpublizität), was im Einzelfall zu Schwierigkeiten im Rechtsverkehr führen kann (siehe Rn. 216). Anders wird sich die Rechtslage aber nach dem Gesetz zur Modernisierung des Personengesellschaftsrechts (Personengesellschaftsrechtsmodernisierungsgesetz – MoPeG) darstellen, das zum 01.01.2024 in Kraft treten wird[8]. Danach kann die Außen-GbR in ein neu geschaffenes Personengesellschaftsregister eingetragen werden. 209

Die GbR ist **grundbuchfähig**. Nach § 47 Abs. 2 S. 1 GBO sind neben der GbR auch deren Gesellschafter im Grundbuch einzutragen (§ 47 Abs. 2 S. 1 GBO). Wollen Personen in Gesellschaft bürgerlichen Rechts erwerben, genügt die Erklärung der Gesellschafter in der Erwerbsurkunde, in Gesellschaft bürgerlichen Rechts erwerben zu wollen, um ihr Erwerbsverhältnis ausreichend klar darzustellen; weiterer Nachweise der Existenz, Identität und Vertretungsverhältnisse der GbR bedarf es gegenüber dem Grundbuchamt (insbesondere in der Form des § 29 GBO) nicht[9]. Ist eine 210

---

6 *von Hoyenberg,* Vorweggenommene Erbfolge, Kap. 13 Rn. 44; *Mayer/Geck/Mayer,* Der Übergabevertrag, § 18 Rn. 4.

7 BGH, NJW 2001, 1056; BGH, NJW 2014, 1107, 1110.

8 BGBl. I 2021, S. 3436.

9 BGH, NJW 2011, 1958; siehe auch *Kesseler,* NJW 2011, 1909, 1912.

Gesellschaft bürgerlichen Rechts einmal im Grundbuch eingetragen, so wird **in Ansehung des eingetragenen Rechts auch vermutet**, dass diejenigen Personen Gesellschafter sind, die im Grundbuch eingetragen sind (vgl. § 47 Abs. 2 S. 1 GBO), und dass darüber hinaus keine weiteren Gesellschafter vorhanden sind (§ 899a S. 1 BGB). Handeln alle im Grundbuch eingetragenen Gesellschafter, finden die Vorschriften über den **gutgläubigen Erwerb** Anwendung (vgl. §§ 899a S. 2, 892 ff. BGB).

211 Die GbR kann im Rechtsverkehr einen **Namen** führen[10], der auch im Grundbuch (mit-)eingetragen werden kann (vgl. § 15 Abs. 1 Ziff. c Hs. 2 GBV).

2. Geschäftsführung und Vertretung

212 **Geschäftsführung** i.S.d. § 709 BGB meint alle Maßnahmen, gleich ob rechtsgeschäftlicher oder tatsächlicher Art, die den Gesellschaftszweck unmittelbar oder mittelbar fördern sollen[11]. Gleichgültig ist, ob sich die Maßnahme auf das Innenverhältnis beschränkt (z.B. Herbeiführung eines Gesellschafterbeschlusses) oder auch nach außen hin vorgenommen wird (und damit zugleich Vertretungshandlung ist, z.B. Vornahme eines Rechtsgeschäfts mit einem Dritten)[12].

213 **Vertretung** i.S.d. § 714 BGB betrifft hingegen die Frage, ob und inwieweit ein Gesellschafter im Außenverhältnis mit unmittelbarer Wirkung für die Gesellschaft handeln kann[13].

214 Sofern nichts Abweichendes vereinbart ist, steht die **Geschäftsführung allen Gesellschaftern gemeinschaftlich** zu; für jede Geschäftsführungsmaßnahme ist die Zustimmung aller Gesellschafter erforderlich (vgl. § 709 Abs. 1 BGB). Das gleiche gilt für die **Vertretung** der Gesellschaft nach außen; mangels abweichender Vereinbarung sind alle Gesellschafter **gemeinschaftlich vertretungsberechtigt** (vgl. § 714 BGB). Die Gesellschafter können gesellschaftsvertraglich (ggf. auch konkludent[14]) vereinbaren, dass ein Gesellschafter oder alle Gesellschafter jeweils einzeln geschäftsführungs- und auch vertretungsberechtigt sind (vgl. §§ 711, 714 BGB). Zwingend zu beachten ist aber der Grundsatz der **Selbstorganschaft**. Danach können jedenfalls nicht alle Gesellschafter von der Geschäftsführung und Vertretung derart ausgeschlossen werden, als diese Befugnisse alleine auf einen gesellschaftsfremden Dritten übertragen sind[15].

---

10 Vgl. BGH, NJW 2009, 594.

11 *Erman/Westermann*, § 709 Rn. 5.

12 *Erman/Westermann*, § 709 Rn. 5; *Grüneberg/Sprau*, Vorb v § 709 Rn. 1.

13 *Grüneberg/Sprau*, Vorb v § 709 Rn. 2.

14 BGH, NJW 1955, 825, 826.

15 BGH, NJW 1982, 877, 878; siehe auch *Altmeppen*, ZIP 2006, 1, 3.

Praxistipp: Gerade bei Familiengesellschaften werden oftmals die „einbringenden Gesellschafter“ (Eltern) auch weiterhin eine alleinige Vertretungsmacht wünschen, so dass hier oft ein Abweichen vom Grundsatz der gemeinschaftlichen Geschäftsführung und Vertretung angezeigt ist. 215

Probleme stellen sich in der Praxis insbesondere hinsichtlich des Nachweises der **Vertretungsmacht** eines Gesellschafters. Gegenüber dem Grundbuchamt ist der Nachweis in der Form des § 29 GBO zu erbringen. Mangels Eintragung in das Handelsregister scheidet eine Registerpublizität aus. Soll die GbR im Grundbuchverkehr abweichend von der gesetzlichen Regelung vertreten werden, ist ein grundbuchtauglicher Vertretungsnachweis in der Form des § 29 Abs. 1 GBO erforderlich. Die Vorlage eines, auch notariell beurkundeten Gesellschaftsvertrages, der Einzelvertretungsbefugnis ausweist, soll aber nicht genügen[16]. Nach MoPeG werden sich die Probleme des Vertretungsnachweises nicht mehr stellen, da eine GbR, die im Grundbuch eingetragen werden soll, zwingend in das Personengesellschaftsregister eingetragen sein muss[17]. 216

3. Haftung

Wird die GbR rechtsgeschäftlich wirksam vertreten, haftet zunächst die Gesellschaft selbst mit ihrem **Gesellschaftsvermögen**. Daneben haften grds. **auch alle Gesellschafter akzessorisch**, persönlich, primär, unbeschränkt und in voller Höhe (akzessorische Haftung der Gesellschafter für die Verbindlichkeiten der Gesellschaft analog § 128 HGB)[18]. Eine Haftungsbeschränkung bei der GbR kommt nur durch individuelle Absprache mit dem Gläubiger in Betracht[19]; die bloße Angabe „GbR mbH“ genügt hierfür nicht[20]. 217

Wer diese „Schwäche“ der GbR bereits dem Grunde nach umgehen möchte, dem bleibt nur der Weg in eine (jedenfalls teilweise) beschränkt haftende Gesellschaftsform. 218

4. Gesellschafterbeschlüsse und Stimmrecht

Gesellschafterbeschlüsse sind **einstimmig** zu fassen; für Beschlüsse die Geschäftsführung betreffend ergibt sich dies aus § 709 BGB, für sonstige Beschlüsse aus § 705 BGB[21]. Allerdings kann der Gesellschaftsvertrag 219

16 OLG München, DStR 2011, 1965; vgl. aber auch BGH, NJW-RR 2012, 532.
17 Vgl. *Bolkart*, MittBayNot 2021, 319, 323.
18 BGH, NJW 2011, 2040, 2042.
19 BGH, NJW-RR 2005, 400.
20 KG, NZG 2004, 714; *Grüneberg/Sprau*, § 714 Rn. 18.
21 *Grüneberg/Sprau*, Vorb v § 709, Rn. 11a.

auch ein (einfaches oder qualifiziertes[22]) Stimmenmehrheitserfordernis aufstellen **(Mehrheitsprinzip)**[23]. Das Mehrheitserfordernis kann für alle Bereiche von Gesellschafterbeschlüssen aufgestellt werden, mithin nicht nur für Geschäftsführungsmaßnahmen, sondern auch für Grundlagengeschäfte. Nach **Aufgabe** des vormals geltenden **Bestimmtheitsgrundsatzes**[24] genügt es nunmehr für die formelle Legitimation eines Mehrheitsbeschlusses bereits, dass sich aus dem Gesellschaftsvertrag – ausdrücklich oder durch Auslegung – eindeutig ergibt, dass der **jeweilige Beschlussgegenstand einer Mehrheitsentscheidung unterworfen** sein soll; einer Aufzählung der von der Mehrheitsklausel erfassten Beschlussgegenstände im Einzelnen bedarf es hierfür grds. nicht (mehr), und zwar auch dann nicht, wenn es sich um Grundlagengeschäft handelt[25]. Gleichwohl kann ein derart gefasster formell wirksamer Gesellschafterbeschluss gegenüber einzelnen Gesellschaftern unwirksam sein, so wenn er bspw. unzulässigerweise in Rechte eines Gesellschafters eingreift[26].

220 Mit der Stellung als Gesellschafter verbunden ist das **Stimmrecht**. Es steht dem Gesellschafter zu und kann nicht isoliert auf Dritte übertragen werden; möglich ist aber die Überlassung der Ausübung des Stimmrechts[27]. Das Stimmrecht wird nach Köpfen berechnet (vgl. § 709 Abs. 2 BGB). Der Gesellschaftsvertrag kann eine abweichendes Stimmgewicht vorsehen; praxisgerecht ist hier i.d.R. eine Stimmrechtsverteilung nach der Höhe der Beteiligung[28]. Inwieweit das Stimmrecht eines Gesellschafters **ausgeschlossen** werden kann, ist fraglich; entschieden ist dies für die GbR bislang noch nicht[29]. Gegen einen (umfassenden) Ausschluss wird die unbeschränkte Haftung des Gesellschafters ins Feld geführt: Wer unbeschränkter persönlicher Haftung ausgesetzt sei, könne von den Entscheidungen, die diese Haftung begründen, nicht völlig ausgeschlossen werden[30]. Die Gegenmeinung führt hierzu an, dass auch bei Mehrheitsentscheidungen eine persönliche Haftung begründet wird; folglich müsste die erst genannte Meinung auf ein zwingendes Einstimmigkeitsprinzip bestehen[31]. Ein Stimmrechtsausschluss ist danach jedenfalls für Beschlüsse, die nicht in die

22 BGH, NJW-RR 2014, 349.
23 BGH, NJW 2012, 1439, 1440.
24 So noch BGH, NJW 2007, 1685.
25 BGH, NJW-RR 2014, 349, 351.
26 Vgl. BGH, NJW-RR 2014, 349, 351; *Grüneberg/Sprau,* Vorb v § 709 Rn. 11a und Rn. 17.
27 *Grüneberg/Sprau,* Vorb v § 709 Rn. 12.
28 BGH, NJW 2009, 669, 670.
29 Vgl. *Oppermann,* RNotZ 2005, 453, 460.
30 Vgl. *Oppermann,* RNotZ 2005, 453, 460.
31 Vgl. *Oppermann,* RNotZ 2005, 453, 460.

Gesellschafterstellung des Betroffenen eingreifen, zulässig[32]. Jedenfalls zulässig ist aber die Zuweisung eines überquotalen Stimmrechts (etwa an denjenigen Gesellschafter, der den wesentlichen Vermögensgegenstand in die Gesellschaft einbringt)[33]; idR werden sich bereits hierdurch – in Verbindung mit einem im Gesellschaftsvertrag verankerten Mehrheitsprinzips (vgl. Rn. 219) sachgerechte Ergebnisse erzielen lassen.

5. Beteiligung an Gewinn und Verlust

Der Gewinn bzw. Verlust der Gesellschaft wird zu gleichen Teilen **nach Köpfen** verteilt (vgl. § 722 Abs. 1 BGB). Freilich ist es möglich, im Gesellschaftsvertrag abweichende Vereinbarungen zu treffen[34]. I.d.R. wird die Beteiligung an Gewinn und Verlust der Gesellschaft **entsprechend der Beteiligungsquote** vereinbart. Aber auch ein disquotaler Verteilungsmaßstab bis hin zu einem vollständigen Ausschluss der Teilhabe eines Gesellschafters an Gewinn und Verlust sind denkbar und zulässig[35]. 221

Praxistipp: Im Rahmen der disquotalen Gewinnverteilung kann der Einfluss des „Initiators" der Gesellschaft (zumeist der Eltern, die Vermögen in die Gesellschaft – bei unentgeltlicher Beteiligung ihrer Kinder – eingebracht haben) sichergestellt und zugleich der Zweck der Vermögensnachfolge umgesetzt werden: Ohne sich auf das „unsichere Terrain" der disquotalen Verteilung des Stimmrechts (vgl. die Ausführungen zum Ausschluss des Stimmrechts unter Rn. 220) begeben zu müssen, kann dem Initiator eine hohe Beteiligung am Gesellschaftskapital mit entsprechendem Einfluss auf die Geschicke der Gesellschaft eingeräumt, dessen Gewinnanspruch aber auf ein (gewünschtes) geringeres Maß reduziert oder auch ganz ausgeschlossen werden. 222

6. Kündigung und Ausschluss eines Gesellschafters

a) Kündigung

Grds. soll jeder Gesellschafter von der einmal eingegangenen gesellschaftsrechtlichen Bindung sich auch wieder lösen können. Hinsichtlich der Möglichkeit der Kündigung der Gesellschaft ist zu unterscheiden zwischen der ordentlichen Kündigung und der außerordentlichen Kündi- 223

32 *MünchKomm/Schäfer*, § 709 Rn. 63; ebenso *Grüneberg/Sprau*, Vorb v § 709 Rn. 12 unter Verweis auf BGHZ 20, 363 (Urteil allerdings ergangen zur KG); *Bamberger/Roth/Schöne*, § 709 Rn. 48.

33 Vgl. *Krauß*, Vermögensnachfolge, Rn. 3210.

34 Vgl. BGH, NJW-RR 1990, 736, 737.

35 BGH, NJW-RR 2013, 1258, 1260.

gung; maßgebliches Kriterium für das Kündigungsrecht ist, ob die Gesellschaft auf bestimmte oder unbestimmte Zeit eingegangen ist.

224 Ist die **Gesellschaft nicht für eine bestimmte Zeit eingegangen**, steht jedem Gesellschafter jederzeit ein **ordentliches Kündigungsrecht** zu (vgl. § 723 Abs. 1 S. 1 BGB). Das gleiche gilt bei einer auf Lebenszeit eines Gesellschafters eingegangenen Gesellschaft (vgl. § 724 S. 1 BGB). Die Möglichkeit der ordentlichen Kündigung nach § 723 Abs. 1 S. 1 BGB kann durch den Gesellschaftsvertrag (§ 723 Abs. 3 steht dem nicht entgegen[36]) aber für **eine gewisse Zeit ausgeschlossen** werden; ein vollständiger Ausschluss ist hingegen nicht möglich[37]. Auch soll eine zu langfristige Bindung dann unwirksam sein, wenn durch sie die persönliche und wirtschaftliche Handlungsfreiheit des betroffenen Gesellschafters so beschränkt wird, dass die eine Seite der anderen in einem nicht mehr hinnehmbaren Übermaß „auf Gedeih und Verderb" ausgeliefert ist. Maßgeblich hierfür sind die jeweiligen vertragstypischen und durch die Besonderheiten des Einzelfalls geprägten Umstände[38]. Die schutzwürdigen Interessen des einzelnen Gesellschafters an einer absehbaren, einseitigen Lösungsmöglichkeit einerseits, die Struktur der Gesellschaft, die Art und das Ausmaß der für die Beteiligten aus dem Gesellschaftsvertrag folgenden Pflichten sowie das durch den Gesellschaftsvertrag begründete Interesse an einem möglichst langfristigen Bestand der Gesellschaft andererseits sind abzuwägen[39]. Bei „großen" Familiengesellschaften wird ein Ausschluss des Kündigungsrechts für einen Zeitraum von 30 Jahren als noch zulässig erachtet[40].

225 Folge einer überlangen Bindungsfrist wäre gleichwohl nicht die Unwirksamkeit des gesamten Gesellschaftsvertrags, sondern vielmehr nur des entsprechenden Kündigungsausschlusses[41]. An dessen Stelle tritt dann grds. das dispositive Recht – soweit es nicht abweichende Anhaltspunkte gibt. Soweit der Gesellschaftszweck oder die sonstigen zwischen den Beteiligten getroffenen Vereinbarungen erkennen lassen, dass sie übereinstimmend eine zeitlich unbegrenzte oder lang anhaltende Bindung gewollt und mit der Nichtigkeit des Ausschlusses nicht gerechnet haben, ist die nichtige Klausel umzudeuten oder der Vertrag ergänzend auszulegen[42]; dies wird

---

36 BGHZ 10, 91.

37 BGH, NJW-RR 2012, 1242, 1243 f.

38 BGH, NJW-RR 2012, 1242, 1244.

39 BGH, NJW 2007, 295, 296; hierzu auch *Oppermann,* RNotZ 2005, 352, 462.

40 *Ulmer,* ZIP 2010, 805, 807; *Beck'sches Notarhandbuch/Hermanns,* D II Rn. 36; *von Hoyenberg,* Vorweggenommene Erbfolge, Kap. 13 Rn. 29; so auch noch BGH, WM 1967, 315, 316.

41 BGH, NJW 1994, 2886, 2888; *Erman/Westermann,* § 723 Rn. 22.

42 BGH, NJW 1994, 2886, 2888; *Erman/Westermann,* § 723 Rn. 22; *MünchKomm/Schäfer,* § 723 Rn. 63.

gerade für Familiengesellschaften zutreffen[43]. In Konsequenz kommt es zu einer **geltungserhaltenden Reduktion**[44].

Ist das Recht zur ordentlichen Kündigung zulässigerweise zeitlich beschränkt, bleibt dennoch eine Kündigung aus wichtigem Grund möglich (§ 723 Abs. 1 S. 6 BGB). **226**

Ist die Gesellschaft auf **bestimmte Zeit geschlossen**, ist dennoch eine **Kündigung aus wichtigem Grund** möglich (vgl. § 723 Abs. 1 S. 2 BGB); das Recht zur Kündigung aus wichtigem Grund kann nicht ausgeschlossen werden. § 723 Abs. 1 S. 3 BGB nennt zwei wichtige Gründe, jedoch ohne abschließenden Charakter („insbesondere"). Neben den ausdrücklich genannten Fallbeispielen liegt ein **wichtiger, zur Kündigung berechtigender Grund** dann vor, wenn dem Kündigungswilligen die Fortsetzung der Gesellschaft bis zum Vertragsende oder zum nächsten ordentlichen Kündigungstermin nicht zugemutet werden kann, weil das Vertrauensverhältnis zwischen den Gesellschaftern grundlegend gestört oder ein gedeihliches Zusammenwirken aus sonstigen, namentlich auch wirtschaftlichen Gründen, nicht mehr möglich ist[45]. Dabei muss das auf dem wichtigen Grund beruhende Individualinteresse des Kündigenden an der sofortigen Beendigung seiner Mitgliedschaft in der Gesellschaft höher zu werten sein als das Interesse seiner Mitgesellschafter an der unveränderten Fortsetzung der Gesellschaft; hierzu bedarf es einer eingehenden Würdigung der Umstände des Einzelfalls[46]. **227**

Von größerer (praktischer) Bedeutung ist der Kündigungsgrund des § 723 Abs. 1 S. 3 Nr. 2 BGB. Danach steht einem **Gesellschafter mit Erreichen des 18. Lebensjahres** ein außerordentliches Kündigungsrecht zu. Dieser Kündigungsgrund soll dem vormals minderjährigen Gesellschafter neben der in § 1629a BGB vorgesehen Haftungsbeschränkung die Möglichkeit geben, aus der GbR auszuscheiden, um die mit dieser Gesellschaftsform verbundenen Haftungsrisiken (siehe Rn. 217) zu vermeiden[47]. Dieses Kündigungsrecht ist nicht abdingbar. **228**

Praxistipp: Soll keine Möglichkeit zur Kündigung der Gesellschaft bei Erreichen des 18. Lebensjahres bestehen, ist die Rechtsform der Kommanditgesellschaft unter Beteiligung des Minderjährigen als Kommanditisten zu wählen (siehe Rn. 254). **229**

43 Ebenso *von Hoyenberg*, Vorweggenommene Erbfolge, Kap. 13 Rn. 30.
44 BGH, NJW 1994, 2886, 2888; *MünchKomm/Schäfer*, § 723 Rn. 63.
45 BGH, NJW-RR 2012, 1059.
46 BGH, NJW 1982, 2821; BGH, NJW-RR 2012, 1059, 1062.
47 *Grüneberg/Sprau*, § 723 Rn. 4; *Erman/Westermann*, § 723 Rn. 17; vgl. hierzu auch *Grunewald*, ZIP 1999, 597, sowie *Glöckner*, ZEV 2001, 46.

230 **Folge der Kündigung** der Gesellschaft durch einen Gesellschafter ist die **Auflösung** der Gesellschaft und die daran anschließende Auseinandersetzung des Gesellschaftsvermögens[48]. Der Gesellschaftsvertrag kann für diesen Fall jedoch die Fortsetzung unter den verbliebenen Gesellschaftern unter Ausscheiden des kündigenden Gesellschafters vorsehen („Fortsetzungsklausel"; vgl. § 736 Abs. 1 BGB). Fehlt es an einer Fortsetzungsklausel, können die verbliebenen Gesellschafter dennoch bis zum Ablauf der Kündigungsfrist bzw. bis zum Abschluss der Auseinandersetzung die Fortsetzung der Gesellschaft beschließen[49].

b) Ausschluss

231 Der Gesellschaftsvertrag kann eine Regelung derart enthalten, wonach der Ausschluss von Gesellschaftern auch **ohne Vorliegen eines wichtigen Grundes** zulässig sein soll. Hierzu ist erforderlich, dass im Gesellschaftsvertrag **sachliche Gründe statuiert** werden, bei deren Vorliegen ein Ausschluss zulässig sein soll[50]. Der sachliche Grund muss die Ausschließung aber auch rechtfertigen können[51]; ihm muss ein schutzwürdiges Interesse zugrunde liegen[52].

232 Unzulässig sind somit freie Hinauskündigungsklauseln, denen zufolge ein Gesellschafter jederzeit – ohne Vorliegen eines sachlichen Grundes – aus der Gesellschaft ausgeschlossen werden kann[53]; eine andere Beurteilung wird sich auch nicht bei unentgeltlicher Zuwendung der Gesellschafterstellung rechtfertigen lassen[54].

7. Tod eines Gesellschafters

233 Beim Tod eines Gesellschafters wird die GbR **aufgelöst** (§ 727 Abs. 1 Hs. 1 BGB). Die (vormals werbende) Gesellschaft wandelt sich in eine Liquidationsgesellschaft, in die der Erbe des verstorbenen Gesellschafters eintritt[55]. Allerdings können die verbliebenen Gesellschafter unter Zu-

---

48 *Grüneberg/Sprau,* § 723 Rn. 1.

49 BGH, NJW 1995, 2843; *Bamberger/Roth/Schöne,* § 723 Rn. 4; *Grüneberg/Sprau,* § 723 Rn. 1.

50 Vgl. BGH, NJW 1990, 2622; *Gehrlein,* NJW 2005, 1969, 1970.

51 *Grüneberg/Sprau,* § 737 Rn. 5.

52 Vgl. OLG Karlsruhe, NZG 2007, 423; *von Hoyenberg,* Vorweggenommene Erbfolge, Kap. 13 Rn. 33.

53 Vgl. BGH, WM 2005, 2043; BGH, NZG 2005, 968; *Wälzholz,* NZG 2007, 416.

54 In diese Richtung auch *von Hoyenberg,* Vorweggenommene Erbfolge, Kap. 13 Rn. 33; *Wälzholz,* NZG 2007, 416.

55 *MünchKomm/Schäfer,* § 727 Rn. 6.

stimmung des nachrückenden Erben bis zum Abschluss der Auseinandersetzung die Fortsetzung der Gesellschaft beschließen[56].

Der Gesellschaftsvertrag kann abweichende Regelungen enthalten (vgl. 234
§ 727 Abs. 1 Hs. 2 BGB). In Betracht kommt zunächst die Vereinbarung einer einfachen **„Fortsetzungsklausel"**, der gemäß der verstorbene Gesellschafter mit oder ohne Abfindung der Erben aus der Gesellschaft ausscheidet und diese von den verbleibenden Gesellschaftern fortgesetzt wird[57]. Daneben kann der Gesellschaftsvertrag weitergehende **„Eintritts- und Nachfolgeklauseln"** enthalten, die sich sowohl in der Ausgestaltung als auch in der Rechtsfolge unterscheiden. Bei einer **Eintrittsklausel** wird einer bestimmten Person (im Wege eines Vertrags zugunsten Dritter, vgl. § 328 Abs. 1 BGB) das Recht eingeräumt, nach dem Tod eines Gesellschafters durch Erklärung gegenüber der Gesellschaft die Aufnahme in diese verlangen zu können[58]. **Nachfolgeklauseln** hingegen machen den Gesellschaftsanteil des verstorbenen Gesellschafters vererblich und führen zu einer unmittelbaren Rechtsnachfolge zugunsten des zur Nachfolge berechtigten Erben[59]. Insoweit wird weiter zwischen „einfachen Nachfolgeklauseln" und „qualifizierten Nachfolgeklauseln unterschieden"[60]: **Einfache Nachfolgeklauseln** machen die Gesellschaftsbeteiligung generell vererblich, so dass die Beteiligung mit dem Ableben eines Gesellschafters unmittelbar auf dessen Erben übergeht, der damit ohne Weiteres in die Gesellschafterstellung nachfolgt; mehrere Erben folgen entsprechend ihrer Erbquote nach (Sondererbfolge)[61]. **Qualifizierte Nachfolgeklausel** unterscheidet sich von einfachen Nachfolgeklauseln dadurch, als die Gesellschaftsbeteiligung nur für bestimmte Erben vererblich gestellt wird. Der zur „Nachfolge berechtigte" Erbe muss danach sowohl Erbe des verstorbenen Gesellschafters sein, als auch die Anforderungen der (qualifizierten) Nachfolgeklausel erfüllen[62].

Praxistipp: Gerade bei Familiengesellschaften wird sich i.d.R. die Vereinbarung von qualifizierten Nachfolgeklauseln anbieten. 235

56 BGH, NJW 1951, 650; *Erman/Westermann*, § 727 Rn. 6; *Soergel/Hadding/Kießling*, § 727 Rn. 6.

57 *Erman/Westermann*, § 736 Rn. 5.

58 Vgl. eingehend *Ring/Grziwotz/Leiß*, Systematischer Praxiskommentar Personengesellschaftsrecht, Kap. 8 Rn. 36 ff.

59 *MünchKomm/Schäfer*, § 727 Rn. 4.

60 Eingehend hierzu *Ring/Grziwotz/Leiß*, Systematischer Praxiskommentar Personengesellschaftsrecht, Kap. 8 Rn. 15 ff.

61 BGHZ 69, 47, 49; *Ring/Grziwotz/Leiß*, Systematischer Praxiskommentar Personengesellschaftsrecht, Kap. 8 Rn. 18; *Spiegelberger*, Unternehmensnachfolge, § 11 Rn. 13.

62 Vgl. BGH, NJW 1983, 2376; *Beck'sches Notarhandbuch/Hermanns*, D II 52; *Ring/Grziwotz/Leiß*, Systematischer Praxiskommentar Personengesellschaftsrecht, Kap. 8 Rn. 27.

8. Abfindung eines ausscheidenden Gesellschafters

236 Ein aus der Gesellschaft ausscheidender Gesellschafter hat Anspruch auf Abfindung (vgl. § 738 Abs. 1 S. 2 BGB). Die Höhe des Abfindungsanspruchs ergibt sich aus der auf den Abfindungsstichtag zu erstellenden **Abfindungsbilanz**[63]. Darin einzubeziehen sind der Anspruch auf Rückzahlung der Einlage bzw. ihres Wertes, der Anteil am (fiktiven) Liquidationsüberschuss sowie sonstige in die Abfindungsbilanz als Rechnungsposten einzustellende gegenseitige Ansprüche aus dem Gesellschaftsverhältnis[64].

237 Der Gesellschaftsvertrag kann **abweichende Vereinbarungen** enthalten[65]. So können insbesondere Art und Weise der Abfindung geregelt werden[66]. Aber auch die Höhe der Abfindung[67] sowie der Zeitpunkt der Leistung[68] können (grds.) abweichend vereinbart werden. Beschränkungen im Abfindungsanspruch sind aber nicht uneingeschränkt zulässig. Grenzen setzt zum einen § 138 BGB (**Knebelung, unzulässige Gläubigerbenachteiligung**). Danach ist eine Abfindungsklausel als nichtig anzusehen, wenn die mit ihr verbundene Einschränkung vollkommen außer Verhältnis zu der Beschränkung steht, die erforderlich ist, um im Interesse der verbleibenden Gesellschafter den Fortbestand der Gesellschaft zu sichern[69]. Wegen Gläubigerbenachteiligung sind Klauseln nichtig, die ausschließlich bei Zwangsvollstreckung oder Insolvenz ein geringeres Abfindungsentgelt vorsehen. Unzulässig sind auch Klauseln, die die **Kündigungsfreiheit** eines Gesellschafters (vgl. § 723 Abs. 3 BGB) wegen groben Missverhältnisses zwischen Abfindungsguthaben und dem wirklichen Anteilswert einschränken[70]. Bestand das Missverhältnis nicht bereits von Anfang an, sondern hat es sich erst im Laufe der Zeit entwickelt, ist die Abfindungsklausel nicht per se unwirksam; vielmehr ist sie durch ergänzende Vertragsauslegung nach Treu und Glauben unter Abwägung der Interessen der Gesellschaft und des ausscheidenden Gesellschafters sowie der gesamten Umstände des Einzelfalls entsprechend anzupassen[71].

---

63 Vgl. BGH, NJW 2014, 305, 307.
64 BGH, NJW 2014, 305, 307.
65 BGH, DNotZ 1998, 902; BGH, NJW 2014, 305, 307.
66 Vgl. BGH, NJW 1995, 1551.
67 Vgl. BGH, WM 1978, 1044.
68 *Bamberger/Roth/Schöne*, § 738 Rn. 28; *Grüneberg/Sprau*, § 738 Rn. 7; *Ziegler*, DB 2000, 2107.
69 Vgl. BGH, NJW 1992, 892.
70 BGH, NJW 1985, 192.
71 BGH, NJW 1993, 2101, 2102 f.

Praxistipp: Soll das Abfindungsguthaben beschränkt werden, sind die vorgenannten Grenzen zu beachten. Hinsichtlich der konkreten Höhe, auf die das Abfindungsguthaben begrenzt werden kann, ist die Judikatur im Auge zu behalten. Empfehlenswert ist ein eher geringerer Abschlag vom Verkehrswert, ggf. nur bis zu ¼. **238**

9. Übertragbarkeit einer Beteiligung

Die Gesellschaftsbeteiligung an einer GbR ist **nicht frei übertragbar**. **239** Vielmehr bedarf ein Gesellschafterwechsel (bzw. die Aufnahme eines weiteren Gesellschafters) der Zustimmung sämtlicher Gesellschafter[72]. Freilich kann der Gesellschaftsvertrag eine abweichende Regelung derart enthalten, als die erforderliche Zustimmung bereits vorab im Gesellschaftsvertrag erteilt ist[73], ggf. beschränkt auf einen bestimmten Personenkreis[74] oder einen Teil der Gesellschaftsbeteiligung[75].

Praxistipp: Gerade bei Familiengesellschaften wird es bei dem grds. erforderlichen Zustimmungserfordernis aller Gesellschafter verbleiben, wenngleich für Verfügungen im Familienkreis Ausnahmen vorgesehen werden können (bspw. Verfügungen zugunsten von Ehegatten und Abkömmlingen). **240**

Sowohl Verpflichtungsgeschäft als auch Abtretung der Gesellschaftsbeteiligung sind an **keine Form** gebunden[76]. Dies gilt auch dann, wenn zum Gesellschaftsvermögen Grundbesitz gehört[77] oder sich der Gesellschaftszweck gar auf das Halten und Verwalten nur eines Grundstücks beschränkt. Unberührt hiervon bleibt freilich das Formerfordernis des § 518 Abs. 1 BGB (mit der Heilungsmöglichkeit nach § 518 Abs. 2 BGB). **241**

10. Gründung der Gesellschaft und Einbringung von Vermögenswerten

a) Gründung

Der Vertrag über die Gründung der Gesellschaft ist grds. **formfrei**. **242** Eine **notarielle Beurkundung** ist hingegen erforderlich, wenn sich ein Gesellschafter im Gründungsvertrag verpflichtet, ein Grundstück (vgl. § 311b BGB) oder einen GmbH-Geschäftsanteil (vgl. § 15 Abs. 4

72 BGH, NJW 1981, 2747; *Grüneberg/Sprau,* § 736 Rn. 1.
73 BGH, NJW 1954, 1155.
74 BGH, NJW-RR 1989, 1259.
75 OLG Frankfurt, NJW-RR 1996, 1123; *Bamberger/Roth/Schöne,* § 719 Rn. 10.
76 *Bamberger/Roth/Schöne,* § 719 Rn. 9.
77 BGH, NJW 1983, 1110.

GmbHG) einzubringen[78]. Bei unentgeltlicher Zuwendung einer Gesellschafterstellung kann sich auch aus § 518 Abs. 1 BGB ein Beurkundungserfordernis ergeben. Die Rechtsprechung will jedoch i.d.R. Unentgeltlichkeit bei Einräumung einer Stellung als persönlich haftender Gesellschafter wegen der damit verbundenen persönlichen Haftung und Verpflichtung zur Geschäftsführung verneinen[79]. Nur in Ausnahmefällen, wenn eine einseitige Begünstigung eines Gesellschafters beabsichtigt ist, soll eine gemischte Schenkung vorliegen, die Formbedürftigkeit nach sich zieht[80]. Dieser Ausnahmetatbestand wird gerade bei Errichtung vermögensverwaltender Familiengesellschaften greifen[81].

b) Einbringung

243 Soll Vermögen in die Gesellschaft eingebracht werden, kann der Einbringungsvorgang mit dem Gründungsvorgang kombiniert werden; oftmals ergibt sich eine entsprechende Einlageverpflichtung bereits aus dem Gründungsvertrag. Für die Übertragung von Vermögenswerten finden die jeweils geltenden **allgemeinen Vorschriften** Anwendung; zur Einbringung eines Grundstücks bedarf es insbesondere der Auflassung (§ 925 BGB).

244 Gerade bei der Gründung von Familiengesellschaften wollen oftmals die Gesellschafter, die Vermögen in die Gesellschaft einbringen (i.d.R. die Eltern), sich zu eigenen Lebzeiten den **Ertrag aus dem eingebrachten Vermögen (teilweise) vorbehalten**. Rechtlich konstruieren lässt sich dies entweder durch eine abweichende Vereinbarung der Gewinnverteilung (vgl. Rn. 221) oder die Bestellung eines (Quoten-)Nießbrauchs an der Gesellschaftsbeteiligung der Gesellschafter, die den Gesellschaftsanteil (zumeist) unentgeltlich zugewandt erhalten (i.d.R. die Kinder)[82]. Möglich ist aber auch, bereits im Rahmen des Einbringungsvorgangs den einzubringenden Vermögensgegenstand in einem ersten Schritt mit einem (Quoten-)**Nießbrauch zu belasten** und diesen (nunmehr belasteten) Vermögensgegenstand in einem zweiten Schritt in die Gesellschaft einzubringen[83].

---

78 *Beck'sches Notarhandbuch/Hermanns*, D II 7 ff.

79 BGH, NJW 1981, 1956.

80 BGH, NJW 1981, 1956, 1957; vgl. auch *MünchKomm/Koch*, § 516 Rn. 91.

81 OLG Schleswig, RNotZ 2012, 513, 517 ff.; *Mayer*, ZEV 2003, 355, 356; *Werner*, ZEV 2013, 66, 68 f.

82 *von Hoyenberg*, Vorweggenommene Erbfolge, Kap. 13 Rn. 53.

83 Vgl. *Langenfeld/Günter*, Grundstückszuwendungen, Kap. 10 Rn. 34; *von Hoyenberg*, Vorweggenommene Erbfolge, Kap. 13 Rn. 53.

Formulierungsbeispiel [Vermögensverwaltende Gesellschaft bürgerlichen Rechts][84]: 245

Gesellschaftsvertrag der Gesellschaft
bürgerlichen Rechts [Name]

[Vater], [Mutter], [Sohn] und [Tochter] gründen eine Gesellschaft bürgerlichen Rechts und vereinbaren hierfür folgenden Gesellschaftsvertrag.

§ 1 Rechtsform, Name, Sitz, Dauer

1. Die Gesellschaft ist eine Gesellschaft bürgerlichen Rechts. Sie führt den Namen [...] GbR.

2. Der Sitz der Gesellschaft ist in [...].

3. Die Gesellschaft wird am Heutigen gegründet und ist auf unbestimmte Zeit errichtet.

§ 2 Zweck

Zweck der Gesellschaft ist die Verwaltung eigenen Vermögens.

§ 3 Gesellschafter

1. Gesellschafter sind [Vater], [Mutter], [Sohn] und [Tochter]. Sie sind jeweils zu 25 % an der Gesellschaft beteiligt.

2. Die Gesellschaftsanteile sind unveränderlich. Sie verändern sich insbesondere nicht durch Einlagen oder Entnahmen.

§ 4 Einlagen

[Vater und Mutter] bringen folgenden Vermögensgegenstand in die Gesellschaft ein: [...] Hierdurch sind sämtliche Einlagen aller Gesellschafter erbracht. Weitere Einlageverpflichtungen bestehen nicht.

§ 5 Geschäftsführung und Vertretung

1. Zur Geschäftsführung und Vertretung ist auf die Dauer der Zugehörigkeit zur Gesellschaft alleine der Gesellschafter [Vater] berechtigt. Die anderen Gesellschafter sind von Geschäftsführung und Vertretung ausgeschlossen. Der Geschäftsführer [Vater] ist die Befugnis erteilt, die Gesellschaft bei Rechtsgeschäften mit sich selbst oder als Vertreter eines Dritten uneingeschränkt zu vertreten.

---

84 Vgl. *von Hoyenberg,* Vorweggenommene Erbfolge, Kap. 13 Rn. 55; *Würzburger Notarhandbuch/Limmer,* V 2 Rn. 90.

2. Die Geschäftsführung erstreckt sich auf alle Maßnahmen, die den Gesellschaftszweck unmittelbar oder mittelbar fördern. Der Geschäftsführer bedarf jedoch zu folgenden Maßnahmen vorab der Zustimmung der Gesellschafterversammlung: [...].

3. Nach dem Ausscheiden des Gesellschafters [Vater] ist jeder Gesellschafter zur Geschäftsführung und Vertretung alleine berechtigt. Die in Ziffer 1. und 2. bezeichneten Befreiungen bzw. Einschränkungen gelten entsprechend.

§ 6 Gesellschafterversammlung, Gesellschafterbeschlüsse

1. Gesellschafterbeschlüsse werden in der Gesellschafterversammlung gefasst. Gesellschafterbeschlüsse können jedoch auch außerhalb einer besonderen Gesellschafterversammlung brieflich, per Telefax, E-mail oder mündlich (auch per Telefon) gefasst werden, sofern sämtliche Gesellschafter einverstanden sind. Die Einberufung einer Gesellschafterversammlung erfolgt mittels Brief oder E-mail mit einer Frist von drei Wochen unter Angabe von Ort, Zeit und Tagesordnung, gerechnet vom Tage der Aufgabe zur Post. Der Tag der Versammlung wird nicht mitgerechnet.

2. Eine Gesellschafterversammlung ist nur beschlussfähig, wenn mindestens 75 % des Festkapitals anwesend oder vertreten sind. Ist dies nicht der Fall, so ist eine neue Gesellschafterversammlung zu berufen, die ohne Rücksicht auf die Höhe des erschienenen oder vertretenen Festkapitals beschlussfähig ist. Für die Einberufung ist lediglich eine Frist von sieben Tagen erforderlich; im Übrigen gelten die Bestimmungen in Ziffer 1.

3. Beschlüsse der Gesellschafterversammlung werden, soweit nicht Gesetz oder Satzung etwas anders vorschreiben, mit einfacher Mehrheit der abgegebenen Stimmen gefasst. Je 1,– (ein) Euro Anteil am Festkapital gewährt eine Stimme.

4. Die Beschlüsse der Gesellschafterversammlung können nur innerhalb einer Frist von zwei Monaten ab Kenntnis des Beschlusses angefochten werden.

§ 7 Beteiligung an Gewinn und Verlust

Die Beteiligung am Ergebnis der Gesellschaft bestimmt sich nach dem Verhältnis der Beteiligung der Gesellschafter am Festkapital der Gesellschaft.

§ 8 Kündigung

1. Jeder Gesellschafter kann seine Beteiligung an der Gesellschaft zum Ende eines Rechnungsjahres durch eingeschriebenen Brief an

die Mitgesellschafter mit einer Frist von drei Monaten kündigen, erstmals jedoch zum 31. Dezember […].

2. Im Falle der Kündigung wird die Gesellschaft durch die verbleibenden Gesellschafter fortgesetzt.

§ 9 Verfügungen über Gesellschaftsanteile

Verfügungen über Gesellschaftsanteile, einschließlich Veräußerung, Verpfändung, Belastung mit einem Nießbrauch sowie jegliche sonstige Belastung, bedürfen der Zustimmung der Gesellschafterversammlung. Ausgenommen hiervon sind jedoch Verfügungen im vorstehenden Sinne zugunsten von Ehegatten und Abkömmlingen eines Gesellschafters sowie von Mitgesellschaftern und deren Abkömmlingen.

§ 10 Ausschluss eines Gesellschafters

1. Der Ausschluss eines Gesellschafters ist bei Vorliegen eines wichtigen Grundes i.S.d. § 723 Abs. 1 BGB zulässig. Ein solcher wichtiger Grund liegt insbesondere vor bei Eröffnung eines Insolvenzverfahrens über das Vermögen eines Gesellschafters oder wenn die Eröffnung mangels Masse abgelehnt wird sowie bei Zwangsvollstreckungsmaßnahmen in einen Gesellschaftsanteil.

2. Die Ausschließung erfolgt durch Gesellschafterbeschluss, jedoch ohne Mitwirkung des betroffenen Gesellschafters. Mit Zugang des Ausschließungsbeschlusses scheidet der betroffene Gesellschafter aus. Die Gesellschaft wird mit den verbleibenden Gesellschaftern fortgeführt.

§ 11 Erbfolge

1. Stirbt ein Gesellschafter, so wird die Gesellschaft mit seinen gesetzlichen oder durch letztwillige Verfügung eingesetzten Erben fortgesetzt. Nachfolgeberechtigt sind jedoch nur Ehegatten und Abkömmlingen eines Gesellschafters sowie Mitgesellschafter und deren Abkömmlinge.

2. Hinterlässt der Gesellschafter keine nachfolgeberechtigte Person, wird die Gesellschaft – unter Ausscheiden des Erben des verstorbenen Gesellschafters – durch die verbleibenden Gesellschafter fortgesetzt.

§ 12 Abfindung

1. Scheidet ein Gesellschafter aus der Gesellschaft aus, so erhält er eine Abfindung.

2. Die Höhe der Abfindung bemisst sich nach dem Verkehrswert des Gesellschaftsvermögens zum Zeitpunkt des Ausscheidens des Gesellschafters unter Berücksichtigung der Beteiligung des Gesellschafters am Gesellschaftsvermögens. Kommt in Bewertungsfragen keine Einigung zu Stande, so soll die Bewertung anhand der Richtlinien des Instituts der Wirtschaftsprüfer e.V. am Tag des Ausscheidens erfolgen.

3. Sofern keine Einigung erzielt wird, soll die Höhe des zu leistenden Abfindungsguthabens durch einen Wirtschaftsprüfer als Schiedsgutachter ermittelt werden, der für beide Seiten verbindlich durch die örtlich zuständige Wirtschaftsprüferkammer zu benennen ist. Die Kosten des Gutachtens trägt die Gesellschaft.

4. Das Abfindungsguthaben ist in vier gleichen Jahresraten, von denen die erste drei Monate nach dem Ausscheidungstermin fällig wird, zu tilgen und mit [...] Prozentpunkten über dem Basiszinssatz zu verzinsen. Die Zinsen sind mit den einzelnen Raten fällig. Die Gesellschaft ist zur vorzeitigen Zahlung auf das Abfindungsguthaben berechtigt.

§ 13 Schlussbestimmungen

Änderungen und Ergänzungen des Gesellschaftsvertrag bedürfen der Schriftform.

Sollte eine Bestimmung dieses Vertrages nichtig, anfechtbar oder unwirksam sein, so soll die Wirksamkeit der übrigen Bestimmungen hiervon nicht berührt werden. Die angreifbare Bestimmung ist vielmehr so auszulegen, dass der mit ihr erstrebte wirtschaftliche und/oder ideelle Zweck nach Möglichkeit erreicht wird. Dasselbe gilt sinngemäß für die Ausfüllung von Vertragslücken.

II. Kommanditgesellschaft

246 Auf die Kommanditgesellschaft finden die Vorschriften der Gesellschaft bürgerlichen Rechts Anwendung, sofern nicht ein anderes vorgeschrieben ist (vgl. §§ 161 Abs. 2, 105 Abs. 3 HGB). Für sie gelten daher die Ausführungen zur Gesellschaft bürgerlichen Rechts grds. entsprechend. Nachfolgend sollen nur Abweichungen bzw. Besonderheiten im Verhältnis zur Gesellschaft bürgerlichen Rechts dargestellt werden.

1. Entstehen der Gesellschaft

Anders als die Gesellschaft bürgerlichen Rechts ist die Kommanditgesellschaft in das **Handelsregister** einzutragen. Mit Eintragung der KG im Handelsregister entsteht die Gesellschaft (vgl. §§ 161 Abs. 2, 123 Abs. 1, 105 Abs. 2 HGB). Betreibt die Gesellschaft ein Handelsgewerbe, entsteht sie – vor Eintragung – bereits mit Aufnahme ihres Geschäftsbetriebs (vgl. § 123 Abs. 2 HGB). **247**

Die KG ist **rechtsfähig** und genießt wegen ihrer Eintragung im Handelsregister die **Publizitätswirkung** des § 15 HGB. Sie kann unter ihrer Firmenbezeichnung ins **Grundbuch eingetragen** werden. **248**

2. Geschäftsführung und Vertretung

Bei der KG ist grds. nur der **persönlich haftende Gesellschafter** zur Geschäftsführung berechtigt, nicht auch ein Kommanditist (vgl. § 164 HGB). Allerdings bedürfen Handlungen, die über den gewöhnlichen Betrieb des Handelsgewerbes der Gesellschaft hinausgehen, der Zustimmung auch der Kommanditisten (vgl. § 164 Abs. 1 HGB)[85]. Im Gesellschaftsvertrag kann den Kommanditisten Geschäftsführungskompetenz eingeräumt werden („geschäftsführende Kommanditisten"); andererseits kann aber auch das Widerspruchsrecht des § 164 Abs. 1 HGB ausgeschlossen werden[86]. Zwingend ausgeschlossen sind die Kommanditisten von der **organschaftlichen Vertretung** der Gesellschaft (§ 170 HGB)[87]. **249**

Mehrere persönlich haftende Gesellschafter vertreten jeweils einzeln, sofern einer von ihnen nicht durch den Gesellschaftsvertrag von der Vertretung ausgeschlossen ist (vgl. § 125 Abs. 1 HGB). **250**

3. Haftung

Besonderheit der Kommanditgesellschaft ist, dass nicht alle Gesellschafter unbeschränkt haften. Vielmehr ermöglicht die KG eine Beteiligung von Gesellschaftern bei gleichzeitig **beschränkter Haftung**[88]. Danach haften die Kommanditisten den Gläubigern der Gesellschaft nur bis zur Höhe ihrer im Handelsregister eingetragenen **Hafteinlage** (vgl. § 171 Abs. 1 HGB). Freilich muss aber zumindest ein „Vollhafter" (also ein persönlich haftender Gesellschafter) an der KG beteiligt sein (vgl. § 161 Abs. 1 HGB). **251**

---

85 Vgl. BGH, NJW 1980, 1463.

86 *Würzburger Notarhandbuch/Limmer* V 2 Rn. 49.

87 BGH, NJW 1969, 507.

88 *Würzburger Notarhandbuch/Limmer,* V 2 Rn. 24.

4. Gesellschafterbeschlüsse und Stimmrecht

252 Bei der KG kann das Stimmrecht eines Kommanditisten **ausgeschlossen** werden; begründet wird dies mit der nur beschränkten Haftung des Kommanditisten. Allerdings kann das Stimmrecht nur insoweit ausgeschlossen werden, als es sich nicht um Gesellschaftsbeschlüsse handele, die in die Rechtsstellung des Kommanditisten als solche eingreifen[89]. Im Gesellschaftsvertrag muss diese Einschränkung nach h.M. nicht ausdrücklich Niederschlag finden[90].

5. Beteiligung an Gewinn und Verlust

253 Die Verteilung von Gewinn und Verlust erfolgt gemäß den §§ 167, 168 HGB. Abweichende Vereinbarungen im Gesellschaftsvertrag sind, wie bei der GbR, zulässig[91].

6. Kündigung und Ausschluss eines Gesellschafters

254 Auch bei der KG ist die Kündigung aus **wichtigem Grund** durch einen Gesellschafter jederzeit möglich (vgl. §§ 161 Abs. 2, 133 Abs. 1, 3 HGB). Ist ein **Minderjähriger** an der KG beteiligt, besteht eine **Kündigungsrecht analog § 723 Abs. 1 S. 3 Nr. 2 BGB**, wenn der Minderjährige persönlich haftender Gesellschafter ist[92]. Ist der Minderjährige hingegen nur als Kommanditist beteiligt, kommt das Kündigungsrecht nur ausnahmsweise in Betracht, wenn dem Minderjährigen wegen nicht voll erbrachter Haft- oder Pflichteinlage ein persönliches Haftungsrisiko droht[93].

255 Für die ordentliche Kündigung gelten die Ausführungen zur GbR (vgl. §§ 161 Abs. 2, 134 HGB).

256 Die Kündigung hat **nicht die Auflösung der Gesellschaft** zur Folge (§§ 161 Abs. 2, 131 Abs. 3 Nr. 3 HGB).

7. Tod eines Gesellschafters

257 Verstirbt ein Gesellschafter, scheidet er aus der Gesellschaft aus. Der Tod eines Gesellschafters zieht **nicht die Folge der Auflösung** der Gesellschaft nach sich (vgl. §§ 161 Abs. 2, 131 Abs. 3 Nr. 1 HGB). Verstirbt ein **persönlich haftender Gesellschafter**, wächst dessen Gesellschaftsanteil

---

89 BGH, NJW 1956, 1198; *Baumbach/Hopt/Roth*, § 119 Rn. 13; *von Hoyenberg*, Vorweggenommene Erbfolge, Kap. 13 Rn. 18; *Würzburger Notarhandbuch/Limmer*, V 2 Rn. 62.

90 *Oppermann*, RNotZ 2005, 453, 460 f.

91 *Baumbach/Hopt/Roth*, § 121 Rn. 8.

92 *MünchKomm/Schäfer*, § 723 Rn. 41; *Oppermann*, RNotZ 2005, 453, 463.

93 *MünchKomm/Schäfer*, § 723 Rn. 41; *Grunewald*, ZIP 1999, 597, 599 f.; *Oppermann*, RNotZ 2005, 453, 463; generell ablehnend *Reimann*, DNotZ 1999, 179, 206.

den verbleibenden Gesellschaftern an (vgl. §§ 161 Abs. 2, 105 Abs. 3 HGB, 738 Abs. 1 S. 1 BGB), sofern der Gesellschaftsvertrag keine abweichende Vereinbarungen enthält. Verstirbt ein **Kommanditist**, ist seine Kommanditbeteiligung frei vererblich; sie geht auf dessen Erben über, sofern nichts Abweichendes im Gesellschaftsvertrag geregelt ist (vgl. § 177 HGB).

War an der KG **nur ein persönlich haftender Gesellschafter** beteiligt und ist im Gesellschaftsvertrag geregelt, dass die Gesellschaft mit dem Erben des verstorbenen (persönlich haftenden) Gesellschafters fortgesetzt wird, kann jeder Erbe sein Verbleiben in der Gesellschaft davon abhängig machen, dass ihm die Stellung eines Kommanditisten eingeräumt wird (vgl. §§ 161 Abs. 2, 139 Abs. 1 HGB). Findet sich dann kein neuer persönlich haftender Gesellschafter, ist die Gesellschaft aufgelöst[94]. **258**

8. Abfindung eines ausscheidenden Gesellschafters

Die Ausführungen zur GbR gelten entsprechend. **259**

9. Übertragbarkeit der Beteiligung

Die Übertragung einer Gesellschaftsbeteiligung an der KG bedarf der **Zustimmung sämtlicher Gesellschafter**. Der Gesellschaftsvertrag kann aber bereits vorab eine entsprechende Zustimmung vorsehen (vgl. Rn. 239). **260**

10. Gründung der Gesellschaft und Einbringung von Vermögenswerten

Auch die Gründung der Kommanditgesellschaft ist (grds.) an **keine Form** gebunden (siehe aber Rn. 242). Lediglich die **Anmeldung zum Handelsregister** bedarf der öffentlich beglaubigten Form (vgl. § 12 Abs. 1 HGB). **261**

---

94 *Baumbach/Hopt/Roth*, § 131 Rn. 18; *von Hoyenberg*, Vorweggenommene Erbfolge, Kap. 13 Rn. 37.

262 **Formulierungsbeispiel** [Vermögensverwaltende Kommanditgesellschaft mit Einbringung von Grundbesitz unter Nießbrauchsvorbehalt][95]:

Gründung einer Kommanditgesellschaft in Firma […],

Einbringung von Grundbesitz

Heute, am […] erschienen vor mir, Notar […]:
[Vater], [Mutter], [Sohn] und [Tochter].

Auf Ansuchen der Erschienenen beurkunde ich nach Einsicht des Grundbuchs gemäß was folgt:

I. Gründung einer Kommanditgesellschaft

[Vater], [Mutter], [Sohn] und [Tochter] schließen den in der Anlage I. beigefügten Gesellschaftsvertrag über die Gründung einer Kommanditgesellschaft. Hierüber sind die Vertragsteile einig.

Die Gesellschafter [Vater] und [Mutter] bringen in diese Gesellschaft gemäß den Bestimmungen der Anlage II. den dort bezeichneten Grundbesitz ein.

Auf die Anlagen I. und II. wird verwiesen. Sie wurden mitverlesen.

[…] II. Erbrechtliche Bestimmungen

[…]

III. Schlussbestimmungen

Die Kosten dieser Urkunde und ihres Vollzugs trägt die Gesellschaft.

Von dieser Urkunde erhalten:

<u>einfache Abschriften:</u>
alle Beteiligten
Finanzamt (Grunderwerbsteuerstelle)

<u>beglaubigte Abschriften:</u>
Grundbuchamt
Finanzamt (Schenkungsteuerstelle)

<u>Ausfertigung:</u>
alle Beteiligten (nach Vollzug im Grundbuch)

---

95 Vgl. *von Hoyenberg*, Vorweggenommene Erbfolge, Kap. 13 Rn. 55; *Langenfeld/Günter*, Grundstückszuwendungen, Kap. 10 Rn. 34; *Mayer/Geck/Mayer*, Der Übergabevertrag, § 18 Rn. 9.

IV. Hinweise

Der Notar hat auf die Haftungssituation bezüglich von Geschäften hingewiesen, die bis zur Eintragung der Kommanditisten im Handelsregister gegeben ist. Er hat insbesondere auf § 176 HGB und die Rechtslage für den Fall hingewiesen, dass der Geschäftsbetrieb der hier gegründeten Kommanditgesellschaft keinen in kaufmännischer Weise eingerichteten Geschäftsbetrieb nach Art oder Umfang erfordert (persönliche Haftung aller Gesellschafter der dann bis zur Eintragung der Kommanditgesellschaft bestehenden Gesellschaft Bürgerlichen Rechts). Jeder Gesellschafter verpflichtet sich daher, bis zur Eintragung der Kommanditgesellschaft Rechtsgeschäfte im Namen der Kommanditgesellschaft zu unterlassen, es sei denn, er vereinbart wirksam im Rahmen dieser Rechtsgeschäfte, dass lediglich das Gesellschaftsvermögen und die Einlage der Kommanditisten haftet, nicht jedoch das sonstige Vermögen der Kommanditisten.

Samt Anlagen vorgelesen vom Notar,
von den Beteiligten genehmigt
und eigenhändig unterschrieben:

Anlage I.
Gesellschaftsvertrag der […] Kommanditgesellschaft

§ 1 Rechtsform, Name, Sitz, Dauer

1. Die Gesellschaft ist eine Kommanditgesellschaft. Sie führt den Namen […] KG.
2. Der Sitz der Gesellschaft ist in […].
3. Die Gesellschaft wird am Heutigen gegründet und ist auf unbestimmte Zeit errichtet.

§ 2 Zweck

Zweck der Gesellschaft ist die Verwaltung eigenen Vermögens.

§ 3 Gesellschafter

Gesellschafter der Gesellschaft mit den nachstehend aufgeführten Anteilen am Gesellschaftsvermögen sind

als Komplementär:	[Vater] mit einem Kapitalanteil von […] Euro; und
	[Mutter] mit einem Kapitalanteil von […] Euro;

als Kommanditisten: [Sohn] mit einem Kapitalanteil von […] Euro; und

[Tochter] mit einem Kapitalanteil von […] Euro;

Die Kapitalanteile sind unveränderlich. Sie verändern sich insbesondere nicht durch Einlagen oder Entnahmen.

Die Kapitalanteile der Kommanditisten sind als Haftsumme des jeweiligen Kommanditisten in das Handelsregister einzutragen.

§ 4 Einlagen

[Vater und Mutter] bringen den in der Anlage II. bezeichneten Grundbesitz in die Gesellschaft nach Maßgabe der Bestimmungen der Anlage II. ein. Hierdurch sind sämtliche Einlagen aller Gesellschafter erbracht. Weitere Einlageverpflichtungen bestehen nicht.

§ 5 Gesellschafterkonten

Für jeden Gesellschafter werden nach Maßgabe der folgenden Bestimmungen zwei Kapitalkonten geführt. Auf dem Kapitalkonto I wird der Kapitalanteil des Gesellschafters gebucht. Auf dem Kapitalkonto II werden Gewinne, Ausschüttungen, sonstige Entnahmen und Einlagen sowie Verluste gebucht.

Das Kapitalkonto I wird nicht verzinst. Das Kapitalkonto II wird mit jährlich […] % verzinst. Die Zinsen werden Tag genau berechnet. Gutgeschriebene bzw. belastete Zinsen stellen im Verhältnis der Gesellschafter zueinander Aufwand (Gutschrift) bzw. Ertrag (Belastung) dar.

§ 6 Geschäftsführung und Vertretung

Zur Geschäftsführung und Vertretung der Gesellschaft nach außen ist jeder persönlich haftende Gesellschafter einzeln berechtigt. Jedem persönlich haftenden Gesellschafter ist die Befugnis erteilt, die Gesellschaft bei Rechtsgeschäften mit sich selbst oder als Vertreter eines Dritten uneingeschränkt zu vertreten.

§ 7 Gesellschafterversammlung, Gesellschafterbeschlüsse

1. Gesellschafterbeschlüsse werden in der Gesellschafterversammlung gefasst. Gesellschafterbeschlüsse können jedoch auch außerhalb einer besonderen Gesellschafterversammlung brieflich, per Telefax, E-mail oder mündlich (auch per Telefon) gefasst werden, sofern sämtliche Gesellschafter einverstanden sind. Die Einberufung einer Gesellschafterversammlung erfolgt mittels Brief oder E-mail mit einer Frist von drei Wochen unter Angabe von Ort, Zeit und

Tagesordnung, gerechnet vom Tage der Aufgabe zur Post. Der Tag der Versammlung wird nicht mitgerechnet.

2. Eine Gesellschafterversammlung ist nur beschlussfähig, wenn mindestens 75 % des Festkapitals anwesend oder vertreten sind. Ist dies nicht der Fall, so ist eine neue Gesellschafterversammlung zu berufen, die ohne Rücksicht auf die Höhe des erschienenen oder vertretenen Festkapitals beschlussfähig ist. Für die Einberufung ist lediglich eine Frist von sieben Tagen erforderlich; im Übrigen gelten die Bestimmungen in Ziffer 1.

3. Beschlüsse der Gesellschafterversammlung werden, soweit nicht Gesetz oder Satzung etwas anders vorschreiben, mit einfacher Mehrheit der abgegebenen Stimmen gefasst. Je 1,– (ein) Euro Anteil am Festkapital gewährt eine Stimme.

4. Die Beschlüsse der Gesellschafterversammlung können nur innerhalb einer Frist von zwei Monaten ab Kenntnis des Beschlusses angefochten werden.

§ 8 Beteiligung an Gewinn und Verlust, Vergütung

1. Die Beteiligung am Ergebnis der Gesellschaft bestimmt sich nach dem Verhältnis der Beteiligung der Gesellschafter am Festkapital der Gesellschaft.

2. Der Geschäftsführer hat für seine Tätigkeit Anspruch auf eine angemessene Vergütung, die von der Gesellschafterversammlung festzusetzen ist. Die Tätigkeitsvergütung stellt Aufwand der Gesellschaft dar.

§ 9 Kündigung

1. Jeder Gesellschafter kann seine Beteiligung an der Gesellschaft zum Ende eines Rechnungsjahres der Gesellschaft durch eingeschriebenen Brief an die Mitgesellschafter mit einer Frist von drei Monaten kündigen, erstmals jedoch zum 31. Dezember [...].

2. Im Falle der Kündigung wird die Gesellschaft durch die verbleibenden Gesellschafter fortgesetzt.

§ 10 Verfügungen über Gesellschaftsanteile

Verfügungen über Gesellschaftsanteile, einschließlich Veräußerung, Verpfändung, Belastung mit einem Nießbrauch sowie jegliche sonstige Belastung bedürfen der Zustimmung der Gesellschafterversammlung. Ausgenommen hiervon sind jedoch Verfügungen im vorstehenden Sinne zugunsten von Ehegatten und Abkömmlingen eines Gesellschafters sowie von Mitgesellschaftern und deren Abkömmlingen.

§ 11 Ausschluss eines Gesellschafters

1. Der Ausschluss eines Gesellschafters ist bei Vorliegen eines wichtigen Grundes i.S.d. § 723 Abs. 1 BGB zulässig. Ein solcher wichtiger Grund liegt insbesondere vor bei Eröffnung eines Insolvenzverfahrens über das Vermögen eines Gesellschafters oder wenn die Eröffnung mangels Masse abgelehnt wird sowie bei Zwangsvollstreckungsmaßnahmen in einen Gesellschaftsanteil.

2. Die Ausschließung erfolgt durch Gesellschafterbeschluss, jedoch ohne Mitwirkung des betroffenen Gesellschafters. Mit Zugang des Ausschließungsbeschlusses scheidet der betroffene Gesellschafter aus. Die Gesellschaft wird mit den verbleibenden Gesellschaftern fortgeführt.

§ 12 Erbfolge

1. Stirbt ein Gesellschafter, so wird die Gesellschaft mit seinen gesetzlichen oder durch letztwillige Verfügung eingesetzten Erben fortgesetzt. Nachfolgeberechtigt sind jedoch nur Ehegatten und Abkömmlingen eines Gesellschafters sowie Mitgesellschafter und deren Abkömmlinge.

2. Hinterlässt der Gesellschafter keine nachfolgeberechtigte Person, wird die Gesellschaft durch die verbleibenden Gesellschaftern fortgesetzt.

§ 13 Abfindung

1. Scheidet ein Gesellschafter aus der Gesellschaft aus, so erhält er eine Abfindung.

2. Die Höhe der Abfindung bemisst sich nach dem Verkehrswert des Gesellschaftsvermögens zum Zeitpunkt des Ausscheidens des Gesellschafters unter Berücksichtigung der Beteiligung des Gesellschafters am Gesellschaftsvermögens. Kommt in Bewertungsfragen keine Einigung zu Stande, so soll die Bewertung anhand der Richtlinien des Instituts der Wirtschaftsprüfer e.V. am Tag des Ausscheidens erfolgen.

3. Sofern keine Einigung erzielt wird, soll die Höhe des zu leistenden Abfindungsguthabens durch einen Wirtschaftsprüfer als Schiedsgutachter ermittelt werden, der für beide Seiten verbindlich durch die örtlich zuständige Wirtschaftsprüferkammer zu benennen ist. Die Kosten des Gutachtens trägt die Gesellschaft.

4. Das Abfindungsguthaben ist in vier gleichen Jahresraten, von denen die erste drei Monate nach dem Ausscheidungstermin fällig wird, zu tilgen und mit […] Prozentpunkten über dem Basiszinssatz zu verzinsen. Die Zinsen sind mit den einzelnen Raten fällig.

Die Gesellschaft ist zur vorzeitigen Zahlung auf das Abfindungsguthaben berechtigt.

§ 14 Schlussbestimmungen

Änderungen und Ergänzungen des Gesellschaftsvertrag bedürfen der Schriftform.

Sollte eine Bestimmung dieses Vertrages nichtig, anfechtbar oder unwirksam sein, so soll die Wirksamkeit der übrigen Bestimmungen hiervon nicht berührt werden. Die angreifbare Bestimmung ist vielmehr so auszulegen, dass der mit ihr erstrebte wirtschaftliche und/oder ideelle Zweck nach Möglichkeit erreicht wird. Dasselbe gilt sinngemäß für die Ausfüllung von Vertragslücken.

– Ende der Anlage I. –

Anlage II.
Einbringung von Grundbesitz

A. Grundbuch- und Sachstand

I. Grundbuchstand

Im Grundbuch des Amtsgerichts […] für […] Blatt […] sind [Vater] und [Mutter] als Eigentümer folgenden Grundbesitzes der Gemarkung Neustadt eingetragen:

Flst. […] […] zu […] qm.

Im Grundbuch sind folgende Belastungen eingetragen:

Abteilung II:

keine Rechte

Abteilung III:

[…],– Euro Buchgrundschuld für […]

II. Sachstand

Durch die eingetragene Grundschuld werden Verbindlichkeiten abgesichert, die dem Erwerb des in Ziffer I. bezeichneten Grundstücks dienten; Schuldner des zugrunde liegenden Darlehens ist der derzeitige Eigentümer. Die Verbindlichkeiten belaufen sich derzeit auf […] Euro. Die Darlehensverbindlichkeiten sollen aufgrund des nachbestellten Nießbrauchs weiterhin vom Nießbrauchsberechtigten getragen werden.

B. Einbringung von Grundbesitz

I. Bestellung eines Nießbrauchsrecht

[Vater] und [Mutter] als derzeitiger Grundstückseigentümer bestellen sich hiermit an dem in Abschnitt A. I. bezeichneten Grundbesitz ein unentgeltliches Nießbrauchsrecht zu eigenen Gunsten als Gesamtberechtigte nach § 428 BGB und dem Längerlebenden von ihnen als Alleinberechtigten.

Für den Inhalt des Nießbrauchs gelten die gesetzlichen Bestimmungen mit folgenden Abweichungen: Der Nießbraucher trägt auch die außerordentlichen öffentlichen Lasten, die als auf den Stammwert der Sache gelegt anzusehen sind. Neben den Zinsen hat er auch die den Grundschulden zugrunde liegenden Verbindlichkeiten zu tragen. Weiter ist der Nießbraucher verpflichtet, neben den gewöhnlichen auch außergewöhnliche Ausbesserungen und Unterhaltungsmaßnahmen auf seine Kosten vorzunehmen. Dem Nießbraucher stehen keine Verwendungsersatzansprüche und Wegnahmerechte zu (§ 1049 BGB). Der Eigentümer kann keine Sicherheitsleistung verlangen (§ 1051 BGB).

Die Eintragung des Nießbrauchs im Grundbuch für den Berechtigten wird hiermit bewilligt und beantragt mit dem Vermerk, dass zur Löschung des Rechtes der Nachweis des Todes des Berechtigten genügen soll. Der Nießbrauch erhält nächstoffene Rangstelle.

II. Einbringung

1. Einbringung

1. [Vater] und [Mutter] – nachfolgend auch „einbringender Gesellschafter“ genannt – bringt den in Abschnitt A. I. bezeichneten und gemäß den Bestimmungen in Abschnitt B. I. mit dem Nießbrauchsrecht belasteten Grundbesitz in die mit dieser Urkunde gegründete Gesellschaft in Firma […] KG mit allen Rechten, Pflichten und gesetzlichen Bestandteilen ein.
2. Die Einbringung erfolgt zur Erfüllung sämtlicher Einlageverpflichtungen der Gesellschafter gemäß § 4 des Gesellschaftsvertrags. Als Gegenleistung gewährt die Gesellschaft den Gesellschaftern die in § 3 des Gesellschaftsvertrags bezeichneten Gesellschaftsanteile.

2. Besitzübergang, Sach- und Rechtsmängel

Besitz, Nutzen und Lasten gehen mit dem heutigen Tag auf die Gesellschaft über. Jede Gewährleistung für Sach- und Rechtsmängel wird ausgeschlossen. Die in Abteilung II und III des Grundbuchs eingetragenen Belastungen werden zur weiteren dinglichen Duldung übernommen. Alle bezüglich der übernommenen Grundschuld entstandenen Eigentümerrechte sowie Ansprüche auf Rückübertragung werden mit Erlöschen des Nießbrauchs an die Gesellschaft übertragen. Die Umschreibung im Grundbuch wird bewilligt.

3. Übernahme von Verbindlichkeiten

Der einbringende Gesellschafter haftet für die in Abschnitt A. II. bezeichneten Verbindlichkeiten, welche durch die in Abteilung III des Grundbuchs eingetragene Buchgrundschuld abgesichert sind. Die Gesellschaft verpflichtet sich, den einbringenden Gesellschafter von den genannten Verbindlichkeiten mit Wirkung ab dem Tage des Erlöschen des Nießbrauchs freizustellen. Der Gesellschaft steht es frei, wie sie dies bewirkt, sei es durch befreiende Schuldübernahme, Tilgung der bestehenden Verbindlichkeiten und Eingehung einer neuen Darlehensverbindlichkeit oder auf andere Weise.

4. Auflassung

Die Vertragsteile sind sich einig, dass das Eigentum an dem in Abschnitt A. I. bezeichneten Grundbesitz vom einbringenden Gesellschafter auf die [Name] KG zum Alleineigentum übergeht. Die Vertragsteile bewilligen und beantragen die Eintragung des Eigentumsübergangs in das Grundbuch.

III. Schlussbestimmungen

1. Hinweise

Der Notar hat die rechtliche Bedeutung der heute getroffenen Vereinbarungen mit den Beteiligten ausführlich besprochen. Auf § 23 EStG wurde hingewiesen; im Übrigen ist durch den Notar keine steuerliche Beratung erfolgt.

2. Vollzugsauftrag

Der Notar wird beauftragt und bevollmächtigt, den grundbuchamtlichen Vollzug dieses Vertrages im Namen der Beteiligten zu betreiben und dazu insbesondere Löschungs-, Zustimmungs- und Genehmigungserklärungen zu fertigen und diese, sowie alle weiteren zum Vollzug notwendigen Erklärungen einzuholen und entgegenzunehmen. Er kann die Beteiligten im Grundbuchverfahren uneingeschränkt vertreten, Teilvollzug beantragen, Anträge stellen, zurücknehmen und erneut stellen.

– Ende der Anlage II. –

C. Familienstiftung

I. Grundlagen und Abgrenzung

263 Eine weitere Möglichkeit des Vermögenstransfers in die nächste Generation – wenngleich mit völlig anderer Rechtsfolge als etwa die Errichtung einer Familiengesellschaft – ist die Errichtung einer sog. Familienstiftung.

264 Im Stiftungsrecht wird zwischen **rechtsfähigen BGB-Stiftungen** und nicht-rechtsfähigen Stiftungen unterschieden; nachfolgend soll lediglich die rechtsfähige BGB-Stiftung Erörterung finden. Die §§ 80 ff. BGB enthalten Vorschriften über die rechtsfähige BGB-Stiftung. Die privatrechtlichen Grundlagen des Stiftungsrechts sind im BGB – wenngleich nicht abschließend – geregelt (konkurrierende Gesetzgebungskompetenz des Bundes, vgl. Art. 74 Abs. 1 Nr. 1 GG). Für die öffentlich-rechtlichen Aspekte sind nach Art. 70 GG die Länder zuständig, die entsprechende Landesstiftungsgesetze erlassen haben; darin sind auch die im BGB nicht geregelten privat-rechtlichen Aspekte verankert, insbesondere das Verfahren zur Anerkennung der Rechtsfähigkeit der Stiftung[96]. Siehe aber nunmehr das Gesetz zur Reform des Stiftungsrechts[97], wonach das Stiftungsrecht ab 01.07.2023 im Bürgerlichen Gesetzbuch vereinigt und zudem ab 01.01.2026 ein bundesweites Stiftungsregister geschaffen wird[98].

265 Definieren lässt sich eine **Stiftung** als eine mit Vermögen ausgestattete, nicht in einem Personenverband bestehende, **selbständige juristische Person**, welche zur Erreichung eines dauernden Zwecks, der alleine durch den Willen des Stifters definiert wird, errichtet wird[99]. Die Stiftung verfolgt den **Stiftungszweck** mithilfe ihres Stiftungsvermögens. Ist der Zweck der Stiftung derart festgelegt, dass dieser ausschließlich oder überwiegend in der Förderung des Interesses oder Wohls einer oder mehrerer Familien besteht, spricht man von einer sog. **Familienstiftung**[100]. Ausgehend von dem von der Familienstiftung verfolgten Zweck der Versorgung der begünstigten Familienmitglieder (sog. Destinatäre), geht die Erhaltung des Familienvermögens – auf Dauer – einher. Typischerweise handelt es sich daher bei Familienstiftungen nicht um Verbrauchsstiftungen i.S.v. § 80 Abs. 2 S. 2 BGB, sondern um (klassische) „Dauerstiftungen" i.S.v. § 80 Abs. 2 S. 1 BGB.

266 Von der **Personengesellschaft** grenzt sich die Stiftung dadurch ab, als sie unabhängig von ihrem Mitgliederbestand ist; Gesellschafter, vergleich-

---

96 Vgl. *Bamberger/Roth/Backert,* § 80 Rn. 1.

97 BGBl. I 2021, 2947.

98 Zum neuen Stiftungsrecht vgl. *Schauhoff/Mehren,* NJW 2021, 2993.

99 BVerwG, NJW 1998, 2545, 2546.

100 *Grüneberg/Ellenberger,* § 80 Rn. 8; *Münchner Anwaltshandbuch Erbrecht/Feick,* § 38 Rn. 9.

bar der Personengesellschaft, gibt es nicht. Vielmehr ist die **Stiftung selbst Träger von Rechten und Pflichten**[101]; das Stiftungsvermögen ist eine verselbständigte Vermögensmasse, die der Stiftung selbst gehört[102]. Anders als bei der Personengesellschaft ist das Stiftungsvermögen **(Grundstockvermögen)** grds. dauerhaft zu erhalten; es **darf nicht verbraucht werden**[103]. Der Stiftungszweck ist aus den Erträgnissen zu erfüllen. Die Rechtsform der Stiftung dient der dauerhaften Erhaltung von Familienvermögen. Die Destinatäre können sich folglich nicht über den Willen des Stifters hinwegsetzen und das in die Stiftung eingebrachte Familienvermögen etwa durch Auflösung der Stiftung unter sich (zur dann freien Verfügung) verteilen, sofern nicht der Stifter eine entsprechende Auflösungsmöglichkeit bereits in der Stiftungssatzung vorgesehen hat[104].

II. Errichtung der Stiftung

Das Entstehen der Stiftung setzt ein sog. **Stiftungsgeschäft** und die daran anschließende **Anerkennung** der Stiftung als rechtsfähig voraus (vgl. § 80 Abs. 1 BGB). **267**

1. Stiftungsgeschäft

Bei dem Stiftungsgeschäft unter Lebenden (vgl. § 81 BGB) handelt es sich um eine einseitige, empfangsbedürftige Willenserklärung. Es bedarf der **Schriftform** (§ 81 Abs. 1 S. 1 BGB) und muss die **verbindliche Erklärung** des Stifters enthalten, ein **bestimmtes Vermögen auf die Stiftung zu übertragen** (vgl. § 81 Abs. 1 S. 2 BGB). Zugleich muss der Stifter vorgeben, zur Erfüllung welchen Zwecks das der Stiftung zugewendete Vermögen zu verwenden ist **(Stiftungszweck)**, vgl. § 81 Abs. 1 S. 2 u. 3 BGB. Wird die Stiftung sodann als rechtsfähig anerkannt, ist der Stifter verpflichtet, das im Stiftungsgeschäft zugesicherte Vermögen auf die Stiftung rechtsgeschäftlich nach den hierfür jeweils geltenden Vorschriften zu übertragen (vgl. § 82 S. 1 BGB)[105]. Geltende Formvorschriften sind einzuhalten. Verpflichtet sich der Stifter im Stiftungsgeschäft zur Ausstattung der Stiftung mit einem Grundstück, bedarf nach richtiger Ansicht bereits das Stiftungsgeschäft der notariellen Beurkundung (vgl. § 311b Abs. 1 S. 1 BGB)[106]. **268**

---

101 Vgl. *Bamberger/Roth/Backert,* § 80 Rn. 3.

102 *Langenfeld/Günther,* Grundstückszuwendungen, Kap. 11 Rn. 12.

103 *Bamberger/Roth/Backert,* § 80 Rn. 8.

104 *Feick/Fischer,* Stiftung als Nachfolgeinstrument, Kap. 2 § 11 Rn. 7.

105 Vgl. BayObLG, NJW-RR 1987, 1418.

106 *Grüneberg/Ellenberger,* § 81 Rn. 3; *Schwarz,* DStR 2002, 1721; a.A. *Feick/Lehmann/Hahn,* Stiftung als Nachfolgeinstrument, Kap. 3 § 12 Rn. 5.

2. Stiftungssatzung

269 Der Stifter muss der Stiftung eine Stiftungssatzung geben, die den in § 81 Abs. 1 S. 3 BGB bezeichneten Mindestinhalt aufweist:

270 Der **Name** der Stiftung dient deren Unterscheidbarkeit im Rechtsverkehr und ist zugleich Identitätsmerkmal deren eigener Rechtspersönlichkeit. In der Wahl des Namens ist der Stifter (grds.) frei[107]. Der Zusatz „Stiftung" ist nicht zwingend, wenngleich zielführend[108]. Gerade bei Familienstiftungen wird der Stifter oftmals seinen Familiennamen als Stiftungsnamen verwenden wollen.

271 Den **Sitz** der Stiftung kann der Stifter grds. frei wählen; allerdings muss ein Bezug zur Stiftungstätigkeit bestehen[109]. Zumeist wird als (zulässiger) Sitz der Stiftung der Wohnsitz des Stifters bestimmt. Nach dem Sitz der Stiftung bestimmt sich auch die zuständige Landesbehörde, die mit der Anerkennung sowie Rechtsaufsicht der Stiftung betraut ist (vgl. § 80 Abs. 1 BGB).

272 Zum **Stiftungszweck** vgl. Rn. 268. Durch den Stiftungszweck wird zugleich der Kreis derjenigen Personen festgelegt, die durch die Stiftung begünstigt werden sollen (sog. **Destinatäre**). Allerdings steht es dem Stifter auch bei einer Familienstiftung frei, den Kreis der Destinatäre festzusetzen; er muss nicht alle Mitglieder der begünstigten Familie zu Destinatären bestimmen. Er kann auch einzelne oder bestimmte Gruppen etc. von der Begünstigung ausschließen[110]; an den Gleichheitsgrundsatz des Art. 3 GG ist er nicht gebunden[111]. Nach nunmehr h.M. kann der Stifter auch sich selbst als Begünstigten bestimmen, wenngleich er nicht alleiniger Begünstigter sein darf[112].

273 Grundlage der Stiftung ist das **Stiftungsvermögen**. Neben dem Stiftungsgeschäft, welches bereits die verbindliche Erklärung des Stifters enthalten muss, der Stiftung ein bestimmtes Vermögen zuzuwenden, ergänzt die Stiftungssatzung die dort enthaltenen Vereinbarungen derart, als sie Regelungen über die Verwendung der Stiftungsmittel enthalten muss[113]. Bei der Familienstiftung ist die Versorgung der begünstigten Familienmitglieder Stiftungszweck. Die Satzung sollte insofern regeln, ob den Destina-

---

107 *Grüneberg/Ellenberger*, § 81 Rn. 5.

108 *Feick/Fischer*, Stiftung als Nachfolgeinstrument, Kap. 2 § 7 Rn. 4; *Langenfeld/Günther*, Grundstückszuwendungen, Kap. 11 Rn. 24.

109 *MünchKomm/Weitemeyer*, § 81 Rn. 30.

110 *Muscheler*, WM 2003, 2213. 2220; *Staudinger/Hüttemann/Rawert*, § 85 Rn. 41.

111 BGH, NJW 1978, 943, 945.

112 *Feick/Godron*, Stiftung als Nachfolgeinstrument, Kap. 6 § 29 Rn. 9; *Burghard*, NZG 2002, 697.

113 *Grüneberg/Ellenberger*, § 81 Rn. 8.

tären ein klagbarer Anspruch auf Zuwendung der Erträgnisse zusteht oder die Ausschüttung im Ermessen der Stiftungsorgane steht[114]. Opportun erscheint i.d.R. die Errichtung einer sog. Ermessensstiftung; danach soll die Satzung sowohl „ob" als auch „Höhe" der Zuwendung in das Ermessen der Stiftungsorgane stellen können[115].

Zusammensetzung und Höhe des Stiftungsvermögens liegen im Ermessen des Stifters. Das übertragene Vermögen muss aber grds. ertragbringend sein, da nur aus den Erträgnissen des Stiftungsvermögens der Stiftungszweck verfolgt werden kann (vgl. § 80 Abs. 2 BGB)[116]; einlagefähig sind danach insbesondere Grundstücke. Zudem muss das übertragene Vermögen (bzw. die daraus zu generierenden Erträge, ggf. unter Einbeziehung zu erwartender Zustiftungen) auch groß genug sein, um den Stiftungszweck auf Dauer zu verwirklichen[117]. Gesetzliche Mindestanforderungen gibt es nicht; in der Verwaltungspraxis wird aber i.d.R. ein Grundstockvermögen von mind. 50.000,– Euro angenommen[118]. 274

Die Stiftung wird durch ihren **Vorstand** organschaftlich vertreten (vgl. §§ 86, 26 BGB). Die Satzung hat die Zahl der Vorstandsmitglieder sowie deren Bestellungsmodalitäten zu regeln[119]. Dem Stifter ist es aber unbenommen, den ersten Vorstand – unabhängig von den in der Satzung enthaltenen Regelungen – zu bestimmen[120]. Gesetzlich ausreichend ist ein einziges Vorstandsmitglied. 275

Neben dem Vorstand können noch **weitere (Kontroll-)Organe** innerhalb der Stiftung statuiert werden, wie ein Beirat oder Kuratorium; zwingend ist dies aber nicht. Oftmals wird die Entscheidung, ob neben dem Vorstand ein weiteres Organ installiert wird, von der Größe des Stiftungsvermögens abhängen[121]. 276

3. Anerkennung

Die Anerkennung der Stiftung ist **Verwaltungsakt**; sie ergeht durch die nach Landesrecht berufene zuständige Behörde. Die Anerkennung wirkt **konstitutiv**, wenngleich sie Mängel im Stiftungsgeschäft nicht 277

114 Vgl. *Feick/Godron,* Stiftung als Nachfolgeinstrument, Kap. 6 § 29 Rn. 67 ff.

115 *Feick/Thon,* ZEV 2011, 404, 405; *Feick/Godron,* Stiftung als Nachfolgeinstrument, Kap. 6 § 29 Rn. 84.

116 Vgl. *Feick/Fischer,* Stiftung als Nachfolgeinstrument, Kap. 2 § 7 Rn. 24.

117 *Ihle,* RNotZ 2009, 621, 624.

118 *Feick/Fischer,* Stiftung als Nachfolgeinstrument, Kap. 2 § 8 Rn. 4; vgl. auch *Grüneberg/Ellenberger,* § 80 Rn. 5.

119 *Grüneberg/Ellenberger,* § 81 Rn. 9.

120 Vgl. OLG Hamm, NZG 2014, 271.

121 Zu Einzelheiten vgl. *Feick/Fischer,* Stiftung als Nachfolgeinstrument, Kap. 2 § 9 Rn. 32 ff.

heilt[122]. Erst mit Anerkennung der Stiftung ist die Stiftung entstanden. Vor Anerkennung sind nach h.M. auf die Stiftung die Grundsätze anwendbar, die auf den Vorverein Anwendung finden[123].

278 Liegen die Voraussetzungen für die Anerkennung vor, ist sie zu erteilen; es besteht also **kein Ermessensspielraum der Anerkennungsbehörde** (vgl. § 80 Abs. 2 BGB)[124]. Voraussetzung für die Anerkennung sind, dass das Stiftungsgeschäft den Anforderungen des § 81 Abs. 1 BGB genügt (siehe hierzu Rn. 268), die dauernde und nachhaltige Erfüllung des Stiftungszwecks gesichert erscheint und der Stiftungszweck das Gemeinwohl nicht gefährdet (§ 80 Abs. 2 S. 1 BGB).

279 Die Ausgestaltung des Anerkennungsverfahrens regelt das jeweilige Landesrecht, vgl. etwa BayStG.

280 **Formulierungsbeispiel** [Gründung einer Familienstiftung][125]:

Gründung der … -Stiftung

… (nachfolgend „Stifter") errichtet hiermit die … -Familienstiftung. Es handelt sich hierbei um eine rechtsfähige Stiftung nach den Bestimmungen der §§ 80 ff. BGB.

Sitz der Stiftung ist …

Zweck der Stiftung ist die Versorgung der Mitglieder der Familie …

Der Stifter stattet die Stiftung mit folgendem Vermögen aus: …

Die Stiftung erhält einen Stiftungsvorstand nach Maßgabe der in der Anlage beigefügten Stiftungssatzung. Zum ersten Vorstand wird bestellt: …

Ort, den

---

122 BGHZ 70, 313, 321; *Grüneberg/Ellenberger,* § 80 Rn. 2.

123 LG Heidelberg, NJW-RR 1991, 969; *Grüneberg/Ellenberger,* § 80 Rn. 2; *Muscheler,* ZEV 2003, 41, 46; a.A. *Staudinger/Hüttemann/Rawert,* § 80 Rn. 39 ff.

124 *Grüneberg/Ellenberger,* § 80 Rn. 4; *Langenfeld/Günther,* Grundstückszuwendungen, Kap. 11 Rn. 23.

125 Vgl. *Feick/Fischer,* Stiftung als Nachfolgeinstrument, Kap. 2 § 6 Rn. 15 u. § 7 Rn. 34; *Langenfeld/Günther,* Grundstückszuwendungen, Kap. 11 Rn. 6.

Anlage
(Stiftungssatzung)

Satzung der … -Familienstiftung

§ 1 Name, Sitz, Rechtsform

(1) Die Stiftung führt den Namen … -Familienstiftung.

(2) Die Stiftung hat ihren Sitz in …

(3) Sie ist eine rechtsfähige Stiftung des bürgerlichen Rechts.

§ 2 Stiftungszweck

Zweck der Stiftung ist die angemessene Versorgung der Mitglieder der Familie …

§ 3 Stiftungsvermögen

(1) Das Stiftungsvermögen besteht im Zeitpunkt ihrer Errichtung aus den im Stiftungsgeschäft genannten Vermögenswerten.

(2) Das Stiftungsvermögen ist in seinem Wert möglichst ungeschmälert zu erhalten und zugleich ertragbringend anzulegen. Das Stiftungsvermögen kann zur Werterhaltung und zur Stärkung der Ertragskraft umgeschichtet werden.

§ 4 Erträge, Begünstigte

(1) Begünstigte der Stiftung sind die Mitglieder der Familie … Mitglieder im vorstehenden Sinne sind: …

(2) Ansprüche auf Stiftungsleistungen bestehen nicht und werden auch durch die wiederholte Gewährung von Leistungen nicht begründet. Vielmehr entscheidet alleine der Stiftungsvorstand nach freiem Ermessen über ob und Höhe der Zuwendung an einzelne Destinatäre.

§ 5 Organe, Vorstand

(1) Organ der Stiftung ist der Vorstand.

(2) Der Vorstand besteht aus mindestens einem und höchstens fünf Mitgliedern.

(3) Die ersten Mitglieder des Stiftungsvorstands werden vom Stifter bestellt. Der (Gesamt-)Vorstand ist sodann berechtigt, weitere Vorstandsmitglieder zum Gesamtvorstand zu kooptieren, bis zur Höchstzahl der satzungsmäßig zulässigen Vorstandsmitglieder.

(4) Nach Ablauf seiner Amtszeit führt der amtierende Vorstand die Geschäfte bis zur Wahl des neuen Vorstands fort. Die Wahl des Vorstands erfolgt durch die bisherigen Vorstandsmitglieder mit einfacher Mehrheit.

(5) Scheidet ein Mitglied des Vorstands vor Ablauf der Amtszeit aus seinem Amt aus, kooptiert der Vorstand für den Rest der Amtszeit ein Ersatzmitglied. Bis zur Ergänzung verringert sich die Anzahl der Mitglieder des Vorstands um die Anzahl der ausgeschiedenen Personen.

(6) Der Vorstand wählt aus seiner Mitte einen Vorsitzenden und einen stellvertretenden Vorsitzenden auf die Dauer seiner Amtszeit.

(7) Der Vorstand beschließ mit der Mehrheit seiner Stimmen; bei Stimmengleichheit entscheidet die Stimme des Vorsitzenden.

(8) Die Mitgliedschaft im Stiftungsvorstand endet
- (a) durch Tod,
- (b) durch Niederlegung, die jederzeit möglich ist, oder
- (c) mit Vollendung des … Lebensjahres.

(9) Die Mitglieder der Stiftungsorgane haben Anspruch auf eine angemessene Vergütung. Als angemessen gilt eine Vergütung in Höhe von … Promille der jährlichen Reinerträge des Stiftungsvermögens. Daneben besteht ein Anspruch auf Ersatz der tatsächlich entstandenen Auslagen.

(10) Die Mitglieder des Stiftungsvorstands haben im Verhältnis zur Stiftung nur Vorsatz und grobe Fahrlässigkeit zu vertreten.

§ 7 Aufgaben des Vorstands

(1) Der Vorstand verwaltet die Stiftung nach Maßgabe der gesetzlichen und satzungsmäßigen Bestimmungen unter besonderer Berücksichtigung des Willens des Stifters.

(2) Die Stiftung wird im Außenverhältnis durch jedes Vorstandsmitglied einzeln vertreten.

– Ende der Anlage –

Kapitel 4: Austragsleistungen und Absicherung des „Altenteilers“

Der Umfang der vereinbarten Gegenleistungen („Austragsleistungen“) variiert nach dem mit der vorweggenommenen Erbfolge verfolgten Zweck. Steht die „Ausstattung“ des Übernehmers im Vordergrund, so etwa bei der Überlassung eines Bauplatzes, spielen Austragsleistungen für den Übergeber regelmäßig keine Rolle. Anders bereits bei der Überlassung der selbst genutzten Immobilie des Übergebers: hier hat der Übergeber jedenfalls ein Interesse daran, seinen Verbleib in der bisherigen Wohnung zu sichern und sich womöglich vor fremden Eigentümern zu schützen. **281**

Begibt sich der Übergeber im Zuge der (landwirtschaftlichen) Betriebsübergabe gar seines wesentlichen Vermögens, bilden Austragsleistungen das Herzstück der vorweggenommenen Erbfolge. Nicht selten sind Austragsleistungen hier auch Streitthema zwischen Übergeber und Übernehmer: Der Übernehmer wünscht eine möglichst weitgehende tatsächliche (Wohnungsrecht, Wart und Pflege, etc.) und finanzielle (monatliche Rente) Absicherung, während der Übernehmer nach größtmöglicher unternehmersicher Freiheit und damit auch nach möglichst geringer finanzieller Anfangsbelastung strebt. Dennoch eint Übergeber und Übernehmer zunehmend die Sorge, umfassende Austragsleistungen könnten im Falle der Pflegebedürftigkeit des Übergebers Einfallstor für Regressansprüche des Sozialleistungsträgers sein. Andererseits mindern umfassende Austragsleistungen die Gefahr der (Überleitung und) Geltendmachung des Rückforderungsanspruchs gemäß § 528 BGB sowie – bei Anlauf der 10-Jahres-Frist – der Geltendmachung von Pflichtteilsergänzungsansprüchen gemäß § 2325 BGB[1] (weil der entgeltliche Teil der Zuwendung überwiegt). **282**

1 Siehe auch *Mayer/Geck/Mayer*, Der Übergabevertrag, § 9 Rn. 32 ff.

A. Absicherung des Übergebers

I. Wohnungsrecht

1. Inhalt und Abgrenzung

a) Abgrenzung zur beschränkten persönlichen Dienstbarkeit (§§ 1090 bis 1092 BGB)

283 Beim Wohnungsrecht handelt es sich um eine besondere Form der beschränkten persönlichen Dienstbarkeit[2]. Es ist einerseits durch seinen eingeschränkten Zweck gekennzeichnet, nämlich die Nutzung zu Wohnzwecken („als Wohnung“), andererseits durch den Ausschluss des Eigentümers von der Nutzung („unter Ausschluss des Eigentümers“), vgl. § 1093 Abs. 1 S. 1 BGB.

284 Das Wohnungsrecht berechtigt grds. **nur zur Nutzung zu Wohnzwecken**; das Wohnen muss danach Hauptzweck sein[3]. Andere Nutzungsarten (wie die Nutzung zu gewerblichen oder beruflichen Zwecken) sind nur dann unschädlich, wenn sie lediglich untergeordneter Nebenzweck sind[4]. Dies wird man bei gewerblicher bzw. beruflicher Nutzung dann annehmen können, wenn diese „mit dem Wohnen einher geht“ (etwa bei Nutzung eines Zimmers innerhalb der Wohnung als Arbeitszimmer); hingegen ist der Nebenzweck zu verneinen bei Nutzung eines abgegrenzten Teils des Gebäudes zu gewerblichen oder beruflichen Zwecken (wie etwa einer Tankstelle oder eines abgegrenztes Geschäftslokals[5]).

285 Nach dem Wortlaut des § 1093 Abs. 1 S. 1 BGB berechtigt das Wohnungsrecht nur zur **Nutzung eines Gebäudes**; eine Erstreckung auf unbebaute Teile eines Grundstücks fehlt nach dem Gesetzeswortlaut[6]. Allerdings gewährt § 1093 Abs. 3 BGB bei Einräumung eines Wohnungsrechts nur an Teilen eines Gebäudes auch die (Mit-)Nutzung an unbebauten Grundstücksflächen (siehe hierzu Rn. 308). Hieraus folgt, dass bei ausschließlicher Nutzung des gesamten Gebäudes jedenfalls vertraglich das (ausschließliche) Wohnungsrecht auch auf unbebaute Teile erstreckt werden kann, sofern dem Eigentümer lediglich eine (Rest-)Mitbenutzungsmöglichkeit verbleibt[7]. Derart ist es etwa zulässig, dem Wohnungsrechtsberechtigten das ausschließliche Nutzungsrecht an einer Hausterrasse[8]

---

2 Vgl. BayObLG, DNotZ 1986, 148, 149.
3 *Bamberger/Roth/Wegmann,* § 1093 Rn. 7.
4 *Grüneberg/Herrler,* § 1093 Rn. 3; *Soergel/Stürner,* § 1093 Rn. 8; *Schöner/Stöber,* Rn. 1247.
5 Vgl. *Schöner/Stöber,* Rn. 1247.
6 *MünchKomm/Mohr,* § 1093 Rn. 6.
7 *Bamberger/Roth/Wegmann,* § 1093 Rn. 7.
8 OLG Hamm, NJW-RR 2000, 1403, 1405.

oder einem Gartenteil[9] zuzuweisen. Dem Hauptzweck „Wohnen“ kann vertraglich (auf dem gleichen Grundstück) auch die (ausschließliche) Nutzung einer Einzel- oder Doppelgarage[10], eines Einzelstellplatzes in einer Doppelgarage oder eines Kfz-Stellplatzes im Freien zugeordnet werden[11].

Wesensgemäß für das Wohnungsrecht ist die ausschließliche Nutzungsberechtigung „unter Ausschluss des Eigentümers“ (vgl. § 1093 Abs. 1 S. 1 BGB). Soll dem Berechtigten hingegen **nur ein Mitbenutzungsrecht** (also ein Nutzungsrecht gemeinsam mit dem Eigentümer) eingeräumt werden, kommt nur die Vereinbarung einer beschränkten persönlichen Dienstbarkeit nach §§ 1090 bis 1092 BGB in Betracht[12]. **286**

Formulierungsbeispiel [Wohnungsrecht an einem Wohnhaus, Verpflichtung zur Unterhaltung durch den Eigentümer; der Wohnungsberechtigte trägt die laufenden Betriebskosten][13]: **287**

Der Wohnungsberechtigte ist berechtigt folgende Räume und Gebäudeteile unter Ausschluss des Eigentümers zu Wohnzwecken zu benutzen:

… das gesamte Wohnhaus A-Straße

… das Wohnzimmer im Erdgeschoss (1. Zimmer links vom Eingang her gesehen) des Wohnhauses A-Straße.

Der Wohnungsberechtigte kann daneben auch alle zum gemeinschaftlichen Gebrauch der Bewohner bestimmten Anlagen und Einrichtungen mitbenutzen, insbesondere … den Garten.

Der Eigentümer ist verpflichtet, die von dem Wohnungsrecht betroffenen Räume und Gebäudeteile in einem jederzeit gut bewohnbaren und beheizbaren Zustand zu erhalten. Weiter hat er auch die gewöhnlichen Ausbesserungs- und Erneuerungsaufwendungen, insbesondere auch die Schönheitsreparaturen, für die dem Wohnungsrecht unterliegenden Räume und Gebäudeteile stets unverzüglich vorzunehmen und die Kosten hierfür zu tragen.

Die Kosten und Lasten, die auf dem Grundstück und Gebäude ruhen, treffen den Eigentümer.

---

9 LG München, MittBayNot 1970, 153.

10 A.A. *Bamberger/Roth/Wegmann,* § 1093 Rn. 7.

11 *Schöner/Stöber,* Rn. 1248; *von Hoyenberg,* Vorweggenommene Erbfolge, 3. Kap. Rn. 108.

12 Vgl. BGH, NJW-RR 2010, 1585, 1586; OLG Saarbrücken, MittRhNotK 1992, 47, 48.

13 Vgl. *Mayer/Geck/Mayer,* Der Übergabevertrag, § 5 Rn. 72; *von Hoyenberg,* Vorweggenommene Erbfolge, Rn. 105 und 124; *Langenfeld/Günther,* Grundstückszuwendungen, Kap. 4 Rn. 2.

Der Wohnungsberechtigte trägt jedoch die laufenden Kosten und Lasten für Heizung, Strom und Wasser, soweit sie die von dem Wohnungsrecht umfasste Wohnung betreffen. Soweit die Kosten und Lasten nicht durch Messgeräte und Zähler gesondert erfasst werden, ist für die Aufteilung der Kosten das Verhältnis der Wohnflächen maßgebend; § 7 HeizkostenVO findet Anwendung. An den Aufwendungen für Unterhaltungsmaßnahmen für gemeinschaftliche Anlagen und Einrichtungen braucht sich der Wohnungsberechtigte nicht zu beteiligen; diese trägt alleine der Eigentümer.

Die Eintragung des Wohnungs- und Mitbenutzungsrechts im Grundbuch für den Berechtigten wird hiermit bewilligt und beantragt mit dem Vermerk, dass zur Löschung des Rechtes der Nachweis des Todes des Berechtigten genügen soll. Das Wohnungsrecht erhält folgende Rangstelle: …

b) Abgrenzung zur Reallast (§ 1105 BGB)

288 Inhalt des Wohnungsrecht ist die Nutzung eines bestimmten Gebäudes oder Gebäudeteils zu Wohnzwecken. Soll lediglich eine **allgemeine Verpflichtung** zur **Gewährung von Wohnraum** Vertragsinhalt sein, scheidet die Bestellung eines Wohnungsrechts demnach aus. In diesem Fall kommt nur die Bestellung einer Wohnungsreallast (§ 1105 BGB) in Betracht[14], siehe hierzu Rn. 322 ff.

c) Abgrenzung zum Nießbrauch (§§ 1030 ff. BGB)

289 Hauptzweck des Wohnungsrechts muss das „Wohnen“ sein. Anders beim Nießbrauch (§§ 1030 ff. BGB), der zur umfassenden Nutzung berechtigt (vgl. § 1030 Abs. 1 BGB); lediglich einzelne Nutzungsarten können ausgenommen werden (vgl. § 1030 Abs. 2 BGB). Darüber hinaus kann Belastungsgegenstand des Nießbrauch auch ein ideeller Miteigentumsanteil sein (§ 1066 BGB), wohingegen Belastungsgegenstand des Wohnungsrechts nur das gesamte Grundstück sein kann (siehe Rn. 293 ff.).

d) Abgrenzung zum Mietvertrag

290 Anders als das Wohnungsrecht gewährt ein Mietvertrag lediglich ein schuldrechtliches Nutzungsrecht. Besteht über ein Gebäude bzw. Gebäudeteile bereits ein Mietvertrag, steht dies der Bestellung eines Wohnungsrechts nicht entgegen[15]. Ist bei nachträglicher Bestellung eines Wohnungs-

14 *Schöner/Stöber*, Rn. 1236.
15 BGH, MDR 1999, 218.

recht das Konkurrenzverhältnis zwischen Mietvertrag und Wohnungsrecht nicht hinreichend geklärt, soll mit Einräumung des Wohnungsrechts das Mietverhältnis im Zweifel konkludent aufgehoben sein[16].

Die Entgeltlichkeit oder Unentgeltlichkeit der auf einem Wohnungsrecht beruhenden Nutzung kann nicht zum Inhalt des Rechts gemacht und nicht in das Grundbuch eingetragen werden[17]. Es gibt kein „entgeltliches" Wohnungsrecht; Gegenstand eines Wohnungsrechts kann folglich auch nicht der Inhalt eines Mietvertrags sein[18]. Enthält die Bestellung des Wohnungsrechts die Formulierung „das Wohnungsrechts wird unentgeltlich eingeräumt", ist dies lediglich als Hinweis auf den der Überlassung zugrunde liegenden Rechtsgrund (siehe Rn. 14 ff.) zu sehen. Allerdings ist es möglich, die Ausübung des Wohnungsrechts an die **Bezahlung eines Entgelts** zu koppeln. Rechtstechnisch kann dies derart ausgestaltet werden, dass das dingliche Recht entweder solange ruhen soll, als das vereinbarte Entgelt nicht bezahlt wird; oder die Wohnungsrechtseinräumung wird auflösend bedingt derart vereinbart, als das Wohnungsrecht entfällt, wenn das Entgelt nicht gezahlt wird; als dritte Möglichkeit kommt in Betracht, die Ausübung der Dienstbarkeit selbst mit dinglicher Wirkung unter die Bedingung zu stellen, dass der Berechtigte ein Entgelt bezahlt; tut er dies nicht, kann der Berechtigte das dingliche Nutzungsrecht nicht durchsetzen[19]. Soll die Nichtzahlung (wie in Alternative 2) auflösende Bedingung sein, ist ggf. darauf zu achten, die Bedingung nicht bereits bei kurzfristigen Zahlungsrückständen eintreten zu lassen, sondern erst bei Verzug über einen längeren Zeitraum[20]. 291

Formulierungsbeispiel [Wohnungsrecht mit Verpflichtung zur Zahlung eines Entgelts[21]]: 292

> [… Wohnungsrecht]
>
> Für die Ausübung des Wohnungsrechts verpflichtet sich der Wohnungsberechtigte gegenüber dem jeweiligen Grundstückseigentümer zur Zahlung eines monatlichen Entgelts in Höhe von …,– Euro . … (Zahlungsmodalitäten)

---

16 OLG Hamburg, ZMR 1983, 60; OLG Köln, MittRhNot 1998, 131; a.A. *Erman/Grziwotz,* § 1093 Rn. 1; *Grüneberg/Herrler,* Vor § 1018 Rn. 2.

17 BGH, BB 1968, 767; BayObLG, NJW-RR 1989, 14.

18 *Mayer/Geck/Mayer,* § 5 Rn. 23.

19 BGH, RNotZ 2021, 410 (wobei die Bedingung selbst nicht im Grundbuch eingetragen werden muss, vielmehr genügt die Bezugnahme auf die Eintragungsbewilligung); OLG Frankfurt, MittBayNot 1974, 266; ebenso *Schöner/Stöber,* Grundbuchrecht, Rn. 1160; *MünchKomm/Mohr,* § 1018 Rn. 7.

20 Vgl. *von Hoyenberg,* Vorweggenommene Erbfolge, Kap. 3 Rn. 129 ff.; *Krauß,* Vermögensnachfolge, Rn. 1850.

21 Vgl. *von Hoyenberg,* Vorweggenommene Erbfolge, Kap. 3 Rn. 131.

[Alt. 1] Das Wohnungsrecht ist auflösend bedingt vereinbart. Es erlischt, sobald der Wohnungsberechtigte mit der Zahlung des vereinbarten Entgelts in Höhe eines Betrags, der ... (Zahl) monatlichen Zahlungen entspricht, in Verzug ist.

[Alt. 2] Die Befugnis zur Ausübung des Wohnungsrechts steht unter vorstehender Bedingung der Zahlung und wird zum Inhalt des dinglichen Rechts gemacht.

Die Beteiligten bewilligen und beantragen die Eintragung des vorstehende bestellten Wohnungsrechts – bedingt – im Grundbuch.

2. Belastungsgegenstand

293 Belastungsgegenstand eines Wohnungsrechts kann grds. nur ein **bebautes Grundstück** sein. Das Gebäude muss abstrakt betrachtet zum Wohnen geeignet sein, wenn auch nicht auf Dauer[22]; die Bestellung an einem Tiefgaragenstellplatz ist danach ausgeschlossen[23]. An einem derzeit noch **unbebauten Grundstück** ist die Bestellung nur dann zulässig, wenn dieses mit einem Wohnhaus bebaut werden soll[24]; die Vorlage einer Baubescheinigung kann seitens des Grundbuchamts aber nicht gefordert werden[25]. Falls sich der Gebäudekomplex, an dem das Wohnungsrecht bestellt werden soll, über mehrere rechtlich selbständige Grundstücke erstreckt, kommt auch die Bestellung eines Gesamtwohnungsrechts in Betracht[26].

294 Unzulässig ist hingegen die Bestellung eines Wohnungsrechts an einem unbebauten Grundstück, wenn dieses nicht mit einem Wohnhaus bebaut werden soll[27]. So kann sich das Wohnungsrecht nicht auf die Fläche eines Nachbargrundstücks erstrecken, dessen Nutzung als Garten beabsichtigt ist[28] oder auf dem sich eine Garage befindet[29]; hier besteht aber die Möglichkeit der Bestellung einer beschränkten persönlichen Dienstbarkeit an dem (Nachbar-)grundstück gemäß § 1090 BGB. Eine Ausnahme wird man richtigerweise dann zulassen müssen, wenn sich gemeinschaftliche Anlagen und Einrichtungen, zu deren (Mit-)Nutzung der Berechtigte

---

22 BGH, BB 1968, 105.

23 BayObLG, NJW-RR 1987, 328.

24 BayObLG, Rpfleger 1981, 353; OLG Hamm, DNotZ 1976, 229, 232.

25 *Erman/Grziwotz,* § 1093 Rn. 2; a.A. *Schöner/Stöber,* Rn. 1242.

26 OLG Hamm, DNotZ 1976, 229, 230; OLG Zweibrücken, Rpfleger 1998, 282.

27 BayObLG, DNotZ 1976, 227, 228.

28 Vgl. BayObLG, DNotZ 1976, 227, 229; OLG Zweibrücken, Rpfleger 1998, 282; *Bamberger/Roth/Wegmann,* § 1093 Rn. 4; a.A. *MünchKomm/Mohr,* § 1093 Rn. 18.

29 *Mayer/Geck/Mayer,* Der Übergabevertrag, § 5 Rn. 16.

nach § 1093 Abs. 3 BGB berechtigt und auf die er zwingend angewiesen ist, auf dem rechtlich selbständigen Grundstück befinden[30]; deutlich wird dies etwa dann, wenn sich die Heizung für das Wohngebäude in einem separaten Heizraum auf einem rechtlich selbständigen Nachbargrundstück befindet.

Ebenfalls unzulässig ist die Bestellung eines Wohnungsrechts an einem **ideellen Miteigentumsanteil**[31]. **295**

3. Berechtigter

Berechtigte eines Wohnungsrechts können neben natürlichen auch juristische Personen und Handelsgesellschaften sein[32]. Bei den zuletzt genannten besteht der Zweck des Wohnungsrechts dann aber in der Überlassung der Ausübung an andere Personen[33]. Zum Berechtigungsverhältnis siehe Rn. 601 ff. **296**

Zulässig ist auch die Bestellung eines **Eigentümerwohnungsrechts**[34]. Soll parallel an demselben Grundstück neben dem Wohnungsrecht **auch ein Nießbrauchsrecht** bestellt werden, ist dies dann zulässig, wenn die Rechte gegenseitig aufschiebend bzw. auflösend bedingt eingeräumt sind[35] oder das Wohnungsrecht dem Nießbrauch im Rang vorgeht und als nicht übertragbar (und damit nicht pfändbar) ausgestaltet ist; im letztgenannten Fall ist ein schutzwürdiges Interesse an der Eintragung eines vorrangigen Wohnrechts zu bejahen, da der Berechtigte auch dann geschützt ist, wenn das nachrangige Nießbrauchsrecht gepfändet wird[36]. **297**

Soll der Wohnungsberechtigte zunächst nur zum gemeinsamen Gebrauch der Wohnungsrechtsräume neben dem Eigentümer und nach dessen Ableben zur alleinigen Nutzung berechtigt sein, kann dies nicht Inhalt eines Wohnungsrechts sein („unter Ausschluss des Eigentümers"); hierbei würde es sich um eine unzulässige Mischform handeln[37]. Zulässig wäre in **298**

30 Noch weiter *MünchKomm/Mohr,* § 1093 Rn. 18.

31 *Schöner/Stöber,* Rn. 1241.

32 *Schöner/Stöber,* Rn. 1244.

33 BGHZ 46, 253, 257; *MünchKomm/Mohr,* § 1093 Rn. 15.

34 BGH, DNotZ 2012, 137, 139: die bloße Möglichkeit eines berechtigten Interesses genügt, ohne dass gegenüber dem Grundbuchamt ein entsprechender Nachweis geführt werden muss (zum Nießbrauch); ebenso *Bamberger/Roth/Wegmann,* § 1093 Rn. 12; *Grüneberg/Herrler,* § 1093 Rn. 7; enger *MünchKomm/Mohr,* § 1093 Rn. 15: bei bevorstehender Veräußerung.

35 Vgl. OLG Frankfurt, MittBayNot 2009, 46 m. Anm. *Frank; Mayer/Geck/Mayer,* Der Übergabevertrag, § 5 Rn. 14.

36 OLG Hamm, DNotZ 2014, 125; LG Frankfurt/Oder, NotBZ 2010, 153; *Mayer/Geck/Mayer,* Der Übergabevertrag, § 5 Rn. 14.

37 OLG Düsseldorf, FGPrax 1997, 171.

diesem Fall aber die Bestellung einer durch den Tod des Eigentümers auflösend bedingten beschränkten persönlichen Dienstbarkeit (§§ 1090 bis 1092 BGB) und eines durch den Tod des Eigentümers aufschiebend bedingten Wohnungsrechts (§ 1093 BGB).

4. Einzelheiten

a) Räumlicher Umfang

299 Das Wohnungsrecht kann sich auf ein Gebäude im Gesamten erstrekken, ohne dass hierdurch ein Nießbrauch entsteht[38]. Es kann sich aber auch nur auf einzelne Teile eines Gebäudes erstrecken (vgl. § 1093 Abs. 1 S. 1 BGB); ausreichend ist selbst die Bestellung lediglich an einem einzelnen Zimmer. Maßgeblich für den Umfang des Wohnungsrechts ist der **Parteiwille**. Soll das Nutzungsrecht auf einzelne Gebäudeteile beschränkt sein, ist der räumliche Umfang **hinreichend bestimmt** zu bezeichnen[39]; hierzu genügt das Beifügen eines Lageplans genauso wie wörtliche Umschreibung der Wohnungsrechtsräume („erstes und zweites Zimmer links im ersten Obergeschoss, vom Treppenaufgang her gesehen“). Bedeutung erlangt dies insbesondere bei Bestellung eines Wohnrechts an einem (noch) unbebauten Grundstück. In diesem Fall wird die Beifügung eines Bauplans i.d.R. erforderlich sein, um den Ausübungsbereich des Wohnungsrechts bestimmen zu können[40]. Enthält die Wohnungsrechtsbestellung keine räumliche Einschränkung, erstreckt sich das Wohnungsrecht auf das gesamte Gebäude[41]. Ist zwar ersichtlich, dass sich die Rechtseinräumung auf einen räumlichen Teil beschränken soll, fehlt es aber an der hinreichenden Bestimmtheit, ist kein zulässiger Inhalt eines Wohnungsrechts vereinbart; der Eintragungsantrag ist durch das Grundbuchamt zurückzuweisen bzw. ein bereits eingetragenes Wohnungsrecht ist nach § 53 Abs. 1 S. 2 GBO zu löschen[42].

300 Weder dem Wohnungsrechtsberechtigten noch dem Grundstückseigentümer kann ein **Wahlrecht** derart eingeräumt werden, dem gemäß zwar die Anzahl der dem Wohnungsrecht unterliegenden Räume feststeht, die genaue Lage aber der Bestimmung durch den Berechtigten oder Eigentümer unterliegt[43]. Zulässig ist es hingegen, das Wahlrecht derart als auflösende Bedingung auszugestalten, als ein an bestimmten Räumen einge-

---

38 *Staudinger/Mayer*, § 1093 Rn. 5.
39 BayObLG, DNotZ 1988, 587.
40 Vgl. BayObLG Rpfleger, 1981, 353.
41 BayObLG, DNotZ 1988, 587.
42 *Schöner/Stöber*, Rn. 1258.
43 BayObLG, DNotZ 1965, 166.

räumtes Wohnungsrecht erlischt und – aufschiebend bedingt – ein Wohnungsrecht an anderen Wohnungsrechtsräumen entsteht[44].

Formulierungsbeispiel [Wahlrecht: Einräumung eines auflösend bedingten und eines aufschiebend bedingten Wohnungsrechts]: 301

(1) Der Wohnungsberechtigte ist berechtigt folgende Räume und Gebäudeteile unter Ausschluss des Eigentümers zu Wohnzwecken zu benutzen: die abgeschlossene Wohnung im 1. Obergeschoss des Wohnhauses A-Straße.

Der Wohnungsberechtigte kann daneben auch alle zum gemeinschaftlichen Gebrauch der Bewohner bestimmten Anlagen und Einrichtungen mitbenutzen, insbesondere … den Garten.

Der Eigentümer ist verpflichtet, die von dem Wohnungsrecht betroffenen Räume und Gebäudeteile in einem jederzeit gut bewohnbaren und beheizbaren Zustand zu erhalten. Weiter hat er auch die gewöhnlichen Ausbesserungs- und Erneuerungsaufwendungen, insbesondere auch die Schönheitsreparaturen, für die dem Wohnungsrecht unterliegenden Räume und Gebäudeteile stets unverzüglich vorzunehmen und die Kosten hierfür zu tragen.

Die Kosten und Lasten, die auf dem Grundstück und Gebäude ruhen, treffen den Eigentümer.

Der Wohnungsberechtigte trägt jedoch die laufenden Kosten und Lasten für Heizung, Strom und Wasser, soweit sie die von dem Wohnungsrecht umfasste Wohnung betreffen. Soweit die Kosten und Lasten nicht durch Messgeräte und Zähler gesondert erfasst werden, ist für die Aufteilung der Kosten das Verhältnis der Wohnflächen maßgebend; § 7 HeizkostenVO findet Anwendung. An den Aufwendungen für Unterhaltungsmaßnahmen für gemeinschaftliche Anlagen und Einrichtungen braucht sich der Wohnungsberechtigte jedoch nicht zu beteiligen; diese trägt alleine der Eigentümer.

Das vorstehende bestellte Wohnungsrecht ist auflösend bedingt vereinbart. Bedingung ist eine Erklärung des Wohnungsberechtigten gegenüber dem Eigentümer, dass er nunmehr das nachstehend in Ziffer (2) vereinbarte – aufschiebend bedingte – Wohnungsrecht ausüben möchte.

Die Eintragung des Wohnungs- und Mitbenutzungsrechts im Grundbuch – auflösend bedingt – für den Berechtigten wird hiermit bewilligt und beantragt mit dem Vermerk, dass zur Löschung

44 BayObLG, DNotZ 1988, 587.

des Rechtes der Nachweis des Todes des Berechtigten genügen soll. Das Wohnungsrecht erhält folgende Rangstelle: …

(2) Aufschiebend bedingt mit Erlöschen des in Ziffer (1) bestellten Wohnungsrechts wird dem Wohnungsberechtigten folgendes Wohnungsrecht eingeräumt:

Der Wohnungsberechtigte ist berechtigt folgende Räume und Gebäudeteile unter Ausschluss des Eigentümers zu Wohnzwecken zu benutzen:

die abgeschlossene Wohnung im Erdgeschoss des Wohnhauses A-Straße.

Der Wohnungsberechtigte kann daneben auch alle zum gemeinschaftlichen Gebrauch der Bewohner bestimmten Anlagen und Einrichtungen mitbenutzen, insbesondere … den Garten.

Im Übrigen gelten für den Inhalt des Wohnungsrechts die in Ziffer (1) getroffenen Vereinbarungen entsprechend.

Die Eintragung des Wohnungs- und Mitbenutzungsrechts im Grundbuch – aufschiebend bedingt – für den Berechtigten wird hiermit bewilligt und beantragt mit dem Vermerk, dass zur Löschung des Rechtes der Nachweis des Todes des Berechtigten genügen soll. Das Wohnungsrecht erhält Rangstelle nach dem in Ziffer (1) bestellten Wohnungsrecht.

b) Ausübung des Wohnungsrecht

302 Das Wohnungsrecht als Sonderfall einer beschränkten persönlichen Dienstbarkeit ist **nicht übertragbar** (§ 1092 Abs. 1 S. 1 BGB). Die Ausübung des Rechts kann aber einem Dritten überlassen werden, sofern die Überlassung gestattet ist (§ 1092 Abs. 1 S. 2 BGB). Ist die Überlassung gestattet, kann der Berechtigte die Wohnungsrechtsräume auch auf eigene Rechnung **vermieten**[45]; ein in Ausübung dieses Rechts abgeschlossenes Mietverhältnis endet jedoch mit Erlöschen des Wohnungsrechts (anders beim Nießbrauch, vgl. § 1056 BGB)[46]. Soweit eine Überlassung gestattet ist, kann es u.U. angebracht sein, eine etwaige Pflicht zur Tragung der in Ausübung des Wohnungsrechts entstehenden laufenden Kosten durch den Erwerber solange ruhen zu lassen, als eine Überlassung an Dritte erfolgt.

45 Vgl. *Krauß*, Vermögensnachfolge, Rn. 1807 f.; vgl. auch OLG Oldenburg, NJW-RR 1994, 467, 468.

46 Vgl. BGH, DNotZ 1990, 502, 504.

Formulierungsbeispiel [Wohnungsrecht, Recht zur Überlassung]: 303

Die Ausübung des Wohnungs- und Mitbenutzungsrechts darf Dritten überlassen werden.

Ist die Überlassung der Ausübung des Wohnungsrecht nicht gestattet, 304
ist der Wohnungsberechtigte aber jedenfalls berechtigt, „seine Familie sowie die zur standesgemäßen Bedienung und zur Pflege erforderlichen Personen in die Wohnung aufzunehmen" (§ 1093 Abs. 2 BGB). „Familie" i.d.S. ist in einem weiten allgemeinen Sprachgebrauch zu verstehen[47]; nicht erforderlich ist ein gesetzliches Unterhaltsverhältnis[48]. Danach ist richtigerweise auch die Aufnahme eines Partners einer nichtehelichen Lebensgemeinschaft in jedem Fall als zulässig anzusehen[49], auch eines gleichgeschlechtlichen Partners[50], ebenso von Verwandten des Lebensgefährten[51]. Daneben ist die Aufnahme von Hauspersonal in erforderlichem Umfang von Gesetzes wegen vorgesehen.

Die aufgenommenen Personen dürfen die Wohnung aber nicht alleine 305
nutzen; „Aufnahme" setzt vielmehr (grds.) eine Nutzung gemeinsam mit dem Wohnungsberechtigten voraus[52], wobei aber aufgenommene Personen nach Wegzug des Berechtigten in ein Alten-/Pflegeheim u.U. wohnen bleiben dürfen[53]. Hier kann als Inhalt des Wohnungsrechts aber auch vereinbart werden, dass die Mitnutzung durch aufgenommene Personen mit Auszug des Wohnungsberechtigten endet; § 1093 Abs. 2 BGB ist abdingbar[54]. Sowohl „Aufnahme" i.S.d. § 1093 Abs. 2 BGB als auch Überlassung der Ausübung i.S.d. § 1092 Abs. 1 S. 2 BGB setzten aber eine gewisse Dauer voraus; bloß vorübergehende Besuche zählen nicht hierzu[55]; diese sind ohnehin zulässig.

§ 1093 Abs. 2 BGB ist abdingbar. Der Kreis der Personen, die aufge- 306
nommen werden dürfen, kann vertraglich festgelegt werden, bis hin zum Ausschluss jeglicher Aufnahmemöglichkeit[56].

---

47 *MünchKomm/Mohr,* § 1093 Rn. 12.

48 *Erman/Grziwotz,* § 1093 Rn. 10.

49 Noch einschränkend BGH, NJW 1982, 1868: jedenfalls dann zulässig, wenn beide Partner unverheiratet sind und Beziehung auf Dauer angelegt ist.

50 Vgl. *Erman/Grziwotz,* § 1093 Rn. 10.

51 *Bamberger/Roth/Wegmann,* § 1093 Rn. 21.

52 Vgl. OLG Oldenburg, NJW-RR 1994, 467, 468.

53 OLG Schleswig, ZMR 2007, 369; *Grüneberg/Herrler,* § 1093 Rn. 12.

54 *Staudinger/Reymann,* § 1093 Rn. 48.

55 Vgl. *MünchKomm/Mohr,* § 1093 Rn. 12.

56 Vgl. BGH, NJW 1982, 1868, 1869.

307 **Formulierungsbeispiel** [Wohnungsrecht, Ausschluss von § 1093 Abs. 2 BGB]:

> Sonstige Personen i.S.d. § 1093 Abs. 2 BGB darf der Wohnungsberechtigte nicht aufnehmen.
>
> Oder:
>
> Der Wohnungsberechtigte ist berechtigte, sonstige Personen i.S.d. § 1093 Abs. 2 BGB aufzunehmen. Das Recht zur Aufnahme und damit korrespondierend das Mitbenutzungsrecht der aufgenommenen Personen endet jedoch mit Auszug des Wohnungsberechtigten aus Wohnungsrechtsräumen.

c) Mitbenutzung von gemeinschaftlichen Anlagen und Einrichtungen

308 Beschränkt sich das Wohnungsrecht auf das Recht zur Nutzung lediglich eines Teils des Gebäudes, ist der Wohnungsberechtigte befugt, die zum gemeinschaftlichen Gebrauch der Bewohner bestimmten Anlagen und Einrichtungen mitzubenutzen (§ 1093 Abs. 3 BGB). Fehlen anderweitige Vereinbarungen[57], bemisst sich der Umfang des Mitbenutzungsrechts nach den allgemeinen Lebensgewohnheiten und den Umständen des Einzelfalls[58]. Das Mitbenutzungsrecht umfasst danach alle Grundstücksteile, auf deren Gebrauch der Berechtigte angewiesen ist, um die Wohnung bestimmungsgemäß nutzen zu können[59]. Dies sind im Regelfall die Ver- und Entsorgungsanlagen und -leitungen[60], der Hofraum, das Treppenhaus etc.[61]. Umfassen die dem Wohnungsrecht unterliegenden Räume im Übrigen aber die erforderlichen Gebrauchseinrichtungen, ist eine Mitbenutzung entsprechender Einrichtungen gleicher Art in den restlichen Gebäudeteilen ausgeschlossen[62]. Hingegen nicht zum gemeinsamen Gebrauch dient der Garten[63] oder eine Garage bzw. ein Kfz-Stellplatz[64]; ein entsprechendes (Mit-)Benutzungsrecht ist ausdrücklich zu vereinbaren.

---

57 Solche sind zulässig und vorrangig, vgl. BayObLGZ 1980, 176.

58 Vgl. BayObLG, NJW-RR 1997, 651.

59 BayObLG, DNotZ 1992, 303, 304.

60 BayObLG, DNotZ 1992, 303.

61 Vgl. *Bamberger/Roth/Wegmann*, § 1093 Rn. 23.

62 *Mayer/Geck/Mayer*, Der Übergabevertrag, § 5 Rn. 19.

63 BayObLG, DNotZ 1992, 303, 304; BayObLG, FGPrax 2000, 54; OLG Zweibrücken, Rpfleger 1998, 282; *Grüneberg/Herrler*, § 1093 Rn. 13; a.A. *Erman/Grziwotz*, § 1093 Rn. 15; *Mayer/Geck/Mayer*, Der Übergabevertrag, § 5 Rn. 19.

64 *Mayer/Geck/Mayer*, Der Übergabevertrag, § 5 Rn. 20; *von Hoyenberg*, Vorweggenommene Erbfolge, Kap. 3 Rn. 108; a.A. *Erman/Grziwotz*, § 1093 Rn. 15 (Abstellen von PKW im Hof zulässig); einschränkend *Grüneberg/Herrler*, § 1093 Rn. 13: Mitbenutzungsrecht dann, wenn die vorhandenen Stellplätze die Kfz aller Bewohner aufnehmen können.

d) Rechte und Pflichten

aa) Allgemeine Rechte und Pflichten

Hinsichtlich der Rechte und Pflichten verweist zunächst § 1093 Abs. 1 S. 2 BGB auf bestimmte Vorschriften des Nießbrauchs. Zudem gilt auch für das Wohnungsrecht die allgemeine Verweisungsnorm des § 1090 Abs. 2 BGB. Daneben sind nach h.M. auch die §§ 1055 Abs. 1 und 1065 BGB entsprechend anwendbar[65]: **309**

Danach hat der Wohnungsberechtigte ein Recht zum Besitz und zugleich bei der Ausübung des Nutzungsrechts die bisherige Bestimmung der Sache als Wohnung aufrechtzuerhalten und nach den Regeln einer ordnungsgemäßen Wirtschaft zu verfahren (§§ 1090 Abs. 2, 1036 BGB). Er ist zur schonenden Ausübung des Wohnungsrechts verpflichtet (§§ 1090 Abs. 2, 1020 S. 1 BGB). Zur Umgestaltung oder wesentlichen Veränderung der Wohnungsrechtsräume ist er nicht befugt (§§ 1090 Abs. 2, 1037 Abs. 1 BGB). Ihn trifft eine Anzeigepflicht bei Zerstörung, schwerer Beschädigung oder bei besonderen Schutzvorkehrungen (§§ 1090 Abs. 2, 1042 BGB) und eine Rückgabepflicht bei Beendigung des dinglichen Rechts (§ 1055 Abs. 1 BGB). Im Zweifel erstreckt sich das Wohnungsrecht auch auf das gesetzliche Zubehör (§§ 1090 Abs. 2, 1031 BGB). **310**

Die Verkehrssicherungspflicht obliegt demjenigen, der für den Bereich der Gefahrenquelle verantwortlich ist und in der Lage ist, die zur Gefahrenabwehr erforderlichen Maßnahmen zu treffen[66]. Da auch dem Wohnungsberechtigten ein Besitzrecht zugestanden wird, trifft die Verkehrssicherungspflicht ihn insoweit, als sein Besitzrecht reicht. Der Eigentümer bleibt aber insoweit sicherungspflichtig, als der durch den Wohnungsberechtigten nicht von der Nutzung vollständig ausgeschlossen ist[67]. **311**

bb) Unterhaltungspflicht

Bzgl. der Pflicht zum Unterhalt der dem Wohnungsrecht unterliegenden Gebäudeteile verweist § 1093 Abs. 1 S. 2 BGB zunächst auf §§ 1041, 1050 BGB. Danach obliegen die Ausbesserungen und Erneuerungen dem Wohnungsberechtigten nur insoweit, als sie zur **gewöhnlichen Unterhaltung** gehören (§ 1041 S. 2 BGB); gewöhnliche Unterhaltungsmaßnahmen i.d.S. sind solche Maßnahmen, die bei ordnungsgemäßer Bewirtschaftung regelmäßig, innerhalb kürzerer Zeit wiederkehrend zu erwarten sind, insbesondere normale Verschleißreparaturen[68]. Gewöhnliche Abnut- **312**

---

65 *Grüneberg/Herrler*, § 1093 Rn. 16.

66 Vgl. BGH, VersR 2006, 803.

67 Vgl. *Amann*, DNotZ 1989, 531, 547.

68 BGH, NJW 2009, 1810.

zungen, die durch die ordnungsgemäße Ausübung des Wohnungsrechts herbeigeführt werden **(Abwohnen),** hat der Wohnungsberechtigte hingegen nicht zu ersetzen (§ 1050 BGB). Eine gesetzliche Verpflichtung des Eigentümers zur Vornahme entsprechender Ausbesserungsmaßnahmen besteht nicht, jedoch ein entsprechendes Vornahmerecht (§ 1044 BGB). Zur Vornahme **außergewöhnlicher Unterhaltungsmaßnahmen** ist kraft Gesetzes grds. weder der Wohnungsberechtigte noch der Eigentümer verpflichtet[69]. Eine Ausnahme besteht lediglich für die zum gemeinschaftlichen Gebrauch bestimmten Einrichtungen i.S.d. § 1093 Abs. 3 BGB; diese muss der Eigentümer in einem gebrauchsfähigen Zustand erhalten oder ggf. erneuern[70]. Zwar muss sich der Wohnungsberechtigte nicht an den Kosten für außergewöhnliche Ausbesserungen oder Erneuerungen solcher gemeinschaftlicher Anlagen und Einrichtungen beteiligen. An gewöhnlichen Unterhaltungsmaßnahmen muss sich der Wohnungsberechtigte hingegen anteilig beteiligen[71].

313 Mit dinglicher Wirkung kann dem Eigentümer die Verpflichtung zur Unterhaltung der dem Wohnungsrecht unterliegenden Räume ganz[72] oder auch nur teilweise (etwa Pflicht zur Erledigung von sog. Schönheitsreparaturen[73]) vertraglich aufgebürdet werden. Auf eine solche dingliche Unterhaltungspflicht als Inhalt des Wohnungsrechts finden die Vorschriften über die Reallast entsprechende Anwendung (§ 1021 Abs. 2 BGB), sog. unselbständige Reallast[74]. Die Unterhaltungspflicht kann freilich auch separat durch einen eigenständige Reallast (§ 1105 BGB) abgesichert werden[75].

314 **Praxistipp:** Ist eine umfassende Unterhaltungspflicht durch den Eigentümer gewollt, sind Formulierungen wie „den Eigentümer trifft die Pflicht, die dem Wohnungsrecht unterliegenden Räume und Gebäudeteile in einem jederzeit gut bewohnbaren und beheizbaren Zustand zu halten" üblich[76]. Ob hiervon allerdings auch Schönheitsreparaturen umfasst sind, ist fraglich; eine ausdrücklich Vereinbarung ist in jedem Fall empfehlenswert[77].

---

69 BGH, NJW 1969, 1847, 1848.

70 BGH, NJW 1969, 1847, 1849.

71 BGH, NJW 2012, 522: Ermittlung der anteiligen Kosten anhand § 7 HeizkostenVO.

72 BayObLG, DNotZ 1980, 157, 158; LG Saarbrücken, RNotZ 2003, 615, 616; LG Potsdam, NotBZ 2005, 118.

73 OLG Schleswig, NJW-RR 1994, 1359.

74 *Schöner/Stöber,* Rn. 1251.

75 *Schöner/Stöber,* Rn. 1254.

76 Vgl. BayObLG, DNotZ 1980, 157, 158.

77 So auch *Mayer/Geck/Mayer,* Der Übergabevertrag, § 5 Rn. 50; vgl. auch Gutachten DNotI-Report 2003, 82.

cc) Lastentragung

Öffentliche und private Lasten des Gebäudes hat der Eigentümer zu tragen[78]. Öffentliche Lasten sind diejenigen Abgaben, die aufgrund öffentlichen Rechts zu leisten sind[79]. Hierzu zählen Grundsteuer, Erschließungskosten sowie Gebühren für Kanalisation, Straßenreinigung, Müllabfuhr und Schornsteinfeger[80]. Zu den privaten Lasten zählen Zinsen auf Hypothekenforderungen und Grundschulden, aufgrund einer Rentenschuld zu entrichtende Leistungen[81] sowie die Kosten von Gebäudeversicherungen[82]. Mit dinglicher Wirkung können diese Lasten dem Wohnungsberechtigten nicht auferlegt werden, da § 1047 BGB nicht entsprechend anwendbar ist; insofern ist lediglich eine schuldrechtliche Vereinbarung möglich[83]. **315**

Laufende Betriebskosten, wie Strom, Wasser, Abwasser, Heizung, Gas hat der Wohnungsberechtigte zu tragen[84]. Derartige Kosten können als dinglicher Inhalt des Wohnungsrechts aber auch dem Eigentümer aufgebürdet werden[85]; auch kann die Kostentragungspflicht zum Inhalt einer selbständigen Reallast gemacht werden[86]. Hat der Wohnungsberechtigte die laufenden Betriebskosten zu tragen, wird man richtigerweise – mangels abweichender Vereinbarung – für die Aufteilung der Betriebskosten § 556a BGB entsprechend heranziehen können[87]. **316**

Praxistipp: Soll der Wohnungsberechtigte zur Tragung der laufenden Betriebskosten verpflichtet sein, empfiehlt sich, wenn Messeinrichtungen nicht vorhanden sind, die Vereinbarung eines Aufteilungsschlüssels, um spätere Unsicherheiten zu vermeiden. **317**

---

78 Vgl. BayObLG, DNotZ 1989, 569, 571.

79 *MünchKomm/Pohlmann,* § 1047 Rn. 6.

80 *MünchKomm/Pohlmann,* § 1047 Rn. 6 f.

81 *Münch/Komm/Pohlmann,* § 1047 Rn. 10; *Mayer/Geck/Mayer,* Der Übergabevertrag, § 5 Rn. 55.

82 *Schöner/Stöber,* Rn. 1252.

83 BayObLG, DNotZ 1989, 569.

84 BGH, NJW 2012, 522 m. Anm. *Joost,* JR 2012, 420.

85 BayObLG, DNotZ 1981, 124; OLG Köln, MittRhNotK 1992, 46, 47; OLG Schleswig, NJW-RR 1994, 1359.

86 *Mayer/Geck/Mayer,* Der Übergabevertrag, § 5 Rn. 56.

87 Vgl. BGH, NJW 2009, 3644: Der BGH bejaht die entsprechende Anwendbarkeit von § 556 Abs. 3 S. 3 BGB auf das Wohnungsrecht.

318 **Formulierungsbeispiel** [Wohnungsrecht; der Wohnungsberechtigte trägt neben den laufenden Betriebskosten auch die öffentlichen und privaten Lasten][88]:

> [...]
>
> Der Wohnungsberechtigte trägt die laufenden Kosten und Lasten für Heizung, Strom und Wasser, soweit sie die von dem Wohnungsrecht umfasste Wohnung betreffen. Soweit die Kosten und Lasten nicht durch Messgeräte und Zähler gesondert erfasst werden, ist für die Aufteilung der Kosten das Verhältnis der Wohnflächen maßgebend; § 7 HeizkostenVO findet Anwendung.
>
> [... Grundbuchantrag]
>
> Rein schuldrechtlich wird vereinbart: Abweichend von den gesetzlichen Regelungen treffen die Kosten und Lasten, die auf dem Grundstück und Gebäude ruhen, den Wohnungsberechtigten.

5. Erlöschen des Wohnungsrechts

319 Das Wohnungsrecht ist **nicht vererblich** (§§ 1090 Abs. 2, 1061 BGB). Es erlischt mit Ableben des Berechtigten[89].

320 Nach Ansicht der Rechtsprechung soll das Wohnungsrecht auch dann erlöschen, wenn die dem Wohnungsrecht unterliegenden **Gebäudeteile zerstört** oder derart stark beschädigt werden, dass sie nachhaltig unbewohnbar werden[90]. Nach a.A. soll das Wohnungsrecht in diesem Fall lediglich ruhen, solange ein Wiederaufbau möglich ist[91]. Jedenfalls soll der Eigentümer aber nicht zum Wiederaufbau verpflichtet sein, sofern keine abweichende Vereinbarung getroffen ist[92]. Richtigerweise wird sich i.d.R. aber bereits aus der der Wohnungsrechtseinräumung zugrunde liegenden schuldrechtlichen Abrede eine Verpflichtung des Eigentümers zum Wiederaufbau des Gebäudes und Gewährung eines Wohnungsrechts im vereinbarten Umfang im Wege der ergänzenden Vertragsauslegung feststellen lassen[93].

---

88 Vgl. *Mayer/Geck/Mayer*, Der Übergabevertrag, § 5 Rn. 72.

89 *Bamberger/Roth/Wegmann*, § 1092 Rn. 4; *Krauß*, Vermögensnachfolge, Rn. 1826.

90 BGH, NJW 1952, 1375; BGH, NJW 1953, 140.

91 *NK-BGB/Otto*, § 1093 Rn. 38; *Grüneberg/Herrler*, § 1093 Rn. 19.

92 *MünchKomm/Mohr*, § 1093 Rn. 23.

93 *Waldner*, Vorweggenommene Erbfolge, Rn. 37; *von Hoyenberg*, Vorweggenommene Erbfolge, Kap. 3 Rn. 152 f.

Ist eine entsprechende Wiederaufbaupflicht vereinbart, kann diese als Nebenverpflichtung zum Inhalt des Wohnungsrechts gemacht werden[94], sie kann aber auch durch Vormerkung gesichert werden (sog. Brandvormerkung)[95], wenngleich der Schutz mangels Möglichkeit des dinglichen Zugriffs auf das Grundstück gering ist. Effektiven Schutz (durch die Möglichkeit der Zwangsvollstreckung) kann hier nur eine Wohnungsreallast bieten (siehe hierzu Rn. 322 ff.)[96], wenngleich diese auch keinen Anspruch auf Gewährung einer bestimmten Wohnung bietet. **321**

6. Verpflichtung zur Gewährung von Wohnraum (Wohnungsreallast)

In den Anwendungsbereich einer sog. Wohnungsreallast fallen folgende Sachverhalte: **322**

- es soll nur eine allgemeine Verpflichtung zur Gewährung von Wohnraum vereinbart werden (vgl. Rn. 323);
- die Bestellung eines Wohnungsrechts kommt mangels hinreichender Bestimmtheit der Wohnungsrechtsräume derzeit nicht in Betracht, weil das Grundstück noch unbebaut ist und auch keine Baupläne (anhand derer eine Bestellung vorgenommen werden könnte) vorliegen (vgl. Rn. 293);
- das bisherige Gebäude, in dem sich die Wohnungsrechtsräume befanden, wurde zerstört (vgl. Rn. 321).

Zulässiger Inhalt einer Reallast i.S.d. § 1105 BGB kann die allgemeine Verpflichtung des Eigentümers zur Gewährung von Wohnraum sein (Überlassung von Wohnraum als wiederkehrende Leistung aus einem Grundstück)[97]. Voraussetzung hierfür ist, dass sich der Eigentümer nicht nur verpflichtet, das Wohnen durch den Berechtigten zu dulden; er muss sich zudem verpflichten, Wohnraum durch (positive) Leistung zur Verfügung zu stellen und in gebrauchsfähigen Zustand zu erhalten. Dem Berechtigten ist nur allgemein Wohnraum zur Verfügung zu stellen. Ein unmittelbares Nutzungsrecht ist damit noch nicht verbunden. Deshalb kann die Reallast nicht darauf gerichtet sein, ein bestimmtes Gebäude bzw. einen bestimmten Gebäudeteil dem Berechtigten – unter Ausschluss des Eigentümers – zur Verfügung zu stellen[98]. **323**

Inhalt einer Reallast sind wiederkehrende Leistungen. Diese müssen ausreichend bestimmbar sein, so dass die höchstmögliche Belastung er- **324**

94 LG Heilbronn, BWNotZ 1975, 124; *Schöner/Stöber*, Rn. 1272.
95 *Krauß*, Vermögensnachfolge, Rn. 1782.
96 *von Hoyenberg*, Vorweggenommene Erbfolge, Rn. 149 f.
97 BayObLG, MittBayNot 1981, 186, 187.
98 BayObLG, MittBayNot 1981, 186, 187.

kennbar ist und der Haftungsumfang zu einem bestimmten Zeitpunkt aus denen in der Reallast genannten Faktoren bestimmt werden kann[99]. Zu hohe Anforderungen hieran bestehen gleich wohl nicht; die Bezugnahme auf einen bestimmten Wohnungstyp (z.B. 3-Zimmer-Wohnung mit ca. 70 qm) genügt[100].

325 **Praxistipp:** Aus Sicht des Übergebers wird eine Wohnungsreallast i.d.R. nicht gewollt sein, jedenfalls wenn er in den bislang von ihm genutzten Räumlichkeiten – unter Ausschluss des Eigentümers – verbleiben möchte. Das Wohnungsrecht nach § 1093 BGB bleibt hier erste Wahl.

326 **Formulierungsbeispiel** [Wohnungsreallast][101]:

> Für den Fall, dass das Gebäude, in dem sich die Wohnungsrechtsräume gemäß Abschnitt … befinden, zerstört wird, ist der Eigentümer verpflichtet, dem Wohnungsberechtigten für die Dauer des eingeräumten Wohnungsrechts eine anderweitige Wohnung mit folgender Maßgabe zur Verfügung zu stellen: … 3-Zimmer-Wohnung mit einer Wohnfläche von mindestens 70 qm. Hinsichtlich der Kosten- und Lastentragung gelten die Bestimmungen der Wohnungsrechtseinräumung gemäß Abschnitt … entsprechend.
>
> Die Eintragung einer entsprechenden Reallast im Grundbuch für den Berechtigten wird hiermit bewilligt und beantragt mit dem Vermerk, dass zur Löschung des Rechtes der Nachweis des Todes des Berechtigten genügen soll. Die Reallast erhält Rangstelle nach dem in Abschnitt … bestellten Wohnungsrecht.

7. Grundbuchverfahren

327 Siehe zunächst allgemein Rn. 601 ff.

328 Das Wohnungsrecht erlischt spätestens mit dem Ableben des Berechtigten, siehe Rn. 319. Die **Löschung des Wohnungsrecht im Grundbuch** erfolgt auf formlosen Antrag des Grundstückseigentümers, sofern Rückstände von Leistungen ausgeschlossen sind (vgl. § 23 Abs. 1 GBO). Ausgeschlossen sind Rückstände beim Wohnungsrecht dann, wenn es sich in der gesetzlichen Regelung des § 1093 BGB erschöpft[102]. In diesem Fall ist die Eintragung einer **Löschungserleichterung** im Grundbuch gemäß

99 Vgl. BGH, NJW 1995, 2780 zur Pflegeverpflichtung; *Mayer/Geck/Mayer*, Der Übergabevertrag, § 5 Rn. 65.

100 *Mayer/Geck/Mayer*, Der Übergabevertrag, § 5 Rn. 65; zu weitgehend *Krauß*, Vermögensnachfolge, Rn. 1783.

101 Vgl. *von Hoyenberg*, Vorweggenommene Erbfolge, Rn. 151.

102 BayObLGZ 1979, 372.

§ 23 Abs. 2 GBO weder erforderlich noch zulässig. **Rückstände** sind aber dann **möglich**, wenn als dinglicher Inhalt des Wohnungsrechts eine Verpflichtung des Grundstückseigentümers zur Unterhaltung der zur Ausübung des Wohnungsrechts gehörenden Anlagen vereinbart ist[103] oder dieser die laufenden Betriebskosten zu tragen hat[104] oder das auf einzelne Räume beschränkte Wohnungsrecht die Mitbenutzung von Gemeinschaftsanlagen umfasst (hieraus resultierende Pflicht zur Funktionserhaltung)[105]. Ebenfalls zulässig ist die Eintragung einer Löschungserleichterung, wenn die Pflicht zur Vornahme von Unterhaltungsmaßnahmen und Tragung laufender Betriebskosten durch Reallast abgesichert ist (vgl. Rn. 465 zur Reallast).

II. Nießbrauch

1. Inhalt und Abgrenzung

Der Nießbrauch gehört systematisch zu den Dienstbarkeiten (vgl. **329** §§ 1018 ff. BGB). Als dingliches Recht grenzt er sich von rein schuldrechtlichen Nutzungsrechten (wie etwa der Miete) ab. Durch die Bestellung eines Nießbrauchs entsteht ein gesetzliches Schuldverhältnis zwischen Eigentümer und Nießbraucher, das durch die §§ 1030 ff. BGB geregelt wird[106].

Der Nießbrauch berechtigt zur **umfassenden Nutzung** einer Sache **330** (§ 1030 Abs. 1 BGB). Der Berechtigte darf in den Grenzen der §§ 1036 Abs. 2, 1037 BGB sämtliche Nutzungen der belasteten Sache ziehen (§ 100 BGB); hierzu zählen die Früchte (§ 99) sowie die Vorteile, die der Gebrauch einer Sache oder eines Rechts gewährt[107]. Zu den Früchten zählen auch die Erträge (§ 99 Abs. 3 BGB), bei einer vermieteten Sache demnach die Miete.

Es besteht die Möglichkeit, den Nießbrauch durch den Ausschluss ein- **331** zelner Nutzungen zu beschränken (§ 1030 Abs. 2 BGB). Abgrenzungsprobleme zur **beschränkten persönlichen Dienstbarkeit** (§§ 1090 ff. BGB) können sich ergeben, wenn der Inhalt des Nießbrauchs derart stark beschränkt wird, dass er einer beschränkten persönlichen Dienstbarkeit äh-

103 BayObLGZ 1979, 372, 374; OLG Düsseldorf, RNotZ 2003, 315; *Schöner/Stöber*, Rn. 1269.
104 *Mayer/Geck/Mayer*, Der Übergabevertrag, § 5 Rn. 47.
105 OLG München, NotBZ 2010, 66.
106 *Mayer/Geck/Mayer*, Der Übergabevertrag, § 11 Rn. 33.
107 *MünchKomm/Pohlmann*, § 1030 Rn. 5 ff.

nelt, oder umgekehrt der Inhalt der beschränkten persönlichen Dienstbarkeit in Richtung eines Nießbrauchsrecht (stark) ausgedehnt wird[108].

332 Zur **Grunddienstbarkeit** grenzt sich der Nießbrauch bereits dadurch ab, als die Grunddienstbarkeit ein subjektiv-dingliches Recht gewährt; Berechtigter eines Nießbrauchs kann hingegen niemals „der jeweilige Eigentümer eines Grundstücks“ sein[109].

2. Belastungsgegenstand, Nießbrauchsarten

333 Neben dem Nießbrauch an Sachen (§§ 1030 ff. BGB) gibt es auch den Nießbrauch an Rechten (§§ 1068 ff. BGB); siehe hierzu Rn. 132 ff.

334 Belastungsgegenstand eines Nießbrauchs (an Sachen) können neben **beweglichen Sachen** (§ 90 BGB) auch **Grundstücke und grundstücksgleiche Rechte** sein. Soll ein Nießbrauch an mehreren Sachen bestellt werden, ist zu beachten, dass die Möglichkeit der Bestellung eines Gesamtrechts ausscheidet; vielmehr bedarf es der Bestellung von Einzelnießbrauchsrechten an sämtlichen einzelnen Sachen[110]. Erfolgt die Bestellung eines Nießbrauchs an mehreren Grundstücken, kann folglich auch kein Mithaftvermerk im Grundbuch eingetragen werden[111].

335 Im Zweifel erstreckt sich der Nießbrauch auch auf das Zubehör (§ 1031 BGB); hingegen nicht auf Scheinbestandteilen (§ 95 BGB), an ihnen kann isoliert ein Nießbrauch bestellt werden[112].

336 **Formulierungsbeispiel** [Nießbrauch, gesetzlicher Inhalt]:

> Der Veräußerer behält sich auf Lebensdauer am Vertragsgrundbesitz ein Nießbrauchsrecht vor. Für den Inhalt des Nießbrauchs gelten die gesetzlichen Bestimmungen.
>
> Die Eintragung des Nießbrauchs im Grundbuch für den Berechtigten wird hiermit bewilligt und beantragt mit dem Vermerk, dass zur Löschung des Rechtes der Nachweis des Todes des Berechtigten genügen soll. Der Nießbrauch erhält folgende Rangstelle: …

337 Der Nießbrauch erstreckt sich auf die **wesentlichen** (§§ 93, 94 BGB) als auch die **nicht wesentlichen Bestandteile** der Sache (sofern sie dem Eigentümer der belasteten Sache gehören; andernfalls ist ein gutgläubiger

108 Zur Abgrenzung vgl. *Schippers*, MittRhNotK 1996, 197, 198 f.; *Mayer/Geck/Mayer*, Der Übergabevertrag, § 11 Rn. 8; offengelassen von BGH, NJW 1992, 1101.
109 *Bamberger/Roth/Wegmann*, § 1030 Rn. 1.
110 *Bamberger/Roth/Wegmann*, § 1030 Rn. 4.
111 *Schöner/Stöber*, Rn. 1368.
112 *Bamberger/Roth/Wegmann*, § 1030 Rn. 6.

Erwerb möglich)[113]. Diese können folglich nicht selbständig mit einem Nießbrauch belastet werden. Bei Grundstücken hat dies (grds.) zur Folge, dass zwar Grundstücksflächen (auch wenn sie bebaut sind) vom Nießbrauch ganz ausgenommen werden können, nicht aber einzelne Teile eines Gebäudes, wie ein einzelnes Stockwerk oder einzelne Räume[114] (= Möglichkeit der vertikalen, nicht aber der horizontalen Teilung[115]); siehe aber zur Möglichkeit der Beschränkung des Ausübungsbereichs Rn. 338.

Bei einem Grundstück kann Belastungsgegenstand sowohl das gesamte Grundstück als auch nur eine **reale Teilfläche** sein (siehe Rn. 337). Soll lediglich eine reale Teilfläche belastet sein, ist es nicht erforderlich, diese durch Vermessung rechtlich verselbständigen zu lassen. Allerdings darf eine Verwirrung im Grundbuch nicht zu besorgen sein; um dies zu gewährleisten, ist ein amtlicher Lageplan mit entsprechender Einzeichnung der Teilfläche durch das Vermessungsamt erforderlich (vgl. § 7 Abs. 2 i.V.m. § 2 Abs. 3 GBO, sog. echte Teilbelastung)[116]. Ohne amtliche Einzeichnung des Vermessungsamtes ist nur eine sog. unechte Teilbelastung möglich: Belastungsgegenstand ist das gesamte Grundstück, jedoch wird der **Ausübungsbereich auf eine Teilfläche beschränkt**[117]. Die Bestimmung des Ausübungsbereichs kann etwa durch Einzeichnung in einem Lageplan erfolgen (der nicht vom Vermessungsamt gefertigt zu sein braucht). Nach richtiger Ansicht ist die Beschränkung des Ausübungsbereichs auch derart zulässig, als (wesentlichen) Gebäudeteilen eines Grundstücks, etwa ein Stockwerk oder einzelne Räume, vom Nießbrauch ausgenommen werden können[118]. **338**

Formulierungsbeispiel [Nießbrauch am ganzen Grundstück mit eingeschränktem Ausübungsbereich][119]: **339**

> Der Veräußerer behält sich auf Lebensdauer am Vertragsgrundbesitz ein Nießbrauchsrecht vor. Der Ausübungsbereich des Nießbrauchs ist jedoch beschränkt auf die im beigefügten Lageplan farblich gekennzeichnete Teilfläche des Vertragsbesitzes. Auf den Lageplan wird verwiesen; er wurde zur Durchsicht vorgelegt und genehmigt.

---

113 *Erman/Bayer,* § 1030 Rn. 4; a.A., für nicht wesentliche Bestandteile, *Bamberger/Roth/Wegmann,* § 1030 Rn. 6.

114 Vgl. BGH, NJW 2006, 1881, 1883.

115 *Mayer/Geck/Mayer,* Der Übergabevertrag, § 11 Rn. 19.

116 *Schöner/Stöber,* Rn. 1365; *Mayer/Geck/Mayer,* § 11 Rn. 16.

117 *Schöner/Stöber,* Rn. 1365; *Mayer/Geck/Mayer,* § 11 Rn. 17.

118 *Bamberger/Roth/Wegmann,* § 1030 Rn. 33; *Staudinger/Frank,* § 1030 Rn. 5; *Mayer/Geck/Mayer,* Der Übergabevertrag, § 11 Rn. 18 (Fn. 32); a.A. *MünchKomm/Pohlmann,* § 1030 Rn. 91.

119 Vgl. *Mayer/Geck/Mayer,* Der Übergabevertrag, § 11 Rn. 20.

Für den Inhalt des Nießbrauchs gelten im Übrigen die gesetzlichen Bestimmungen.

Die Eintragung des Nießbrauchs im Grundbuch für den Berechtigten wird hiermit bewilligt und beantragt mit dem Vermerk, dass zur Löschung des Rechtes der Nachweis des Todes des Berechtigten genügen soll. Der Nießbrauch erhält folgende Rangstelle: …

340 Möglich ist die Bestellung auch nur an einem ideellen Bruchteil (Miteigentumsanteil), sog. **Bruchteilsnießbrauch**. Selbst der Alleineigentümer kann an einem oder mehreren Bruchteilen einen Nießbrauch bestellen[120]. Abzugrenzen hiervon ist der sog. **Quotennießbrauch**. Anders als der Bruchteilsnießbrauch, der nur an einem ideellen Bruchteil eingeräumt wird, wird der Quotennießbrauch an der gesamten Sache bestellt; der Nießbraucher ist aber nur zur Nutzung zu der vereinbarten Quote berechtigt[121].

341 **Formulierungsbeispiel** [Quotennießbrauch][122]:

Der Veräußerer behält sich auf Lebensdauer am Vertragsgrundbesitz ein Nießbrauchsrecht mit einer Quote von … (Quote) vor (Quotennießbrauch). Für den Inhalt des Nießbrauchs gelten die gesetzlichen Bestimmungen.

Die Eintragung des Nießbrauchs im Grundbuch für den Berechtigten wird hiermit bewilligt und beantragt mit dem Vermerk, dass zur Löschung des Rechtes der Nachweis des Todes des Berechtigten genügen soll. Der Nießbrauch erhält folgende Rangstelle: …

3. Berechtigter

342 Berechtigter eines Nießbrauchs können **natürliche und juristische Personen** sowie rechtsfähige Personengesellschaften sein[123]. Ebenfalls zulässig ist die Bestellung eines Nießbrauchsrechts zugunsten des Eigentümers **(Eigentümernießbrauch)**[124].

---

120 LG München, MittBayNot 2003, 492 m. Anm. *Frank*.

121 BGH, DNotZ 2004, 140; *MünchKomm/Pöhlmann*, § 1030 Rn. 55.

122 Vgl. *von Hoyenberg*, Vorweggenommene Erbfolge, Kap. 3 Rn. 90.

123 *MünchKomm/Pohlmann*, § 1030 Rn. 63.

124 BGH, DNotZ 2012, 137, 139: die bloße Möglichkeit eines berechtigten Interesses genügt, ohne dass gegenüber dem Grundbuchamt ein entsprechender Nachweis geführt werden muss.

4. Einzelheiten

a) Ausschluss einzelner Nutzungen

Der Inhalt des Nießbrauchs kann durch den Ausschluss einzelner Nutzungen beschränkt werden (§ 1030 Abs. 2 BGB); zu den sich hieraus ergebenden Abgrenzungsproblemen siehe Rn. 331 f. Richtigerweise kann das als umfassend verstandene Nutzungsrecht nach § 1030 Abs. 2 BGB aber nur **um einzelne Nutzungen gekürzt** werden; der Nießbrauch darf also nicht auf nur einzelne Nutzungsarten beschränkt sein[125]. Zulässig sind hingegen der Ausschluss bzw. die Beschränkung des Rechts auf Eigennutzung[126] oder Fremdvermietung[127]. **343**

b) Ausübung des Nießbrauchs

Der Nießbrauch ist grds. **nicht übertragbar** (§ 1059 S. 1 BGB). Allerdings kann die **Ausübung** des Nießbrauchs einem Dritten **überlassen** werden, ohne dass es einer besonderen Gestattung durch den Eigentümer bedürfte (§ 1059 S. 2 BGB). Die Überlassung kann im Ganzen erfolgen oder sich auf einzelne Nutzungen beschränken, sie kann entgeltlich oder unentgeltlich ausgestaltet sein, aber keinesfalls im Grundbuch eingetragen werden[128]. Als Inhalt des Nießbrauchs kann die Zulässigkeit der Ausübungsüberlassung aber auch dinglich ausgeschlossen werden[129]. **344**

Formulierungsbeispiel [Ausschluss der Ausübungsüberlassung]: **345**

> Die Überlassung der Ausübung des Nießbrauchs (§ 1059 S. 2 BGB) ist ausgeschlossen.

Um keinen Fall der Ausübung der Überlassung i.S.d. § 1059 S. 2 BGB handelt es sich bei der **Vermietung** der belasteten Sache durch den Nießbraucher; vielmehr handelt es sich hierbei um einen Fall der typischen Selbstausübung des Nießbrauchs[130]. **346**

---

125 Vgl. BayObLG, Rpfleger 1981, 439: unzulässig ist Beschränkung des Nießbrauchs an einem Waldgrundstück auf ein Holznutzungsrecht.

126 BGH, NJW 1954, 1036; OLG Hamm, Rpfleger 1983, 144.

127 LG Aachen, Rpfleger 1986, 468; *MünchKomm/Pohlmann*, § 1030 Rn. 125; *Staudinger/Frank*, § 1030 Rn. 57; *Soergel/Stürner*, § 1030 Rn. 10.

128 *Schöner/Stöber*, Rn. 1387.

129 BGH, NJW 1985, 2827.

130 BGH, NJW 1990, 443; *Mayer/Geck/Mayer*, Der Übergabevertrag, § 11 Rn. 50.

347 **Praxistipp:** Soll die *Möglichkeit der Vermietung ausgeschlossen* oder beschränkt werden, genügt es nicht, die Befugnis des § 1059 S. 2 BGB auszuschließen. Vielmehr bedarf es eines ausdrücklichen Ausschlusses bzw. Einschränkung der Vermietungsmöglichkeit; hierbei handelt es sich um einen Ausschluss einzelner Nutzungen i.S.d. § 1030 Abs. 2 BGB[131].

348 Anders als bei natürlichen Personen, kommt bei juristischen Personen und rechtsfähigen Personengesellschaften in den Fällen des § 1059a BGB ausnahmsweise eine Übertragung des Nießbrauchs in Betracht.

c) Vermietung

349 Der Nießbrauch **berechtigt zur Vermietung bzw. Verpachtung** der belasteten Sache (vgl. § 1056 BGB). Hat der Nießbraucher einen Miet-/Pachtvertrag abgeschlossen, der zeitlich über die Dauer des Nießbrauchs hinausgeht, gelten zugunsten des Mieters bzw. Pächters die Schutzvorschriften der §§ 566, 566a, 566b Abs. 1, 566c bis 566e und 567b BGB entsprechend (§ 1056 Abs. 1 BGB). Bei Erlöschen des Nießbrauchs endet danach ein bestehendes Miet-/Pachtverhältnis nicht automatisch; dieses geht vielmehr auf den Eigentümer über (ohne dass dies gesondert vereinbart werden müsste). Zwar gewährt § 1056 Abs. 2 BGB dem Eigentümer ein Sonderkündigungsrecht. Zu beachten ist allerdings, dass es sich hierbei (nur) um ein Recht zur ordentlichen Kündigung, unter Einhaltung etwaiger Kündigungsschutzvorschriften, handelt[132].

350 Bestand bereits vor Bestellung des Nießbrauchs ein Miet- bzw. Pachtverhältnis, geht dieses auf den Nießbraucher über (§§ 567, 581 Abs. 2 BGB). Überträgt der bisherige Eigentümer (=Vermieter bzw. Verpächter) das Eigentum unter Vorbehalt des Nießbrauchs, bleibt er selbst für die Dauer des Nießbrauchs Vermieter bzw. Verpächter[133].

d) Pfändbarkeit

351 Wegen der Möglichkeit des § 1059 S. 2 BGB ist der Nießbrauch pfändbar, und zwar selbst dann, wenn die Möglichkeit der Ausübungsüberlassung dinglich ausgeschlossen ist[134].

---

131 *Mayer/Geck/Mayer,* Der Übergabevertrag, § 11 Rn. 50.

132 *Erman/Bayer,* § 1056 Rn. 2.

133 *Mayer/Geck/Mayer,* Der Übergabevertrag § 11 Rn. 53.

134 BGH, NJW 1985, 2827.

e) Rechte und Pflichten

aa) Allgemeine Rechte und Pflichten

Der Nießbrauch gewährt dem Berechtigten ein umfassendes Nutzungsrecht (siehe Rn. 330). Daneben gewährt er auch ein unentziehbares **Recht zum (unmittelbaren) Besitz** (§ 1036 Abs. 1 BGB)[135]. 352

Praxistipp: Überträgt der Eigentümer eine Sache unter Nießbrauchsvorbehalt, verbleibt der unmittelbare Besitz bei ihm. Gerade in steuerlicher Hinsicht ist der Übergang von Besitz, Nutzen und Lasten oftmals relevant. Wegen der gespaltenen Pflicht zur Unterhaltung sowie Tragung von Kosten und Lasten sind Formulierungen, die zwischen „mittelbarem" und „unmittelbarem" Besitzübergang unterscheiden, i.d.R. wenig zielführend. Vorzugswürdig erscheint danach eine klare Abgrenzung, wie etwa[136]: „Besitz, Nutzungen und Lasten gehen am … über, sofern sich aus dem Inhalt des Nießbrauchs nichts Abweichendes ergibt." 353

Der Nießbraucher ist aber nicht zur **Veräußerung oder Belastung** der mit dem Nießbrauch belasteten Sache berechtigt[137]; ein sog. Dispositionsnießbrauch ist unzulässig[138]. Soll der Nießbraucher zu Verfügungen über den Nießbrauchsgegenstand berechtigt sein, kann dies nur schuldrechtlich vereinbart werden[139]. 354

Der Nießbraucher ist verpflichtet, bei der Ausübung des Nießbrauchs die bisherige Bestimmung der Sache aufrechtzuerhalten und nach den Regeln einer ordnungsgemäßen Wirtschaft zu verfahren (§ 1036 Abs. 2 BGB). Diese Pflicht zur **Aufrechterhaltung der wirtschaftlichen Bestimmung** wird durch das Verbot der Umgestaltung oder wesentlichen Veränderung (§ 1037 Abs. 1 BGB) sowie Erhaltungspflicht des § 1041 BGB (siehe Rn. 359) flankiert und durch die Detailregelungen der §§ 1038, 1039, 1042 bis 1054, 1057 BGB näher ausgestaltet[140]. Der **Gesamtcharakter des Nießbrauchsgegenstands darf nicht geändert** werden[141]. Zulässig kann allenfalls eine teilweise Änderung sein, sofern der Gesamtcha- 355

---

135 *Langenfeld/Günther,* Grundstückszuwendungen, Kap. 3 Rn. 24.

136 So auch *Mayer/Geck/Mayer,* Der Übergabevertrag, § 11 Rn. 30 f., gründend auf *Amann,* DAI-Skript „Intensivkurs Überlassungsvertrag", 2006, S. 185.

137 *von Hoyenberg,* Vorweggenommene Erbfolge, Kap. 3 Rn. 9.

138 BGH, NJW 1982, 31, 32; *Schöner/Stöber,* Rn. 1376; *von Hoyenberg,* Vorweggenommene Erbfolge, Kap. 3 Rn. 14.

139 BGH, NJW 1982, 31, 32.

140 *MünchKomm/Pohlmann,* § 1036 Rn. 9.

141 *Bamberger/Roth/Wegmann,* § 1036 Rn. 9. Unzulässig ist bspw. die Umwandlung von Ackerland in Wald und umgekehrt, vgl. RGZ 80, 229, 232.

rakter gewahrt bleibt[142]. Mit dinglicher Wirkung ist § 1036 Abs. 2 Hs. 1 BGB nicht umfassend abdingbar[143]; zulässigerweise können dem Nießbraucher aber bestimmte Gestaltungsmöglichkeit eingeräumt werden[144].

356 **Praxistipp:** Soll der Nießbraucher zur Umgestaltung des Nießbrauchsgegenstands berechtigt sein, sollte der Umfang der zulässigen Maßnahmen (soweit zulässig) als Inhalt des Nießbrauchs vereinbart werden, schon um Abgrenzungsschwierigkeiten zu vermeiden. Will der Nießbraucher zu einer Umgestaltung in beliebiger Weise berechtigt sein, kann dies nur schuldrechtlich – nicht als Inhalt des dinglichen Rechts – vereinbart werden.

357 **Formulierungsbeispiel** [Nießbrauch mit schuldrechtlicher Gestattung zur Umgestaltung][145]:

[… Nießbrauch]

… Schuldrechtlich wird vereinbart, dass der Nießbrauchsberechtigte berechtigt ist, im Garten des Vertragsbesitzes auf eigene Kosten einen Swimmingpool (max. 10 mal 5 Meter) zu errichten.[146]

… Schuldrechtlich wird vereinbart, dass der Nießbrauchsberechtigte berechtigt ist, auf eigene Kosten den Vertragsgegenstand beliebig umzugestalten und zu verändern.

358 Die **Verkehrssicherungspflicht** obliegt grds. demjenigen, der für den Bereich der Gefahrenquelle verantwortlich und in der Lage ist, die zur Gefahrenabwehr erforderlichen Maßnahmen zu treffen[147]. Da der Nießbraucher Inhaber des Besitzrechts (= unmittelbarer Besitzer) ist, trifft die Verkehrssicherungspflicht grds. ihn[148]. Allerdings wird auch der Eigentümer insoweit sicherungspflichtig bleiben, als der Nießbraucher für die Gefahrenquelle nicht verantwortlich ist (nach der gesetzlichen Regelung etwa bei außergewöhnlichen Ausbesserungen).

142 *MünchKomm/Pohlmann*, § 1036 Rn. 13; *Soergel/Stürner*, § 1036 Rn. 3; vgl. RGZ 80, 229, 232: Umwandlung einer Waldparzelle in eine Obstpflanzung bei einem größeren Gut.

143 KG, DNotZ 2006, 470.

144 *Bamberger/Roth/Wegmann*, § 1036 Rn. 12; *MünchKomm/Pohlmann*, § 1036 Rn. 15; *Staudinger/Frank*, § 1036 Rn. 18.

145 Vgl. *von Hoyenberg*, Vorweggenommene Erbfolge, Kap. 3 Rn. 30.

146 Eine derartige Vereinbarung wird im Regelfall auch dinglicher Inhalt des Nießbrauchs sein können.

147 Vgl. BGH, VersR 2006, 803.

148 Vgl. *Amann*, DNotZ 1989, 531, 547.

bb) Unterhaltungspflicht

Der Nießbraucher ist zur Erhaltung der belasteten Sache in ihrem wirtschaftlichen Bestand verpflichtet (§ 1041 S. 1 BGB), siehe bereits Rn. 355. Mit dinglicher Wirkung kann diese Pflicht nicht vollumfänglich abbedungen werden[149]; zulässig ist lediglich eine teilweise Abbedingung (wie bei § 1036 Abs. 2 BGB, vgl. Rn. 355)[150]. **359**

Allerdings obliegen dem Nießbraucher **Ausbesserungen und Erneuerungen** nur insoweit, als sie zur **gewöhnlichen Unterhaltung** der Sache gehören (§ 1041 S. 2 BGB). Hierzu zählen nur solche Maßnahmen, die bei ordnungsgemäßer Bewirtschaftung regelmäßig, also wiederkehrend innerhalb kürzerer Zeitabstände zu erwarten sind[151]. Die Regelung des § 1050 BGB, der gemäß der Nießbraucher Veränderungen oder Verschlechterungen, welche durch die ordnungsgemäße Ausübung des Nießbrauchs herbeigeführt werden, nicht zu vertreten hat, stellt insofern keine Einschränkung der Unterhaltungspflicht nach § 1041 S. 1 BGB dar. Der Nießbraucher kann sich also nicht darauf berufen, nicht zur Unterhaltung verpflichtet zu sein, da sich die Sache lediglich im Rahmen der allgemeinen Abnutzung verschlechtert hat. Vielmehr wird (umgekehrt) § 1050 BGB durch § 1041 S. 1 BGB eingeschränkt[152]. **360**

Zu **außergewöhnlichen Unterhaltungsmaßnahmen**[153] sind hingegen weder der Nießbraucher noch der Eigentümer kraft Gesetzes verpflichtet. Den Nießbraucher trifft lediglich eine entsprechende Anzeigepflicht (§ 1042 S. 1 BGB). Macht der Nießbraucher tatsächlich Aufwendungen, sind sie ihm nach Maßgabe des § 1049 Abs. 1 BGB (Geschäftsführung ohne Auftrag) zu erstatten. Allerdings kann eine entsprechende Unterhaltungspflicht des Nießbrauchers auch zum dinglichen Inhalt des Nießbrauchs gemacht werden[154]. Dem Eigentümer kann eine entsprechende Pflicht zur Vornahme außergewöhnlicher Unterhaltungsmaßnahmen hingegen nicht als dinglicher Inhalt des Nießbrauchs auferlegt werden. Allgemein können dem **Eigentümer gegenüber dem Nießbraucher mit dinglicher Wirkung keine Leistungspflichten** auferlegt werden; dies **361**

---

149 BayObLGZ 1977, 205 (Pflicht zur Aufforstung nach Kahlschlag kann nicht dinglich abbedungen werden); KG, DNotZ 2006, 470; *Soergel/Stürner*, § 1041 Rn. 2, a.A. LG Augsburg, MittBayNot 1976, 139; LG Ulm, BWNotZ 1977, 173; *Staudinger/Frank*, § 1041 Rn. 8.

150 *Bamberger/Roth/Wegmann*, § 1041 Rn. 8; *MünchKomm/Pohlmann*, § 1041 Rn. 8.

151 BGH, DNotZ 2004, 140.

152 BGH, NJW 2009, 1810.

153 Hierzu zählen etwa: Erneuerung der Elektroinstallation, BGH, NJW-RR 2005, 1321; Sanierung des Daches, OLG Koblenz, NJW-RR 1995, 15.

154 BayObLGZ 1985, 6, 12.

wäre mit dem Wesen des Nießbrauchs unvereinbar[155]. Unzulässig wäre demnach auch eine Verpflichtung des Eigentümers zum Wiederaufbau eines zerstörten (nießbrauchsbelasteten) Gebäudes[156].

cc) Lastentragung

362 Der Nießbraucher hat die auf der Sache ruhenden **öffentlichen Lasten** zu tragen, jedoch mit Ausnahme der außerordentlichen Lasten, die als auf den Stammwert der Sache gelegt anzusehen sind (hierzu zählen insbesondere Erschließungskosten und -beiträge nach BauGB und kommunalrechtlichen Vorschriften[157]), sowie die **privatrechtlichen Lasten**, welche schon zum Zeitpunkt der Bestellung des Nießbrauchs auf der Sache ruhten (§ 1047 BGB). Zum näheren Inhalt vgl. Rn. 315 zum Wohnungsrecht. § 1047 BGB erfasst aber nur die auf der Sache ruhenden Lasten; nicht hierher gehören die **laufenden Betriebskosten**[158]. Diese entstehen vielmehr aus dem Gebrauch des Nießbrauchs und sind entsprechend als eigener Aufwand von Nießbraucher selbst zu tragen[159].

363 Die **gesetzlichen Pflichten** zur Lastentragung können mit dinglicher Wirkung sowohl mit Wirkung zulasten des Nießbrauchers als auch des Eigentümers (grds.) **abgeändert** werden[160]. So ist es einerseits möglich, als dinglichen Inhalt des Nießbrauchs zu vereinbaren, dass der Nießbraucher, abweichend von den gesetzlichen Bestimmungen, alle Unterhaltungsmaßnahmen vorzunehmen und Lasten, insbesondere die auf den Stammwert anzusehenden außergewöhnlichen Lasten, zu tragen hat. Möglich wäre auch die Abbedingung der Pflicht zur Versicherung der Sache (wenngleich wenig sinnvoll; § 1045 Abs. 1 BGB), zum Ersatz von Verwendungen (§ 1049 Abs. 1 BGB) und zur Sicherheitsleistung (§ 1051 BGB)[161].

364 Andererseits können dem Nießbraucher die Pflicht zur Unterhaltung und Lastentragung auch vollumfänglich erlassen werden. Allerdings wird hierdurch (spiegelbildlich) kein inhaltsgleicher Pflichtenkatalog des Eigentümers begründet (siehe Rn. 361). Auch kann eine entsprechende Verpflichtung des Eigentümers nicht zum dinglichen Inhalt des Nießbrauchs gemacht werden, da Leistungspflichten des Eigentümers dem Wesen des

---

155 BayObLGZ 1985, 6, 9; einschränkend *Bamberger/Roth/Wegmann,* § 1041 Rn. 9: Überbürdung der (gewöhnlichen) Unterhaltspflicht auf den Eigentümer mit dinglicher Wirkung als Nebenpflicht zulässig.

156 *Staudinger/Frank,* § 1041 Rn. 8.

157 *NK-BGB/Lemke,* § 1047 Rn. 13; *Grüneberg/Herrler,* § 1047 Rn. 2; *Krauß,* Vermögensnachfolge, Rn. 1606.

158 Vgl. *Staudinger/Frank,* § 1047 Rn. 30.

159 *MünchKomm/Pohlmann,* § 1047 Rn. 5.

160 BGH, NJW 1974, 641; BayObLG, DNotZ 1979, 273, 277.

161 *von Hoyenberg,* Vorweggenommene Erbfolge, Kap. 3 Rn. 27.

Nießbrauchs widersprechen[162]. Möglich wäre allenfalls eine entsprechende schuldrechtliche Verpflichtung des Eigentümers; eine dingliche Sicherung wäre dann nur im Rahmen einer Reallast (§ 1105 BGB) möglich[163].

Formulierungsbeispiel [Nießbrauch; Nießbraucher trägt alle Lasten und ist zur Vornahme auch außergewöhnlicher Ausbesserungen verpflichtet][164]: **365**

> Der Veräußerer behält sich auf Lebensdauer am Vertragsgrundbesitz ein Nießbrauchsrecht vor.
>
> Für den Inhalt des Nießbrauchs gelten die gesetzlichen Bestimmungen mit folgenden Abweichungen: Der Nießbraucher trägt auch die außerordentlichen öffentlichen Lasten, die als auf den Stammwert der Sache gelegt anzusehen sind. Daneben hat er auch die Tilgung bestehenden Verbindlichkeiten zu tragen. Weiter ist der Nießbraucher verpflichtet, neben den gewöhnlichen auch außergewöhnliche Ausbesserungen und Unterhaltungsmaßnahmen auf seine Kosten vorzunehmen. Dem Nießbraucher stehen keine Verwendungsersatzansprüche und Wegnahmerechte zu (§ 1049 BGB). … Der Eigentümer kann keine Sicherheitsleistung verlangen (§ 1051 BGB).
>
> Die Eintragung des Nießbrauchs im Grundbuch für den Berechtigten wird hiermit bewilligt und beantragt mit dem Vermerk, dass zur Löschung des Rechtes der Nachweis des Todes des Berechtigten genügen soll. Der Nießbrauch erhält folgende Rangstelle: …

Formulierungsbeispiel [Nießbrauch; Eigentümer trägt alle Lasten und ist zur Vornahme auch außergewöhnlicher Ausbesserungen verpflichtet][165]: **366**

> Der Veräußerer behält sich auf Lebensdauer am Vertragsgrundbesitz ein Nießbrauchsrecht vor.
>
> Abweichend von den gesetzlichen Bestimmungen hat der Nießbraucher weder Kosten noch Lasten des Vertragsobjekts zu tragen.
>
> Die Eintragung des Nießbrauchs im Grundbuch für den Berechtigten wird hiermit bewilligt und beantragt mit dem Vermerk, dass zur Löschung des Rechtes der Nachweis des Todes des Berechtigten genügen soll. Der Nießbrauch erhält folgende Rangstelle: …

---

162 BayObLGZ 1985, 6, 9; *Langenfeld/Günther*, Grundstückszuwendungen, Kap. 3 Rn. 29.

163 *von Hoyenberg*, Vorweggenommene Erbfolge, Kap. 3 Rn. 36; *Langenfeld/Günther*, Grundstückszuwendungen, Kap. 3 Rn. 29.

164 Vgl. *Mayer/Geck/Mayer*, Der Übergabevertrag, § 11 Rn. 7.

165 Vgl. *von Hoyenberg*, Vorweggenommene Erbfolge, Kap. 3 Rn. 35; *Langenfeld/Günther*, Grundstückszuwendungen, Kap. 3 Rn. 29.

Rein schuldrechtlich wird vereinbart: Der Eigentümer ist verpflichtet, neben den gewöhnlichen auch außergewöhnliche Ausbesserungen und Unterhaltungsmaßnahmen auf seine Kosten vorzunehmen. Weiter ist er verpflichtet, den Vertragsbesitzes auf seine Kosten zu versichern (§ 1045 BGB). Daneben hat er auch alle laufenden Betriebskosten, wie Heizung, Strom und Wasser zu tragen. Der Eigentümer ist verpflichtet, diese Pflichten einem Sonderrechtsnachfolger mit der Verpflichtung, auch spätere Sonderrechtsnachfolger daran zu binden, aufzuerlegen.

5. Erlöschen des Nießbrauchsrechts, Rentenwahlrecht

a) Erlöschen des Nießbrauchs

367 Ist der Nießbrauch einer natürlichen Person eingeräumt, erlischt er mit deren Ableben; er ist **nicht vererblich** (§ 1061 S. 1 BGB). Ist eine juristische Person bzw. Personenhandelsgesellschaft Berechtigter, erlischt der Nießbrauch mit deren Erlöschen (§ 1061 S. 2 BGB).

368 Anders als beim Wohnungsrecht bleibt der Nießbrauch an einem Hausgrundstück auch dann bestehen, wenn das Gebäude zerstört wurde; er erstreckt sich ohne weiteres auf ein wiederaufgebautes Gebäude[166].

b) Rentenwahlrecht

369 Der Nießbrauch beschert dem Berechtigten nicht nur die Nutzungen; er zieht auch Pflichten nach sich. Gerade im fortgeschrittenen Alter äußern Berechtigte – v.a. bei vermietetem Grundbesitz – nicht selten den Wunsch, von den mit der Nießbrauchsbestellung verbundenen Pflichten entbunden zu werden, ohne wirtschaftliche Einbußen erleiden zu müssen. Ist der Eigentümer zu einer einvernehmlichen Aufhebung gegen Einräumung einer entsprechenden Zahlungsverpflichtung (etwa einer Rente) bereit, bestehen keine Probleme. Besteht hingegen kein Einvernehmen, hat der Nießbraucher zwar das Recht, den Nießbrauch aufzugeben (vgl. § 875 Abs. 1 BGB); er hat aber keinen Anspruch auf gleichzeitige Einräumung eines Rentenrechts. Soll diese Möglichkeit bestehen, ist dem Nießbraucher bereits im Vertrag über die vorweggenommene Erbfolge vertraglich ein entsprechendes Recht einzuräumen (sog. Rentenwahlrecht)[167]; zur Ausgestaltung der Geldrente siehe Rn. 375 ff. Zur Absicherung des Rentenrechts können im Grundbuch bereits bei Bestellung des Nießbrauchs sowohl eine Vormerkung (§ 883 BGB) als auch eine Reallast (aufschiebend be-

166 BGH, DNotZ 1965, 165; *Schöner/Stöber*, Rn. 1377.

167 Vgl. *von Hoyenberg*, Vorweggenommene Erbfolge, Kap. 3 Rn. 91 f.; *Mayer/Geck/Mayer*, Der Übergabevertrag, § 11 Rn. 82.

dingt mit Erlöschen des Nießbrauchs) nach § 1105 BGB eingetragen werden[168].

Formulierungsbeispiel [Nießbrauchsbestellung mit Rentenwahlrecht][169]: **370**

> Der Veräußerer ist berechtigt, den in Abschnitt … vereinbarten Nießbrauch aufzugeben und vom Eigentümer anstelle dessen die Zahlung einer monatlichen Rente nach folgender Maßgabe zu verlagen (Rentenwahlrecht): … [Inhalt Rentenrecht]
>
> Die Ausübung des Rentenwahlrechts kann jederzeit durch Erklärung gegenüber dem Eigentümer erfolgen. Es wird wirksam zum Ersten des übernächsten Monats, der auf den Zugang der Ausübungserklärung folgt.
>
> Hinsichtlich der vereinbarten Zahlungsverpflichtung hat sich der Eigentümer der sofortigen Zwangsvollstreckung in sein gesamtes persönliches Vermögen zu unterwerfen.
>
> Zur dinglichen Sicherung des Berechtigten ist an dem Vertragsgrundbesitz im Rang des Nießbrauchs eine Reallast (§ 1105 BGB) mit vorstehenden Inhalt des Rentenrechts zu bestellen. Der Eigentümer ist verpflichtet, auch in Bezug auf den dinglichen Anspruch aus der Reallast und im Hinblick auf den Anspruch gegen den Eigentümer nach § 1108 BGB die Unterwerfung unter die sofortige Zwangsvollstreckung zu erklären.
>
> Der Nießbrauchsberechtigte ist verpflichtet, Zug um Zug gegen Bestellung der vorbezeichneten Reallast an bedungener Rangstelle die Löschung des für ihn eingeräumten Nießbrauchs im Grundbuch zu bewilligen.
>
> Die Kosten der Rechtseinräumung sowie des grundbuchlichen Vollzugs trägt der Eigentümer.

6. Grundbuchverfahren

Siehe zunächst allgemein Rn. 601 ff. **371**

Der Nießbrauch erlischt mit dem Ableben bzw. Erlöschen des Berechtigten, siehe Rn. 367. Da beim Nießbrauch aber nie ausgeschlossen ist, dass rückständige Leistungen bestehen können (auch wenn der Nießbrau- **372**

168 Ob dies erforderlich ist, ist fraglich, da der Berechtigte jedenfalls über den Nießbrauch abgesichert. Störpotential besteht freilich, wenn später (beeinträchtigende) Rechte im Grundbuch (im Rang vor einer etwaigen Rentenreallast) eingetragen werden oder das Eigentum gewechselt hat; ebenso *von Hoyenberg,* Vorweggenommene Erbfolge, Kap. 3 Rn. 93.

169 Vgl. *von Hoyenberg,* Vorweggenommene Erbfolge, Kap. 3 Rn. 96; *Krauß,* Vermögensnachfolge, Rn. 1644; *Mayer/Geck/Mayer,* Der Übergabevertrag, § 11 Rn. 83.

cher kraft Vereinbarung alle Lasten zu tragen hat)[170], ist eine Löschung des Rechts im Grundbuch vor Ablauf eines Jahres nach Erlöschen des Rechts nur möglich, wenn eine **Löschungserleichterung** gemäß § 23 Abs. 2 GBO im Grundbuch eingetragen ist. Die Eintragung einer solchen Löschungserleichterung ist in jedem Fall möglich[171].

III. Wiederkehrende Leistungen

1. Inhalt und Abgrenzung

373 *„Übergeben – nicht mehr leben“*, so ein häufig, gerade in bäuerlichen Kreisen, früher verwendeter Ausspruch. Um dies zu vermeiden, werden im Rahmen der vorweggenommenen Erbfolge häufig (gerade) wiederkehrende Leistungen zwischen den Vertragsparteien vereinbart. Wiederkehrende Leistungen lassen sich in zwei **Hauptkategorien** von Leistungspflichten einteilen: die Pflicht zur Leistung periodisch geschuldeter Geldbeträge (**„Geldzahlungen“**) sowie die Pflicht zur Erbringung von **„Leistungen tatsächlicher Art“**. Leistungen tatsächlicher Art sind im Rahmen der vorweggenommenen Erbfolge typischerweise die Verpflichtung zur körperlichen Pflege, Verköstigung und Vornahme von Fahrten („Wart und Pflege“), Beerdigung, Grabpflege, etc.

374 Streng zu trennen sind die **schuldrechtliche Verpflichtung** zur Erbringung der vereinbarten Leistungen einerseits von der Bestellung eines etwaigen **dinglichen Sicherungsmittels** andererseits. Typischerweise werden wiederkehrenden Leistungspflichten durch Vereinbarung einer Reallast (vgl. § 1105 BGB) abgesichert (siehe hierzu Rn. 445 ff.).

2. Wiederkehrende Geldzahlungen

a) Gesetzliche Vorgaben: Leibrente i.S.d. §§ 759 ff. BGB

375 Gesetzlichen Ausdruck findet die Verpflichtung zu wiederkehrenden Leistung in der **Leibrente (§§ 759 mit 761 BGB)**. Gegenstand einer Leibrente i.S.d. §§ 759 ff. BGB können danach nur sein die Leistung von Geld oder anderen vertretbaren Sachen[172]. Es muss sich (grds.) um gleichbleibende wiederkehrende Leistungen handeln; dies schließt aber nicht die Möglichkeit der Vereinbarung von Wertsicherungsklauseln aus[173]; siehe hierzu Rn. 396 ff. Keine Vorgaben machen die gesetzlichen Vorschriften über die **Höhe** der zu erbringenden Leistung; in der Praxis wird die Höhe

170 *Schöner/Stöber*, Rn. 1391.

171 *Demharter*, GBO, § 23 Rn. 10; *Hügel/Wilsch*, GBO, § 23 Rn. 8.

172 BGH, WM 1966, 248.

173 *Bamberger/Roth/Litzenburger*, § 759 Rn. 6.

der zu erbringenden Leistung oftmals anhand der Ertragskraft des im Rahmen der vorweggenommenen Erbfolge übertragenen Wirtschaftsguts errechnet.

Wesensimmanent ist der Leibrente, dass die **Leistung auf Lebensdauer** versprochen sein muss, im Zweifel bezogen auf die Lebenszeit des Gläubigers (Leibrentenberechtigten), vgl. § 759 Abs. 1 BGB[174]. Hierdurch sollen zwar weder auflösende[175] noch aufschiebende Bedingungen ausgeschlossen sein[176], solange der Zweck der Lebensversorgung gewahrt bleibt[177]. Reine Zeitrenten unterfallen hingegen grds. nicht den §§ 759 ff. BGB[178]. 376

Die Leibrente i.S.d. §§ 759 ff. BGB unterliegt der **Möglichkeit der Anpassung an veränderte Umstände**[179]. Soweit nichts Abweichendes vereinbart ist, richten sich Voraussetzungen und Umfang der Abänderbarkeit nach den Vorschriften des bürgerlichen Rechts. § 323a ZPO stellt dies nunmehr klar: § 323a ZPO ermöglicht danach in formeller Hinsicht die Anpassung eines Vollstreckungstitels. Materiell-rechtlich beurteilt sich die Möglichkeit der Abänderbarkeit anhand der Regeln über die ergänzende Vertragsauslegung bzw. der Störung der Geschäftsgrundlage (§ 313 BGB)[180]. 377

Steht eine Abänderung im Raum, ist vorrangig zunächst eine **ergänzende Vertragsauslegung** vorzunehmen. Diese ist auf den Einzelfall bezogen. Erst wenn sich im Wege der ergänzenden Vertragsauslegung keine Möglichkeit der Anpassung feststellen lässt, kommt eine Anpassung nach den Regeln über die **Störung der Geschäftsgrundlage** in Betracht[181]. Geschäftsgrundlage sind die bei Vertragsschluss bestehenden gemeinsamen Vorstellungen der Vertragsparteien oder die der anderen Vertragspartei erkennbaren und von ihr nicht beanstandeten Vorstellungen der einen Vertragspartei von dem Vorhandensein oder dem künftigen Eintritt gewisser Umstände, sofern der Geschäftswille beider Vertragsparteien auf dieser Vorstellung aufbaut[182]. Eine Vertragsanpassung soll i.E. aber immer nur dann in Betracht kommen, wenn die Veränderung auch wesentlich ist (vgl. § 313 Abs. 1 BGB), sich durch die Störung nicht ein Risiko verwirklich hat, das gemäß den vertraglichen Vereinbarungen in den Risikobereich einer der Vertragsparteien fallen soll[183] und der durch die Verände- 378

174 *Erman/Müller*, § 759 Rn. 2.
175 Vgl. RGZ 117, 247 (Wiederverheiratung).
176 *Bamberger/Roth/Litzenburger*, § 759 Rn. 4.
177 *Erman/Müller*, § 759 Rn. 2.
178 Vgl. BGH, WM 1980, 593, 595.
179 *Grüneberg/Sprau*, § 759 Rn. 6.
180 *Mayer/Geck/Mayer*, Der Übergabevertrag, § 11 Rn. 56.
181 BGH, NJW 2012, 526, 527 f.
182 BGH, NJW-RR 2006, 1037, 1038.
183 BGH, NJW 2006, 899, 901.

rung betroffenen Vertragspartei ein Festhalten am Vertrag nicht zugemutet werden kann[184].

379 Die Regeln über die Störung der Geschäftsgrundlage finden auch im Bereich der **vorweggenommenen Erbfolge** Anwendung[185]. Als Geschäftsgrundlage kommen hier (gegensätzlich) insbesondere in Betracht: einerseits die Erwartung des Übergebers standesgemäß bis an sein Lebensende finanziell abgesichert zu sein; andererseits die Erwartung des Erwerbers, die Alterssicherung des Übergebers nur aus den Erträgnissen des übertragenen Vermögenswertes leisten zu müssen. Ändern sich die Rahmenbedingungen nachträglich, kann die Geschäftsgrundlage gestört sein. Denkbare Fälle sind: ein höherer Bedarf auf Seiten des Übergebers (etwa aufgrund Unterbringung in einem Altenheim); ein niedrigeres Einkommen auf Seiten des Erwerbers; ein geringerer Ertrag oder erhöhter Erhaltungsaufwand des übertragenen Vermögens.

380 Kann eine Störung der Geschäftsgrundlage festgestellt werden, ist jede Partei grds. berechtigt[186], **Vertragsanpassung an die veränderten Umstände zu verlangen**[187], wenngleich hierzu eine umfassende Abwägung der Interessen unter Beachtung der Zumutbarkeit für beide Parteien stattzufinden hat[188]. Gerade im Rahmen der vorweggenommenen Erbfolge wird eine Anpassung zulasten des Übergebers aber i.d.R. mangels Zumutbarkeit auf Seiten des Übergebers scheitern (müssen).

381 Kommt im Einzelfall einmal eine Anpassung dem Grunde nach in Betracht, kann es dem Erwerber aber dennoch verwehrt sein, sich hierauf zu berufen: wenn er verpflichtet ist, vor Geltendmachung der Herabsetzung zunächst den übertragenen Vermögensgegenstand zu verwerten (siehe hierzu Rn. 390)[189].

382 Zur steuerrechtlichen Abgrenzung wiederkehrender Geldleistungen siehe Rn. 1025 ff.

b) Verjährung

383 Dogmatisch ist die Einordnung der Leibrente schwierig. Die Rechtsprechung folgt grds. der sog. **Stammrechtstheorie**[190]. Danach ist zwi-

---

184 BGH, NJW 2012, 1718, 1720.

185 Vgl. BGH, NJW 1957, 1798; *Erman/Böttcher*, § 313 Rn. 71; *Grüneberg/Grüneberg*, § 313 Rn. 45.

186 *Neuner*, BGB AT, § 42 Rn. 32.

187 BGH, NJW 2012, 373.

188 *Neuner*, BGB AT, § 42 Rn. 33.

189 *Bauer/Münch*, ZEV 2007, 6, 10.

190 BGH, WM 1966, 248; BGH, WM 1980, 593; offengelassen von BGH, NJW-RR 1991, 1035.

schen dem Grundgeschäft (der Verpflichtung zur Abgabe eines abstrakten Leibrentenversprechen), dem Rentenstammrecht (dies ist das in Erfüllung des Versprechens abgegebene abstrakte Leibrentenversprechen) und den einzelnen Rentenleistungen (periodische Zahlungen) zu unterscheiden[191]. In der neueren Literatur wird die Stammrechtstheorie kritisiert – wenngleich nicht verworfen –, da dieser Ansatz teils zu fragwürdigen Ergebnissen führt[192].

Unter Zugrundelegung der Stammrechtstheorie unterlägen bei strenger Gesetzesanwendung sowohl das Stammrecht als auch die einzelnen Zahlungsansprüche der **Regelverjährung** des § 195 BGB. Das Stammrecht würde damit bereits drei Jahre nach erstmaliger Vereinbarung verjähren. Dies wird zu Recht allgemein als „unrichtig" abgetan[193]; auch bei Anwendung der Stammrechtstheorie sollen nach h.M. nur die jeweils einzeln fälligen wiederkehrenden Zahlungen der Regelverjährung unterliegen, nicht aber das Stammrecht selbst[194]. Zur Vermeidung etwaiger Streitigkeiten kann die Verjährungsfrist **vertraglich verlängert** (vgl. § 202 BGB) werden[195]. **384**

Formulierungsbeispiel [Vereinbarung zur Verjährung][196]: **385**

> Die Verpflichtung zur Rentenzahlung verjährt frühestens in dreißig Jahren ab dem gesetzlichen Verjährungsbeginn. Die einzelnen monatlichen Rentenzahlungen verjähren in der gesetzlichen Verjährungsfrist des § 195 BGB.

c) Vertragliche Vereinbarungsmöglichkeiten

aa) Zahlungsmodalitäten

Von den Vorschriften der §§ 759 ff. BGB kann vertraglich abgewichen werden[197]. So werden i.d.R. die **Zahlungsmodalitäten** (vgl. § 760 BGB) abweichend geregelt (= monatliche Zahlungen). Auch ist es möglich, den Erwerber lediglich zur Zahlung einer **befristeten Rente** zu verpflichten (etwa bis zur Bezugsberechtigung des Übergebers in der gesetzlichen Altersrente). **386**

191 Vgl. *Bamberger/Roth/Litzenburger*, § 759 Rn. 1; *MünchKomm/Raude*, § 759 Rn. 3.

192 *Soergel/Welter*, vor § 759 Rn. 6.

193 *Erman/Müller*, § 759 Rn. 9; *MünchKomm/Raude*, § 760 Rn. 5; *Soergel/Welter*, vor § 759 Rn. 13.

194 *Erman/Müller*, § 759 Rn. 9.

195 *von Hoyenberg*, Vorweggenommene Erbfolge, Kap. 4 Rn. 28 f.

196 Vgl. *von Hoyenberg*, Vorweggenommene Erbfolge, Kap. 4 Rn. 29.

197 Vgl. *Bamberger/Roth/Litzenburger*, § 759 Rn. 6 f.; vgl. *MünchKomm/Raude*, § 759 Rn. 20 ff.

bb) Anpassung an veränderte Umstände

387 Soll eine **Anpassung** der geschuldeten Zahlung **an veränderte Umstände** (über die Regeln der Störung der Geschäftsgrundlage hinaus) in Betracht kommen (zur Möglichkeit des Ausschlusses siehe Rn. 392 f.), steht es den Vertragsparteien offen, sowohl Voraussetzungen als auch Folgen einer Anpassung vertraglich zu regeln. So kann vereinbart werden[198]: wer berechtigt ist, die Anpassung zu verlangen; unter welchen Voraussetzungen die Anpassung verlangt werden kann (etwa wenn die geschuldete Geldzahlung aus den Erträgen des übertragenen Vermögens nicht mehr erwirtschaftet werden kann); unter welchen Voraussetzungen eine Anpassung (noch) nicht verlangt werden kann (etwa bei erhöhtem Bedarf wegen Umzugs in ein Altenheim); soll die Anpassung automatisch bei Eintritt bestimmter Voraussetzungen erfolgen oder bedarf es eines ausdrücklichen Anpassungsverlangens. Aus Übergebersicht in jedem Fall empfehlenswert ist die Vereinbarung eines geschuldeten Mindestgeldbetrags **(Sockelbetrag)**, wonach der Erwerber nicht zu einer Abänderung der Zahlungspflicht unter den vereinbarten Mindestbetrag berechtigt sein soll[199].

388 **Formulierungsbeispiel** [wiederkehrende Geldzahlungsverpflichtung unter dem Vorbehalt des § 313 BGB, monatliche Zahlungsverpflichtung]:

> Der Erwerber verpflichtet sich gegenüber dem Übergeber auf dessen Lebensdauer zur Zahlung eines monatlichen Geldbetrags an diesen in Höhe von … Euro. § 313 BGB findet Anwendung; der Zahlungsanspruch ist bei einer wesentlichen Änderung der Verhältnisse anzupassen. Der geschuldete Geldbetrag ist zahlbar jeweils am Monatsersten im Voraus, erstmals ab dem Übergabestichtag.

389 **Formulierungsbeispiel** [wiederkehrende Geldzahlungsverpflichtung unter dem Vorbehalt des § 313 BGB, Anpassung jedoch nur unter bestimmten Voraussetzungen, Vereinbarung eines Sockelbetrags][200]:

> Der Erwerber verpflichtet sich gegenüber dem Übergeber auf dessen Lebensdauer zur Zahlung eines monatlichen Geldbetrags an diesen in Höhe von … Euro. § 313 BGB findet Anwendung; der Zahlungsanspruch ist bei einer wesentlichen Änderung der Verhältnisse anzupassen. Eine wesentliche Änderung der Verhältnisse im vorstehenden Sinne liegt aber (nur) dann vor, wenn (…). Eine Anpassung findet jedoch nicht statt, wenn der Mehrbedarf seitens des

---

198 Vgl. *Bauer/Münch*, ZEV 2007, 6, 9; *Mayer/Geck/Mayer*, Der Übergabevertrag, § 7 Rn. 58.
199 So auch *Bauer/Münch*, ZEV 2007, 6, 11.
200 Vgl. *Mayer/Geck/Mayer*, Der Übergabevertrag, § 7 Rn. 69.

Übergebers aufgrund Unterbringung in einem Alten-/Pflegeheim verursacht ist.

Bei Eintritt der vorgenannten Voraussetzungen ist jede Vertragspartei berechtigt, Anpassung zu verlangen.

In jedem Fall (also auch bei Anpassung aufgrund veränderter Umstände) ist aber mindestens ein Geldbetrag in Höhe von … Euro geschuldet.

Ist der Erwerber zur Anpassung an veränderte Umstände berechtigt (insbesondere wenn eine Herabsetzung der geschuldeten Geldzahlung in Rede steht), ist fraglich, ob er – vor Geltendmachung eines Herabsetzungsbegehrens – **verpflichtet ist, zunächst das übertragene Vermögen zu verwerten**. Fehlt eine ausdrückliche Vereinbarung, ist zu prüfen, ob (im Wege der Vertragsauslegung) eine (stillschweigende) Vereinbarung getroffen ist. Von Bedeutung sind in diesem Zusammenhang insbesondere das Absicherungsinteresse des Übergebers, das Interesse des Erwerbers an einer eigenen dauerhaften Rechtsposition, sowie die Art des übertragenen Vermögens[201]. Ob eine Verwertungspflicht anzunehmen ist, ist Einzelfrage[202]. Ist zur Sicherung der wiederkehrenden Zahlungsverpflichtung an übertragenem Grundbesitz eine Reallast bestellt, wird eine entsprechende Verwertungspflicht tendenziell eher anzunehmen sein, andernfalls dem Übergeber eine Sicherheit vorgespiegelt werden würde, die in Wahrheit nicht besteht[203]. **390**

Formulierungsvorschlag [Pflicht zur Verwertung übertragenen Vermögens][204]: **391**

Zur Erfüllung der vereinbarten Rentenzahlung ist der Erwerber zur Verwertung des heute übertragenen Grundbesitzes verpflichtet. Eine Anpassung der Rentenzahlung an veränderte Umstände kann seitens des Erwerbers daher erst dann verlangt werden, wenn der heute übertragene Grundbesitz zur Erfüllung der Rentenzahlungsverpflichtung verwertet worden ist.

---

201 Vgl. *Bauer/Münch,* ZEV 2007, 6. 10.

202 Weitergehend *Bauer/Münch,* ZEV 2007, 6, 10.

203 Für eine Verwertungspflicht in diesem Fall: *Mayer/Geck/Mayer,* Der Übergabevertrag, § 7 Rn. 61.

204 Vgl. *Mayer/Geck/Mayer,* Der Übergabevertrag, § 7 Rn. 69.

cc) Ausschluss der Anpassung

392 Die **Möglichkeit der Anpassung** an veränderte Umstände (Störung der Geschäftsgrundlage) kann vertraglich **ausgeschlossen** werden (= **vertragliche Risikoübernahme durch eine Partei**)[205].

393 **Formulierungsbeispiel** [wiederkehrende Geldzahlungsverpflichtung unter Ausschluss des § 313 BGB]:

> Der Erwerber verpflichtet sich gegenüber dem Übergeber auf dessen Lebensdauer zur Zahlung eines monatlich Geldbetrags an diesen in Höhe von … Euro. Der Zahlungsanspruch steht jedoch ausdrücklich nicht unter dem Vorbehalt des § 313 BGB; § 313 BGB wird einvernehmlich abbedungen. Die Möglichkeit der Anpassung der geschuldeten Geldrente bei einer wesentlichen Änderung der Verhältnisse ist ausgeschlossen.

dd) Vererblichkeit rückständiger Zahlungen

394 Sind im Zeitpunkt des Ablebens des Rentenberechtigten monatliche Rentenzahlungen rückständig, sind diese **vererblich**. Vertraglich kann aber ein Ausschluss der Vererblichkeit vereinbart werden (Erlass rückständiger Zahlungen, vgl. § 397 BGB)[206].

395 **Formulierungsvorschlag** [Ausschluss der Vererblichkeit rückständiger Zahlungen][207]:

> Soweit im Zeitpunkt des Ablebens des Berechtigten Rentenzahlungen rückständig sind, sind diese dem Erwerber erlassen.

d) Wertsicherungsklauseln

396 Wird eine in der Höhe (grds.) unveränderliche Geldrente vereinbart, bleiben zwar die (monatlichen) Zahlbeträge nominal gleich; gleichwohl kann es zu **Unterschieden in der Kaufkraft** des Geldes kommen: Bei Inflation schwindet sie, bei Deflation steigt sie. In der jüngere Vergangenheit Deutschlands herrschte typischerweise immer ein Klima von Inflation.

397 Wollen die Vertragsparteien dahin gehend abgesichert sein, dass die Kaufkraft der geschuldeten Geldzahlung „gleich bleiben“ soll, kann eine sog. Wertsicherungsklausel vereinbart werden. Die Vereinbarung von Wertsicherungsklauseln ist aber nur in den Grenzen des Preisklauselgeset-

---

205 *Grüneberg/Grüneberg*, § 313 Rn. 20.

206 *Mayer/Geck/Mayer*, Der Übergabevertrag, § 7 Rn. 18.

207 Vgl. *von Hoyenberg*, Vorweggenommene Erbfolge, Kap. 4 Rn. 29.

zes (PreisklauselG) zulässig; Ausnahmegenehmigungen sind im PreisklauselG nicht vorgesehen. Anders als bis zum Jahre 2007 bedarf es aber keiner Genehmigung der Wertsicherungsklausel mehr (vormals erteilt durch das Bundesamt für Wirtschafts- und Ausfuhrkontrolle).

§ 1 Abs. 1 PreisklauselG verbietet Wertsicherungsklauseln, bei denen der Betrag von Geldschulden unmittelbar und selbsttätig durch den Preis oder Wert von anderen Gütern oder Leistungen bestimmt wird, die mit den vereinbarten Gütern oder Leistungen nicht vergleichbar sind. Ausgenommen hiervon sind zunächst sog. Leistungsvorbehaltsklauseln (§ 1 Abs. 2 Nr. 1 PreisklauselG), Spannungsklauseln (§ 1 Abs. 2 Nr. 2 PreisklauselG) und Kostenelementeklauseln (§ 1 Abs. 2 Nr. 3 PreisklauselG)[208]. Daneben sieht § 2 Abs. 1 PreisklauselG Ausnahmen vor, als das Verbot von Wertsicherungsklauseln nicht in den in §§ 3 ff. PreisklauselG genannten Ausnahmefällen gilt (sog. Preisklauseln)[209]. In der Praxis haben sich **Preisklauseln** etabliert; nur sie sollen nachstehend erörtert werden[210]. **398**

Preisklauseln sind nur wirksam, wenn sie im Einzelfall hinreichend bestimmt sind und keine Vertragspartei unangemessen benachteiligen (§ 2 Abs. 1 PreisklauselG). An der Bestimmtheit ermangelt es, wenn ein geschuldeter Betrag allgemein von der künftigen Preisentwicklung oder von einem anderen Maßstab abhängen soll, der nicht erkennen lässt, welche Preise oder Werte bestimmend sein sollen (§ 2 Abs. 2 PreisklauselG). Unangemessen benachteiligt soll eine Vertragspartei dann sein, wenn entweder ein Preis- oder Wertanstieg nur eine Erhöhung, nicht aber umgekehrt ein Preis- oder Wertrückgang eine entsprechende Ermäßigung des Zahlungsanspruchs bewirkt, oder nur eine Vertragspartei das Recht hat, eine Anpassung zu verlangen, oder der geschuldete Betrag sich gegenüber der Entwicklung der Bezugsgröße unverhältnismäßig ändern kann (§ 2 Abs. 3 PreisklauselG). Soll bei der Vereinbarung wiederkehrender Zahlungen Bezugsgröße ein (von der bezeichneten staatlichen/gemeinschaftlichen Stelle ermittelter) Preisindex sein, sind zudem die Vorgaben des § 3 Abs. 1 PreisklauselG zu beachten. Danach ist grds. eine Mindestlaufzeit von 10 Jahren erforderlich, wenngleich es auch genügt, wenn die Zahlungspflicht bis zum Eintritt eines bestimmten Ereignisses (Tod, Erreichen der Erwerbsfähigkeit, Beginn der Altersversorgung) vereinbart ist. **399**

Praxistipp: Aufgrund bestehender Transparenz ist die Vereinbarung des *Verbraucherpreisindex für Deutschland* empfehlenswert[211]. **400**

208 Näher hierzu *Kirchhoff,* DNotZ 2007, 11.

209 *Reul,* MittBayNot 2007, 445, 447 f.

210 Eingehend zu den möglichen Klauseln, *Mayer/Geck/Mayer,* Der Übergabevertrag, § 7 Rn. 27 ff., *Kirchhoff,* DnotZ 2007, 11; *Kirchhoff,* DnotZ 2007, 913; *Reul,* MittBayNot 2007, 445.

211 Abrufbar unter www.destatis.de.

401 Ob eine Veränderung des Vergleichsmaßstabs automatisch auch eine Veränderung der zu zahlenden Geldrente zur Folge haben oder eine **Anpassung nur bei Geltendmachung** durch einen Vertragsteil erfolgen soll, ist Vereinbarungssache[212]. Möglich und i.d.R. auch zweckmäßig ist die Vereinbarung einer erforderlichen **Mindestschwankung**, bevor eine Veränderung der zu zahlenden Geldrente eintritt bzw. verlangt werden kann; andernfalls wären ggf. monatliche Anpassungen vorzunehmen. So kann etwa vereinbart werden, dass eine Anpassung erst nach Veränderung des Bezugsmaßstabs um fünf oder zehn Prozent(-punkte) erfolgen soll. Ebenfalls regelungsbedürftig sind die Basis der Bezugsgröße (bspw. der Monat der Beurkundung), die Maßgeblichkeit der Veränderung der Bezugsgröße in Prozent (so im Formulierungsvorschlag) oder Prozentpunkten sowie der Zeitpunkt der dann veränderten Zahlungspflicht (etwa derart, als die dann erhöhte Zahlung erstmals in dem Monat zu leisten ist, der auf das Erhöhungsverlangen folgt)[213].

402 Verstößt eine **Wertsicherungsklausel** gegen die Vorgaben des PreisklauselG, ist sie erst ab dem Zeitpunkt **unwirksam**, ab dem ein Verstoß durch ein Gericht festgestellt ist (vgl. § 8 PreisklauselG)[214]. Hierdurch werden Härten (jedenfalls für die Vergangenheit) abgemildert; die Möglichkeit der Rückforderung bereits bezahlter Geldbeträge bzw. der Nachforderung zu wenig bezahlter Beträge ist ausgeschlossen[215]. Liegt ein Verstoß gegen das PreisklauselG vor, wird dies die Wirksamkeit der sonstigen Vereinbarungen im Vertrag über die vorweggenommene Erbfolge in aller Regel unberührt lassen (vgl. **§ 139 BGB**). Vielmehr ist eine (stillschweigende) Verpflichtung der Vertragsparteien zur Vertragsanpassung derart anzunehmen, als die unwirksame Bestimmung durch eine gesetzeskonforme Bestimmung zu ersetzen ist, die wirtschaftlich dem ursprünglich gewollten Ergebnis möglichst nahe kommt[216].

403 **Formulierungsbeispiel** [Wertsicherungsklausel ohne automatische Anpassung][217]:

> Die vereinbarte Rentenzahlung soll wertbeständig sein. Die Vertragsparteien vereinbaren daher hierzu folgende Wertsicherung: Sollte sich der vom statistischen Bundesamt festgestellte Verbraucherpreisindex für Deutschland gegenüber dem heutigen Stand künftig um mehr als 10 % erhöhen oder vermindern, kann jede der

212 *Mayer/Geck/Mayer,* Der Übergabevertrag, § 7 Rn. 47.

213 *Mayer/Geck/Mayer,* Der Übergabevertrag, § 7 Rn. 49 f.

214 *Reul,* MittBayNot 2007, 445, 450 f.

215 *Mayer/Geck/Mayer,* Der Übergabevertrag, § 7 Rn. 28.

216 Vgl. BGH, NJW 1983, 1909, 1910; ebenso *Mayer/Geck/Mayer,* Der Übergabevertrag, § 7 Rn. 28.

217 Vgl. *Mayer/Geck/Mayer,* Der Übergabevertrag, § 7 Rn. 50.

> Vertragsparteien eine Anpassung des monatlich zu zahlenden Geldbetrags im gleichen Verhältnis verlangen, und zwar von dem auf die entsprechende Veränderung folgenden Monat ab. Ein erneutes Anpassungsverlangen kann jeweils gestellt werden, sobald sich der Preisindex gegenüber der einer vorangegangenen Anpassung zugrunde liegenden Indexzahl wieder um mehr als 10 % nach oben oder unten verändert hat.

Formulierungsbeispiel [Wertsicherungsklausel mit automatischer Anpassung]: **403a**

> Die vereinbarte Rentenzahlung soll wertbeständig sein. Die Vertragsparteien vereinbaren daher hierzu folgende Wertsicherung: Sollte sich der vom statistischen Bundesamt festgestellte Verbraucherpreisindex für Deutschland gegenüber dem heutigen Stand künftig um mehr als 10 % erhöhen oder vermindern, verändert sich automatisch der monatlich zu zahlenden Geldbetrag im gleichen Verhältnis, und zwar von dem auf die entsprechende Veränderung folgenden Monat ab. Eine erneute automatische Anpassung erfolgt, sobald sich der Preisindex gegenüber der einer vorangegangenen Anpassung zugrunde liegenden Indexzahl wiederum um 10 % erhöht hat.

3. Verpflichtungen tatsächlicher Art (insbesondere: Wart und Pflege)

a) Wart und Pflege

aa) Inhalt

Bis in die Gegenwart wird, gerade in bäuerlichen Kreisen, der Wunsch nach „Wart und Pflege“ geäußert. Als Rechtfertigungsgrund wird hier zumeist vorgebracht, derjenige, der (zumeist) das maßgebliche Vermögen des Übergebers erhält, müsse sich auch um dessen Pflege kümmern; oftmals geschieht dies auch im Hinblick auf „weichende Geschwister“, die keine adäquate Abfindung erhalten (siehe hierzu auch Rn. 650 ff.). **404**

Unter dem **Begriff „Wart und Pflege“** lassen sich pauschal zusammenfassen: die Verpflichtung zur häuslichen Pflege (neben der körperlichen Pflege, wie etwa der Hilfe beim Waschen und Anziehen, umfasst dies auch geistige Pflege, wie das Vorlesen aus einem Buch oder die Hilfe beim Kreuzworträtsel); die Verpflichtung zur Verköstigung (Besorgen und Zubereiten von Essen); die Verpflichtung zur Hilfe im Haushalt (Saubermachen, Putzen); die Verpflichtung zur Gewährung von „Mobilität“ (Verbringen zum Arzt, Apotheker, Supermarkt). **405**

406 Freilich sind die Vertragsteile in der Vereinbarung der geschuldeten Leistungen frei; **gesetzliche Vorgaben fehlen**. Soweit Vereinbarungen ungenau sind, kommt eine Auslegung (§§ 133, 157 BGB) in Betracht, wobei maßgeblich auf den Wille der Parteien abzustellen ist: Oftmals wird man eine Wart- und Pflegeverpflichtung dann so zu verstehen haben, als hiervon all diejenigen (v.a. wiederkehrenden) Verrichtungen im Wohnbereich des Übergebers erfasst sein sollen, zu denen der Übergeber auf Grund Alters, Krankheit oder Gebrechlichkeit nicht mehr in der Lage ist; dieser Pflichtenkatalog erfährt derart eine Einschränkung, als der Verpflichtete zum einen nur zu solchen Leistungen verpflichtet ist, die seinen persönlichen Fähigkeiten entsprechen[218], zum anderen auf seine eigenen (privaten und beruflichen) Interessen angemessen Rücksicht zu nehmen ist[219]. Von entscheidender Bedeutung ist in diesem Zusammenhang, dass es für den Übergeber i.d.R. weniger von Bedeutung ist, seine Ansprüche (im Zweifel) gerichtlich durchzusetzen zu können, als vielmehr sich nicht für „jede kleine Handreichung“ bedanken zu müssen[220].

407 Die Verpflichtung des Erwerbers zur „Wart und Pflege“ des Übergebers ist – insbesondere bei der landwirtschaftlichen Übergabe – nach wie vor eine **zentrale Austragsleistung**. Dahinter steht der Wunsch des Übergebers, solange als möglich am Anwesen wohnen zu bleiben und dort von seiner Familie gepflegt zu werden. Dieser Wunsch mag dem tradierten (und heute meist überkommenen) Bild der bäuerlichen Großfamilie und einem Zusammenwirken gleich mehrerer Generationen auf dem Selbstversorgerhof entspringen; er ist deshalb aber doch nicht verwerflich. Gleichgewichtig ist die Sorge des Übergebers, dass weichende Geschwister, die bei der Übergabe ohnehin „leer“ ausgegangen sind, nicht auch noch für den elterlichen Unterhalt aufkommen müssen, sondern diese Last allein dem Erwerber verbleibt.

408 Gleichwohl sollte der Übergeber bei seinen Erwartungen an die Wart- und Pflegeleistungen realistisch bleiben; Gleiches gilt für den Rechtsberater bei der Ausformulierung der Wart und Pflegeverpflichtung. Unproblematisch sind in jedem Falle Leistungen, die in den Tagesablauf des am übergebenen Anwesen ansässigen Erwerbers ohne Weiteres integriert werden können, etwa die Zubereitung der täglichen Mahlzeit oder der wöchentliche Hausputz sowie das Waschen von Wäsche. Solche Pflegeleistungen liegen regelmäßig auch im Interesse des Erwerbers, weil sie ihn finanziell weit weniger belasten, als der Einkauf dieser Leistung bei Dritten. Schwieriger wird es schon, wenn dem Übergeber eine spezielle Diätkost zubereitet werden oder aufgrund einer Erkrankung spezielle Hygienevor-

218 Vgl. *Weyland,* MittRhNotK 1997, 55, 62.
219 Vgl. BGH, NJW 2003, 1126, 1127.
220 So *Waldner/Ott,* MittBayNot 1996, 177.

schriften beachten werden müssen. Und selbst im landwirtschaftlichen Bereich sind Pflegeleistungen mit einem Zeitaufwand von drei Stunden und mehr täglich kaum darstellbar, sofern nicht auch ein Ehegatte des Erwerbers mit zur Verfügung steht. Wohnen Übergeber und Erwerber nicht im gleichen Anwesen oder geht der Erwerber einer Vollzeitbeschäftigung außerhalb des Anwesens nach, wird sich die Wart und Pflegetätigkeit realistischer Weise in einer ein- bis zweimal täglichen **Wohlbefindenskontrolle** und in **Hilfestellung bei der Mobilität** (Erledigung von Einkäufen und – aber regelmäßig auch schon mit erhöhtem Planungsaufwand verbunden – Fahrten zum Arzt) sowie kleineren häuslichen Verrichtungen (wöchentlicher Hausputz, womöglich abendlicher Abwasch) erschöpfen. Hier muss natürlich darüber nachgedacht werden, ob der Erwerber tatsächlich höchstpersönlich zur Erbringung der Wart und Pflegeleistungen verpflichtet sein soll oder ob sich seine Tätigkeit nicht darin erschöpfen (muss), Fremdpflege und -versorgung zu organisieren und zu bezahlen.

Womöglich muss an dieser Stelle auch mit dem kautelarjuristischen Unbehagen gegen „offen" formulierte Wart- und Pflegeverpflichtungen[221] gebrochen werden, zumal der BGH mittlerweile die Reallastfähigkeit einer auf Zumutbarkeitskriterien gestützten Wart- und Pflegeverpflichtung anerkannt hat[222]. Denn ähnlich den in Altverträgen üblichen Naturalleistungsverpflichtungen (drei Eier und ein Liter Milch täglich, ein Pfund Butter wöchentlich, einhundert Kilo Kartoffeln jährlich), die der Rechtsprechung in Zeiten spezialisierter Höfe Kopfzerbrechen bereiten, stoßen detailliert ausformulierte Verpflichtungen der hauswirtschaftlichen Versorgung und Grundpflege in Zeiten flexibler Arbeitswelt (der Erwerber muss eine Arbeitsstelle in einem 200 km entfernt liegenden Ort annehmen) und wachsender Fremdpflegeangebote womöglich bald an ihre Grenzen. Nicht übersehen werden sollte, dass weich ausformulierte – und so auch akzeptierte – Pflegeverpflichtungen („der Erwerber tut halt was er kann") dem Familienfrieden nach der Übergabe oft eher dienlich sind als ein mit spitzem Bleistift formulierter Katalog an Einzelpflichten. Nicht übersehen werden sollte auch, dass eine häusliche Betreuung allein durch den Erwerber, wenn dieser nicht selbst eine Ausbildung in der Kranken- oder Altenpflege besitzt, ab Eintritt echter Pflegebedürftigkeit im Sinne des SBG XI ohnehin nicht geschuldet sein kann (und den Wunsch nach humanitärer Versorgung konterkarieren würde) und schon deshalb einer Ausrichtung der Wart und Pflegeverpflichtung an sozialrechtlichen Termini (mögen sie durch Gesetz und Rechtsprechung noch so viel an Kontur gewonnen haben) fragwürdig ist. **409**

221 Vgl. nur *Mayer/Geck/Mayer,* Der Übergabevertrag, § 6 Rn. 16.
222 BGHZ 130, 342.

bb) Verhältnis zu sozialrechtlichen Vorschriften

410 Soweit für den Übergeber Versorgungsrechte i.S.v. Wart und Pflege vereinbart sind, lässt dies **Ansprüche nach dem SGB XI unberührt**; sie werden – da beitragserkauft – hierdurch nicht geschmälert[223].

411 Wird danach dem Übergeber Pflegegeld nach SGB XI gewährt, stellt sich die Frage, ob dieser berechtigt sein soll, das **Pflegegeld selbst zu behalten** oder ob er es an den (zur Wart und Pflege verpflichteten) **Erwerber auskehren** soll/muss. Vertraglich vereinbar sind beide Varianten. Soll das Pflegegeld an den Erwerber ausgekehrt werden, wird vorgeschlagen, ein **Ruhen der Wart- und Pflegeverpflichtung** *insoweit* zu vereinbaren, als Pflegegeld gewährt, aber nicht an den Erwerber ausgekehrt wird[224]. Freilich führt dies zu Abgrenzungsschwierigkeiten[225]. Um solche zu vermeiden, erscheint die Vereinbarung einer „Alles-oder-Nichts-Regelung“ vorzugswürdig: soweit (nach Abzug von Sachleistungen) Pflegegeld gewährt wird, ist dieses an den Erwerber auszukehren, andernfalls er die Leistung von Wart und Pflege vollumfänglich verweigern kann. Fraglich ist zudem, ob eine Weitergabepflicht an den Erwerber überhaupt interessengerecht ist, insbesondere wenn (faktisch) weitere Personen vorhanden sind, die sich (ohne rechtliche Verpflichtung) um den Übergeber sorgen (und denen der Übergeber ggf. eine entsprechende Entlohnung/Belohnung zuwenden möchte)[226].

412 **Formulierungsbeispiel** [Ruhen der Wart- und Pflegeverpflichtung][227]:

> Rein schuldrechtlich vereinbaren die Beteiligten: Die Wart und Pflege durch den Erwerber ruht vollumfänglich, soweit der Übergeber Pflegegeld aus der Pflegeversicherung erhält und er dieses nicht dem Erwerber (vollständig) überlässt.

---

223 *Rastätter*, ZEV 1996, 286; *Weyland*, MittRhNotK 1997, 55, 58 f.

224 Vgl. *Amann*, DNotI-Report 1995, 62; *Beck'sches Notarhandbuch/Jerschke*, 5. Aufl., A V Rn. 205; *Langenfeld/Günther*, Grundstückszuwendungen, Kap. 4 Rn. 90.

225 Vgl. *Mayer/Geck/Mayer*, Der Übergabevertrag, § 6 Rn. 41 ff.

226 So auch *Mayer/Geck/Mayer*, Der Übergabevertrag, § 6 Rn. 39; tendenziell auch *Würzburger Notarhandbuch/Holland*, Teil 2 Kap. 7 Rn. 88; *Spiegelberger*, Vermögensnachfolge, § 5 Rn. 57.

227 Vgl. *Amann*, DNotI-Report 1995, 62; *Langenfeld/Günther*, Grundstückszuwendungen, Kap. 4 Rn. 90.

cc) Einzelheiten

(1) Umfang der geschuldeten Leistung

Der **Umfang der geschuldeten Leistungen** kann individuell vereinbart werden (siehe zur Auslegung Rn. 406). In der Lit. wird vorgeschlagen, die Leistungspflicht an die gesetzlichen **Bestimmungen des SGB XI anzulehnen**[228] (so jedenfalls vorgeschlagen für die bis zum 31.12.2016 geltende gesetzliche Regelung); zur Kritik siehe Rn. 409. Sofern ein Verweis auf diese Bestimmungen erfolgen soll, empfiehlt es sich jedenfalls, einen **statischen Verweis** auf die bei Vertragsschluss einschlägigen Bestimmungen vorzunehmen (Vorhersehbarkeit)[229]. Fraglich ist zudem seit Neufassung der einschlägigen Bestimmungen des SGB XI zum 1.1.2017, ob ein Verweis hierauf überhaupt noch sinnvoll ist. 413

Formulierungsbeispiel [Wart und Pflege, angelehnt an Bestimmungen des SGB XI in der bis zum 31.12.2016 geltenden Fassung][230]: 414

> Der Erwerber hat dem Übergeber auf dessen Lebensdauer bei Krankheit oder Gebrechlichkeit sorgsamste Wart und Pflege zu gewähren. Diese Verpflichtung umfasst jedoch nur solche Leistungen, die bis einschließlich Pflegestufe I (§ 15 Abs. 1 Nr. 1 SGB XI in der bis zum 31.12.2016 geltenden Fassung) zu erbringen sind.

Vorzugswürdig im Vergleich zu einem Verweis auf die Bestimmungen des SGB XI sind **allgemeine Zumutbarkeitsvorbehalte**, die zugleich den Umfang der geschuldeten Leistungen festsetzen (siehe auch Rn. 408 f.). Danach sind „persönliche und örtliche Verhältnisse, Bedarf und Leistungsfähigkeit angemessen zu berücksichtigen“[231]. In diesem Zusammenhang werden auch Schiedsgutachterklauseln erörtert, denen gemäß eine dritte (neutrale) Person verbindlichen entscheiden soll, ob eine Leistung noch zumutbar und damit geschuldet ist (zumeist wird als Schiedsgutachter der Hausarzt vorgeschlagen)[232]. 415

---

228 So *von Hoyenberg,* Vorweggenommene Erbfolge, Kap. 4 Rn. 80 ff.; *Langenfeld/Günther,* Grundstückszuwendungen, Kap. 4 Rn. 76; *Mayer/Geck/Mayer,* Der Übergabevertrag, § 6 Rn. 32 ff.; *Weyland,* MittRhNotK 1997, 55, 72.

229 So auch *von Hoyenberg,* Vorweggenommene Erbfolge, Kap. 4 Rn. 86.

230 Vgl. *von Hoyenberg,* Vorweggenommene Erbfolge, Kap. 4 Rn. 87; *Mayer/Geck/Mayer,* Der Übergabevertrag, § 6 Rn. 36.

231 Vgl. *Langenfeld/Günther,* Grundstückszuwendungen, Kap. 4 Rn. 86; kritisch hierzu: *Mayer/Geck/Mayer,* Der Übergabevertrag, § 6 Rn. 16: „abschreckendes Beispiel“ für eine Wart- und Pflegeverpflichtung.

232 Vgl. *von Hoyenberg,* Vorweggenommene Erbfolge, Kap. 4 Rn. 73; *Langenfeld/Günther,* Grundstückszuwendungen, Kap. 4 Rn. 87; *Mayer/Geck/Mayer,* Der Übergabevertrag, § 6 Rn. 27.

416 **Formulierungsbeispiel** [Wart und Pflege, allgemeine Zumutbarkeitserwägungen][233]:

> Der Erwerber hat dem Übergeber auf dessen Lebensdauer bei Krankheit oder Gebrechlichkeit sorgsamste Wart und Pflege zu gewähren. Dies umfasst nicht die Leistungen geschulten Personals, im Übrigen aber alle Verrichtungen im Ablauf des täglichen Lebens, zu denen der Berechtigte selbst nicht mehr in der Lage ist, insbesondere bei der Körperpflege, Ernährung, Mobilität und hauswirtschaftlichen Versorgung. Bei der Ausgestaltung der Wart und Pflege sind persönliche und örtliche Verhältnisse, Bedarf und Leistungsfähigkeit angemessen zu berücksichtigen.

417 **Örtlich** ist die Pflicht zu Wart und Pflege sinnvoller Weise auf die bislang genutzte Wohnung des Übergebers zu begrenzen. Dies ist sowohl aus Sicht des Übergebers, der solange als möglich in seiner gewohnten Umgebung verbleiben möchte, als auch aus Sicht des Erwerbers, für den damit eine gewisse Vorhersehbarkeit gewahrt bleibt, interessengerecht. Bei einem vorübergehenden Wegzug (insbesondere bei vorübergehender Unterbringung in einem Krankenhaus oder Pflegeheim) des Übergebers kann entsprechend vereinbart werden, dass die Leistungspflicht des Erwerbers ruht[234]; ist eine Rückkehr in die ursprüngliche „Altenteilswohnung“ dauerhaft ausgeschlossen, erlischt sie[235].

418 **Formulierungsbeispiel** [Ruhen der Wart und Pflege][236]:

> Die Wart und Pflege durch den Erwerber ruht insoweit, als sich der Berechtigte nicht in der Wohnung (Adresse: …) aufhält; dies gilt insbesondere dann, wenn sich der Berechtigte aus gesundheitlichen oder Altersgründen vorübergehend in einem Krankenhaus, Pflegeheim oder einer ähnlichen Einrichtung aufhält. Ist eine Rückkehr in die Wohnung aus gesundheitlichen oder Altersgründen dauerhaft ausgeschlossen ist, erlischt die Verpflichtung zur Wart und Pflege.

(2) Schuldner der Leistung

419 Soweit von der Rechtsprechung vertreten wird, die Verpflichtung zu Wart und Pflege sei jedenfalls **nicht per se höchstpersönlicher Art**[237], ist

233 Vgl. *Amann,* DNotI-Report 1995, 62, 64.

234 *von Hoyenberg,* Vorweggenommene Erbfolge, Kap. 4, Rn. 65; *Waldner,* Vorweggenommene Erbfolge, Rn. 50.

235 Vgl. BGH, ZEV 2009, 254.

236 Vgl. *Mayer/Geck/Mayer, Der* Übergabevertrag, § 6 Rn. 50.

237 Vgl. BGH, NJW 1957, 1798; BGH, NJW 2003, 1126, 1127.

diese Ansicht abzulehnen. Folge dessen wäre nämlich, dass auch ein Gesamtrechtsnachfolger (Erbe) für die Erfüllung haften müsste[238]. Richtigerweise handelt es sich bei der Verpflichtung zu Wart und Pflege um eine **Dienstverpflichtung** i.S.d. § 611 BGB, welche nur höchstpersönlich (durch den Erwerber) zu erbringen ist (vgl. § 613 S. 1 BGB)[239]. Verstirbt der Erwerber vor dem Übergeber, erlischt die Wart- und Pflegeverpflichtung (vgl. § 613 S. 2 BGB)[240].

Folge der Höchstpersönlichkeit ist auch, dass der Erwerber zur Erbrin- **420**
gung der Wart und Pflege durch Dritte nur dann berechtigt ist, wenn dies vertraglich vereinbart ist[241]. Folge dessen ist aber auch, dass der Anspruch des Übergebers auf Erbringung der Dienstleistung **nicht vollstreckbar** ist (vgl. § 888 Abs. 3 ZPO). Ihm stehen stattdessen lediglich Ansprüche auf Schadensersatz statt der Leistung (§ 281 BGB) unter den dort genannten Voraussetzungen zu.

Formulierungsbeispiel [Wart und Pflege höchstpersönlicher Natur]: **421**

> Die vereinbarte Wart und Pflege ist höchstpersönlicher Natur und nur durch den Erwerber zu erbringen. Dieser ist aber berechtigt, zur Erfüllung der bestehenden Verpflichtung dritte Personen einzuschalten.

(3) Alternativen

Alternativ zur „klassischen“ Wart und Pflege kann die Zahlung einer **422**
Geldrente vereinbart werden (siehe hierzu Rn. 375 ff.), mit deren Hilfe sich der Übergeber selbst Pflegeleistungen erkaufen kann. Soll bereits aus anderen Gründen eine Rentenzahlung vereinbart sein, kann die Höhe der Rente entsprechend nach oben angepasst werden.

Wahlweise kann auch eine Verpflichtung des Erwerbers vereinbart wer- **423**
den, pauschal für diejenigen **Kosten, die durch die Pflege des Übergebers verursacht** werden, aufzukommen. Denkbar ist sowohl die Pflicht, sämtliche hierdurch verursachten Kosten zu tragen (ohne Deckelung), als auch die maximal zu tragenden Kosten auf einen Höchstbetrag zu begrenzen. Alleine aus der Vereinbarung von Wart und Pflege im obigen Sinne (vgl. Rn. 404 ff.) ergibt sich hingegen keine Verpflichtung des hiermit

---

238 Vgl. OLG Hamm, FamRZ 1999, 1055.

239 *Weyland,* MittRhNotK 1997, 55, 62; *Wegmann,* Grundstücksüberlassung, Rn. 476; *Würzburger Notarhandbuch/Holland,* Teil 2 Kap. 7 Rn. 87; letztlich offengelassen von OLG Hamm, FamRZ 1999, 1055; a.A. *Mayer/Geck/Mayer,* Der Übergabevertrag, § 6 Rn. 19.

240 Vgl. *Bamberger/Roth/Fuchs/Baumgärtner,* § 613 Rn. 10.

241 *Weyland,* MittRhNotK 1997, 55, 62; *Würzburger Notarhandbuch/Holland,* Teil 2 Kap. 7 Rn. 87.

belasteten Übernehmers auch für etwaige Unterbringungskosten in einem Alten- und Pflegeheim aufkommen zu müssen.

424 **Formulierungsbeispiel** [Verpflichtung zur Übernahme der Kosten eines Heimaufenthalts][242]:

> Der Erwerber verpflichtet sich, – nach Maßgabe der nachstehenden Bestimmungen – für sämtliche Kosten, die durch die alters- und/oder krankheitsbedingte Pflege des Übergebers verursacht werden, aufzukommen. Diese Verpflichtung umfasst insbesondere auch die Kosten der Unterbringung und Pflege in einem Alten- und Pflegeheim. In der Höhe sind die zu erbringenden finanziellen Leistungen des Erwerbers jedoch auf einen jährlichen Geldbetrag in Höhe von maximal ... Euro begrenzt.

425 Jenseits der üblichen Wart- und Pflegeverpflichtung kann angedacht werden, eine „Vereinbarung zur **allgemeinen Unterstützung**“ des Übergebers zu treffen[243]. Diese kennzeichnet sich dadurch, als der Übergeber den (rechtlich unverbindlichen) Wunsch äußert, der Erwerber möge ihm im Allgemeinen bei Alter und Krankheit behilflich sein. Eine rechtlich durchsetzbare Pflicht wird hierdurch freilich (bewusst) nicht begründet. Vielmehr soll das Anstandsgefühl des Erwerbers angesprochen sein, sich um den Übergeber (im Allgemeinen) zu kümmern, wenn dieser hierzu nicht mehr in der Lage ist. Hierbei ist bspw. zu denken an das Organisieren eines Pflegedienstes, etc. Wie die Praxis zeigt, werden solche „weichen Pflichten“ gerade von der jüngeren Erwerber-Generation oftmals besser akzeptiert (und eingehalten), als rechtlich verbindliche (wenngleich nicht durchsetzbare) Wart- und Pflegeverpflichtungen.

426 **Formulierungsbeispiel** [Vereinbarung zur allgemeinen Unterstützung]:

> Der Erwerber wird dem Übergeber auf dessen Lebensdauer in Rat und Tat zur Seite stehen. Er wird ihm zu diesem Zwecke insbesondere in organisatorischen Angelegenheiten behilflich sein, etwa bei der Organisation eines Einkaufsdienstes, eines Pflegedienstes, einer Haushaltskraft oder der Unterbringung in einem Heim. Er wird ihn weiter bei „Bürotätigkeiten“, wie Miet- und Bankangelegenheiten, etc. unterstützen. Eine klagbare Pflicht zum Tätigwerden wird hierdurch jedoch nicht begründet.

---

242 Vgl. LG München II, MittBayNot 1990, 244.

243 Vgl. *Mayer/Geck/Mayer,* Der Übergabevertrag, § 6 Rn. 51; *Kappler/Kappler*, MittBayNot 2019, 217 ff.

b) Beerdigung und Grabpflege

Einzelvertraglich kann auch die Pflicht zur Tragung der Kosten für Beerdigung und Grabpflege dem Erwerber auferlegt werden. Hierbei ist der Umfang der Verpflichtung festzulegen. In der Praxis wird zumeist eine *„ortsübliche und standesgemäße Beerdigung"* vereinbart; bzgl. der Grabpflege ist die Dauer festzuschreiben. Hat der Übergeber eine Sterbegeldversicherung oder einen sonstigen Anspruch auf Sterbegelder, kann vereinbart werden, dass diese Leistungen dem Erwerber zustehen. 427

Formulierungsbeispiel [Beerdigung und Grabpflege][244]: 428

> Der Erwerber hat die Kosten einer ortsüblichen und standesgemäßen Beerdigung des Übergebers zu tragen sowie für Grab und Grabstein (soweit noch nicht vorhanden) aufzukommen, ebenso für die üblichen Gottesdienste und die Grabpflege auf Dauer von 10 Jahren. Alle zur Auszahlung kommenden Sterbegelder gebühren im Gegenzug ebenfalls dem Erwerber.

c) Bereitstellung eines Personenkraftwagens

Möchte der Übergeber auch im fortgeschrittenen Alter „mobil" bleiben, kann der Erwerber vertraglich verpflichtet werden, dem Übergeber ein Fahrzeug (samt Treibstoff) unentgeltlich zu Verfügung zu stellen. Gemeint sind hier Fallgestaltungen, in denen der Übergeber selbst noch fahrtüchtig ist, aber über kein eigenes Fahrzeug (mehr) verfügt. Da der Erwerber i.d.R. kein gesondertes Fahrzeug bereithalten, sondern lediglich sein eigenes Fahrzeug zur Verfügung stellen möchte, ist die Befugnis seitens des Übergebers zur Inanspruchnahme zu begrenzen. In Betracht kommen neben festen zeitlichen Begrenzungen (*„nur an Sonntagen*; oder: *wochentags in der Zeit zwischen 10:00 und 13:00 Uhr*") auch eine allgemeine Einschränkung anhand der Zumutbarkeit. 429

Formulierungsbeispiel [Bereitstellung eines PKW]: 430

> Der Erwerber hat dem Übergeber, soweit dieser kein eigenes Fahrzeug hat, einen Personenkraftwagen samt Treibstoff zu angemessenem Bedarf kostenlos zur Verfügung zu stellen. Bei der Anforderung hat der Übergeber jedoch auf die beruflichen und persönlichen Interessen des Erwerbers angemessen Rücksicht zu nehmen. Die Verpflichtung besteht nur soweit und solange der Erwerber selbst einen Personenkraftwagen besitzt.

---

244 Vgl. *von Hoyenberg*, Vorweggenommene Erbfolge, Kap. 4 Rn. 100.

d) Mitbenutzung von Gegenständen

431 Gerade im Bereich der bäuerlichen Hofübergabe legt der Übergeber oftmals Wert auf das Recht der weiteren Mitbenutzung von (landwirtschaftlichem) Gerät und Werkzeugen etc. Eine entsprechende Befugnis kann vertraglich vereinbart werden (zur Begrenzung siehe Rn. 429).

432 **Formulierungsbeispiel** [Mitbenutzung von Gegenständen]:

> Gerätschaften und Werkzeuge, die beim übertragenen Anwesen gehalten werden, darf der Übergeber unentgeltlich mitbenutzen. Bei der Anforderung hat der Übergeber jedoch auf die beruflichen und persönlichen Interessen des Erwerbers angemessen Rücksicht zu nehmen. Die Verpflichtung besteht nur soweit und solange der Erwerber selbst diese Gerätschaften und Werkzeuge besitzt.

4. Konkurrenz zu den Bestimmungen des Landesrechts (AGBGB)

433 Gemäß Art. 96 EGBGB sollen *„die landesgesetzlichen Vorschriften über einen mit der Überlassung eines Grundstücks in Verbindung stehenden Leibgedings-, Leibzuchts-, Altenteils- oder Auszugsvertrag [unberührt bleiben], soweit sie das sich aus dem Vertrag ergebende Schuldverhältnis für den Fall regeln, dass nicht besondere Vereinbarungen getroffen werden“*. Zum Begriff des Leibgedings und dessen Anwendbarkeit aus heutiger Sicht, siehe Rn. 593 ff.

434 Danach soll der Landesgesetzgeber berechtigt sein, ergänzende Gesetzesvorschriften im Anwendungsbereich eines „Leibgedings-, Leibzucht-, Altenteils- oder Auszugsvertrags“ zu erlassen. Einzelne Landesgesetzgeber hatten davon Gebrauch gemacht. In der Praxis sind die landesgesetzlichen Vorgaben (mittlerweile) jedoch von geringer Bedeutung; teilweise wurden sie aufgehoben. Ihre geringe Bedeutung rührt zum einen daher, als sie nur auf eine begrenzte Art von Verträgen zur vorweggenommenen Erbfolge Anwendung finden (siehe Rn. 594 ff.). Zum anderen sind die landesgesetzlichen Bestimmungen dispositiv, d.h. sie finden nur dann Anwendung, soweit nicht anderweitige vertragliche Vereinbarungen existieren.

435 Auch im Anwendungsbereich des Art. 96 EGBGB enthalten moderne Übergabeverträge i.d.R. eine Vielzahl einzelvertraglicher Vereinbarungen. Ist die Anwendbarkeit der landesgesetzlichen Vorschriften nicht bereits ausdrücklich ausgeschlossen, wird man jedenfalls im Wege der **ergänzenden Vertragsauslegung** zu dem Ergebnis kommen, dass die **Bestimmungen des Landesrechts ausgeschlossen** sind.

436 Sollte hingegen einmal ausdrücklich die Anwendbarkeit der landesgesetzlichen Bestimmungen gewollt sein – unabhängig von den Voraussetzungen des Art. 96 EGBGB –, wäre dies ausdrücklich zu vereinbaren.

Formulierungsbeispiel [Anwendbarkeit der landesrechtlichen Bestimmungen][245]: 437

> Im Übrigen gelten die Bestimmungen des … (Landesgesetz) entsprechend, und zwar unabhängig davon, ob die Voraussetzungen des Art. 96 EGBGB vorliegen.

5. Sicherungsmittel: Zwangsvollstreckungsunterwerfung und Reallast

Wiederkehrende Leistungen zeichnen sich i.d.R. durch eine lange Dauer gegenseitiger Rechte und Pflichten aus. Gerade bei langfristigen Pflichten besteht die Gefahr der Vertragsstörung, sei es, dass eine Partei sich an die vormals getroffenen Vereinbarungen nicht mehr gebunden fühlt, sei es, dass es ihr an der Leistungsfähigkeit ermangelt. Ist der Berechtigte auf die Erbringung der Leistung angewiesen, können ihn Vertragsstörungen hart treffen. Entsprechend ist im Rahmen der Vertragsgestaltung an Sicherungsmaßnahmen zu denken; namentlich kommen die Aufnahme einer **Zwangsvollstreckungsunterwerfung** sowie die Bestellung einer **Reallast** in Betracht. 438

a) Zwangsvollstreckungsunterwerfung

§ 794 Abs. 1 Nr. 5 ZPO ermöglich die Schaffung eines **Vollstreckungstitels zu notarieller Urkunde**. Bei einer solchen Zwangsvollstreckungserklärung handelt es sich um eine **rein prozessuale Erklärung**, keine materiell-rechtliche Erklärung[246]. Voraussetzung für die Schaffung eines Vollstreckungstitels ist, dass die Urkunde über einen Anspruch errichtet ist, der einer vergleichsweisen Regelung zugänglich ist, nicht auf Abgabe einer Willenserklärung gerichtet ist und nicht den Bestand eines Mietverhältnisses über Wohnraum betrifft (vgl. § 794 Abs. 1 Nr. 5 ZPO). Insbesondere **Zahlungspflichten** können Gegenstand einer Vollstreckungsunterwerfung sein[247]. 439

Der zu titulierende Anspruch muss zudem **inhaltlich bestimmt** sein. Problematisch ist dies bei der Verwendung von **Wertsicherungsklauseln**. Insofern erachtet es die Rechtsprechung allerdings als ausreichend, wenn sich der geschuldete Geldbetrag jedenfalls aus für die Vollstreckungsorgane allgemein zugänglichen Quellen bestimmen lässt[248]; hierzu soll es genügen, wenn die Berechnung mit Hilfe offenkundiger, insbesondere aus dem Bundesgesetzblatt oder dem Grundbuch ersichtlicher Umstände 440

245 Vgl. *Krauß*, Vermögensnachfolge, Rn. 2006.
246 Vgl. *Wolfsteiner*, Die vollstreckbare Urkunde, 11.16.
247 Vgl. BGH, NJW-RR 2005, 366.
248 BGH, NJW-RR 2004, 472; BGH, NJW-RR 2005, 366.

möglich ist. Diese Voraussetzungen liegen jedenfalls bei Bezugnahme auf den vom Statistischen Bundesamt ermittelten Preisindex für die Lebenshaltungskosten **(Verbraucherpreisindex)** vor[249]. Verweise auf andere Vergleichsmaßstäbe (wie die Beamtenbesoldung und dgl.) sind jedenfalls dann problematisch, wenn sie einer strukturellen Änderung unterliegen (können); ist eine solche eingetreten, wird es an der Vollstreckbarkeit fehlen[250]. In jedem Fall fehlt es an der hinreichenden Bestimmtheit, wenn die **Anpassung** an den Vergleichsmaßstab im Rahmen der Wertsicherungsklausel nicht automatisch erfolgen soll, sondern **nur auf Verlangen** (vgl. Rn. 399). Aus demselben Grund nicht unterwerfungsfähig sind Zahlungsansprüche, die als **dauernde Last** ausgestaltet sind[251].

441 Helfen kann in beiden letztgenannten Fällen die Abgabe eines **abstrakten Schuldversprechens** als Grundlage der Vollstreckungserklärung. Der Erwerber gibt ein (zusätzliches) Schuldversprechen in Höhe des zu erwartenden Zahlbetrags ab[252]. Verlangt der Übergeber später einen materiellrechtlich betrachtet zu hohen Zahlbetrag, muss der Erwerber dies im Wege der Vollstreckungsabwehrklage (§ 767 ZPO) oder mittels Geltendmachung von Bereicherungsansprüchen (§§ 812 ff. BGB) einwenden.

442 **Praxistipp:** Früher oftmals verwendete *pauschalen Unterwerfungserklärungen*, wie „der Erwerber unterwirft sich wegen aller in dieser Urkunde enthaltenen, der Zwangsvollstreckungsunterwerfung zugänglichen Ansprüche der sofortigen Zwangsvollstreckung“, steht seit der Zweiten Zwangsvollstreckungsnovelle (1997) das sog. Konkretisierungsgebot entgegen[253]. Danach muss jeder Anspruch, dem Vollstreckbarkeit verliehen werden soll, konkret bezeichnet sein[254].

443 **Formulierungsvorschlag** [Zwangsvollstreckungsunterwerfung wegen eines persönlichen Zahlungsanspruchs]:

> Der Erwerber unterwirft sich wegen der vorstehend vereinbarten persönlichen Verpflichtung zur Zahlung der Geldrente der sofortigen Zwangsvollstreckung aus dieser Urkunde. Vollstreckbare Ausfertigung kann jederzeit ohne weitere Nachweise erteilt werden.

---

249 BGH, NJW-RR 2005, 366.

250 Vgl. *Mayer/Geck/Mayer,* Der Übergabevertrag § 7 Rn. 139.

251 Vgl. *Wolfsteiner,* Die vollstreckbare Urkunde, 27.28.

252 *Mayer/Geck/Mayer,* Der Übergabevertrag, § 7 Rn. 141.

253 *Wolfsteiner,* DNotZ 1999, 306, 323 f.

254 *Wolfsteiner,* DNotZ 1999, 306, 323 f.

Formulierungsvorschlag [abstraktes Schuldanerkenntnis mit Zwangsvollstreckungsunterwerfung wegen eines persönlichen Zahlungsanspruchs]: 444

> Der Erwerber verpflichtet sich gegenüber dem Übergeber unabhängig von der vorstehend vereinbarten monatlichen Zahlungsverpflichtung zur Zahlung eines sofort fälligen Geldbetrages in Höhe von monatlich ...,– Euro (§ 780 BGB). Der Erwerber unterwirft sich wegen der vorstehend vereinbarten Zahlungsverpflichtung der sofortigen Zwangsvollstreckung aus dieser Urkunde. Vollstreckbare Ausfertigung kann jederzeit ohne weitere Nachweise erteilt werden.

b) Reallast

aa) Voraussetzungen und Inhalt

§ 1105 Abs. 1 S. 1 BGB ermöglicht die Belastung eines Grundstücks in der Weise, dass an denjenigen, zu dessen Gunsten die Belastung erfolgt, wiederkehrende Leistungen aus dem Grundstück zu entrichten sind (Reallast); die Reallast ist danach ein dingliches Recht auf wiederkehrende Leistung[255]. Inhalt der Reallast kann stets nur ein **positives Tun** sein, nicht auch ein Unterlassen[256]. Ausreichend ist insofern aber, wenn sich die geschuldete Leistung in eine **Geldforderung umwandeln** lässt. Die Reallast muss lediglich den Wert einer Leistung verkörpern, die dem Berechtigten bei Nichtleistung des Verpflichteten die Möglichkeit bietet, durch Verwertung des Grundstücks den Gegenwert in Geld zu erlangen[257]; sie muss auch nicht, anders als der Wortlaut *„aus dem Grundstück“* (vgl. § 1105 Abs. 1 S. 1 BGB) vermuten ließe, in einer Beziehung zum Grundstück stehen[258]. Auch für unvertretbare Leistungen oder persönliche Dienstleistungen kann eine Reallast bestellt werden[259]. Im Allgemeinen reallastfähig sind danach **Sach-, Dienst- und Geldleistungen**[260]. 445

Die zu erbringenden Leistungen müssen **wiederkehrenden Charakter** haben, sich mithin nicht in einer einmaligen Leistungspflicht erschöpfen[261]. Nicht erforderlich ist es hingegen, dass die zu erbringende Leistungen regelmäßig wiederkehren, in gleicher Art und Höhe zu erbringen[262] 446

255 *Erman/Grziwotz*, § 1105 Rn. 5.
256 BayObLGZ 1959, 301.
257 BGH, NJW 1995, 2780, 2781.
258 *Erman/Grziwotz*, § 1105 Rn. 7; *MünchKomm/Mohr*, § 1105 Rn. 7 ff.
259 BGH, NJW 1995, 2780, 2781.
260 *Erman/Grziwotz*, § 1105 Rn. 5.
261 BayObLG, DNotZ 1970, 415.
262 BGH, DNotZ 1975, 1555.

oder gar zeitlich unbegrenzt sind[263]; gerade eine Befristung ist zulässig[264]. Wiederkehrende Leistungen i.d.S. sind insbesondere: die Verpflichtung zur Wart und Pflege (siehe Rn. 404 ff.), zur Zahlung einer Geldrente (siehe Rn. 375 ff.), zur Grabpflege (siehe Rn. 427), zur Bereitstellung von Werkzeugen (siehe Rn. 431) sowie eines Fahrzeugs (siehe Rn. 429)[265]. **Einmalige Leistungen** können hingegen (grds.) nicht Inhalt einer Reallast sein. Etwas anderes gilt nur dann (= reallastfähig), wenn sie innerhalb eines Gesamtbereichs wiederkehrender Leistungen liegen, diese ergänzen und nur ihrer Natur nach einmalig sind[266]. So können bspw. auch die Verpflichtung zur Ausstattung der Geschwister, zur Tragung der Beerdigungskosten[267] oder zur Erlösbeteiligung bei einer Veräußerung[268] Inhalt der Reallast sein.

447 **Formulierungsbeispiel** [Reallast]:

> Zur Sicherung der dem Übergeber vorstehend eingeräumten Rechte bestellen die Beteiligten eine Reallast am Grundstück Flst. … der Gemarkung … Die Eintragung der Reallast im Grundbuch für den Berechtigten wird hiermit bewilligt und beantragt mit dem Vermerk, dass zur Löschung des Rechtes der Nachweis des Todes des Berechtigten genügen soll. Die Reallast erhält folgende Rangstelle: …

448 Die zu erbringende Leistung muss in jedem Fall **hinreichend bestimmbar** sein (vgl. § 1105 Abs. 1 S. 2 BGB). Dabei bedeutet der Bestimmtheitsgrundsatz nicht, dass der Umfang der tatsächlichen Belastung in einem bestimmten Zeitpunkt aus der Eintragung (im Grundbuch) selbst oder in Verbindung mit der Eintragungsbewilligung ohne weiteres ersichtlich sein muss; es genügt vielmehr, wenn Art, Gegenstand und Umfang der Leistung aufgrund objektiver Umstände bestimmbar sind (die auch außerhalb des Grundbuchs liegen können), sofern sie nachprüfbar und mindestens in der Eintragungsbewilligung angedeutet sind[269]. Alleine die höchstmögliche Belastung des Grundstücks muss für jeden Dritten erkennbar sein; der Umfang der Haftung muss in einem bestimmten Zeitpunkt aufgrund der in der Eintragungsbewilligung enthaltenen Vorausset-

263 RGZ 85, 247.

264 *Bamberger/Roth/Wegmann*, § 1105 Rn. 13.

265 Vgl. *Mayer/Geck/Mayer*, Der Übergabevertrag, § 7 Rn. 82.

266 BayObLGZ 1970, 100; OLG Köln, DNotZ 1991, 807, 808; *NK-BGB/Reetz*, § 1105 Rn. 41; *Soergel/Stürner*, § 1105 Rn. 10; *Schöner/Stöber*, Rn. 1329; *Lange-Parpart*, RNotZ 2008, 377, 394; a.A. BayObLGZ 1973, 26; *Bamberger/Roth/Wegmann*, § 1105 Rn. 13; *MünchKomm/Mohr*, § 1105 Rn. 23.

267 BayObLGZ 1970, 100, 103; OLG Hamm, DNotZ 1973, 376.

268 *Schöner/Stöber*, Rn. 1329; *Mayer/Geck/Mayer*, Der Übergabevertrag, § 7 Rn. 84.

269 BGH, NJW 1961, 1257; BGH, NJW 1995, 2780, 2781.

zungen bestimmt werden können (wenn auch erst durch richterliche Entscheidung)[270]. Die Rechtsprechung ist hier **tendenziell großzügig**[271]; das Bestimmtheitsgebot ist danach etwa gewahrt bei: Verpflichtung zur Wart und Pflege soweit es dem Verpflichteten *„zumutbar"* ist[272]; Verpflichtung zur Tragung der Kosten in einem Alten- und Pflegeheim[273]; Verpflichtung zur Erbringung freier Kost[274]; Verpflichtung zur Zahlung eines Geldbetrags, der in der Höhe der ortsüblich erzielbaren Miete aus dem belasteten Grundbesitz[275] oder der Ertragskraft des übergebenen landwirtschaftlichen Betriebs[276] entspricht. Im Rahmen von Gleitklauseln genügt es für die Bestimmtheit, wenn auf den Verbraucherpreisindex abgestellt wird[277]. Besteht hingegen eine Verpflichtung zur Gewährung des *„standesgemäßen Unterhalts"*, ist dies nur dann hinreichend bestimmt, wenn auch die Bemessungsgrundlage angegeben ist[278].

Praxistipp: Fehlt es an der Bestimmtheit, kommen als Alternativen in Betracht[279]: die Bestellung einer *Höchstbetragshypothek bzw. Grundschuld*, deren Höhe sich anhand der zu erwartenden Gesamtleistung bemisst; hinsichtlich des bestimmbaren Teils der Leistungspflicht die Bestellung einer Reallast und hinsichtlich des nicht bestimmbaren Teils die Bestellung einer Höchstbetragshypothek bzw. Grundschuld oder auch einer *Vormerkung* zur Sicherung eines Anspruchs auf Bestellung einer an die geänderten Umstände angepassten Reallast. Soweit die Eintragung einer Vormerkung erwogen wird, ist zu beachten, dass die Rechtsprechung auch hier hinreichende Bestimmbarkeit derart fordert, als sowohl der Höchstbetrag jeder einzelnen Veränderung als auch der Gesamtrahmen der Veränderungen von vornherein bestimmt sein müssen[280]. **449**

270 BGH, NJW 1995, 2780, 2781.
271 *Schöner/Stöber*, Rn. 1297b.
272 BGH, NJW 1995, 2780.
273 LG München II, MittBayNot 1990, 244.
274 OLG Hamm, Rpfleger 1959, 381.
275 Vgl. LG Nürnberg-Fürth, MittBayNot 1992, 278.
276 Vgl. LG Augsburg, MittBayNot 1985, 259.
277 BGH, NJW 1961, 1257; BGH, NJW 1995, 2780, 2781.
278 BayObLGZ 1993, 228; OLG Düsseldorf, MittRhNotK 1990, 167; OLG Düsseldorf, MittRhNotK 1990, 218; *Schöner/Stöber*, Rn. 1297b; a.A. noch BayObLGZ 1953, 200, 203 ff.; LG Aachen, MittRhNotK 1996, 232, 233.
279 Vgl. *Mayer/Geck/Mayer*, Der Übergabevertrag, § 7 Rn. 96.
280 OLG Düsseldorf, DNotZ 1989, 578, 579.

bb) Umfang der Haftung (Haftungstrias)

450 Wird schuldrechtlich eine wiederkehrende Leistung vereinbart und zu deren Sicherung eine Reallast bestellt, kommt es zur sog. **Haftungstrias**[281]: es bestehen Ansprüche 1.) aus der schuldrechtlichen Verpflichtungsabrede gegen den Vertragspartner, 2.) aus der Reallast gegen den jeweiligen Grundstückseigentümer auf Duldung der Zwangsvollstreckung (vgl. §§ 1105 Abs. 1, 1107, 1147 BGB) und 3.) gegen den jeweiligen Eigentümer des mit der Reallast belasteten Grundbesitzes auf Zahlung der während der Dauer seines Eigentums fällig werdenden Einzelleistungen = persönliche Haftung (vgl. § 1108 Abs. 1 BGB). Allerdings ist die persönliche Haftung des jeweiligen Eigentümers nach § 1108 BGB abdingbar (vgl. § 1108 Abs. 1 Hs. 2 BGB), mit Wirkung gegenüber einem Rechtsnachfolger allerdings nur bei Eintragung im Grundbuch[282].

451 Diese Haftungstrias findet sich auch in der **Unterwerfung unter die Zwangsvollstreckung** wieder (zur Zwangsvollstreckungsunterwerfung siehe auch Rn. 439 ff.): Sowohl der dingliche Anspruch auf Duldung der Zwangsvollstreckung (§ 1105 BGB) als auch der persönlichen Anspruchs gegen den jeweiligen Grundstückseigentümer (§ 1108 BGB) können Inhalt der Vollstreckungsunterwerfung sein. Gleichwohl nach h.M. § 800 ZPO nicht entsprechend anwendbar ist, ergeben sich wegen der Möglichkeit der Umschreibung der Vollstreckungsklausel gegen einen Rechtsnachfolger im Eigentum gemäß §§ 325 Abs. 3, 727 ZPO keine Einschränkungen bei der Vollstreckung[283].

452 **Formulierungsbeispiel** [Zwangsvollstreckungsunterwerfung auch nach §§ 1105 und 1108 BGB][284]:

> Der Erwerber unterwirft sich
>
> a) wegen der vorstehend vereinbarten persönlichen Verpflichtung zur Zahlung der Geldrente,
>
> b) wegen des dinglichen Anspruchs aus der Reallast auf Duldung der Zwangsvollstreckung in den belasteten Grundbesitz (§ 1105 BGB),

---

281 Vgl. *Mayer/Geck/Mayer,* Der Übergabevertrag, § 7 Rn. 98; *Langenfeld/Günther,* Grundstückszuwendungen, Kap. 5 Rn. 15; *Beck'sches Notarhandbuch/Herrler,* A V Rn. 413.

282 *Erman/Grziwotz,* § 1108 Rn. 4.

283 *Mayer/Geck/Mayer,* Der Übergabevertrag, § 7 Rn. 145; *von Hoyenberg,* Vorweggenommene Erbfolge, Kap. 4 Rn. 25; *Wolfsteiner,* DNotZ 1999, 306, 321 f.; *Wolfsteiner,* Die vollstreckbare Urkunde, 27.21.

284 Vgl. *von Hoyenberg,* Vorweggenommene Erbfolge, Kap. 4 Rn. 26; *Mayer/Geck/Mayer,* Der Übergabevertrag, § 7 Rn. 50; *Beck'sches Notarhandbuch/Herrler,* A V Rn. 418.

c) und wegen der persönlichen Haftung des Grundstückseigentümers nach § 1108 BGB,

der sofortigen Zwangsvollstreckung aus dieser Urkunde. Vollstreckbare Ausfertigung kann jederzeit erteilt werden.

cc) Einschränkung der Reallast (Sicherungsabrede)

Der schuldrechtliche Anspruch auf Erbringung der vereinbarten Leistung ist zu unterscheiden vom Anspruch aus der Reallast (vgl. Rn. 450). Beide (schuldrechtlicher Anspruch und Reallast) sind in Entstehung, Übertragung und Fortbestand voneinander unabhängig[285]; es besteht keine Akzessorietät[286]. Soweit im Rahmen der vorweggenommenen Erbfolge eine Reallast bestellt wird, soll sie am Parteiwillen ausgerichtet i.d.R. lediglich **dingliches Sicherungsmittel** der schuldrechtlich vereinbarten Leistungspflicht sein (sog. Sicherungsreallast)[287]. Rechtlich darstellen lässt sich dies, indem zwischen schuldrechtlicher Verpflichtung und dinglichem Sicherungsmittel eine **Sicherungsabrede** begründet wird; hierdurch entsteht ein fiduziarisches Rechtsverhältnis (vergleichbar der Rechtslage bei der Sicherungsgrundschuld). Das dingliche Recht dient lediglich zur Sicherung der schuldrechtlichen Forderung, bei Nichtentstehen oder Wegfall der Forderung ist die Sicherheit zurück zu gewähren[288]. Im Rahmen der vorweggenommenen Erbfolge bedarf es zur Begründung der Sicherungsreallast **keiner ausdrücklichen Vereinbarung**; der Sicherungszweck ergibt sich bereits aus den äußeren Umständen[289]. Zur Verdeutlichung können gleichwohl Formulierungen wie ***„zur Sicherung der wiederkehrenden Leistungen"*** (oder ähnlich) verwendet werden[290]. **453**

Solange auf Gläubigerseite Personenidentität vorliegt, besteht keine **Gefahr der doppelten Inanspruchnahme** des Schuldners; der Schuldner kann dem Gläubiger die Sicherungsabrede entgegenhalten. Wird aber die Reallast ohne die zugrunde liegende Forderung (oder umgekehrt) abgetreten, besteht aufgrund Personenverschiedenheit zwischen persönlichem und dinglichem Gläubiger die Gefahr der doppelten Inanspruchnah- **454**

---

285 OLG Hamm, FGPrax 1998, 9; *Beck'sches Notarhandbuch/Herrler,* A V Rn. 413; *Bauer/Münch,* ZEV 2007, 6, 7.

286 *Lange-Parpart,* RNotZ 2008, 377, 381.

287 Vgl. *Mayer/Geck/Mayer,* Der Übergabevertrag, § 7 Rn. 100 ff.; *Bauer/Münch*, ZEV 2007, 6, 7.

288 *Staudinger/Mayer,* Einl zu §§ 1105–1112 Rn. 63; *Lange-Parpart,* RNotZ 2008, 377, 381.

289 Vgl. *Staudinger/Mayer*, Einl zu §§ 1105–1112 Rn. 64 und Rn. 82; *Bauer/Münch,* ZEV 2007, 6, 8.

290 Vgl. *Beck'sches Notarhandbuch/Jerschke*, 5. Aufl., A V Rn. 200.

me[291]. Vermieden werden kann diese Gefahr durch Vereinbarung einer **Verrechnungsabrede** derart, als eine Zahlung auf die gesicherte Forderung zu einem entsprechenden Leistungsverweigerungsrecht bei der Reallast (oder umgekehrt) führt[292]; die Verrechnungsabrede kann im Grundbuch eingetragen werden, so dass sie auch gegenüber einem Rechtsnachfolger wirkt[293]. Auch mangels ausdrücklicher Vereinbarung ist im Wege der Vertragsauslegung eine entsprechende Verrechnungsabrede anzunehmen[294].

455 **Formulierungsbeispiel** [ausdrückliche Verrechnungsabrede][295]:

> Leistungen aufgrund der vereinbarten schuldrechtlichen Verpflichtungen und der dinglichen Ansprüche aus der Reallast sind gegeneinander anzurechnen, so dass ein entsprechendes Leistungsverweigerungsrecht für den jeweils Verpflichteten besteht.

456 Alternativ kann die **Abtretbarkeit** der Reallast sowie des schuldrechtlichen Anspruchs **ausgeschlossen** werden[296]. Ein entsprechender (stillschweigender) Ausschluss jedenfalls des Inhalts, als Reallast und schuldrechtlicher Anspruch nicht getrennt voneinander abgetreten werden können, wird sich bereits aus dem Sicherungszweck der Reallast ergeben[297], sofern die Abtretbarkeit nicht per se wegen Inhalts der geschuldeten Leistung ausgeschlossen ist (vgl. § 399 Alt. 1 BGB).

dd) Vollstreckung

(1) Vollstreckung aus der Reallast

457 Die Reallast berechtigt zur Vollstreckung in den belasteten Grundbesitz im Wege der Zwangsvollstreckung; der Eigentümer des belasteten Grundbesitzes hat die **Zwangsvollstreckung entsprechend zu dulden** (vgl. §§ 1105 Abs. 1, 1107, 1147 BGB)[298]. Betreibt der Reallastgläubiger die Zwangsvollstreckung aus der Reallast, fällt die **Reallast nicht in das geringste Gebot**; sie **erlischt** mit dem **Zuschlag** (vgl. §§ 44, 52 Abs. 1

291 *Lange-Parpart,* RNotZ 2008, 377, 381; *Mayer/Geck/Mayer,* Der Übergabevertrag, § 7 Rn. 14.

292 *Staudinger/Mayer,* Einl zu §§ 1105–1112 Rn. 63; *Lange-Parpart,* RNotZ 2008, 377, 382.

293 OLG Hamm, FGPrax 1998, 9; LG Augsburg, MittBayNot 2005, 47; *NK-BGB/Reetz,* § 1105 Rn. 48.

294 *Lange-Parpart,* RNotZ 2008, 377, 382; *Mayer/Geck/Mayer,* Der Übergabevertrag, § 7 Rn. 104; *Würzburger Notarhandbuch/Holland,* Teil 2 Kap. 7 Rn. 76.

295 Vgl. *Lange-Parpart,* RNotZ 2008, 377, 382; *Mayer/Geck/Mayer,* Der Übergabevertrag, § 7 Rn. 106.

296 *Lange-Parpart,* RNotZ 2008, 377, 382.

297 *Mayer/Geck/Mayer,* Der Übergabevertrag, § 7 Rn. 104.

298 Vgl. *Bamberger/Roth/Wegmann,* § 1107 Rn. 5.

S. 2, 91 ZVG). Eine dem § 9 Abs. 3 Nr. 1 ErbbauRG vergleichbare Bestimmung fehlt. Der Berechtigte erhält vielmehr (nur) Ersatz aus dem Versteigerungserlös[299]: Neben den bereits fälligen Einzelleistungen erhält er bei einer Reallast, welche auf bestimmte Dauer bestellt ist, einen einmaligen Wertersatz (vgl. § 92 Abs. 1 ZVG), bei Reallasten von unbestimmter Dauer besteht ein Anspruch in Form einer Geldrente, die dem Jahreswert des erloschenen Rechts gleichkommt (vgl. § 92 Abs. 2 ZVG). Hierzu ist dem Berechtigten ein sog. Deckungskapital aus dem Versteigerungserlös bereitzustellen, aus der die Rente zu erwirtschaften ist; dieses Deckungskapital ist jedoch auf den 25-fachen Betrag der Jahresleistung begrenzt (vgl. § 121 ZVG). Beide Varianten sind mit u.U. erheblichen Gefahren für den Berechtigten verbunden: So ist eine einmalig gewährte Abfindung weder wertgesichert noch an veränderte Umstände anzupassen (vgl. § 323a ZPO); insbesondere bei Bildung eines Deckungskapital besteht, gerade bei noch geringem Lebensalter des Berechtigten, aufgrund der Deckelung auf den 25-fachen Jahresbetrag die erhebliche Gefahr einer Unterdeckung.

(2) Alternativen

Der vormals verbreiteten Praxis, die Reallast inhaltlich in der Weise auszugestalten, dass rückständige Leistungen mit dinglicher Wirkung Rang nach dem „Stammrecht" haben sollen, hat die Rechtsprechung eine Absage erteilt (von § 12 ZVG abweichende und unzulässige Vereinbarung über die Tilgungsreihenfolge)[300]. Unter diesem Gesichtspunkt wird auch der Vorschlag, die Reallast vor Erteilung des Zuschlags in der Versteigerung in eine vor- und eine nachrangige Teilreallast aufzuspalten[301], nicht tragfähig sein[302]. **458**

Seitens des Berechtigten wäre ggf. anzudenken, nicht aus der Reallast, sondern aus dem der Reallast zugrunde liegenden **schuldrechtlichen Anspruch oder aus § 1108 Abs. 1 BGB zu vollstrecken**. U.U. wird er hier aber wirtschaftlich (wegen des mit der späteren Vollstreckungsmaßnahme im Vergleich zur Reallast oftmals verbundenen schlechteren Rangs) nicht im gewollten Umfang befriedigt werden[303]. **459**

Alternativ kann bereits im Übergabevertrag ein **Anspruch auf Einräumung einer neuen Reallast** für den Fall des Erlöschens der eigentlich bestellten Reallast begründet und durch Vormerkung im Grundbuch gesi- **460**

299 Vgl. *Mayer/Geck/Mayer,* Der Übergabevertrag, § 7 Rn. 110 f.

300 BGH, NJW 2004, 361.

301 *Amann,* DNotZ 1993, 222, 229; *Amann,* DNotZ 2004, 599, 605 f.

302 Ebenso *Mayer/Geck/Mayer,* Der Übergabevertrag, § 7 Rn. 123; i.E. ebenfalls ablehnend *Lange-Parpart,* RNotZ 2008, 377, 406 ff.

303 Vgl. *Mayer/Geck/Mayer,* Der Übergabevertrag, § 7 Rn. 115 f.

chert werden[304]. Aufgrund der Vormerkungswirkung des § 888 BGB ist auch ein Sonderrechtsnachfolger verpflichtet, die Zustimmung zur Eintragung der neuen Reallast zu erteilen[305]. Gleichfalls möglich ist die Bestellung einer (im Betrag geringen) nachrangigen **Höchstbetragshypothek** oder **Grundschuld**, die wie die Reallast alle Ansprüche auf die vereinbarten wiederkehrende Leistungen sichert[306]. Aufgrund der nachrangigen Eintragung bliebe die Reallast im Falle der Zwangsvollstreckung (zunächst) bestehen; laufende Erträge und rückständige Leistungen fielen nach Maßgabe der §§ 10 Abs. 1 Nr. 4, 13, 49 Abs. 1, 12 Nr. 2 ZVG in das Bargebot.

461 **Formulierungsbeispiel** [flankierender Schutz durch Höchstbetragshypothek][307]:

> Um ein Erlöschen der vorbestellten Reallast im Falle der Zwangsvollstreckung abzuwenden, sind sich die Beteiligten einig, dass im Rang nach der Reallast eine Höchstbetragshypothek in Höhe von … Euro zu Gunsten des Übergebers im Grundbuch eingetragen wird. Die Erteilung eines Hypothekenbriefes ist ausgeschlossen. Die Höchstbetragshypothek sichert alle Ansprüche aus der vorstehend vereinbarten monatlichen Zahlungsverpflichtung, auch soweit diese Ansprüche bereits durch die Reallast gesichert sind. Die Beteiligten bewilligen und beantragen die Eintragung der vorbestellten Hypothek bis zum Höchstbetrag von … Euro in das Grundbuch im Rang nach der Reallast.

462 Neben Vormerkungs- und Hypotheken-/Grundschuldlösung kann auch ein sog. **vertraglicher Ablöseanspruch** vereinbart werden[308]. Danach soll dem Rentenberechtigten die Möglichkeit eröffnet werden, bei Vorliegen bestimmter Tatbestandsvoraussetzungen einen vereinbarten Geldbetrag (der den kapitalisierten Rentenleistungen entspricht) zu verlangen. Vorteil dieses Lösungsansatzes ist, dass der gesamte Ablösebetrag gemäß § 92 Abs. 2 ZVG in das geringste Gebot fällt und damit keine Beschränkung auf den Wertersatzanspruch besteht (siehe Rn. 457). Als Anspruchsvoraussetzung kann vereinbart werden, dass der Anspruch zugunsten des Übergebers entsteht, wenn der Erwerber mit den geschuldeten

---

304 So erwogen von BGH, NJW 2004, 361, 362; bestätigt durch OLG München, DNotZ 2007, 296, 297 f.; eingehend hierzu *Lange-Parpart*, RNotZ 2008, 377, 405 f.; *Mayer/Geck/Mayer*, Der Übergabevertrag, § 7 Rn. 119.

305 OLG München, DNotZ 2007, 296, 297 f.

306 Vgl. *Oppermann*, RNotZ 2004, 84, 88 f.; *Lange-Parpart*, RNotZ 2008, 377.

307 Vgl. *Oppermann*, RNotZ 2004, 84, 90 f.; *Mayer/Geck/Mayer*, Der Übergabevertrag, § 7 Rn. 122.

308 Vgl. *Koenen*, MittRhNotK 1994, 329, 338; *Mayer/Geck/Mayer*, Der Übergabevertrag, § 7 Rn. 130 ff.; *Langenfeld/Günther*, Grundstückszuwendungen, Kap. 5 Rn. 34 ff.

Zahlungen (über einen bestimmten Zeitraum) in Rückstand ist, in den belasteten Grundbesitz Zwangsvollstreckungsmaßnahmen betrieben werden oder eine erhebliche Verschlechterung in den Vermögensverhältnissen des Erwerbers eingetreten ist. Umstritten ist allerdings, ob auch ein einmaliger **Ablösebetrag Inhalt einer Reallast** sein kann[309]. Zur Vermeidung etwaiger Vollstreckungsprobleme bietet sich die Bestellung einer Hypothek oder Grundschuld zur Sicherung des Ablösebetrags an; das Grundpfandrecht ist im Rang vor der Reallast einzutragen. Flankierend kann als Inhalt der Reallast vereinbart werden, dass diese erlischt, sobald der Berechtigte den Ablösebetrag erhalten hat[310].

Formulierungsbeispiel [vertraglicher Ablöseanspruch][311]: **463**

> Der Übergeber ist berechtigt, vom Erwerber anstelle der vorstehend vereinbarten monatlichen Rentenzahlung einen einmaligen Ablösebetrag für die gesamten in Zukunft noch ausstehenden Rentenzahlungen zu verlangen, wenn
>
> a) der Erwerber mit den Rentenzahlungen mit einem Betrag in Höhe von mindestens drei Monatsbeträgen länger als vier Wochen in Rückstand ist, oder
> b) über das Vermögen des Erwerbers das Insolvenzverfahren eröffnet oder die Eröffnung mangels Masse abgelehnt wird, oder
> c) die Zwangsvollstreckung von dritter Seite in das mit der Reallast belastete Grundstück betrieben wird.
>
> Der Ablösebetrag ist anhand finanzmathematischer Grundsätze zu errechnen, wobei der Berechnung die allgemeine Lebenserwartung anhand der aktuellen Sterbetafel sowie ein jährlicher Zinssatz von 5,5 % zugrunde zu legen sind. Zur Sicherung vorstehender Zahlungsverpflichtung sind sich die Beteiligten einig, dass im Rang vor der Reallast eine Höchstbetragshypothek in Höhe von … Euro zu Gunsten des Übergebers im Grundbuch eingetragen wird. Die Erteilung eines Hypothekenbriefes ist ausgeschlossen. Die Beteiligten bewilligen und beantragen die Eintragung der vorbestellten Hypothek bis zum Höchstbetrag von … Euro in das Grundbuch im Rang vor der Reallast.

309 Bejahend: AG Schwandorf, Rpfleger 1991, 149; *Koenen,* MittRhNotK 1994, 329, 338; *MünchKomm/Mohr,* § 1105 Rn. 20; ablehnend: OLG Köln, DNotZ 1991, 807; *Bamberger/Roth/Wegmann,* § 1105 Rn. 28; *Grüneberg/Herrler,* § 1105 Rn. 5; offengelassen von *Schöner/Stöber,* Rn. 1316.

310 *Mayer/Geck/Mayer,* Der Übergabevertrag, § 7 Rn. 133.

311 Vgl. *Mayer/Geck/Mayer,* Der Übergabevertrag, § 7 Rn. 134.

6. Grundbuchverfahren

464 Siehe zunächst allgemein Rn. 601 ff.

465 Da bei der Vereinbarung von wiederkehrenden Leistungen nicht ausgeschlossen ist, dass nach dem Tod des Berechtigten Rückstände bestehen, kann bei einer zur Eintragung gelangenden Reallast eine **Löschungserleichterung** im Grundbuch eingetragen werden (vgl. § 23 Abs. 2 GBO)[312]. Ausgeschlossen ist die Eintragung einer Löschungserleichterung allerdings, wenn durch die Reallast auch die **Beerdigungs- und Grabpflegepflicht** abgesichert werden soll; denn hierbei handelt es sich gerade nicht um auf Lebenszeit des Berechtigten beschränkte Rechte[313].

IV. Ruhen wiederkehrender Leistungen

466 Sind zugunsten des Übergebers Austragsleistungen in Form eines Wohnungsrechts und in Form von Wart und Pflege vereinbart, stellt sich bei **Auszug des Übergebers** aus seinen bisherigen Wohnungsrechtsräumen die Frage, ob für bislang seitens des Erwerbers gewährte (Wohnungsrecht) bzw. erbrachte (Wart und Pflege) Leistungen **Geldersatz** an den Übergeber zu leisten ist. V.a. in Situationen der Heimunterbringung des Übergebers geht es um die Frage der Überleitbarkeit etwaiger Ersatzansprüche zugunsten des Trägers der Sozialhilfe (siehe hierzu Rn. 812 ff.). Im Ergebnis ist es nach der Rspr. des BGH zulässig, eine Ersatzpflicht für rein ortsgebundene Austragleistungen auszuschließen (siehe auch Rn. 833)[314].

467 **Formulierungsbeispiel** [Wegfall des Wohnungsrechts bei Auszug des Übergebers]:

> Der Übergeber ist verpflichtet, das Wohnungsrecht aufzugeben und im Grundbuch löschen zu lassen, wenn eine Rückkehr in die Wohnung aus gesundheitlichen Gründen ausgeschlossen ist. In diesem Fall hat er auch keinen Anspruch auf Geldrente oder Geldersatz.

---

312 *Hügel/Wilsch,* GBO, § 23 Rn. 23; *Schöner/Stöber,* Rn. 1314.

313 BayObLG, NJW-RR 1988, 464; BayObLG, NJW-RR 1999, 1320.

314 Vgl. BGH, NJW 2007, 1884; BGH, RNotZ 2021, 401, 405 (Tz. 50).

V. Einmalige Leistungen

1. Inhalt und Abgrenzung

In Abgrenzung zu wiederkehrenden Leistungen, die sich durch eine periodisch geschuldete Leistungspflicht kennzeichnen (vgl. Rn. 375), können (auch) einmalige Leistungen vereinbart werden. Denkbar sind etwa (zugunsten des Übergebers) die Anschaffung eines neuen PKW, Fernsehers oder einer Küche. Oftmals wird der Erwerber zur Zahlung eines **einmaligen (größeren) Geldbetrags** an den Übergeber verpflichtet (entweder als unmittelbar fällige oder auch gestundete Hinauszahlungspflicht). Im Rahmen einer landwirtschaftlichen Hofübergabe findet sich für derartige Hinauszahlungspflichten oftmals die Bezeichnung „Gutabstandsgeld". Gleichfalls um eine einmalige Gegenleistung handelt es sich bei der **Übernahme von Verbindlichkeiten**. **468**

2. Einmaliger Geldbetrag

a) Sofort fälliger Geldbetrag

Will der Übergeber sofort über eine bestimmte Liquidität verfügen, kann er den Erwerber zur Zahlung eines einmalig fälligen Geldbetrags verpflichten. In welcher Höhe der Erwerber verpflichtet ist, steht oftmals in unmittelbaren Zusammenhang mit der Ertragskraft des übertragenen Vermögens, wenngleich hier die Parteien in der Vereinbarung frei sind. **469**

Gesichert wird eine sofort fällige Hinauszahlungspflicht i.d.R. durch Zwangsvollstreckungsunterwerfung des Erwerbers in sein gesamtes Vermögen (siehe hierzu Rn. 439). Daneben kommt auch die Vereinbarung einer Vorlagensperre hinsichtlich der Eigentumsumschreibung in Betracht (vgl. hierzu allgemein Rn. 675 ff.). **470**

Formulierungsbeispiel [Hinauszahlungspflicht sofort fällig]: **471**

> Der Erwerber verpflichtet sich gegenüber dem Übergeber zur Zahlung eines einmaligen Geldbetrags in Höhe von … Euro. Der Zahlungsanspruch ist fällig. Der Erwerber unterwirft sich wegen der vorstehend vereinbarten Verpflichtung zur Zahlung des einmaligen Geldbetrags der sofortigen Zwangsvollstreckung aus dieser Urkunde. Vollstreckbare Ausfertigung kann jederzeit ohne weitere Nachweise erteilt werden.

b) Gestundeter Geldbetrag

472 Alternativ kann vereinbart werden, dass ein bestimmter Geldbetrag nicht sofort, sondern erst zu einem späteren Zeitpunkt fällig sein soll. Die Schuld kann auch bedingt vereinbart werden, etwa derart, als die Zahlungspflicht auf einseitiges Anfordern des Übergebers fällig wird (und spätestens mit dem Ableben des Übergebers erlischt, falls sie bis zu diesem Zeitpunkt noch nicht geltend gemacht worden war).

473 Ist die Fälligkeit hinausgeschoben, ist an Verzinsung oder Wertsicherung des geschuldeten Geldbetrags zu denken. Die Vereinbarung einer **Verzinsung** ist unproblematisch möglich. Auch kann die Fälligkeit der Zinsen von der Hauptleistung abweichen *(„Die Zinsen sind jeweils am Ende eines Kalenderjahres zahlbar“).*

474 **Formulierungsbeispiel** [gestundete Hinauszahlungspflicht mit Verzinsung]:

> Der Erwerber verpflichtet sich gegenüber dem Übergeber zur Zahlung eines einmaligen Geldbetrags in Höhe von … Euro. Der Zahlungsanspruch ist fällig am … Der geschuldete Geldbetrag ist mit … % Zinsen p.a. zu verzinsen. Die Zinsen sind zusammen mit der Hauptleistung zahlbar. Der Erwerber unterwirft sich wegen der vorstehend vereinbarten Verpflichtung zur Zahlung des einmaligen Geldbetrags samt Zinsen der sofortigen Zwangsvollstreckung aus dieser Urkunde. Vollstreckbare Ausfertigung kann jederzeit ohne weitere Nachweise erteilt werden.

475 Soll hingegen eine **Wertsicherungsklausel** vereinbart werden, sind die Grenzen des § 3 PreisklauselG zu beachten. Danach ist die Vereinbarung einer Wertsicherungsklausel bei einer einmaligen Zahlungspflicht nur dann zulässig, wenn zwischen der Begründung der Verbindlichkeit und der Endfälligkeit ein Zeitraum von mindestens zehn Jahren liegt oder die Zahlungen erst nach dem Tode eines Beteiligten zu leisten ist (vgl. § 3 Abs. 1 Nr. 2 PreisklauselG).

476 Insbesondere bei einer hinausgeschobenen Zahlungspflicht ist (neben einer Zwangsvollstreckungsunterwerfung) an die Bestellung einer **dinglichen Sicherheit** am übertragenen Vermögensgegenstand zugunsten des Übergebers zu denken. In Betracht kommen hier die Bestellung einer Sicherungshypothek oder Grundschuld. Auch bei der Sicherungshypothek kann eine etwa vereinbarte Verzinsungspflicht abgesichert werden; der Zeitpunkt des Zinsbeginns ist in der Eintragungsbewilligung zu bestimmen[315].

---

315 Vgl. *Schöner/Stöber,* Rn. 2099.

Formulierungsbeispiel [Sicherungshypothek]: 477

> Zur Sicherung vorstehender Zahlungsverpflichtung sind sich die Beteiligten einig, dass eine gegen den jeweiligen Eigentümer vollstreckbare Sicherungshypothek in Höhe von … Euro nebst Zinsen in Höhe von … % p.a. ab dem Heutigen zu Gunsten des Übergebers im Grundbuch eingetragen wird. Die Erteilung eines Hypothekenbriefes ist ausgeschlossen. Die Beteiligten bewilligen und beantragen die Eintragung der vorbestellten Sicherungshypothek nebst Zinsen, vollstreckbar nach § 800 ZPO, in das Grundbuch. Die Sicherungshypothek erhält folgende Rangstelle im Grundbuch: …

c) Grundbuchverfahren

Siehe zunächst allgemein Rn. 601 ff. **478**

Die Eintragung einer **Löschungserleichterung** (vgl. § 23 Abs. 2 GBO) **479**
bei einer Sicherungshypothek oder Grundschuld ist tatbestandlich ausgeschlossen. Zur Löschung bedarf es grds. der Bewilligung des Berechtigten (vgl. § 19 GBO) sowie Zustimmung des Grundstückseigentümers (vgl. § 27 GBO). Ist der Berechtigte verstorben, müssen dessen Gesamtrechtsnachfolger (Erben) die Löschung bewilligen.

Soll eine zügige Löschung des Grundpfandrechts nach dem Ableben **480**
des Übergebers möglich sein, kann daran gedacht werden (zum gleichgelagerten Problem der Löschung einer sog. Rückauflassungsvormerkung siehe Rn. 569 ff.), dem Erwerber durch den Übergeber eine **Vollmacht zur Löschung des Grundpfandrechts** zu erteilen, von der erst nach Vorlage einer Sterbeurkunde des Übergebers Gebrauch gemacht werden darf. Alternativ kann das bestellte Grundpfandrecht auch unter der **auflösenden Bedingung des Ablebens** des Berechtigten vereinbart werden; sowohl Hypothek als auch Grundschuld können unter einer auflösenden Bedingung bestellt werden[316]. Die Löschung kann dann ohne Bewilligung des Berechtigten und lediglich mit Nachweis des Bedingungseintritts in der Form des § 29 GBO (Sterbeurkunde) erfolgen. Ob dies freilich dem Sicherungsinteresse des Übergebers (und ggf. dessen Rechtsnachfolgern) entspricht, ist Einzelfrage; Vollstreckungsprobleme können sich bspw. dann ergeben, wenn der Übergeber den Geldbetrag geltend gemacht hat, er aber vor (zwangsweiser) Durchsetzung verstorben ist.

---

316 Vgl. RGZ 122, 327; *Schöner/Stöber*, Rn. 2010 und 2300.

3. Übernahme von Verbindlichkeiten

481 Nicht unüblich ist im Rahmen der vorweggenommenen Erbfolge die Übernahme derzeit noch bestehender Verbindlichkeiten, die den übertragenen Vermögensgegenstand betreffen. Hauptanwendungsfall ist die Übernahme eines Darlehens aus der Anschaffung von (nunmehr zu übertragendem) Grundbesitz.

a) Abgrenzung

482 Die „Übernahme“ von Verbindlichkeiten kann rechtlich erfolgen:

483 1. im Wege eines **Schuldbeitritts** (Schuldmitübernahme): Der Erwerber des belasteten Vertragsgegenstands tritt den derzeit bestehenden Verbindlichkeiten des Übergebers bei. Folge dessen ist, dass neben dem **weiterhin verpflichteten Übergeber** künftig auch der Erwerber für die Verbindlichkeiten haftet; Übergeber und Erwerber werden Gesamtschuldner i.S.d. §§ 421 ff. BGB[317]. Der rechtsgeschäftliche Schuldbeitritt ist im BGB nicht geregelt, vertraglich aber vereinbar[318]. Zum Schuldbeitritt genügt eine Vereinbarung zwischen Übergeber und Erwerber; der Gläubiger braucht nicht zuzustimmen (Vertrag zugunsten Dritter), wenngleich ihm ein Zurückweisungsrecht (§ 333 BGB) zusteht[319].

484 2. im Wege einer **Erfüllungsübernahme**: Bei der Erfüllungsübernahme (vgl. § 329 BGB) handelt es sich um eine Vereinbarung – im Innenverhältnis – zwischen Übergeber und Erwerber derart, als sich der Erwerber gegenüber dem Übergeber verpflichtet, diesen aus den bestehenden Verbindlichkeiten freizustellen; der Erwerber verpflichtet sich, die Verbindlichkeiten zu erfüllen[320]. Einen eigenen Anspruch gegenüber dem Erwerber erwirbt der Gläubiger allerdings nicht (unechter Vertrag zugunsten Dritter)[321]. Zudem bleibt der Übergeber im Außenverhältnis dem Gläubiger gegenüber weiter verhaftet.

485 3. im Wege einer **befreienden Schuldübernahme**: Bei der befreienden Schuldübernahme kommt es zum Schuldnerwechsel; der Übergeber wird aus der Haftung für bestehende Verbindlichkeiten entlassen, künftig haftet alleine der Erwerber[322]. Zur befreienden Schuldübernahme bedarf es in jedem Fall der Zustimmung des Gläubigers, verliert er doch seinen bisherigen Schuldner (vgl. §§ 414, 415 BGB). Die

317 *Grüneberg/Grüneberg*, Vor § 414 Rn. 2.
318 RGZ 59, 232, 233.
319 BGH, NJW 1965, 439.
320 *Bamberger/Roth/Janoschek*, § 329 Rn. 2.
321 *Grüneberg/Grüneberg*, § 329 Rn. 1.
322 *Bamberger/Roth/Janoschek*, § 329 Rn. 5.

Schuldübernahme kann durch Vereinbarung zwischen Gläubiger und Erwerber (§ 414 BGB) oder durch Vereinbarung zwischen Übergeber und Erwerber sowie Genehmigung des Gläubigers (§ 415 Abs. 1 BGB) erfolgen. Verweigert der Gläubiger im Fall des § 415 BGB die Genehmigung, ist im Zweifel der Erwerber jedenfalls im Innenverhältnis verpflichtet, den Übergeber von der Schuld freizustellen (vgl. § 415 Abs. 3 S. 2 BGB)[323].

4. auf **sonstige Weise**, etwa durch Tilgung der derzeit bestehenden Verbindlichkeiten[324]. **486**

b) Freistellungsverpflichtung

Welche der vorstehenden Möglichkeiten beschritten werden soll, hängt vom Willen der Vertragsparteien und der Zustimmung der Gläubiger ab. I.d.R. wird aber jedenfalls der Übergeber dann, wenn er nicht mehr Eigentümer des Vertragsgegenstands ist, künftig auch nicht mehr für Verbindlichkeiten, die hiermit in Zusammenhang stehen, aufkommen und haften wollen. Aus dieser Interessenlage heraus wird (vom Ergebnis her betrachtet, vgl. Rn. 489) die **befreiende Schuldübernahme das Mittel der Wahl** sein. **487**

Praxistipp: Da die befreiende Schuldübernahme der Zustimmung des Gläubigers bedarf, sollte dessen Bereitschaft hierzu bereits im Vorfeld abgeklärt werden. **488**

Nicht übersehen werden darf, dass Vereinbarungen zum Schuldbeitritt oder zur befreienden Schuldübernahme ggf. den Vorschriften über das **Verbraucherdarlehen** unterliegen (vgl. §§ 491 ff. BGB)[325]; freilich ist die Einhaltung der besonderen Vorschriften Sache des Gläubigers. Auch aus vorgenanntem Gesichtspunkt heraus sollte im Vertrag über die vorweggenommene Erbfolge lediglich das Ziel der Freistellung des Übergebers verankert werden, nicht aber (auch) der Weg, auf dem die Freistellung bewirkt werden soll. Aus Sicht des Übergebers macht es (im Ergebnis) keinen Unterschied, „wie" er aus den Verbindlichkeiten freigestellt wird – ihm kommt es lediglich darauf an, dass er freigestellt wird[326]. Die Vertragspraxis sollte sich deshalb mit einer allgemeinen **Freistellungsverpflichtung** seitens des Erwerbers gegenüber dem Übergeber begnügen. Bereits ohne besondere Vereinbarung wird es sich bei der Freistellungsverpflichtung i.d.R. um eine wesentliche Vertragspflicht des Erwerbers handeln, die bei **489**

323 Vgl. BGH, NJW-RR 2004, 758, 759; *Langenfeld/Günther,* Grundstückszuwendungen, Kap. 4 Rn. 121.

324 Vgl. *Amann,* MittBayNot 2002, 245.

325 Vgl. *Mayer/Geck/Mayer,* Der Übergabevertrag, § 12 Rn. 19 ff.

326 *Amann,* MittBayNot 2002, 245; vgl. hierzu auch OLG Karlsruhe, MittBayNot 2002, 284.

Nichterfüllung entsprechende Primär- und Sekundäransprüche des Übergebers nach sich ziehen kann; freilich kann dies (in Zweifelsfällen, etwa wenn die offenen Verbindlichkeiten sehr gering sind), zum Schutze des Übergebers, auch ausdrücklich vereinbart werden. Auch kann die Umschreibung des Eigentums auf den Erwerber von der Vorlage einer entsprechenden Bestätigung durch den Gläubiger, dass der Übergeber aus den Verbindlichkeiten entlassen ist, abhängig gemacht werden[327].

490 **Formulierungsbeispiel** [Freistellungsverpflichtung][328]:

> Der Erwerber verpflichtet sich gegenüber dem Übergeber, diesen aus folgenden Verbindlichkeiten im Außenverhältnis zum Gläubiger mit Wirkung zum ... (Stichtag) freizustellen:
>
> Verbindlichkeiten bei der ... -Bank, Darlehensvertrag Nr. ... Es ist alleine Sache des Erwerbers, wie er die Freistellung des Übergebers bewirkt, sei es durch befreiende Schuldübernahme, Tilgung der Verbindlichkeiten oder auf sonstige Weise. Bei dieser Freistellungsverpflichtung handelt es sich um eine wesentliche Pflicht, deren Erfüllung innerhalb von ... Monaten ab heute dem Übergeber nachzuweisen ist. Die entsprechende Zustimmung des Gläubigers darf allenfalls an die Bedingung der Eigentumsumschreibung des Vertragsgegenstands auf den Erwerber abhängig gemacht werden; vorher darf eine Eigentumsumschreibung auf den Erwerber nicht erfolgen.

491 Freilich kann es in besonderen Fallgestaltung ausdrücklich gewünscht sein, dass derzeit noch bestehende Verbindlichkeiten beim Übergeber zur weiteren Tilgung und Verzinsung verbleiben. Gerade in Gestaltungsvarianten, in denen sich der Übergeber ein umfassendes **Nießbrauchsrecht** am Vertragsgegenstand vorbehalten hat und damit „wirtschaftlich Eigentümer" bleibt, soll der Übergeber i.d.R. Schuldner der Verbindlichkeiten bleiben – jedenfalls solange der Nießbrauch besteht. Entsprechend kann an eine befreiende Schuldübernahme – aufschiebend bedingt mit Erlöschen des Nießbrauchsrechts – gedacht werden.

4. Übernahme von dinglichen Lasten: Grundschuldübernahme

a) Allgemeines

492 Bestehen an dem Vertragsgegenstand **objektbezogene Verbindlichkeiten**, werden im Grundbuch oftmals auch dingliche Rechte zugunsten des Gläubigers, namentlich Grundschulden (vgl. §§ 1191 ff. BGB), einge-

327 Vgl. *Amann,* MittBayNot 2002, 245.
328 Vgl. *Amann,* MittBayNot 2002, 245.

tragen sein. Jedenfalls wenn die Verbindlichkeiten vom Erwerber übernommen und gleichsam fortgeführt werden sollen (es also nicht zu einer sofortigen Tilgung anlässlich der vorweggenommenen Erbfolge kommt), werden Gläubiger die Freistellung des Übergebers i.d.R. u.a. vom Fortbestand bereits eingetragener Grundschulden abhängig machen. Entsprechend ist die Übernahme dieser Grundschulden zu regeln.

Auch wenn keine Verbindlichkeiten seitens des Erwerbers übernommen werden, sondern lediglich derzeit eingetragene und nicht valutierte Grundpfandrechte bestehen bleiben und dem Erwerber künftig als Sicherungsmittel zur Verfügung stehen sollen, stellen sich die gleichen Problemkreise. **493**

Soll der Erwerber Grundschulden übernehmen, bedarf es zunächst einer **Übernahmeerklärung** des Erwerbers derart, als er den Fortbestand der Grundschulden am Vertragsgegenstand in dinglicher Hinsicht duldet. Daneben ist Augenmerk auf folgende Punkte zu legen: **494**

- die sog. Zweckerklärung;
- die Übertragung von Eigentümerrechten und Rückgewähransprüchen;
- Regelungen zu einem durch den Übergeber in der Vergangenheit abgegeben abstrakten Schuldversprechen; ggf. das Erfordernis der Abgabe eines neuen Schuldversprechens durch den Erwerber.

b) Änderung der Zweckerklärung

Bei der Grundschuld handelt es sich um ein Grundpfandrecht ohne sachenrechtliche Bindung an eine persönliche Forderung; sie ist – anders als die Hypothek – nicht akzessorisch[329]. In der Bankenpraxis üblich sind sog. Sicherungsgrundschulden, die durch eine fiduziarische Zweckbindung gekennzeichnet sind (vgl. § 1192 Abs. 1a BGB)[330]. Der Kreis der durch eine Grundschuld gesicherten Forderungen wird durch die sog. **Zweckerklärung** (auch Sicherungsvereinbarung bezeichnet) festgelegt. Die Zweckerklärung bestimmt ferner, ob der Gläubiger die Grundschuld behalten und ob er sie verwerten darf[331]. Ist im Rahmen einer vorweggenommenen Erbfolge eine Schuldübernahme vereinbart (vgl. Rn. 485), hat dies noch nicht automatisch eine Anpassung der Zweckerklärung zur Folge. **495**

Im Rahmen der vorweggenommenen Erbfolge ist die Zweckerklärung in zweifacher Hinsicht von Bedeutung: Zum einen, was den derzeitigen Kreis der gesicherten Forderungen betrifft (namentlich: die Person des Schuldners). Die Zweckerklärung wird i.d.R. zunächst dahin gehend ab- **496**

329 *Erman/Wenzel,* § 1191 Rn. 1.
330 OLG Saarbrücken, OLG-Report 2005, 139, 141.
331 *Grüneberg/Herrler,* § 1191 Rn. 17.

zuändern sein, als künftig (zum Stichtag der Übergabe) **nur mehr Verbindlichkeiten des Erwerbers** durch die eingetragenen Grundschulden gesichert werden sollen, keinesfalls mehr künftige (neue) Verbindlichkeiten des Übergebers; der Erwerber will nicht für Verbindlichkeiten des Übergebers haften, die dieser nach der Übertragung des Vertragsgegenstands neu begründet[332]. Zum anderen bedarf es einer Regelung, was den Kreis der künftig gesicherten Forderungen betrifft; gemeint ist die Möglichkeit der **Absicherung neuer Verbindlichkeiten durch den Erwerber**. Aus Sicht des Übergebers kann es in Fallvarianten, in denen im Zuge der vorweggenommenen Vermögensnachfolge zu seinen Gunsten Austragsleistungen vereinbart und am Vertragsgegenstand dinglich abgesichert werden, von Bedeutung sein, ob der Erwerber den Kreis der durch übernommene Grundschulden gesicherte Forderungen ohne Zustimmung des Übergebers beliebig erweitern kann oder er hierzu der Zustimmung des Übergebers bedarf. Ist der Kreis der gesicherten Forderungen beliebig erweiterbar, steigt die Gefahr eines u.U. ersatzlosen Erlöschens der (dinglichen) Austragsrechte des Übergebers (die i.d.R. im Rang nach übernommenen Grundschulden im Grundbuch eingetragen werden, vgl. Rn. 679 ff.).

497 Soll die Zweckerklärung eingeschränkt werden, bedarf es hierzu einer Vereinbarung zwischen Sicherungsgeber und Grundschuldgläubiger (Bank). Der Übergeber ist bereits deshalb mit einzubeziehen, da er als (bisheriger) Sicherungsgeber zur Änderung der bestehenden (alten) Zweckerklärung mitwirken muss[333]. V.a. aber bedarf es seiner Mitwirkung, will er, was den Kreis der künftig gesicherten Forderungen anbetrifft, abgesichert sein[334]. Wegen zuletzt genanntem Grund kann die Einschränkung in zweierlei Hinsicht erfolgen: So kann (umfassend) vereinbart werden, dass der Erwerber zu jeder Neuvalutierung übernommener Grundschulden der Zustimmung des Übergebers bedarf; freilich ist hiermit auch eine (wirtschaftliche) Einschränkung des Erwerbers verbunden (wenngleich einhergehend mit einer relativ weitreichenden Absicherung des Übergebers). Denkbar ist aber auch ein Zustimmungsvorbehalt des Übergebers nur für bestimmte Valutierungszwecke, etwa sofern ein aufgenommenes Darlehen nicht in das Vertragsobjekt investiert soll oder aber eine bestimmte Summe überschritten wird[335].

332 *Mayer/Geck/Mayer,* Der Übergabevertrag, § 12 Rn. 49.

333 Vgl. BGH, WM 1997, 1280, 1281.

334 *Mayer/Geck/Mayer,* Der Übergabevertrag, § 8 Rn. 28; *Wegmann,* Grundstücksüberlassung, Rn. 462.

335 Vgl. *Mayer/Geck/Mayer,* Der Übergabevertrag, § 8 Rn. 28.

Praxistipp: Aus Sicht des Übergebers ist der beste Schutz freilich die Löschung aller eingetragener Grundpfandrechte (vgl. Rn. 681). Ist dies (jedenfalls derzeit) aufgrund bestehender Verbindlichkeiten nicht möglich, ist eine Änderung der Zweckerklärung aus Sicht der Vertragsgestaltung zwingend anzusprechen. **498**

Formulierungsbeispiel [Änderung der Zweckerklärung, freie Valutierbarkeit durch den Erwerber]: **499**

> Die Zweckerklärung zu der übernommenen Grundschuld ist dahin gehend zu ändern, dass die Grundpfandgläubigerin die übernommene Grundschuld künftig nicht mehr als Sicherheit für Ansprüche verwenden wird, die sich gegen den Übergeber oder sonstige Dritte richten, und sie mit der Grundschuld künftig ausschließlich nach Weisung des Erwerbers verfährt.

Formulierungsbeispiel [Änderung der Zweckerklärung, Neuvalutierung nur mit Zustimmung des Übergebers]: **500**

> Die Zweckerklärung zu der übernommenen Grundschuld ist dahin gehend zu ändern, dass die Grundpfandgläubigerin die übernommene Grundschuld künftig nicht mehr als Sicherheit für Ansprüche verwenden wird, die sich gegen den Übergeber oder sonstige Dritte richten, jedoch mit der Maßgabe, dass es zur Neuvalutierung der Grundschuld der Zustimmung des Übergebers bedarf.

Formulierungsbeispiel [Änderung der Zweckerklärung, teilweise Zustimmung zur Neuvalutierung seitens des Übergebers erforderlich]: **501**

> Die Zweckerklärung zu der übernommenen Grundschuld ist dahin gehend zu ändern, dass die Grundpfandgläubigerin die übernommene Grundschuld künftig nicht mehr als Sicherheit für Ansprüche verwenden wird, die sich gegen den Übergeber oder sonstige Dritte richten, jedoch mit der Maßgabe, dass es zur Neuvalutierung der Grundschuld der Zustimmung des Übergebers bedarf, sofern neue Verbindlichkeiten nicht in den heute übertragenen Vertragsgegenstand investiert werden (etwa im Rahmen eines Umbaus, einer Erweiterung oder Sanierung bzw. Renovierung) und/oder wenn die Höhe der neuen Verbindlichkeiten einen Gesamtbetrag in Höhe von … Euro übersteigt.

c) Abtretung von Eigentümerrechten und Rückgewähransprüchen

502 Eigentümerrechte und Rückgewähransprüche sind voneinander abzugrenzen. Sog. **Eigentümerrechte** entstehen bei Erwerb einer eingetragenen Grundschuld durch den Grundstückseigentümer (Eigentümergrundschuld, vgl. § 1196 BGB). Dies ist denkbar bei Verzicht des Grundpfandrechtsgläubigers (vgl. §§ 1192 Abs. 1, 1168 Abs. 1 BGB), bei Zahlung auf die Grundschuld (§ 1143 Abs. 1 BGB analog), oder bei Abtretung der Grundschuld an den Grundstückseigentümer (vgl. §§ 1192 Abs. 1, 1154 BGB)[336]. Es handelt sich mithin um gesetzliche Folgen des Grundpfandrechtserwerbs. Anders verhält es sich bei sog. **Rückgewähransprüchen**; hierbei handelt es sich um die schuldrechtlichen Ansprüche aus der der Grundschuldbestellung zugrunde liegenden Sicherungsabrede[337]. Der Rückgewähranspruch ist gerichtet auf Aufhebung (Löschung) der Grundschuld (§§ 875, 1183, 1192 Abs. 1 BGB), Verzicht (§ 1168 Abs. 1 BGB) oder Abtretung (§ 1154 BGB) an den Sicherungsgeber[338].

503 Anders als die Eigentümerrechte geht der Anspruch auf Rückgewähr nicht automatisch auf einen neuen Grundstückseigentümer über[339]. Vielmehr bedarf es grds. einer (formfreien) Abtretung[340], wenngleich eine Übertragung auch durch schlüssiges Verhalten möglich ist[341]. Eine entsprechend stillschweigende Abtretung kann insbesondere bei Übernahme einer bereits eingetragenen Grundschuld sowie Erfüllungsübernahme bzgl. der persönlichen Schuld angenommen werden[342].

504 Im Rahmen der Vermögensübertragung will freilich der Erwerber sichergestellt wissen, dass auch übernommene Grundschulden endgültig auf ihn übergehen. Andernfalls müsste er befürchten, dass der Übergeber oder dessen Sonder-/Gesamtrechtsnachfolger später einmal auf die übernommene Grundschuld zugreifen könnten. Deshalb wird es in der Vertragspraxis allgemein als anerkannt erachtet, dass alle (auch in der Vergangenheit bereits entstandenen) Eigentümerrechte und Rückgewähransprüche an den Erwerber abgetreten werden[343]. Um zu verhindern, dass der Grundschuldgläubiger diese Ansprüche mit befreiender Wirkung gegenüber dem neuen Gläubiger an den bisherigen Gläubiger überträgt (vgl.

---

336 *Mayer/Geck/Mayer,* Der Übergabevertrag, § 12 Rn. 51; *Krauß,* Vermögensnachfolge, Rn. 2326.

337 BGH, NJW 2013, 2894, 2895.

338 *Erman/Wenzel,* § 1191 Rn. 70.

339 BGH, ZIP 2002, 656, 657; *Clemente,* ZfIR 2011, 873, 874.

340 BGH, ZIP 2002, 656, 657; *Erman/Wenzel,* § 1191 Rn. 75.

341 BGH, WM 1989, 1626, 1627.

342 Vgl. OLG Karlsruhe, ZfIR 2011, 870, 872.

343 *Ogilvie,* MittRhNotK 1990, 145, 150; *Mayer/Geck/Mayer,* Der Übergabevertrag, § 12 Rn. 54; *Krauß,* Vermögensnachfolge, Rn. 2327.

§ 407 BGB), empfiehlt sich eine entsprechende Anzeige an den Grundschuldgläubiger[344]. I.d.R. wird eine entsprechende Anzeige aber bereits mit der Einholung einer geänderten Zweckerklärung (siehe Rn. 495 ff.) verbunden sein.

Hat sich der Übergeber im Rahmen der vorweggenommenen Erbfolge Austragsleistungen vorbehalten, hat dieser spiegelbildlich ein Interesse daran, dass seine Rechte nicht durch eingetragene Grundpfandrechte beeinträchtigt werden. Den besten (dinglichen) Schutz erfährt der Übergeber freilich, wenn diese Grundpfandrechte im Rang hinter etwaige dingliche Austragsrechte zurücktreten; alternativ ist an eine Änderung der Zweckerklärung zu denken (siehe Rn. 495 ff.). Als i.E. nicht zielführend gestaltet sich hingegen die Sicherung des Übergeberinteresses bei Vereinbarungen alleine hinsichtlich der Eigentümerrechte und Rückgewähransprüche[345]. **505**

Formulierungsbeispiel [Abtretung Eigentümerrechte und Rückgewähransprüche][346]: **506**

> Alle dem Übergeber zustehenden Eigentümerrechte und Rückgewähransprüche an den übernommenen Grundschulden werden an den Erwerber abgetreten. Die Eintragung der Abtretung in das Grundbuch wird bewilligt.

d) Abstraktes Schuldversprechen

I.d.R. enthalten Formulare der Banken zur Bestellung eines dinglichen Pfandrechts (Hypothek, Grundschuld) auch eine Erklärung des Bestellers derart, als dass sich der Besteller wegen aller jetzigen sowie künftigen Forderungen der Gläubigerbank der sofortigen Zwangsvollstreckung in sein gesamtes Vermögen unterwirft (abstraktes Schuldanerkenntnis, vgl. § 780 BGB); hierdurch soll ein selbständiger Vollstreckungstitel geschaffen werden (vgl. § 794 Abs. 1 Nr. 5 ZPO). Kommt es zur Schuldübernahme im Rahmen der vorweggenommenen Erbfolge, wird der Übergeber i.d.R. (neben der Entlassung aus der konkreten Verbindlichkeit) auch eine Entlassung aus dem abstrakten Schuldanerkenntnis wünschen, um nicht später aus diesem Rechtsgrund der Gefahr einer Haftung ausgesetzt zu sein. Entsprechend ist die Freistellungsverpflichtung auf das abstrakte Schuldversprechen zu erweitern, wenngleich sich dies iE auch bereits aus der allgemeinen Freistellungsverpflichtung ergeben wird (vgl. Rn. 490). **507**

---

344 *Mayer/Geck/Mayer*, Der Übergabevertrag, § 12 Rn. 54.
345 Vgl. hierzu ausführlich *Mayer/Geck/Mayer*, Der Übergabevertrag, § 8 Rn. 25 ff.
346 Vgl. *Mayer/Geck/Mayer*, Der Übergabevertrag, § 12 Rn. 55.

508 **Formulierungsbeispiel** [Freistellungsverpflichtung auch hinsichtlich abstrakten Schuldversprechens]:

> (…). Zudem ist der Erwerber verpflichtet, den Übergeber auch aus dem in der Grundschuldbestellungsurkunde abgegebenen abstrakten Schuldanerkenntnis freizustellen.

509 Da weder Schuldübernahme[347] noch Übertragung eines Vermögensgegenstands im Wege vorweggenommener Erbfolge ein Fall der Rechtsnachfolge i.S.d. §§ 265, 325, 727 ZPO sind, wird es (jedenfalls aus Sicht der Gläubigerbank) i.d.R. erforderlich sein, dass der Erwerber ein neues abstraktes Schuldversprechen mit Vollstreckungsunterwerfung abgibt[348]. Insoweit ist auf das aus § 794 Abs. 1 Nr. 5 ZPO folgende Bestimmtheitsgebot zu achten: Sowohl Schuldbetrag als auch Zinsen und Nebenleistungen sind in der Urkunde anzugeben; ein bloßer Verweis auf die Eintragung im Grundbuch soll insofern nicht ausreichend sein[349].

510 **Formulierungsbeispiel** [abstraktes Schuldversprechen][350]:

> Der Erwerber verpflichtet sich gegenüber der … -Bank zur Zahlung eines dem Nennbetrag der übernommenen Grundschuld entsprechenden sofort fälligen Geldbetrags in Höhe von 100.000,– Euro nebst Zinsen in Höhe von 18 % und einer einmaligen Nebenleistungen von 5 % ab dem Tage der Eintragung der Grundschuld im Grundbuch. Er unterwirft sich wegen der vorstehend vereinbarten Verpflichtung zur Zahlung in Höhe des Grundschuldbetrags samt Zinsen der sofortigen Zwangsvollstreckung aus dieser Urkunde. Vollstreckbare Ausfertigung kann jederzeit ohne weitere Nachweise erteilt werden.

---

347 BGH, NJW 1998, 1645; *Erman/Röthel*, § 414 Rn. 15.

348 Vgl. *Mayer/Geck/Mayer*, Der Übergabevertrag, § 12 Rn. 9.

349 *Mayer/Geck/Mayer*, Der Übergabevertrag, § 12 Rn. 9; *Krauß*, Vermögensnachfolge, Rn. 2294.

350 Vgl. *Mayer/Geck/Mayer*, Der Übergabevertrag, § 12 Rn. 55; *Krauß*, Vermögensnachfolge, Rn. 2301.

VI. Vertragliche Rückforderungsrechte

1. Grundsätzliche Überlegungen und Interessenlage

Im Rahmen der vorweggenommenen Erbfolge werden in der Praxis oftmals (vertragliche) Rückforderungsrechte zugunsten des Übergebers vereinbart. Gemeint sind hier **nicht gesetzliche Rückforderungsrechte**, etwa wegen Nichtvollziehens einer Auflage (§ 527 BGB), Notbedarf des Schenkers (§ 528 BGB), groben Undanks des Beschenkten (§ 530 BGB), Störung der Geschäftsgrundlage (§ 313 BGB), Zweckverfehlung (§ 812 Abs. 1 S. 2 Alt. 2 BGB) oder Leistungsstörung (§ 323 BGB)[351]. Diese bestehen unabhängig von einer vertraglichen Vereinbarung unter den jeweiligen gesetzlichen Tatbestandsvoraussetzungen. Freilich können auch Fallgruppen, die einem gesetzlichen Rückforderungsrecht (jedenfalls dem Grunde nach) unterfallen, zum Inhalt eines vertraglichen Rückforderungsrechts gemacht werden. Dies empfiehlt sich insbesondere, wenn der Rechtsgrund der Zuwendung gerade nicht im Anwendungsbereich eines gesetzlichen Rückforderungsrechts liegt (etwa keine Schenkung als Rechtsgrund vorliegt); zur Rechtsnatur des zugrunde liegenden Schuldverhältnisses und den gesetzlichen Rückforderungsrechten siehe Rn. 14 ff. 511

Interessengerecht erscheinen Rückforderungsrechte v.a. aus Sicht des Übergebers. Etwa dann, wenn der Übergeber verhindern möchte, dass eine von ihm zugewendete Immobilie in fremde Hände fällt; dies wird insbesondere dann der Fall sein, wenn er diese noch selbst weiterhin bewohnen möchte. Oder wenn der Erwerber vor dem Übergeber verstirbt, der Übergeber aber die Bindung im Familienverbund sichergestellt wissen möchte. I.d.R. will der Übergeber auch nicht, dass etwaigen Gläubigern des Erwerbers (erst) durch die Zuwendung verwertbares Vermögen zur Verfügung steht. In dieselbe Richtung zielen Rückforderungsrechte für den Fall einer etwaigen Ehescheidung des Erwerbers. Die beiden zuletzt genannten Aspekte sind oftmals gerade auch aus Sicht des Erwerbers Grund dafür, dass dieser die Vereinbarung eines Rückforderungsrechts für diese Fälle wünscht[352]. 512

Denkbar wäre es, das **Vorversterben des Erwerbers als Wegfall der Geschäftsgrundlage** (§ 313 BGB) anzusehen. Vorwegnahme der Erbfolge könnte implizieren, dass der Erwerber den Übergeber überlebt (denn auch nur dann hätte er dessen Erbe werden können, § 1923 Abs. 1 BGB). Ob die Grundsätze über den Wegfall der Geschäftsgrundlage auf Verträge über die vorweggenommene Erbfolge überhaupt Anwendung finden, ist 513

351 Vgl. *Mayer/Geck/Mayer*, Der Übergabevertrag, § 13 Rn. 8.
352 Vgl. *Mayer/Geck/Mayer*, Der Übergabevertrag, § 13 Rn. 6 f.

streitig[353] (siehe auch Rn. 43 f.). Die Praxis zeigt zudem, dass die Vertragsteile den Fall des Vorversterbens des Erwerbers durchaus in ihre Erwägungen einbeziehen: Die Übergeber thematisieren – jedenfalls in den Fällen der Betriebsübergabe – von sich aus die Frage, was mit dem übergebenen Objekt im Fall eines vorzeitigen Ablebens des Erwerbers geschieht und veranlassen den Erwerber nicht selten zu eigenen erbrechtlichen Regelungen oder bedingen sich Rückforderungsrechte bzw. flankierende gesellschaftsvertragliche Regelungen aus; auch Pflichtteilsverzichtserklärungen des Erwerbers erfolgen nahezu ausnahmslos mit Wirkung auch für die Abkömmlinge des Erwerbers (diese gehören aber erst im Fall des Vorversterbens des Erwerbers zum pflichtteilsberechtigten Personenkreis, § 2309 BGB). Auch wird, wer vor dem Erbfall übergibt, damit rechnen müssen, dass der Erwerber vor ihm verstirbt[354].

514 Freilich ist es **nicht zwingend**, **Rückforderungsrechte zu vereinbaren**; auch trifft den beurkundenden Notar insofern keine Hinweispflicht[355]. Insbesondere in Fällen, in denen der **Erwerber eine eigenständige Rechtsposition** erhalten und auch dauerhaft behalten soll, werden Rückforderungsrechte kaum opportun sein: So etwa bei Übertragung eines unbebauten Grundstücks zum Zwecke der baldigen Bebauung durch den Erwerber (mit eigenen Mitteln); oder wenn es (auch) um die Absicherung der Familie (Ehegatte, Kinder) des Erwerbers geht.

515 Generell gilt es festzuhalten, dass im jeweiligen Einzelfall zu prüfen ist, ob ein Rückforderungsrecht gewollt und auch sinnvoll ist. Bei der Abwägung darf nicht übersehen werden, dass vertragliche Rückforderungsrechte i.d.R. auf einen **langen Zeitraum** angelegt sind. So werden sie in den meisten Fällen zeitlich nicht befristet (Ausnahme: Befristung auf die Lebenszeit des Übergebers). Dies wird aber oftmals gerade den Interessen des Erwerbers zuwiderlaufen. Deshalb ist bei der Ausgestaltung von Rückforderungsrechten der konkrete Einzelfall im Auge zu behalten; pauschale Vereinbarungen verbieten sich. Ist etwa bereits im Zeitpunkt der Vereinbarung vorhersehbar, dass sich die (familiären oder finanziellen) Umstände in absehbarer Zeit ändern werden (oder ändern können), ist an eine Befristung oder Bedingung des Rückforderungsrechts zu denken (etwa Wegfall mit Heirat des Erwerbers). Jedenfalls sollte nicht vergessen werden, einmal vereinbarte Rückforderungsrechte in gewissen zeitlichen Abständen zu hinterfragen und ggf. (bei veränderten Umständen) inhaltlich anzupassen oder auch aufzuheben.

---

353 Verneint von *Coing*, NJW 1967, 1777, 1778 ff.; einschränkend BGH, DNotZ 1992, 32, 34 f., ausdrücklich zugelassen BGH DNotZ 1996, 636.

354 *Coing*, NJW 1967, 1777, 1779.

355 OLG Bamberg, DNotZ 2004, 718.

Formulierungsbeispiel [Inhaltsänderung eines vertraglichen Rückforderungsrechts]: 516

> Mit Urkunde des Notars … („Vorurkunde") hat der damalige Eigentümer … („Übergeber") das Grundstück Flst. … Gemarkung … an den heutigen Eigentümer … („Erwerber") übertragen. In Abschnitt … hat sich der Übergeber einen Rückforderungsanspruch vorbehalten, zu dessen Sicherung im Grundbuch in Abteilung II unter lfd.Nr. … eine Vormerkung zugunsten des Übergebers zur Eintragung gelangt ist. Die Vorurkunde lag heute in Ausfertigung vor; auf sie wird verwiesen. Auf erneutes Verlesen und Beifügen zur heutigen Urkunde wird verzichtet.
>
> Die Beteiligten ändern den Inhalt des vorgenannten Rückforderungsrechts wie folgt ab:
>
> …
>
> Die Beteiligten bewilligen und beantragen die Eintragung vorstehender Inhaltsänderung bei der im Grundbuch in Abteilung II unter lfd.Nr. … eingetragenen Vormerkung zugunsten des Übergebers im Rang der bereits eingetragenen Vormerkung. Die Beteiligten stimmen allen der Rangbeschaffung erforderlichen Erklärungen mit dem Antrag auf Vollzug im Grundbuch zu.

Formulierungsbeispiel [Aufhebung eines vertraglichen Rückforderungsrechts]: 517

> Mit Urkunde des Notars … („Vorurkunde") hat der damalige Eigentümer … („Übergeber") das Grundstück Flst. … Gemarkung … an den heutigen Eigentümer … („Erwerber") übertragen. In Abschnitt … hat sich der Übergeber einen Rückforderungsanspruch vorbehalten, zu dessen Sicherung im Grundbuch in Abteilung II unter lfd.Nr. … eine Vormerkung zugunsten des Übergebers zur Eintragung gelangt ist. Die Vorurkunde lag heute in Ausfertigung vor; auf sie wird verwiesen. Auf erneutes Verlesen und Beifügen zur heutigen Urkunde wird verzichtet.
>
> Die Beteiligten heben den mit der Vorurkunde begründeten Rückforderungsanspruch einvernehmlich und umfassend auf; hierüber sind sich die Beteiligten einig. Die Beteiligten bewilligen und beantragen die Löschung der im Grundbuch in Abteilung II unter lfd. Nr. … eingetragenen Vormerkung zugunsten des Übergebers.

2. Rechtliche Ausgestaltung

518 Rückforderungsrechte lassen sich rechtlich ausgestalten als:

- vertragliches Rücktrittsrecht,
- vertragliches Widerrufsrecht,
- auflösende Bedingung,
- Angebot auf Rückerwerb, oder
- vertragliches Rückforderungsrecht.

a) Vertragliches Rücktrittsrecht

519 Wird ein vertragliches Rücktrittsrecht vereinbart, wandelt sich der Vertrag über die vorweggenommene Erbfolge bei Ausübung des Rücktrittsrechts in ein **gesetzliches Rückgewährschuldverhältnis** gemäß §§ 346 ff. BGB[356]. Als Vorteil dieser Lösung wird vorgebracht, dass bereits das Gesetz Regelungen für die Rückabwicklung vorsieht, so dass es einer vertraglichen Ausgestaltung (jedenfalls in bestimmten Fallgestaltungen) nicht bedarf[357]. I.d.R. passen die gesetzlichen Rückabwicklungsregelungen aber nicht auf Verträge der vorweggenommenen Erbfolge[358]. Insbesondere die sich aus § 346 Abs. 1 und 2 BGB ergebende Verpflichtung des Erwerbers, in der Vergangenheit gezogene Nutzungen herauszugeben bzw. Wertersatz zu leisten, wird selten interessengerecht und kaum praktikabel sein[359]. Auch die Behauptung, eine vertragliches Rücktrittsrecht sei nicht pfändbar[360], wird sich in der Rechtssprechungspraxis als nicht haltbar erweisen[361].

b) Vertragliches Widerrufsrecht

520 Rechtsfolge eines vertraglichen Widerrufsrechts wäre eine Rückabwicklung nach bereicherungsrechtlichen Vorschriften (§§ 812 ff. BGB) mit Wirkung ex tunc[362]. Danach wäre insbesondere für gezogene Nutzungen Wertersatz zu leisten. Auch dieser Ansatz wird i.R.d. vorweggenommenen Erbfolge wenig zielführend sein.

356 Vgl. *Ellenbeck*, MittRhNotK 1997, 44; *Jülicher*, ZEV 1998, 201.

357 *Spiegelberger*, Vermögensnachfolge, § 2 Rn. 90.

358 *von Hoyenberg*, Vorweggenommene Erbfolge, Kap. 3 Rn. 163; *Mayer/Geck/Mayer*, Der Übergabevertrag, § 13 Rn. 19; dies ebenfalls (im Einzelfall) einräumend *Spiegelberger*, Vermögensnachfolge, § 2 Rn. 90.

359 *Weser*, ZEV 1995, 353, 356; *von Hoyenberg*, Vorweggenommene Erbfolge, Kap. 3 Rn. 163.

360 *Spiegelberger*, MittBayNot 2000, 1, 6.

361 *von Hoyenberg*, Vorweggenommene Erbfolge, Kap. 3 Rn. 164; *Mayer/Geck/Mayer*, Der Übergabevertrag, § 13 Rn. 18; vgl. auch BGH, NJW 1985, 2640, 2641 f.

362 *Mayer/Geck/Mayer*, Der Übergabevertrag, § 13 Rn. 16.

c) Auflösende Bedingung

Die Vertragsparteien können das schuldrechtliche Rechtsgeschäft (nicht die Auflassung, vgl. § 925 Abs. 2 BGB) unter eine auflösende Bedingung stellen (§ 158 Abs. 2 BGB). Tritt die Bedingung ein, führt dies zum **Wegfall des Rechtsgrunds**, (nur) mit Wirkung ex nunc (vgl. § 159 BGB)[363]. Nachteil dieses Lösungsansatzes ist allerdings, dass das Rechtsverhältnis automatisch – ohne weiteres Zutun – bei Eintritt der Bedingung wegfällt. Dieser **Automatismus** wird i.d.R. bei Verträgen über die vorweggenommene Erbfolge aber selten gewollt sein; dem Übergeber wäre die Möglichkeit genommen, situationsbedingt zu entscheiden, ob er eine Rückabwicklung wünscht oder der geschaffene Rechtszustand – trotz Eintritt der Bedingung – dennoch aufrecht erhalten bleiben soll[364]. **521**

d) Angebot auf Rückerwerb

Möglich wäre auch die Vereinbarung eines unwiderruflichen Angebots des Erwerbers gegenüber dem Übergeber auf Rückübertragung des an ihn übertragenen Vermögens[365]. **522**

e) Vertragliches Rückforderungsrecht

Als allgemein vorzugswürdig wird heute die Vereinbarung eines vertraglichen Rückforderungsrechts erachtet[366]. Es handelt sich hierbei um eine rein **vertragliche** Vereinbarung eines Rückforderungsrechts, **unabhängig von gesetzlichen Bestimmungen**. **523**

In der Ausgestaltung des Rückforderungsrechts sind die Vertragsparteien frei: Sie können Rückforderungsgrund und -folgen nach ihren Vorstellungen vereinbaren – ohne Bindung an gesetzliche Vorgaben[367]. Dies birgt freilich Gefahren, weil das Gesetz selbst keine alternativen Bestimmungen für den Fall vorsieht, dass die vertraglichen Vereinbarungen einmal unvollständig sein sollten. Dennoch überwiegen die Vorteile. **524**

In der Praxis wird das Rückforderungsrecht zumeist **(doppelt) bedingt** ausgestaltet[368]: Der Rückforderungsanspruch entsteht bei Eintritt eines Rückforderungsgrundes, wenn das Rückforderungsrecht dann auch tat- **525**

---

363 Vgl. BGH, NJW 1997, 1706.

364 *von Hoyenberg,* Vorweggenommene Erbfolge, Kap. 3 Rn. 170.

365 *Mayer/Geck/Mayer,* Der Übergabevertrag, § 13 Rn. 20.

366 *Langenfeld,* BWNotZ 1976, 12; *Weser,* ZEV 1995, 353, 357; *Ellenbeck,* MittRhNotK 1997, 41; *Schippers,* MittRhNotK 1998, 69, 70; *von Hoyenberg,* Vorweggenommene Erbfolge, Kap. 3 Rn. 174.

367 Vgl. *Mayer/Geck/Mayer,* Der Übergabevertrag, § 13 Rn. 21.

368 Vgl. BGH, NJW 1997, 861; *von Hoyenberg,* Vorweggenommene Erbfolge, Kap. 3 Rn. 177.

sächlich ausgeübt wird (Potestativbedingung)[369]. Vorteil der doppelten Bedingung ist, dass der Übergeber bei Eintritt eines Rückforderungstatbestands frei entscheiden kann, ob er von seinem Rückforderungsrecht Gebrauch machen möchte.

aa) Rückforderungsgründe

526 Unter welchen Voraussetzungen der Übergeber die Rückforderung geltend machen kann, steht (grds.) im Belieben der Vertragsparteien. So ist es etwa denkbar, ein freies Rückforderungsrecht (ohne Vorliegen weiterer Gründe) zu vereinbaren; rechtlich zulässig ist dies[370].

527 In der Praxis haben sich **tatbestandlich begrenzte Rückforderungsrechte** etabliert, die auf (in der Lebenswirklichkeit) häufiger vorkommende Lebenssachverhalte zugeschnitten sind. Derart denkbar sind insbesondere folgende Rückforderungsrechte:

528 **(1) bei Vorversterben des Erwerbers:** Verstirbt der Erwerber vor dem Übergeber, kann es (jedenfalls) aus Sicht des Übergebers opportun sein, den zugewandten Vermögensgegenstand wieder zurückzuerlangen. In der Folge kann der Übergeber hierüber wieder frei verfügen. Wie bereits dargelegt (vgl. Rn. 515) kann sich ein Rückforderungsrecht für diesen Fall aufgrund veränderter Rahmenbedingungen überholt haben. Die Vereinbarung eines Rückforderungsrechts bei Vorversterben ist Einzelfallfrage. So wäre es auch denkbar, den Rückforderungsanspruch unter eine weitere Bedingung zu stellen, etwa dass der Rückforderungsanspruch nur dann entstehen soll, wenn der zugewandte Vermögensgegenstand im Zuge der Erbfolge nicht auf eine bestimmte Person oder einen bestimmten Personenkreis übergeht (bspw. Ehegatten oder Abkömmlinge des verstorbenen Erwerbers)[371].

529 **(2) bei vertragswidrigen Verfügungen:** In diesen Fällen soll ein Rückforderungsrecht entstehen, wenn der Erwerber ohne Zustimmung des Übergebers über den zugewandten Vermögensgegenstand verfügt. Unter dem Begriff „Verfügung“ fallen Tatbestände der Veräußerung (Übertragung auf Dritte, auch unentgeltlich) und Belastung (Bestellung von dinglichen Rechten zugunsten Dritter); letztlich ist dies Frage der konkreten Ausgestaltung[372]. Um Streitfälle zu vermeiden, empfehlen sich eindeutige Formulierungen[373]. Jedenfalls § 137 S. 1 BGB steht der Vereinbarung ei-

369 Vgl. *Ellenbeck,* MittRhNotK 1997, 41, 44; *Schippers,* MittRhNotK 1998, 69, 71.

370 BayObLG, NJW-RR 1991, 662.

371 Vgl. *von Hoyenberg,* Vorweggenommene Erbfolge, Kap. 3 Rn. 208.

372 Vgl. *Mayer/Geck/Mayer,* Der Übergabevertrag, § 13 Rn. 33.

373 Vgl. BGH, MittBayNot 2009, 60; OLG München, RNotZ 2009, 339; OLG Brandenburg, notar 2009, 264.

nes derartigen Rückforderungsgrunds nicht entgegen; durch das Verfügungsverbot soll nicht die Verfügung selbst mit dinglicher Wirkung verboten werden, sondern der Erwerber lediglich durch schuldrechtlichen Verfügungsunterlassungsvertrag an einer wirksame Weiterveräußerung gehindert werden[374]. Unter dem Gesichtspunkt der langfristigen Bindung bestehen grds. auch keine Bedenken im Hinblick auf § 138 Abs. 1 BGB; auch eine über dreißig jährige Bindung führt nicht zur Sittenwidrigkeit des Rückforderungsanspruchs[375]. Zu den Schranken siehe aber Rn. 91. Besonderes Augenmerk ist auf diesen Rückforderungsgrund dann zu legen, wenn der Erwerber bereits eingetragene Grundpfandrechte zu künftig eigenen Finanzierungszwecken übernimmt. In diesem Fall stellt sich die (zu regelnde) Frage, ob bereits eine Neuvalutierung den Rückforderungsanspruch auslöst[376].

(3) bei Vermögensverfall des Erwerbers: Überträgt der Übergeber **530**
Vermögenswerte auf den Erwerber, sollen hierdurch eventuell bereits vorhandene oder ggf. auch später in Erscheinung tretende Gläubiger des Erwerbers nicht „begünstigt" werden; das übertragene Vermögen soll Gläubigern als Haftungsmasse entzogen sein. Derart kann ein Rückforderungsrecht für den Fall von Zwangsvollstreckungsmaßnahmen in den zugewandten Vermögensgegenstand vorgesehen werden; oder allgemein für den Fall der Insolvenz des Erwerbers; oder auch bereits für den Fall der wesentlichen Verschlechterung der Vermögensverhältnisse des Erwerbers. In der Vereinbarung eines derartigen Rückforderungsrechts liegt keine unzulässige Gläubigerbenachteiligung (§ 138 BGB), denn der Erwerber erhält den Vermögensgegenstand von Anfang an belastet mit dem Rückforderungsrecht, so dass dieser seinen Gläubigern niemals als Vollstreckungsgegenstand zur Verfügung stand[377]. Auch kann nicht eingewendet werden, dass hierin eine unzulässige Lösungsklausel i.S.d. § 119 InsO liege[378].

(4) bei Fehlverhalten des Erwerbers: Als Rückforderungsgrund kann **531**
ein bestimmtes Fehlverhalten des Erwerbers statuiert werden. Gemeint sind hier i.d.R. Verhaltensmuster, die nicht nur nach der Vorstellung des Übergebers, sondern nach allgemeinen Wertvorstellungen derart grob sind, als sie eine Rückforderung rechtfertigen. In der Praxis werden hier genannt: die Mitgliedschaft in einer Sekte, Trunksucht, Spielsucht, Verurteilung zu einer Freiheitsstrafe, etc.[379].

---

374 BGH, NJW 1997, 861, 862; BayObLG, DNotZ 1978, 159.

375 BGH, ZEV 2012, 550, 552.

376 Vgl. *von Hoyenberg,* Vorweggenommene Erbfolge, Kap. 3 Rn. 204.

377 BayObLG, NJW 1978, 700, 701; *Schippers,* MittRhNotK 1998, 69, 73; *Mayer/Geck/Mayer,* Der Übergabevertrag, § 13 Rn. 58.

378 *Berringer,* DNotZ 2004, 257; *Kesseler,* RNotZ 2004, 185; *ders.,* ZNotP 2007, 303, 304.

379 Vgl. *Mayer/Geck/Mayer,* Der Übergabevertrag, § 13 Rn. 53.

532 **(5) bei Nichterfüllung von Vertragspflichten:** Zwar sieht bereits § 527 BGB einen Rückforderungsanspruch bei Nichtvollziehen einer Auflage vor; allerdings ist bereits der Anwendungsbereich der Norm i.R.d. vorweggenommenen Erbfolge stark eingeschränkt (vgl. Rn. 22 ff.). Deshalb kann ausdrücklich ein Rückforderungsrecht für den Fall der Nichterfüllung von Vertragspflichten vereinbart werden. Freilich sind hier die Voraussetzungen, unter denen eine Rückforderung geltend gemacht werden kann, hinreichend zu bestimmen. Insbesondere nicht jede (kleine) Verfehlung wird zur Rückforderung berechtigen sollen. Auch sollte (als weitere Bedingung der Geltendmachung) an das Erfordernis einer (vergeblichen) Abmahnung gedacht werden[380].

533 **(6) bei Notbedarf des Übergebers oder groben Undanks:** Zwar sehen bereits §§ 528 und 530 BGB entsprechende Rückforderungsansprüche vor. Aber auch hier ist (wie bei § 527 BGB, vgl. Rn. 532) der Anwendungsbereich eingeschränkt. Zudem kann es sich hier anbieten, den Notbedarf des Übergebers zu definieren und ggf. eine Abwendungsbefugnis zugunsten des Erwerbers (bspw. durch Nachzahlung eines Geldbetrags) zu vereinbaren.

534 **(7) bei Scheidung des Erwerbers:** Zwar unterliegt im Wege der vorweggenommenen Erbfolge zugewandtes Vermögen mit seinem Substanzwert zum Zeitpunkt der Zuwendung grds. nicht dem Zugewinnausgleich (vgl. § 1374 Abs. 2 BGB)[381]. Doch sind etwaige Wertsteigerungen des zugewandten Vermögensgegenstands im Zugewinnausgleich zu berücksichtigen[382]. Auch im Rahmen eines sog. gleitenden Vermögenserwerbs können sich Auswirkungen auf den Zugewinnausgleich ergeben[383]. Um dies bereits dem Grunde nach auszuschließen, kann für den Fall der Scheidung der (auch künftigen) Ehe des Erwerbers (bzw. Aufhebung einer Lebenspartnerschaft) ein Rückforderungsrecht vereinbart werden. Der Rückforderungstatbestand kann sowohl bereits an den Zeitpunkt der Trennung, als auch der Anhängigkeit oder Rechtshängigkeit eines Scheindungs-/Aufhebungsverfahrens geknüpft werden; Unterschiede in Bezug auf den Zugewinnausgleich ergeben sich hierdurch nicht[384]. Das gleiche Ergebnis lässt sich dadurch erreichen, dass der Erwerber zu einer entsprechenden ehe-/partnerschaftsvertraglichen Vereinbarung, der gemäß der zugewandte Vermögensgegenstand nicht dem Zugewinnausgleich unterliegen soll,

380 *Mayer/Geck/Mayer*, Der Übergabevertrag, § 13 Rn. 55.

381 Eingehend hierzu *Soergel/Kappler/Kappler*, § 1374 Rn. 30 ff.

382 BGH, FamRZ 1990, 603, 604.

383 Vgl. *Soergel/Kappler/Kappler*, § 1374 Rn. 38; siehe hierzu nunmehr BGH, FamRZ 2015, 1268.

384 *Soergel/Kappler/Kappler*, § 1374 Rn. 39.

veranlasst wird. Dem kann auch nicht der Einwand der Beschränkung der Ehe(-vertrags)freiheit entgegen gebracht werden[385].

(8) bei Geschäftsunfähigkeit des Erwerbers oder Bestellung eines Betreuers für den Erwerber: Teils wird angedacht, ein Rückforderungsrecht an die Geschäfts(-un)fähigkeit des Erwerbers oder Bestellung eines Betreuers für den Erwerber zu knüpfen[386]. **535**

(9) steuerliche Tatbestände: In steuerlich „unsicheren" Zeiten (vgl. die wiederholte Reform des Erbschaftsteuerrechts) können sich Rückforderungsrechte anbieten, die an die steuerlichen Folgen der vorweggenommenen Erbfolge anknüpfen. So kann etwa ein Rückforderungsrecht für den Fall vereinbart werden, dass für die Übertragung Schenkungsteuer (ggf. über einen bestimmten Geldbetrag hinaus) festgesetzt oder eine Begünstigung für Betriebsvermögen nicht gewährt wird[387]. Ebenfalls möglich ist die Vereinbarung eines Rückforderungsrechts, wenn ein Nachbesteuerungstatbestand eintritt[388]. **536**

Erhalten **mehrere Erwerber** den zugewandten Vermögensgegenstand gemeinschaftlich (bspw. Übertragung an mehrere Erwerber zu bestimmten Miteigentumsquoten), ist zu regeln, ob ein Rückforderungsgrund, der lediglich in der Person eines (oder auch mehrerer, nicht aber aller) Erwerbers eintritt, zur Rückforderung nur des diesem Erwerber zugewandten Bruchteils berechtigten soll oder der gesamte zugewandte Vermögensgegenstand zurück gefordert werden darf[389]. Denkbar ist, dem Übergeber ein Wahlrecht einzuräumen, ob er nur den Bruchteil des betroffenen Erwerbers oder den gesamten Vermögensgegenstand zurück fordern möchte[390]. Freilich kann hier problematisch sein, dass dies immer zugleich auch ein „freies" Rückforderungsrecht des Übergebers beinhalten (nämlich für den Fall, dass in der Person des anderen Erwerbers das Rückforderungsrecht eintritt, worauf dieser Erwerber aber keinen Einfluss hat, daher aus seiner Sicht „frei" oder jedenfalls von ihm nicht beeinflussbar) mit der Folge, dass womöglich die 10-Jahres-Frist des § 2325 BGB nicht läuft. **537**

---

385 BGH, NJW 2015, 1668, 1669; *Krauß,* Vermögensnachfolge, Rn. 2561.

386 *von Hoyenberg,* Vorweggenommene Erbfolge, Kap. 3 Rn. 207.

387 *Krauß,* Vermögensnachfolge, Rn. 2584.

388 *Krauß,* Vermögensnachfolge, Rn. 2587.

389 Vgl. *Mayer/Geck/Mayer,* Der Übergabevertrag, § 13 Rn. 79.

390 *von Hoyenberg,* Vorweggenommene Erbfolge, Kap. 3 Rn. 234; *Mayer/Geck/Mayer,* Der Übergabevertrag, § 13 Rn. 81; einschränkend hingegen *Ellenbeck,* MittRhNotK 1997, 41, 50: i.d.R. eingeschränkte Rückforderung bezogen nur auf den Bruchteil des betroffenen Erwerbers.

bb) Ausgestaltung des Rückforderungsrechts

538 Mit **Zugang der Erklärung** über die Geltendmachung der Rückforderung beim Erwerber entsteht zwischen Übergeber und Erwerber ein **Rückgewährschuldverhältnis**. Sofern vorgeschlagen wird, die Geltendmachung der Rückforderung an ein bestimmtes **Formerfordernis** zu knüpfen (Schriftform[391] oder gar notarielle Beurkundung[392]), ist dies abzulehnen, weil es sich um einen materiell-rechtliche Bedingung handeln soll. Nach allgemeinem Verständnis bedarf es für die Geltendmachung **keiner Form**[393]; wird gleichwohl ein Formerfordernis statuiert, sollte dieses lediglich einen deklaratorischen Zweck verfolgen (Beweisbarkeit), nicht aber konstitutiven Charakter haben[394].

539 Um alsbald nach Eintritt eines Rückforderungsgrundes Rechtssicherheit zu erlangen, wird es allgemein als sinnvoll erachtet, das Rückforderungsrecht zu **befristen**[395]. Wie lange die Frist bemessen sein soll, ist Einzelfallfrage. Keinesfalls sollte sie zu kurz gewählt werden (bspw. nur wenige Wochen); nur so lässt sich sicherstellen, dass sich der Übergeber vor Geltendmachung auch der Rechtsfolgen der Rückforderung bewusst wird (ggf. auch rechtlichen Rat einholen kann). Als interessengerecht wird ein Zeitraum von sechs Monaten bis zu einem Jahr vorgeschlagen. Wird keine Frist vereinbart, unterliegt der Rückforderungsanspruch nach Anspruchsentstehung den allgemeinen Verjährungsvorschriften.

540 Sind **mehrere Rückforderungsgründe** vereinbart, wird man jedenfalls im Wege der Vertragsauslegung zu dem Ergebnis gelangen, dass die Nicht-Geltendmachung eines Rückforderungsrechts (etwa durch Verstreichenlassen der Frist oder der Verzicht auf die Geltendmachung im konkreten Fall) das Rückforderungsrecht im Übrigen unberührt lässt. Zur Klarstellung empfiehlt sich freilich eine ausdrückliche Festschreibung[396].

541 Das Rückforderungsrecht ist dem Grunde nach **vererblich und übertragbar**. Aber es ist den Vertragsteilen unbenommen, die Vererblichkeit und/oder Übertragbarkeit vertraglich auszuschließen (vgl. § 399 Alt. 2 BGB). Ein entsprechender Ausschluss kann zunächst ausdrücklich vereinbart werden. Auch aus den Umständen des Einzelfalls kann sich ein ent-

---

391 *Würzburger Notarhandbuch/Holland,* Teil 2 Kap. 6 Rn. 102.

392 *von Hoyenberg,* Vorweggenommene Erbfolge, Kap. 3 Rn. 178; *Mayer/Geck/Mayer,* Der Übergabevertrag, § 13 Rn. 90.

393 *Ellenbeck,* MittRhNotK 1997, 41, 48.

394 Zur Unterscheidung vgl. *Bamberger/Roth/Wendtland,* § 125 Rn. 17.

395 *Langenfeld/Günther,* Grundstückszuwendungen, Kap. 3 Rn. 105; *Beck'sches Notarhandbuch/Jerschke,* 5. Aufl., A V Rn. 225; *Schöner/Stöber,* Grundbuchrecht, Rn. 917; *Mayer/Geck/Mayer,* Der Übergabevertrag, § 13 Rn. 91.

396 *Schippers,* MittRhNotK 1998, 69, 72.

sprechender Ausschluss ergeben[397]. In der Praxis wird es überwiegend für sachgerecht erachtet, sowohl Vererblichkeit als auch Abtretbarkeit auszuschließen; anders nur (Vererblichkeit zu bejahen), wenn der Rückforderungsanspruch bereits vor dem Tod des Übergebers geltend gemacht, aber noch nicht erfüllt worden war[398].

Ob das Rückforderungsrecht darüber hinaus als **höchstpersönliches Recht** ausgestaltet werden soll, ist fraglich; die Höchstpersönlichkeit des Anspruchs geht über eine Einschränkung der Übertragbarkeit und Vererblichkeit hinaus. Problematisch ist die Beschränkung auf einen höchstpersönlichen Anspruch dann, wenn der Übergeber an der persönlichen Ausübung gehindert ist; eine Stellvertretung (durch einen rechtsgeschäftlich bestellten oder gesetzlichen Vertreter) wäre hier ausgeschlossen[399]. Aus diesem Grunde wird vertreten, dass die Vereinbarung des Rückforderungsanspruchs als höchstpersönlich die Ausnahme bleiben sollte[400]. Andererseits kann durch die Ausgestaltung als höchstpersönliches Recht die (oft unerwünschte) Rückforderung durch einen Betreuer oder (ungeliebte) vorsorgebevollmächtigte Geschwister vermieden werden. **542**

Formulierungsbeispiel [Vertragliches Rückforderungsrecht][401]: **543**

Der Übergeber behält sich das Recht vor, die Rückübertragung des Vertragsgegenstands auf sich zu verlangen, wenn

a) der Erwerber vor dem Übergeber verstirbt, oder

b) der Erwerber den Vertragsgegenstand ganz oder teilweise ohne vorherige Zustimmung des Übergebers veräußert oder belastet, oder

c) in den Vertragsgegenstand die Zwangsvollstreckung betrieben wird, über das Vermögen des Erwerbers das Insolvenzverfahren eröffnet wird oder eine wesentliche Verschlechterung in den Vermögensverhältnissen des Erwerbers eintritt, oder

d) der Erwerber sich einer Organisation anschließt, die vom Verfassungsschutz verboten ist, oder

e) der Erwerber die in Abschnitt … vereinbarte Wart- und Pflegeverpflichtung trotz zweimaliger Abmahnung wiederholt grob verletzt, oder

---

397 Vgl. OLG Hamm, DNotZ 2007, 122; zustimmend *Fembacher*, DNotZ 2007, 124, 125.

398 *Everts*, ZfIR 2012, 589, 592.

399 Vgl. *Zimmer*, ZEV 2006, 381, 383; *Fembacher*, DNotZ 2007, 124, 125.

400 *Müller*, DNotZ 2007, 726, 728 f.; ebenso *Mayer/Geck/Mayer*, Der Übergabevertrag, § 13 Rn. 93.

401 Vgl. *Mayer/Geck/Mayer*, Der Übergabevertrag, § 13 Rn. 200; *von Hoyenberg*, Vorweggenommene Erbfolge, Kap. 3 Rn. 215.

f) der Erwerber sich als grob undankbar i.S.v. § 530 BGB erweist, oder

g) der heutige Vertragsgegenstand in die Berechnung des Zugewinnausgleichs mit einbezogen wird, oder [Alt.:: der Erwerber mit seinem (künftigen) Ehegatten nicht dauerhaft den Güterstand der Gütertrennung oder der modifizierten Zugewinngemeinschaft mit dem Inhalt vereinbart, dass der Vertragsgegenstand in keiner Weise einem Zugewinnausgleich unterliegt],

h) für den Erwerber ein Betreuer i.S.d. §§ 1814 ff. BGB bestellt wird und die Betreuung nicht binnen sechs Wochen wieder aufgehoben wird, oder

i) für die heutige Übertragung Schenkungsteuer festgesetzt wird, die einen Betrag von … Euro überschreitet.

[Alt.: Gemäß Abschnitt … übernimmt der Erwerber die derzeit im Grundbuch eingetragenen Grundpfandrechte. Auch eine Neuvalutierung dieser Grundpfandrechte bedarf der Zustimmung des Übergebers gemäß vorstehender Ziffer b).]

Die Rückübertragung kann nur innerhalb einer Frist von einem Jahr verlangt werden, nachdem der Übergeber Kenntnis von dem Umstand erlangt hat, der ihn zur Geltendmachung berechtigt. Hat der Übergeber ein einmal entstandenes Rückforderungsrecht nicht ausgeübt, bleibt der Rückforderungsanspruch aus einem anderen Rückforderungsgrund jedoch unberührt.

Das Rückforderungsrecht ist nicht übertragbar und nicht vererblich. Ansprüche aus einem einmal geltend gemachten Rückforderungsrecht sind jedoch übertragbar und vererblich.

cc) Schuldner des Rückforderungsanspruchs

544 Schuldner des Rückforderungsanspruchs ist primär der Erwerber. Lediglich zwischen diesem und dem Übergeber besteht ein Vertragsverhältnis. In Fällen der **Gesamtrechtsnachfolge** auf Seiten des Erwerbers gehen die Pflichten aus dem Vertragsverhältnis grds. auf dessen Gesamtrechtsnachfolger über, da es sich bei im Wege der vorweggenommenen Erbfolge vereinbarten Rückforderungsrechten um eine Nachlassverbindlichkeit i.S.d. § 1967 Abs. 2 BGB handelt; dies gilt auch für verhaltensbedingte Rückforderungsrechte[402]. Sofern die Rückforderungsgründe nicht so weit formuliert sind, dass **ausdrücklich auch auf in der Person des Rechts-**

402 Vgl. BGH, NJW 1997, 861, 863; BGH, DNotZ 2002, 775; *von Hoyenberg*, Vorweggenommene Erbfolge, Kap. 3 Rn. 237 f.

nachfolgers begründete Rückforderungsgründe abgestellt wird, wird man jedenfalls im Wege der Vertragsauslegung (unter besonderer Berücksichtigung der Interessen des Übergebers) zu einem entsprechenden Ergebnis kommen können[403].

Formulierungsbeispiel [Rückforderungsrecht auch gegen Gesamtrechtsnachfolger][404]: 545

> Das Rückforderungsrecht besteht auch gegenüber dem Gesamtrechtsnachfolger des Erwerbers. Hinsichtlich der verhaltens- oder personenbedingten Rückforderungsrechte ist zu Lebzeiten des Erwerbers auf diesen, nach dessen Ableben auf dessen Gesamtrechtsnachfolger abzustellen.

Problematisch sind hingegen Fällen der **Einzelrechtsnachfolge**: Mangels Beteiligung des Einzelrechtsnachfolgers am Vertrag über die vorweggenommene Erbfolge kann Verpflichteter nur der Erwerber sein (ansonsten: unzulässiger Vertrag zulasten Dritter). Überträgt dieser den zugewandten Vermögensgegenstand auf einen Einzelrechtsnachfolger, kann zwar hinsichtlich des Entstehens des Rückforderungsgrundes u.U. auf die Person des Einzelrechtsnachfolgers abzustellen sein (wenn hinsichtlich des Rückforderungsgrunds auf den „jeweiligen Grundstückseigentümer" abgestellt wird[405]). Schuldner des Rückübertragungsanspruch bleibt gleichwohl nur der Erwerber[406]. Der Einzelrechtsnachfolger ist mithin nur dann zur Rückübertragung verpflichtet, wenn der Rückforderungsanspruch durch Vormerkung im Grundbuch gesichert ist (vgl. §§ 883, 888 BGB)[407]. 546

dd) Rechtsfolgen

Mangels gesetzlicher Regelungen sind die Rechtsfolgen der Rückforderung vertraglich auszugestalten. Das Regelungsbedürfnis betrifft insbesondere die Frage, ob und inwieweit seitens des Erwerbers erbrachte Gegenleistungen bzw. etwaige Verwendungen (Investitionen im weitesten Sinne) auf den zugewandten Vermögensgegenstand diesem zu ersetzen sind. Bei Übertragung einer Sachgesamtheit (Betrieb) ist zudem der Umfang der vom Rückforderungsrecht umfassten Gegenstände festzulegen. 547

---

403 Vgl. BGH, NJW 1997, 861, 863; *von Hoyenberg,* Vorweggenommene Erbfolge, Kap. 3 Rn. 238.

404 Vgl. *von Hoyenberg,* Vorweggenommene Erbfolge, Kap. 3 Rn. 239.

405 *Krauß,* Vermögensnachfolge, Rn. 1492.

406 *Schippers,* MittRhNotK 1998, 69, 77.

407 *Schippers,* MittRhNotK 1998, 69, 77 ff.; *von Hoyenberg,* Vorweggenommene Erbfolge, Kap. 3 Rn. 240; *Mayer/Geck/Mayer,* Der Übergabevertrag, § 13 Rn. 166.

(1) Gegenstand der Rückforderung

548 I.d.R. erstreckt sich der Rückforderungsanspruch auf den (gesamten) zugewandten Gegenstand. Wird bspw. ein Grundstück übertragen, ist dieses im Falle der Rückforderung an den Übergeber rückzuübertragen. Schwierig kann sich die Rückforderung bzw. Rückübertragung dann gestalten, wenn eine **Sachgesamtheit** auf den Erwerber übertragen worden ist, etwa ein Betrieb (ggf. samt Betriebsgrundstück). Als gleichsam „lebende Einheit“ wird der Betrieb zum Zeitpunkt der Rückforderung selten identisch sein mit dem Betrieb zum Zeitpunkt der Übertragung. Veränderungen von Aktiva und Passiva sind vielmehr Wesens immanent[408]. Gerade dann, wenn der Übergeber in der Lage sein möchte, den Betrieb nach Rückforderung selbst fortzusetzen oder an einen Dritten im „gleichen“ Umfang zu übertragen, darf das Rückforderungsrecht nicht auf einzelne Gegenstände (wie etwa das Betriebsgrundstück) begrenzt sein, sondern muss sich auf sämtliche Aktiva und Passiva der vormals übertragenen Sachgesamtheit erstrecken. Für den Bestand der zurück zu gewährenden Sachgesamtheit ist dann freilich auf den Bestand der Aktiva und Passiva zum Zeitpunkt der Geltendmachung des Rückforderungsanspruchs abzustellen. Danach wird der Rückforderungsanspruch insbesondere auch etwaige Surrogate des zugewandten Vermögens umfassen, wie auch diejenigen Aktiva und Passiva, die der Erwerber „eigenverantwortlich“ hinzuerworben hat. Ggf. soll sich der Anspruch auch auf etwaige Entnahmen, die der Erwerber getätigt hat, erstrecken. Gerade in Fällen, in denen sich die Sachgesamtheit wesentlich verändert hat, ist letztendlich freilich fraglich, ob der Übergeber an der Geltendmachung der Rückforderung überhaupt interessiert ist.

549 **Formulierungsbeispiel** [Rückforderungsrecht bzgl. Sachgesamtheit][409]:

> Der Übergeber behält sich unter den nachgenannten Voraussetzungen das Recht zur Rückforderung bzw. Übertragung auf sich vor. Der Übertragungsanspruch erstreckt sich auf den Vertragsgegenstands samt aller Aktiva und Passiva. Für den Bestand der Aktiva und Passiva ist nicht der Stichtag der heutigen Übergabe maßgebend, sondern der Bestand zum Zeitpunkt der Geltendmachung des Rückforderungs- bzw. Übertragungsanspruchs. Auch werden hiervon solche Gegenstände des heute übertragenen Vermögens umfasst, die im Zeitpunkt der Geltendmachung des Rückforderungs- bzw. Übertragungsanspruchs aus der Sachgesamtheit in das sonstige Vermögen des Erwerbers entnommen worden sind bzw. (im Falle einer Veräußerung) an deren Stelle getretene Surrogate.

---

408 Vgl. *Krauß*, Vermögensnachfolge, Rn. 2607.

409 Vgl. *Krauß*, Vermögensnachfolge, Rn. 2608.

Der Erwerber verpflichtet sich, die vorbezeichneten Vermögensgegenstände zum bezeichneten Zeitpunkt an den Übergeber zu übertragen.

(2) Gegenleistungen

Kommt es zur Rückforderung, ist (vorab) vertraglich festzulegen, welche Gegenleistungen der Übergeber als Rückforderungsberechtigter zu erbringen hat. **550**

(a) Keine Gegenleistung

Dem Grunde nach kann angedacht werden, dem Rückforderungsberechtigten keinerlei Gegenleistungspflicht aufzuerlegen. Ob dies freilich der Billigkeit entspricht, ist Frage des Einzelfalls. Jedenfalls zur **Anfechtbarkeit wegen Gläubigerbenachteiligung** führt ein solcher Ausschluss von Gegenleistungen, wenn diese nur für den Fall, dass die Rückforderung wegen Vermögensverfall oder Insolvenz des Erwerbers erfolgt, ausgeschlossen ist[410]. Aber selbst wenn in allen (anderen) Rückforderungsfällen Ansprüche auf Aufwendungs- bzw. Wertersatz ausgeschlossen sind, der Erwerber aber tatsächlich erhebliche Leistungen auf den Vertragsgegenstand erbracht hat, soll sich nach h.M. das Problem der Gläubigeranfechtung stellen[411]; es ist danach zu fragen, ob gerade die entschädigungslose Rückübertragung zur Erreichung des Vertragszwecks erforderlich ist. Ist dies zu verneinen, soll eine Gläubigeranfechtung möglich sein[412]. **551**

Aber auch ansonsten können Rückforderungsrechte bei **Fehlen jeglicher kompensatorischer schuldrechtlicher Verpflichtungen** wegen sittenwidriger Übervorteilung zur Nichtigkeit nach § 138 Abs. 1 BGB führen[413]. Dies ist etwa dann anzunehmen, wenn der Erwerber auch noch nach Rückübertragung des zugewandten Gegenstands weiterhin zur Rückzahlung von Verbindlichkeiten verpflichtet sein soll, die mit dem rückübertragenen Gegenstand in Zusammenhang stehen[414]. Ob im Übrigen in anderen Fallgestaltungen der vollständige Ausschluss der Erstattung von Aufwendungen und Wertersatz unter dem Gesichtspunkt der Sittenwid- **552**

---

410 *Reul,* DNotZ 2007, 649, 661 f.; *ders.,* DNotZ 2008, 824 ff.; *Kesseler,* ZNotP 2007, 303, 304.

411 Vgl. *Mayer/Geck/Mayer,* Der Übergabevertrag, § 13 Rn. 62; *Krauß,* Vermögensnachfolge, Rn. 2552.

412 Vgl. BGH, DNotZ 2007, 682 (zum Heimfall eines Erbbaurechts); *Kesseler,* ZNotP 2007, 303, 304; *Amann,* DNotZ 2008, 521; *Reul,* DNotZ 2008, 824, 829 f.; *Mayer/Geck/Mayer,* Der Übergabevertrag § 13 Rn. 62; *Krauß,* Vermögensnachfolge, Rn. 2552; a.A. *Langenfeld/Günther,* Grundstückszuwendungen, Kap. 3 Rn. 169.

413 BGH, NJW 2015, 1668.

414 BGH, NJW 2015, 1668.

rigkeit nicht zu beanstanden ist, bleibt abzuwarten[415]. Aber jedenfalls in Fällen, in denen der rückforderungsbelastete Erwerber erhebliche Investitionen auf den rückzuübertragenden Gegenstand geleistet hat, wird man eine kompensationslose Rückforderung u.U. nicht hinnehmen können, wenngleich in die zu treffende Abwägungsentscheidung einzubeziehen ist, inwieweit der Erwerber aus dem rückzuübertragenden Gegenstand Nutzungen ziehen konnte.

(b) Ersatz von Aufwendungen

553 I.d.R. wird es als interessengerecht beurteilt, dem Erwerber etwaige **Investitionen**, die er auf den zugewandten Vermögensgegenstand getätigt hat, zu ersetzen, soweit diese zum Zeitpunkt der Geltendmachung der Rückübertragung noch **wertsteigernd** bestehen und soweit ihnen nicht Darlehensbelastungen gegenüberstehen, die der Übergeber im Zuge der Rückübertragung zu übernehmen hat[416]. Will der Übergeber in diesen Fällen eine „aufgedrängte Bereicherung“ vermeiden, kann die Erstattungspflicht auf solche Investitionen begrenzt werden, denen der Übergeber zugestimmt hat[417].

554 Hat der Erwerber **Verbindlichkeiten getilgt**, die auf dem Vertragsgegenstand lasten, kann vereinbart werden, dass diese ebenfalls zu erstatten sind. Eine Erstattungspflicht wird jedenfalls dann angezeigt sein, wenn es sich um Verbindlichkeiten handelt, die der Erwerber im Rahmen der Übergabe vom Übergeber übernommen hat. Hat der Erwerber hingegen Verbindlichkeiten neu begründet, kann angedacht werden, den Ersatz derart geleisteter Zahlungen auf mit Zustimmung des Übergebers begründete Darlehen zu begrenzen.

555 **Leistungen an Dritte** (bspw. Gleichstellungsgelder an Geschwister) wird der Übergeber dem Erwerber ebenfalls zu erstatten haben, ebenso wie finanzielle Leistungen an den Übergeber selbst (bspw. Gutabstandsgeld, monatlichen Rentenzahlungen)[418].

556 I.d.R. nicht zu erstatten sind hingegen **Darlehenszinsen** sowie vom Erwerber getragene **öffentliche und private Lasten, soweit diese gewöhnlich anfallen**[419]. Begründen lässt sich dies damit, dass der Erwerber bis zur Rückübertragung (i.d.R.) auch die Vorteile des zuwandten Vermö-

415 Vgl. BGH, NJW 2015, 1668: dass der Rückforderungsberechtigte „ansonsten (…) keine weiteren Gegenleistungen zu erbringen“ hat, soll unschädlich sein; in diese Richtung wohl auch *Michael*, notar 2015, 322, 323.

416 *Mayer/Geck/Mayer*, Der Übergabevertrag, § 13 Rn. 86.

417 *Ellenbeck*, MittRhNotK 1997, 41, 49; *Beck'sches Notarhandbuch/Krauß*, A V Rn. 491.

418 *Mayer/Geck/Mayer*, Der Übergabevertrag, § 13 Rn. 86; *Krauß*, Vermögensnachfolge, Rn. 2634.

419 *Mayer/Geck/Mayer*, Der Übergabevertrag, § 13 Rn. 89.

gensgegenstands genossen hat (arg. ex §§ 1041, 1047 BGB). An den Übergeber erbrachte **persönliche Versorgungsleistungen** (wie Wart und Pflege) sind i.d.R. ebenfalls nicht zu erstatten[420].

Hat der Erwerber im Rahmen der Übergabe gegenüber dem Übergeber einen **Pflichtteilsverzicht** abgegeben, ist zu prüfen, ob dieser mit Geltendmachung des Rückforderungsanspruchs entfallen soll (auflösend bedingter Pflichtteilsverzicht). Jedenfalls in Fällen der Rückforderung wegen einer Pflichtverletzung des Erwerbers wird ein Entfallen aber grds. nicht sachgerecht sein[421]. Klarheit schafft hier eine ausdrückliche vertragliche Regelung. Vgl. hierzu auch Rn. 741. **557**

Für in der Vergangenheit seitens des Erwerbers **gezogene Nutzungen** wird es i.d.R. nicht sachgerecht sein, eine Zahlungspflicht an den Übergeber zu statuieren. Hingegen wird es i.d.R. als sachgerecht angesehen, dass der Erwerber die Kosten der Rückabwicklung tragen muss, liegt der Grund für die Rückforderung doch in seinem Verantwortungsbereich. **558**

Formulierungsbeispiel [Rückforderungsrecht mit Gegenleistungen][422]: **559**

> Die Rückübertragung hat unentgeltlich zu erfolgen. Jedoch sind vom Erwerber geleistete werterhöhende Investitionen diesem zu dem im Zeitpunkt der Rückübertragung bestehenden Zeitwert zu ersetzen. Ferner sind vom Erwerber geleistete Tilgungszahlungen auf die gemäß Abschnitt … übernommene Verbindlichkeiten diesem zum Nominalwert zu ersetzen, das gleiche gilt für vom Erwerber an dessen Geschwister geleistete Zahlungen gemäß Abschnitt …; eine Verzinsung hat nicht zu erfolgen.
>
> Der Übergeber hat in Anrechnung auf diesen Erstattungsbetrag im Wege der befreienden Schuldübernahme die Darlehen zu übernehmen, die für die zu erstattenden Investitionen aufgenommen wurden. Grundbuchliche Belastungen, welche Rang vor der nachstehend bewilligten Vormerkung haben oder mit Zustimmung des Übergebers zur Eintragung gelangten oder Investitionen absichern, die nach Maßgabe vorstehender Bestimmungen dem Erwerber zu ersetzen sind, sind vom Übergeber zu übernehmen. Gezogene Nutzungen sind nicht zu ersetzen.
>
> Die Kosten und Steuern der Rückabwicklung trägt der heutige Erwerber.

420 *Mayer/Geck/Mayer,* Der Übergabevertrag, § 13 Rn. 89.

421 Zu eng: *von Hoyenberg,* Vorweggenommene Erbfolge, Kap. 3 Rn. 184 und *Mayer/Geck/Mayer,* Der Übergabevertrag, § 13 Rn. 86: Entfallen nur bei Rückforderung wegen groben Undanks bzw. schwerer persönlicher Verfehlungen.

422 Vgl. *von Hoyenberg,* Vorweggenommene Erbfolge, Kap. 3 Rn. 215; *Mayer/Geck/Mayer,* Der Übergabevertrag, § 13 Rn. 200.

(3) Durchsetzung der Rückforderung

560 Liegen die tatbestandlichen Voraussetzungen eines Rückforderungsrechts vor und hat der Übergeber von seinem Rückforderungsrecht Gebrauch gemacht, bedarf es zur Rückübertragung des übertragenen Gegenstands (neben der Verschaffung des Besitzes, vgl. §§ 929 ff. BGB) der Einigung über den Eigentumsübergang, bei einem Grundstück einer Auflassung (§ 925 BGB). Soweit zur erleichterten Durchsetzung der Auflassung vorgeschlagen wird, dem Übergeber eine **unwiderrufliche Vollmacht** zur Vertretung des Erwerbers (bzw. dessen Rechtsnachfolger) bei Erklärung der Auflassung zu erteilen, ist dieser Weg zwar aus materiell-rechtlichen Gründen zulässig und möglich. Praktikabel erscheint dies aber nur in solchen Fällen, in denen der Rückforderungsgrund zweifelsfrei nachgewiesen werden kann. Zu bejahen wird dies in den Fällen der Rückforderung bei Scheidung oder Tod[423] des Erwerbers oder im Falle eines freien Rückforderungsrechts[424]. In allen anderen Fällen ist von der Aufnahme einer derartigen Vollmacht abzuraten[425].

561 **Formulierungsbeispiel** [Rückauflassungsvollmacht][426]:

> Der Erwerber erteilt dem Übergeber bereits heute unter Befreiung von den Beschränkungen des § 181 BGB und mit Wirkung über seinen Tod hinaus
>
> **Vollmacht,**
>
> den in Abschnitt I. bezeichneten Grundbesitz an den Übergeber zurück zu übertragen. Dem Übergeber ist hierzu umfassend Vollmacht erteilt, alle Handlungen vorzunehmen und Erklärungen abzugeben, um die Rückübertragung durchzuführen, insbesondere die Auflassung zu notarieller Urkunde zu erklären sowie Anträge und Bewilligungen gegenüber dem Grundbuchamt abzugeben. [Alt: Von dieser Vollmacht darf nur unter Vorlage einer Sterbeurkunde des Erwerbers Gebrauch gemacht werden].

ee) Schutz des Rückforderungsanspruchs durch Vormerkung

(1) Schutz durch Vormerkung

562 Nach § 883 Abs. 1 S. 1 BGB kann ein Anspruch auf Übertragung eines Grundstücks mittels Vormerkung im Grundbuch gesichert werden. Dies gilt auch für **künftige und bedingte Ansprüche** (§ 883 Abs. 1 S. 2

---

423 *Beck'sches Notarhandbuch/Krauß*, A V Rn. 490.
424 *Mayer/Geck/Mayer*, Der Übergabevertrag, § 13 Rn. 195.
425 Vgl. *Weser*, ZEV 1995, 353, 359; *Mayer/Geck/Mayer*, Der Übergabevertrag, § 13 Rn. 195.
426 Vgl. *von Hoyenberg*, Vorweggenommene Erbfolge, Kap. 3 Rn. 243.

BGB), wenngleich für deren Entstehung bereits eine feste Rechtsgrundlage mit bestimmbaren Entstehungsvoraussetzungen bestehen muss („Rechtsboden“)[427]. Das Entstehen des Anspruchs darf aber nicht alleine vom Willen des Schuldners abhängen[428]. Unschädlich ist es hingegen, wenn der Bedingungseintritt selbst an das Verhalten der Beteiligten anknüpft (zulässige **Potestativbedingung**)[429]. Die Voraussetzungen, die den Anspruch entstehen lassen, müssen hinreichend bestimmt oder jedenfalls bestimmbar sein (**„Bestimmtheitsgrundsatz“**). Hierfür ist jedoch ausreichend, dass das Ereignis, mit dessen Eintritt der bedingte Rückübertragungsanspruch wirksam werden soll, auf Grund objektiver Umstände bestimmbar ist. Diese können auch außerhalb des Grundbuchs liegen, sofern sie nachprüfbar und wenigstens in der Eintragungsbewilligung angedeutet sind; die Bestimmbarkeit eines durch eine Vormerkung zu sichernden bedingten Rechts wird nicht dadurch in Frage gestellt, dass der Eintritt der Bedingung möglicherweise erst durch eine richterliche Entscheidung festgestellt werden kann[430].

Nach diesen Vorgaben können durch Vormerkung insbesondere folgende Rückforderungsrechte gesichert werden[431]: wegen groben Undanks des Erwerbers i.S.d. § 530 BGB[432], im Fall abredewidriger Verfügung über den Vertragsbesitz[433], bei Vorversterben des Erwerbers[434], bei Vollstreckungsmaßnahmen in den Vertragsbesitz[435], bei Verarmung des Übergebers i.S.d. § 528 BGB[436], bei Scheidung des Erwerbers[437], bei Insolvenz des Erwerbers[438] oder einer wesentlichen Verschlechterung seiner Vermögensverhältnisse[439], bei beharrlicher Nichterfüllung bestimmter vertraglicher Pflichten[440], oder bei Geschäftsunfähigkeit des Erwerbers[441]. Selbst ein freies Rückforderungsrecht kann durch Vormerkung gesichert werden, da jedenfalls der Erwerber das Entstehen des Anspruchs einseitig nicht mehr verhindert kann[442]. **563**

427 BGH, NJW 2002, 2461, 2463.
428 BGH, NJW 2006, 2408.
429 BGH, NJW 2002, 2461, 2462 f.
430 BGH, NJW 1995, 2780; BGH, NJW 2002, 2461, 2463.
431 Vgl. *von Hoyenberg*, Vorweggenommene Erbfolge, Kap. 3 Rn. 188.
432 BGH, NJW 2002, 2461.
433 BGH, NJW 1997, 861.
434 BayObLG, NJW 1978, 700.
435 BayObLG, NJW 1978, 700.
436 OLG Düsseldorf, FGPrax 2002, 203.
437 LG Mannheim, BWNotZ 1978, 43.
438 BGH, NJW 2008, 578.
439 OLG München, NJW-RR 2007, 1314.
440 OLG Düsseldorf, RNotZ 2010, 197.
441 OLG München, FGPrax 2014, 52.
442 *Amann*, DNotZ 2007, 17; *von Hoyenberg*, Vorweggenommene Erbfolge, Kap. 3 Rn. 190.

564 Werden im Übergabevertrag **mehrere Rückforderungsrechte** vereinbart, die an unterschiedliche Tatbestandsvoraussetzungen anknüpfen, genügt dennoch die Eintragung lediglich **einer Vormerkung**. Insofern ist es ausreichend, wenn aus einem ähnlichen Schuldgrund derselbe Gegenstand (hier: das übertragene Grundstück) geschuldet wird[443].

565 Die Vormerkung entfaltet eine besondere Schutzwirkung. So wird der Übergeber durch Eintragung der Vormerkung **gegen vertragswidrige Verfügungen** oder einen gutgläubigen (lastenfreien) Erwerb durch Dritte **geschützt** (vgl. §§ 883 Abs. 2, 888 BGB). Im Falle der **Insolvenz** des Erwerbers genießt die Vormerkung den Schutz des § 106 InsO[444], bei **Vollstreckungsmaßnahmen** hat sie rangwahrende Wirkung (§ 883 Abs. 3 BGB)[445]. Gerade im zuletzt genannten Fall ist der **Rang der Vormerkung** von entscheidender Bedeutung, erlischt doch die Vormerkung, wenn die Vollstreckung aus einem vorrangigen Grundpfandrecht betrieben wird[446]. Aus Sicht des Übergebers empfiehlt sich daher die Eintragung der Vormerkung an erster Rangstelle in Abteilung III des Grundbuchs[447]. Im Verhältnis zu sonstigen dem Übergeber gewährten Austragsrechten wird es in der Praxis als sachgerecht angesehen, die Vormerkung im Rang nach den sonstigen Austragsrechten in das Grundbuch einzutragen. So bleiben diese Austragsrechte auch im Falle einer Rückforderung bestehen (so etwa bei Pfändung des Rückforderungsanspruchs durch Gläubiger des Übergebers).

566 **Formulierungsbeispiel** [Vormerkung zur Sicherung des Rückforderungsanspruchs][448]:

> Zur Sicherung des Rückforderungsrechts bewilligt der Übergeber und
>
> beantragt
>
> der Erwerber die Eintragung einer Vormerkung (§ 883 BGB) zugunsten des Übergebers in dem in Abschnitt … bezeichneten Berechtigungsverhältnis an dem in Abschnitt I. aufgeführten Grundbesitz [Alt.: … im Rang nach dem auf Grund heutiger Urkunde zur Eintragung gelangenden Wohnungs- und Mitbenützungsrecht], im Übrigen an nächst offener Rangstelle, jedoch Rang vor allen in Abteilung III eingetragenen Grundpfandrechten. Die Beteiligten stimmen allen der Rangbeschaffung erforderlichen Erklärungen mit dem Antrag auf Vollzug im Grundbuch zu.

443 BayObLG, NJW-RR 2003, 450.
444 BGH, NJW 2002, 213.
445 *von Hoyenberg,* Vorweggenommene Erbfolge, Kap. 3 Rn. 191.
446 *Mayer/Geck/Mayer,* Der Übergabevertrag, § 13 Rn. 102.
447 *Langenfeld/Günther,* Grundstückszuwendungen, Kap. 3 Rn. 139.
448 Vgl. *von Hoyenberg,* Vorweggenommene Erbfolge, Kap. 3 Rn. 215; *Mayer/Geck/Mayer,* Der Übergabevertrag, § 13 Rn. 200.

Freilich ist mit Eintragung der Vormerkung faktisch eine künftig **beschränkte Beleihbarkeit** des Grundbesitzes verbunden. Gerade in Situationen, in denen der Erwerber den erworbenen Grundbesitz umbauen oder sanieren möchte, stellt sich die geschilderte Problemlage sofort, in anderen Fallgestaltungen ggf. später. Denn ein etwaiger Darlehensgläubiger wird die Ausreichung eines Darlehens i.d.R. von der Eintragung eines Grundpfandrechts im Rang vor der Vormerkung des Übergebers abhängig machen. Der Erwerber benötigt folglich bei nachträglicher Belastung die Zustimmung (Rangrücktrittserklärung) des Übergebers. Als Gestaltungsmöglichkeiten kommen (zulasten des Schutzes des Übergebers) in Betracht[449]: **567**

- Eintragung eines Grundpfandrechts sofort im Rang vor der Vormerkung (sofern die finanzierende Bank bereits feststeht).
- Eintragung eines Rangvorbehalts (§ 881 BGB) zur Befugnis, künftig bestellte Grundpfandrechte im Rang vor der Vormerkung eintragen zu lassen. Der Rangvorbehalt kann inhaltlich auch dahin gehend eingeschränkt werden, als dieser nur für Grundpfandrechte ausgenutzt werden kann, die bestimmte Darlehen absichern (etwa Darlehen zur Instandsetzung/-haltung des Vertragsbesitzes)[450].
- Verpflichtung des Übergebers, mit der Vormerkung hinter ein später bestelltes Grundpfandrecht zurückzutreten; auch hier kann die Verpflichtung ggf. inhaltlich dahin gehend eingeschränkt werden, als sie nur für Grundpfandrechte besteht, deren Valutierung zu bestimmten Zwecken erfolgt[451].

Formulierungsbeispiel [Rangvorbehalt][452]: **568**

> Der Eigentümer behält sich das Recht vor, im Rang vor der vorstehend bewilligten Vormerkung Grundpfandrechte bis zur Höhe von … Euro nebst Zinsen bis zu 20 % jährlich seit heute und einer einmaligen Nebenleistung bis zu 10 % einzutragen. Der Rangvorbehalt kann nur einmal ausgenützt werden. Die Eintragung dieses Rangvorbehalts im Grundbuch bei der vorstehend bewilligten Vormerkung wird bewilligt und beantragt.

---

449 Vgl. *Mayer/Geck/Mayer,* Der Übergabevertrag, § 13 Rn. 103.

450 *Langenfeld/Günther,* Grundstückszuwendungen, Kap. 3 Form 3.25; *Schöner/Stöber,* Rn. 2139; *Mayer/Geck/Mayer,* der Übergabevertrag, § 13 Rn. 103.

451 *von Hoyenberg,* Vorweggenommene Erbfolge, Kap. 3 Rn. 250; *Mayer/Geck/Mayer,* Der Übergabevertrag, § 13 Rn. 103.

452 Vgl. *von Hoyenberg,* Vorweggenommene Erbfolge, Kap. 3 Rn. 248; *Schöner/Stöber,* Rn. 2128.

(2) Löschung der Vormerkung

569 Ist der der Vormerkung zugrunde liegende Anspruch erloschen, ist die Vormerkung wegen ihrer Akzessorietät löschungsreif (Sicherungsmittel eigener Art für einen schuldrechtlichen Anspruch auf dingliche Rechtsänderung)[453]. Mangels möglicher Rückstände auf die Vormerkung scheidet die Möglichkeit der Eintragung einer **Löschungserleichterung** im Grundbuch (§ 23 Abs. 2 GBO) aber aus[454]. Wurde unzulässigerweise eine Löschungserleichterung in die Bewilligungserklärung mitaufgenommen, kommt aber nach richtiger Ansicht die Umdeutung der Löschungserleichterung in eine Vollmacht zur Abgabe einer Löschungsbewilligung in Betracht (§ 140 BGB)[455].

570 Hinsichtlich der Möglichkeit der Löschung einer Rückauflassungsvormerkung ist nach dem Inhalt des Rückforderungsanspruchs zu differenzieren:

571 (1) Ist der **Rückforderungsanspruch auf die Lebenszeit des Übergebers befristet**, erlischt die Vormerkung (als akzessorisches Recht) mit dem Ableben des Übergebers[456]; das Grundbuch wird unrichtig[457]. Die Löschung der Vormerkung kann durch Vorlage einer Sterbeurkunde des Übergebers erreicht werden[458]. In der Praxis stellte sich die Löschung der Vormerkung aber auch in diesen Fällen als problematisch dar, da die Möglichkeit der **„Wiederaufladbarkeit“ der Vormerkung** besteht: Eine Vormerkung kann auf Grund einer ihrer ursprünglichen Eintragung nachfolgenden Bewilligung einen anderen Anspruch sichern als denjenigen, zu dessen Sicherung ihre Eintragung erfolgt ist. Das ergibt sich daraus, dass auch bei der Vormerkung gemäß dem in §§ 879 Abs. 2, 892 Abs. 2 BGB zum Ausdruck kommenden Grundsatz, die Bewilligung der Eintragung nachfolgen kann und bei der Vormerkung der ihrer Bewilligung zu Grunde liegende Schuldgrund nicht im Grundbuch eingetragen sein muss (Wiederaufladbarkeit der Vormerkung)[459]. Wie der BGH nunmehr aber klargestellt hat, kann eine unrichtig gewordene Eintragung einer Vormerkung durch nachträgliche Bewilligung für einen neuen Anspruch nur dann verwendet werden, wenn Anspruch, Eintragung und Bewilligung **kongruent** (= deckungsgleich) sind. An der erforderlichen Übereinstim-

---

453 BGH, NJW 2014, 2431, 2433; *Grüneberg/Herrler*, § 883 Rn. 2.

454 BGH, NJW 1992, 1683; BGH, NJW 1996, 59; BGH, NJW 2012, 2032, 2033.

455 OLG München, BeckRS 2010, 33286; OLG Düsseldorf, FamRZ 2021, 1671; *Wufka*, MittBayNot 1996, 156, 161 ff.; *Frank*, MittBayNot 1997, 217; *Amann*, DNotZ 1998, 6; *Schöner/Stöber*, Rn. 1544b; zutreffend a.A. für eine Reallast, BayObLG, DNotZ 1998, 66.

456 *Mayer/Geck/Mayer, Der* Übergabevertrag, § 13 Rn. 117.

457 BGH, NJW 2009, 1414.

458 *Mayer/Geck/Mayer,* Der Übergabevertrag, § 13 Rn. 117.

459 BGH, NJW 2008, 578, 579; BGH, NJW 2012, 2032, 2033.

mung fehlt es aber, wenn die Vormerkung für einen höchstpersönlichen, nicht vererblichen und nicht übertragbaren Rückübertragungsanspruch des Berechtigten eingetragen ist und sie nach der nachfolgenden Bewilligung einen anderweitigen und vererblichen Anspruch sichern soll[460]. Wurde danach das Rückforderungsrecht derart ausgestaltet, dass der **Anspruch unvererblich und nicht übertragbar** ist, kommt eine Wiederaufladung der Vormerkung mangels Kongruenz nicht in Betracht, so dass die Vormerkung mit Vorlage einer Sterbeurkunde gelöscht werden kann[461].

(2) Ist der Rückforderungsanspruch vererblich oder übertragbar, scheidet eine Löschung bereits nach § 22 GBO aus, da der Anspruch fortbesteht. In diesem Fall bedarf es der Löschungsbewilligung durch den Erben des Rückforderungsberechtigten. **572**

(3) Soll der Rückforderungsanspruch nicht in allen Fällen mit dem Ableben des Übergebers erlöschen (v.a. dann nicht, wenn er bereits zu Lebzeiten des Übergebers geltend gemacht, aber noch nicht erfüllt war), scheidet eine Löschung nach § 22 GBO aus[462]; es bedarf der Löschungsbewilligung durch den Erben. Als Ausweggestaltung könnte lediglich die **Vormerkung** (nicht der Rückforderungsanspruch) auf Lebenszeit des Übergebers **befristet** werden[463]. Dann kann diese nach § 22 GBO gegen Sterbenachweis gelöscht werden[464]. Der materielle Anspruch auf Rückübertragung bleibt hingegen bestehen; der Erbe kann diesen weiterverfolgen und ggf. durch einstweilige Verfügung die Eintragung einer (neuen) Vormerkung zur Sicherung seines Anspruchs erreichen[465]. **573**

Formulierungsbeispiel [befristete Vormerkung][466]: **574**

Zur Sicherung des Rückforderungsrechts bewilligt der Übergeber und

beantragt

der Erwerber die Eintragung einer auf die Lebenszeit des Übergebers befristeten Vormerkung (§ 883 BGB) zugunsten des Übergebers in dem in Abschnitt … bezeichneten Berechtigungsverhältnis an dem in Abschnitt I. aufgeführten Grundbesitz.

---

460 BGH, NJW 2012, 2032.

461 BGH, NJW 2012, 2032, 2033; *Krauß*, Vermögensnachfolge, Rn. 2679.

462 BGH, NJW 1996, 59.

463 *Mayer/Geck/Mayer*, Der Übergabevertrag, § 13 Rn. 118.

464 OLG München, ZEV 2012, 428.

465 *Krauß*, Vermögensnachfolge, Rn. 2681.

466 Vgl. *von Hoyenberg*, Vorweggenommene Erbfolge, Kap. 3 Rn. 194; *Krauß*, Vermögensnachfolge, Rn. 2682.

575 Alternativ kann die Vormerkung über den Tod des Übergebers hinaus auf einen bestimmten Zeitraum befristet werden (bspw. auf sechs Monate oder ein Jahr nach dem Ableben des Übergebers). Derart könnte der Erbe des Übergebers einen bereits geltend gemachten Rückforderungsanspruch weiterverfolgen und wäre durch die fortbestehende Vormerkung gesichert[467].

576 (4) Der Übergeber kann dem Erwerber auch eine **unwiderrufliche Vollmacht** zur Löschung der Vormerkung gegen Todesnachweis erteilen[468]. Der geltend gemachte Rückforderungsanspruch bleibt dem Erben in diesem Fall erhalten. Da es dem Erwerber aufgrund der ihm erteilten Vollmacht jedoch möglich ist, die Vormerkung sofort löschen zu lassen, ist der Erbe des Übergebers zunächst schutzlos (wenngleich er die Vollmacht jederzeit widerrufen kann). Alternativ könnte die Vollmacht derart ausgestaltet werden, als sie erst nach Ablauf einer bestimmten Frist nach dem Ableben des Übergebers ausgeübt werden kann. Im Ergebnis entspricht dieser Weg dem Lösungsvorschlag der über den Tod hinaus befristeten Vormerkung[469].

577 **Formulierungsbeispiel** [Löschungsvollmacht][470]:

> Der Übergeber erteilt dem Erwerber bereits heute unter Befreiung von den Beschränkungen des § 181 BGB und mit Wirkung über seinen Tod hinaus
>
> Vollmacht,
>
> die Löschung der vorstehenden Vormerkung im Grundbuch zu bewilligen und zu beantragen. Von dieser Vollmacht darf nur unter Vorlage einer Sterbeurkunde des Übergebers Gebrauch gemacht werden [Alt: und nach Ablauf einer Frist von sechs Monaten seit dem Ableben des Übergebers].

ff) Mehrere Berechtigte des Rückforderungsanspruchs

578 Siehe zunächst Rn. 601 ff.

(1) Miteigentum der Übergeber

579 Steht der übertragene Vermögensgegenstand im Miteigentum der Übergeber, kann der Rückforderungsanspruch für diese als **Gesamtberechtigte nach § 428 BGB** und für den Längerlebenden als Alleinberech-

---

467 *Mayer/Geck/Mayer,* Der Übergabevertrag, § 13 Rn. 120; *Krauß,* Vermögensnachfolge, Rn. 2683.

468 *Wufka,* MittBayNot 1996, 160; *Mayer/Geck/Mayer,* Der Übergabevertrag, § 13 Rn. 122.

469 *Mayer/Geck/Mayer,* Der Übergabevertrag, § 13 Rn. 123.

470 Vgl. *Krauß,* Vermögensnachfolge, Rn. 2686.

tigten eingeräumt werden. Die Eintragung lediglich **einer Vormerkung** ist in diesem Fall ausreichend[471].

Formulierungsbeispiel [Rückforderung für mehrere Übergeber als Gesamtberechtigte][472]: **580**

> Die Übergeber als Gesamtberechtigte nach § 428 BGB und der Längerlebende von ihnen als Alleinberechtigter behalten sich das Recht vor, die Rückübertragung des Vertragsgegenstands an sich zu verlangen, wenn [...].
>
> Zur Sicherung des Rückforderungsrechts bewilligt der Übergeber und
>
> beantragt
>
> der Erwerber die Eintragung einer Vormerkung (§ 883 BGB) zugunsten der Übergeber als Gesamtberechtigte nach § 428 BGB und des Längerlebenden als Alleinberechtigten an dem in Abschnitt I. aufgeführten Grundbesitz.

Den Gesamtgläubigern steht es frei, das **Beteiligungsverhältnis** zwischen ihnen nach Ausübung des Rückforderungsanspruchs zu vereinbaren[473]; es ändert nichts am Wesen der Gesamtgläubigerschaft, wenn der Verpflichtete an den einen oder den anderen Gläubiger oder an beide in einem von ihnen vereinbarten Bruchteilsverhältnis leisten soll[474]. Entsprechend kann den Gesamtgläubigern ein **Wahlrecht** zugestanden werden, die Beteiligungsquote im Rahmen der Geltendmachung des Rückforderungsanspruches festzulegen. **581**

Formulierungsbeispiel [Rückforderung für mehrere Übergeber als Gesamtberechtigte mit Wahlrecht][475]: **582**

> Die Übergeber als Gesamtberechtigte nach § 428 BGB und der Längerlebende von ihnen als Alleinberechtigter behalten sich das Recht vor, die Rückübertragung des Vertragsgegenstands an sich zu verlangen, wenn [...].
>
> Die Berechtigten können nach freiem Belieben bestimmen, ob die Übertragung an den einen oder den anderen Berechtigten zu Alleineigentum oder an beide in einem festzulegenden Bruchteils- oder Gemeinschaftsverhältnis erfolgen soll.

---

471 BayObLG, DNotZ 1996, 366; OLG Hamm, DNotZ 2006, 293; *Schöner/Stöber*, Rn. 1498.

472 Vgl. OLG Karlsruhe, DNotZ 2013, 200.

473 *Schöner/Stöber*, Rn. 1498; *von Hoyenberg*, Vorweggenommene Erbfolge, Kap. 3 Rn. 219.

474 *Schöner/Stöber*, Rn. 1498.

475 Vgl. *von Hoyenberg*, Vorweggenommene Erbfolge, Rn. 221.

583 Leben die Übergeber im Güterstand der **Gütergemeinschaft**, kann der Rückforderungsanspruch den Ehegatten als Gesamtberechtigte in Gütergemeinschaft und dem Längerlebenden als Alleinberechtigten eingeräumt werden; auch hier genügt die Eintragung einer einzigen Vormerkung[476].

584 **Formulierungsbeispiel** [Rückforderung für mehrere Übergeber als Berechtigte in Gütergemeinschaft]:

> Die Übergeber als Berechtigte in Gütergemeinschaft und der Längerlebende von ihnen als Alleinberechtigter behalten sich das Recht vor, die Rückübertragung des Vertragsgegenstands an sich zu verlangen, wenn [...].
>
> Zur Sicherung des Rückforderungsrechts bewilligt der Übergeber und
>
> beantragt
>
> der Erwerber die Eintragung einer Vormerkung (§ 883 BGB) zugunsten der Übergeber als Gesamtberechtigte in Gütergemeinschaft und des Längerlebenden als Alleinberechtigten an dem in Abschnitt I. aufgeführten Grundbesitz.

585 Für mehrere berechtigte Übergeber kann der Rückforderungsanspruch auch in entsprechender Anwendung der **§§ 461, 472 BGB** vereinbart und durch eine Vormerkung im Grundbuch gesichert werden[477].

(2) Alleineigentum eines Übergebers

586 Steht der übertragene Vermögensgegenstand im alleinigen Eigentum eines Übergebers, soll im Falle von dessen Vorversterben der Rückforderungsanspruch aber auch einer dritten Person zustehen (zumeist dem Ehegatten), kann dem **Dritten** die Stellung als **Gesamtgläubiger nach § 428 BGB** eingeräumt werden[478]. Die Gesamtgläubiger können entsprechend vereinbaren, dass die Rückübertragung an sie beide in einem bestimmten Berechtigungsverhältnis zu erfolgen hat (vgl. Rn. 581)[479].

587 Unzulässig ist allerdings eine Ausgestaltung des Berechtigungsverhältnisses derart, dass der Rückforderungsanspruch zunächst einem Berechtigten alleine zustehen soll und dem anderen Berechtigten erst nach dem Ab-

---

476 BayObLG, DNotZ 1996, 366, 368.

477 Vgl. BayObLG, MittBayNot 1993, 84.

478 LG Duisburg, Rpfleger 2005, 600; LG Bayreuth, MittBayNot 2006, 147; *Schöner/Stöber*, Rn. 1498.

479 *Lichtenberger*, ZEV 1995, 296; *Weser*, ZEV 1995, 353, 360; *Mayer/Geck/Mayer*, Der Übergabevertrag, § 13 Rn. 186.

leben des primär Berechtigten[480]. Als zulässig wird es jedoch angesehen, wenn zu Lebzeiten beider Berechtigter jeder den Anspruch einzeln geltend machen, jedoch **nur Leistung an den ursprünglichen (alleinigen) Übergeber verlangen kann**; hierdurch ändere sich nichts am Berechtigungsverhältnis als Gesamtgläubiger[481].

Dieser Anspruch kann durch Eintragung lediglich **einer Vormerkung** gesichert werden[482]. **588**

Formulierungsbeispiel [Übergabe, nur ein Übergeber, Rückforderung für mehrere Personen als Gesamtberechtigte][483]: **589**

> Der Übergeber und dessen Ehegatte … als Gesamtberechtigte nach § 428 BGB und der Längerlebende von ihnen als Alleinberechtigter behalten sich das Recht vor, die Rückübertragung des Vertragsgegenstands an den Übergeber zu Alleineigentum und nach dessen Ableben an dessen Ehegatten … zu Alleineigentum zu verlangen, wenn […].

Alternativ kann für die drittberechtigte Person auch ein **eigenständiger Rückforderungsanspruch** begründet[484] oder aber der Rückforderungsanspruch des Übergebers an den Dritten **abgetreten** werden[485] – jeweils aufschiebend bedingt mit dem Ableben des Übergebers. Wird ein **eigenständiger Anspruch** für den Dritten begründet, bedarf es der Eintragung **insgesamt zweier Vormerkungen**: eine zugunsten des Übergebers und eine (aufschiebend bedingt) zugunsten des Dritten. Hinsichtlich des Rückforderungsgrundes selbst gelten die gleichen Voraussetzungen wie beim Rückforderungsrecht des Übergebers. Soweit dort auf die Person des Übergebers abgestellt sein sollte (bspw. hinsichtliches des Rückforderungsrecht bei Vorversterbens: „sofern der Erwerber vor dem Übergeber verstirbt"), wandelt sich der Inhalt des Rückforderungsrechts automatisch dahingehend ab, als bzgl. des Rückforderungsrechts des Dritten sodann auf das (entsprechende) Ereignis in dessen Person abzustellen ist (der Rückforderungsanspruch also im o.g. Bsp. dann entsteht, wenn der Erwerber vor dem Dritten versterben sollte)[486]. **590**

---

480 OLG Köln, MittRhNotK 1984, 218; *Meikel/Böhringer*, GBO, § 47 Rn. 128; *von Hoyenberg*, Vorweggenommene Erbfolge, Kap. 3 Rn. 224; offen gelassen von *Schöner/Stöber*, Rn. 1498.

481 OLG Karlsruhe, DNotZ 2013, 200; in diese Richtung auch *von Hoyenberg*, Vorweggenommene Erbfolge, Kap. 3 Rn. 225.

482 OLG Karlsruhe, DNotZ 2013, 200, 202.

483 Vgl. OLG Karlsruhe, DNotZ 2013, 200.

484 *Mayer/Geck/Mayer*, Der Übergabevertrag, § 13 Rn. 188.

485 *Amann*, MittBayNot 1990, 225, 226; *Mayer/Geck/Mayer*, Der Übergabevertrag, § 13 Rn. 188.

486 Abzulehnen ist hingegen die Entscheidung des OLG München, NJOZ 2018, 287, 288, wonach in dem hier beschriebenen Fall ein Rückforderungsrecht des Dritten ausgeschlossen sein soll (das OLG möchte – fälschlicherweise – selbst im Wege der Auslegung der gegenständlichen Klausel nicht zu dem hier gefundenen Ergebnis kommen).

591 Im zweitgenannten Fall der Abtretung geht die **Vormerkung als akzessorisches Sicherungsmittel** eigener Art mit Abtretung des zugrunde liegenden Rückübertragungsanspruchs **auf den Dritten über** (§§ 413, 401 BGB). Nach dem Ableben des Übergebers kann die Vormerkung im Wege der Grundbuchberichtigung durch Vorlage einer Sterbeurkunde auf den Dritten berichtigt werden (§ 22 GBO), sofern die Berechtigung des Dritten lediglich vom Ableben des Übergebers abhängt[487]. Ist sie selbst wiederum bedingt, etwa durch eine Scheidung der Ehe zwischen Übergeber und („drittem") Ehegatten, scheidet eine Berichtigung nach § 22 GBO aus; in diesem Fall bedarf es der Eintragung einer eigenständigen Vormerkung für den Dritten[488]. Alternativ kann aber auch die **Vorausabtretung** bereits vor Bedingungseintritt **im Grundbuch eingetragen** werden, so dass nur eine Vormerkung erforderlich ist[489].

592 **Formulierungsbeispiel** [Übergabe, nur ein Übergeber, Rückforderung für mehrere Personen aufgrund Abtretung des Rückforderungsanspruchs und Eintragung der Vorausabtretung im Grundbuch][490]:

> Das Rückforderungsrecht steht beim Tod des Übergebers seinem Ehegatten … unter denselben Voraussetzungen zu (Anm., ggf. Ergänzung: „bzgl. des Rückforderungsrechts bei Vorversterben ist bzgl. des Ablebens auf die Person des Ehegatten abzustellen") . Der Anspruch des Übergebers wird bereits heute an diesen abgetreten mit Wirkung zum Zeitpunkt des Todes des Übergebers. Der Anspruch des Ehegatten ist jedoch auflösend bedingt durch die Rechtskraft eines Scheidungsurteils zwischen dem Übergeber und seinem Ehegatten.
>
> Das Rückforderungsrecht ist mit der Ausnahme der Abtretung an den Ehegatten nicht übertragbar und nicht vererblich. Ansprüche aus einem einmal geltend gemachten Rückforderungsrecht sind jedoch übertragbar und vererblich.
>
> Zur Sicherung des Rückforderungsrechts bewilligt der Übergeber und
>
> beantragt
>
> der Erwerber die Eintragung einer Vormerkung (§ 883 BGB) zugunsten des Übergebers als Alleinberechtigten, bedingt abgetreten

487 *Amann,* MittBayNot 1990, 225, 226; *Schöner/Stöber,* Rn. 1499; *von Hoyenberg,* Vorweggenommene Erbfolge, Kap. 3 Rn. 227; *Krauß,* Vermögensnachfolge, Rn. 2465.

488 Vgl. *Krauß,* Vermögensnachfolge, Rn. 2465.

489 BayObLG, DNotZ 1986, 486; *Amann,* MittBayNot 1990, 225, 226; *Schöner/Stöber,* Rn. 261e.

490 Vgl. *von Hoyenberg,* Vorweggenommene Erbfolge, Kap. 3 Rn. 228; *Krauß,* Vermögensnachfolge, Rn. 2468.

an dessen Ehegatten … und unter der auflösenden Bedingung einer Scheidung der Ehe zwischen Übergeber und dessen Ehegatten, an dem in Abschnitt I. aufgeführten Grundbesitz. Die Abtretung ist bei der Vormerkung zu vermerken.

VII. Leibgeding i.S.d. Art. 96 EGBGB

Gemäß Art. 96 EGBGB bleiben die **landesgesetzlichen Vorschriften** 593 über einen mit der **Überlassung eines Grundstücks in Verbindung** stehenden Leibgedings-, Leibzucht-, Altenteils- oder Auszugsvertrags unberührt. Entsprechend können die Landesgesetze Sonderbestimmungen vorsehen, die Regelungen hinsichtlich des gesamten Schuldverhältnisses bei Grundstücksübertragungen, insbesondere Fragen der Leistungsstörung, enthalten[491]. Historischer Hintergrund dieses besonderen Vertragstypus ist die landwirtschaftliche Hofübergabe[492].

1. Leibgeding i.S.d. Art. 96 EGBGB

Voraussetzung für die Anwendbarkeit der landesgesetzlichen Vorschrif- 594 ten ist das Vorliegen eines sog. Leibgedings-, Leibzuchts, Altenteils- oder Auszugsvertrags (allgemein: **Leibgeding**). Eine gesetzliche Definition fehlt. Nach allgemeiner Meinung ist Voraussetzung für ein Leibgeding ein durch Vertrag zugewandter Inbegriff von Nutzungen und Leistungen an einen Berechtigten (Übergeber) in Verbindung mit einem Nachrücken des Verpflichteten (Erwerber) durch die Übertragung von Grundbesitz in eine die Existenz zumindest teilweise begründende und die Gewinnung der dem Berechtigten (Übergeber) geschuldeten Leistungen ermöglichende Wirtschaftseinheit[493].

Der Erwerber muss danach in eine **vom Übergeber bereits geschaffe-** 595 **ne Existenzgrundlage** eintreten[494], welche eine die Existenz des Erwerbers **wenigstens teilweise begründende Wirtschaftseinheit** darstellt[495]. Hieran fehlt es bspw. bei Übertragung eines städtischen Wohngrundstücks[496].

491 Vgl. *Mayer/Geck/Mayer,* Der Übergabevertrag, § 8 Rn. 2.
492 *Mayer/Geck/Mayer,* Der Übergabevertrag, § 8 Rn. 3.
493 BGH, NJW-RR 2012, 455; OLG Köln, NJW-RR 2010, 1600.
494 BGH, NJW 2003, 1325, 1326; BGH, NJW 2007, 1884, 1885.
495 BGH, NJW-RR 1989, 451; BGH, NJW-RR 2012, 455.
496 BGH, NJW 2003, 1325; OLG Hamm, RNotZ 2007, 544; OLG Hamm, NJW-RR 1996, 1360, 1361; *Mayer/Geck/Mayer,* Der Übergabevertrag, § 8 Rn. 3.

596 Weiter müssen die an den Übergeber gewährten Nutzungen bzw. Leistungen der **langfristigen Versorgung des Übergebers dienen**[497], die im Rahmen eines **sozialmotivierten Versorgungsvertrag** vereinbart werden; maßgeblich hierfür soll die durch die Beziehung der Beteiligten geprägte soziale Motivation sein[498]. Hieran fehlt es bspw. bei kaufmännisch abgewogener, gleichwertiger Leistung und Gegenleistung[499]; oder wenn sich der Übergeber einen Totalnießbrauch am übertragenen Grundbesitz vorbehält, da es in diesem Fall an einer entsprechenden Leistung des Erwerbers fehlt[500]. Mangels Leistungspflicht genügt auch nicht der bloße Vorbehalt eines Wohnungsrechts[501].

597 Zwar muss die Versorgung nicht aus dem Grundstück zu gewähren sein[502]. Allerdings ist eine gewisse **örtliche Bindung des Übergebers** erforderlich[503]. Hieran soll es jedenfalls dann fehlen, wenn der Übergeber nicht beabsichtigt, auf dem übertragenen Grundbesitz zu wohnen[504].

2. Abdingbarkeit

598 Die Vorschriften der Landesgesetzte sind **dispositiv**. Sie können durch die Vertragsbeteiligten in beliebigem Umfang abbedungen werden[505].

599 Richtigerweise ist bereits in der Nichterwähnung der Anwendbarkeit dieser Vorschriften im Vertrag über die vorweggenommene Erbfolge ein entsprechender Ausschluss zu erblicken **(stillschweigender Ausschluss im Wege der Vertragsauslegung)**.

600 **Praxistipp:** Die landesrechtlichen Vorschriften der Ausführungsgesetze sollten in Verträgen zur vorweggenommenen Erbfolge heute (i.d.R.) keine Anwendung mehr finden[506]. Dieser bedarf es (i.d.R.) bereits deshalb nicht (mehr), da „moderne“ Verträge zur vorweggenommenen Erbfolge (i.d.R.) ausgewogene Regelungen über Leistungspflichten und die Ausgestaltung von Sekundäransprüchen enthalten.

---

497 OLG Köln, NJW-RR 2010, 1600; OLG Frankfurt, FGPrax 2012, 190.
498 BayObLGZ 1975, 132, 135; *Grüneberg/Herrler*, EGBGB 96 Rn. 3.
499 BGH, NJW 1981, 2568, 2569; BGH, NJW-RR 1989, 451.
500 BGH, DNotZ 1982, 697; BayObLGZ 1975, 132, 136.
501 LG Duisburg, MittRhNotK 1989, 194, 195; *Mayer/Geck/Mayer*, Der Übergabevertrag, § 8 Rn. 6; a.A. LG Köln, NJW-RR 1997, 594.
502 BayObLGZ 1993, 192.
503 BayObLGZ 1975, 132.
504 BayObLGZ 1994, 12.
505 BGH, DNotZ 1982, 45; BGH, NJW-RR 1990, 1283; *Langenfeld/Günther*, Grundstückszuwendungen, Kap. 6 Rn. 22.
506 Tendenziell ebenso *Mayer/Geck/Mayer*, Der Übergabevertrag, § 8 Rn. 7.

VIII. Ausgestaltung des Gemeinschaftsverhältnisses

1. Abgrenzung

Sollen im Rahmen der vorweggenommenen Erbfolge zugunsten mehrerer Personen **(inhaltsgleiche) Rechte** begründet werden, stellt sich die Frage nach dem Gemeinschaftsverhältnis. Das Gemeinschaftsverhältnis lässt sich dem Grunde nach in zwei Gruppen unterteilen: **Mitberechtigung** und **Sukzessivberechtigung**. **601**

Bei der **Mitberechtigung** wird ein Recht *zeitgleich* mehreren Personen (in mehrheitlicher Berechtigung) eingeräumt. Bei der **Sukzessivberechtigung** wird ein Recht zunächst einem Berechtigten als Alleinberechtigten eingeräumt und einem anderen Berechtigten (mit demselben Inhalt) zu einem *späteren Zeitpunkt*. Hauptanwendungsfall der Sukzessivberechtigung ist eine Rechtseinräumung zunächst alleine zugunsten des (alleinigen) Übergebers und eine zeitlich nachfolgende inhaltsgleiche Rechtseinräumung zugunsten des Ehegatten des Übergebers („echte Sukzessivberechtigung“[507]). Daneben finden sich aber auch Mischformen derart, als sich eine anfängliche Mitberechtigung im Wege der Sukzessivberechtigung zur Alleinberechtigung wandelt („unechte Sukzessivberechtigung“). **602**

Zusammenfassend kommen als **Berechtigungsverhältnis** danach in Betracht: Teilgläubigerschaft (§ 420 BGB), Gesamtgläubigerschaft (§ 428 BGB), Mitgläubigerschaft (§ 432 BGB), Gesamthandsberechtigung (in Gütergemeinschaft oder Gesellschaft bürgerlichen Rechts), Begründung mehrerer selbständiger Rechte sowie (echte) Sukzessivberechtigung[508]. Führt im Einzelfall eines der vorgenannten Berechtigungsverhältnisse nicht zur gewünschten Rechtsfolge, ist eine entsprechende Modifikation vorzunehmen[509]. **603**

Zum Berechtigungsverhältnis im Rahmen vertraglicher Rückforderungsansprüche siehe Rn. 578 ff. **604**

---

507 Die Begrifflichkeiten „unechte Sukzessivberechtigung“ und „echte Sukzessivberechtigung“ werden nicht allgemein verwendet, sollen aber nachfolgend zur besseren Abgrenzung Verwendung finden.

508 Daneben werden neuerdings auch Mischformen angepriesen, vgl. *Amann*, DNotZ 2008, 324, 331 ff.; *Mayer/Geck/Mayer*, Der Übergabevertrag, § 4 Rn. 27 ff.; ablehnend aber *Schöner/Stöber*, Rn. 1125.

509 Vgl. *Amann*, DNotZ 2008, 324, 346.

2. Berechtigungsverhältnis

a) Teilgläubigerschaft (§ 420 BGB)

605 Bei der Teilgläubigerschaft kann jeder Gläubiger nur einen Teil der Leistung verlangen. Ist unter den Gläubigern nichts Abweichendes vereinbart, ist jeder zur Forderung eines gleichen Teils berechtigt (vgl. § 420 Hs. 2 BGB). Voraussetzung für Teilgläubigerschaft ist die **Teilbarkeit der Leistung**. Hinsichtlich der Teilbarkeit ist nicht nur auf die natürlichen Verhältnisse abzustellen. Vielmehr sind maßgeblich die individuelle Ausgestaltung des Schuldverhältnisses, die Stellung der Gläubiger untereinander sowie der zugrunde liegende Parteiwille[510]. Die Teilbarkeit bestimmt sich folglich nach der *rechtlichen Natur* des Geschuldeten[511]. In der Praxis ist die Teilgläubigerschaft die Ausnahme[512].

606 Im Rahmen der vorweggenommenen Erbfolge ist Teilgläubigerschaft denkbar bei **wiederkehrenden Leistungen** (Geldrente, Verpflichtung zu Naturalleistungen[513]) und beim **Nießbrauch**[514], hingegen ausgeschlossen beim Wohnungsrecht (unvereinbar mit dem Wesen des Wohnungsrechts)[515].

607 Liegt Teilgläubigerschaft vor, sind die jeweiligen Gläubiger wie Einzelgläubiger zu behandeln[516]. **Verstirbt ein Teilgläubiger**, geht der ihm zustehende Teil der Leistung nicht automatisch auf den anderen Teilgläubiger über; vielmehr gelten die allgemeinen Regeln: Vererbliche Rechte gehen auf den Gesamtrechtsnachfolger des Verstorbenen über, unvererbliche Rechte erlöschen. Soll mithin der andere (vormalige) Teilgläubiger mit dem Ableben eines Teilgläubigers künftig alleiniger Anspruchsinhaber sein, ist dies zu vereinbaren. Bei unvererblichen Rechten bedarf es hierzu einer aufschiebend bedingten (Allein-)Rechtseinräumung zugunsten des anderen (vormaligen) Teilgläubigers (auch hinsichtlich des Teilanspruchs des verstorbenen Teilgläubigers). Bei vererblichen Rechten kann entweder eine aufschiebend bedingte Vorausabtretung der Rechte des erstversterbenden Teilgläubigers an den verbleibenden Teilgläubiger vereinbart werden. Oder es wird zugunsten des anderen (vormaligen) Teilgläubigers eine aufschiebend bedingte (Allein-)Rechtseinräumung vereinbart, verbunden mit dem Erlöschen der zugunsten des erstverster-

510 *Erman/Böttcher*, § 420 Rn. 2.
511 *MünchKomm/Heinemeyer*, § 420 Rn. 5.
512 *Erman/Böttcher*, Vor § 420 Rn. 4.
513 *Mayer/Geck/Mayer*, Der Übergabevertrag, § 4 Rn. 4.
514 OLG Düsseldorf, Rpfleger 1975, 409; *Schöner/Stöber*, Rn. 1370; *MünchKomm/Pohlmann*, § 1030 Rn. 65.
515 OLG Köln, DNotZ 1965, 686; *Schöner/Stöber*, Rn. 1245.
516 *Erman/Böttcher*, § 420 Rn. 6.

benden Teilgläubigers eingeräumten Rechte mit dessen Ableben (unechte Sukzessivberechtigung)[517].

Formulierungsbeispiel [Teilgläubigerschaft, Alleinberechtigung des längerlebenden Übergebers]: 608

> Die beiden Übergeber sind Teilgläubiger (§ 420 BGB) zu jeweils gleichen Bruchteilen. Verstirbt einer der Übergeber, steht der vereinbarte Anspruch dem Längerlebenden der Übergeber in vollem Umfang als Alleinberechtigten zu.

b) Gesamtgläubigerschaft (§ 428 BGB)

Gesamtgläubigerschaft liegt vor, wenn mehrere eine Leistung in der 609
Weise zu fordern berechtigt sein sollen, dass jeder die ganze Leistung fordern kann, der Schuldner die Leistung aber nur einmal zu bewirken hat (vgl. § 428 S. 1 BGB). Wie die geschuldete Leistung im Innenverhältnis der Gläubiger zu verteilen ist, bestimmt sich nach § 430 BGB (vgl. hierzu aber Rn. 611).

Im Rahmen der vorweggenommenen Erbfolge ist Gesamtgläubiger- 610
schaft denkbar bei **wiederkehrenden Leistungen**, **Wohnungsrecht** und **Nießbrauch**[518].

Der Schuldner wird mit Erbringen der Leistung an (nur) einen Berech- 611
tigten frei (§ 428 S. 1 BGB). Freilich besteht hier die Gefahr, dass einer der Berechtigter „leer ausgeht", ist er doch auf einen Anspruch im Innenverhältnis gegenüber dem anderen (Mit-)Berechtigten beschränkt, sobald der Schuldner die Leistung einmal im Außenverhältnis bewirkt hat. Gerade im Bereich der vorweggenommenen Erbfolge macht die Rechtsprechung bei vereinbarten **Versorgungsrechten** aber eine **Ausnahme**: Danach soll der Grundsatz, der Schuldner kann nach seinem Belieben an jeden Gläubiger leisten, nur für den „Normalfall" einer inhaltlich nicht personenbezogenen Leistungspflicht gelten. Sind hingegen **personenbezogene Leistungen** vereinbart, ist die Leistung in diesem Fall erst dann erbracht, wenn sie gegenüber *allen Gläubigern erbracht* ist[519]. Zu den personenbezogenen Leistungen im vorstehenden Sinne zählen Wohnungsrecht, Nießbrauch, Wart- und Pflegeleistungen sowie Geldrenten.

---

517 Vgl. BayObLGZ 1984, 252, 256; BayObLGZ 1995, 149 (im Ergebnis bejaht, wenngleich dogmatische Einordnung offen gelassen, S. 152); *Meder*, BWNotZ 1982, 36, 39; *Mayer/Geck/Mayer*, Der Übergabevertrag, § 4 Rn. 4.

518 BayObLGZ 1975, 191, 194.

519 BayObLGZ 1975, 191, 194; vgl. auch BGH, NJW 1967, 627, 628 f.

612 Mit dem **Tod eines Gesamtgläubigers** erlöschen die zu seinen Gunsten eingeräumten unvererblichen Rechte (wie Wohnungsrecht und Nießbrauch); unberührt hiervon bleibt die Rechtseinräumung zugunsten des anderen Gesamtberechtigten, der fortan alleine forderungsberechtigt ist. Sind vererbliche Rechte eingeräumt, gehen diese mit dem Ableben auf den Gesamtrechtsnachfolger des Verstorbenen über. Soll der längerlebende Gesamtgläubiger auch in diesem Fall mit dem Versterben des anderen Gesamtgläubigers fortan Alleinberechtigter sein, kann dies entsprechend vereinbart werden (vgl. Rn. 607)[520]. Auch wenn dies nicht ausdrücklich erfolgt ist, wird sich eine entsprechende Vereinbarung bei Verträgen über die vorweggenommene Erbfolge i.d.R. jedenfalls im Wege der ergänzenden Vertragsauslegung feststellen lassen[521].

613 **Formulierungsbeispiel** [Gesamtgläubigerschaft, Alleinberechtigung des längerlebenden Übergebers]:

> Die beiden Übergeber sind Gesamtgläubiger (§ 428 BGB). Verstirbt einer der Übergeber, steht der vereinbarte Anspruch dem Längerlebenden der Übergeber in vollem Umfang als Alleinberechtigten zu.

c) Mitgläubigerschaft (§ 432 BGB)

614 Mitgläubigerschaft liegt vor, wenn mehrere Personen eine unteilbare Leistung nur an alle fordern und der Schuldner nur an alle gemeinschaftlich leisten kann (vgl. § 432 Abs. 1 S. 1 BGB). Voraussetzung ist danach das **Vorliegen einer unteilbaren Leistung**; ist die geschuldete Leistung teilbar, scheidet Mitgläubigerschaft dem Grunde nach aus. Unteilbarkeit i.d.S. liegt vor, wenn der Leistungsgegenstand nicht ohne Wesensveränderung oder Wertverlust aufgeteilt werden kann[522] oder die Unteilbarkeit auf Parteivereinbarung derart beruht, als für die Entgegennahme der Leistung ausschließlich eine gemeinsame Empfangszuständigkeit begründet ist[523].

615 Im Rahmen der vorweggenommenen Erbfolge ist Mitgläubigerschaft denkbar bei **wiederkehrenden Leistungen** und dem **Wohnungsrecht**[524]. Beim **Nießbrauch** soll Mitgläubigerschaft wegen der Möglichkeit der Vereinbarung eines Quotennießbrauchs nach Ansicht der Rspr. ausgeschlossen sein[525]; richtigerweise muss es aber zulässig sein, auch beim Nieß-

520 Vgl. *Amann,* DNotZ 2008, 324, 335 f.
521 Ebenso *Mayer/Geck/Mayer,* Der Übergabevertrag. § 4 Rn. 23.
522 *Erman/Böttcher,* § 432 Rn. 3.
523 *Erman/Böttcher,* § 432 Rn. 3; *Staudinger/Looschelders,* § 432 Rn. 7.
524 Vgl. *Erman/Grziwotz,* § 1093 Rn. 8.
525 OLG München, NJW 2009, 3310; *Schöner/Stöber,* Rn. 1370.

brauch Unteilbarkeit jedenfalls durch rechtsgeschäftliche Vereinbarung herbeizuführen[526].

Soll beim **Tod eines Mitgläubigers** der längerlebende (vormals) Mitberechtigte fortan Alleinberechtigter sein, bedarf es der Vereinbarung einer entsprechenden (unechten) Sukzessivberechtigung (siehe Rn. 607)[527]. Auch ohne ausdrückliche Vereinbarung wird sich dies bei Verträgen über die vorweggenommene Erbfolge i.d.R. jedenfalls im Wege der ergänzenden Vertragsauslegung feststellen lassen. 616

Formulierungsbeispiel [Mitgläubigerschaft, Alleinberechtigung des längerlebenden Übergebers]: 617

> Die beiden Übergeber sind Mitgläubiger (§ 432 BGB). Verstirbt einer der Übergeber, steht der vereinbarte Anspruch dem Längerlebenden der Übergeber in vollem Umfang als Alleinberechtigten zu.

d) Gesamthandsberechtigung (Gütergemeinschaft, GbR)

Im Rahmen der vorweggenommenen Erbfolge kommen als Gesamthandsberechtigung die eheliche Gütergemeinschaft sowie eine Berechtigung in Gesellschaft bürgerlichen Rechts in Betracht. Auf Gesamthandsgemeinschaften findet **§ 432 BGB Anwendung**, sofern nicht die besonderen gesetzlichen Regelungen oder Statuten der Gesamthandsgemeinschaft etwas anderes vorsehen[528]. 618

Ehegatten können **Wohnungsrecht**, **Nießbrauch** sowie **wiederkehrende Leistungen** als Gesamtberechtigten in **Gütergemeinschaft** zustehen. Berechtigt zur Einziehung des Anspruchs ist grds. nur der Gesamtgutsverwalter (vgl. §§ 1422, 1450 BGB). Soll nach dem Ableben eines Ehegatten das Recht dem längerlebenden Ehegatten künftig als Alleinberechtigten zustehen, bedarf es der Vereinbarung einer (unechten) Sukzessivberechtigung (siehe Rn. 607)[529]. 619

526 *Amann,* DNotZ 2008, 324, 344; *Kesseler,* DNotZ 2010, 123, 126 f.

527 *Amann,* DNotZ 2008, 324, 335 f.; *Krauß,* Vermögensnachfolge, Rn. 2759.

528 Vgl. BGH, NJW 1973, 2198; *Erman/Böttcher,* § 432 Rn. 11.

529 Vgl. *Amann,* MittBayNot 1990, 225, 227 ff. m.w.N. zur dogmatischen Einordnung; ebenso *Schöner/Stöber,* Rn. 261h.

620 **Formulierungsbeispiel** [Gütergemeinschaft, längerlebender Ehegatte als Alleinberechtigter]:

> Die beiden Übergeber sind Berechtigte in Gütergemeinschaft. Verstirbt einer der Übergeber, steht der vereinbarte Anspruch dem Längerlebenden der Übergeber in vollem Umfang als Alleinberechtigten zu.

621 Werden Austragsrechte mehreren Berechtigten als Berechtigten in **Gesellschaft bürgerlichen Rechts** zugewandt, ist die Gesellschaft selbst Träger der eingeräumten Rechte (und Pflichten)[530]. Soll ein vorbehaltenes Recht dem längerlebenden Berechtigten nach dem Ableben des Erstversterbenden alleine zustehen, bedarf es einer entsprechenden gesellschaftsrechtlichen Regelung derart, als das Gesellschaftsvermögen unter Ausschluss der Erben des verstorbenen Gesellschafters dem verbleibenden Gesellschafter anwächst[531]. Oder das zugunsten der GbR eingeräumte Recht ist auflösend bedingt mit dem Ableben eines Gesellschafters vereinbart und zugleich ist dem längerlebenden Berechtigten aufschiebend bedingt ein inhaltsgleiches Recht als Alleinberechtigtem eingeräumt.

622 **Formulierungsbeispiel** [GbR, Alleinberechtigung des längerlebenden Übergebers]:

> Die beiden Übergeber sind Berechtigte in Gesellschaft bürgerlichen Rechts (§§ 705 ff. BGB). Verstirbt einer der Übergeber, erlischt das zugunsten der GbR eingeräumte Recht; dem Längerlebenden der Übergeber wird mit Erlöschen des Rechts zugunsten der GbR ein inhaltsgleicher Anspruch als Alleinberechtigten eingeräumt.

e) Mehrere selbständige (gleichrangige) Rechte

623 Möglich ist auch die Begründung mehrerer selbständiger Rechte, die i.d.R. (wenn auch nicht zwingend) gleichrangig eingeräumt werden. Praktisch handhabbar ist dies jedenfalls bei wiederkehrenden Leistungen (insbesondere bei der Vereinbarung einer Geldrente). Sind hingegen Nutzungsrechte derart vereinbart, als die Rechte *nebeneinander* nicht oder nicht vollständig ausgeübt werden können, findet § 1024 BGB (mit u.U. wenig befriedigenden Ergebnissen) Anwendung[532].

---

530 Vgl. *Mayer/Geck/Mayer,* Der Übergabevertrag, § 4 Rn. 11.

531 *Ring/Grziwotz/Leiß,* Systematischer Praxiskommentar Personengesellschaften, Kap. 8 Rn. 8 f.

532 *Mayer/Geck/Mayer,* Der Übergabevertrag, § 4 Rn. 5.

f) Rechtseinräumung zugunsten des Ehegatten des Übergebers (Sukzessivberechtigung)

Steht der im Wege vorweggenommener Erbfolge zu übertragende Vermögensgegenstand im **Alleineigentum eines Ehegatten**, können Austragsrechte freilich sogleich auch zugunsten des anderen Ehegatten (in Gesamtberechtigung) zugewendet werden (zum Rechtsgrund im Innenverhältnis der Ehegatten siehe Rn. 628 ff.). Sollen hingegen die Austragsrechte zunächst nur dem Übergeber vorbehalten und erst zu einem späteren Zeitpunkt (meist mit dem Ableben des Übergebers) dessen Ehegatten eingeräumt werden, ist eine entsprechende Rechtseinräumung zugunsten des Ehegatten wie folgt denkbar: **624**

- durch Abtretung des ursprünglich dem Übergeber zustehenden Anspruchs;
- durch Begründung eines eigenen Anspruchs zugunsten des Ehegatten;
- im Wege einer (echten) Sukzessivberechtigung.

Dem Grunde nach „einfach" erscheint zunächst die **Abtretung** des dem Übergeber zustehenden Anspruchs (vgl. § 398 BGB) – aufschiebend bedingt mit Eintritt eines bestimmten Ereignisses (bspw. dem Tod des Übergebers) oder auf einen festgelegten Termin (Befristung), vgl. § 158 BGB. Diese Möglichkeit scheidet aber bereits dann aus, wenn **Rechte nicht übertragbar** sind (wie Wohnungsrecht oder Nießbrauch). Als Alternative kommt in diesem Fall die Begründung eines **eigenen (originären) Anspruchs** des Ehegatten in Betracht, bedingt durch das Ableben des Übergebers. **625**

In der Praxis wurde oftmals ein anderer Weg gesucht: die sog. **Sukzessivberechtigung**. Kennzeichen der (echten) Sukzessivberechtigung ist, dass ein Recht mehreren Berechtigten in zeitlichem Nacheinander zustehen soll[533]. Es kommt lediglich zu einem **Wechsel in der Gläubigerposition** der Berechtigung, die nicht auf Rechtsnachfolge (wie Abtretung oder Gesamtrechtsnachfolge) beruht, sondern auf dem Eintritt bestimmter Umstände[534]. Der Vereinbarung liegt danach ein Rechtsverhältnis zugrunde, das durch den Wechsel in der Gläubigerposition in seiner Identität nicht beeinträchtigt wird[535]. Als vorzugswürdig wird diese Konstruktion deshalb angesehen, weil es hierdurch ausreichend ist, lediglich ein dingliches Recht im Grundbuch einzutragen. Allerdings greift dieser Lösungsansatz nur bei abtretbaren und vererblichen Rechten, hingegen nicht bei nicht abtretbaren und unvererblichen Rechten[536]. In zweitgenannter Fall- **626**

533 *Schöner/Stöber*, Rn. 261a

534 *Liedel*, DNotZ 1991, 855, 856 f.

535 *Schöner/Stöber*, Rn. 261a.

536 Vgl. *Schöner/Stöber*, Grundbuchrecht, Rn. 261e und f; deshalb i.E. nunmehr auch ablehnend.

gruppe kommt nur die Bestellung eines eigenständigen Rechts für den Dritten in Betracht, ggf. aufschiebend bedingt mit bspw. dem Ableben des Erstberechtigten[537].

627 Im Gesetz ist die (echte) Sukzessivberechtigung nicht geregelt, ihre dogmatische Einordnung nicht abschließend geklärt[538]; in der Rspr. ist sie aber anerkannt[539]. Dogmatisch hat die Rspr. die Herleitung derart versucht, dass eine auflösend bedingte bzw. befristete Rechtseinräumung zugunsten des Erstberechtigten und zugleich eine aufschiebend bedingte (bzw. befristete) Rechtseinräumung zugunsten eines weiteren Berechtigten angenommen wird[540]. Alternativ könnten die Bestimmungen über die Gläubigermehrheit herangezogen werden[541]: Danach soll im Wege der *Auslegung* – unabhängig von dem im Einzelfall vereinbarten Berechtigungsverhältnis – eine Gesamtberechtigung im Sinn des § 428 BGB angenommen werden. Diese soll zunächst von dem vordergründig (auflösend bedingt) vereinbarten Berechtigungsverhältnis überlagert sein und unter gewissen Voraussetzungen, namentlich dem Vorversterben eines Ehegatten, rückwirkend wirksam werden[542].

B. Absicherung des Ehegatten des Übergebers

628 Steht der im Wege vorweggenommener Erbfolge zu übertragende Vermögensgegenstand **im Alleineigentum nur eines Übergebers**, ist Augenmerk auf die Absicherung auch dessen Ehegatten zu richten.

629 Welche Ansprüche dem Ehegatten des Übergebers zugewendet werden sollen, steht zunächst im Belieben der Vertragsparteien. Besteht aber einmal Einigkeit über das *„Was“* der Zuwendung, ist zu klären, *„wie“* die Zuwendung an den Ehegatten geschehen soll. Denkbar sind grds. zwei Möglichkeiten: Dem Ehegatten wird sogleich eine **Mitberechtigung** (neben dem Übergeber) eingeräumt. Oder dem Ehegatten wird eine **Sukzessivberechtigung** (nach dem Übergeber) eingeräumt. Oftmals wird sich die Ausgestaltung des Berechtigungsverhältnisses freilich an den steuerrechtlichen Vorgaben orientieren. Vgl. im Übrigen Rn. 601 ff. zur Ausgestaltung des Berechtigungsverhältnisses.

537 *Schöner/Stöber*, Grundbuchrecht, Rn. 261e.

538 Vgl. *Liedel*, DNotZ 1991, 855.

539 BayObLG, DNotZ 1978, 238; BayObLGZ 1995, 149; OLG Frankfurt, Rpfleger 1978, 213.

540 BayObLGZ 1984, 252, 256; offengelassen von BayObLGZ 1995, 149, 152 f., wenngleich i.E. bejaht; krit. *Amann*, MittBayNot 1990, 225, 227: Fall der Alternativberechtigung.

541 *Amann*, MittBayNot 1990, 225, 227.

542 *Amann*, MittBayNot 1990, 225, 227 f.; vgl. auch BayObLGZ 1995, 149, 152.

I. Vertragsbeziehungen

Dogmatisch ist zu unterscheiden zwischen dem Valutaverhältnis einerseits und dem Vollzugsverhältnis andererseits: Das **Valutaverhältnis** besteht zwischen dem Übergeber und seinem Ehegatten; das **Vollzugsverhältnis** zwischen Erwerber und Ehegatten des Übergebers. In letzterem vollzieht sich die unmittelbare Leistung der versprochenen Zuwendung. Der Rechtsgrund für die Zuwendung selbst und das Behaltendürfen ist hingegen im Valutaverhältnis zu suchen. Dies gilt selbst dann, wenn, wie in der Praxis üblich, im Rahmen der Vertragsgestaltung eine Formulierung wie *„der Erwerber verpflichtet sich zu folgenden Leistungen (auch) an den Ehegatten des Übergebers"* gewählt wird; auch hier ist Zuwendender der Übergeber, nicht der Erwerber. **630**

Zur rechtlichen Konstruktion, wenn der Ehegatte des Übergebers nicht am Vertrag beteiligt ist, vgl. Rn. 639 ff. **631**

Welcher **Rechtsgrund** dem Valutaverhältnis zugrunde liegt, wird im Vertrag über die vorweggenommene Erbfolge in der Praxis i.d.R. nicht ausdrücklich angesprochen. Rechtsgrund können danach insbesondere (sofern nichts Abweichendes vereinbart ist) sein: eine sog. ehebezogene Zuwendung oder auch eine Schenkung. Eine **ehebezogene Zuwendung** liegt vor, wenn ein Ehegatte dem anderen einen Vermögenswert um der Ehe willen und als Beitrag zur Verwirklichung und Ausgestaltung, Erhaltung oder Sicherung der ehelichen Lebensgemeinschaft zukommen lässt, wobei er die Vorstellung oder Erwartung hegt, dass die eheliche Lebensgemeinschaft Bestand haben und er innerhalb dieser Gemeinschaft am Vermögenswert und dessen Früchten weiter teilhaben werde[543]. Die ehebezogene Zuwendung unterscheidet sich von der Schenkung i.S.d. § 516 BGB im *subjektiven* Bereich: Bei der **Schenkung** steht der Wille, den anderen einseitig aus Freigiebigkeit begünstigen zu wollen, im Vordergrund, ohne dass dieser Wille auf der Verfolgung des Zwecks der Gestaltung der gemeinsamen ehelichen Lebensverhältnisse beruht[544], während es bei der ehebezogenen Zuwendung nicht um einseitig begünstigende Bereicherung des anderen, sondern um die Ausgestaltung oder Sicherung der ehelichen Lebensgemeinschaft geht[545]. Nach diesen Abgrenzungskriterien ist eine Schenkungen unter Ehegatten eher selten anzunehmen[546]. **632**

543 *Wever,* Vermögensauseinandersetzung der Ehegatten außerhalb des Güterrechts, Rn. 911; siehe hierzu auch *Brambring,* ZEV 1996, 248; *Hayler,* DNotZ 2000, 681.

544 *Wever,* Vermögensauseinandersetzung der Ehegatten außerhalb des Güterrechts, Rn. 912.

545 *Wever,* Vermögensauseinandersetzung der Ehegatten außerhalb des Güterrechts, Rn. 912; kritisch zu dieser Unterscheidung *Schotten,* NJW 1990, 2841 ff.

546 Vgl. BGH, FamRZ 1983, 668, 669; OLG Frankfurt, FamRZ 1986, 576.

Siehe im Übrigen zur Abgrenzung von Valuta- und Vollzugsverhältnis Rn. 640.

II. Rechtsfolgen bei Scheidung

633 Fraglich ist der Bestand der zugewendeten Rechte im Falle der **Scheidung** der zwischen Übergeber und seinem Ehegatten bestehenden Ehe. Möglich und zulässig ist es, die dem Ehegatten eingeräumten Rechte unter der **Bedingung** des Fortbestands der Ehe zu setzen: Sind die Rechte dem Ehegatten sofort zugewendet i.S. einer Mitberechtigung, stehen sie unter der auflösenden Bedingung der Ehescheidung (§ 158 Abs. 2 BGB); sollen sie ihm i.S. einer Sukzessivberechtigung erst zu einem späteren Zeitpunkt zugewendet sein, stehen sie unter der aufschiebenden Bedingung des Fortbestands der Ehe zum Zeitpunkt des Eintritts der Sukzessivberechtigung (§ 158 Abs. 1 BGB) und zugleich unter der auflösender Bedingung des Fortbestands der Ehe über diesen Zeitpunkt hinaus (§ 158 Abs. 2 BGB).

634 **Formulierungsbeispiel** [auflösende Bedingung]:

Die dem Ehegatten des Übergebers eingeräumten Rechte sind jedoch auflösend bedingt vereinbart; Bedingung ist die rechtskräftige Scheidung der zwischen Übergeber und seinem Ehegatten bestehenden Ehe.

635 Haben die Vertragsparteien keine ausdrückliche Vereinbarung getroffen, ist anhand **ergänzender Vertragsauslegung** (§§ 133, 157 BGB) deren Wille zu erforschen: Es ist darauf abzustellen, was die Parteien bei einer angemessenen Abwägung ihrer Interessen nach Treu und Glauben vereinbart hätten, wenn sie den von ihnen nicht geregelten Fall bedacht hätten[547]. Die unvollständige Regelung ist aus ihren eigenen Voraussetzungen und ihrem Sinnzusammenhang heraus zu ergänzen[548]. Gerade in Fällen der Vermögensübergabe im fortgeschrittenen Alter des Übergebers (und insbesondere dessen Ehegatten) wird man häufig zu dem Ergebnis kommen, dass die dem Ehegatten eingeräumten Rechte auch über eine etwaige Scheidung hinaus fortbestehen sollen.

636 Inwieweit eine Zuwendung an den Ehegatten im Rahmen des **Zugewinnausgleichs** zu berücksichtigen ist, ist eine Frage des § 1380 BGB (sofern nichts Abweichendes vereinbart ist)[549].

547 BGH, NJW 1982, 2184; BGH, NJW 2004, 2449.

548 *Neuner*, BGB-AT, § 35 Rn. 67.

549 Vgl. hierzu *Soergel/Kappler/Kappler*, § 1380 Rn. 9 ff.

C. Absicherung weichender Geschwister

I. Inhalt und Abgrenzung

637 Erhält im Rahmen der vorgenommenen Erbfolge ein Abkömmling den Großteil des Vermögens des Übergebers, stellt sich – sofern Geschwister des Erwerbers vorhanden sind – die Frage der Beteiligung (auch) der weiteren Abkömmlinge (nachfolgend auch „weichende Geschwister“) am Vermögen des Übergebers. Insoweit kann es als „gerecht“ empfunden werden, wenn (weitere) Abkömmlinge – insbesondere wenn sie nicht in das „Hauptvermögen“ des Übergebers nachfolgen – eine (adäquate) Abfindung erhalten. Ausgestaltung und Höhe der Abfindung unterliegen zunächst der **Privatautonomie** der Parteien, wenngleich das gesetzliche Pflichtteilsrecht der „weichenden Geschwister“ mittelbaren Einfluss hierauf hat (vgl. hierzu Rn. 691 ff.).

638 Zugunsten der weichenden Geschwister sind insbesondere folgende Leistungen denkbar: Hinauszahlung eines Geldbetrags; Nachabfindung; Freistellung von der gesetzlichen Unterhaltspflicht (gegenüber dem Übergeber); Einräumung eines Nutzungsrechts (zumeist Wohnungsrecht) an übertragenem Grundbesitz.

639 Sollen Leistungen an weichende Geschwister erbracht werden, kann dies (dogmatisch) auf zweierlei Weise erfolgen: durch **Vertrag zugunsten Dritter** (vgl. § 328 BGB) oder unmittelbare Beteiligung des Geschwisterteils an der **vertraglichen Vereinbarung**. Beim Vertrag zugunsten Dritter handelt es sich um eine Durchbrechung des Grundsatzes, dass Rechte und Pflichten aus einem Schuldverhältnis nur für die unmittelbar an dem Schuldverhältnis Beteiligten begründet werden. Danach kann vereinbart werden, dass der Schuldner (Versprechender) die Leistung an einen vom Gläubiger (Versprechensempfänger) verschiedenen Dritten (Leistungsempfänger) zu erbringen hat[550]. Soll dem Leistungsempfänger selbst ein Anspruch auf Leistung zustehen, handelt es sich um einen sog. echten Vertrag zugunsten Dritter; soll hingegen alleine der Versprechensempfänger zur Forderung der Leistung an den Dritten berechtigt sein, spricht man von einem sog. unechten Vertrag zugunsten Dritter (vgl. § 328 Abs. 2 BGB)[551]. Im Rahmen der vorweggenommenen Erbfolge ist ein eigenes Forderungsrecht des weichenden Geschwisterteils i.d.R. zweckmäßig.

640 Beim Vertrag zugunsten Dritter ist hinsichtlich der vertraglichen Beziehungen zu unterscheiden zwischen **Deckungsverhältnis**, **Valutaverhältnis** und **Vollzugsverhältnis**: Das Deckungsverhältnis besteht zwi-

550 *Grüneberg/Grüneberg*, Einf v § 328 Rn. 1.
551 *Grüneberg/Grüneberg*, Einf v § 328 Rn. 1.

schen Versprechensempfänger und Versprechendem. Das Valutaverhältnis zwischen Versprechensempfänger und Leistungsempfänger. Das Vollzugsverhältnis zwischen Leistungsempfänger und Versprechenden. Das Vollzugsverhältnis realisiert sich in der Erbringung der Leistung an den Leistungsempfänger. Damit der Leistungsempfänger die Leistung aber auch dauerhaft behalten darf, bedarf es eines Rechtsgrunds im Valutaverhältnis[552]. Soll Rechtsgrund eine Schenkung (vgl. § 516 BGB) sein, bedarf zudem jedenfalls das Schenkungsversprechen der notariellen Form (vgl. § 518 Abs. 1 Satz 1 BGB), andernfalls wäre grds. Nichtigkeit die Folge (vgl. § 125 BGB). Der Formmangel wird aber durch Bewirkung der versprochenen Leistung geheilt (vgl. § 518 Abs. 2 BGB). Beim Vertrag zugunsten Dritter ist darüber hinaus zu beachten, dass es einen sog. **dinglichen Vertrag zugunsten Dritter** nicht gibt; dieser ist unzulässig[553]: Sollen (auch) dingliche Rechte zugunsten weichender Geschwister vereinbart werden (bspw. ein Wohnungsrecht), sind sie am Vertrag der vorweggenommenen Erbfolge zu beteiligen (wenngleich die dingliche Einigung i.S.d. § 873 BGB mangels Formerfordernisses auf Seiten des Dritten auch auf andere Art und Weise zustande kommen kann[554], etwa durch Übersendung einer Ausfertigung des Vertrags).

641 **Praxistipp:** Um spätere Streitigkeit zu vermeiden, sollten weichende Geschwister, an die eine Leistung erbracht werden soll, am Vertrag über die vorweggenommene Erbfolge beteiligt werden: Zum einen zur Begründung eines wirksamen Valutaverhältnisses; zum anderen zur Vermeidung unzulässiger dinglicher Verträge zugunsten Dritter, sofern dingliche Rechte zu deren Gunsten bestellt werden sollen.

642 Zu flankierenden Maßnahmen, wie der Vereinbarung eines **Pflichtteilsverzichts** mit weichenden Geschwistern, siehe Rn. 725 ff.

II. Einzelheiten

1. Hinauszahlungspflicht

643 Sollen weichende Geschwister einen Geldbetrag als Abfindung erhalten, kann vereinbart werden, dass entweder ein einmaliger Betrag (dies wird der Regelfall sein) oder wiederkehrenden Leistungen geschuldet sind. In der Praxis wird bei Hinauszahlungspflichten oftmals von **„Gleichstel-**

552 Vgl. BGHZ 128, 125, 132.
553 BGH, NJW 1993, 2617; BayObLG, MittBayNot 2003, 126.
554 Vgl. BayObLG, MittBayNot 2003, 126, 127.

lungsgeldern" gesprochen[555]. Zur Ausgestaltung der Zahlungsverpflichtung im Übrigen, vgl. Rn. 469 ff.

Zu unterscheiden ist, **wer zur Leistung** des Geldbetrags an die weichenden Geschwister **verpflichtet** sein soll: Denkbar ist, dass der Übergeber selbst noch die Hinauszahlung erledigen, also nicht der Erwerber damit belasten werden soll. In diesem Fall wird ein unmittelbarer Zahlungsanspruch zwischen Übergeber und weichendem Geschwisterteil begründet. **644**

Formulierungsbeispiel [Hinauszahlungspflicht durch Übergeber]: **645**

> Der Übergeber verpflichtet sich gegenüber seinem Kind … zur Zahlung eines einmaligen Geldbetrags in Höhe von … Euro. Der Zahlungsanspruch ist fällig. Der Übergeber unterwirft sich wegen der vorstehend vereinbarten Verpflichtung zur Zahlung des einmaligen Geldbetrags der sofortigen Zwangsvollstreckung aus dieser Urkunde. Vollstreckbare Ausfertigung kann jederzeit ohne weitere Nachweise erteilt werden.

Soll hingegen der **Erwerber** (wirtschaftlich) mit der Hinauszahlungspflicht belastet sein, wird in der Praxis i.d.R. eine (unmittelbare) Verpflichtung zwischen Erwerber und weichendem Geschwisterteil vereinbart. Dogmatisch betrachtet handelt es sich gleichwohl auch hier im Valutaverhältnis um eine **Leistung des Übergebers** an seine (weichenden) Abkömmlinge (Geschwister des Erwerbers)[556]; es liegt lediglich eine Abkürzung des Vollzugsverhältnisses vor[557]. In der Formulierung könnte dies ggf. deutlicher dadurch zum Ausdruck gebracht werden, dass der Erwerber auf Weisung des Übergebers zur Leistung verpflichtet wird. **646**

Formulierungsbeispiel [Hinauszahlungspflicht durch Erwerber]: **647**

> Der Erwerber verpflichtet sich – auf Weisung des Übergebers sowie unter Abkürzung des Zahlungsweges – gegenüber seinen Geschwistern … zur Zahlung eines einmaligen Geldbetrags in Höhe von jeweils … Euro.

2. Nachabfindungsverpflichtung

Teils sollen weichende Geschwister einen sog. „Nachabfindungsanspruch" erhalten. Als Anknüpfungspunkt (= Bedingung) der Nachabfin- **648**

555 Vgl. *von Hoyenberg*, Vorweggenommene Erbfolge, Kap. 7 Rn. 37.

556 So i.E. auch *Langenfeld/Günther*, Grundstückszuwendungen, Kap. 4 Rn. 112; *Mayer/Geck/Mayer*, Der Übergabevertrag, § 10 Rn. 11 und 15.

557 *Mayer/Geck/Mayer*, Der Übergabevertrag, § 10 Rn. 14.

dung wird i.d.R. die Veräußerung von an den Erwerber übertragenem Vermögen durch diesen vereinbart (etwa bei späterer Veräußerung von überlassenem Grundbesitz). Unter dieser Bedingung haben dann die weichenden Geschwister Anspruch auf Hinauszahlung eines bestimmten Geldbetrags. Voraussetzungen und Rechtsfolgen sind detailliert zu regeln[558], wobei § 13 HöfeO einen gesetzlichen Anhaltspunkt hierfür liefert. In der Praxis werden Nachabfindungsansprüche i.d.R. zeitlich befristet; ebenfalls üblich ist die Aufnahme von Ausnahmetatbeständen, so dass unter den vereinbarten Voraussetzungen keine Nachabfindung (mehr) zu leisten ist. Eine dingliche Sicherung der Nachabfindungsklausel kann mittels Bestellung eines Grundpfandrechts (zumeist einer Sicherungshypothek) erfolgen, nicht aber durch Vormerkung.

649 **Formulierungsbeispiel** [Nachabfindungsklausel][559]:

> Für den Fall, dass der Erwerber innerhalb von ... Jahren von heute an den übertragenen Grundbesitz oder Teile davon ohne Zustimmung seiner Geschwister ... veräußert – entscheidend ist der Tag der notariellen Urkunde, mit welcher die Veräußerung erfolgt oder die Bindung des heutigen Erwerbers hierzu eingegangen wird –, ist der Erwerber verpflichtet, ... % des Nettoveräußerungserlöses (Veräußerungserlös abzüglich Veräußerungskosten und -steuern sowie abzüglich etwa vorgenommener werterhöhender Investitionen ohne Beilage von Zinsen, jedoch ohne Abzug gezogener Abschreibung), an seine Geschwister ... zu untereinander gleichen Teilen, ersatzweise an deren Abkömmlinge nach den Regeln der gesetzlichen Erbfolge, auf schriftliches, innerhalb eines Jahres ab Kenntnis der Veräußerung zu stellendes Verlangen zu bezahlen. Das Verlangen kann auch von einzelnen Berechtigten anteilig gestellt werden.
>
> Bei einer ganz oder teilweise unentgeltlichen Veräußerung tritt an die Stelle des Veräußerungserlöses der Verkehrswert. Der Fall der Zwangsversteigerung steht der Veräußerung gleich.
>
> Der Nachabfindungsanspruch besteht nicht bei einer Veräußerung:
> - an Abkömmlinge des Erwerbers, die die bedingte Zahlungsverpflichtung für die Restlaufzeit übernehmen,
> - von Straßenflächen oder zu ähnlichen öffentlichen Zwecken an eine Gebietskörperschaft,
> - zur Erfüllung von Ansprüchen nach § 528 BGB,
> - zur Erfüllung von Ansprüchen auf Zugewinnausgleich oder erbrechtlicher Ansprüche.

---

558 Vgl. *Krauß*, Vermögensnachfolge, Rn. 2156 f.

559 Vgl. *Krauß*, Vermögensnachfolge, Rn. 2158.

Das Recht ist nicht übertragbar und nicht vererblich. Die Ansprüche aus dem fristgerecht geltend gemachten Recht sind jedoch übertragbar und vererblich. Auf eine grundbuchliche Absicherung wird verzichtet.

3. Freistellung von Unterhaltspflichten

Streitpotential kann im Rahmen der vorweggenommenen Erbfolge die Frage nach der gegenüber dem Übergeber (fort-)bestehenden gesetzlichen Unterhaltspflicht (§§ 1601 ff. BGB) aufwerfen. Gerade weichende Geschwister drängen oftmals darauf, von der Unterhaltspflicht in Zukunft befreit zu sein; diese solle (aus ihrer Sicht) der Erwerber (oftmals des Hauptvermögens des Übergebers) tragen. Ein **Verzicht seitens des Übergebers** gegenüber seinen Abkömmlingen auf gesetzliche Unterhaltsansprüche scheitert aber an § 1614 Abs. 1 BGB. **650**

Möglich sind danach lediglich im **Innenverhältnis** wirkende Vereinbarungen im Kreis der Unterhaltsverpflichteten (sog. **Freistellungsverpflichtung**): Ein Abkömmling (hier: der Erwerber) verpflichtet sich gegenüber den anderen Abkömmlingen (hier: den weichenden Geschwistern) diese von der gegenüber dem Übergeber bestehenden gesetzlichen Unterhaltspflicht freizustellen[560]. Ob derartige Freistellungsverpflichtungen sachgerecht sind, ist Frage des Einzelfalls[561]. **651**

Formulierungsbeispiel [Freistellungsverpflichtung][562]: **652**

Der Erwerber verpflichtet sich im Wege eines echten Vertrags zugunsten Dritter (§ 328 BGB) gegenüber seinen Geschwistern …, diese sowie deren Abkömmlinge von jeder Inanspruchnahme aus der gesetzlichen Unterhaltspflicht gegenüber dem Übergeber freizustellen. Sofern und soweit diese dennoch von dritter Seite auf Leistung in Anspruch genommen worden sind und tatsächlich geleistet haben, verpflichtet sich der Erwerber zur umgehenden Erstattung des Geleisteten.

---

560 Vgl. *Krauß*, Vermögensnachfolge, Rn. 1936 ff.; *Mayer/Geck/Mayer*, Der Übergabevertrag, § 3 Rn. 253 ff.

561 Zweifelnd: *Langenfeld/Günther*, Grundstückszuwendungen, Kap. 4 Rn. 100; *Mayer/Geck/Mayer*, Der Übergabevertrag, § 3 Rn. 268; bejahend: *Waldner-Cedzich/Ott*, MittBayNot 1988, 65; *Beck'sches Notarhandbuch/Jerschke*, 5. Aufl., A V Rn. 223.

562 Vgl. *Rastätter*, ZEV 1996, 281, 288; *Waldner-Cedzich/Ott*, MittBayNot 1988, 65; *Weyland*, MittRhNotK 1997, 55, 75; *von Hoyenberg*, Vorweggenommene Erbfolge, Kap. 7 Rn. 59; *Mayer/Geck/Mayer*, Der Übergabevertrag, § 3 Rn. 273.

653 Geht der Erwerber eine umfassende Freistellungsverpflichtung ein, muss ihm freilich bewusst sein, dass er ggf. auch **über den Wert der Zuwendung hinaus in Anspruch genommen** werden kann. Entsprechend ist u.U. an eine **Begrenzung** der Freistellungspflicht zu denken. So kann vereinbart werden, dass die Freistellungspflicht betragsmäßig auf den Wert der Zuwendung oder einen Bruchteil hiervon begrenzt ist[563]. Auch kann erwogen werden, soweit Pflege- oder sonstige Leistungen an den Übergeber im Zeitpunkt der Unterhaltsbedürftigkeit bereits erbracht worden sind, eine Herabsetzung der Freistellungshöchstgrenze zu vereinbaren oder dass sich diese in periodischen Zeitabständen seit der Übertragung jeweils prozentual verringert sofern bislang keine Inanspruchnahme erfolgt ist[564].

654 **Formulierungsbeispiel** [Begrenzung der Freistellungspflicht][565]:

> Die Freistellungsverpflichtung ist der Höhe nach begrenzt. Der Übernehmer kann die Freistellung verweigern, sobald hierdurch die Hälfte des Werts des übergebenen Vermögensgegenstands überschritten wird.

655 Wie beschrieben, beschränkt sich die Freistellung auf das Innenverhältnis. Im **Außenverhältnis bleiben (alle) Abkömmlinge unterhaltspflichtig**. Eine Freistellungsverpflichtung kann für weichende Geschwister folglich dann wertlos sein, wenn der Erwerber finanziell nicht in der Lage ist, seine Verpflichtung zu erfüllen[566]. Entsprechend ist ggf. an eine **Absicherung** der Freistellungsverpflichtung zugunsten der weichenden Geschwister zu denken. In Betracht kommen hier die Bestellung einer Höchstbetragssicherungshypothek oder Grundschuld an Grundbesitz des Erwerbers, die Stellung einer Bankbürgschaft durch den Erwerber oder die Verpfändung eines Bankkontos oder Wertpapierdepots des Erwerbers[567]. In der Praxis werden derartige Sicherung aber nur ausnahmsweise vereinbart.

4. Einräumung von Nutzungsrechten

656 In der Praxis selten geworden ist die Einräumung von Nutzungsrechten, insbesondere an übertragenen Grundbesitz zugunsten weichender Geschwister. Zu denken wäre hierbei v.a. an die Einräumung eines Wohnungsrechts (§ 1093 BGB): Hat sich der Übergeber aber selbst ein Woh-

---

563 *Weyland,* MittRhNotK 1997, 55, 73; *Mayer/Geck/Mayer,* Der Übergabevertrag, § 3 Rn. 254 f.

564 *Weyland,* MittRhNotK 1997, 55, 73.

565 Vgl. *Waldner-Cedzich/Ott,* MittBayNot 1988, 65, 66; *Weyland,* MittRhNotK 1997, 55, 75.

566 *von Hoyenberg,* Vorweggenommene Erbfolge, Kap. 7 Rn. 60.

567 *Mayer/Geck/Mayer,* Der Übergabevertrag, § 3 Rn. 265 f.

nungsrecht vorbehalten, ist bereits er zur Aufnahme seiner (weiteren) Abkömmlinge in die Wohnungsrechtsräume berechtigt (vgl. § 1093 Abs. 2 BGB). Soll dennoch einmal ein eigenständiges Recht zugunsten eines weichenden Geschwisterteils begründet werden, ist ggf. daran zu denken, das eingeräumte Recht zeitlich zu befristen (bspw. *„auf die Dauer von 5 Jahren"* oder *„auf die Dauer des ledigen Standes"*). Zum Inhalt eines Wohnungsrechts im Übrigen, vgl. Rn. 283 ff.

D. Grundbuchverfahren

I. Sinn und Zweck

Die Notwendigkeit von Grundbucheintragungen ergibt sich zunächst bereits aus dem **materiellen Sachenrecht**[568]. Danach setzen bestimmte „Rechtsvorgänge" zur Erlangung ihrer Wirksamkeit die Eintragung im Grundbuch zwingend voraus. So wird etwa die Übertragung eines Grundstücks erst mit Eintragung im Grundbuch wirksam; das gleiche gilt für die Bestellung eines Grundstücksnießbrauchs oder Wohnungsrechts i.S.d. § 1093 BGB (vgl. § 873 Abs. 1 BGB). **657**

Das Grundbuch begründet zudem die **Vermutung des § 891 BGB**: Nach § 891 Abs. 1 BGB wird nicht nur vermutet, dass der eingetragene Berechtigte das Recht mit der Eintragung erworben hat, sondern auch, dass es ihm derzeit (noch) zusteht[569]. Nach § 891 Abs. 2 BGB wird negativ vermutet, dass ein im Grundbuch gelöschtes Recht nicht mehr besteht. **658**

Daneben wollen die §§ 892, 893 BGB den **guten Glauben an das Grundbuch** schützen: § 892 BGB fingiert die Richtigkeit und Vollständigkeit des Grundbuchs[570]. Im Rahmen der vorweggenommenen Erbfolge ist der gute Glaube an den Inhalt des Grundbuchs v.a. für den Übergeber von Bedeutung. Denn nur dann, wenn seine Austragsrechte im Grundbuch eingetragen sind, kann er auf deren Fortbestand vertrauen; ein gutgläubiger (lastenfreier) Erwerb durch einen Dritten – und damit verbunden der Entfall des Austragsrechts zulasten des Übergebers – ist hierdurch ausgeschlossen. **659**

Als Hauptzweck des Grundbuchs lässt sich damit umschreiben, sichere Rechtsverhältnisse für unbewegliche Sachen und zugleich eine sichere Grundlage für den Immobiliarverkehr zu gewährleisten[571]. **660**

---

568 Vgl. *Schöner/Stöber*, Rn. 1.
569 OLG Köln, MittBayNot 1996, 40.
570 *Grüneberg/Herrler*, § 892 Rn. 1.
571 RGZ 145, 343, 354; *Schöner/Stöber*, Rn. 2.

II. Begründung, Änderung und Aufhebung von Grundstücksrechten

1. Begründung eines Rechts

661 Soll ein **Grundstücksrecht erstmals begründet** werden, bedarf es hierzu einer entsprechenden **Einigung zwischen dem Eigentümer** des zu belastenden Grundstücks und dem **Berechtigten** aus dem zu begründenden Recht sowie der Eintragung des Rechts im Grundbuch (vgl. § 873 Abs. 1 BGB). Erst mit Eintragung im Grundbuch entsteht das Recht. Die materiell-rechtliche Einigung ist grds. an **keine Form** gebunden. Eine **Ausnahme** besteht nach § 925 BGB aber für die Erklärung der Auflassung, die typischerweise bei Verträgen über die vorweggenommene Erbfolge Anwendung findet.

662 Von der materiell-rechtlichen Einigung i.S.d. § 873 BGB zu unterscheiden ist die **verfahrensrechtliche Eintragungsbewilligung** gemäß § 19 GBO. Danach bedarf es als Grundlage der Eintragung eines Rechts im Grundbuch (nur) einer einseitigen Bewilligung des durch die Eintragung Betroffenen (bei Bestellung eines Rechts also der Bewilligung durch den Grundstückseigentümer), jedoch in der Form des § 29 Abs. 1 GBO, also in **öffentlich-beglaubigter Form**. Die materiell-rechtliche Einigung ist gegenüber dem Grundbuchamt grds. nicht nachzuweisen (Ausnahme: Auflassung sowie Bestellung bzw. Übertragung eines Erbbaurechts). Zudem ist ein entsprechender **Eintragungsantrag** gegenüber dem Grundbuchamt zu stellen (vgl. § 13 GBO); diesen können der Grundstückseigentümer oder auch der Berechtigten formfrei stellen.

2. Inhaltsänderung eines Rechts

663 Die Änderung des Inhalts eines im Grundbuch eingetragenen Rechts bedarf einer entsprechenden materiell-rechtlichen **Einigung der Beteiligten und Eintragung der Inhaltsänderung im Grundbuch**. Insofern gelten die Ausführungen für die Bestellung eines Rechts entsprechend, vgl. Rn. 661 f. Zur Wiederaufladbarkeit einer Vormerkung zur Sicherung eines Rückforderungsanspruchs siehe Rn. 571.

3. Aufhebung eines Rechts

664 Die Aufhebung eines im Grundbuch eingetragenen Rechts kann durch **Vereinbarung zwischen den Beteiligten** und **Löschung** des Rechts im Grundbuch erfolgen (entsprechend § 873 BGB).

665 Zudem sieht § 875 BGB die Möglichkeit einer **einseitigen Aufgabeerklärung** vor. Danach genügt für die Aufhebung eines Rechts eine einseitige (materiell-rechtliche) Aufgabeerklärung des Berechtigung und die

hieran anschließende Löschung des Rechts im Grundbuch (§ 875 Abs. 1 BGB). Die Aufgabeerklärung selbst ist formfrei möglich[572]. Zur Löschung des Rechts im Grundbuch bedarf es wegen § 19 GBO aber zudem einer entsprechenden **Eintragungsbewilligung** (sog. Löschungsbewilligung) in der Form des § 29 GBO. Wird nur eine Löschungsbewilligung erteilt, die keine ausdrückliche Aufgabe der materiell-rechtlichen Rechtsposition enthält, soll dies nach Ansicht der Rspr. aber unschädlich sein: in die Löschungsbewilligung soll eine entsprechende Aufgabeerklärung auch des materiell-rechtlichen Anspruchs hinein zu lesen sein[573].

§ 875 BGB gilt für alle Rechte an einem Grundstück, sofern nicht vorrangig Sonderregelungen existieren (vgl. § 875 Abs. 1 S. 1 BGB); dies ist etwa bei Aufgabe des Eigentums an einem Grundstück der Fall (vgl. § 928 BGB). **666**

Ist das aufzuhebende Recht mit dem **Recht eines Dritten belastet**, bedarf es zusätzlich der Zustimmung des Dritten (vgl. § 876 Abs. 1 S. 1 BGB). Soll eine Hypothek oder Grundschuld aufgehoben werden, ist zudem die Zustimmung des Eigentümers des belasteten Grundstücks erforderlich (vgl. §§ 1192, 1183 S. 1 BGB). Hinsichtlich der Form ist jeweils § 29 GBO zu beachten. **667**

III. Eintragung des Berechtigten im Grundbuch

Die Eintragung des Berechtigten im Grundbuch richtet sich nach § 15 GBV. Danach sind natürliche Personen mit ihrem Familien- und Vornamen sowie ihrem Geburtsdatum zu bezeichnen (vgl. § 15 Abs. 1 Ziff. a GBV). Personenhandelsgesellschaften sowie juristische Personen sind mit Firma und Sitz sowie unter Verweis auf Registergericht und Registerblatt einzutragen (vgl. § 15 Abs. 1 Ziff. b GBV). Nach § 15 Abs. 1 Ziff. c GBV können nunmehr auch Gesellschaften bürgerlichen Rechts im Grundbuch eingetragen werden. Erforderlich hierzu ist die Bezeichnung der Gesellschafter (§ 15 Abs. 1 Ziff. a und Ziff. b GBV); zur Bezeichnung der Gesellschaft kann zusätzlich deren Name und Sitz angegeben werden. **668**

IV. Grundbucheintragung bei mehreren Berechtigten

Sollen zugunsten mehrerer Berechtigter **gemeinschaftliche Rechte im Grundbuch** eingetragen werden, bedarf es der Verlautbarung des Ge- **669**

572 BGH, WM 1963, 217, 218.
573 BGH, NJW 2013, 1676, 1677; OLG Hamm, MittBayNot 1998, 446; OLG Brandenburg, NJOZ 2009, 3771.

meinschaftsverhältnisses im Grundbuch (vgl. § 47 GBO); zur Ausgestaltung des Gemeinschaftsverhältnisses siehe Rn. 601 ff.

V. Eintragung eines Leibgedings (§ 49 GBO) im Grundbuch

670 § 49 GBO will eine erleichterte Eintragung von Austragsrechten ermöglichen. Danach sollen **Dienstbarkeiten und Reallasten zusammengefasst als „Leibgeding"**, „Leibzucht", „Altenteil" oder „Auszug" eingetragen werden können. Einer Eintragung der einzelnen Rechte bedarf es im Grundbuch somit nicht, es genügt vielmehr die Bezugnahme auf die zugrundeliegende Eintragungsbewilligung (vgl. § 49 GBO). Zu beachten ist aber, dass der Leibgedingsbegriff nach § 49 GBO ein anderer ist, als der nach Art. 96 EGBGB (siehe hierzu Rn. 593 ff.). Bei § 49 GBO handelt es sich lediglich um eine grundbuchliche (zusammengefasste) Bezeichnung ohne (weiteren) materiell-rechtlichen Gehalt[574]. Vorteil einer als „Leibgeding" zusammengefassten Eintragung ist, dass nur ein Recht im Grundbuch eingetragen wird. Dies soll der besseren Übersichtlichkeit des Grundbuchs und Vermeidung der Überfrachtung mit Eintragungen dienen[575].

671 **Formulierungsbeispiel** [Eintragung als Leibgeding][576]:

> Der Erwerber bestellt dem Übergeber zur Sicherung der ihm in dieser Urkunde eingeräumten Rechte: eine beschränkte persönliche Dienstbarkeit am Grundstück Flst. … für sein Wohnungs- und Mitbenützungsrecht gemäß Abschnitt … und eine Reallast am gesamten übergebenen Grundbesitz für seine Rechte gemäß Abschnitt … und bewilligt und beantragt die Eintragung dieser Rechte im Grundbuch zusammengefasst als Leibgeding (beschränkte persönliche Dienstbarkeit und Reallast).

VI. Löschung dinglicher Rechte im Grundbuch

672 Zur Löschung eines Rechts im Grundbuch bedarf es grds. einer entsprechenden **Löschungsbewilligung durch den Berechtigten** des Rechts (vgl. §§ 19, 27, 29 GBO), vgl. Rn. 665.

673 Bei einem **zeitlich befristeten Recht** kann die Löschung auch durch Unrichtigkeitsnachweis (vgl. § 22 Abs. 1 S. 1 GBO) erfolgen. War das Recht jedoch auf die **Lebenszeit des Berechtigten beschränkt**, kann die

574 Vgl. BGH, NJW 1994, 1158; *Mayer,* DNotZ 1996, 622; *Schöner/Stöber*, Rn. 1324.
575 Vgl. BGH, DNotZ 1979, 499.
576 Vgl. *Mayer/Geck/Mayer,* Der Übergabevertrag, § 8 Rn. 10.

Löschung innerhalb eines Jahres nach dem Ableben des Berechtigten abweichend von § 22 Abs. 1 S. 1 GBO nur dann erfolgen, wenn Rückstände an Leistungen ausgeschlossen sind. Andernfalls muss der Gesamtrechtsnachfolger des verstorbenen Berechtigten die Löschung bewilligen[577]; ist dessen Bewilligung nicht zu erlangen, kann die Löschung erst nach Ablauf des „Sperrjahres" erfolgen. Nach Ablauf des Sperrjahres genügt dann die Vorlage einer Sterbeurkunde (vgl. § 23 Abs. 1 S. 1 GBO)[578]. In jedem Fall bedarf es der Bewilligung des Gesamtrechtsnachfolgers des Berechtigten, wenn dieser der Löschung beim Grundbuchamt widersprochen hat (vgl. § 23 Abs. 1 S. 1 letzter Hs. GBO).

Alternativ sieht § 23 Abs. 2 GBO jedoch auch die Möglichkeit einer **Löschungserleichterung** vor (sog. Vorlöschungsklausel[579]). Durch sie ist die Löschung allein durch Unrichtigkeitsnachweis (Sterbeurkunde) bereits vor Ablauf des Sperrjahres ohne Bewilligung des Gesamtrechtsnachfolgers möglich. Voraussetzung für die Möglichkeit der Eintragung einer Vorlöschungsklausel ist, dass das betroffene Recht auf Lebensdauer des Berechtigten beschränkt ist und Rückstände an Leistungen nicht ausgeschlossen sind; andernfalls kann (grds.) die Löschung bereits nach § 22 GBO erfolgen[580]. Die Vorlöschungsklausel muss zwingend **im Grundbuch selbst verlautbart** sein; Bezugnahme auf die Eintragungsbewilligung genügt nicht[581]. Die Vorlöschungsklausel findet v.a. Anwendung bei Wohnungsrecht, Nießbrauch, Reallast und Leibgeding[582] (siehe hierzu bei den jeweils dortigen Ausführungen). **674**

E. Allgemeine Fragen der Gestaltungspraxis

I. Sicherungsmechanismen

Bei der Gestaltung von Verträgen zur vorweggenommenen Erbfolge stellt sich die Frage, ob an die Ausgestaltung etwaiger Sicherungsmittel ähnlich strenge Maßstäbe zu setzen sind wie etwa bei der Gestaltung von Immobilienkaufverträgen. Bedarf es bspw. bei einem Vertrag zur vorweggenommenen Erbfolge der Eintragung einer **Auflassungsvormerkung** im Grundbuch, wenn die Umschreibung des Eigentums nicht sofort erfolgen kann (etwa wegen Ausstehen der Genehmigung nach GrdstVG). Oder darf die **Umschreibung des Eigentums auf den Erwerber** unabhängig **675**

577 *Hügel/Wilsch*, GBO, § 23 Rn. 4.
578 Vgl. *Schöner/Stöber*, Rn. 375.
579 *Schöner/Stöber*, Rn. 376.
580 OLG Hamm, MittBayNot 1996, 300.
581 *Schöner/Stöber*, Rn. 376; *Hügel/Wilsch*, GBO, § 23 Rn. 46.
582 *Hügel/Wilsch*, GBO, § 23 Rn. 25 f.

davon erfolgen, ob bei einer vereinbarten Schuldübernahme durch den Erwerber die hierzu erforderliche Genehmigung des Gläubigers vorliegt.

676 Erfolgt die Übergabe im **engeren Familienkreis** (insbesondere bei Eltern-Kind-Konstellationen), bedarf es i.d.R. weder der Vereinbarung etwaiger Sicherungsmechanismen noch eines entsprechenden Hinweises durch den Notar.

677 Anders stellt es sich bei der **Absicherung von Austragsrechten** zugunsten des Übergebers dar, insbesondere wenn diese auf längere Zeitdauer gewährt werden sollen. Hier ist eine entsprechende grundbuchliche Sicherung vorzusehen. Im Rahmen des **Grundbuchvollzugs** kann man sich hierzu ggf. **§ 16 Abs. 2 GBO** nutzbar machen, wonach die Umschreibung des Eigentum an einem Grundstück von der Eintragung vereinbarter Austragsrechte abhängig gemacht werden kann[583].

678 **Formulierungsbeispiel** [Antrag nach § 16 Abs. 2 GBO]:

> Die Beteiligten bewilligen und beantragen die Eintragung der Eigentumsumschreibung in das Grundbuch. Die Eintragung der Eigentumsumschreibung darf nach § 16 Abs. 2 GBO nur erfolgen, wenn gleichzeitig mit der Eigentumsumschreibung die Rechte nach Abschnitt … der Urkunde im Grundbuch eingetragen werden.

II. Insbesondere: die Rangstelle von Austragsrechten

679 Die Rangstelle, an der Austragsrechte des Übergebers im Grundbuch eingetragen werden, ist in der Praxis gerade für den Übergeber von entscheidender Bedeutung. Betreibt etwa ein Grundpfandgläubiger aus einem im Rang vor den Austragsrechten des Übergebers eingetragenen Grundpfandrecht die **Zwangsversteigerung**, erlöschen die Austragsrecht ggf. ersatzlos (vgl. §§ 52, 91 ZVG).

680 Das **Rangverhältnis** von Grundbucheintragungen bestimmt sich dem Grunde nach gemäß § 879 BGB: Sind Rechte in derselben Abteilung des Grundbuchs eingetragen, bestimmt sich das Rangverhältnis nach der Reihenfolge der Eintragungen. Bei Eintragungen in verschiedenen Abteilungen bestimmt sich die Reihenfolge nach dem Datum der Eintragung (vgl. § 879 Abs. 1 BGB). Freilich können abweichende Rangverhältnisse vereinbart und im Grundbuch eingetragen werden (vgl. § 879 Abs. 3 BGB).

---

583 *von Hoyenberg,* Vorweggenommene Erbfolge, Kap. 3 Rn. 53.

Sind zum Zeitpunkt der Übergabe bereits **Grundpfandrechte im Grundbuch eingetragen** und sollen gleichfalls zugunsten des Übergebers Austragsrechte im Grundbuch eingetragen werden, stellt sich die Frage des Rangverhältnisses zwischen (bestehendem) Grundpfandrecht und (künftigen) Austragsrechten. Ist das Grundpfandrecht (Grundschuld) **nicht valutiert**, ist dessen Löschung aus Sicht des Übergebers die sicherste Variante. 681

Denkbar wäre auch ein **Rangrücktritt eingetragener Grundschulden** hinter die Austragsrechte des Übergebers (vgl. 879 Abs. 3 BGB). Hierzu bedarf es einer entsprechenden Vereinbarung mit dem Grundpfandgläubiger und Eintragung im Grundbuch (vgl. § 880 BGB). Inwieweit dieser zustimmen wird, ist freilich Frage des Einzelfalls (insbesondere ob Grundschulden noch valutiert sind, vgl. Rn. 683). Auch stellt sich insofern die Frage der künftigen Beleihbarkeit des Grundstücks; ggf. wird der Grundpfandgläubiger eine Neuvalutierung der Grundschuld in diesem Fall von einem Rangrücktritt (nunmehr) der Austragsrechte hinter die vormals zurück getretenen Grundschulden abhängig machen. 682

Werden aber durch das Grundpfandrecht **derzeit noch Verbindlichkeiten abgesichert**, wird der Grundpfandrechtsgläubiger eine Freigabe des Grundpfandrechts i.d.R. von der Rückzahlung der abgesicherten Verbindlichkeiten abhängig machen. Allenfalls bei Verbindlichkeiten in geringer Höhe wird der Grundpfandgläubiger – entsprechende Solvenz des Erwerbers vorausgesetzt – ggf. einer vorzeitigen Löschung des Grundpfandrechts zustimmen. Kann aber eine Löschung (derzeit) nicht erfolgen, bleibt dem Übergeber zunächst nichts anderes übrig, als die „zweite Rangstelle“ im Grundbuch zu akzeptieren. Zur Möglichkeit der Inhaltsänderung der einer Grundschuld zugrunde liegende **Zweckerklärung** siehe Rn. 495 ff. 683

Werden im Zuge der Übergabe mehrere Grundstücke übertragen, könnte alternativ angedacht werden, die **Grundpfandrechtsbelastung auf einzelne Grundstücke zu beschränken**. Ziel wäre, denjenigen Austragsrechten, welche für den Übergeber von besonderer Bedeutung sind, erste Rangstelle im Grundbuch zu verschaffen (so bspw. einem Wohnungsrecht am übergebenen Wohnhaus), so dass bestehende Grundpfandrechte nur mehr am restlichen Grundbesitz lasten. Hierzu bedarf es freilich einer entsprechenden Aufgabeerklärung (Pfandfreigabeerklärung) des Grundpfandgläubigers (vgl. Rn. 664 ff.). 684

III. Zwangsversteigerungsprivileg bei Leibgedingsrechten

§ 9 EGZVG gewährt ein **besonderes Privileg in der Zwangsversteigerung** für ein im Grundbuch eingetragenes „Leibgeding“. Danach soll 685 das Leibgedingsrecht in der Zwangsversteigerung auch dann bestehen bleiben, wenn es bei der Feststellung des geringsten Gebots nicht berücksichtigt wird (§ 9 Abs. 1 EGZVG). Der Leibgedingsberechtigte soll vor einem Ausfall seines Rechts in der Zwangsversteigerung möglichst bewahrt werden. Anwendbar ist § 9 EGZVG in den alten Bundesländern (mit Ausnahme Hamburg und Bremen) sowie in Thüringen[584].

686 Streitig ist aber, **unter welchen Voraussetzungen § 9 EGZVG überhaupt anwendbar** ist: Müssen die materiell-rechtlichen Voraussetzungen des Art. 96 EGBGB für ein Leibgeding vorliegen[585] oder genügt es, wenn mehrere Rechte lediglich grundbuchmäßig als zusammengefasstes „Leibgeding“ eingetragen sind (vgl. § 49 GBO)[586]? Richtigerweise wird man § 9 EGZVG als eng auszulegende Sondervorschrift begreifen müssen, die nur bei Vorliegen der Voraussetzungen des Art. 96 EGBGB Anwendung findet.

687 Ist § 9 EGZVG anwendbar, besteht nach § 9 Abs. 2 EGZVG die Möglichkeit eines sog. **Doppelausgebots:** Ein im Versteigerungsverfahren Beteiligter kann, wenn durch das Fortbestehen des Leibgedings ein dem Leibgeding vorgehendes oder gleichstehendes Recht des Beteiligten beeinträchtigt werden würde, verlangen, als besondere Versteigerungsbedingung festzusetzen, dass das Leibgeding – abweichend von § 9 Abs. 1 EGZVG – in der Versteigerung erlischt. In diesem Fall hat ein sog. Doppelausgebot zu erfolgen: zum einen unter der Bedingung, dass das Leibgeding bestehen bleibt; zum anderen unter der Bedingung, dass das Leibgeding erlischt. Das Leibgedingsprivileg gereicht dem Leibgedingsberechtigten danach aber nur dann zum Vorteil (= Bestehenbleiben des Rechts im Grundbuch), wenn auch für den Fall des Bestehenbleibens des Leibgedings ein Gebot abgegeben wird, bei dem die Ansprüche aller vor- und gleichrangiger Gläubiger voll abgedeckt sind. Wird hingegen bei Bestehenbleiben des Rechts nur ein Gebot abgegeben, durch das nicht alle vor- und gleichrangigen Gläubiger befriedigt werden können, erlischt das Leibgedingsrecht.

---

584 *Krauß*, Vermögensnachfolge, Rn. 1984.
585 I.d.S. RGZ 162, 52; *Weyland*, MittRhNotK 1997, 71.
586 Vgl. hierzu auch *Krauß*, Vermögensnachfolge, Rn. 1986.

Kapitel 5: Erb- und güterrechtliche Auswirkungen der vorweggenommenen Erbfolge

Unmittelbare Auswirkungen zeitigt die vorweggenommene Erbfolge auf das Erbrecht nicht. Überträgt ein (künftiger) Erblasser bereits zu Lebzeiten Teile seines Vermögens auf Dritte (oftmals gesetzlich erbberechtigte Personen), bleibt das materielle (gesetzliche) Erbrecht hiervon unberührt. Es können sich aber – mittelbar – Auswirkungen auf das materielle Erbrecht ergeben, insbesondere auf die Verteilung des Nachlasses unter den erbberechtigten Abkömmlingen (**Ausgleichung**, vgl. §§ 2050 ff. BGB) sowie das **Pflichtteilsrecht** (vgl. §§ 2315 f. BGB). **688**

Auch können **frühere (bindende) Verfügungen von Todes wegen** des Übergebers einer vorweggenommenen Erbfolge im Wege stehen (vgl. §§ 2287, 2288 BGB). **689**

Neben den (mittelbaren) erbrechtlichen Auswirkungen darf freilich auch nicht die Wechselwirkung der vorweggenommenen Erbfolge mit **güterrechtlichen Ansprüchen des Ehegatten** des Übergebers übersehen werden. **690**

A. Erbrechtliche Auswirkungen

I. Pflichtteilsrecht

1. Ausgangslage

Das **gesetzliche Pflichtteilsrecht** (vgl. §§ 2303 ff. BGB) gewährt den Pflichtteilsberechtigten einen – außer in den im Gesetz ausdrücklich genannten Fällen – unentziehbaren Geldanspruch gegen den Erben[1]. Dabei ist das gesetzliche Pflichtteilsrecht verfassungsrechtlich garantiert und geschützt[2]. **691**

Pflichtteilsberechtigte Personen sind (ausschließlich) die **Abkömmlinge** des Erblassers (§§ 2303 Abs. 1 S. 1, 2309 BGB), der **Ehegatte** des Erb- **692**

---

1 *Nieder/Kössinger/Nieder*, § 2 Rn. 4; siehe auch *Schlitt/Müller/Schlitt*, Handbuch Pflichtteilsrecht, § 1 Rn. 11.

2 BVerfGE 112, 332.

lassers (§ 2303 Abs. 2 S. 1 BGB), und die **Eltern** des Erblassers, diese jedoch nur, sofern keine die Eltern ausschließenden Abkömmlinge beim Erbfall vorhanden sind (§§ 2303 Abs. 2 S. 2, 2309 BGB).

693 Der Pflichtteil beträgt die Hälfte des gesetzlichen Erbteils (§ 2303 Abs. 1 S. 2 BGB).

694 Bei der vorweggenommenen Erbfolge können von mehreren Seiten Pflichtteilsansprüche einwirken: seitens des Erwerbers, dem ggf. auch nach Vollzug der Zuwendung zur vorweggenommenen Erbfolge noch (weitere) Pflichtteilsansprüche zustehen; seitens übergangener (weichende) Geschwister des Erwerbers; seitens des Ehegatten des Übergebers.

2. Pflichtteilsergänzungsanspruch

a) Unentgeltliche Zuwendung

695 Der Pflichtteil bemisst sich nach dem **Wert des Nachlasses zum Zeitpunkt des Erbfalls** (§ 2311 Abs. 1 S. 1 BGB). Der Nachlasswert errechnet sich nach Abzug der Passiva von den Aktiva. Eine Schmälerung des Vermögens des Erblassers bereits zu Lebzeiten (durch Verbrauch, insbesondere aber durch Vermögensübertragungen an Dritte) schmälert damit zunächst auch den Pflichtteil.

696 Allerdings soll der sog. **Pflichtteilsergänzungsansprüche** eine bewusste Aushöhlung des Pflichtteilsrechts verhindern (vgl. § 2325 BGB). Lebzeitige unentgeltliche Zuwendungen des Erblassers an Dritte werden zu diesem Zweck dem Wert des Nachlasses (u.U.) hinzugerechnet. Tatbestandlich setzt § 2325 BGB eine **Schenkung** des Erblassers voraus (§ 2325 Abs. 1 BGB). Es gilt der Schenkungsbegriff des § 516 Abs. 1 BGB[3]: Eine Schenkung liegt vor, wenn der Beschenkte unmittelbar aus dem Vermögen des Erblassers bereichert wird und sich beide Parteien darüber einig sind, dass die Zuwendung unentgeltlich erfolgt (Schenkungsabrede)[4]. Unentgeltlich ist die Zuwendung, wenn sie unabhängig von einer Gegenleistung gewährt wird[5]. Eine konkrete Beeinträchtigungsabsicht des Schenkers ist hingegen nicht erforderlich[6]. Danach unterliegt bspw. auch die Einbringung von Vermögen in den Vermögensgrundstock einer **Stiftung** dem Pflichtteilsergänzungstatbestand[7].

697 Erhält der Zuwendende für die Zuwendung eine **Gegenleistung**, entspricht diese aber nicht dem vollen Wert der Zuwendung und sind sich die

3 *Erman/Röthel*, § 2325 Rn. 2.
4 BGH, NJW 1961, 604.
5 BGH, NJW 1982, 436.
6 *Abele/Klinger/Maulbetsch*, Pflichtteilsansprüche reduzieren und vermeiden, § 2 IV Rn. 25.
7 BGHZ 157, 178.

Vertragsparteien darüber einig, dass der Mehrwert unentgeltlich zugewendet sein soll, handelt es sich um eine sog. **gemischte Schenkung**[8], bei der nur der unentgeltliche Mehrwert als Schenkung zu qualifizieren ist[9]. Zu beachten ist, dass im Rahmen von gemischten Schenkungen den Vertragsparteien stets – bis zur Grenze eines auffallend groben Missverhältnisses zwischen Leistung und Gegenleistung – eine subjektive Bewertungsmaßgeblichkeit zusteht (subjektive Äquivalenz)[10]. D.h. auch dann, wenn zwischen Zuwendung und Gegenleistung ein Missverhältnis besteht, kann es sich um ein „voll entgeltliches" Rechtsgeschäft handeln, das nicht der Pflichtteilsergänzung unterliegt[11].

Ausstattungen (§ 1624 BGB) und **Anstandsschenkungen** (§ 2330 **698** BGB) unterliegen hingegen nicht der Pflichtteilsergänzung, ausgenommen sog. Übermaßausstattungen (vgl. § 1624 Abs. 1 BGB). Allerdings unterliegen Ausstattungen stets der pflichtteilsrechtlichen Ausgleichung (vgl. § 2316 BGB); siehe hierzu Rn. 744 ff.

b) Pflichtteilsberechtigte Person

Bislang war streitig, ob ein Anspruch auf Pflichtteilsergänzung auch **699** dann besteht, wenn der Pflichtteilsberechtigte im Zeitpunkt der die Pflichtteilsergänzung auslösenden Schenkung **noch nicht pflichtteilsberechtigt** war. Der BGH hatte dies bislang verneint: Der Beschenkte, der infolge der Regelung des § 2329 BGB zur Herausgabe herangezogen werden kann, solle sich jedenfalls dann auf den Bestand der Schenkung verlassen können, wenn seitdem 10 Jahre vergangen sind (vgl. § 2325 Abs. 3 BGB). Umgekehrt müsse sich derjenige, der im Zeitpunkt der Schenkung pflichtteilsberechtigt ist, mit der im Erbfall 10 Jahre zurückliegenden Schenkung abfinden[12]. Wenn sogar ihm das angesonnen werde, könne „erst recht nicht derjenige, der bei der Schenkung überhaupt noch nicht als Pflichtteilsberechtigter vorhanden ist […], irgendeinen Bestandschutz erwarten"[13]. Sei kein Pflichtteilsberechtigter vorhanden, dann dürfe der Beschenkte vorbehaltlos auf den Bestand der Schenkung vertrauen[14]. Demgemäß könne „der Schutzzweck des Pflichtteilsergänzungsanspruchs nur den erfassen, der bei der Schenkung schon Pflichtteilsberechtigter war.

8 *NK-BGB/Bock,* § 2325 Rn. 12.

9 *Grüneberg/Weidlich,* § 2325 Rn. 9; *NK-BGB/Bock,* § 2325 Rn. 12; verfehlt *Erman/Röthel,* § 2325 Rn. 7, die dann, wenn der unentgeltliche Charakter der gesamten Zuwendung überwiegt, diese vollständig als Schenkung werten möchte (unter Verweis auf BGHZ 30, 120).

10 BGH, WM 1990, 1790.

11 Vgl. *Erman/Röthel,* § 2325 Rn. 6; BGH, NJW 1981, 1956.

12 BGH, MittBayNot 1997, 298, 299.

13 BGH, MittBayNot 1997, 298, 299.

14 BGH, MittBayNot 1997, 298, 299.

Er erfasst nicht den, der nach der Schenkung den Status des Pflichtteilsberechtigten erlangt hat"[15]. In der Literatur war die Rechtsprechung des BGH auf Kritik gestoßen[16]: Der Wortlaut des § 2325 Abs. 1 BGB gebe „keine Auskunft darüber, ob der Ergänzungsberechtigte nur im Zeitpunkt des Erbfalls oder auch schon im Zeitpunkt der Schenkung pflichtteilsberechtigt gewesen sein muss"[17]; die Entstehungsgeschichte der Vorschrift spreche gegen die vom BGH geforderte **Doppelberechtigung**, „also dafür, dass es nur auf den Zeitpunkt des Erbfalls ankommt"[18]. Der BGH habe den § 2325 BGB nicht (nur) ausgelegt, sondern korrigiert[19]. Dem Pflichtteilsberechtigten stehe ein Pflichtteilsergänzungsanspruch im Ergebnis „auch zu, wenn er zu der Zeit, in der die Schenkung an den Dritten gemacht worden war, noch nicht pflichtteilsberechtigt gewesen ist"[20]. Die Kautelarpraxis warnte daher vor „allzu viel Vertrauen in die Kontinuität" der Rechtsprechung des BGH[21]; eine „verlässliche und sichere Korrektur" könne „prinzipiell nur mit vertraglichen Mitteln, also mit dem Pflichtteilsverzicht [...] durchgeführt werden"[22]. Der BGH hat mittlerweile die Argumente der Literatur aufgegriffen und seine Rechtsprechung zur Theorie der Doppelberechtigung aufgegeben[23]. In Zukunft soll es demnach unbeachtlich sein, ob der Pflichtteilsberechtigte zum Zeitpunkt der Schenkung bereits pflichtteilsberechtigt war oder nicht.

700 **Praxistipp:** Auch bei bereits vollzogenen Übertragungsakten kann sich nachträglich die Pflichtteils(-ergänzungs)problematik stellen. Dies sollte nicht außer Acht gelassen werden.

701 Vorsorge hiergegen lässt sich aber kaum treffen. Denkbar wäre allenfalls die Aufnahme einer Verpflichtung des Übergebers, mit künftigen Pflichtteilsberechtigten (praktisch relevant ist der Fall einer späteren Wiederverheiratung des Übergebers) einen flankierenden – jedenfalls gegen-

---

15 BGH, MittBayNot 1997, 298, 299.

16 Vgl. *Erman/Röthel*, BGB, Vorbem. §§ 2325–2331 Rn. 8; *MünchKomm-BGB/Lange*, § 2325 Rn. 8 ff.; zustimmend aber *Bestelmeyer*, FamRZ 1998, 1152, 1155; *Keller*, ZEV 2000, 268.

17 *Muscheler*, ErbR 2010, 247.

18 *Muscheler*, ErbR 2010, 247; vgl. auch *Tiedtke*, DNotZ 1998, 85, 86 f., der meint, der Wortlaut des Gesetzes sei eindeutig: „§ 2325 BGB ist so zu lesen, wie wenn ihm ausdrücklich die Bestimmung getroffen worden wäre, es sei nicht erforderlich, dass der Pflichtteilsberechtigte im Zeitpunkt der Schenkung bereits pflichtteilsberechtigt gewesen sei".

19 *Tiedtke*, DNotZ 1998, 85, 94; ähnlich *Muscheler*, ErbR 2010, 247: die Rechtsprechung habe sich „über die eindeutige Entstehungsgeschichte und die Systematik des § 2325 hinweggesetzt".

20 *Tiedtke*, DNotZ 1998, 85, 95.

21 *Reimann*, MittBayNot 1997, 299, 300.

22 *Reimann*, MittBayNot 1997, 299, 300.

23 BGH, FamRZ 2012, 1383 m. Anm. *Reimann*.

ständlich beschränkten – Pflichtteilsverzichtsvertrag zu schließen. Ob sich der Übergeber auf eine derartige Vereinbarung einlässt, ist freilich zweifelhaft: Sie zwingt ihn, einen Pflichtteilsverzicht ggf. teuer zu erkaufen (wenn der neu hinzutretende Pflichtteilsberechtigte, wenn überhaupt, nur gegen Abfindung zu einem Verzicht bereit ist). Verstößt der Übergeber gegen die Verpflichtung, ist sein Erbe mit zusätzlichen Ansprüchen, namentlich Schadensersatzansprüchen des Übernehmers belastet, und das gerade in den Fällen, in denen er selbst zur Pflichtteilsergänzung nicht verpflichtet ist (vgl. § 2329 BGB). Auch erbrechtliche Lösungen lassen sich nur schwer finden. So kann der Übergeber dem Übernehmer – erbvertraglich bindend – ein (Verschaffungs-)Vorausvermächtnis dergestalt zuwenden, dass er einen Geldbetrag in Höhe des etwa gegen ihn geltend gemachten Pflichtteilsergänzungsanspruchs erhält; finanziell Leidtragender ist aber wiederum der Erbe. Zielführend sind diese Gestaltungen nur, wenn der neu hinzutretende Pflichtteilsberechtigte auch Erbe wird, was sich aber im Zeitpunkt der Zuwendung an den Übergeber kaum je vorhersehen lässt.

c) Berechnung des Pflichtteilsergänzungsanspruchs

Die Hinzurechnung **verbrauchbarer Sachen** (hierzu zählt auch Geld) zum Nachlass erfolgt im Rahmen des § 2325 BGB stets mit dem Wert zum Zeitpunkt der Schenkung (§ 2325 Abs. 2 S. 1 BGB). **702**

Bei **unverbrauchbaren Sachen** hingegen gilt das sog. **„Niederstwertprinzip“** (§ 2325 Abs. 2 S. 2 BGB): der Wert des Gegenstands im Zeitpunkt der Schenkung (maßgeblich ist der Zeitpunkt des Schenkungsvollzugs[24]) ist mit dem Wert zum Zeitpunkt des Erbfalls zu vergleichen; maßgeblich ist der niedrigere Wert. Problematisch ist dieser Wertvergleich, wenn sich der Übergeber bei der Zuwendung **Nutzungsrechte (Nießbrauch, Wohnungsrecht) vorbehalten** hat. In diesem Fall will die Rechtsprechung auf einer ersten Stufe den inflationsbereinigten Wert zum Zeitpunkt der Zuwendung mit dem Wert zum Zeitpunkt des Erbfalls vergleichen. Nur wenn festgestellt werden kann, dass nach dem Niederstwertprinzip maßgeblicher Bewertungsstichtag der Tag der Zuwendung ist, ist das Nutzungsrecht in Abzug zu bringen. Ist hingegen auf den Stichtag des Erbfalls abzustellen (weil der Zuwendungsgegenstand zu diesem Zeitpunkt weniger wert war, als am Tage der Zuwendung), darf das vorbehaltene Nutzungsrecht nicht in Abzug gebracht werden[25]. Ist der Übergeber noch sehr jung, relativiert diese Berechnungsmethode in Zeiten astronomisch steigender Grundstückspreise die sogleich näher dargestellte Recht- **703**

24 BGH, NJW 1975, 1831.

25 BGH, NJW 1993, 402; BGH, ZEV 2006, 504; zu Recht abl. *Reiff,* FamRZ 1991, 552; *Link,* ZEV 2005, 283; *Joachim,* ZEV 2006, 504; *Soergel/Dieckmann,* § 2325 Rn. 35 ff.

sprechung, wonach die 10-Jahres-Frist des § 2325 Abs. 3 BGB nicht anläuft, wenn sich der Übergeber den Nießbrauch vorbehält[26].

704 Sowohl bei verbrauchbaren als auch unverbrauchbaren Sachen ist der **Kaufkraftschwund** zu berücksichtigen[27].

d) Zehnjahresfrist des § 2325 Abs. 3 BGB

705 Nach alter Fassung des § 2325 Abs. 3 S. 1 BGB war eine Schenkung dann pflichtteilsergänzungsfest, wenn zur Zeit des Erbfalls zehn Jahre seit der Leistung des verschenkten Gegenstandes verstrichen waren („Alles-oder-Nichts-Regelung"). Seit der Neufassung des § 2325 Abs. 3 S. 1 BGB zum 01.01.2010 reduziert sich der zu berücksichtigende Wert der Zuwendung nunmehr um jährlich 10 % („pro-rata-temporis-Regelung"); zehn Jahre nach der Leistung bleibt die Schenkung gänzlich unberücksichtigt (vgl. § 2325 Abs. 3 S. 2 BGB).

706 Für das Anlaufen der Ausschlussfrist des § 2325 Abs. 3 BGB ist auf den Eintritt des **Leistungserfolgs** abzustellen; der Schenker muss den verschenkten Gegenstand tatsächlich **wirtschaftlich aus seinem Vermögen ausgegliedert** haben, so dass er ihn im Wesentlichen nicht weiterhin nutzen kann[28]. Der Vorbehalt eines (umfassenden) **Nießbrauchsrechts** (§ 1030 ff. BGB) soll danach den Anlauf der Frist verhindern; pflichtteilsreduzierend kann sich freilich auch hier das Niederstwertprinzip des § 2325 Abs. 2 S. 2 BGB auswirken (siehe Rn. 703)[29]. Inwieweit der Vorbehalt eines Quotennießbrauchs den Lauf der Frist verhindert, wird Frage des Einzelfalls sein. Ausgehend vom Grundsatz der Rechtsprechung, dass der Fristlauf nur dann gehindert ist, wenn sich der Übergeber „wesentliche Nutzungen" vorbehält, wird man richtigerweise jedenfalls bei einer geringeren Quote als 50 % von einer wirtschaftlichen Ausgliederung aus dem Vermögen ausgehen können[30].

707 Auch bei Vorbehalt eines **Wohnungsrechts**, auf Grund dessen sich der Übergeber die wesentliche Nutzung vorbehält (etwa bei Erstrecken des Wohnungsrechts auf die gesamte übertragene Immobilie), soll die Frist des § 2325 Abs. 3 BGB nicht anlaufen[31]. Erfasst das Wohnungsrecht hingegen nur einen Teil der Immobilie, fängt die 10-Jahresfrist zu laufen an (bei

---

26 Siehe *Mayer/Geck/Mayer*, Der Übergabevertrag, § 9 Rn. 124 ff.

27 BGHZ 65, 75.

28 BGH, NJW 1994, 1791.

29 *Herrler*, JA 2007, 120, 122.

30 *Wegmann*, MittBayNot 1994, 308; vgl. auch *Grüneberg/Weidlich*, § 2325 Rn. 27; abweichend *Mayer/Geck/Mayer*, Der Übergabevertrag, Rn. 93 (Kombinationsbetrachtung); vgl. auch *Krauß*, Vermögensnachfolge, Rn. 1661 ff. m.w.N.

31 OLG München, ZEV 2022, 732; OLG Düsseldorf, MittBayNot 2000, 120; *Herrler*, JA 2007, 120, 123.

Rückbehalt eines Wohnungsrechts an nur einer von drei in etwa gleich großen Wohnungen im selben Hausanwesen)[32]. Als Abgrenzung zwischen wesentlicher und nicht (mehr) wesentlicher Nutzung wird man auch hier als Schwellenwert auf einen Nutzanteil von mehr oder weniger als 50 % der Wohnfläche abstellen können[33].

Behält sich der Übergeber – nach dem vorstehend Gesagten – die wesentliche Nutzung zurück, ist der Fristlauf hinsichtlich des gesamten Grundstücks, auf das sich das Nutzungsrecht bezieht, gehemmt. Es erfolgt mithin nicht nur eine Hinzurechnung der auf das Gebäude entfallenden Fläche oder einen „Umgriff" des Gebäudes; der Fristlauf ist bzgl. des gesamten betroffenen Flurstücks gehemmt[34]. **707a**

Der Vorbehalt eines **freien Rückforderungsrechts soll nach h.M.** den Fristlauf verhindern[35]. Jedenfalls der Vorbehalt lediglich eines **enumerativen, auf konkreten Rückforderungstatbeständen**, außerhalb des Einflussbereichs des Zuwendenden beruhenden Rückforderungsrechts hindert den Fristlauf hingegen nicht[36]. **708**

Wird zugunsten des Übergebers anstatt eines Nießbrauchsrechts eine **monatliche Zahlungsverpflichtung** vereinbart, ist streitig, inwieweit dies dem Fristlauf entgegensteht. Entspricht die monatliche Zahlungsverpflichtung in der Höhe dem Betrag, der auf Grund eines alternativ vorbehaltenen Nießbrauchsrechts hätte erwirtschaftet werden können, soll nach eA der Fristlauf mangels wirtschaftlicher Ausgliederung zu verneinen sein[37]. Dem lässt sich entgegenhalten, dass der BGH darauf abstellt, ob der Erblasser nicht nur seine Rechtsstellung als Eigentümer endgültig aufgibt, sondern auch darauf verzichtet, den verschenkten Gegenstand – sei es aufgrund vorbehaltener dinglicher Rechte oder durch Vereinbarung **709**

---

32 Vgl. BGH, ZEV 2016, 445; OLG Düsseldorf, MittBayNot 2000, 120; OLG Oldenburg, ZEV 2006, 80; OLG Karlsruhe, ZEV 2008, 244; eingehend hierzu *Mayer/Geck/Mayer*, Der Übergabevertrag, § 9 Rn. 97 ff.

33 I.E. ebenso OLG Zweibrücken, MittBayNot 2021, 493, 494 (bei Vorbehalt eines Wohnungsrechts an einer von zwei Wohnungen im übertragenen Hausanwesen) m. Anm. *Weidlich*.

34 OLG München, ZEV 2022, 732.

35 *Münch*, ZFE 2003, 269, 272; *Herrler*, JA 2007, 120, 124; *Abele/Klinger/Maulbetsch*, Pflichtteilsansprüche reduzieren und vermeiden, § 2 Rn. 62; *Grüneberg/Weidlich*, § 2325 Rn. 28; *MünchKomm/Lange*, § 2325 Rn. 75; a.A.: *Heinrich*, MittRhNotK 1995, 157, 165; *Ellenbeck*, MittRhNotK 1997, 41, 53.

36 OLG Düsseldorf, DNotZ 2009, 67 m. Anm. *Diehn;* OLG Zweibrücken, MittBayNot 2021, 493, 495; *Herrler*, JA 2007, 120, 124; *ders.*, ZEV 2008, 461, 463; *N. Mayer*, ZEV 1994, 739, 745; *Heinrich*, MittRhNotK 1995, 157, 165; *Grüneberg/Weidlich*, § 2325 Rn. 28; vgl. auch *Gehse*, RNotZ 2009, 361, 368 ff.

37 So i.E. *Gehse*, RNotZ 2009, 361, 371; *von Hoyenberg*, Vorweggenommene Erbfolge, Kap. 1 Rn. 92; a.A. *Heinrich*, MittRhNotK 1995, 157, 164; *Wegmann*, MittBayNot 1994, 307, 308; *Mayer*, ZEV 1994, 325, 327.

schuldrechtlicher Ansprüche – im Wesentlichen weiterhin zu nutzen, mithin auf den Genuss des verschenkten Gegenstandes verzichtet[38]. Hier unterscheidet sich der Vorbehalt einer monatlichen Geldzahlung aber ganz erheblich vom Nießbrauchsvorbehalt. Der Übergeber hat bei der Überlassung gegen monatliche Geldzahlung keine Möglichkeit, die überlassene Immobilie weiter zu nutzen: weder kann er sie vermieten oder verpachten, noch selbst bewohnen. Auch eine etwaige dingliche Absicherung (durch Sicherungshypothek) gewährt ihm keinen Zugriff auf die Immobilie, sondern lediglich ein Verwertungsrecht nach den Vorschriften des ZVG und stellt ihn damit beliebigen Drittgläubigern gleich. Gleichsam kann argumentiert werden, dass die Zahlungspflicht den entgeltlichen Teil einer (i.d.R. dann vorliegenden) gemischten Schenkung darstellt; aber nur der unentgeltliche Teil der gemischten Schenkung erfülle den tatbestandlichen Schenkungsbegriff des § 2325 Abs. 1 BGB[39].

710 Eine weitere Ausnahme gilt gemäß § 2325 Abs. 3 S. 3 BGB für Zuwendungen an den **Ehegatten**. Hier beginnt die 10-Jahresfrist erst mit Auflösung der Ehe. Das BVerfG hat diese Regelung als verfassungskonform anerkannt (kein Verstoß gegen Art. 3 Abs. 1 und Art. 6 Abs. 1 GG)[40].

2. Pflichtteilsanrechnung

a) Anrechnungsbestimmung

711 Ein Pflichtteilsberechtigter (hier: Erwerber) muss sich auf seinen Pflichtteil anrechnen lassen, was ihm der Erblasser (hier: Übergeber) lebzeitig mit der Bestimmung zugewendet hat, dass es auf den Pflichtteil angerechnet werden soll (vgl. § 2315 Abs. 1 BGB). Die Anrechnungsbestimmung setzt eine **anrechnungspflichtige Zuwendung** voraus. Zuwendung i.d.S. sind alle Zuwendungen, die ohne Rechtspflicht erfolgen, also insbesondere Schenkungen, Ausstattungen und dergl.[41]. Bei gemischten Schenkungen erfolgt die Zuwendung in Höhe des zugewandten „Nettowertes“[42].

712 Die Anrechnungsbestimmung muss dem Zuwendungsempfänger als **einseitige empfangsbedürftige Willenserklärung gleichzeitig mit oder vor der Zuwendung** zugehen[43]. Eine einseitige **nachträgliche Anrech-**

---

38 Vgl. BGH, NJW 1994, 1791; wie hier *Wegmann*, MittBayNot 1994, 307, 308; *v. Proff*, ZEV 2016, 681, 685; *Bühler*, MittBayNot 2022, 10, 24.

39 *Bühler*, MittBayNot 2022, 10, 24.

40 BVerfG, NJW 1991, 217; ZEV 2019, 79.

41 *Grüneberg/Weidlich*, § 2315 Rn. 1.

42 *MünchKomm/Lange*, § 2315 Rn. 8.

43 *NK-BGB/Bock*, § 2315 Rn. 7.

nungsbestimmung entfaltet keine Wirkung[44], außer der Zuwendende hat sich die Anrechnung vorbehalten[45]. Andernfalls ist eine nachträgliche Anrechnung nur in Form eines **Pflichtteilsverzichtsvertrages** zwischen Erblasser und Zuwendungsempfänger möglich[46].

Die Anrechnungsbestimmung bedarf **keiner Form**[47], außer das Kausalgeschäft seinerseits ist formbedürftig, wie etwa bei **Übertragung eines Grundstücks** (vgl. § 311b BGB)[48]. Sie kann daher auch mündlich oder konkludent erfolgen. Eine **konkludente** Anrechnungsbestimmung muss aber so eindeutig sein, dass sie für den Zuwendungsempfänger erkennbar ist[49]. Der Zuwendende muss sich bei der Zuwendung so verhalten haben, dass der Empfänger der Zuwendung spätestens bei ihrer Entgegennahme das Verhalten des Zuwendenden als Bestimmung der Anrechnung deuten musste. Dafür, dass der Erblasser eine solche Bestimmung getroffen hätte, streitet aber selbst bei höheren Zuwendungen kein Anscheinsbeweis[50]. Danach soll etwa die Formulierung „Zuwendung im Wege der vorweggenommenen Erbfolge“ oder „in Anrechnung auf den Erbteil“ nicht ohne weiteres den Schluss zulassen, dass eine Anrechnungsbestimmung getroffen worden ist[51]. 713

Formulierungsbeispiel [einfache Anrechnungsbestimmung][52]: 714

Der Erwerber hat sich den Wert der heutigen Zuwendung auf sein gesetzliches Pflichtteilsrecht am Nachlass des Übergebers anrechnen zu lassen.

Formulierungsbeispiel [ausdrücklich keine Anrechnungsbestimmung][53]: 715

Der Erwerber hat sich den Wert der heutigen Zuwendung *nicht* auf sein gesetzliches Pflichtteilsrecht am Nachlass des Übergebers anrechnen zu lassen.

---

44 *NK-BGB/Bock,* § 2315 Rn. 7; *Tanck,* ZErb 2000, 3, 5.

45 *Grüneberg/Weidlich,* § 2315 Rn. 5.

46 *Abele/Klinger/Maulbetsch,* Pflichtteilsansprüche reduzieren und vermeiden, § 2 Rn. 7; *Tanck,* ZErb 2000, 3, 6.

47 *NK-BGB/Bock,* § 2315 Rn. 8, m.w.N.

48 *von Hoyenberg,* Vorweggenommene Erbfolge, Kap. 7 Rn. 12; *Bamberger/Roth/Müller-Engels,* § 2315 Rn. 7; *Keim,* MittBayNot 2008, 8.

49 *Grüneberg/Weidlich,* § 2315 Rn. 3.

50 OLG Köln, NJW-RR 2008, 240.

51 OLG Düsseldorf, FamRZ 1994, 1491; OLG Schleswig, ZEV 2008, 386; *Grüneberg/Weidlich,* § 2315 Rn. 2.

52 Vgl. *von Hoyenberg,* Vorweggenommene Erbfolge, Kap. 7 Rn. 13.

53 Vgl. *von Hoyenberg,* Vorweggenommene Erbfolge, Kap. 7 Rn. 13.

b) Rechtsfolge

716 Ist eine Anrechnungsbestimmung (wirksam) getroffen, ist der **Wert der Zuwendung** (bei gemischten Schenkungen der Nettowert, s.o.) bei der Bestimmung des Pflichtteils dem Nachlass **hinzuzurechnen** (vgl. § 2315 Abs. 2 S. 1 BGB). In einem zweiten Schritt ist der Wert der Zuwendung **vom so errechneten Pflichtteilsanspruch in Abzug** zu bringen (vgl. § 2315 Abs. 1 BGB). Pflichtteilsansprüche werden hierdurch i.E. der Höhe nach vermindert.

717 Der Wert bestimmt sich nach dem **Zeitpunkt der Zuwendung** (vgl. § 2315 Abs. 2 S. 2 BGB). Allerdings kann der Zuwendende eine **abweichende Bestimmung** treffen, sofern sich hierdurch der Wert der anrechnungspflichtigen Zuwendung vermindert. Soll hingegen ein **höherer Wert** als der tatsächliche Wert angesetzt werden – dies kann auch durch Veränderung des maßgeblichen Stichtags der Fall sein (wenn etwa angeordnet wird, dass sich der Wert nach dem Zeitpunkt des Ablebens des Zuwendenden errechnen soll) – ist die Form des Pflichtteilsverzichts einzuhalten[54]. Erfolgt der Übertragungsakt in notariell beurkundeter Form, kann ein entsprechender stillschweigender gegenständlich beschränkter Pflichtteilsverzicht angenommen werden[55].

718 **Formulierungsbeispiel** [Anrechnungsbestimmung mit abweichendem Stichtag][56]:

> Der Erwerber hat sich den Wert der heutigen Zuwendung auf sein gesetzliches Pflichtteilsrecht am Nachlass des Übergebers anrechnen zu lassen. Der Wert der Zuwendung soll sich nach dem Zeitpunkt des Ablebens des Übergebers bestimmen. Soweit der Wert der Zuwendung im Zeitpunkt des Ablebens des Übergebers den Wert der Zuwendung zum Zeitpunkt der Zuwendung übersteigt, verzichtet der Erwerber gegenüber dem Übergeber auf sein gesetzliches Pflichtteilsrecht. Der Übergeber nimmt den Verzicht an.

719 **Formulierungsbeispiel** [Anrechnungsbestimmung mit festem Wert][57]:

> Der Erwerber hat sich den Wert der heutigen Zuwendung auf sein gesetzliches Pflichtteilsrecht am Nachlass des Übergebers anrechnen zu lassen. Der Wert der Zuwendung wird einvernehmlich auf … Euro festgesetzt. Soweit dieser Wert den tatsächlichen Wert

54 *Soergel/Dieckmann,* § 2315 Rn. 11; *Keim,* MittBayNot 2008, 8; *Mayer,* ZErb 2007, 130, 134; *Keim,* MittBayNot 2008, 8, 10; a.A. wohl OLG Nürnberg, ZEV 2006, 361.

55 OLG Nürnberg, ZEV 2006, 361, 362; *Keim,* MittBayNot 2008, 8, 10.

56 Vgl. *von Hoyenberg,* Vorweggenommene Erbfolge, Kap. 7 Rn. 15.

57 Vgl. *von Hoyenberg,* Vorweggenommene Erbfolge, Kap. 7 Rn. 19.

der Zuwendung übersteigt, verzichtet der Erwerber gegenüber dem Übergeber auf sein gesetzliches Pflichtteilsrecht. Der Übergeber nimmt den Verzicht an.

c) Pflichtteilsanrechung gegenüber Dritten

Anrechnungsfähig sind grds. nur lebzeitige Zuwendungen des Erblassers an den Pflichtteilsberechtigten[58]. Erfolgt die **Zuwendung an den Erwerber nur durch einen Elternteil**, soll die Anrechnung aber auch auf den Pflichtteil nach dem anderen Elternteil wirken, muss ein entsprechender Pflichtteilsverzicht vereinbart werden[59]. Freilich ist hier festzulegen, in welcher Höhe jeweils eine „Anrechnung" erfolgen soll. 720

Formulierungsbeispiel [Anrechnungsbestimmung; Anrechnung je in Höhe der Hälfte nach beiden Elternteilen][60]: 721

Der Erwerber hat sich den Wert der heutigen Zuwendung auf sein gesetzliches Pflichtteilsrecht am Nachlass des Übergebers sowie dessen Ehegatten, der Mutter des Erwerbers, anrechnen zu lassen, und zwar je in Höhe der Hälfte des Wertes der heutigen Zuwendung. Insoweit verzichtet der Erwerber gegenüber seiner Mutter auf sein gesetzliches Pflichtteilsrecht.

Erfolgt die Zuwendung durch beide Elternteile, soll die Anrechnung aber beim Ableben des erstversterbenden Elternteils derart „voll" wirken, als weitere Pflichtteilsansprüche nach dem erstversterbenden Elternteil ausscheiden (und nicht nur in Höhe der tatsächlich von diesem erfolgten Zuwendung), bedarf es gleichfalls eines entsprechenden Pflichtteilsverzichts. Alternativ wäre hier an die Abgabe eines Pflichtteilsverzichts nach dem Erstversterbenden der Eltern zu denken; vgl. Rn. 735. Auch die umgekehrte Anordnung (Anrechnung am Nachlass des längerlebenden Elternteils) ist denkbar. 722

Formulierungsbeispiel [Anrechnungsbestimmung bei zwei Übergebern, zum vollen Wert nach dem erstversterbenden Übergeber][61]: 723

Der Erwerber hat sich den Wert der heutigen Zuwendung auf sein gesetzliches Pflichtteilsrecht am Nachlass des Übergebers anrechnen zu lassen. Sollte die heutige Anrechnung auf den Pflichtteil

58 *Staudinger/Otte,* § 2315 Rn. 8 ff.; *Keim,* MittBayNot 2008, 8, 9.

59 Vgl. *Keim,* MittBayNot 2008, 8, 9.

60 Vgl. *Mayer/Süß/Tanck/Bittler/Wälzholz-Mayer,* Handbuch Pflichtteilsrecht, § 11 Rdnr. 49; *Mohr,* ZEV 1999, 257, 259; *von Hoyenberg,* Vorweggenommene Erbfolge, Kap. 7 Rn. 23.

61 Vgl. *von Hoyenberg,* Vorweggenommene Erbfolge, Kap. 7 Rn. 25.

nach dem erstversterbenden Übergeber nicht ausreichen, um Pflichtteilsansprüche des Erwerbers nach diesem abzudecken, und erhält der Erwerber beim Ableben des erstversterbenden Übergebers auch keine (weitere) Zuwendung, die seine Pflichtteilsansprüche abdeckt, soll der Erwerber im Rahmen der heutigen Pflichtteilsanrechnung rechtlich so gestellt werden, als dass er die heutige Zuwendung soweit vom erstversterbenden Übergeber erhalten hat, als dies zur Erfüllung seiner Pflichtteilsansprüche nach diesem erforderlich ist. Insoweit verzichtet der Erwerber gegenüber dem erstversterbenden Übergeber auf sein gesetzliches Pflichtteilsrecht.

d) Flucht in die Pflichtteilsergänzung

724 Als „Flucht in die Pflichtteilsergänzung“[62] wird folgende Gestaltung vorgeschlagen: Ist eine Anrechnungsbestimmung anlässlich der Zuwendung unterblieben und ist der Zuwendungsempfänger mit einer nachträglichen Anrechnung in Form eines Pflichtteilsverzichtsvertrages nicht einverstanden, so kann der Erblasser (Übergeber) dem künftigen Erben bereits zu Lebzeiten Vermögen (schenkungsweise) übertragen. Zwar unterliegt diese Übertragung der Pflichtteilsergänzung, jedoch sind lebzeitige Eigengeschenke an den Anspruchsberechtigten auf dessen Pflichtteilsergänzungsanspruch kraft Gesetzes gemäß § 2327 BGB anzurechnen[63]. Es bedarf mithin keiner (ausdrücklichen) Anrechnungsbestimmung[64]. Zudem gilt für die Anrechnung auch nicht die zeitliche Schranke des § 2325 Abs. 3 BGB[65], so dass es unerheblich ist, zu welchem Zeitpunkt der Pflichtteilsberechtigte selbst eine Zuwendung erhalten hat.

3. Erb-/Pflichtteilsverzicht

725 Der sicherste Weg zur Vermeidung der als störend empfundenen Erb- und/oder Pflichtteilsansprüche ist der Abschluss eines Erb- und/oder Pflichtteilsverzichtsvertrages.

a) Allgemeines

726 Gemäß § 2346 BGB können Verwandte sowie der (auch künftige[66]) Ehegatte durch Vertrag mit dem Erblasser auf ihr gesetzliches Erbrecht verzichten **(Erbverzicht)**; der Verzichtende hat in diesem Fall auch kein

62 *Tanck,* ZErb 2000, 3.
63 Weiterführend *Tanck,* ZErb 2000, 3, 6 f.
64 Vgl. *Bühler*, DNotZ 2022, 10, 25.
65 BGH, NJW 1990, 180, 181.
66 Vgl. § 2347 Abs. 1 S. 1 BGB.

Pflichtteilsrecht (§ 2346 Abs. 1 S. 2 Hs. 2 BGB)[67], sofern er sich das Pflichtteilsrecht nicht vorbehalten hat[68]. Da der Erbverzicht die Pflichtteilsquoten der anderen Pflichtteilsberechtigten erhöht (vgl. § 2310 S. 2 BGB), erachtet die Praxis die Beschränkung des **Verzichts auf den Pflichtteil** als vorzugswürdig, so dass nachstehend nur hierauf eingegangen wird. Ein Erbverzicht kann erwogen werden, wenn der Übergeber mit der Zuwendung umfassend abgefunden sein soll und sich der Wert der Zuwendung im Rahmen der Erberwartung des Übernehmers hält. Erfolgt in diesem Fall die Zuwendung gleichsam als Abfindung für den Erbverzicht, unterliegt sie wohl in voller Höhe nicht der Pflichtteilsergänzung[69].

Mangels anderweitiger Vereinbarung erfasst der Verzicht auf das gesetzliche Pflichtteilsrecht auch den Anspruch auf den Pflichtteilsrest gemäß §§ 2305, 2307 BGB sowie auf Pflichtteilsergänzung gemäß §§ 2325 ff. BGB[70], ebenso die Rechte aus den §§ 2306, 2318 Abs. 2, 2319 und 2328 BGB[71]. **727**

Wird der Verzicht durch Abkömmlinge abgegeben, erstreckt er sich – mangels abweichender Bestimmung – auch auf die **Abkömmlinge des** Verzichtenden (vgl. § 2349 BGB)[72]. Verzichtet hingegen der Ehegatte, erstreckt sich der Verzicht nicht auch auf die Abkömmlinge des Verzichtenden; § 2349 BGB ist hier nicht einschlägig („[v]erzichtet ein Abkömmling oder ein Seitenverwandter des Erblassers"). **728**

Der **Erblasser** kann den Verzichtsvertrag nur **persönlich schließen** (vgl. § 2347 S. 1 Hs. 1 BGB), eine Vertretung des Erblassers ist mithin ausgeschlossen[73] (für den geschäftsunfähigen Erblasser siehe aber § 2347 S. 2 BGB[74]); der **Verzichtende** hingegen kann sich **vertreten** lassen[75]. § 2347 BGB fordert nicht gleichzeitige Anwesenheit der Beteiligten, so dass die getrennte Beurkundung von **Angebot** und **Annahme** (§ 128 **729**

67 Der Verzichtende kann sich aber sein Pflichtteilsrecht ausdrücklich vorbehalten, so *BGB-RGRK/Johannsen*, § 2346 Rn. 16; *Schlitt/Müller/Müller*, Handbuch Pflichtteilsrecht, § 10 Rn. 34; *Nieder/Kössinger/Winfried Kössinger*, Handbuch der Testamentsgestaltung, § 19 Rn. 2a.

68 *Erman/Simon*, § 2346 Rn. 3.

69 BGH ZEV 2009, 77, m. Anm. *Schindler;* aber OLG Hamm ZEV 2000, 277, m. Anm. *Rheinbay;* siehe hierzu auch *Mayer/Geck/Mayer*, Der Übergabevertrag, § 9 Rn. 58 ff.

70 *Nieder/Kössinger/Winfried Kössinger*, Handbuch der Testamentsgestaltung, § 19 Rn. 2a; *Reul*, MittRhNotK 1997, 373, 378.

71 *Nieder/Kössinger/Winfried Kössinger*, Handbuch der Testamentsgestaltung, § 19 Rn. 11a.

72 *Nieder/Kössinger/Winfried Kössinger*, Handbuch der Testamentsgestaltung, § 19 Rn. 3, m.w.N.

73 *Grüneberg/Weidlich*, § 2347 Rn. 2.

74 Siehe hierzu *Schlitt/Müller/G. Müller*, Handbuch Pflichtteilsrecht, § 10 Rn. 16.

75 *Schlitt/Müller/G. Müller*, Handbuch Pflichtteilsrecht, § 10 Rn. 19; *Reul*, MittRhNotK 1997, 373, 375.

BGB) zulässig ist[76]; jedoch kann das Angebot des Erblassers (entgegen § 130 Abs. 2 BGB) nach dessen Tod nicht mehr angenommen werden[77].

730 Der Pflichtteilsverzicht ist ein abstraktes Verfügungsgeschäft[78]. Er bedarf, wie auch das zugrunde liegende Verpflichtungsgeschäft[79], der **notariellen Beurkundung** (§ 2348 BGB). Ermangelt es an einem zugrunde liegenden Verpflichtungsgeschäft, ist der Verzicht kondizierbar[80]; aber auch wenn ein Verpflichtungsgeschäft zugrunde liegt, kann eine Anpassung wegen Störung der Geschäftsgrundlage in Betracht kommen[81], insbesondere wenn der Verzicht mit einer künftigen „Erberwartung" des Verzichtenden verknüpft ist. Formmängel des Verpflichtungsgeschäfts werden mit Beurkundung des abstrakten Verzichtsvertrages geheilt (§ 311b Abs. 1 S. 2, 518 Abs. 2 BGB analog)[82]. Wird der Vertrag über die vorweggenommene Erbfolge beurkundet, kann der Pflichtteilsverzicht dort mit aufgenommen werden; jener wird dann i.d.R. zugleich Rechtsgrund des Verzichts sein.

731 Zur Frage des Fortbestands des Pflichtteilsverzichts, falls es zur Rückübertragung des zugewandten Vermögensgegenstands aufgrund vorbehaltenen Rückforderungsgrunds kommt, vgl. Rn. 741.

732 **Formulierungsbeispiel** [Pflichtteilsverzicht des Erwerbers gegenüber dem Übergeber]:

§ … Erbrecht

1. Pflichtteilsverzicht

Der Erwerber verzichtet mit Wirkung für sich und seine Abkömmlinge gegenüber dem Übergeber auf sein gesetzliches Pflichtteilsrecht am Nachlass des Übergebers. Der Übergeber nimmt diesen Verzicht an.

2. Hinweise

Der Notar hat mit den Beteiligten das gesetzliche Erb- und Pflichtteilsrecht sowie die Rechtsfolgen des Pflichtteilsverzichts ausführlich besprochen. Dabei hat der Notar insbesondere auf Folgendes

---

76 *Firsching/Graf,* Nachlassrecht, Rn. 1.428; *Reul,* MittRhNotK 1997, 373, 377.

77 BGH, DNotZ 1997, 422; *Reul,* MittRhNotK 1997, 373, 382 f.

78 *Nieder/Kössinger/Winfried Kössinger,* § 19 Rn. 1; *Schlitt/Müller/Müller,* Handbuch Pflichtteilsrecht, § 10 Rn. 5; *Reul,* MittRhNotK 1997, 373, 374.

79 H.M., siehe OLG Köln, ZEV 2011, 384; *Bengel,* ZEV 2006, 192, 194; *Reul,* MittRhNotK 1997, 373, 377.

80 *NK-BGB/Kroiß,* § 2346 Rn. 24.

81 BGH, NJW 1997, 653.

82 *Schlitt/Müller/Müller,* Handbuch Pflichtteilsrecht, § 10 Rn. 10; *Bengel,* ZEV 2006, 192, 194.

hingewiesen: Das gesetzliche Erbrecht des Verzichtenden bleibt unberührt; der Verzicht erstreckt sich auch nicht auf Zuwendungen an den Verzichtenden in einer letztwilligen Verfügung des Erblassers. Das Recht des Erblasser, den Verzichtenden durch Verfügung von Todes wegen zu begünstigen, besteht unabhängig vom Pflichtteilsverzicht weiter.

b) Pflichtteilsverzicht gegenüber beiden Elternteilen

Gehört ein auf einen Abkömmling übertragener Vermögensgegenstand nicht beiden Elternteilen, kann der Pflichtteilsverzicht im Rahmen des Vertrags zur vorgenommenen Erbfolge auf beide Elternteile erstreckt werden. Der andere Elternteil muss dann freilich an der Urkunde beteiligt sein. **733**

Formulierungsbeispiel [Pflichtteilsverzicht des Erwerbers gegenüber beiden Elternteilen]: **734**

§ … Erbrecht

1. Pflichtteilsverzicht

Der Erwerber verzichtet gegenüber dem Übergeber sowie gegenüber seiner Mutter, Frau …, mit Wirkung für sich und seine Abkömmlinge jeweils auf sein gesetzliches Pflichtteilsrecht am Nachlass des Übergeber sowie am Nachlass seiner Mutter. Der Übergeber und die Mutter des Erwerbers nehmen diesen Verzicht jeweils an.

c) Pflichtteilsverzicht gegenüber dem erstversterbenden Elternteil

Soll der Erwerber keinen vollständigen Pflichtteilsverzicht abgeben, wollen die Eltern des Erwerbers aber sicherstellen, dass der Längerlebende von ihnen sich keiner Pflichtteilsansprüche des Erwerbers mehr ausgesetzt sieht, kann ein **auf den Nachlass des Erstversterbenden der Eltern beschränkter Pflichtteilsverzicht** vereinbart werden[83]. **735**

83 *von Hoyenberg*, Vorweggenommene Erbfolge, Kap. 7 Rn. 8.

736 **Formulierungsbeispiel** [Pflichtteilsverzicht des Erwerbers gegenüber dem erstversterbenden Elternteil]:

§ … Erbrecht

1. Pflichtteilsverzicht

Der Erwerber verzichtet gegenüber dem Erstversterbenden seiner Eltern, nämlich dem Übergeber sowie gegenüber seiner Mutter, Frau …, mit Wirkung für sich und seine Abkömmlinge auf sein gesetzliches Pflichtteilsrecht am Nachlass des Erstversterbenden seiner Eltern. Pflichtteilsansprüche am Nachlass des Längerlebenden der Eltern bleiben unberührt. Der Übergeber und die Mutter des Erwerbers nehmen diesen Verzicht jeweils an.

d) Pflichtteilsverzicht des Ehegatten

737 Sind auf Seite des Übergebers **beide Elternteile** (Ehegatten) beteiligt, d.h. gehört der zu übergebende Vermögensgegenstand beiden Elternteilen, liegt bereits im Abschluss des Vertrags zur vorweggenommenen Erbfolge, allerdings nur wenn dieser notariell beurkundet ist, ein **stillschweigend erklärter gegenständlich beschränkter Pflichtteilsverzicht** eines jeden Elternteils (Ehegatten) gegenüber dem anderen.

738 Anders stellt sich die Rechtslage freilich dann dar, wenn lediglich ein Elternteil (Ehegatte) Inhaber des zu übertragendenden Vermögenswertes ist. In diesem Fall können auch dem anderen (durch die vorweggenommene Erbfolge übergangenen) Elternteil (Ehegatten) Ansprüche auf Pflichtteilsergänzung zustehen. Soll dies verhindert werden, ist zwischen dem Übergeber und dessen Ehegatten ein entsprechender Pflichtteilsverzicht zu vereinbaren; i.d.R. wird hier ein **gegenständlich beschränkter Pflichtteilsverzicht** genügen (siehe hierzu Rn. 739).

e) Gegenständlich beschränkter Pflichtteilsverzicht

739 Der Pflichtteilsverzicht kann **gegenständlich beschränkt** werden[84]. Ein derartiger Verzicht wird insbesondere bei weichenden Geschwistern sowie hinsichtlich des übergangenen Elternteils (Ehegatten) in Betracht kommen, sofern diese nicht vollständig auf ihr Pflichtteilsrecht verzichten sollen. Rechtsfolge des gegenständlich beschränkten Pflichtteilsverzichts ist, dass der Verzichtende aus dem vom Verzicht erfassten Gegenstand keine erbrechtlichen Ansprüche herleiten kann, dieser mithin bei

84 *Nieder/Kössinger/Winfried Kössinger*, Handbuch der Testamentsgestaltung, § 19 Rn. 12, m.w.N.; *Reul*, MittRhNotK 1997, 373, 379; *Weirich*, DNotZ 1986, 5, 16.

der Berechnung etwaiger Pflichtteils(-ergänzungs)ansprüche außer Acht gelassen wird.

Formulierungsbeispiel [Gegenständlich beschränkter Pflichtteilsverzicht][85]: 740

Gegenständlich beschränkter Pflichtteilsverzicht

[...]

II. Pflichtteilsverzicht

[Verzichtender] verzichtet mit Wirkung für sich und seine Abkömmlinge gegenüber dem [Übergeber] auf sein Pflichtteilsrecht am Nachlass des Übergebers in der Weise, dass folgende Vermögenswerte bei der Berechnung des Pflichtteils als nicht zum Nachlass gehörend angesehen werden: ...

Der Übergeber nimmt diesen gegenständlich beschränkten Verzicht an.

Probleme hinsichtlich der Bestandskraft eines durch Geschwister des Erwerbers abgegebenen Pflichtteilsverzichts können sich ergeben, wenn es zur **Rückübertragung des dem Erwerber zugewandten Vermögensgegenstands** aufgrund Verwirklichung eines vertraglich vereinbarten Rückforderungsrechts kommt. In diesem Fall kann der Pflichtteilsverzicht der Geschwister im Wege der Vertragsauslegung u.U. als **auflösend bedingt** vereinbart angesehen werden, mit der Folge, dass deren Pflichtteilsrecht wieder auflebt[86]. Denkbar wäre hier, eine entsprechende Bedingung ausdrücklich zu vereinbaren oder den Pflichtteilsverzicht der Geschwister auch für diesen Fall aufrechterhalten zu wollen. 741

Formulierungsbeispiel [auflösend bedingter Pflichtteilsverzicht][87]: 742

Vorstehender Pflichtteilsverzicht ist auflösend bedingt vereinbart. Die Bedingung tritt ein, wenn der mit dieser Urkunde übertragene Vermögensgegenstand aufgrund des in dieser Urkunde vorbehaltenen Rückforderungsrechts an den Übergeber rückübertragen wird.

85 Vgl. *Müller/Renner/Müller,* Handbuch Pflichtteilsrecht, § 10 Rn. 78.

86 Vgl. OLG München, MittBayNot 2015, 240; anders hingegen der Fall des OLG Saarbrükken, ZEV 2020, 767, in dem Geschwister einen gegenständlich beschränkten Pflichtteilsverzichts hinsichtlich des an ihre weitere Schwester übertragenen elterlichen Hausanwesens gegen Zahlung eines anteiligen Ausgleichsbetrags abgegeben haben, und das Anwesen später vom damaligen Übergeber zum angenommenen Wert entgeltlich zurückerworben wurde (hier: Pflichtteilsverzicht weiter wirksam).

87 Vgl. *Keim,* notar 2015, 18.

743 **Formulierungsbeispiel** [Pflichtteilsverzicht unabhängig von einer Rückforderung]:

> Vorstehender Pflichtteilsverzicht bleibt auch dann wirksam, wenn der mit dieser Urkunde übertragene Vermögensgegenstand aufgrund des in dieser Urkunde vorbehaltenen Rückforderungsrechts an den Übergeber rückübertragen wird. Der Fortbestand der heutigen Zuwendung ist weder Bedingung noch Geschäftsgrundlage für den abgegebenen Pflichtteilsverzicht.

II. Ausgleichung

744 Nach §§ 2050 ff. BGB sind unter den dort genannten Voraussetzungen bestimmte Zuwendungen, die ein Abkömmling (Erwerber) zu Lebzeiten vom Erblasser (Übergeber) erhalten hat, unter Abkömmlingen auszugleichen. Rechtspolitischer Hintergrund ist die Erwartung, dass der Erblasser seine Kinder sowie die ihnen gleichstehenden Abkömmlinge untereinander bei der Verteilung seines Vermögens gleich behandeln möchte[88].

745 Gelangt nach dem Erblasser **gesetzliche Erbfolge** zur Anwendung, sieht § 2050 Abs. 1 BGB eine Ausgleichungspflicht für Zuwendungen im Rahmen einer **Ausstattung** (vgl. § 1624 BGB) vor. Der Übergeber kann hier nach § 2050 Abs. 1 letzter Hs. BGB aber auch anordnen, dass die **Ausstattung nicht ausgleichungspflichtig sein soll** (anders aber bei § 2316 Abs. 3 BGB)[89].

746 **Sonstige Zuwendungen** unterliegen nach § 2050 Abs. 3 BGB hingegen nur dann der Ausgleichung, wenn der Übergeber eine entsprechende Anordnung bei der Zuwendung getroffen hat (hierzu gelten die Ausführungen zur Anrechnung auf den Pflichtteil entsprechend, vgl. Rn. 712 f.) oder es sich um Übermaßzuschüsse handelt (vgl. § 2050 Abs. 2 BGB). Auch bei der **gewillkürten Erbfolge** kann es zur Ausgleichung kommen, nämlich wenn der Erblasser die Abkömmlinge auf dasjenige als Erbe eingesetzt hat, was sie als gesetzliche Erben erhalten würden, oder wenn die Erbteile so bestimmt sind, dass sie zueinander in demselben Verhältnis stehen wie die gesetzlichen Erbteile (vgl. § 2052 BGB).

747 Grds. kann eine **Ausgleichung nur am Nachlass des Zuwendenden** (Übergeber) erfolgen. Hat danach nur ein Elternteil die Zuwendung gemacht, erfolgt die Ausgleichung nur nach diesem. Die Rechtsprechung will aber im Fall des sog. Berliner Testaments eine wichtige Ausnahme zu-

---

88 *Erman/Bayer*, § 2050 Rn. 1.

89 *Grüneberg/Weidlich*, § 2050 Rn. 3.

lassen: Erhält ein als Schlusserbe eingesetzter Abkömmling die Zuwendung vom erstversterbenden Elternteil, wird für § 2052 BGB beim Tod des Letztversterbenden auch der Erstversterbende als Erblasser i.S.d. §§ 2050 ff. BGB angesehen. Dessen Zuwendung soll danach nach dem Tod des längerlebenden Elternteils unter Abkömmlingen zur Ausgleichung zu bringen sein[90].

Die Ausgleichung erfolgt nach Maßgabe des § 2055 BGB. Sie wird nur rein rechnerisch vollzogen, wobei sich i.E. nur die Teilungsquote nach § 2047 Abs. 1 BGB verschiebt[91]. Die auszugleichende Zuwendung ist hierzu mit ihrem Wert zum Zeitpunkt der Zuwendung dem verbliebenen Nachlass hinzuzurechnen (vgl. § 2055 Abs. 2 BGB), wenngleich der Übergeber auch eine anderweitige Anordnung treffen kann[92]. **748**

Ausgleichung und Anrechnung auf den Pflichtteil können miteinander **kombiniert** werden (vgl. § 2316 BGB), wobei § 2316 Abs. 4 BGB zu beachten ist[93]. **749**

Schwäche der Ausgleichung ist, dass sie oftmals nicht das vom Erblasser (Übergeber) bezweckte Ergebnis erreicht[94]. Insbesondere die i.d.R. gewollte **Pflichtteilsreduzierung** tritt allein hierdurch **nicht ein**; die reine Pflichtteilsanrechnung wirkt stärker pflichtteilsentlassend als die Ausgleichung oder eine Kombination von Anrechnung und Ausgleichung[95]. Zudem bewirkt die Ausgleichung, dass sich hierdurch die Pflichtteilsansprüche anderer Abkömmlinge erhöhen (vgl. § 2316 BGB); diese Folge kann auch nicht zulasten der anderen Pflichtteilsberechtigten abbedungen werden (vgl. § 2316 Abs. 3 BGB)[96]. **750**

Praxistipp: Der Vertrag zur vorweggenommenen Erbfolge sollte zum einen über die Frage der Ausgleichung nicht schweigen. Zum anderen sollte die Ausgleichung im Hinblick auf die Folgen im Pflichtteilsrecht ausgeschlossen werden. Will man auch § 2316 BGB vermeiden, darf der Rechtsgrund der Zuwendung nicht in einer Ausstattung i.S.v. § 1624 BGB liegen (zum Rechtsgrund siehe Rn. 14 ff.). **751**

---

90 KG, OLGZ 74, 257; *Grüneberg/Weidlich,* § 2052 Rn. 2.

91 *Grüneberg/Weidlich,* § 2055 Rn. 1.

92 Siehe hierzu *Keim,* DNotZ 2010, 633.

93 *von Hoyenberg,* Vorweggenommene Erbfolge, Kap. 7 Rn. 35.

94 Vgl. *Mayer/Geck/Mayer,* Der Übergabevertrag, § 9 Rn. 9.

95 *Mayer/Geck/Mayer,* Der Übergabevertrag, § 9 Rn. 10; *Sostmann,* MittRhNotK 1976, 479, 493 ff.

96 *Mayer/Geck/Mayer,* Der Übergabevertrag, § 9 Rn. 10.

752 **Formulierungsbeispiel** [Ausschluss der Ausgleichung]:

> § … Erbrecht
>
> 1. Pflichtteilsanrechnung
>
> (…)
>
> 2. Ausgleichung
>
> Der Wert der heutigen Zuwendung ist nicht zur Ausgleichung zu bringen.

III. Entgegenstehende frühere Verfügungen von Todes wegen

753 **Erbvertrag** und **gemeinschaftliches Testament** entfalten eine im Vergleich zum Einzeltestament weitergehende erbrechtliche Bindungswirkung. Durch die Errichtung eines Erbvertrages wird das Recht des Erblassers (hier: Übergeber), über sein Vermögen durch **Rechtsgeschäft unter Lebenden** zu verfügen, zwar nicht eingeschränkt (vgl. § 2286 BGB). Der Erblasser kann sein Vermögen **verbrauchen** oder an Dritte – auch unentgeltlich – **übertragen**, ohne gegen ein gesetzliches Verbot zu verstoßen[97].

754 § 2287 BGB enthält zugunsten des **Vertragserben** jedoch Einschränkungen für **Schenkungen** an Dritte. Der Begriff der Schenkung in § 2287 BGB entspricht dem in § 516 Abs. 1 BGB, wie ihn die Rechtsprechung auch im Rahmen von Pflichtteilsergänzungsansprüchen geprägt hat (siehe Rn. 696)[98].

755 Als Rechtsfolge steht dem Vertragserben gegen den Beschenkten (hier: Erwerber) u.U. ein Anspruch auf Herausgabe des Geschenks zu. Voraussetzung hierfür ist, dass der Erblasser (Übergeber) mit **Beeinträchtigungsabsicht** gehandelt hat. Die Beeinträchtigungsabsicht wird mit der Absicht, den Beschenkten zu begünstigen, in der Regel untrennbar verbunden und als gegeben anzusehen sein[99]. Der BGH prüft jedoch anhand der Formel vom **lebzeitigen Eigeninteresse** des Erblassers, ob „nach dem Urteil eines objektiven Beobachters die Verfügung des Erblassers in Anbetracht der gegebenen Umstände auch unter Berücksichtigung der durch den Erbvertrag begründeten Bindungen als billigenswert und gerechtfertigt erscheint“[100] Die Rechtsprechung hat hierzu entsprechende Fallgruppen

---

97 BGHZ 59, 343, 348 (ausdrückliche Aufgabe der sog. Aushöhlungsnichtigkeit).

98 BGHZ 116, 167.

99 BGHZ 59, 343, 350, 352.

100 BGH, FamRZ 1977, 539, 540.

gebildet, bei deren Vorliegen § 2287 BGB dann unanwendbar ist[101]. Das lebzeitige Eigeninteresse muss dabei stets durch eine geänderte Sachlage nach Eintritt der Bindungswirkung bedingt sein, wobei freilich das Bedürfnis auf Alterssicherung nicht bereits deshalb außer Betracht bleibt, weil es bei Abschluss des Erbvertrags bzw. gemeinschaftlichen Testaments bereits gegeben bzw. erkennbar war[102].

Schließlich muss der Vertragserbe auch **objektiv beeinträchtigt** sein, der Nachlasswert muss sich durch die Schenkung zulasten des Vertragserben verringert haben[103]. Hieran fehlt es, wenn in der zugrunde liegenden Verfügung von Todes wegen ein die Schenkung deckender **Abänderungsvorbehalt** enthalten ist[104]. Hieran fehlt es ferner, wenn die Schenkung an einen Pflichtteilsberechtigten zur Deckung des Pflichtteils erfolgt[105]; dies soll selbst dann gelten, wenn der Beschenkte einen Erb- und Pflichtteilsverzicht abgegeben hat[106]. Gleichfalls soll es an einer Beeinträchtigung fehlen bei der Erfüllung einer bindenden Verfügung von Todes wegen[107], und freilich dann, wenn der Vertragserbe der Zuwendung zustimmt[108]. An einer Beeinträchtigung des Vertragserben fehlt es schließlich, wenn der Wert des Zugewendeten gering ist; mit geringfügigen Änderungen des Nachlasses müsse, so der BGH, gerechnet werden[109], wobei es feste Wertgrenzen oder Quoten im Verhältnis zum Nachlasswert nicht gibt[110]. **756**

Rechtsfolge einer den Vertragserben objektiv beeinträchtigenden und in Beeinträchtigungsabsicht hingegebenen Schenkung ist ein **Herausgabeanspruch** des Vertragserben gegen den Beschenkten nach den Vorschriften des Bereicherungsrechts (vgl. §§ 812 ff. BGB). Der Beschenkte kann sich auf den Wegfall der Bereicherung berufen (§ 818 Abs. 3 BGB), sofern er nicht verschärft haftet (§§ 819 Abs. 1, 818 Abs. 4 BGB). Streitig ist, ob der Vertragserbe bei einer **gemischten Schenkung** einen Geldanspruch in Höhe des Wertes der unentgeltlichen Leistung oder einen Anspruch auf Herausgabe des zugewendeten Gegenstands gegen Erstattung der Gegenleistung hat. Die Rechtsprechung entscheidet danach, welcher Charakter des Rechtsgeschäfts überwiegt; nur wenn der unentgeltliche Teil **757**

101 Vgl. hierzu *Erman/S.u.T. Kappler*, § 2287 Rn. 4 f.; *NK-BGB/Horn*, § 2287 Rn. 44 ff.
102 BGHZ 83, 44, 46.
103 *NK-BGB/Horn*, § 2287 Rn. 27.
104 BGH, WM 1986, 1221, 1222.
105 BGHZ 88, 269, 272 f.
106 BGHZ 77, 264, 270.
107 BGH, WM 1986, 1221, 1222; zur Übertragung im Wege der vorweggenommenen Erbfolge an einen von mehreren bindenden Schlusserben, siehe BGH, NJW 1982, 43.
108 BGHZ 108, 252 (die Zustimmung bedarf zu ihrer Wirksamkeit der notariellen Form).
109 BGHZ 66, 8, 14.
110 BGH, WM 1979, 442, 444.

überwiegt, soll ein Herausgabeanspruch – gegen Erstattung der Gegenleistung – bestehen[111].

758 Der Schutz des vertragsmäßig bedachten **Vermächtnisnehmers** ist in § 2288 BGB (Wertersatzanspruch bzw. Verschaffungsanspruch gegen den Erben) noch weiter ausgestaltet, als der des Vertragserben in § 2287 BGB. So bietet § 2288 Abs. 2 BGB neben **unentgeltlichen Verfügungen** auch Schutz vor **entgeltlicher Veräußerung** und **Belastung** bzw. den entsprechenden schuldrechtlichen Verpflichtungen hierzu[112]. In den Schutzbereich des § 2288 BGB fallen auch **Geld**- und sonstige **Gattungsvermächtnisse**; andernfalls hätte der Vermächtnisnehmer infolge der Beeinträchtigung keinen Leistungsanspruch, da sein Vermächtnis mit Wegfall des Vermächtnisgegenstands unwirksam würde (Ausnahme: Verschaffungsvermächtnis, § 2169 BGB)[113]. Ein **lebzeitiges Eigeninteresse** wird im Falle des § 2288 BGB nur dann bejaht, wenn sich das Interesse gerade auf den veräußerten Gegenstand richtet und der angestrebte Zweck nicht auch anderweitig zu erreichen gewesen wäre[114]. Andernfalls verwandelt sich das angeordnete Stückvermächtnis in ein Verschaffungsvermächtnis. Von der Verschaffungspflicht wird der Erbe nur frei, wenn er zur Verschaffung außerstande ist oder die Verschaffung nur mit unverhältnismäßigem Aufwand möglich ist; in diesem Fall hat er dem Vermächtnisnehmer Wertersatz zu leisten (vgl. §§ 2288 Abs. 2 S. 1 Hs. 2, 2170 Abs. 2 S. 1 BGB). Erfolgte die Zuwendung an den Dritten schenkungsweise, steht dem Vermächtnisnehmer gegen den Beschenkten – subsidiär – auch der Herausgabeanspruch nach § 2287 Abs. 1 BGB zu (vgl. § 2288 Abs. 2 S. 2 BGB)[115]. Bei einer tatsächlichen Beeinträchtigung i.S.v. § 2288 Abs. 1 BGB (Zerstörung, Beiseiteschaffen, Beschädigung) hat der Erbe Wertersatz zu leisten, soweit er zur tatsächlichen Herausgabe außerstande ist.

759 §§ 2287 f. BGB gelten für **gemeinschaftliche Testamente** nach Eintritt der Bindungswirkung entsprechend[116].

B. Güterrechtliche Auswirkungen

760 Leben Ehegatten im gesetzlichen Güterstand der **Zugewinngemeinschaft**, steht jedem Ehegatten im Falle der Ehescheidung Anspruch auf Zugewinnausgleich zu (vgl. §§ 1372 ff. BGB). Das gleiche gilt im Falle des

111 BGHZ 77, 264, 272; *Erman/S.u.T. Kappler*, § 2287 Rn. 7.
112 *Nieder/Kössinger/Reinhard Kössinger*, Handbuch der Testamentsgestaltung, § 12 Rn. 39.
113 *Erman/S.u.T Kappler*, § 2288 Rn. 1.
114 *Nieder/Kössinger/Reinhard Kössinger*, Handbuch der Testamentsgestaltung, § 12 Rn. 39.
115 *Nieder/Kössinger/Reinhard Kössinger*, Handbuch der Testamentsgestaltung, § 12 Rn. 39.
116 BGH, NJW 1982, 43.

Ablebens eines Ehegatten, sofern der längerlebende Ehegatte nicht Erbe oder Vermächtnisnehmer wird oder das ihm Zugewendete ausschlägt; hier steht ihm neben dem kleinen Pflichtteil auch ein Anspruch auf güterrechtlichen Zugewinnausgleich zu (vgl. § 1371 Abs. 2 und Abs. 3 BGB).

Anknüpfungspunkt für die hier zu erörternde Problemstellung ist **§ 1375 Abs. 2 Nr. 1 BGB**. Danach wird dem Endvermögen eines Ehegatten der Betrag hinzugerechnet, um den dessen Endvermögen dadurch vermindert ist, als er nach Eintritt des Güterstands unentgeltliche Zuwendungen gemacht hat, durch die er nicht einer sittlichen Pflicht oder einer auf den Anstand zu nehmenden Rücksicht entsprochen hat. Zuwendungen an Abkömmlinge im Rahmen der vorweggenommenen Erbfolge, aber auch (gemischte) Schenkungen, Ausstattungen, Spenden und Stiftungsgeschäfte verwirklichen den Tatbestand der Norm[117]; bei gemischten Schenkungen bewirkt freilich nur der unentgeltliche Teil eine Erhöhung des Endvermögens[118]. **761**

Ein Anspruch aus § 1375 Abs. 2 Nr. 1 BGB entfällt auch nicht schon dann, wenn der (andere) Ehegatte auf sein gesetzliches Erb- und/oder Pflichtteilsrecht gegenüber dem zuwendenden Ehegatten verzichtet hat. Vielmehr bedarf es einer **Zustimmung des (übergangenen) Ehegatten** die Zuwendung betreffend. Allerdings kann diese auch stillschweigend erteilt werden[119]. Jedenfalls wenn der andere Ehegatte am Vertrag zur vorweggenommenen Erbfolge beteiligt ist (etwa da auch zu seinen Gunsten Austragsrechte vereinbart werden), wird man eine stillschweigende Zustimmung annehmen können. **762**

Praxistipp: Um spätere Streitigkeiten im Rahmen eines Zugewinnausgleichsverfahrens zu vermeiden, ist der Ehegatte des Übergebers am Vertrag über die vorweggenommene Erbfolge derart zu beteiligen, als er seine Zustimmung zur Veräußerung erteilt. Wie bereits dargestellt (siehe Rn. 737 f.), sollte in diesem Rahmen ein entsprechender Pflichtteilsverzicht mit vereinbart werden. **763**

Andernfalls will § 1375 Abs. 3 BGB jedenfalls nach Ablauf von 10 Jahren seit der Zuwendung Ansprüche aus der Zuwendung eliminieren. **764**

117 *Soergel/S. u. T. Kappler,* § 1375 Rn. 16; *NK-BGB/Heiß,* § 1375 Rn. 20; *Grüneberg/Siede,* §§ 1375/1376 Rn. 25.

118 *Soergel/S. u. T. Kappler,* § 1375 Rn. 16; *NK-BGB/Heiß,* § 1375 Rn. 22; vgl. auch OLG Bamberg, FamRZ 1990, 408.

119 *Soergel/S. u. T. Kappler,* § 1375 Rn. 16; *Staudinger/Thiele,* § 1375 Rn 41.

765 **Formulierungsbeispiel** [Pflichtteilsverzicht und Zustimmung des Ehegatten nach § 1375 Abs. 3 BGB]:

§ … Pflichtteilsverzicht und Zustimmung des Ehegatten

Der Ehegatte des Übergebers, …, verzichtet gegenüber dem Übergeber auf sein Pflichtteilsrecht am Nachlass des Übergebers in der Weise, dass der Vermögenswert der heutigen Übergabe bei der Berechnung des Pflichtteils als nicht zum Nachlass des Übergebers gehörend angesehen wird. Weiter stimmt der Ehegatte des Übergebers allen in diesem Vertrag abgegebenen Erklärungen des Übergebers zu. Der Übergeber nimmt diese Erklärungen an.

Kapitel 6: Übergabeverträge und Versorgungsrechte vor dem Hintergrund des Sozialhilferegresses

A. Sozialhilferechtliche Grundlagen

I. Allgemeines zur Sozialhilfe

Soweit eine Person aufgrund einer besonderen Lebenssituation, aufgrund des Alters oder Erwerbsunfähigkeit auf öffentliche Leistungen zur Sicherung seines Lebensunterhaltes angewiesen ist, ist grundsätzlich den jeweiligen Hilfearten gemeinsam, dass der Hilfebedürftige zunächst in gewissem Umfang eigenes Einkommen sowie Vermögen einzusetzen hat. Dieser gesetzlich normierte **Nachranggrundsatz** bildet die Grundlage dafür, dass überhaupt seitens der verschiedenen Sozialleistungsträger Hilfeleistungen gewährt werden. Dies bedeutet, dass derartige Hilfeleistungen nachrangig gegenüber dem Einsatz der Arbeitskraft sowie dem Einsatz des Einkommens oder des Vermögens des Hilfesuchenden ist. Auch bei Ansprüchen des Hilfebedürftigen gegen andere, also zum Beispiel Unterhaltsverpflichtete oder Sozialversicherungsträger scheiden Ansprüche gegen die Sozialleistungsträger ganz oder zumindest teilweise aufgrund des Nachranggrundsatzes aus. 766

Mit Einführung der Grundsicherung für Arbeitssuchende, geregelt im Sozialgesetzbuch Zweites Buch (SGB II) wurde dieser ursprünglich aus dem Bereich der Sozialhilfe stammende Grundsatz auch den Anspruch auf das Arbeitslosengeld II übertragen. Die **Zusammenführung von Sozialhilfe und Arbeitslosenhilfe mit Wirkung zum 01.01.2005** für die erwerbsfähigen Personen zwischen 15 und 65 Jahren kam es daher auch für die Fälle, in denen keine Erwerbsunfähigkeit vorliegt, zur Übernahme dieses sozialhilferechtlichen Grundsatzes in dem Bereich der früheren Arbeitslosenhilfe. 767

Zeitgleich zur Einführung der Grundsicherung für Arbeitsuchende zum 01.01.2005 durch Regelung im Sozialgesetzbuch Zweites Buch (SGB II) wurden auch die ursprünglich im Bundessozialhilfegesetz (BSHG) sowie im **Gesetz über die Grundsicherung im Alter und bei Erwerbsunfähigkeit (GSiG)** in dem Sozialgesetzbuch Zwölftes Buch (SGB XII) – Sozialhilfe – zusammengefasst. 768

769 Soweit ein Leistungsberechtigter (früher: Hilfebedürftiger) daher in den Fällen wie Erwerbsunfähigkeit aufgrund Alters oder Pflegebedürftigkeit auf Ansprüche auf Sozialhilfe angewiesen ist, ist für etwaige Rückgriffsansprüche des Trägers der Sozialhilfeleistung seit 01.01.2005 das SGB XII – Sozialhilfe – maßgeblich.

Für Menschen mit Behinderung ergibt sich mit Einführung der **Eingliederungshilfe nach SGB IX** (§§ 90 ff. SGB IX „Rehabilitation und Teilhabe für Menschen mit Behinderung") mit Wirkung zum 01.10.2020 die Besonderheit, dass das bis 31.12.2019 geltenden System der Komplexleistungen, also die Übernahme sowohl der existenzsichernden Grundleistungen und der Fachleistungen, aufgegeben wurde. Danach werden die existenzsichernden Grundleistungen weiterhin durch den Sozialhilfeträger nach dem SGB XII erbracht, der Anspruch auf Fachleistungen richtet sich nunmehr jedoch nach SGB IX. Wer Träger der Eingliederungshilfe ist, richtet sich nach landesrechtlichen Bestimmungen.

II. Sozialhilferechtliche Grundsätze nach dem SGB XII

1. Nachrang der Sozialhilfe, § 2 SGB XII

770 Wie bereits ausgeführt, erhält Sozialhilfe derjenige nicht, „**wer sich vor allem durch Einsatz seiner Arbeitskraft, seines Einkommens und seines Vermögens selbst helfen kann**, oder wer die erforderlichen Leistungen von anderen, insbesondere von Angehörigen oder von Trägern anderer Sozialleistungen erhält".

771 Bereits dem Wortlaut des § 2 SGB XII ist zu entnehmen, dass die Sozialhilfe insbesondere auch nachrangig gegenüber Ansprüchen des Hilfebedürftigen gegenüber seinen Angehörigen ist. § 2 SGB XII bildet daher die gesetzliche Grundlage dafür, dass gerade in Pflegefällen oder Fällen der Heimaufnahme die **Inanspruchnahme Angehöriger** für die Kosten der Pflege droht. Dabei ist es zunächst unbeachtlich, welcher Art diese Ansprüche des Hilfebedürftigen gegen seine Angehörigen ist. Diese können sowohl gesetzliche Unterhaltsansprüche sein, als auch Ansprüche des Hilfebedürftigen gegen seine Angehörigen aufgrund vertraglicher Vereinbarung oder aufgrund irgendwelcher Vermögenszuwendungen.

2. Einsatz von Einkommen

772 Was unter Einkommen zu verstehen ist, ergibt sich aus § 82 SGB XII. Danach gehören zum Einkommen alle Einkünfte in Geld oder Geldeswert, mit Ausnahme gewisser Leistungen wie beispielsweise der Grund-

rundrente nach dem Bundesversorgungsgesetz für Schäden an Leben sowie an Körper oder Gesundheit, etc.

Zur **Ermittlung des Einkommens** ist dieses zunächst um verschiedene Abzugspositionen zu bereinigen. Dies sind beispielsweise auf das Einkommen zu entrichtende Steuern und Sozialversicherungsbeiträge und die mit der Erzielung des Einkommens verbundenen notwendigen Ausgaben (Fahrtkosten, etc.). Vom Einkommen aus selbstständiger oder nicht selbstständiger Tätigkeit wird ferner nach § 82 Abs. 3 SGB XII ein Abzug von 30 % des betreffenden Einkommens vorgenommen. 773

Andere Einkommen, die aufgrund öffentlich rechtlicher Vorschriften zu einem ausdrücklich genannten Zweck erbracht werden, sind nur soweit als Einkommen zu berücksichtigen, als die Sozialhilfe im Einzelfall demselben Zweck dient, § 83 SGB XII. 774

Bei Hilfeleistungen, außer der Hilfe zum Lebensunterhalt, bzw. der Grundsicherung im Alter und bei Erwerbsminderung, also bei Leistungen nach dem 5. bis 9. Kapitel des SGB XII (Hilfe zur Gesundheit, Hilfe zur Pflege, Hilfe in anderen Lebenslagen) gelten im Übrigen **abweichende Einkommensgrenzen**. In diesen Fällen bestehen auch Sonderregelungen hinsichtlich des Einsatzes des Einkommens über der dort geregelten Einkommensgrenze, bzw. darunter. 775

Bei Leistungen nach dem mit Wirkung ab 01.01.2020 geltenden SGB IX sind für die Ermittlung des Einkommens die §§ 135 ff. SGB IX einschlägig, also die Summe der Einkünfte bzw. Bruttorente. 776

3. Einsatz von Vermögen

Welches Vermögen vom Hilfebedürftigen einzusetzen ist, ergibt sich aus § 90 SGB XII. Dort sind auch die Vermögensgegenstände geregelt, welche als sogenanntes Schonvermögen gelten und deren Einsatz nicht von der Gewährung von Sozialleistungen nach dem SGB XII abhängig gemacht werden dürfen. Nach § 90 Abs. 2 SGB XII handelt sich um folgendes Vermögen: 777

- Vermögen, das aus öffentlichen Mitteln zum Aufbau oder zur **Sicherung einer Lebensgrundlage** oder zur **Gründung eines Hausstandes** erbracht wird
- Kapital, einschließlich seiner Erträge, das der **zusätzlichen Altersversorgung** im Sinne des § 10a, oder des Abschnittes 11 des Einkommenssteuergesetzes dient und dessen Ansammlung staatlich gefördert wurde (Riesterrente)

- Sonstiges Vermögen, solange nachweislich zur **baldigen Beschaffung oder Erhaltung eines Hausgrundstückes** im Sinne eines unter das Schonvermögen fallenden Hausgrundstückes bestimmt ist und dieses zu Wohnzwecken behinderter oder pflegebedürftiger Menschen dient oder dienen soll und dieser Zweck durch den Einsatz oder die Verwertung des Vermögen gefährdet würde
- Eines **angemessenen Hausrates**, entsprechend den bisherigen Lebensverhältnissen der nachfragenden Person
- Gegenständen, die zur Aufnahme oder Fortsetzung der **Berufsausbildung** oder der **Erwerbstätigkeit** unentbehrlich sind
- **Familien- und Erbstücke**, deren Veräußerung für die nachfragende Person oder ihre Familie eine besondere Härte bedeuten würde
- Gegenstände, die zur Befriedigung geistiger, insbesondere wissenschaftlicher oder künstlerischer Bedürfnisse dienen und deren Besitz nicht Luxus ist
- Eines **angemessenen Hausgrundstückes**, das von der nachfragenden Person oder einer anderen, zu den leistungsberechtigten Personen gehörenden Personen allein oder zusammen mit Angehörigen ganz, oder teilweise bewohnt wird und nach ihrem Tod von ihrem Angehörigen bewohnt werden soll. Die Angemessenheit bestimmt sich nach der Zahl der Bewohner, dem Wohnbedarf, der Grundstücksgröße, der Hausgröße, den Zuschnitten der Ausstattung des Wohngebäudes sowie dem Wert des Grundstückes einschließlich des Wohngebäudes
- **Kleinere Bargeldbeträge** oder sonstiger Geldwerte.

778 Die Höhe der vorstehend als Schonvermögen angesehenen kleineren Bargeldbeträge ergibt sich aus einer hierfür erlassenen Durchführungsverordnung zu § 90 Abs. 2 SGB XII.

779 Aufgrund der Rechtsprechung können sich bei Erwerben von Todes wegen **Abgrenzungsschwierigkeiten** ergeben, ob es sich um **Vermögen** oder gegebenenfalls um **Einkommen** handelt. So hat das BSG am 24.02.2011[1] in einem Fall zum Bezug von Leistungen entschieden, dass ein während des SGB II-Leistungsbezugs aus einer Erbschaft zufließender Geldbetrag Vermögen ist, wenn der Erbfall vor der Beantragung von Grundsicherungsleistungen eingetreten ist. Bereits mit dem Erbfall kann nämlich der Erbe über seinen Anteil am Nachlass verfügen, was einen Zufluss im Sinne der st. Rspr. zur Abgrenzung von Einkommen und Vermögen bedeutet. Handelt es sich hingegen um ein Vermächtnis, entsteht im Erbfall zunächst lediglich eine Forderung gegen den Nachlass. In diesem

1 BSG v. 24.02.2011, FamRZ 2011, 1055.

Fall handelt es sich im Zeitpunkt des Zuflusses des Geldbetrages um Einkommen i.S. des § 11 SGB II mit der Folge, dass Vermögensfreibeträge nicht zu berücksichtigen sind. Diese Abgrenzungskriterien bestätigt das BSG nochmals eingehend in seiner weiteren Entscheidung vom 17.02.2015.[2]

Es ist damit davon auszugehen, dass grundsätzlich die Abgrenzung von Einkommen zu Vermögen nach dem Zufluss und seinem Zeitpunkt erfolgt.[3]

Dagegen gehören Erwerbe aufgrund einer Schenkung oder eines Erbfalles bei Leistungen nach dem SGB XI nicht zum Einkommen, da nach § 135 SGB XI nur die Summe der Einkünfte nach § 2 Abs. 2 EStG maßgeblich sind.

Der Einsatz des Vermögens ist ferner dann nicht zu fordern, wenn dies **780**
für den Hilfebedürftigen oder für seine unterhaltsberechtigten Angehörigen **eine Härte** bedeuten würde. Insoweit liegt folglich ein entsprechender Ermessensspielraum der Sozialhilfeträger vor. Die Beurteilung ist insoweit vom Einzelfall abhängig und wird im Streitfall letztlich nur durch gerichtliche Verfahren klärbar sein.

Besonderheiten ergeben sich im Übrigen auch hier für **Menschen mit** **781**
Behinderung. Erfordert die Behinderung und Leistung für eine stationäre Einrichtung, für eine Tageseinrichtung für behinderte Menschen oder für ärztliche, oder ärztlich verordnete Maßnahmen, sind diese Leistungen grundsätzlich in vollem Umfange zu erbringen, wenn dem behinderten, oder dem nicht getrennt lebenden Ehegatten, oder Lebenspartner, oder bei minderjährigen Behinderten, dessen Eltern, oder Elternteil die Aufbringung der Mittel aus dem Einkommen, oder Vermögen nicht zuzumuten wäre. Allerdings haben diese Personen dann in Höhe eines Teils zu den Kosten der erbrachten Leistungen beizutragen. Sonderregelungen ergeben sich jedoch auch hier durch das in seinen ersten Teilen am 01.01.2017 in Kraft getretenen Bundesteilhabegesetz[4] für Menschen mit Behinderung zum Einsatz des Vermögens von behinderten Menschen. So gilt für diese Personen ein zusätzlicher Betrag von bis zu 25.000 Euro für die Lebensführung und die Alterssicherung im Sinne von § 90 Abs. 3 Satz 2 als angemessen.[5]

---

2 BSG v. 17.02.2015, ZEV 2015, 484 = FamRZ 2015, 1286.

3 *Doering-Striening*, Sozialhilferegress bei Erbfall und Schenkung, § 3 Rn. 57.

4 BGBl. 2016 I S. 3234.

5 *Grube/Wahrendorf/Flint* § 90 SGB XII Rn. 83.

4. Rückgriffsmöglichkeiten/Verpflichtung anderer

782 Im Anschluss an die Vorschriften über den Einsatz des Einkommens und Vermögens enthält das SGB XII die für den Bereich des Sozialhilferegresses einschlägigen Vorschriften, aufgrund derer der Sozialhilfeträger Dritte, insbesondere Angehörige in Anspruch nehmen kann.

783 § 93 SGB XII ist die zentrale Vorschrift zur Überleitung von Ansprüchen des Leistungsberechtigten gegen Dritte. Anders als beim Übergang von Unterhaltsansprüchen nach § 94 SGB XII, welcher sich automatisch für die Zeit, für die Leistungen auf Sozialhilfe erbracht werden, bedarf es für den **Übergang des Anspruchs** der schriftlichen Überleitungsanzeige, § 93 Abs. 2 SGB XII.

784 Nach § 93 Abs. 1 Satz 4 SGB XII sind grundsätzlich auch solche Ansprüche überleitungsfähig, welche nicht übertragen, verpfändet oder gepfändet werden können. Im Prinzip kann daher **jeder Anspruch** privatrechtlicher oder öffentlich-rechtlicher Natur[6] übergeleitet werden, also nicht nur Geldansprüche, sondern auch Sachleistungen – dann regelmäßig als Geldersatzanspruch –, mit Ausnahme solcher, die höchstpersönlicher Natur sind.[7]

785 Wie bereits erwähnt, für den Bereich des Erbrechts aber nur am Rande von Bedeutung, gehen darüber hinaus nach § 94 SGB XII **gesetzliche Unterhaltsansprüche** des Leistungsberechtigten gegen Dritte auf den Sozialhilfeträger über. Nach § 94 Abs. 2 Satz 3 SGB XII betrifft dies allerdings nur Ansprüche des Kindes gegen Eltern bzw. umgekehrt der Eltern gegen ihre Kinder.[8] Der Übergang von Unterhaltsansprüchen erfolgt dabei automatisch und bedarf daher auch keiner schriftlichen Überleitungsanzeige. Die schriftliche Mitteilung nach § 94 Abs. 4 SGB XII ist kein Verwaltungsakt und entspricht nicht der Überleitungsanzeige nach § 93 Abs. 1 SGB XII, sondern stellt lediglich eine Rechtswahrungsanzeige dar, ab deren Zugang der Sozialhilfeträger Unterhalt, also auch gegebenenfalls für die Vergangenheit fordern kann.[9] Materiell-rechtlich ist der Leistungsträger jedoch gehalten, sonstige Ansprüche von Hilfeempfängern, wie einen Anspruch nach § 528 BGB auf Herausgabe des Geschenkes wegen Verarmung des Schenkers, zu prüfen.[10]

Mit dem Angehörigen-Entlastungsgesetz vom 10.12.2019[11] wurde in § 94 SGB XII der Abs. 1a neu eingeführt, wonach Unterhaltsansprüche ge-

---

6 *Schürmann,* Sozialrecht für die familienrechtliche Praxis, 2. Aufl. 2022, Rn. 1219.

7 *Grube/Wahrendorf/Flint* § 93 Rn. 15.

8 Zu der Besonderheit der „Schwiegerkinderhaftung“ vgl. BGH v. 15.10.2003, FPR 2004, 153.

9 *Grube/Wahrendorf/Flint* § 94 Rn. 57.

10 *Schürmann,* Sozialrecht für die familienrechtliche Praxis, 2. Aufl. 2022, Rn. 1217.

11 BGBl. 2019 I S. 2135.

genüber Eltern und Kindern nicht zu berücksichtigen sind und nicht übergehen, wenn das jährliche Gesamteinkommen i.S.d. § 16 SGB IV nicht mehr als 100.000 EUR beträgt. Diese Regelung wurde weitgehend aus § 43 Abs. 5 SGB XII a.F., also der Grundsicherung im Alter und Erwerbsunfähigkeit für alle Leistungen nach dem SGB XII, übernommen.[12]

II. Grundsätze bei Leistungen nach dem SGB II

Wegen der weitreichenden Parallelen zur Sozialhilfe soll im Folgenden nur auf einige wenige Besonderheiten eingegangen werden. **786**

Seit 01.01.2005 erhält nach § 7 SGB II **Grundsicherung für Arbeitsuchende** (Erwerbsfähige im Alter zwischen 15 und 65 Jahren mit gewöhnlichem Aufenthalt in der Bundesrepublik Deutschland) solche Personen, welche hilfebedürftig sind. Leistungen in Form des sog. Sozialgeldes erhalten dabei auch Personen, die mit einem erwerbsfähigen Hilfebedürftigen in einer Bedarfsgemeinschaft leben. **787**

Hilfebedürftig ist nach § 9 Abs. 1 SGB II, wer seinen Lebensunterhalt, seine Eingliederung in Arbeit und den Lebensunterhalt der mit ihm in einer Bedarfsgemeinschaft lebenden Personen nicht oder nicht ausreichend aus eigenen Kräften und Mitteln, vor allem nicht durch Aufnahme einer zumutbaren Arbeit oder aus dem zu berücksichtigenden Einkommen und Vermögen sichern kann und die erforderliche Hilfe nicht von anderen, insbesondere von Angehörigen oder von Trägern anderer Sozialleistungen erhält. Das zu berücksichtigende Vermögen ergibt sich aus § 12 SGB II, das zu berücksichtigende Einkommen aus § 11 SGB II. **788**

§ 12 Abs. 1 SGB XII entspricht inhaltlich der Parallelbestimmung des § 90 Abs. 1 SGB XII. Als Vermögen ist hier alles **verwertbare Vermögen** zu berücksichtigen. Die Verwertbarkeit kann dabei sowohl aus **wirtschaftlichen wie auch aus rechtlichen Gründen** ausgeschlossen sein[13]. Ein Fall der rechtlichen Unverwertbarkeit liegt danach dann vor, wenn der Hilfesuchende einer zumindest nicht nur vorübergehenden Verfügungsbeschränkung unterliegt. Im Bereich des früheren Sozialhilferechts hat der VGH Mannheim eine solche zu berücksichtigende Verfügungsbeschränkung bejaht, wenn der Erbe über den Nachlass auf Grund einer angeordneten Dauertestamentsvollstreckung nicht verfügen konnte[14]. **789**

---

12 *Grube/Wahrendorf/Flint* § 94 SGB XII Rn. 35

13 *Krauß*, MittBayNot 2004, 330, 333.

14 VGH Mannheim v. 22.01.1992, NJW 1993, 152 ebenso *Birk/Brühl* u.a. LPK-BSHG § 88 BSHG Rn. 17 zum BSHG.

790 Nach der aktuellen Fassung des § 33 SGB II gehen Ansprüche des Leistungsberechtigen gegen einen Anderen, der nicht Leistungsträger ist, genauso wie Unterhaltsansprüche bis zur Höhe der geleisteten Aufwendungen auf die Träger der Leistungen automatisch über.

791 Ferner ist die Vorschrift des § 35 SGB II im Wesentlichen dem § 102 SGB XII nachgebildet. Auch hier ist die Erbenhaftung auf den Wert des Nachlasses bereits nach dem SGB II beschränkt, ohne dass es der Beschränkung der Erbenhaftung durch den Erben bedarf. Eine Inanspruchnahme scheidet aus, soweit der Wert des Nachlasses 1.700,– € nicht übersteigt (bei Pflege durch eine in häuslicher Gemeinschaft lebende Person liegt der „Freibetrag" bei 15.500,– €, vgl. § 35 Abs. 2 SGB II).

B. Übergabeverträge/Versorgungsrechte und Sozialhilferegresse

I. Ausgangssituation

792 Der Sozialhilfeträger kann zur Sicherung des Grundsatzes des Nachrangs der Sozialhilfe (§ 2 Abs. 1 SGB XII) im Wege des Sozialhilferegresses auf bereits vom Hilfeempfänger früher übertragenes Vermögen oder auf seine gesetzlichen Ansprüche gegen Dritte (Unterhalt, Schenkungsrückforderung) zurückgreifen oder vertragliche Vereinbarungen, die zu einer Leistungsvermehrung des Sozialhilfeträgers führen würden, nicht anerkennen.[15] Daneben kann der Sozialhilfeträger im Hinblick auf bestehende Rechte des Hilfeempfängers die Leistungserbringung verweigern und ihn auf die Geltendmachung seiner Rechte gegen Dritte verweisen (§ 2 Abs. 1 SGB XII). Zur Bedarfsdeckung einzusetzen sind allerdings vom Hilfesuchenden nur die sog. **„bereiten Mittel"**. Ein Verweis auf die Geltendmachung von Ansprüchen gegen Dritte ist daher nur zulässig, wenn diese in angemessener Zeit durchgesetzt werden können, da sonst der Lebensunterhalt des Hilfesuchenden gefährdet sein könnte.[16] Kann ein Anspruch nicht alsbaldig realisiert werden, muss der Sozialhilfeträger vorleisten und stellt den Grundsatz des Nachrangs der Sozialhilfe über die §§ 93, 94 SGB XII wieder her.

---

15 Einen guten Überblick erhält man bei *Weirich*, Erben und Vererben, Rn. 1118; *Rastätter*, ZEV 1996, 281.

16 BVerwG v. 2.6.1965 = DÖV 1966, 278; v. 05.05.1983 = DVBl. 1983, 1244, 1245; v. 12.10.1993 = FEVS 44, 225. Daher erfolgt die Bewilligung von Sozialhilfe zu Recht, solange der Hilfeempfänger ihm möglicherweise zustehende Ansprüche gegen Dritte aus tatsächlichen Gründen nicht realisieren kann (VGH Mannheim v. 26.04.1990 = FEVS 41, 392).

Der Anspruch kann sich gegen den Beschenkten (§ 528 BGB), den Inhaber von Versorgungsrechten, gegen den Unterhaltspflichtigen (§ 94 SGB XII, §§ 1601 ff. BGB), ja sogar gegen die Erben (§ 102 SGB XII) richten. **793**

Dabei bestehen zwischen den verschiedenen Regressmöglichkeiten durchaus **Wechselwirkungen:** Je weniger Versorgungsrechte für den Übergeber vereinbart werden, desto größer wird die Gefahr, dass der Sozialhilfeträger nach § 528 BGB vorgeht oder gesetzlich Unterhaltsverpflichtete aufgrund des gesetzlichen Forderungsübergangs nach § 94 SGB XII (früher § 91 BSHG) in Anspruch nimmt.[17] Es lässt sich sogar von einer Art **Schaukelwirkung** sprechen: Versagt die Möglichkeit der Inanspruchnahme beim einen Betroffenen, so steigert sich die Gefahr des Regresses für die anderen erheblich. **794**

Am deutlichsten ist die Wechselwirkung zwischen der Überleitung von Versorgungsrechten und dem Wertersatzanspruch nach § 528 BGB. Je mehr Gegenleistungen vereinbart werden, die vom Wert der Zuwendung mindernd in Abzug gebracht werden können und damit den Regress nach § 528 BGB einschränken, desto eher besteht die Gefahr, dass auf diese Versorgungsrechte zugegriffen wird. So qualifiziert der BGH die an die weichenden Geschwister zur Abgeltung ihrer Erb- und Pflichtteilsrechte gezahlten Gleichstellungsgelder als Schenkung, auf die ebenfalls wieder nach §§ 528 ff. BGB, § 93 SGB XII (früher § 90 BSHG) zugegriffen werden kann.[18] Und auch eine Vielzahl der für den Übergeber vereinbarten Leistungen, z.B. Versorgungsleistungen wie Wohnungsrechte, Wart und Pflege, Verköstigung, Zahlung eines monatlichen Taschengeldes, können vom Sozialhilfeträger nach § 93 SGB XII (früher § 90 BSHG) übergeleitet werden. **795**

II. Rückforderung einer Schenkung, § 528 BGB

1. Inhalt des Anspruchs

Der Anspruch nach § 528 BGB ist zur **Deckung des Notbedarfs** des verarmten Schenkers und seiner Unterhaltsgläubiger bestimmt; der Schenker soll dadurch wieder in die Lage versetzt werden, seinen Unterhalt selbst zu bestreiten[19]. Deckt der Sozialhilfeträger diesen Notbedarf, so bleibt der Rückforderungsanspruch wegen des Nachranggrundsatzes des § 2 SGB XII bestehen. Er erhält nun aber eine andere Zweckrichtung: Er ist **796**

17 *Littig/Mayer*, Sozialhilferegress, Rn. 127.
18 BGH v. 28.10.1997, ZEV 1998, 73 = FamRZ 1998, 155.
19 BGH NJW 1991, 1824; BGH FamRZ 1995, 160 = NJW 1995, 323.

nun dazu bestimmt, dem Sozialhilfeträger einen **Ausgleichsanspruch für die bereits geleistete Sozialhilfe** zu gewähren[20]. Dabei ist davon auszugehen, dass diese Zweckänderung bereits in dem Augenblick eintritt, in dem der Sozialhilfeträger den Notbedarf des Schenkers deckt[21]. Es lässt sich davon sprechen, dass mit dem Sozialhilfebezug der Schenker infolge der Zweckänderung zum „Treuhänder des Ausgleichsanspruchs für Zwekke des Sozialhilfeträgers" wird[22].

797 Der BGH[23] spricht in ähnlicher Weise davon, dass bereits mit der Sozialhilfeleistung materiell-rechtlich die Ausgleichspflicht entsteht und lediglich durch den privatrechtsgestaltenden Verwaltungsakt der Überleitung des Anspruches auf den Sozialhilfeträger konkretisiert wird[24]. Das Geschenk sei daher unabhängig vom Willen des Schenkers (also wohl kraft Gesetzes) in den von § 528 BGB vorgegebenen Grenzen dem Sozialhilfeträger gegenüber „materiell-rechtlich mit der Pflicht belastet, die erbrachten Sozialhilfeleistungen zu erstatten."[25]

798 Der Anspruch ist auch auf den Sozialhilfeträger nach § 93 SGB XII **überleitbar**. Dem steht auch nicht die Vorschrift des § 852 Abs. 2 ZPO entgegen, wonach der dem Schenker zustehende Anspruch auf Herausgabe des Geschenkes der Pfändung nur unterworfen ist, wenn er durch Vertrag anerkannt oder rechtshängig geworden ist. § 93 Abs. 1 Satz 4 SGB XII bestimmt gerade, dass der Überleitung eines Anspruches nicht entgegensteht, dass dieser der Übergang nicht dadurch ausgeschlossen ist, dass der Anspruch nicht übertragen, verpfändet oder gepfändet werden kann. § 93 SGB XII ist insoweit lex specialis zu § 852 ZPO.

799 Mit der Überleitung wird der Sozialhilfeträger Anspruchsinhaber, so dass der Schenker seine Verfügungsbefugnis hierüber verliert[26]. Auch wenn der Sozialhilfeträger bereits in Vorlage getreten ist, so geht der Anspruch nicht wegen der anderweitigen Bedarfsdeckung unter[27]. Alles andere widerspräche dem Nachranggrundsatz des § 2 SGB XII, wonach eben gerade der Beschenkte das Risiko der Unterhaltsbedürftigkeit zu tragen hat und sein Erwerbsinteresse zurücktreten muss. Aus dieser Zwecksetzung ergibt sich auch, dass der Anspruch nach § 528 Abs. 1 S. 1 BGB jedenfalls dann nicht mit dem Tod des Schenkers erlischt, wenn der An-

---

20 *Kollhosser*, ZEV 1995, 391, 393.

21 *Kollhosser*, ZEV 1995, 391, 393.

22 *Kollhosser*, ZEV 1995, 391, 393.

23 BGH NJW 1995, 2287, 2288 = FamRZ 1995, 1123.

24 Daher ist auch nach dem Tod des Schenkers eine Überleitung zur Deckung der bereits geleisteten Sozialhilfe möglich (BVerwG NJW 1990, 3288; BGH NJW 1995, 2287).

25 BGH NJW 1995, 2287, 2288.

26 *MünchKommBGB/Koch*, § 528 Rn. 10.

27 *MünchKommBGB/Koch*, § 528 Rn. 28.

spruch bereits vor seinem Tod übergeleitet[28] oder noch vom Schenker zu seinen Lebzeiten geltend gemacht wurde und ein Dritter für seinen Unterhalt bis zu seinem Tod in Vorlage getreten ist[29]. Hat der Schenker Sozialhilfe beansprucht, so erlischt der Anspruch, der sich letztlich in eine Erstattungspflicht gegenüber dem Sozialhilfeträger gewandelt hat, auch nicht durch Konfusion, wenn der Beschenkte Erbe des Schenkers wird[30]. Der Geltendmachung des Anspruchs durch den Schenker stellt der BGH den Fall gleich, dass der Schenker durch die Inanspruchnahme unterhaltsichernder Leistungen Dritter zu erkennen gibt, dass er ohne die Rückforderung des Geschenks nicht in der Lage ist, seinen notwendigen Unterhalt zu bestreiten. Konnte der Schenker sich nicht mit dem begnügen, was ihm für seinen Unterhalt noch zur Verfügung stand, sondern war er wegen seiner Pflegebedürftigkeit darauf angewiesen, Leistungen Dritter in Anspruch zu nehmen, zu deren Bezahlung er ohne Rückforderung des Geschenks nicht in der Lage war, geht deshalb der entstandene Rückforderungsanspruch mit dem Tod des Schenkers nicht unter.

2. Art und Umfang des Anspruchs aus § 528 BGB

Der Anspruch geht seinem klarem Wortlaut nach nur auf Rückforde- **800**
rung dessen, was der Beschenkte zur Deckung seines Notbedarfs benötigt („soweit"). Der zunächst auf Naturalleistung (Rückgabe) gerichtete Anspruch besteht seinem Umfang nach jedoch entsprechend dem Normzweck der Vorschrift nur, soweit er zur Deckung des angemessenen Unterhalts[31] erforderlich ist. Benötigt daher der Schenker zur Bedarfsdeckung wiederum nur einen Teil seines Geschenks, so kann bei einem **teilbarem Schenkungsobjekt** entsprechend seinem Bedürfnis nur ein entsprechender **realer Bruchteil** herausverlangt werden.

Ist das Schenkungsobjekt **nicht teilbar** (so bei einem Grundstück), so **801**
ist der Anspruch aus § 528 Abs. 1 S. 1 BGB „von vornherein" auf Zahlung eines Wertersatzes (§ 818 Abs. 2 BGB) für denjenigen Teil der Schenkung gerichtet, der wertmäßig zur Deckung des Unterhaltsbedarfs erforderlich ist, dessen Herausgabe aber infolge der Unteilbarkeit des Schenkungsobjekts unmöglich ist[32]. Diese Begrenzung des Rückforderungsanspruchs gilt insbesondere dann, wenn ein **wiederkehrender Unterhaltsbedarf** besteht, wie etwa bei einer Heimunterbringung. In einem solchen Fall richtet sich daher der Anspruch aus § 528 BGB auf wiederkehrende Leistun-

28 So im Fall von BGHZ 96, 380, 383 = NJW 1986, 1606 = FamRZ 1986, 877.

29 BGHZ 123, 264 = FamRZ 1994, 264 = ZEV 1994, 49 f. m. Anm. *Kollhosser.*

30 BGH NJW 1995, 2287; *Haarmann,* FamRZ 1996, 522, 525.

31 Im Sinn von § 1610 Abs. 1 BGB.

32 BGHZ 94, 141, 143 f. = NJW 1985, 2419, 2420 = FamRZ 1985, 778; BGH NJW 1996, 987 = ZEV 1996, 152 = FamRZ 1996, 483; BGH FamRZ 2001, 409 = NJW 2001, 1063, 1064.

gen des Beschenkten in einer dem angemessenen Unterhaltsbedarf entsprechenden Höhe, bis der Wert des Schenkungsobjekts erschöpft ist[33].

802 Dadurch wird man nach Ansicht des BGH am bestem dem Grundsatz der **Bedarfssicherung** gerecht, vermeidet aber auch umgekehrt Rückforderungsrechte des Beschenkten, wenn das gesamte Schenkungsobjekt nicht zur Unterhaltsdeckung benötigt wird. Aus dieser Begrenzung des Rückforderungsanspruchs bei wiederkehrendem Bedarf wurde aufgrund der bisherigen Rechtsprechung des BGH davon ausgegangen, dass dem Beschenkten **keine Ersetzungsbefugnis** nach § 528 Abs. 1 S. 2 BGB zusteht. Denn der Anspruch des Schenkers sei hier ja ohnehin von Anfang an nur auf das gerichtet, was der Beschenkte in Ausübung der Ersetzungsbefugnis zu leisten hätte[34]. Der auf Geldleistungen gerichtete Teilwerterersatzanspruch sei somit nur Ausprägung des Rückforderungsanspruchs nach § 528 Abs. 1 S. 1 BGB.[35] Zum Schutz des Beschenkten gegen eine übermäßige wirtschaftliche Gefährdung durch den Anspruch nach § 528 BGB sieht das Gesetz wesentliche Beschränkungen vor (§§ 818 Abs. 3, 529 BGB). In einer Entscheidung vom 17.12.2009[36] hat der Xa-Senat des BGH allerdings klargestellt, dass sich aus den bisherigen Entscheidungen lediglich eine fehlende Verpflichtung des Beschenkten ergibt, er jedoch im Umkehrschluss nicht zur Rückgabe berechtigt wäre. Der Anspruch verjährt nach § 195 BGB in drei Jahren, bzw. bei Grundstücksrückforderungen in 10 Jahren, § 196 BGB.[37]

803 Der Inhalt des Anspruchs aus § 528 Abs. 1 S. 1 BGB ist im sozialhilferechtlichen Sinne von großer Wichtigkeit. Denn nach § 93 Abs. 1 S. 3 SGB XII darf die Überleitung nur insoweit bewirkt werden, als die Hilfe bei rechtzeitiger Leistung des Dritten, also des Beschenkten, nicht gewährt worden wäre. Es kommt daher darauf an, ob und inwieweit bei rechtzeitiger Leistung des Beschenkten der Hilfeempfänger diese Leistung (also das, was er nach § 528 BGB zurückerhält) sozialhilferechtlich hätte einsetzen müssen. Es ist daher eine **fiktive Prüfung** erforderlich, was geschehen wäre, wenn der Dritte seiner Leistungspflicht nachgekommen wäre. Dann ist zu ermitteln, ob der Hilfesuchende bei rechtzeitiger Leistung gleichwohl Sozialhilfe bezogen hätte.[38]

---

33 BGH NJW 1996, 987, 988 = FamRZ 1996, 483; BGH FamRZ 1998, 155 = NJW 1998, 537; BGH NJW 2001, 1063, 1064; BVerwG NJW 1992, 3312, 3313; *MünchKommBGB/Koch*, § 528 Rn. 5.

34 BGH NJW 1996, 987, 988. Demgegenüber wird von einem Teil der Lit. in analoger Anwendung des § 528 Abs. 1 S. 2 BGB dem Beschenkten ein Recht zur Totalrückgabe in Natur geben (so etwa *MünchKommBGB/Koch*, § 528 Rn. 6).

35 BGH NJW 2001, 1063, 1064.

36 BGH FamRZ 2010, 463 = NJW 2010, 2655.

37 *Grüneberg/Weidenkaff* § 528 Rn. 6.

38 *Grube/Wahrendorf/Flint* § 93 Rn. 17.

Die Einstufung des Anspruchs aus § 528 BGB als **Wertersatzanspruch** durch die Zivilgerichte führt sozialhilferechtlich zu der Besonderheit, dass – obgleich ein geschenktes Haus ohne die Übergabe als Schonvermögen u.U. nach § 90 Abs. 2 Nr. 8 SGB XII nicht hätte eingesetzt werden müssen – die Zubilligung eines anstelle der gegenständlichen Rückgabe eingeräumten Wertersatzanspruchs zur vollen Einsatzpflicht der Geldzahlungen als laufendes Einkommen führt, obgleich dies nur ein Surrogat der Grundstücksrückgabe ist. **804**

Andererseits steht dem Beschenkten auch nicht der Einwand zu, dass, soweit das Hausanwesen noch beim Schenker verblieben wäre, dies Hausanwesen Schonvermögen i.S.d. § 90 Abs. 2. Nr. 8 SGB XII wäre.[39] **805**

Bei **gemischten Schenkungen** kann Wertersatz nur bis zur Höhe des Werts des Schenkungsteils der Zuwendung verlangt werden. So hat der BGH bei einer Zuwendung gegen Vorbehaltsnießbrauch, der nicht als Gegenleistung angesehen werden kann, ausdrücklich betont, dass der Nießbrauch den Wert des Geschenks mindert.[40] Als rechtlich bedenklich hat der BGH die Auffassung der Vorinstanz angesehen, dass der nach dem Tod des Übergebers weggefallene Nießbrauch bei der Bemessung der Obergrenze für den Wertersatzanspruch nicht mehr berücksichtigt werden könne. Denn der Sozialhilfeträger erlange durch die Überleitung nach nur die Rechte, die der Schenker hinsichtlich des übergeleiteten Anspruchs selbst hatte und während der Schenker lebte, stand ihm der Nießbrauch zu. Letztlich muss bei der Frage der Abzugsfähigkeit von Gegenleistungen, auch soweit es sich um einen vorbehaltenen Nießbrauch handelt, wohl die gleiche Beurteilung erfolgen, wie im Pflichtteilsergänzungsrecht. Bei der Frage, ob überhaupt eine Schenkung vorliegt, werden vorbehaltene Nutzungsrechte und Pflegeverpflichtungen uneingeschränkt in Abzug gebracht.[41] **806**

3. Schuldner des Anspruchs

Der Anspruch richtet sich gegen den Beschenkten, nach seinem Tod gegen seine Erben. Diese haften auch, wenn die Bedürftigkeit des Schenkers erst nach dem Tod des Beschenkten eintritt, weil die Haftung aus § 1967 BGB nur erfordert, dass der Anspruch vom Erblasser „herrührt"[42]. **807**

Bei unentgeltlicher Weitergabe des Geschenkes an einen Dritten kann das Geschenk vom Dritten nach § 822 BGB zurückgefordert werden. **808**

39 BGH NJW 2005, 670 = FamRZ 2005, 177.

40 BGH ZEV 1996, 197 = NJW-RR 1996, 754 unter Bezug auf BGH NJW 1993, 1577 = FamRZ 1993, 785.

41 Dazu VGH Mannheim v. 15.04.1999, NJW 2000, 376, 377.

42 BGH NJW 1991, 2558 = FamRZ 1991, 1288.

4. Ausschluss des Anspruchs aus § 529 BGB

809 Der Anspruch nach § 528 Abs. 1 S. 1 BGB ist ausgeschlossen, wenn zur Zeit des Eintritts der Bedürftigkeit „seit der Leistung des geschenkten Gegenstandes“ zehn Jahre gegangen sind[43]. Allgemein wurde hierzu gesagt, dass die für den Fristbeginn maßgebliche Leistung ebenso zu verstehen ist, wie in der inhaltlich ebenso gefassten Vorschrift des § 2325 Abs. 3 BGB[44]. Maßgeblich ist danach nicht die bloße Erbringung der Leistungshandlung, sondern der Eintritt des Leistungserfolgs. Lange Zeit wurden die vom BGH zum Pflichtteilsergänzungsrecht entwickelten Grundsätze[45] hierher übertragen, sodass bei Grundstücksschenkungen angenommen wurde, dass die Frist erst mit der Eigentumsumschreibung im Grundbuch[46] zu „laufen“ begonnen hat. Es war deshalb für schnellen Grundbuchvollzug zu sorgen.

810 Hinzu kam die Problematik, dass die 10-Jahresfrist des § 2325 Abs. 3 BGB nach der Rspr. des BGH[47] nicht zu „laufen“ begonnen hat, wenn der bisherige Eigentümer aufgrund eines dinglichen oder schuldrechtlichen Nutzungsrechts das Objekt weiterhin im bisherigen Umfang nutzt. Dies betraf gerade die Vereinbarung von Nießbrauchsrechten, aber auch bloße schuldrechtliche Vereinbarungen[48]. Allgemein wurde erwartet, dass diese Rspr. auch auf den Anspruch nach § 528 Abs. 1 S. 1 BGB übertragen wird und daher nicht nur aus erbrechtlichen Gründen mit der Vereinbarung von Nießbrauchsrechten zur Vorsicht geraten wurde. In jedem Fall waren allerdings solche umfassenden Nutzungsrechte wenigstens wertmindernd bei der Berechnung des schenkungsweise erfolgten Werts der Zuwendung in Abzug zu bringen[49].

811 Mit der Entscheidung vom 19.07.2011[50] des BGH ist entgegen dieser Erwartungen zwischenzeitlich klargestellt, dass für den Fristbeginn des § 529 BGB bereits der formgerechte Antrag auf Eintragung der Rechtsänderung beim Grundbuch ausreicht. Ferner wird der Beginn der 10-Jahres-Frist des § 529 BGB nicht dadurch gehindert ist, dass der Schenker sich ein lebenslanges Nutzungsrecht vorbehalten hat.

---

43 Nach h.M. soll es sich bei § 529 BGB nur um eine vom Schuldner zu erhebende Einrede handeln, keine von Amts wegen zu beachtende Einwendung (*Grüneberg/Weidenkaff* § 529 Rn. 1).

44 OLG Köln FamRZ 1986, 988; *Staudinger/Cremer* § 529 Rn. 1.

45 BGHZ 102, 289 = FamRZ 1988, 712.

46 OLG Köln FamRZ 1986, 988, 989 vor der BGH-Entscheidung zu § 2325 BGB.

47 BGH FamRZ 1994, 885 = NJW 1994, 1791 = ZEV 1994, 233 m. Anm. *Meyding*, ZEV 1994, 202 zu Gestaltungsüberlegungen auch *N. Mayer*, ZEV 1994, 325.

48 Vgl. etwa auch die Entscheidungswiedergabe bei *Grüneberg/Weidlich*, § 2325 Rn. 26 ff.

49 BGH NJW-RR 1996, 754.

50 BGH FamRZ 2011, 1579 = ZEV 2011, 666.

III. Zugriff auf Versorgungsrechte

1. Allgemeines

Zur Sicherung des Grundsatzes des **Nachrangs der Sozialhilfe** (§ 2 Abs. 1 SGB XII) kann der Sozialhilfeträger Ansprüche des Hilfeempfängers gegen Dritte auf sich überleiten (§ 93 SGB XII). Dabei können auch **Versorgungsrechte/Altenteilsrechte** wie z.B. monatliche Geldzahlungen und Verköstigungsleistungen grundsätzlich übergeleitet werden. **812**

2. Leibgedingsvertrag

Nach den **landesrechtlichen Bestimmungen** über den **Leibgedingsvertrag** entsteht auf Grund des Art. 96 EGBGB i.V.m. den entsprechenden landesrechtlichen Vorschriften im Falle des dauernden Wegzugs des Übergebers (etwa ins Pflegeheim) ein Geldanspruch in Höhe der vom Übernehmer ersparten Aufwendungen,[51] der auf alle Fälle übergeleitet werden kann. **813**

Dabei ist jedoch zu beachten, dass ein Leibgedingsvertrag nicht schon immer dann vorliegt, wenn im Grundbuch ein solcher in Form eines Leibgedings eingetragen ist. Von dem rein grundbuchrechtlichen Leibgedingsbegriff i.S. von § 49 GBO ist der **„echte Leibgedingsvertrag"** i.S. der landesrechtlichen Ausführungsgesetze zum BGB zu unterscheiden: Dieser ist ein sozialmotivierter Versorgungsvertrag, der aber vor allem dadurch gekennzeichnet ist, dass eine die **Existenz wenigstens teilweise begründende Wirtschaftseinheit**[52] im Wege des Nachrückens an die nächste Generation übertragen wird. Typischer Fall ist die bäuerliche Hofübergabe oder die Übertragung eines Gewerbebetriebs in der Familie. **814**

Rechtsfolge der Umwandlung ist, dass eine Geldersatzrente entsteht. Noch nicht endgültig geklärt ist dabei allerdings, ob diese Umwandlung automatisch bereits mit Eintritt der entsprechenden Tatbestandsvoraussetzungen kraft Gesetzes entsteht[53], oder ob es hierfür erst noch eines entsprechenden **Gestaltungsaktes**, also einer Art „Kündigung" oder Umwandlungserklärung des Berechtigten bedarf, dass er statt der Leistung in Natur (Primärleistung) jetzt den Geldersatz will. **815**

Für die **Bemessung der Geldersatzrente** stellen die landesrechtlichen Regelungen im Allgemeinen zunächst auf den **Wert der Befreiung** ab, also den Vorteil, der beim Leibgedingverpflichteten (= Eigentümer) durch das **816**

---

51 Etwa Bayern Art. 18 BayAGBGB; §§ 13 Abs. 2, 14 HessAGBGB; § 16 ThürAGBGB.

52 Dazu BGH NJW-RR 1989, 451.

53 So OLG Schleswig RdL 1961, 186.

Erlöschen der Primärleistungspflicht entsteht[54]. Die Höhe dieser Rente bemisst sich nicht nach den Anforderungen des Berechtigten oder seinem (evtl. auch höheren) Bedarf über diese Versorgungsleistungen hinaus.[55] Es besteht daher hier kein Bedarfsdeckungsanspruch, weshalb die durch eine Pflegeheimunterbringung entstehenden Kosten nicht vom Leibgedingsverpflichteten zu ersetzen sind[56].

817 Zudem ist der Wert des Freiwerdens von der Primärleistungsverpflichtung nach „billigem Ermessen" zu bewerten. Der Sache nach handelt es sich um einen **Bereicherungsanspruch**.[57] Da diese an sich gegebenen bereicherungsrechtlichen Grundsätze durch das Korrektiv des „billigen Ermessens" modifiziert werden, lassen sich allgemeine Aussagen nur schwer treffen[58]. Dabei ist zu unterscheiden zwischen:

a) Wertersatzrente für die geschuldeten Pflegeleistungen

818 Deren Höhe bestimmt sich nach der Rspr. nach dem Wert der Befreiung von der primär geschuldeten Dienstleistung, also nach der damit für den Schuldner verbundenen Ersparnis. Als erspart in diesem Sinne wird derjenige Betrag angesehen, den der Verpflichtete hätte aufbringen müssen, um sich von der Dienstleistung zu befreien, der sog. **„Freizeitwert"**.[59] Dieser errechnet sich aus dem geschuldeten, täglich zu erbringenden Pflegeaufwand (zeitlich und sachlich gesehen) und dem entsprechenden Stundensatz, der für die entgeltliche Vertretung des Schuldners hätte aufgewendet werden müssen[60]. Dies entspricht dem bereicherungsrechtlichen Charakter dieses Anspruchs (s.o.) und den bei § 818 Abs. 2 BGB angewandten Maßstäben bei der Befreiung von einer Leistungsverpflichtung[61]. In der neueren Praxis wird demgegenüber für den Pflegeverpflichteten günstiger die Höhe der Geldersatzrente nach dem **Pflegegeld** entsprechend den Ansätzen des des PflegeVG/SGB XI angesetzt, das der Höhe der vertraglich vereinbarten Leistung entspricht, also bei einer Ver-

---

54 Vgl. etwa §§ 13 Abs. 2, 14 HessAGBGB. Eingehend zu den Bewertungsfragen *Littig/J. Mayer*, Sozialhilferegress, Rn. 110 ff.

55 Anders in den Fällen, in denen durch das Verhalten des Leibgedingsverpflichteten der Wegzug des Altenteilers veranlasst wurde (Fall von Art. 20 BayAGBGB, § 15 Nds AGBGB, Art. 15 § 8 pr AGBGB). Der Art nach handelt es sich hier um Schadensersatzansprüche.

56 *Schwarz*, ZEV 1997, 309, 315.

57 BGH NJW 1962, 2249, 2250 zu Art. 15 § 9 Abs. 2 prAGBGB; *Karpen*, MittRhNotK 1988, 131, 144; *Schwarz*, ZEV 1997, 309, 314.

58 *Schwarz*, ZEV 1997, 309, 315.

59 OLG Düsseldorf v. 11.07.2005, ZErb 2006, 59.

60 LG Düsseldorf DAVorm 1984, 922, 928; OLG Celle v. 24.02.1984, zit. nach NDV 1997, 365 f.

61 *Sbresny*, ZfF 1983, 222 f.

pflichtung i.S. der früheren Pflegestufe I[62] bzw. wohl daher nun i.S. des Pflegegrades 2. Nach § 37 Abs. 1 Nr. 1 SGB XI entspricht dies mit Wirkung monatlich einem Betrag von aktuell 316 EUR. Die aus der etwas älteren Rspr. überlieferten Werte sind im Hinblick auf die zwischenzeitlich erheblich höheren Pflegekosten ohnehin überholt.

Nicht geklärt ist hierbei bisher, ob diese Beträge als zu niedrig anzusehen sind, weil das Pflegegeld nicht allein der „unmittelbaren Bedarfsdekkung" des Pflegeaufwandes dient; die Pflegeleistung müsste daher nach dem Aufwand für die Einstellung einer entsprechenden Ersatzpflegekraft, zumindest aber nach der **Sachleistung i.S.d. PflegeVG/SGB XI** für den entsprechenden Pflegegrad bestimmt werden. Würde sich die Ersatzleistung hier in Anlehnung an das Pflegeversicherungsgesetz orientieren, drohten z.B. bei Pflegegrad 2 Ersatzrenten in Höhe von aktuell 724 EUR monatlich als Wert des Anspruches auf häusliche Pflegehilfe nach § 36 Abs. 3 SGB XI. Nach der hier vertretenen Auffassung würde dies jedoch dann zu einer Ersatzleistung, bemessen an dem Bedarf des Berechtigten, nicht jedoch – entsprechend der von der Rechtsprechung aufgestellten Grundsätze – zu einer Bewertung in Höhe des aus Sicht des Verpflichteten entstehenden Freizeitwert führen. **819**

b) Wertersatz für Naturalleistungen

Bei Naturalleistungen wird für die Bemessung der Geldersatzrente überwiegend auf die Werte der **Sachbezugsverordnung** abgestellt[63]; was teilweise allerdings nicht als angemessen angesehen wird, da diese Werte typisiert ermittelt werden, während im Rahmen der Leibgedingsvorschriften auf die individuellen Besonderheiten abgestellt werden müsste[64]. **820**

Nach einzelnen Landesgesetzen[65] gilt nach der ausdrücklichen Normierung die Umwandlung in eine Geldersatzrente nur für die Wohnungs- und Dienstleistungsrechte, nicht aber für die anderen Leistungen, insbesondere für die Naturalleistungen. Die Letztgenannten bleiben grundsätzlich mit ihrem bisherigem Inhalt bestehen; hier erfolgt eine Umwandlung der Leistungspflicht nur dann, wenn die Naturalleistungen für den Be- **821**

62 Z.B. *Rosendorfer*, MittBayNot 2005, 1, 7; OLG Düsseldorf v. 11.07.2005, ZErb 2006, 59 führt dabei noch aus, dass die Besonderheiten des Einzelfalles zu berücksichtigen wären, insbesondere ob es sich um eine „Einzelbetreuung" handelt oder die Leistungen „im Rahmen der sowieso für die Familie notwendigen Arbeiten erbracht werden" und beanstandet im entschiedenen Fall nicht einem Wert der ersparten Aufwendungen von 200,–€/Monat.

63 Vgl. etwa *Germer* BWNotZ 1983, 73, 74. Da diese aber relativ hoch sind, folgt etwa die bayerische Praxis der Bezirke dem nicht.

64 *Sbresny*, ZfF 1983, 222, 224.

65 *Bayern* Art. 18 BayAGBGB; ähnlich *Hessen* §§ 14, 13 Abs. 2 Hess AGBGB.

rechtigen infolge seiner Abwesenheit ohne Interesse sind, so dass sich in diesem Sonderfall insgesamt eine Geldrente ergeben kann.[66]

3. Einfacher Versorgungsvertrag

822 Beim **einfachen Versorgungsvertrag** fehlt es anders als beim Leibgedingsvertrag an einer spezialgesetzlichen Regelung. Die Rspr. wendet überwiegend auf die Fälle der Nichtleistung der Vertragspflichten die Grundsätze des **Wegfalls der Geschäftsgrundlage**[67] (§ 313 BGB) oder zur **ergänzenden Vertragsauslegung**[68] an und passt danach die vertraglich zugesagten Versorgungsrechte an die geänderten Umstände an[69].

823 Dabei wird davon ausgegangen, dass es infolge des Wegzugs des Übergebers dem Übernehmer nicht mehr möglich ist, die vertraglich geschuldeten Versorgungsrechte dort zu erbringen, wo er sie entsprechend den getroffenen Vereinbarungen zu erfüllen hat[70]. Nach bislang gängiger Rechtsprechung und Praxis der Sozialhilfeträger führte die erforderlichen Vertragsanpassung zu einem Wegfall der zunächst primär geschuldeten Versorgungsrechte; an deren Stelle entstand dann jedoch ein Anspruch auf Zahlung einer Geldrente. Die in den landesrechtlichen Leibgedingsvorschriften niedergelegten Grundsätze sollten dabei Maßstab dafür sein, wann eine wesentliche Veränderung der Leistungspflichten eintritt und welche Rechtsfolgen dabei entstehen; sie dienen hier als Modell[71].

824 Damit gelangte man im Ergebnis zu einer gleichen Handhabung sowohl beim echten Leibgedingsvertrag als auch beim bloßen Versorgungsvertrag. Demgegenüber wird in der Literatur teilweise vertreten, dass bei Nichterfüllung der Pflegeverpflichtungen infolge einer Heimunterbringung des Altenteilers die Vorschriften über die Leistungsstörungen bei gegenseitigen Verträgen Anwendung finden müssten[72]. Dann sei aber im Fall der Heimunterbringung, die von keinem Vertragsteil zu vertreten ist, der volle Wert der Pflegeverpflichtung zu ersetzen. Damit käme man zum vollen Ansatz der Pflegesachleistung. Das wäre, wie bereits oben erwähnt, bei einer vertraglich geschuldeten Pflegeverpflichtung in Höhe des Pflege-

---

66 Zur Rechtslage in Bayern BayObLGZ 1974, 392; *Sprau/Ott*, Justizgesetze in Bayern, 1988, Art. 18 AGBGB Rn. 7.

67 BGH DB 1981, 1614 f.; OLG Koblenz FamRZ 1999, 256 = MittBayNot 1999, 284; OLG Köln NJW-RR 1995, 1358; OLG Celle NJW-RR 1999, 10 = MDR 1999, 87 m. Anm. *Egon Schneider* = DNotI-Report 1999, 104.

68 BGH NJW 2002, 440 = FamRZ 2002, 1178 = ZEV 2002, 116 m. Anm. *Kornexl* = DNotZ 2002, 702 m. Anm. *Krauß*; OLG Düsseldorf NJW-RR 1988, 326 = MittRhNotK 1988, 13.

69 Dazu *Weyland* MittRhNotK 1997, 55, 69; *Schwarz* ZEV 1997, 309, 315.

70 OLG Hamm MittRhNotK 1997, 80.

71 OLG Düsseldorf NJW-RR 1988, 326, 327; NJW-RR 1994, 201.

72 *Weyland*, MittRhNotK 1997, 55, 68 f.

grades 2 aktuell bereits ein Betrag von 724 EUR/Monat (§ 36 Abs. 3 Nr. 1 SGB XI). Eine derartige Bemessung wird allerdings teilweise auch beim echten Leibgedingsvertrag vertreten.[73]

Nach einer Entscheidung des BGH vom 29.01.2010 kann die bislang zumindest von der Rechtsprechung im Wege der Vertragsanpassung bzw. durch Auslegung angenommene Umwandlung in eine Zahlungsanspruch als nicht mehr zwingend angesehen werden, da in der Entscheidung des V. Senats ausdrücklich ausgeführt wird, dass „sich im dem im Rahmen der ergänzenden Vertragsauslegung zu ermittelnden hypothetischen Willen nicht entnehmen lasse, dass an die Stelle des ersparten Zeitaufwandes ein Zahlungsanspruch treten soll“[74]. **825**

4. Zugriff auf Wohnungsrechte

Eine **Überleitung** auf den Sozialhilfeträger nach § 93 SGB XII soll nur nach den gleichen Grundsätzen wie die Pfändung des Rechts möglich sein, also dann, wenn auf Grund ausdrücklicher Vereinbarung die Ausübung des Rechts Dritten überlassen werden kann (§ 1092 Abs. 1 S. 2 BGB)[75] oder es sich nur um ein schuldrechtliches Wohnungsrecht handelt[76]. Teilweise wird auch vertreten, dass die Überleitung eines Wohnungsrechts ausgeschlossen ist, da sich aus § 93 Abs. 1 S. 1 SGB XII (früher § 90 Abs. 1 S. 1 BSHG – Überleitung „nur bis zur Höhe“ der Aufwendungen des Sozialhilfeträgers) ergebe, dass nur auf Geldleistungen gerichtete Ansprüche überleitungsfähig seien. Auch stehe der Grundsatz der Gleichzeitigkeit des Anspruchs mit der Hilfeleistung (§ 93 Abs. 1 S. 3 SGB XII, früher § 90 Abs. 1 S. 3 BSHG) der Überleitung entgegen, wenn der Wohnungsberechtigte aus persönlichen Gründen das Wohnungsrecht nicht mehr ausüben kann. Jedoch ist die Praxis der **Sozialhilfeträger** teilweise anders[77]. **826**

Soweit **Nebenleistungspflichten** bestehen (Tragung von Strom, Heizung etc.), können diese allerdings sicher gepfändet und auch übergeleitet werden; gleiches gilt, wenn sich ein Wohnungsrecht kraft Gesetzes in eine Geldleistung umwandelt (z.B. Art. 18 bis 20 BayAGBGB beim Leibgedingsvertrag)[78]. Auch bei einem normalen Versorgungsvertrag können sich nach den Grundsätzen über den Wegfall der Geschäftsgrundlage bei einer Heimunterbringung anstelle des Wohnungsrechts nach der Rspr. Geldersatzansprüche ergeben. **827**

---

73 Vgl. dazu NDV Gutachten, NDV 1997, 365 f.
74 BGH FamRZ 2010, 554 = ZEV 2010, 316.
75 *Karpen,* MittRhNotK 1988, 131, 146.
76 OLG Karlsruhe v. 29.09.2010, NJW-RR 2011, 813.
77 Für Überleitungsfähigkeit etwa *Baur,* ZfS 1982, 229.
78 *C. Schwarz,* ZEV 1997, 309, 314 f. und eingehend dazu *Littig/Mayer,* Sozialhilferegress gegenüber Erben und Beschenkten, Rn. 90 ff.

828 Letztlich ist die Frage der Überleitung eines Wohnungsrechtes durch den Sozialhilfeträger vor allem in den Fällen der **Heimunterbringung** von Bedeutung. Dabei soll allein ein dadurch entstehendes subjektives Ausübungshindernis nicht zum Erlöschen des Rechts führen[79]. Bislang nahmen mehrere obergerichtliche Entscheidungen nach § 242 BGB eine Umwandlung des Anspruchs aus dem dinglichen Wohnungsrecht in einen Vergütungsanspruch in Höhe der durch eine Vermietung erzielbaren Erträge an[80]. So urteilt das OLG Köln[81], dass bei einer Existenzgefährdung des Berechtigten (Pflegeheimkosten) die Beschränkung des Wohnungsrechts auf die höchstpersönliche Nutzung nach den Grundsätzen des Wegfalls der Geschäftsgrundlage entfällt und die erforderliche Vertragsanpassung dazu führt, dem Berechtigten die durch die Vermietung der Wohnrechtsräume erzielbaren Erträge zukommen zu lassen. OLG Hamm[82] nimmt im Falle der Heimunterbringung eine Unmöglichkeit der Wohnungsgewährung an und billigt über § 324 Abs. 1 S. 2 BGB a.F. einen Anspruch in Höhe des durch Vermietung erzielbaren Geldbetrages zu (soll eine Ersparnis i.S. dieser Vorschrift sein)[83]. Wie der Rückgriff auf die Generalklausel des § 242 BGB nahe legt, kommt es dabei auf die Umstände des konkreten Einzelfalls an, insbesondere darauf, ob nach Lage und Art der Räume eine Nutzung durch andere Personen ohne Beeinträchtigung des Verpflichteten möglich ist und ob der Verpflichtete (= Übernehmer) sich seinerseits in einer Notlage befindet, so dass er auf die Fortsetzung seiner eigenen Nutzung angewiesen ist[84]. Ein Anspruch aus ungerechtfertigter Bereicherung gegen solche Personen, welche vom Wohnungsrechtsberechtigten als Familienangehörige und damit gemäß § 1093 BGB berechtigt in die dem Wohnungsrecht unterliegenden Räumlichkeiten aufgenommen wurden, besteht allerdings nicht.[85] Die Tendenz der Obergerichte ging aber bislang eindeutig hin zu einer Beteiligung an den Heimkosten!

829 Ob diese Vorgehensweise nach der Entscheidung des BGH vom 09.01.2009 noch weiter Gültigkeit hat, ist sicherlich anzuzweifeln. Der V. Senat hat in dieser Entscheidung ausgeführt, dass zwar bei einem Umzug in ein Pflegeheim eine ergänzende Vertragsauslegung in Betracht

79 OLG Zweibrücken OLGZ 1987, 27.

80 OLG Köln NJW-RR 1995, 1358 = FamRZ 1995, 1408, 1409; OLG Köln FamRZ 1991, 1432; OLG Köln ZEV 1997, 937; OLG Düsseldorf NJW-RR 1988, 326; OLG Düsseldorf NJW-RR 1994, 201; OLG Celle OLG-Report 1998, 318 (Anspruch i.H. des von den Beteiligten bei der Bestellung des Wohnungsrechts festgelegten niedrigen Werts von 1.200 DM/Jahr); vgl. auch die Überblicke bei *Rosendorfer,* MittBayNot 2005, 1, 4 f.; *Everts,* ZEV 2004, 495.

81 NJW-RR 1995, 1358 = MittRhNotK 1995, 175.

82 NJW-RR 1996, 1360, 1361.

83 Eingehend zu diesem Problemen *Littig/Mayer,* Sozialhilferegress, Rn. 114 f.

84 OLG Köln FamRZ 1995, 1408, 1409.

85 OLG Düsseldorf ZErb 2006, 59.

kommt, allerdings darauf hingewiesen, dass der Eigentümer im Zweifel nicht verpflichtet sein soll, die Nutzung der Wohnung durch einen Dritten zu dulden oder ein Nutzungsentgelt an den Berechtigten zu zahlen.[86]

Die betreffenden Grundsätze des BGH beschränken sich aber wohl lediglich auf das dingliche Wohnrecht nach § 1093 BGB. So urteilte das OLG Karlsruhe in seiner Entscheidung vom 29.9.2010[87], dass bei einem beim Verkauf eines Wohnhauses schuldrechtlich vereinbarten lebenslängliches Wohnungsrecht für den Verkäufer eine ergänzende Vertragsauslegung in Betracht kommt, wenn der Verkäufer pflegebedürftig wird und daher die ihm zugewiesene Wohnung nicht mehr nutzen kann. Das Wohnungsrecht kann in diesem Fall eine Ersatzrente rechtfertigen, die sich an den Maßstäben in § 14 Abs. 2 AGBGB BW orientiert. Ein (im konkreten Fall durch eine Reallast dinglich gesichertes) schuldrechtliches Wohnungsrecht ist – anders als ein dingliches Wohnungsrecht (§ 1092 Abs. 1 BGB!) – nicht ohne weiteres auf eine persönliche Nutzung der Wohnung durch den Berechtigten beschränkt. Die zur ergänzenden Vertragsauslegung bei dinglichen Wohnungsrechten von der Rechtsprechung entwickelten Grundsätze sind daher nicht uneingeschränkt auf ein schuldrechtliches Wohnungsrecht übertragbar.

Demnach dürfte auch der nach der Entscheidung des BGH vom **830**
21.09.2001[88] zunächst zweifelhafte **vertraglicher Ausschluss** der Wohnungsrechte bei Wegzug zumindest bei dinglichen Wohnungsrechten nach § 1093 BGB denkbar sein, da der BGH offensichtlich einen im Wege der Vertragsauslegung entsprechend ermittelten Willen wohl für beachtlich und damit auch im Sinne eines vertraglichen Ausschlusses für denkbar hält.

5. Vertragliche Regelungen für den Fall des Wegzuges/ Heimunterbringung

Soweit ein völliger Leistungsausschluss bei einer **Heimunterbringung,** **831**
die de facto in vielen Fällen mit dem Sozialleistungsbezug zusammenfällt, vereinbart wird, besteht die Gefahr, dass derartige Vereinbarungen als sittenwidrig und damit nichtig angesehen werden oder zumindest zur „rechnerischen Nichtbeachtung" führen.[89] Eine solche Klausel hat nur den Sinn, in Umkehrung des Nachranggrundsatzes des § 2 Abs. 1 SGB XII den durch Heimunterbringung entstehenden Bedarf dem Sozialhilfeträger

86 BGH FamRZ 2009, 598 = ZEV 2009, 252.
87 OLG Karlsruhe v. 29.09.2010, NJW-RR 2011, 813.
88 BGH NJW 2002, 440 = ZEV 2002, 116 m. krit. Anm. *Kornexl;* dazu auch *J. Mayer,* MittBayNot 2002, 152.
89 Dazu etwa *Krauß,* MittBayNot 1992, 77, 100.

überzubürden. Klauseln, die dahingehend formuliert sind, „dass Geld- und Naturalleistungen bei Bezug nachrangiger Sozialleistungen entschädigungslos entfallen", sind somit unwirksam. Es handelt sich um unzulässige **Nachrangvereinbarungen.**[90]

832 Dies bedeutet allerdings nicht, dass jegliche Vereinbarung zum Ausschluss von Versorgungsleistungen im Rahmen eines Übergabevertrages vor dem Hintergrund der Sittenwidrigkeit gänzlich ausgeschlossen wären.

833 Zwar wird man in jedem Falle bei **reinen Geldleistungen und Naturalleistungen** (z.B. Kostentragung für Essen und Wohnung) den vollständigen Ausschluss der Leistungsverpflichtung nicht mit dem Wegzug des Berechtigten begründen können, anders verhält es sich allerdings mit Leistungen, welche im Rahmen der vertraglichen Vereinbarungen nur ortsgebunden vom Übernehmer des Grundbesitz zu erbringen sind. Dies betrifft dabei im Wesentlichen die Vereinbarungen hinsichtlich der Ortsgebundenheit der **Pflegeleistung**. Dabei ist auch der Ausschluss der bei Wegzug durch landesrechtliche Vorschriften oder durch Wegfall der Geschäftsgrundlage entstehenden Geldersatzleistung wohl als zulässig anzusehen, da die Erbringung einer monatlichen Geldrente anstelle der Realleistung für den Übernehmer regelmäßig eine erhebliche Mehrbelastung darstellen kann. Solche Vereinbarungen stellen nach dem BGH auch grundsätzlich keinen „Vertrag zu Lasten Dritter" – also des Sozialhilfeträgers – dar, da eine zunächst im Jahre 2001 ergangen Entscheidung[91], welche entsprechenden Andeutungen beinhaltete, kurze Zeit später, nämlich 2003 vom BGH[92] richtig gestellt wurde. Bestätigt wird dies zudem durch die beiden Entscheidungen des BGH aus 2009 und 2010[93]. Siehe hierzu auch Rn. 825, 830.

6. Sonderfall der Inanspruchnahme von weichenden Geschwistern auf Unterhalt

834 Im Rahmen von Übergabeverträgen kommt es regelmäßig zu Vereinbarungen auch mit den Kindern, welche den Grundbesitz nicht übertragen bekommen. Diese erhalten sogenannte Gleichstellungszahlungen seitens des Übernehmers bzw. gelegentlich auch durch die Übergeber selbst. Die Höhe dieser Hinauszahlungen an die weichenden Geschwister, von welchen regelmäßig auch ein zumindest gegenständlich beschränkter Pflichtteilsverzicht gefordert wird, sind mitunter nur eine relativ niedrige

---

90 *Krauß*, MittBayNot 1992, 77, 100. Dies ist auch die Praxis der Sozialhilfeträger, vgl. dazu den Hinweis von *Krauß*, die durch eigene Erfahrung bestätigt wird.

91 BGH FamRZ 2002, 1178 = ZEV 2002, 116.

92 BGH FamRZ 2009, 690 = ZErb 2003, 259 m. Anm. *Littig*.

93 BGH ZEV 2010, 316 und BGH FamRZ 2009, 598 = ZEV 2009, 252.

Abfindung im Verhältnis zum Wert des übergebenen Vertragsobjekts. Eine gleiche Situation tritt bei einer unterschiedlichen unterhaltsrechtlichen Leistungsfähigkeit der Kinder auf.

In all diesen Fällen stellt sich die Problematik der Inanspruchnahme der weichenden Geschwister auf Elternunterhalt, denn für den **Unterhalt** ihrer Eltern, einschließlich der nicht gedeckten Pflegeheimkosten, haften sie im Rahmen ihrer **Leistungsfähigkeit** (§ 1603 BGB), und zwar mehrere anteilig nach ihren Erwerbs- und Vermögensverhältnissen (§ 1606 Abs. 3 S. 1 BGB). Zudem geht der zunächst den Eltern zustehende Unterhaltsanspruch **kraft Gesetzes** nach § 94 SGB XII auf den Sozialhilfeträger über. **835**

In der Literatur wird dies als unbefriedigend angesehen, wenn der Übernehmer auf Grund seiner Einkommensverhältnisse selbst nicht zu Unterhaltsleistungen verpflichtet ist, umgekehrt aber die weichenden Geschwister keine größeren Abfindungen erhalten haben. Jedoch lehnt die Praxis der Sozialhilfeträger einen solchen Ausschluss des Übergangs des Unterhaltsanspruchs offensichtlich generell ab.[94] Betont werden muss jedoch, dass die Ansprüche aus dem Übergabevertrag, einschließlich solcher auf Wertersatz nach § 528 BGB, zunächst den Unterhaltsansprüchen vorgehen. **836**

Die Vereinbarung von Freistellungsverpflichtungen zugunsten der weichenden Geschwister vor Unterhaltsansprüchen, die auf den Sozialhilfeträger gem. § 94 SGB XII übergehen, ist dabei sicherlich regelmäßig in Verträgen vorzufinden, bietet den weichenden Geschwistern aber lediglich begrenzten Schutz, da sie nur im Innenverhältnis Wirkung haben. Siehe hierzu auch Rn. 637 ff. **837**

In der Praxis ist das Problem z.T. bereits dadurch entschärft, dass der Wertersatzanspruch nach § 528 BGB, der vom **Sozialhilfeträger** übergeleitet werden kann, gegenüber dem Unterhaltsanspruch vorrangig ist,[95] also ein Geschwisterregress zumindest in den Fällen, in denen der Heimpflegefall innerhalb der nächsten zehn Jahre nach der Übergabe auftritt, wenig wahrscheinlich ist. **838**

Darüber hinaus hat diese besondere Konstellation jedoch zumindest in den weit überwiegenden Fällen wohl mit dem seit 01.01.2020 eingeführten § 94 Abs. 1a SGB XII[96] an Bedeutung verloren, da eine Inanspruchnahme des Unterhaltsverpflichteten auf die Fälle beschränkt ist, in welchen sein Gesamteinkommen mehr als 100.000 EUR beträgt.

---

94 *Kohler,* BWNotZ 2001, 54, 59.

95 *Grüneberg/Weidenkaff* § 528 Rn. 1; BGH NJW 1991, 1824: „Der Anspruch aus § 528 soll den Schenker in die Lage versetzen seinen Unterhalt selbst zu bestreiten. Schon dieser Gesichtspunkt schließt es aus, dass der Beschenkte den verarmten Schenker aus seine gesetzlichen Unterhaltsansprüche verweist."

96 Vgl. hierzu auch Rn. 785.

Kapitel 7: Besteuerung der vorweggenommenen Erbfolge

A. Einführung: Grundsätzliche Herausforderungen aus steuerrechtlicher Sicht und häufig tangierte Steuerarten

Aus steuerrechtlicher Sicht handelt es sich bei der vorweggenommenen Erbfolge ebenfalls im Wesentlichen um **die schenkweise Übertragung** von Vermögen. Es wäre jedoch ein fataler Irrglaube anzunehmen, dass die einzig tangierte Steuerart deshalb die **Erbschaft- und Schenkungsteuer** sei (tatsächlich werden Erbschaften und Schenkungen steuerrechtlich annähernd gleich behandelt und im selben Gesetz – dem **Erbschaft- und Schenkungsteuergesetz** (ErbStG) – geregelt). Denn in den allermeisten Fällen muss der Steuerpflichtige sich auch über **einkommensteuerrechtliche Fragen** Gedanken machen. 839

Weiterhin ist, jedenfalls bei Immobilien, das **Grunderwerbsteuergesetz** (GewStG)in Betracht zu ziehen, das jedoch zahlreiche Ausnahmeregelungen beinhaltet. Soweit Gegenleistungen erbracht werden ist auch immer zu prüfen, ob eine steuerbare und steuerpflichtige Leistung nach dem **Umsatzsteuergesetz** (UStG) vorliegt. 840

Grundsätzlich ist festzuhalten, dass die vorweggenommene Erbfolge aus steuerrechtlicher Sicht ein komplexer Vorgang ist, der einer sorgfältigen Planung bedarf. Schnellschüsse, zumal, wenn sie nicht steuerrechtlich begleitet werden, enden leider häufig mit unbeabsichtigten Kollateralschäden. In Anbetracht der Tatsache, dass die Einkommensteuerbelastung zuzüglich Solidaritätszuschlag und Kirchensteuer annähernd 50 % in der höchsten Progressionsstufe erreicht, die Erbschaftsteuer in Steuerklasse 1 jedoch „nur" 30 % in der höchsten Progression (bei über 26 Mio. Euro steuerpflichtigem Erwerb) beträgt, wird leicht ersichtlich, dass regelmäßig einkommensteuerliche Fragen eine gewichtige Rolle bei der **Planung** spielen und die eigentlichen **Herausforderungen** bei der vorweggenommenen Erbfolge die **gleichzeitige Berücksichtigung der Vorgaben mehrerer Steuerarten** für eine steuergünstige Gestaltung ist. 841

Dies insbesondere verbunden mit den sich aus dem Steuerrecht bei den nachvollziehbar häufig gewünschten steuerneutralen Umstrukturierungen ergebenden **Haltefristen** und etwaigen erbrechtlichen Vorgaben – ge- 842 nannt seien pars pro toto nur Pflichtteile und vor allem Pflichtteilsergänzungsansprüche – führt zu einer mitunter sehr komplexen Gemengelage, welche eine **umfassende und anspruchsvolle Planung** erfordert, um allen Anforderungen weitestgehend gerecht werden.

843 Nachfolgend werden die für die Besteuerung der vorweggenommenen Erbfolge meist wesentlichen Steuerarten: **Schenkungsteuer**, **Einkommensteuer**, **Grunderwerbsteuer** in ihren Grundzügen kurz erläutert. Sodann werden die steuerlichen Fragen einiger **typischer Konstellationen** der vorweggenommenen Erbfolge näher erläutert.

B. Grundzüge der Schenkungsteuer

I. Allgemeines

844 Steuerrechtlich wird eine Schenkung (vgl. Kapitel 1, Rn. 1 ff.) im Erbschaft- und Schenkungsteuergesetz geregelt. Die gebräuchliche und im Folgenden auch hier verwendete Abkürzung für dieses Gesetz ist „ErbStG", auch wenn nachfolgend nur Vermögensübertragungen unter Lebenden und keine Erbfälle betrachtet werden. **Gemäß § 1 Abs. 1 Nr. 2 ErbStG** unterliegen **„Schenkungen unter Lebenden"** dem ErbStG und damit also der Schenkungsteuer.

II. Persönliche Steuerpflicht

845 Das ErbStG knüpft auch für die Schenkungsteuer an die **persönliche Steuerpflicht** an. Nur wenn diese gegeben ist, unterliegt der Vermögensanfall auch der deutschen Schenkungsteuer. Da die persönliche Steuerpflicht im deutschen ErbStG abweichend von den meisten ausländischen Rechtsordnungen geregelt ist, verdient sie einer besonderen Betrachtung. Gem. § 2 ErbStG tritt die persönliche Steuerpflicht ein, wenn der **Schenker** zur Zeit der Ausführung der Schenkung **oder** der **Erwerber** zur Zeit der Entstehung der Steuer ein **Inländer** ist. In den genannten Fällen liegt ein Fall der sog. **unbeschränkten Steuerpflicht** vor, es werden also **alle übergehenden Vermögensgegenstände** von der deutschen Steuerpflicht erfasst, **gleichgültig in welchem Land** sie belegen sind oder verwahrt werden. Die sich ggf. hieraus ergebenden internationalen Implikationen werden sogleich unten im Exkurs (unter III., Rn. 855 ff.) behandelt werden.

846 Aufgrund der Anknüpfung sowohl an die Inländereigenschaft des Schenkers, als auch derjenigen des Beschenkten, erfasst die deutsche Schenkungsteuer – anders als z. B. viele ausländische Rechtsordnungen –

auch Fälle, in denen eben gerade nur entweder der Schenker oder der Beschenkte steuerliche Inländer sind. Derartige Konstellationen treten häufig auf, wenn die Eltern ihren **Altersruhesitz** im Ausland haben oder auch, wenn die Kinder im Ausland studieren. Auch bei internationalen Ehen bzw. Familien sowie bei sog. **Expatriats**, also Personen, die für ein gewisse Zeit von einigen Jahren im Ausland arbeiten, treten solche Fragen regelmäßig auf. In der Praxis der vorweggenommenen Erbfolge sind gerade die diese Fälle problematisch, wenn die betroffenen Steuerpflichtigen sich der Internationalität nicht bewusst sind. Sei es, weil sie sich immer noch ausschließlich als dem deutschen Steuerrecht verhaftet fühlen oder sei es – und dies dürfte häufiger der Fall sein – weil gerade auch ausländische Expatriats (aus ihrer ausländischen Rechtsprägung heraus verständlich) nicht realisieren, dass der Fall (auch) dem deutschen Schenkungsteuerrecht unterliegt. Es gilt solche Konstellationen vor Realisierung – insbesondere auch einer aus dem Ausland betriebenen – vorweggenommenen Erbfolge zu erkennen, um die Gestaltung entsprechend vornehmen zu können. Eine **nachträgliche Heilung** ist meist mühsam und selbst wenn sie glückt, bedeutet sie am Ende häufig ein Rückdrehen der Vermögensübergabe.

Inländer im Sinne des Schenkungsteuergesetzes sind – soweit dies für **847**
die Fälle der vorweggenommen Erbfolge relevant ist –

a) **natürliche Personen**, die im Inland einen **Wohnsitz** oder ihren **gewöhnlichen Aufenthalt** haben (§ 2 Abs. 1 Nr. 1 lit. a ErbStG);

b) **deutsche Staatsangehörige**, die sich **nicht länger als fünf Jahre dauernd im Ausland** aufgehalten haben, ohne im Inland einen Wohnsitz zu haben (§ 2 Abs. 1 Nr. 1 lit. b ErbStG);

c) unabhängig von der Fünfjahresfrist nach Buchstabe b) **deutsche Staatsangehörige**, die

   aa) im Inland **weder** einen **Wohnsitz** noch ihren **gewöhnlichen Aufenthalt** haben **und**

   bb) zu einer **inländischen juristischen Person des öffentlichen Rechts in einem Dienstverhältnis** stehen und dafür Arbeitslohn aus einer inländischen öffentlichen Kasse beziehen,

   sowie zu ihrem Haushalt gehörende Angehörige, die die **deutsche** Staatsangehörigkeit besitzen. Dies gilt nur für Personen, deren Nachlaß oder Erwerb in dem Staat, in dem sie ihren Wohnsitz oder ihren gewöhnlichen Aufenthalt haben, lediglich in einem der Steuerpflicht nach Nummer 3 ähnlichen Umfang zu einer Nachlass- oder Erbanfallsteuer herangezogen wird (§ 2 Abs. 1 Nr. 1 lit. c ErbStG);

d) **Körperschaften**, **Personenvereinigungen** und **Vermögensmassen**, die ihre **Geschäftsleitung** oder ihren **Sitz im Inland** haben (§ 2 Abs. 1 Nr. 1 lit. d ErbStG).

848 Die Fälle des **§ 2 Abs. 1 lit. a)** sind die **Regelfälle. Buchstabe b)** ist eine Sondervorschrift, die Personen erfasst, die – ohne ihre Staatsbürgerschaft aufzugeben – aus Deutschland weggezogen und noch keine fünf Jahre seit dem Wegzug vergangen sind. Dies wird als **erweitert unbeschränkte Steuerpflicht** bezeichnet. Der lange Arm des Staates behandelt diese Personen als nach wie vor als Inländer, um zu vermeiden, dass sich jemand durch taktischen Wegzug der Schenkungsteuer entziehen kann. Deshalb auch die relativ lange Fünfjahresfrist. Die Fälle des **Buchstabens c)** erfassen im Wesentlich Mitarbeiter des **diplomatischen Dienstes** oder sonstiger **staatlich Bediensteter, die ins Ausland entsandt wurden. Unter d)** hingegen ist geregelt, dass bestimmte **juristische Personen** als Inländer im Sinne des ErbStG gelten.

849 Letzteres ist gerade mit Blick auf **Stiftungen** (oder ggf. auch andere Vermögensmassen) als **Mittel der Nachfolgeplanung** bedeutsam. Denn z. B. Stiftungen werden ab einer gewissen Vermögensgröße häufig im Rahmen der vorweggenommen Erbfolge eingesetzt, so dass die gesetzgeberische Klarstellung, dass Stiftungen mit Geschäftsleitung oder Sitz im Inland hier unbeschränkt steuerpflichtig sind, als **Abgrenzung zu ausländischen Stiftungen**, also solchen, die in Deutschland **weder** ihre **Geschäftsleitung, noch** ihren **statuarischen** Sitz haben, erhebliche Praxisrelevanz hat.

850 **Beschränkte Steuerpflicht** liegt gem. § 2 Abs. 1 Nr. 3 ErbStG in allen **anderen Fällen** vor, in denen der **Vermögensanfall in Inlandsvermögen gem. § 121 BewG** besteht. Das Gesetz regelt hierzu weiter, dass bei Inlandsvermögen im Sinne des **§ 121 Nr. 4 BewG** es **ausreichend** ist, wenn der Erblasser zur Zeit seines Todes oder der Schenker zur Zeit der Ausführung der Schenkung entsprechend der Vorschrift am **Grund- oder Stammkapital** der **inländischen Kapitalgesellschaft beteiligt** ist. Wird nur ein Teil einer solchen Beteiligung durch Schenkung zugewendet, gelten die **weiteren Erwerbe aus der Beteiligung**, soweit die Voraussetzungen des § 14 ErbStG erfüllt sind, auch dann als Erwerb von Inlandsvermögen, wenn im Zeitpunkt ihres Erwerbs die Beteiligung des Erblassers oder Schenkers weniger als ein Zehntel des Grund- oder Stammkapitals der Gesellschaft beträgt. Die Regelung zur beschränkten Steuerpflicht ist in Abgrenzung zur hier weiter oben behandelten unbeschränkten Steuerpflicht zu sehen. Bei der beschränkten Steuerpflicht wird auf das sog. Inlandsvermögen abgestellt, welches in § 121 BewG definiert ist. Anders als bei der unbeschränkten Steuerpflicht wird also nicht an die (natürliche oder juristische) Person und deren Wohnsitz, gewöhnlichen Aufenthalt, Geschäftsleitungs- oder Verwaltungssitz, sondern an **das im Inland belegene Vermögen** angeknüpft. Im Umkehrschluss heißt dies, dass im Ausland belegene Vermögensgegenstände nicht unter die inländische beschränkte Steuerpflicht fallen. Dies macht auch Sinn, denn

beschränkte Schenkungsteuerpflicht trifft ja gerade die Personen, die nur im Ausland und nicht Inland ansässig sind; die deutsche Rechtsordnung hat sich dann auf inländische Vermögen zu beschränken, da es keine weiteren Anknüpfungspunkte gibt.

Die Vorschrift des § 121 BewG nennt insbesondere die nachfolgenden Vermögensgegenstände, welche **Inlandsvermögen** darstellen: **851**

1. Inländisches **Land- und Forstwirtschaftliches Vermögen**;
2. Inländisches **Grundvermögen**;
3. Inländisches **Betriebsvermögen**. Als solches gilt das Vermögen, das einem im Inland betriebenen Gewerbe dient, wenn hierfür im Inland eine **Betriebsstätte** unterhalten wird oder ein **ständiger Vertreter** bestellt ist;
4. Anteile an einer **Kapitalgesellschaft**, wenn die Gesellschaft Sitz oder Geschäftsleitung im Inland hat und der Gesellschafter entweder allein oder zusammen mit anderen ihm nahe stehenden Personen im Sinne des § 1 Abs. 2 des Außensteuergesetzes in der jeweils geltenden Fassung, am Grund- oder Stammkapital der Gesellschaft mindestens zu einem Zehntel unmittelbar oder mittelbar beteiligt ist;
5. Nicht unter Nummer 3 fallende **Erfindungen**, **Gebrauchsmuster** und **Topographien**, die in ein **inländisches Buch** oder **Register** eingetragen sind;
6. **Wirtschaftsgüter**, die nicht unter Nummern 1, 2 und 5 fallen und einem **inländischem Gewerbebetrieb überlassen**, insbesondere an diesen vermietet oder verpachtet sind;
7. **Hypotheken**, **Grundschulden**, **Rentenschulden** und **andere Forderungen** oder **Rechte**, wenn sie durch **inländischen Grundbesitz**, durch **inländische grundstücksgleiche Rechte** oder durch **Schiffe**, die in ein inländisches Schiffsregister eingetragen sind, unmittelbar oder mittelbar **gesichert** sind. Ausgenommen sind Anleihen und Forderungen, über die Teilschuldverschreibungen ausgegeben sind;
8. Forderungen aus der **Beteiligung** an einem **Handelsgewerbe als stiller Gesellschafter** und aus **partiarischen Darlehen**, wenn der Schuldner Wohnsitz oder gewöhnlichen Aufenthalt, Sitz oder Geschäftsleitung im Inland hat;
9. **Nutzungsrechte** an einem der in den **Nummern 1 bis 8** genannten Vermögensgegenstände.

Nicht genannt werden z. B. **Wertpapiere** und **Aktien** (falls die 10%-Schwelle der Nr. 4 nicht erreicht wird), so dass also ein übliches Wertpapierdepot gerade kein Inlandsvermögen darstellt. Letzteres ist in der Praxis **852**

von enormer Bedeutung, da ein normales Bankdepot kein geeigneter Anknüpfungspunkt für die deutsche Schenkungsteuer ist.

853 Zu beachten ist jedoch noch die Vorschrift des **§ 4 Außensteuergesetz (AStG)**, welcher eine sog. **erweitert beschränkte Erbschaftsteuerpflicht** (und damit auch Schenkungsteuerpflicht) statuiert. Die Vorschrift betrifft Fälle, in denen jemand gem. **§ 2 AStG** seinen Wohnsitz in ein **einkommensteuerlich niedrig besteuertes Gebiet verlegt** hat. Bei Wohnsitzwechsel in ein einkommensteuerliches Hochsteuerland wie z. B. Österreich greift daher § 4 AStG auch für die Schenkungsteuer im Rahmen einer vorweggenommene Erbfolge regelmäßig nicht ein.

854 In der Praxis ist in diesem Zusammenhang auch immer das internationale Steuerrecht zu beachten; vgl. hierzu sogleich unten unter Rn. 855 ff.

III. Exkurs: Internationales Steuerrecht und Abkommen zur Vermeidung der Doppelbesteuerung

855 Im Rahmen der vorweggenommenen Erbfolge darf eine Betrachtung der **internationalen steuerlichen Situation** nicht fehlen. Da diese bei freigiebigen Vermögensübertragungen regelmäßig auch an die persönliche Steuerpflicht anschließt, erfolgen die nachstehenden Ausführungen im Anschluss an die Darstellung der **persönlichen Steuerpflicht** (vgl. oben unter II., Rn. 845 ff.).

856 Nicht in allen Rechtsordnungen sind Schenkungen (im Rahmen der vorweggenommenen Erbfolge) steuerpflichtig. Manche Länder haben sogar bewusst die Schenkungsteuer abgeschafft (wie z. B. Österreich für die Jahre ab 2008). Dies bedeutet jedoch nicht automatisch, dass Schenkungen an oder von Personen in diesen Ländern keine Schenkungsteuer auslösen. Denn wie oben unter II., Rn. 845, ausgeführt, greift die deutsche unbeschränkte Steuerpflicht, wenn entweder der Schenker oder der Erwerber in Deutschland unbeschränkt steuerpflichtig ist. Außerdem können Ausländer in Deutschland beschränkt steuerpflichtig sein mit Inlandsvermögen im Sinne von § 121 Bewertungsgesetz (vgl. bereits oben unter II. Rn. 850).

857 Problematisch kann die Situation dann werden, wenn sowohl im Ausland, als auch im Inland gleichzeitig auf **denselben Tatbestand Schenkungsteuer** anfällt. Für diese Fälle ist in **§ 21 ErbStG** (vgl. unter Rn. 977) geregelt, dass die **ausländische Steuer** unter Umständen auf die deutsche Schenkungsteuer **angerechnet** werden kann. Die **Anrechnung** ist jedoch **nur möglich**, wenn die **ausländische Steuer** der **deutschen Schenkungsteuer vergleichbar** ist und wenn diese **keinem Ermäßigungsanspruch**

mehr **unterliegt**, **festgesetzt** und **bezahlt** ist. Außerdem ist die ausländische Steuer nur **insoweit anrechenbar**, als das Auslandsvermögen auch in Deutschland steuerbar ist und die Steuer auf den **Steuerpflichtigen entfällt**. Wichtig ist, dass nur ausländische Schenkungsteuer, die auf **im Ausland belegenes Vermögen** erhoben wird, angerechnet werden kann. **Nicht** anrechenbar ist **ausländische Schenkungsteuer** auf **inländisches Vermögen**! Eine solche Anrechnung ist jedoch ggf. nach dem **Recht** des entsprechenden **ausländischen Staats** möglich.

Mit Blick auf andere Staaten ist auch jeweils zu prüfen, ob es ein Abkommen zur Vermeidung der Doppelbesteuerung (kurz: „**Doppelbesteuerungsabkommen**" oder auch „**DBA**") auf dem Gebiet der **Schenkungsteuer** mit dem jeweils anderen Staat gibt. Deutschland hat zwar ca. 100 Doppelbesteuerungsabkommen betreffend die Einkommensteuer abgeschlossen, jedoch nur sehr wenige DBA, die die Erbschaftsteuer betreffen. Und von den Doppelbesteuerungsabkommen, die die Erbschaftsteuer betreffen, erfassen nur einige auch schenkungsteuerliche Tatbestände. Konkret zu nennen als Länder mit denen **DBA** bestehen, die **auch Schenkungsteuer** regeln, sind z. B. **USA**, **Schweden**, **Dänemark**, **Frankreich**. **858**

Falls ein DBA auf einen Schenkungsteuerfall Anwendung findet, ist zu beachten, dass – anders als die meisten von Deutschland abgeschlossenen DBA auf dem Gebiet der Ertragsteuern – die **DBA für Erbschaft- und Schenkungsteuer regelmäßig** die sog. **Anrechnungsmethode** zur Herstellung der tatsächlichen Vermeidung einer Doppelbesteuerung vorsehen[1]. **Anrechnung** bedeutet in diesem Zusammenhang, dass der jeweilige **Ansässigkeitsstaat**, der also die **Schenkung umfänglich besteuern** darf, die auf ausländisches Vermögen vom ausländischen Staat erhobene Vermögenssteuer im Rahmen der eigenen Besteuerung **anrechnen** muss. § 21 Abs. 4 ErbStG regelt, dass dann die Abs. 1 bis 3 des § 21 ErbStG entsprechend anzuwenden sind. **859**

Aus den Doppelbesteuerungsabkommen ergibt sich, in welchem Anwendungsstaat der Steuerpflichtige als **ansässig (im Sinne des DBA)** anzusehen ist und welcher Staat folglich umfassend besteuern darf (auch wenn dieser Staat eben ggf. ausländische Steuer anrechnen muss). Ist ein Steuerpflichtiger in **beiden Staaten ansässig** wird meist auf die **Staatsangehörigkeit** abgestellt, um den DBA-Ansässigkeitsstaat zu ermitteln[2]. **860**

---

1 Vgl. zum Ganzen nur *Kleefass/Hornburg* in Strunk/Kaminski/Köhler, AStG/DBA Einf. DBA Erb.

2 Vgl. zum Ganzen nur *Kleefass/Hornburg* in Strunk/Kaminski/Köhler, AStG/DBA Einf. DBA Erb.

IV. Schenkungen

861 In **§ 7 ErbStG** sind dann **einzelne Tatbestände** aufgeführt, die als **Schenkung unter Lebenden** behandelt werden. Nachfolgend werden diejenigen Tatbestände näher erläutert, die regelmäßig im Rahmen der vorweggenommenen Erbfolge Bedeutung erlangen.

1. Schenkungen unter Lebenden

862 Gemäß § 7 Abs. 1 Nr. 1 ErbStG gilt als Schenkung unter Lebenden **jede freigiebige Zuwendung**, soweit der **Bedachte auf Kosten des Zuwendenden** durch sie **bereichert** ist. Dies ist der Grundtatbestand der Schenkung; er fungiert deshalb auch als **Auffangtatbestand**. Alles, was sich nicht unter eine der weiteren in § 7 Abs. 1 ErbStG enumerativ aufgeführten Nummern subsumieren lässt, fällt unter diesen Grundtatbestand oder ist – falls es nicht darunter fällt – nicht als Schenkung steuerbar.

863 Als **Tatbestandsmerkmal** ist zum einen **Freigiebigkeit** gefordert. Nur Zuwendungen, die freigiebig erfolgen, sind auch Schenkungen. Weiterhin ist jedoch noch als zusätzliche Voraussetzung einer Schenkung im Sinne des ErbStG erforderlich, dass der Bedachte, also der Empfänger, auf Kosten des Zuwendenden, also des Schenkers, **bereichert** ist. Das Gesetz fordert also, dass es zu einer **Verschiebung von Werten bzw. Vermögen** aus der Sphäre des Schenkers in die Sphäre des Erwerbers kommt. In welcher Weise eine solche Wertverschiebung zu erfolgen hat, lässt das Gesetz bewusst offen. Dies ist auch kein Nachteil, denn wie ausgeführt fallen ja nur freigiebige Zuwendungen unter den Tatbestand der Schenkung.

864 Im Ergebnis greift dieser Grund- und Auffangtatbestand deshalb sehr weit. Insbesondere können also auch **indirekte Wertverschiebungen** darunter fallen. Im Rahmen der vorweggenommenen Erbfolge interessieren naturgemäß jedoch regelmäßig direkt und klar erkennbare Zuwendungen.

2. Vollziehung von Auflagen, Leistungen an andere Personen und Ähnliches

865 Gemäß **§ 7 Abs. 1 Nr. 2 ErbStG** gilt auch als Schenkung, was eine Person infolge der **Vollziehung einer vom Schenker angeordneten Auflage** oder **Bedingung** erhält. Der Grund für die separate Aufzählung dieses Tatbestandes liegt wohl im Wesentlichen darin, dass der Erwerber der Auflage rechtstechnisch nicht zu Lasten des Schenkers, sondern des Beschenkten bereichert ist. Wirtschaftlich hat in diesen Fällen natürlich ebenso der Schenker eine Vermögenseinbuße und der mit der Auflage Beschenkte hat wirtschaftlich, allerdings nicht rechtlich, nur das ihm Verbleibende erwor-

ben. Man sagt auch, **der Beschenkte** hat **„mit einer Belastung" erworben.**

Diese Fälle sind tatsächlich nicht nur theoretischer Natur, sondern können im Rahmen der vorweggenommenen Erbfolge z. B. bei der **Einräumung eines Nießbrauchs** oder von **Wohnrechten** an übergebenen Objekten eintreten, wenn der Beschenkte durch eine Auflage des Schenkers verpflichtet wird, einem Dritten – z. B. einem Geschwister – ein entsprechendes Recht einzuräumen. In diesem Zusammenhang ist deshalb jedoch gleich auf die Problematik der Steuerklassen und ggf. alternative Gestaltungen hinzuweisen. **866**

Leistungen an Dritte, die nicht direkt vom Schenker bewirkt werden, liegen auch bei den von **§ 7 Abs. 1 Nr. 3 ErbStG** erfassten Fällen vor. Dort sind **Leistungen an Dritte** erfasst, die bei Genehmigung einer Schenkung angeordnet oder vom Beschenkten freiwillig übernommen wurden, um so die Schenkung oder eine dieser wirtschaftlich gleichstehende Genehmigung zu erlangen. **Entscheidend für diesen Tatbestand** ist auch hier, dass der **Vermögensabfluss nicht beim Schenker** erfolgt, **sondern** beim **Beschenkten**, der etwas an den Erwerber gibt, so dass auch dieser Fall nicht vom Grundtatbestand des § 7 Abs. 1 Nr. 1 ErbStG erfasst wäre. Im Rahmen der vorweggenommenen Erbfolge sind auch solche Konstellationen denkbar, wenn z. B. ein Kind, welches von den Eltern Vermögensgegenstände übertragen bekommt, sich verpflichtet, an **Geschwister** zum **Ausgleich** Leistungen zu erbringen. **867**

3. Abfindungen für Erbverzicht

Abfindungen, die ein **potentieller gesetzlicher Erbe** dafür erhält, dass er gegenüber dem potentiellen Erblasser einen **Erbverzicht** (§§ 2346 und 2352 BGB) erklärt, sind gemäß **§ 7 Abs. 1 Nr. 5 ErbStG** ebenfalls als Schenkung erfasst. Die zivilrechtliche Einordnung derartiger Abfindungen[3] ist für die steuerrechtliche Beurteilung nicht entscheidend. Die Abgabe von Erbverzichtserklärungen ist im Rahmen einer vorweggenommenen Erbfolge üblich, um nicht die geplante Nachfolgeregelung durch später geltend gemachte Pflichtteils- oder Pflichtteilsergänzungsansprüche zu konterkarieren. Da es im Rahmen der vorweggenommenen Erbfolge aber gerade darum geht, Vermögen zu übertragen, stellt die Notwendigkeit einer Gegenleistung für einen Erbverzicht regelmäßig kein Problem dar. Wie ausgeführt sollte jedoch beachtet werden, dass diese Gegenleistung steuerrechtlich eine Schenkung (und keinen Verkauf oder Ähnliches) darstellt. **868**

3 Vgl. BGH v. 7.7.2015 – X ZR 59/13, FamRZ 2016, 214.

4. Herausgaben des Vorerben an den Nacherben vor Eintritt der Nacherbschaft

869 Dieser in **§ 7 Abs. 1 Nr. 7 ErbStG** geregelte, sehr speziell anmutende Fall ist in der Praxis häufiger, als man glauben möchte. Im Falle der Anordnung einer **Vor- und Nacherbschaft** ist es ja denkbar, dass der Vorerbe einen Teil des Nachlasses oder damit verbundene Vermögenspositionen oder Rechte bereits **vor Eintritt des Nacherbfalles** an den Nacherben **herausgibt**. Derartige Situation können z. B. eintreten, wenn ein Wohnrecht etc. eingeräumt wird. In Fällen, in denen zwischen Vorerbe und Nacherbe ein gutes Verhältnis herrscht, ist dies auch nicht ungewöhnlich. Auf Antrag kann gem. § 7 Abs. 2 ErbStG das Verhältnis des Nacherben zum Erblasser für die Besteuerung zu Grunde gelegt werden, so dass also im Rahmen der Beratung ein Vergleich anzustellen ist.

5. Stiftungsgeschäft und Vermögensübertragung auf ausländische Vermögensmassen

870 Gem. **§ 7 Abs. 1 Nr. 8 ErbStG** stellt der **Übergang von Vermögen auf** eine **Stiftung** aufgrund eines **Stiftungsgeschäfts**, also bei **Gründung der Stiftung**, eine Schenkung dar. Erfasst sein soll nur die **sog. Erstausstattung** der Stiftung bei deren Errichtung[4]. **Zustiftungen**, also Zuwendungen an eine bereits errichtete Stiftung, fallen daher unter den **Auffangtatbestand** des **§ 7 Abs. 1 Nr. 1 ErbStG**, und zwar unabhängig davon, ob die Stiftung ihren Sitz im Inland oder im Ausland (z. B. in Liechtenstein) hat. Da gerade bei Gründung ausländischer Familienstiftungen häufig zuerst der Gründungsakt – im Falle einer liechtensteinischen Stiftung mit einem Mindestkapital von aktuell CHF 30.000 (vgl. Art. 552 § 13 des liechtensteinischen Personen- und Gesellschaftsrechts) – erfolgt und erst nachfolgend die Übertragung z. B. des Familienunternehmens, ist in der Praxis der Anwendungsbereich der Vorschrift beschränkt. Da dies aber eben an der Steuerpflichtigkeit einer Zustiftung nichts ändert, hat diese m. E. schwer zu rechtfertigende dogmatische Einordnung auch keine praktische Bedeutung.

871 Eine **Stiftung** ist eine **juristische Person**, die **keine Gesellschafter** hat und deshalb ein Art **Vermögensmasse** darstellt, **die sich selbst „gehört"**. Zwar wird beim Stiftungsgeschäft im Rahmen des § 7 ErbStG nicht danach unterschieden, ob es sich um eine in- oder ausländische Stiftung handelt. Im Rahmen der **Steuerklassen (§ 15 Abs. 2 Satz 1 ErbStG)** wird

---

4 RFH v. 12.5.1931 – I e A 164/30, RStBl. 1931, 539; Hess. FG v. 27.3.2008 – 1 K 486/08, ZErb 2009, 218; *Gebel* in Troll/Gebel/Jülicher/Gottschalk ErbStG § 7 Rn. 332; *Fischer* in Fischer/Pahlke/Wachter ErbStG § 7 Rn. 440.

hingegen bei **Familienstiftungen** danach **differenziert**, ob die Stiftung im Inland ansässig ist oder nicht (vgl. dazu unten unter Rn. 898).

Die grundsätzliche Unterscheidung bei Stiftungen betrifft deren **Zweck**: die Stiftung kann **gemeinnützig** sein oder nur **im Interesse einer** oder **mehrerer Familien** errichtet sein. Gem. **§ 13 Abs. 1 Nr. 16 b) ErbStG** sind Zuwendungen an **gemeinnützige Körperschaften** – Stiftungen sind Körperschaften gem. § 1 Abs. 1 Nr. 5 KStG – **schenkungsteuerfrei**. Auch Zuwendungen ans **ausländische gemeinnützige Stiftungen** können gem. **§ 13 Abs. 1 Nr. 16 c) ErbStG** steuerfrei sein, es muss dann geklärt werden, ob die ausländische gemeinnützige Stiftung von ihrer **Ausgestaltung** und von ihren Zwecken her einer inländischem gemeinnützigen Körperschaft **vergleichbar** ist. 872

Von **§ 7 Abs. 1 Nr. 8 ErbStG** sind ausschließlich die Zuwendungen an rechtsfähige Stiftungen erfasst. **Stiftungen** sind dann **rechtsfähig**, wenn sie nach den entsprechenden **nationalen Vorschriften** errichtet wurden, in Deutschland also gem. **§ 80 BGB** durch das **Stiftungsgeschäft** und die **Anerkennung** der zuständigen Behörde des Landes, in dem die Stiftung ihren Sitz haben soll (das jeweilige Länderstiftungsgesetz ist dabei zu beachten). Die Errichtung einer **liechtensteinischen Familienstiftung** oder einer **österreichischen Privatstiftung** sowie diejenige einer **niederländischen Stiftung** erfolgt grundsätzlich ähnlich den deutschen Vorschriften (vgl. zu liechtensteinischen Anstalten und Stiftungen Art. 534 ff. des liechtensteinischen Personen- und Gesellschaftsrecht; vgl. zu österreichischen Privatstiftungen das österreichische Privatstiftungsgesetz). Neben den formalen Voraussetzungen einer Stiftung, müssen ausländische Stiftungen aber auch in der **tatsächlichen Durchführung** den **Grundsätzen deutscher Stiftungen vergleichbar** sein, um **steuerrechtlich** als **selbständige Rechtssubjekte anerkannt** zu werden. Der Bundesfinanzhof hat in einer grundlegenden Entscheidung[5], herausgearbeitet, dass nur bei ausländischen Rechtsgebilden, die ihren **deutschen Pendants entsprechen**, eine **tatsächliche Vermögensübertragung** stattfindet. In Fällen, in denen „aufgrund der **Weisungsunterworfenheit** der Stiftung und ihrer Organe gegenüber dem **wirtschaftlichen Stifter** dieser über das bei einer Bank angelegte Stiftungsvermögen **wie über** ein **eigenes Bankguthaben** verfügen" kann[6], ist eine tatsächliche Vermögensübertragung auf die ausländische Entität für deutsche Besteuerungszwecke **nicht anzuerkennen**. Mit Blick auf eine vorweggenommene Erbfolge unter Nutzung einer Stiftung bedeutet dies, dass die Lösung **scheitert**, wenn nach den vom BFH aufgezeigten Kriterien eine **Übertragung** auf die Stiftung für Besteuerungszwecke als **nicht stattgefunden** angesehen wird. Dann fällt zwar auch keine Schen- 873

---

5 BFH v. 28.6.2007 – II R 21/05, FamRZ 2007, 1980.
6 BFH v. 28.6.2007 – II R 21/05, FamRZ 2007, 1980.

kungsteuer an bzw. diese könnte rückgängig gemacht werden, soweit die Bescheide nach den Änderungsvorschriften noch änderbar sind (vgl. § 164 AO – Vorbehalt der Nachprüfung, § 165 AO – Vorläufigkeit bzw. §§ 169 ff. AO). Aber erwünschte Effekt der Gestaltung ist auch nicht eingetreten. Denn wenn die **Wirtschaftsgüter** wegen Negierung der Stiftung nach wie vor **dem Gründer zugerechnet** werden, wird bei Versterben des deutschen Stifters dieses Vermögen ganz normal als Teil seines Nachlasses der deutschen Erbschaftsteuer unterworfen. Die Stiftungslösung ist dann gescheitert. Denn der **Hauptvorteil** einer **ausländischen Familienstiftung** liegt neben der sog. **Asset-Protection**, also dem Schutz der Wirtschaftsgüter vor unliebsamen Zugriffen, z. B. in der Insolvenz, und dem **Zusammenhalt des Vermögens**, insbesondere darin, dass **keine deutsche Erbschaftsteuer** oder **Erbersatzsteuer** (vgl. dazu bereits oben Rn. 849) das Vermögen schmälert und es so für die nächsten Generationen erhalten bleibt (vgl. zur Motivation einer Familienstiftung und auch zu den weiteren Steuerfolgen, insbesondere zur Einkommensteuer und zum Außensteuergesetz unten unter Rn. 1056 ff.). Dieser Vorteil ist dann nicht erreicht worden. Auch **ertragsteuerlich** werden solche Stiftungen **nicht anerkannt**; es kommt dann auch **nicht** zur Anwendung von **§ 15 AStG** (vgl. dazu unten unter Rn. 1060). Grundsätzlich ist auch für die Ertragsteuer bei Stiftungen zwischen **nicht anerkennungsfähigen, negierten Stiftungen**, bei denen die **Wirtschaftsgüter** gem. **§ 39 AO** dem Stifter zugerechnet werden, und zwischen **anerkennungsfähigen**, **rechtsfähigen Stiftungen** zu unterscheiden. Bei **Letzteren** sind dann die **Zuwendungen** an die **Destinatäre** (auch Stifter können Destinatäre sein) gem. **§ 20 Abs. 1 Nr. 9 EStG** als **Kapitaleinkünfte** zu versteuern (vgl. zur Gestaltung einer vorweggenommen Erbfolge mit Stiftungen unten unter Rn. 1056 ff.).

874 Die **Zuwendung** an sog. **nichtrechtsfähige** Stiftungen ist **nicht** von **§ 7 Abs. 1 Nr. 8 ErbStG** erfasst. Denn nichtrechtsfähige Stiftungen sind **keine juristischen Personen** und können **selbst** deshalb auch **kein Vermögen** haben. Sie sind vielmehr ein Vermögen, welches mit einer Auflage versehen, an einen Dritten übertragen wird, also ein **treuhänderisch verwaltetes Zweckvermögen**. Entsprechend ist die **Bildung nichtselbständiger Stiftungen** unter **§ 8 ErbStG** zu subsumieren[7].

875 **Vermögensmassen ausländischen Rechts**, deren **Zweck** auf die **Bindung von Vermögen** gerichtet ist, stehen gem. **§ 7 Abs. 1 Nr. 8 ErbStG** den **Stiftungen gleich**, soweit sie mit Vermögen ausgestattet oder gebildet werden. Gemeint sind mit dieser Umschreibung insbesondere **ausländische Trusts**. Die Problematik dieser gesetzlichen Vorschrift liegt darin, dass Trusts regelmäßig nach deutschem Recht gar nicht als juristische Personen

7 Ebenso *Gebel* in Troll/Gebel/Jülicher/Gottschalk ErbStG § 7 Rn. 332.

anzuerkennen sind. Denn entsprechend der oben[8] dargestellten Grundsätze gibt es in aller Regel **keine hinreichende Trennung** des Vermögens der **Vermögensmasse** und derjenigen des **Errichters.** Besteht eine solche Trennung nicht, wird ein solches Vermögen für deutsche Besteuerungszwecke gem. BFH[9] jedoch **direkt** dem **Errichter zugerechnet.** Der **ausländische Trust** (oder ähnliches) wird dann wie ein **Treuhänder** im Rahmen eines **Treuhandverhältnisses** mit dem **Errichter als Treugeber** behandelt. Die ausländische Vermögensmasse (z. B. der Trust) erwirbt in einem solchen Fall also nach deutscher Rechtsansicht gar kein Vermögen; das Vermögen hat für deutsche Besteuerungszwecke die Sphäre des Errichters nie verlassen. Der **Trust** wird dann **steuerrechtlich vollständig negiert** und nicht nur als vollständig transparent besteuert, denn Letzteres setzt seine grundsätzliche Anerkennung als juristische Person voraus. Dies gilt natürlich selbst dann, wenn der ausländische Trust **nach ausländischem Recht wirksam errichtet** wurde und entsprechend im Errichtungsland nach der dortigen Rechtsordnung vollumfänglich anerkannt wird. Da jedoch das Gesetz in § 7 Abs. 1 Nr. 8 ErbStG die Bildung oder Ausstattung einer Vermögensmasse ausländischen Rechts der Ausstattung einer Stiftung gleichstellt, kommt es an dieser Stelle zu einem **Wertungswiderspruch** in der **deutschen Besteuerung.** Tatsächlich liegt nicht nur ein Vorziehen der Besteuerung vor, sondern es wird **fiktiv Steuer erhoben** auf einen Vorgang der ggf. – ohne die nämliche Vorschrift – niemals zu einem besteuerungswürdigen Tatbestand führte. Denn es ist ja bei Ausstattung des Trusts nicht klar, ob das Vermögen bei Auflösung des Trusts nicht auf den Errichter **zurückfällt.** Es ist auch erstaunlich, dass der Gesetzgeber bei der **Vielzahl an unterschiedlichen Truststrukturen** und **-zwecken** (z. B. inter-vivos-trust, Nachlasstrust, revocable trust, irrevocable trust) in den Ländern des anglo-amerikanischen Rechtskreises hier **nicht differenziert** hat. So dürfte bei einem **revocable trust** bereits der von § 7 Abs. 1 Nr. 8 ErbStG geforderte Zweck der Vermögensmasse, nämlich die **Bindung von Vermögen, fraglich** sein[10]. M. E. stellt sich hier auch die Frage der **Verfassungsmäßigkeit:** Denn, wenn vom Steuerpflichtigen, der einen Trust errichtet, erwartet wird, dass er die **Erträge als eigene** im Rahmen der **Einkommensteuer** versteuert, ist es andererseits kaum erklärbar, **weshalb** auf dieses Vermögen **Schenkungsteuer** anfallen soll[11]. Denn entsprechend dem Gedanken der BFH-Rechtsprechung

---

8 Vgl. BFH v. 28.6.2007 – II R 21/05, FamRZ 2007, 1980.

9 Vgl. BFH v. 28.6.2007 – II R 21/05, FamRZ 2007, 1980.

10 Ebenso *Hannes/Holtz* in Meincke/Hannes/Holtz ErbStG § 7 Rn. 126; a. A. *Habammer,* DStR 2002, 425.

11 Vgl. BFH v. 21.7.2014 – II B 40/14, wo der BFH ernstliche Zweifel daran hat, ob Leistungen einer ausl. Stiftung sowohl gem. § 20 Abs. 1 Nr. 9 EStG von der Einkommensteuer und gleichzeitig gem. § 7 Abs. 1 Nr. 9 ErbStG von der Schenkungsteuer erfasst sein können; so auch *Ratschow* in Brandis/Heuermann Ertragsteuerrecht EStG § 20 Rn. 339a.

zu Stiftungen[12], welcher erst recht für Trusts gelten muss[13], sind die Wirtschaftsgüter dem Steuerpflichtigen als Treugeber zuzurechnen und entsprechend die Erträge von ihm als eigene zu versteuern. Damit können im Rahmen der **Zurechnungsbesteuerung gem. § 15 AStG** und der Besteuerung von **Kapitaleinkünften gem. § 20 Abs. 1 Nr. 9 EStG** aber nur mehr diejenigen Fälle erfasst werden, bei denen **nicht** bereits eine **Zurechnung** der Wirtschaftsgüter zum Trustor (als Treugeber) **gem. § 39 AO erfolgt**. Wenn nun aber die Wirtschaftsgüter – und damit auch die mit ihnen erzielten Erträge – direkt über § 39 AO zugerechnet werden, liegt eine **tatsächliche Doppelbesteuerung** vor, wenn die Übertragung dieser Wirtschaftsgüter auf den Treuhänder, also den Trustee, der Schenkungsteuer unterworfen werden soll. Das **Gleiche** gilt natürlich für die **Rückübertragung bei Auflösung des Trusts** gem. **§ 7 Abs. 1 Nr. 9 ErbStG** (vgl. dazu sogleich unten unter Rn. 879). Die Behandlung von Trusts ähnlich einer Stiftung im Rahmen der Schenkungsteuer – und ebenso im Rahmen von § 15 AStG (vgl. dazu unten unter Rn. 1060) und von § 20 Abs. 1 Nr. 9 EStG – ist nur für solche **Truststrukturen** gerechtfertigt und systematisch haltbar, die wie eine **rechtsfähige Stiftung ausgestaltet** sind und bei der der **Trust** deshalb als **selbständige juristische Person** anerkannt wird (sog. **irrevocable trust**) und damit auch **selbst Inhaber von Vermögen** sein und **Erträge erzielen** kann[14]. Denn nur unter den genannten Voraussetzungen kommt es nicht zu einer tatsächlichen Doppelbesteuerung. Diese Erkenntnis scheint sich nun langsam auch bei der Finanzverwaltung durchzusetzen, denn wird ein Trust derart vom Errichter beherrscht, dass dieser und nicht der Trustee alle Entscheidungen trifft und rechtlich und tatsächlich frei über die auf den Trust übergegangen Wirtschaftsgüter verfügen kann, soll § 7 Abs. 1 Nr. 8 Satz 2 ErbStG nach Ansicht der Verwaltung nicht erfüllt sein[15]. Damit sind m. E. aber noch nicht alle problematischen Fälle gelöst, denn selbst wenn eine derartige Beherrschung nicht gegeben ist, ändert dies nichts an der oben dargestellten Problematik.

876 Die Behandlung von **Trusts** im **deutschen Steuerrecht** bleibt damit einstweilen **unbefriedigend**[16]. Leider sind davon auch an sich harmlose Trust zwischen Ehegatten z. B. in den USA erfasst, was häufig übersehen wird. Deshalb ist gerade bei der Planung einer **vorweggenommenen Erbfolge** bei **Mehrstaatern** sehr darauf zu achten, dass nicht im Ausland absolut übliche Truststrukturen in Deutschland zu einer ggf. sogar existenziellen Doppelbesteuerung führen. Sollte ein **Herzug** nach Deutschland

12 BFH v. 28.6.2007 – II R 21/05, FamRZ 2007, 1980.

13 Ebenso *Vogt* in Brandis/Heuermann Ertragsteuerrecht AStG § 15 Rn. 77 f.

14 Vgl. BFH v. 28.6.2007 – II R 21/05, FamRZ 2007, 1980; ebenso auch *Weiss,* IStR 2020, 124; vgl. auch *Vogt* in Brandis/Heuermann Ertragsteuerrecht AStG § 15 Rn. 77.

15 Vgl. BayLfSt v. 21.6.2019 – S 3802.1–19/9 St 34, DStR 2019, 1408.

16 Vgl. auch *Weiss,* IStR 2020, 124.

nicht vermeidbar sein, ist es deshalb häufig nötig, **bestehende Truststrukturen vorher vollständig aufzulösen**. Grundsätzlich kann bei der Beteiligung (als Trustor oder auch nur als Beneficiary) von in Deutschland steuerpflichtigen Personen an Trusts – auch wenn diese vollständig beherrscht oder umgekehrt wie eine Stiftung ausgestaltet werden sollen – nur äußerste Sorgfalt im Vorfeld der Gestaltung oder des Herzugs und ggf. die Einholung einer verbindlichen Auskunft bei der Finanzverwaltung vor Verwirklichung des Sachverhalts empfohlen werden.

Das **Auseinanderfallen** der **Behandlung** von Sachverhalten in verschiedenen Rechtsordnungen ist an sich nicht ungewöhnlich, kann aber in der Praxis erhebliche Schwierigkeiten bereiten und zwar sowohl **steuerrechtlicher**, als auch **erbrechtlicher Natur**, wenn es nicht erkannt und im Rahmen der Gestaltung einer vorweggenommenen Erbfolge berücksichtigt wurde. Insbesondere auch die **ertragsteuerlichen Folgen** dürfen nicht außer Acht gelassen werden, weil ggf. der Vermögensinhaber dann in Unkenntnis der steuerlichen Rechtslage seinen (inländischen) Deklarationspflichten nicht nachgekommen ist (vgl. dazu unten unter Rn. 986 ff.). **877**

Im Rahmen einer **Nachfolgeplanung** ist deshalb auf die **Anerkennung** der **ausländischen Entität** nach **deutschem Steuerrecht** zu achten, um sicherzustellen, dass es auch steuerrechtlich zu einer **anerkennenswerten Vermögensübertragung** kommt (vgl. zur Strukturierung einer vorweggenommenen Erbfolge mit Stiftungen unter Rn. 1056 ff.). Anderenfalls wird vielleicht keine Schenkungsteuer ausgelöst, aber die gewünschte Rechtsfolge zur Gestaltung der vorweggenommenen Erbfolge ist dann regelmäßig auch nicht eingetreten. Andererseits mag es Fälle – wie z. B. unter der Beteiligung von Trusts – geben bei denen ohne exakte Planung ggf. eine tatsächliche Doppelbesteuerung eintritt. Selbstverständlich mag in manchen Fällen auch das bewusste Auseinanderfallen erwünscht sein, wichtig ist nur, dass die Thematik im Vorfeld mit eingeplant wird. **878**

6. Aufhebung einer Stiftung, Vermögensmasse oder Vereins

Bei **Auflösung** einer **Stiftung**, eines auf die **Bindung von Vermögen ausgerichteten Vereins** sowie bei Auflösung einer **ausländischen Vermögensmasse**, die auf die Bindung von Vermögen ausgerichtet war, kommt es ebenfalls zu einer **Schenkung**, soweit wenigstens einer der Beteiligten Inländer ist oder das Vermögen in Inlandsvermögen besteht, vgl. **§ 7 Abs. 1 Nr. 9 ErbStG**. Diese Regelung ist insoweit das Pendant zur Vermögensübertragung auf Stiftungen und Vermögensmassen. **Erfasst** sind also ebenso wie bei Gründung auch Trusts (vgl. zu Trusts bereits oben unter Rn. 875). **879**

Problematisch ist die Regelung, wonach auch der **Erwerb** durch sog. **Zwischenberechtigte** einer ausländischen Vermögensmasse eine **Schen-** **880**

kung darstellen soll. Die Regelung wurde vom Gesetzgeber als Reaktion auf die damals noch einfachere Verwendung von Trusts durch einige Steuerpflichtige eingeführt und soll eine Art **Strafsteuer für Zwischenberechtigte** darstellen. Die ist m. E. schon grundlegend ein problematischer gesetzgeberischer Ansatz[17]. In der Praxis bereitet jedoch vorwiegend die **Auslegung** des **unbestimmten Rechtsbegriffs** der **Zwischenberechtigten** durch die Rechtsprechung und die Finanzverwaltung Schwierigkeiten. Denn als **Zwischenberechtigte** werden **Personen** angesehen, die während des **Bestehens** des Trusts **Zahlungen** aus dem Trust erhalten, gleich, ob diese Zahlungen aus den Erträgen oder aus dem Vermögensstock des Trusts erfolgen[18]. Dies ist mit Blick auf die ggf. erfolgende **Zurechnung** der Wirtschaftsgüter des Trusts zu dessen **Errichter gem. § 39 AO** eine problematische Handhabung (vgl. dazu bereits oben unter Rn. 875), denn wenn das Vermögen wie bei einem Treuhandverhältnis nach wie vor dem Errichter des Trusts zuzurechnen ist, ist die dogmatische Behandlung aller Trusts wie eine Stiftung nicht gerechtfertigt. Ggf. lenkt aber die Finanzverwaltung bereits ein (vgl. oben unter Rn. 875). Bei Trusts besteht aber zusätzlich das Problem, dass die Zahlungen aus dem Trust als **Schenkung** und wohl auch noch als **Kapitaleinkünfte** gem. § 20 Abs. 1 Nr. 9 EStG besteuert werden sollen (vgl. bereits oben unter Rn. 875). Hierin liegt m. E. eine nicht zu rechtfertigende **Übermaßbesteuerung** in Form einer Doppelbesteuerung mit Schenkungsteuer und Einkommensteuer. Hier gilt es gerade bei im Rahmen von Nachfolgelösungen, die durch ausländische Rechtsordnung motiviert sind, auch immer etwaige spätere Konsequenzen für deutsche Steuerpflichtige mit zu berücksichtigen.

881 Der **Formwechsel** eines **rechtsfähigen Vereins**, der im Interesse einer Familie errichtet wurde und dessen Zweck die Bindung von Vermögen ist, in eine **Kapitalgesellschaft** wird ebenfalls als **Schenkung** behandelt. Hintergrund für die Vorschrift ist, dass die Gesellschafter einer Kapitalgesellschaft eine erheblich stärkere Stellung als Vereinsmitglieder haben und in anderer Weise über das in der Gesellschaft gebundene Vermögen verfügen können. Im Rahmen der vorweggenommenen Erbfolge handelt es sich eher um exotische Konstellationen.

7. Abfindung für bedingte, betagte oder befristete Ansprüche

882 Gem. **§ 7 Abs. 1 Nr. 10 ErbStG** gilt als **Schenkung**, was als **Abfindung** für **aufschiebend bedingt**, **betagt** oder **befristet erworbene Ansprüche**, soweit es sich nicht um einen Fall des § 3 Abs. 2 Nr. 5 ErbStG handelt, vor dem Zeitpunkt des Eintritts der Bedingung oder des Ereignis-

17 Vgl. zur Kritik nur *Wunderlich,* DStR 2018, 905 ff.

18 Vgl. nur *Hannes/Holtz* in Meincke/Hannes/Holtz ErbStG § 7 Rn. 126.

ses gewährt wird. Die Vorschrift ist wieder Folge der Tatsache, dass der Fall in Nr. 1 nicht erfasst ist. Denn durch die Bedingung erhält der Erwerber vor Eintritt der Bedingung ja keine Zuwendung. Wenn nun aber der Erwerber eines solchen bedingten, betagten oder befristeten Anspruchs durch einen weiteren Rechtsakt – in der Regel einen Vertrag – den bis dahin nur als **Anwartschaft** bestehenden Anspruch **gegen** eine **Geldzahlung ablöst**, ordnet das Gesetz folgerichtig die **Besteuerung des Anspruchs** an[19]. Denn mit Akzeptanz einer Vereinbarung hat der Erwerber den Anspruch wirtschaftlich verwertet, auch wenn er damit gerade nicht den Inhalt des Anspruchs erhalten hat. Der Vorgang ist wirtschaftlich vergleichbar mit Factoring, wo eine noch nicht fällige Forderung – meist mit einem Abschlag auf den Nominalwert – veräußert wird. Erfasst sind also z. B. Fälle des Verkaufs einer Forderung, die erst bei Eintritt eines bestimmten Ereignisses fällig wird. In der Praxis **problematisch** dürften regelmäßig bei Zuwendung der Forderung ausgesprochene **Nebenbedingungen** sein, die z. B. die Veräußerung der Forderung untersagen. Im Rahmen der Gestaltung einer vorweggenommenen Erbfolge ist vor allem auch darauf zu achten, dass eben die Ablösung solcher Ansprüche nicht steuerfrei erfolgen kann. Entsprechend sind bei der Analyse der **Gesamtsituation** auch derartige **frühere Zuwendungen** zu beachten. Die Abgrenzung zu den Fällen des **§ 3 Abs. 2 Nr. 5 ErbStG** betrifft **angenommene Vermächtnisse**, die dann als vom Erblasser erworben gelten.

8. Besonderheiten bei Schenkungen

Nach **§ 7 Abs. 3 ErbStG** bleiben **Gegenleistungen des Erwerbers** an den Schenker, die **nicht in Geld bemessen** werden können, bei Feststellung, ob eine Bereicherung des Erwerbers vorliegt, **außer Betracht**. Die Vorschrift möchte verhindern, dass unechte tauschähnliche Geschäfte vorgegeben werden, um die Bereicherung zu verringern. Wenn man sich diese Fälle ansieht, ist es in der Praxis aber tatsächlich nicht so einfach abzugrenzen, ob im Rahmen einer ausdifferenzierten, arbeitsteiligen Ökonomie manche Gegenleistungen nicht doch in Geld bemessen werden können. Als **Empfehlung** muss daher ausgesprochen werden, in der Praxis klare und **im Voraus schriftlich niedergelegte Verträge** zu schließen, wenn die Parteien der Auffassung sind, es handelt sich um eine in Geld bezifferbare Gegenleistung. **883**

Die Vorschrift des **§ 7 Abs. 4 ErbStG** regelt, dass die **Steuerpflicht** einer Schenkung **nicht** dadurch **ausgeschlossen** wird, dass sie **zur Belohnung** oder **unter einer Auflage** gemacht oder in die Form eines **lästigen Vertrags** gekleidet wird. Wiederum versucht der Gesetzgeber **private Motive** vom **wirtschaftlichen Gehalt** der Schenkung **zu trennen**. **884**

---

19 Vgl. auch *Gebel* in Troll/Gebel/Jülicher/Gottschalk ErbStG § 7 Rn. 350 ff.

9. Schenkungsteuerliche Sondertatbestände im Zusammenhang mit Gesellschaften

885 Einige Vorschriften des ErbStG regeln **Besonderheiten im Zusammenhang mit Gesellschaften**. Teils wird in diesem Zusammenhang sogar eine **Schenkung** an andere Gesellschafter **fingiert**, um gewisse gesellschaftsrechtliche Maßnahmen unattraktiv zu machen. Die nachfolgende kurze Darstellung dieser Sondertatbestände ist insbesondere auch im Rahmen von Gestaltungen zur vorweggenommenen Erbfolge wichtig. Gleich vorangestellt sei jedoch der Hinweis, dass nach dem **BFH**[20] bei **gesellschaftsrechtlichen Maßnahmen** auch ohne besondere, auf gesellschaftsrechtliche Konstellationen zugeschnittene Tatbestände, eine nach dem **Grundtatbestand des § 7 Abs. 1 Nr. 1 ErbStG** steuerbare **Schenkung** vorliegen kann. Deshalb wäre der Umkehrschluss falsch, dass nachfolgende Aufzählung ein abschließender Katalog und nicht erfasste Fälle nicht steuerbar seien.

886 a) Ist Gegenstand der Schenkung eine **Beteiligung** an einer **Personengesellschaft**, in deren Gesellschaftsvertrag bestimmt ist, dass der neue Gesellschafter bei **Auflösung der Gesellschaft** oder im Fall eines vorherigen **Ausscheidens** nur den **Buchwert** seines Kapitalanteils erhält, werden diese **Bestimmungen** bei der Feststellung der **Bereicherung nicht berücksichtigt**. Soweit die Bereicherung den Buchwert des Kapitalanteils übersteigt, gilt sie als auflösend bedingt erworben. Hintergrund der Regelung ist zu vermeiden, dass durch eine Klausel zur Buchwertabfindung im Gesellschaftsvertrag der Wert des Gesellschaftsanteils im Rahmen einer Schenkung beeinflusst werden kann. Diese Regelung in **§ 7 Abs. 5 ErbStG** ist auch sinnvoll, denn die Gesellschafter einer Personengesellschaft können ja nicht daran gehindert werden, nach schenkweiser Übertragung des Gesellschaftsanteils auf z. B. die Kinder im Rahmen einer Nachfolgeplanung nach Übertragung den Gesellschaftsvertrag wieder zu ändern. Im Übrigen ist bei Familiengesellschaften eine solche **Buchwertklausel zur Disziplinierung** üblich, gleichwohl aber wirtschaftlich unerheblich, wenn die Anteile immer in der Familie weitergegeben werden.

887 b) **§ 7 Abs. 6 ErbStG** stellt klar, dass dann, wenn eine **Beteiligung** an einer **Personengesellschaft** mit einer **Gewinnbeteiligung** ausgestattet wird, die insbesondere der **Kapitaleinlage**, der **Arbeits**- oder der **sonstigen Leistung des Gesellschafters** für die Gesellschaft **nicht entspricht** oder die einem fremden Dritten üblicherweise nicht eingeräumt würde, das **Übermaß an Gewinnbeteiligung** als **selbständige Schenkung** gilt, die mit dem Kapitalwert anzusetzen ist. Auch diese

20 BFH v. 5.2.2020 – II R 9/17, BStBl. II 2020, 658.

Regelung ist nachvollziehbar, weil ansonsten anstelle direkter Schenkungen ein solcher indirekter Weg mit der Übertragung von nicht fremdüblichen gesellschaftsvertraglichen Regelungen gewählt würde.

c) Als Schenkung gilt gem. **§ 7 Abs. 1 Nr. 7 ErbStG** auch der auf dem Ausscheiden eines Gesellschafters beruhende **Übergang** des Anteils **oder des Teils eines Anteils** eines Gesellschafters einer **Personengesellschaft** oder **Kapitalgesellschaft** auf die **anderen Gesellschafter** oder die **Gesellschaft**, **soweit der Wert**, der sich für seinen Anteil zur Zeit seines Ausscheidens nach § 12 ErbStG ergibt, den **Abfindungsanspruch übersteigt**. Wird auf Grund einer Regelung im Gesellschaftsvertrag einer Gesellschaft mit beschränkter Haftung der Geschäftsanteil eines Gesellschafters bei dessen Ausscheiden eingezogen und übersteigt der sich nach § 12 ErbStG ergebende Wert seines Anteils zur Zeit seines Ausscheidens den Abfindungsanspruch, gilt die insoweit bewirkte Werterhöhung der Anteile der verbleibenden Gesellschafter als Schenkung des ausgeschiedenen Gesellschafters. Bei Übertragungen im Sinne des § 10 Abs. 10 ErbStG gelten die Sätze 1 und 2 sinngemäß. Erkennbar soll die Regelung vermeiden, dass durch vom Verkehrswert abweichend gestaltete Abfindungen bei Gesellschaften nicht der Schenkungsteuer unterliegende Wertverschiebungen stattfinden. Auch diese Regelungen sind im Rahmen von Nachfolgeplanungen selbstverständlich zu beachten, sind sie doch teils auch durch entsprechende Fälle in der Praxis veranlasst. **888**

d) Die Vorschrift des **§ 7 Abs. 8 ErbStG** enthält eine **gesetzliche Fiktion**, die die Rechtsprechung des BFH und eine auf ihr basierende langjährige Praxis unterbinden sollte. Dies ist auch gelungen. Die Vorschrift ist m. E. jedoch überschießend. Die **Erbschaftsteuerrichtlinien** (R E 7.5 Abs. 11 ErbStR) eröffnen zwar Möglichkeiten, **disquotale Gesellschaftereinlagen** in die **freie Kapitalrücklage** durch **entsprechende Gegenleistungen** bei der **Gewinnverteilung** oder einem **Liquidationserlös** zu kompensieren und so eine **mittelbare Schenkung** an **die anderen Gesellschafter** durch Werterhöhung ihrer Anteile aufgrund disquotaler Leistungen eines Gesellschafters an die Gesellschaft **zu verhindern**. Gleichwohl ist die Vorschrift in der Praxis Anlass für komplexe Regelungen in Gesellschaftsverträge und Gesellschaftervereinbarungen. § 7 Abs. 8 ErbStG lautet: „Als **Schenkung** gilt auch die **Werterhöhung** von **Anteilen** an einer **Kapitalgesellschaft**, die eine an der Gesellschaft unmittelbar oder mittelbar beteiligte natürliche Person oder Stiftung (Bedachte) **durch die Leistung einer anderen Person** (Zuwendender) **an die Gesellschaft erlangt**. Freigebig sind auch Zuwendungen zwischen Kapitalgesellschaften, soweit sie in der Absicht getätigt werden, Gesellschafter zu bereichern und soweit an diesen Ge- **889** sellschaften nicht unmittelbar oder mittelbar dieselben Gesellschafter zu gleichen Anteilen beteiligt sind. Die Sätze 1 und 2 gelten außer für Kapitalgesellschaften auch für **Genossenschaften**." Für die Praxis folgt unmittelbar daraus, dass die früher aufgrund der Rechtsprechung[21] damals mögliche **disquotale Einlage** von Vermögen in die **freie Kapitalrücklage** bei **Familiengesellschaften** durch die Eltern und die damit zwangsweise verbundene – und nach Rechtsprechung des BFH zur damaligen Rechtslage als Rechtsreflex nicht steuerbare – **Werterhöhung** der **Gesellschaftsanteile der Kinder nicht mehr möglich** ist. Weiterhin folgt aber auch daraus, dass derartige Einlagen nunmehr zu vermeiden sind. Denn nach Ansicht der Finanzverwaltung (Erbschaftsteuerrichtlinien R E 7.5 Abs. 13) findet auf **Schenkungen gem. § 7 Abs. 8 ErbStG** die **Betriebsvermögensbegünstigung** der §§ 13a, 13b ErbStG gerade **keine Anwendung**, da das Betriebsvermögen nicht an die Erwerber zugewendet wird, sondern diese nur aufgrund **gesetzlicher Fiktion** einen Erwerbstatbestand verwirklichen. Diese Rechtsfolge ist m. E. dogmatisch nicht zwingend, aber selbstverständlich zu beachten, solange die Finanzverwaltung an ihrer Auffassung festhält. Gestaltungen mit disquotalen Einlagen in Kapitalgesellschaften sollten deshalb nur mit besonderer Vorsicht angegangen werden.

III. Entstehung, Wertermittlung und Höhe der Schenkungsteuer

1. Entstehung der Schenkungsteuer

890 Die **Schenkungsteuer entsteht** gem. **§ 9 Abs. 1 Nr. 2 ErbStG** bei **Schenkungen unter Lebenden** mit dem **Zeitpunkt der Ausführung** der Zuwendung. Dies ist eigentlich selbsterklärend. Es empfiehlt sich aber an dieser Stelle ein Hinweis auf die Problematik der **Genehmigung** von z. B. **schwebend unwirksamen Verträgen**. In diesem Punkt weicht auch das Schenkungsteuerrecht, welches grundsätzlich eher eng am Zivilrecht angelehnt ist, deutlich vom Zivilrecht ab. Denn **privatrechtliche Genehmigungen** sollen nach im Schenkungsteuerrecht **nicht zurückwirken**. Dies ist jedenfalls h. M. für **Grundstücksschenkungen** und für **privatrechtliche Genehmigungen**[22]. Bei **behördlichen Genehmigungen** möchte die **Finanzverwaltung** hingegen eine **Rückwirkung zulassen**[23]. Für vorweggenommene Erbfolgen bedeutet dies, dass man in der Praxis bei **Nachge-**

21 BFH v. 5.2.2020 – II R 9/17, BStBl. II 2020, 658.

22 BFH v. 27.4.2005 – II R 52/02, BStBl. II 2005, 892; vgl. auch die Erbschaftsteuerrichtlinien R E 9.1.

23 Vgl. Erbschaftsteuerrichtlinien R E 9.1.; vgl. zum Ganzen auch *Gottschalk* in Troll/Gebel/Jülicher/Gottschalk ErbStG § 9 Rn. 31 bis 44.

nehmigungen schwebend unwirksamer Verträge aufpassen muss. Denn wenn die Gestaltung z. B. noch vor einem bestimmten **Stichtag wirksam** werden soll, um z. B. eine günstige steuerliche Regelung zu Anwendung zu bringen, dann kann es **steuerschädlich** sein, wenn eine **Genehmigung** erst **nach** dem Stichtag erfolgt.

2. Wertermittlung

Der **Wert** einer schenkungsteuerlichen **Bereicherung** wird als **steuerpflichtiger Erwerb** bezeichnet. Die **Grundnorm** der Bewertung ist **§ 10 ErbStG**. Hiernach gilt als **steuerpflichtiger Erwerb** die **Bereicherung des Erwerbers**, **soweit** sie nicht **steuerfrei** ist. Bezüglich der **Steuerbefreiungen** verweist § 10 Abs. 1 S. 1 ErbStG auf die Vorschriften der **§§ 5, 13, 13a, 13c, 13d, 16, 17 und 18 ErbStG**. Die Befreiungsvorschriften sind noch im Einzelnen zu besprechen, da einigen von ihnen im Rahmen der vorweggenommenen Erbfolge eine zentrale Bedeutung zukommen kann. **891**

Gem. **§ 11 ErbStG** ist der **Bewertungsstichtag**, also der Zeitpunkt, auf den die Wertermittlung vorzunehmen ist, der **Zeitpunkt der Entstehung der Steuer**. Dies kann – wie oben ausgeführt – bei von Genehmigungen abhängigen, schwebenden Rechtsgeschäften wichtig werden. Aber auch grundsätzlich ist bei **gestaltbaren Vermögensübergängen** wie bei der vorweggenommenen Erbfolge die **Bewertung zum Stichtag** ein Thema, welches **nicht dem Zufall überlassen** werden darf. Folglich ist mit Blick auf die Bewertung Vorarbeit zu leisten und es sind entsprechende Bewertungen durchzuführen. Es kann auch vorkommen, dass aufgrund einer vorläufigen Bewertung der **Erwerb** über **mehrere Jahre** (weil dann z. B. wieder ein Freibetrag verfügbar ist) **gestreckt** oder auf **mehrere Erwerber** (z. B. Kinder und Enkel oder Stiftungen) **aufgeteilt** werden muss. **892**

Die Bewertung richtet sich gem. **§ 12 ErbStG** nach den Vorschriften des **Bewertungsgesetzes**. Eine detaillierte Beschreibung der einzelnen Bewertungsregelungen ist im Rahmen dieser Abhandlung nicht darstellbar, aber m. E. auch nicht notwendig, da die **Kunst der steuerlichen Gestaltung** im Rahmen der vorweggenommenen Erbfolge in der Arbeit mit bereits **vorhandenem Vermögen** besteht. Wie soeben oben ausgeführt, ist eine **Kenntnis** der (vorläufigen; die Werte zum Stichtag weichen davon in der Regel aber nicht wesentlich ab) **Werte** für eine **Nachfolgeplanung Voraussetzung**. Die Bewertung ist also vorab vorzunehmen. Danach beginnt die **Planung** der vorweggenommenen Erbfolge gerade in Kenntnis der Werte und der **Zusammensetzung des Vermögens** sowie der **potentiellen Erwerber**. **893**

Zu beachten ist, dass **ausländischer Grundbesitz** und **ausländisches Betriebsvermögen** gem. **§ 12 Abs. 7 ErbStG** i. V. m. **§§ 9, 31 BewG** nach dem **gemeinen Wert**, also dem **Verkehrswert** zu bewerten ist. **894**

895 Für **inländisches Vermögen** (Grundbesitz, Beteiligungen an Gesellschaften etc.) gibt es diverse Regelungen (vgl. § 12 BewG). Nach den Vorgaben des **Bundesverfassungsgerichts**[24] müssen jedoch **alle Vermögensgegenstände** im Rahmen des ErbStG mit dem **Verkehrswert bewertet** werden. Es wurde als verfassungswidrig angesehen, dass z. B. Grundbesitz früher regelmäßig im Rahmen der Bewertung – damals noch mit den sog. Einheitswerten – zu Werten weit unterhalb des tatsächlichen Verkehrswertes im Rahmen der steuerlichen Bewertung erfasst wurde. Auch wenn es in der Praxis wohl niemals gelingen wird, den wahren Verkehrswert zu erfassen, wenn nicht auf den relevanten Stichtag eine Veräußerung stattfindet (wie dies z. B. bei börsennotierten Anteilen der Fall ist; bei Letzteren ist gem. § 12 Abs. 3 ErbStG i. V. m. § 11 Abs. 1 BewG der Börsenwert am Stichtag maßgebend), ist das verfassungsrechtlich vorgegebene Ziel grundsätzlich umgesetzt bzw. wird durch weitere Gesetzesänderungen umgesetzt werden. Eine etwaig **politisch gewünschte** und ggf. auch **verfassungsrechtlich gebotene Differenzierung**, die auch die volkswirtschaftlichen Auswirkungen der Erbschaft- und Schenkungsteuer einbezieht, wird im Rahmen der **Steuerbefreiungen** vorgenommen.

3. Berechnung der Steuer, Steuerklassen und Freibeträge

896 a) Die **Höhe der Schenkungsteuer** richtet sich gem. **§ 15 ErbStG** nach **Steuerklassen**, die sich nach dem persönlichem Verhältnis des Erwerbers zum Schenker oder Erblasser bestimmen:

Steuerklasse I:

1. der Ehegatte und der Lebenspartner,
2. die Kinder und Stiefkinder,
3. die Abkömmlinge der in Nummer 2 genannten Kinder und Stiefkinder,
4. die Eltern und Voreltern bei Erwerben von Todes wegen;

24 BVerfG v. 7.11.2006 – 1 BvL 10/02, FamRZ 2007, 340.

Steuerklasse II:

1. die Eltern und Voreltern, soweit sie nicht zur Steuerklasse I gehören,
2. die Geschwister,
3. die Abkömmlinge ersten Grades von Geschwistern,
4. die Stiefeltern,
5. die Schwiegerkinder,
6. die Schwiegereltern,
7. der geschiedene Ehegatte und der Lebenspartner einer aufgehobenen Lebenspartnerschaft;

Steuerklasse III:
alle übrigen Erwerber und die Zweckzuwendungen.

In **Adoptivfällen** etc. ist wichtig, dass die Steuerklassen I und II Nr. 1 bis 3 auch dann gelten, wenn die **Verwandtschaft** durch Annahme als Kind bürgerlich-rechtlich erloschen ist, **§ 15 Abs. 1a ErbStG.** **897**

Bei **Übergang des Vermögens** auf eine **Stiftung** wird für die Besteuerung das Verwandtschaftsverhältnis des nach der Stiftungsurkunde entferntest Berechtigten (also eines Destinatärs bzw. Anfalls- oder Bezugsberechtigten) zugrunde gelegt, wenn es sich um eine **Familienstiftung** handelt. Dies gilt jedoch nur für **inländische Familienstiftungen**, also solche, die im Inland errichtet bzw. nach steuerlichen Vorschrift als im Inland ansässig gelten, **§ 15 Abs. 2 S. 1 ErbStG**. Für **ausländische Familienstiftungen** greift damit immer die **ungünstigste Steuerklasse III** mit **30 %** oder **50 % Steuerlast** (vgl. unten zu den Steuersätzen Rn. 902). Letzteres ist mit Blick auf den EU-Vertrag **europarechtlich fraglich**, da man hierin eine **verbotene Diskriminierung** nach der **Staatsangehörigkeit**[25] von EU/EWR-Ausländern sehen könnte. Außerdem könnte es gegen die **Kapitalverkehrsfreiheit**[26] des EU-Vertrages verstoßen, die ja sogar auf **Drittstaaten anwendbar** ist, da inländische Stiftungen gegenüber ausländischen begünstigt werden. **898**

25 Vgl. zum Diskriminierungsverbot von EU/EWR-Staatsangehörigen nur EuGH (Große Kammer), C-78/18, ECLI:EU:C:2020:476 – Kommission/Ungarn; vgl. auch zum Stand der Diskussion *Epiney*, NVwZ 2021, 1345.

26 Vgl. Art. 63 EUV; vgl. auch EuGH (Große Kammer), C-78/18, ECLI:EU:C:2020:476 – Kommission/Ungarn; *Epiney*, NVwZ 2021, 1345.

Für die **Ausstattung von Vermögensmassen** und den **sonstigen Fällen** des **§ 7 Abs. 1 Nr. 9 S. 2 ErbStG**, kommt es auf das **Verhältnis zu der Person** an, die die Vermögensmasse ausgestattet oder gebildet hat (§ 15 Abs. 2 S. 2 ErbStG). Im Rahmen der **Erbersatzsteuer** für **inländische Familienstiftungen** (welche gem. § 1 Abs. 1 Nr. 4 ErbStG alle 30 Jahre anfällt), wird der **doppelte Freibetrag für Kinder** – also zweimal 400.000 gleich 800.000 EUR – gewährt (vgl. § 16 Abs. 1 Nr. 2 ErbStG), wobei sich die Steuer dann nach Steuerklasse I richtet, sich aber **nur nach der Hälfte des steuerpflichtigen Vermögens** richtet, **§ 15 Abs. 2 S. 3 ErbStG**. Es wird also ein **fiktiver Übergang des Vermögens** der Stiftung auf **zwei Kinder eines Erblassers** besteuert. Die andere Hälfte des Vermögens der Stiftung wird bei der Erbersatzsteuer nicht berücksichtigt. Auch wenn ggf. eine **Betriebsvermögensbegünstigung** (vgl. unten unter 5., Rn. 911 ff.) oder eine Begünstigung für **vermieteten Wohnraum** (vgl. unten unter 8., Rn. 969 ff.) im Rahmen der Erbersatzsteuer gewährt wird, bleibt die Besteuerung **inländischer Familienstiftungen** alle 30 Jahre ein **Malus** gegenüber **ausländischen Familienstiftungen**. Im Rahmen einer vorweggenommenen Erbfolge bei der ggf. eine Stiftungslösung in Frage kommt, wird man auch die langfristige Perspektive einbeziehen müssen. Und hier ist insbesondere abzuwägen, ob die ggf. derzeit gewährte **Betriebsvermögensbegünstigung langfristig verfügbar** sein wird. Verneint man dies, erscheint eine inländische Stiftung per se nachteilig. Denn die **Erbersatzsteuer** kann bei einem Betrachtungszeitraum von z. B. 90 Jahren – in dem sie also dreimal anfällt –, verglichen mit einer ausländischen Familienstiftung, zum **wesentlichen Entscheidungskriterium** werden. Der gestalterisch größere Aufwand einer steueroptimierten Übertragung an eine ausländische Familienstiftung gerät dabei ökonomisch als vernachlässigbare Größe in den Hintergrund, falls die Steuerbelastung (Steuerklasse III) bei Errichtung der ausländischen Familienstiftung bewältigt werden kann.

899 Weiterhin ist zu erwähnen, dass bei **Schenkungen von Kapitalgesellschaften** oder **Genossenschaften** das **persönliche Verhältnis** des **Erwerbers zum die Schenkung veranlassenden Gesellschafter** bzw. **Genossen** zugrunde zu legen ist, **§ 15 Abs. 4 ErbStG**. Dies ist konsequent, denn die Körperschaft selbst hat kein Interesse an einer Zuwendung, nur die dahinter stehenden natürlichen Personen oder Stiftungen.

900 **b)** Gem. **§ 16 ErbStG** können **Freibeträge** bei unbeschränkt steuerpflichtigen Erwerbern abgezogen werden:

Steuerfrei bleibt in den Fällen der unbeschränkten Steuerpflicht der Erwerb

1. des **Ehegatten** und des **Lebenspartners** in Höhe von **500.000 Euro;**
2. der **Kinder** im Sinne der Steuerklasse I Nr. 2 und der **Kinder verstorbener Kinder** im Sinne der Steuerklasse I Nr. 2 in Höhe von **400.000 Euro;**
3. der **Kinder der Kinder** im Sinne der Steuerklasse I Nr. 2 in Höhe von **200.000 Euro;**
4. der **übrigen Personen** der **Steuerklasse I** in Höhe von **100.000 Euro;**
5. der **Personen** der **Steuerklasse II** in Höhe von **20.000 Euro;**
6. (weggefallen)
7. der **übrigen Personen** der **Steuerklasse III** in Höhe von **20.000 Euro.**

Bei **beschränkter Steuerpflicht** wird der jeweilige **Freibetrag gemindert.** Und zwar um einen **Teilbetrag,** welcher dem Verhältnis der Werte von Vermögen, welches nicht der beschränkten Steuerpflicht unterliegt und jetzt sowie innerhalb von **zehn Jahren** von derselben Person angefallen ist zum Wert des Vermögens, welches insgesamt innerhalb von zehn Jahren von derselben Person angefallen ist. Frühere Erwerbe werden dabei mit den früheren Werten berücksichtigt. Die Vorschrift erscheint nicht ungerecht, da sie im Ergebnis beschränkt Steuerpflichtige für die Berechnung der Freibeträge wie unbeschränkt Steuerpflichtige behandelt und dann eben die Begünstigung verhältnismäßig mindert. **901**

c) Die **Steuersätze** bei der Erbschaft- und Schenkungsteuer ergeben sich aus **§ 19 ErbStG** wie folgt: **902**

Die Erbschaftsteuer wird nach folgenden **Prozentsätzen** erhoben:
Wert des steuerpflichtigen Erwerbs (§ 10 ErbStG) bis einschließlich

… Euro			
	I	II	III
75.000	7	15	30
300.000	11	20	30
600.000	15	25	30
6.000.000	19	30	30
13.000.000	23	35	50
26.000.000	27	40	50
über 26.000.000	30	43	50

903 Gem. **§ 19 Abs. 2 ErbStG** wird bei **Anwendung** eines **Doppelbesteuerungsabkommens** der aufgrund des Abkommens **der deutschen Besteuerung entzogene Erwerb** zur **Berechnung des Steuersatzes herangezogen** (sog. **Progressionsvorbehalt**). Deutschland steht dann ggf. zwar nicht die Steuer zu, es erleidet aber nicht auch noch dadurch einen zusätzlichen Nachteil, dass für den kleineren der inländischen Steuer unterliegenden Teil ein geringerer Steuersatz greift. Die Regelung ist vernünftig und entspricht internationalen Standards. Gleichwohl sollte dies bei der Gestaltungsplanung berücksichtigt werden.

904 Für die **Steuersätze** gibt es noch eine **Glättungsvorschrift**, da die Sprünge – anders als z. B. bei Einkommensteuertarif – doch recht groß sein können. Deshalb wird gem. **§ 19 Abs. 3 ErbStG** der Unterschied der Steuer, der sich ergäbe, wenn eine **Wertgrenze nicht überschritten** wäre, nur insoweit erhoben, als er **bei einem Steuersatz bis zu 30 % aus der Hälfte**, bei einem Steuersatz von **über 30 % aus drei Vierteln** des die **Wertgrenze übersteigenden Betrags** gedeckt werden kann.

905 **d) Frühere Erwerbe**, die ein Erwerber **innerhalb von zehn Jahren von derselben Person** erhalten hat, werden **zusammengerechnet**, vgl. **§ 14 ErbStG**. Die Zusammenrechnung erfolgt dergestalt, dass die früheren Erwerbe mit ihrem **früheren Wert**, also dem damaligen Steuerwert, dem (jeweils) letzten Erwerb **hinzugerechnet** werden. Es wird dann eine Steuer für den **Gesamtbetrag** errechnet. Von dieser Steuer wird jedoch ein **Betrag abgezogen**, der sich **rechnerisch** nach den aktuellen Steuervorschriften für den **vorangegangenen Erwerb** ergäbe. Es werden dabei also die früheren Werte, aber die aktuellen steuerlichen Vorschriften angewendet, um den Abzugsbetrag vom Gesamterwerb zu ermitteln. Falls die **seinerzeit tatsächlich geschuldete Steuer höher** war, als die nun ermittelte, wir **diese abgezogen**. Der Abzugsbetrag für die früheren Erwerbe ist darauf begrenzt, dass die Steuer für den Gesamterwerb nicht geringer sein darf, als sie bei separater Betrachtung des aktuellen Erwerbs ohne die früheren Erwerbe wäre. **Erwerbe mit negativen Werten** bleiben **außer Betracht**. Letzteres heißt jedoch nicht, dass keine **Huckepack-Schenkungen** (also Schenkungen, bei denen die negativen Werte einzelnen Wirtschaftsgüter den Übertrag weiterer, positiver bewerteter Wirtschaftsgüter, ermöglichen) möglich sind. Es geht hierbei nur um den Erwerb zu den einzelnen Zeitpunkten. Es soll also vermieden werden, dass eine Art Verlustvortrag bei Erwerben entstehen kann. Gleichwohl ist es möglich, zum selben Zeitpunkt, also innerhalb eines Erwerbs, **Wirtschaftsgüter** mit positiven und **solche** mit **negativen Werten** zu **übertragen**, falls man im Rahmen der Bewertungsvorschriften bei einem Wirtschaftsgut zu einer negativen Bewertung kommt. Schließlich enthält **§ 15 Abs. 3 ErbStG** noch eine **Begrenzung** der **Steuerbelastung** eines jeden Erwerbs auf **max. 50 %** des je-

weiligen Erwerbs, da dies gem. **§ 19 ErbStG** die **derzeitige Höchststeuer** ist (vgl. bereits oben unter c), Rn. 902). Eine Kritik daran, dass diese Begrenzung theoretisch in den Steuerklassen I und II eine Mehrbelastung gegenüber der eigentlich vorgesehen tariflichen Steuer in § 19 ErbStG zulässt, dürfte berechtigt sein.

4. Wesentliche Steuerbefreiungen des § 13 ErbStG in der vorweggenommenen Erbfolge

In **§ 13 ErbStG** sind einige **Steuerbefreiungen** genannt, die auch im Rahmen der vorweggenommenen Erbfolge Bedeutung haben. 906

a) Zu nennen ist hier die Steuerbefreiung für **Grundbesitz**, **Kunstgegenstände** und **Sammlungen**, **Bibliotheken** und **Archive** des **§ 13 Abs. 1 Nr. 2 ErbStG.** Wenn diese Gegenstände in einem den Verhältnissen entsprechenden Umfang der **Forschung** oder **Allgemeinheit zu Bildungszwecken zur Verfügung gestellt** werden und ihre **Erhaltung** für Kunst, Geschichte oder Wissenschaft **im öffentlichen Interesse** liegt sowie die **jährlichen Kosten in der Regel die Einnahmen übersteigen**, werden die Gegenstände für die Schenkungsteuer nur mit **60 %** des Wertes erfasst. **Grundstücke** hingegen mit **85 %**. Eine **vollständige Steuerbefreiung** kann gewährt werden, wenn diese der **Denkmalpflege** unterstellt werden, sich **mind. 20 Jahre in Familienbesitz** befinden und in das **Verzeichnis national wertvoller Kulturgüter**[27] eingetragen sind. Die Steuerbefreiung fällt rückwirkend weg, wenn die Gegenstände innerhalb von **zehn Jahren** ab Erwerb veräußert werden oder die **Voraussetzungen** für die Befreiung wegfallen. Die Vorschrift hat für Familien mit historischen Sammlungen oder Gebäuden (wie z. B. Schlösser oder Stadtpalais) eine nicht zu unterschätzende Bedeutung. 907

b) Weitaus häufiger kann von der Befreiung für sog. **Familienheime** gem. **§ 13 Abs. 1 Nr. 4a ErbStG** Gebrauch gemacht werden. Wendet ein **Ehegatte** oder **Lebenspartner** dem anderen schenkweise ein **Eigentum** oder **Miteigentum an einem Grundstück** zu, ist diese Zuwendung **schenkungsteuerfrei**, soweit es sich um die **gemeinsame eheliche Wohnung** handelt, das sog. Familienheim. Es kommt hierbei nicht darauf an, ob es sich um ein Wohnhaus oder eine Wohnung handelt, das Objekt muss sich aber in **Deutschland** oder innerhalb einem **EU**- oder **EWR-Staat** befinden. Entscheidend ist jedoch, dass die Wohnung den **Mittelpunkt des familiären Lebens** bildet. Ferienwohnungen und Zweitwohnungen sind nicht begünstigt[28]. Begünstigt ist 908

27 Gem. § 7 Abs. 1 des Kulturschutzgesetzes vom 31.7.2016, BGBl. I S. 1914.

28 BFH v. 18.7.2013 – II R 35/11, BStBl. II 2013, 1051; R E 13.3 Abs. 2 S.4 f ErbStR; vgl. auch *H.-U. Viskorf* in Viskorf/Schuck/Wälzholz § 13 Rn. 39 m. w. N.

neben der Eigentumsverschaffung auch die **nachträgliche Übernahme von Herstellungs**- oder **Erhaltungsaufwand.** Anders als beim Erwerb von Todes wegen (vgl. § 13 Abs. 1 Nr. 4c ErbStG) ist der **lebzeitige Erwerb** des Familienheims durch Kinder gerade **nicht begünstigt.** Eine **Begrenzung der Wohnfläche** beim lebzeitigen Erwerb durch Ehegatten und Lebenspartner ist anders als beim Erwerb durch Kinder von Todes wegen nicht vorgesehen.

909 c) Gem. **§ 13 Abs. 1 Nr. 12 ErbStG** sind **Zuwendungen unter Lebenden** zum Zwecke des **angemessenen Unterhalts** oder zur **Ausbildung** schenkungsteuerfrei. Die Vorschrift erfasst nur Zuwendungen unter Lebenden und steht streng genommen nicht mit einer vorweggenommenen Erbfolge in Zusammenhang. Denn die Vorschrift setzt **Unterhaltsbedürftigkeit des Empfängers** voraus. Und diese jedoch **über den Rahmen der gesetzlichen Unterhaltspflicht hinaus**, so dass eigentlich nur Zuwendungen an Personen erfasst sein können, denen **kein gesetzlicher Unterhaltsanspruch** zusteht, wie z. B. **Partner einer nichtehelichen Lebensgemeinschaft**[29]. Begünstigt sind **auch nur laufende Zuwendungen** und **nicht Einmalzahlungen.** Im Ergebnis ist daher festzuhalten, dass die Befreiungsvorschrift im Rahmen einer vorweggenommenen Erbfolge nicht zielführend ist.

910 **d)** Steuerfrei ist die Zuwendung der **üblichen Gelegenheitsgeschenke, § 13 Abs. 1 Nr. 14 ErbStG.** Auch diese Befreiung ist nicht geeignet, um eine vorweggenommene Erbfolge darauf zu gründen[30]. Denn zum einen muss ein **Anlass für die Zuwendung** vorliegen und dieser muss beim Bedachten vorliegen. Es ist hier zu denken an **regelmäßig wiederkehrende Gelegenheiten** (wie z. B. Geburtstage, Weihnachten), aber auch **an einmalige Gelegenheiten** (z. B. Taufe, Kommunion, Konfirmation, Abitur, Studienabschluss, Hochzeit). Auch wenn es keine betragsmäßige Obergrenze gibt und die **Üblichkeit** sich nach den Vermögensverhältnissen und Lebensumständen der Parteien richtet, geht die h. M. davon aus, dass die Zuwendung **nicht** zu einer **signifikanten Schmälerung des Vermögens beim Übergeber** führen darf[31].

5. Betriebsvermögensbegünstigung § 13a ErbStG

911 Die **Betriebsvermögensbegünstigung**, geregelt in **§§ 13a** und **13b ErbStG**, ist die **zentrale Vorschrift** für die Übertragung von Einzelunter-

29 Vgl. auch *H.-U. Viskorf* in Viskorf/Schuck/Wälzholz § 13 Rn. 125 f.

30 Vgl. *Jülicher* in Troll/Gebel/Jülicher/Gottschalk ErbStG § 13 Rn. 167.

31 Hess. FG Urteil v. 24.2.2005 – 1 K 3480/03, EFG 2005, 1146; vgl. zum Diskussionsstand auch *H.-U. Viskorf* in Viskorf/Schuck/Wälzholz § 13 Rn. 145 ff.

nehmen und Unternehmensbeteiligungen im Rahmen der vorweggenommenen Erbfolge. Nach Ermittlung des Verkehrswertes gewährt die Regelung für sog. **begünstigtes Vermögen** (welches in § 13b ErbStG definiert wird) einen **Verschonungsabschlag von 85 %** als Regelfall (**Regelverschonung**), wenn folgende Voraussetzungen erfüllt sind (**§ 13a Abs. 1 ErbStG**):

- Der **Erwerb pro Person** darf **EUR 26 Millionen** nicht übersteigen;
- Bei **mehreren Erwerben** innerhalb von zehn Jahren von **derselben Person** werden frühere Erwerbe mit dem damaligen Wert dem letzten Erwerb für die Bestimmung der 26 Millionen EUR Grenze **hinzugerechnet.** Wird die Grenze überschritten, entfällt die Steuerbefreiung **rückwirkend** für die Vergangenheit.
- Soweit der nach Abzug des Verschonungsabschlags verbleibende Teil des **begünstigten Vermögens** (nicht hingegen anderen Vermögens!) **EUR 150.000 nicht überschreitet**, bleibt dieser außer Ansatz (Abzugsbetrag). Dieser Abzugsbetrag verringert sich jeweils im die Hälfte des EUR 150.000 übersteigenden Betrags.

Die **Gewährung des Verschonungsabschlags** ist jedoch an die Erfül- 912
lung teils recht harter Voraussetzungen geknüpft, die nachfolgend erläutert werden:

a) Nach der Rechtsprechung des Bundesverfassungsgerichts ist die Siche- 913
rung von Arbeitsplätzen die zentrale Rechtfertigung für die Gewährung der Betriebsvermögensbegünstigung. Folglich ist die Anwendung des Verschonungsabschlags gem. **§ 13a Abs. 3 ErbStG** an die **Lohnzahlung** geknüpft. Der Gesetzgeber verlangt im Rahmen einer **pauschalierten Regelung**, dass die **Summe der jährlichen Lohnsummen** in einem Betrieb innerhalb von **fünf Jahren (Lohnsummenfrist**) insgesamt **400 Prozent der Ausgangslohnsumme** nicht unterschreiten (sog. Mindestlohnsumme) darf. Bei mehr als fünf, aber **nicht** mehr als zehn **Beschäftigten** beträgt die Mindestlohnsumme **nur 250 Prozent**, bei **mehr als zehn, aber nicht mehr 15 Beschäftigten beträgt sie 300 Prozent**. Wird die **Mindestlohnsumme** innerhalb der **Lohnsummenfrist unterschritten**, vermindert sich der Verschonungsabschlag (rückwirkend) entsprechend.

b) Der **Verschonungsabschlag** wird nicht **gewährt**, soweit begünstigtes 914
Vermögen aufgrund einer **Verfügung des Schenkers** auf einen **Dritten** übertragen werden muss (vgl. **§ 13a Abs. 5 ErbStG**). Die Vorschrift bereitet bei vorweggenommenen Erbfolgen weniger Probleme, als bei letztwilligen Verfügungen. Falls eine Weitergabeverpflichtung besteht, sollte sorgfältig geprüft werden, ob die Gestaltung so notwen-

dig ist und ob ggf. der Dritte den Verschonungsabschlag für den auf ihn zu übertragenden Teil geltend machen kann.

915 c) **Verschonungsabschlag** und **Abzugsbetrag fallen rückwirkend weg**, soweit innerhalb der sog. **Behaltensfrist von fünf Jahren** der Erwerber das erhaltene Betriebsvermögen veräußert oder den Betrieb einstellt (**§ 13a Abs. 6 S. 1 Nr. 1 ErbStG**). Dies gilt auch, wenn sog. **wesentliche Betriebsgrundlagen** des Betriebs **veräußert** oder aus dem Betrieb in das **Privatvermögen entnommen** oder für **betriebsfremde Zwecke verwendet werden**. Ebenso schädlich ist es aus dem Betriebsvermögen **Anteile** an **Kapitalgesellschaften zu veräußern**, die zuvor gem. § 20 Abs. 1 Umwandlungssteuergesetz („UmwStG") durch eine **Sacheinlage** aus dem Betriebsvermögen erworben wurden. Dies gilt auch bei **Veräußerung durch Einbringung in Personengesellschaften gem. § 24 UmwStG** erworbene Anteile. Neben Betrieben erfassen die genannten Vorschriften auch **Beteiligungen** an Personengesellschaften, wenn diese **steuerliches Betriebsvermögen** haben. Auch **land- und forstwirtschaftliches Vermögen** ist in gleich Weise betroffen (**§ 13a Abs. 6 S. 1 Nr. 2 ErbStG**).

916 d) Die **Entnahme von mehr als EUR 150.000 zusätzlich zum Gewinn** und geleisteten Einlagen **innerhalb von fünf Jahren** aus einem Betrieb oder einer Gesellschaft stellt ebenfalls ein **schädliches Ereignis** dar, das insoweit zum Wegfall des Verschonungsabschlags führt (§ 13a Abs. 6 S. 1 Nr. 3 ErbStG). Das Gleiche gilt für **Gewinnausschüttungen** aus Kapitalgesellschaften.

917 e) Schädlich ist auch die Veräußerung von **Anteilen an Kapitalgesellschaften** oder deren **verdeckte Einlage** in eine Kapitalgesellschaft sowie deren **Auflösung**, eine **Nennkapitalherabsetzung** oder die **Veräußerung wesentlicher Betriebsgrundlagen** bei Verteilung des Vermögens an die Gesellschafter (§ 13a Abs. 6 S. 1 Nr. 4 ErbStG).

918 f) Auch die **Aufhebung einer Verfügungsbeschränkung** oder **einer Stimmrechtsbindung** im Rahmen eines **Poolvertrags** (hierzu unten unter Rn. 924 f.) ist schädlich, Vgl. § 13a Abs. 6 S. 1 Nr. 5 ErbStG.

919 Soweit es zu einem **Wegfall des Verschonungsabschlags** kommt, beschränkt sich dieser auf die noch nicht abgelaufenen, vollen Jahre der Behaltensfrist. Tritt also bei der fünfjährigen Behaltensfrist im Laufe des 4. Jahres ein schädliches Ereignis ein, entfällt der Verschonungsabschlag in Höhe von zwei Fünftel und bleibt in Höhe von drei Fünftel bestehen. In **Veräußerungsfällen** gewährt das Gesetz **innerhalb von sechs Monaten** ab dem schädlichen Ereignis eine Reinvestitionsmöglichkeit in ein anderes begünstigtes Vermögen im Sinne des § 13b ErbStG. Diese wichtige Möglichkeit bietet für den Erwerber wenigstens insoweit Flexibilität, als er in

ein anderes begünstigtes Vermögen investieren kann, also z. B. ein Einzelunternehmen in einen Gesellschaftsanteil wechseln oder auch eine Gesellschaftsbeteiligung gegen eine andere. **Schädlich** ist es jedoch, wenn das neu erworbene Vermögen **nicht selbst** auch **begünstigtes Vermögen** ist (zum begünstigten Vermögen siehe sogleich unten unter Rn. 923 ff.).

Für **Familiengesellschaften** ist bei Einhaltung bestimmter Voraussetzungen noch ein **Abschlag** gewährt, der vor Anwendung des Verschonungsabschlags abzuziehen ist (**vgl. § 13a Abs. 9 ErbStG**). Eine Voraussetzung für die Gewährung ist, dass eine **Abfindung für den Fall des Ausscheidens des Gesellschafters** unter dem gemeinen Wert liegt. Die Höhe des Abschlags bestimmt sich nach der **Minderung der Abfindung** laut Gesellschaftsvertrag gegenüber dem gemeinen Wert und **darf 30 % nicht übersteigen**. Gesellschaftsrechtlich ist eine Minderung der Abfindung gegenüber dem gemeinem Wert zulässig, wenn sie von Anfang vereinbart war und nicht sittenwidrig ist. Bei einem Abschlag von 30 % wird man in der Regel nicht von einer Sittenwidrigkeit ausgehen müssen, so dass die Forderung des Gesetzgebers erfüllbar erscheint. Weitere Voraussetzung für die Gewährung des Abschlags ist, dass **Entnahmen** (bei Personengesellschaften) und **Ausschüttungen** (bei Kapitalgesellschaften) auf höchstens **37,5 % des steuerrechtlichen Gewinns**, jeweils gekürzt um die Steuern auf den Gewinnanteil (bei Personengesellschaften) oder die vollzogene Gewinnausschüttung (bei Kapitalgesellschaften) begrenzt sind. Außerdem ist eine Regelung erforderlich, die die **Verfügung über die Gesellschaftsanteile** auf Mitgesellschafter, Angehörige des Gesellschafters oder Familienstiftungen beschränkt. Problematisch ist, dass diese Voraussetzungen bereits **zwei Jahre vor dem Zeitpunkt der Vermögensübergabe** vorliegen müssen. Weiterhin **entfällt** die **Begünstigung rückwirkend**, wenn diese Voraussetzungen **innerhalb von 20 Jahren nach der Übertragung** nicht eingehalten werden. Diese strengen Regelungen lassen die grundsätzlich begrüßenswerte Regelung selbst für Familiengesellschaften unattraktiv erscheinen, so dass in der Praxis selten davon Gebrauch gemacht wird. Denn die beiden Fristen von zwei und 20 Jahren, aber auch die Entnahme- bzw. Ausschüttungsbeschränkung fixieren die gewählte Struktur derart, dass der schenkungsteuerliche Vorteil wohl häufig nicht die damit verbundenen Risiken aufwiegen dürfte. **920**

Alternativ zur Regelverschonung mit einem 85%igen Verschonungsabschlag kann der Steuerpflichtige die sog. **Verschonungsoption** mit einem **100%igen Verschonungsabschlag** (also einem vollständig steuerfreien Übergang begünstigten Vermögens) wählen. Gem. **§ 13a Abs. 10 ErbStG** sind dazu jedoch **strengere Voraussetzungen** zu erfüllen: **921**

– Die **Lohnsummenfrist** beträgt **sieben statt fünf** Jahre;

- Die **Mindestlohnsumme** steigt auf **700 %** anstelle von 400 % (bzw. **500 %** anstelle von 250 % und **565 %** anstelle von 300 %);
- Die **Behaltensfrist** beträgt dann auch **sieben Jahre** anstelle von fünf Jahren.

922 Da der **Antrag unwiderruflich zu stellen** ist, sollte im Vorwege gut überlegt und berechnet werden, ob die strengeren Voraussetzungen auch über die Zeit von 7 Jahren zu erfüllen sind.

6. Begünstigtes Betriebsvermögen gem. § 13b ErbStG

923 **a)** Das gem. § 13a ErbStG **begünstigte Vermögen** ist in **§ 13b ErbStG** definiert. In Abgrenzung zum begünstigten Vermögen enthält die Vorschrift auch die Definition von **Verwaltungsvermögen**, welches gerade **nicht begünstigt** ist, für das also kein Verschonungsabschlag gewährt wird und bei welchem folglich der **gemeine Wert** die Bemessungsgrundlage für die Schenkungsteuer darstellt. Folglich ist die **Abgrenzung** zwischen **begünstigtem Vermögen** und **Verwaltungsvermögen** im Rahmen der Planung einer vorweggenommenen Erbfolge ein zentraler Baustein. Neben dem begünstigten Vermögen wird aus gesetzestechnischem Gründen noch der Begriff des **begünstigungsfähigen Vermögens** verwendet. Begünstigungsfähiges Vermögen ist Vermögen, welches grundsätzlich begünstigt sein kann, wenn **bestimmte Voraussetzungen** nicht erfüllt sind. Vermögen, welches nicht begünstigungsfähiges Vermögen ist, kann niemals begünstigt sein.

924 Zum **begünstigungsfähigen Vermögen** gehören

- **Inländische** oder in der **Europäischen Union** (EU) oder dem **Europäischen Wirtschaftsraum (EWR)** belegene Teile **land- und forstwirtschaftlichen Vermögens** mit Ausnahme von Stückländereien und selbst bewirtschafteten Grundstücken, die gem. § 159 BewG dem Grundvermögen zuzurechnen sind;
- **Inländisches Betriebsvermögen** oder solches in **Betriebsstätten**, die in der **EU** oder im **EWR** belegen sind, **bei Erwerb eines ganzen Betriebs**, eines **Teilbetriebs** oder **einer Beteiligung an einer Gesellschaft**, bei der der Gesellschafter **steuerlich ein Mitunternehmer** ist;
- **Anteile an Kapitalgesellschaften** mit **Sitz oder Geschäftsleitung** im **Inland**, der **EU** oder dem **EWR**, wenn der **Übergeber** unmittelbar zu **mehr als 25 % am Nennkapital** der Gesellschaft beteiligt ist (Mindestbeteiligung). Die Mindestbeteiligungsquote kann auch durch Abschluss eines **Poolvertrags mit anderen Gesellschaftern** erreicht werden, wenn sich die Gesellschafter untereinander **verpflichten nur einheitlich** über

die **Anteile zu verfügen** oder diese **nur untereinander zu übertragen** und das **Stimmrecht aus diesen Anteilen** gegenüber nicht dem Pool angehörigen Gesellschaftern **nur einheitlich ausgeübt** werden darf.

Auffällig ist die in der Praxis bedeutsame Unterscheidung zwischen **Betrieben** und **Personengesellschaftsbeteiligungen** auf der einen und **Kapitalgesellschaftsbeteiligungen** auf der anderen Seite. Bei **steuerlichen Mitunternehmerschaften** reicht ein **Zwerganteil** für begünstigungsfähiges Vermögen aus. Bei **Kapitalgesellschaften** ist eine **über 25 %ige** direkte Beteiligung des Übergebers – auf den Erwerber kommt es folglich nicht an (sic!) – erforderlich. Gerade im Rahmen der **Planung einer vorweggenommenen Erbfolge** ist deshalb darauf zu achten, dass für eine **etwaige spätere Übergabe** weiteren Vermögens dann noch eine ausreichende Beteiligung vorhanden ist oder ein sog. **Poolvertag** abgeschlossen wird. Der Abschluss eines Poolvertrags ist jedoch nur im engeren Gesellschafterkreis möglich. Im Ergebnis sind damit **Streubesitzbeteiligungen** aus dem begünstigungsfähigen Vermögen ausgenommen. 925

Weiterhin ist anzumerken, dass nach mittlerweile wohl ganz h. M. auch in anderen Fällen, in denen **eine ertragsteuerliche Mitunternehmerschaft** vorliegt obwohl keine Gesellschafterstellung (mehr) gegeben ist, sondern nur ein **schuldrechtliches Nutzungsrecht** an einem Personengesellschaftsanteil besteht, die **Betriebsvermögensbegünstigung des § 13b Abs. 1 Nr. 2 ErbStG** greifen kann. Vgl. hierzu insbesondere die Ausführungen in den **Erbschaftsteuerrichtlinien** (ErbStR 2019, R E 13b.30 Feststellungsverfahren, Abs. 6), wo die Finanzverwaltung entgegen ihrer früheren Auffassung dies erstmalig akzeptiert hat. Der klassische und bedeutsamste **Anwendungsfall** hierfür ist der **Nießbrauch an einem Personengesellschaftsanteil**, da der (Vorbehalts-)Nießbraucher **gesellschaftsrechtlich nicht (mehr) Gesellschafter ist**, wohl aber – bei Sicherstellung der sog. doppelten Mitunternehmerstellung sowohl für den Gesellschafter, als auch für den Nießbraucher – der **Nießbraucher ertragsteuerlich Mitunternehmer** ist (bzw. bleibt – beim Vorbehaltsnießbrauch). Diese Rechtsfrage ist für die Gestaltung einer vorweggenommenen Erbfolge deshalb wesentlich, weil in der Praxis gerade der **Vorbehaltsnießbrauch für den Unternehmensgründer** sehr verbreitet ist, um diesen für das Alter abzusichern. 926

Es werden dann die **Erträge** ganz oder beim Quotennießbrauch nur teilweise (z. B. 90 %) dem **Übergeber zugerechnet**. Der Übernehmer erhält jedoch das **Recht auf Beteiligung an Gewinnen**, die sich aus der Substanz des übergebenen Gesellschaftsanteils speisen. Auch hier kann eine Aufteilung zwischen dem neuen Gesellschafter und dem Nießbraucher erfolgen. Es sollte jedoch darauf geachtet werden, dass immer auch der Ge- 927 sellschafter ertragsteuerlicher Mitunternehmer ist, also ausreichend **Mitunternehmerinitiative** entfalten kann, **Mitunternehmerrisiko** trägt und an den **stillen Reserven** beteiligt ist. Gerade aufgrund des letzten Merkmals der drei aufgezählten Kriterien, die zur Begründung einer **ertragsteuerlichen Mitunternehmerstellung** erfüllt sein müssen, empfiehlt es sich, den **Gesellschafter** wenigstens teilweise **an der Substanz zu beteiligen**, damit er (auch) dieses Merkmal erfüllt. Grundsätzlich müssen nicht alle drei Mitunternehmermerkmale gleich ausgeprägt, aber in toto doch erfüllt sein.

928 Bei der **Mitunternehmerstellung eines Nießbrauchers** an einem Gesellschaftsanteil fallen – wie so oft – die **steuerrechtliche und die gesellschafts- bzw. handelsrechtliche Behandlung** auseinander. Denn gesellschaftsrechtlich ist der Nießbraucher nicht Gesellschafter. Die Rechtsstellung zwischen Nießbraucher und Gesellschafter ist rein schuldrechtlich und ergibt sich aus dem Übergabe- oder Überlassungsvertrag (also dem Schenkungsvertrag), in dem sie hoffentlich auch ausführlich geregelt ist. Es handelt sich beim Nießbrauch um einen besonderen Fall eines Nutzungsrechts, das sachenrechtlicher und nicht schuldrechtlicher Natur ist, und steuerlich ein immaterielles Wirtschaftsgut darstellt, auch wenn es als schwebendes Geschäft nicht bilanziert werden kann[32]. Da der **Nießbrauch zeitlich begrenzt** ist, denn er **erlischt** spätestens **mit dem Tode** des Nießbrauchers (§§ 1061, 1068 Abs. 2 BGB), ist er als **immaterielles Wirtschaftsgut** auch **abnutzbar**[33]. Tatsächlich folgt hieraus die dogmatische Begründung dafür, dass der **Verzicht auf ein Nießbrauchsrecht** eine **(eigene) Schenkung** darstellt und dabei der **(Rest-)Wert des Nießbrauchs zum Verzichtszeitpunkt zu bestimmen** ist, wohingegen bei **Beendigung** des Nießbrauchs bei **Erreichen der vorher festgelegten Zeit** (also z. B. durch Tod des Nießbrauchers bei einem lebenslänglichen Nießbrauch) das (dann ja erloschene) Nießbrauchsrecht auch **steuerlich keinen Wert** mehr hat; denn dieser ist **über die Zeit aufgebraucht worden**. Für die Gestaltungspraxis wichtig ist jedoch die Frage, wie mit anderen Wirtschaftsgütern und Werten, die dem Nießbraucher als ertragsteuerlichem Mitunternehmer zugerechnet wurden, bei Erlöschen des Nießbrauchs umzugehen ist. Denn gerade dann, wenn die ganzen oder ein erheblicher Teil der Erträge dem Nießbraucher zusteht, mag zwar der Großteil des Vermögens als Substanz bereits dem Erwerber im Rahmen der Schenkung zur vorweggenommenen Erbfolge zugerechnet worden sein, dennoch aber können beim Nießbraucher **durch die Erträge erneut erhebliche Werte** entstanden sein. Dies ist idealerweise bei der Strukturierung einer vorweggenommenen Erbfolge auch mit den sich hieran wieder anschließenden einkommens- und erbschaftsteuerlichen Folgen zu antizi-

---

32 Vgl. BFH v. 1.9.2011 – II R 67/09, BStBl. II 2013, 210.

33 BFH v. 1.9.2011 – II R 67/09, BStBl. II 2013, 210.

pieren. In diesen Fällen ist streng danach zu unterscheiden, ob es sich um **dem Mitunternehmeranteil zuzurechnendes Betriebsvermögen** handelt oder, ob die entsprechenden Wirtschaftsgüter aus dem **Betriebsvermögen entnommen** und damit dem Privatvermögen oder ggf. auch einem anderen Betriebsvermögen zuzurechnen sind.

Sind die Wirtschaftsgüter entnommen, besteht kein Zusammenhang mit dem Nießbrauch und der Mitunternehmerstellung des Nießbrauchers mehr und es ist nach den allgemeinen Regeln zu prüfen, wie diese Wirtschaftsgüter beim Tod des Nießbrauchers erbschafsteuerlich zu behandeln sind. Soweit die Wirtschaftsgüter jedoch noch dem **Mitunternehmeranteil** des Nießbrauchers zuzurechnen sind, ist zu prüfen, ob hierfür die **Betriebsvermögensbegünstigung gem. § 13b Abs. 1 Nr. 2 ErbStG** im Erbfall zur Anwendung kommt. Dies ist nicht nur eine Frage, ob im konkreten Fall die Voraussetzungen des Betriebs erfüllt sind. Denn nach einer **älteren Rechtsprechung des BFH**[34] sollten die Stellung als ertragsteuerlicher Mitunternehmer nicht zusammen mit den Ansprüchen aus den **Kapitalkonten** auf die Erben übergehen, sondern **mit dem Tod beendet werden**. Der BFH[35] argumentierte, dass die bereits bestehende Beteiligung des Klägers im damaligen Fall ab dem Tod des Erblassers nicht mehr mit dem Nießbrauch belastet war, ohne dass es dabei auf die Erbenstellung des Klägers ankommen sollte. Die **Kapitalkonten** des Erben im Fall des BFH[36] sollten daher **nicht unter die Betriebsvermögensbegünstigung fallen**, gleich, ob diese gesellschaftsrechtlich Forderungs- und Schuldcharakter oder Einlagecharakter haben. Die Entscheidung ist nicht zur aktuellen Fassung von § 13a ErbStG ergangen, so dass eine ausdrückliche Rechtsprechungsänderung nicht notwendig war. Die **zentrale Frage** dieser Entscheidung stellt sich aber auch für das **geltende Recht**. Und hier hat sich der **BFH**[37] nun wohl **gegen seine bisherige Auffassung** gestellt: Denn er führt aus, dass die **Mitunternehmerstellung des Erblassers mit Eintritt des Erbfalls auf die Klägerin übergegangen** ist. Es spiele dabei **keine Rolle**, dass der zugunsten des Erblassers bestellte **Nießbrauch** mit dessen **Tod erloschen** ist; denn aufgrund der vereinbarten **aufschiebenden Bedingung** ist gleichzeitig der zugunsten der Klägerin bestellte Nießbrauch entstanden. Im **Fall des BFH** war zwar die Klägerin die **Ehefrau**, der ein **Zuwendungsnießbrauch eingeräumt** wurde und nicht die Gesellschafterin, da der Gesellschaftsanteil unter Nießbrauchsvorbehalt bereits vorher im Wege der vorweggenommenen Erbfolge auf die Tochter übertragen worden war. Aus Sicht der Tochter handelt es sich auch beim Nießbrauch der Mutter 929

34 BFH v. 15.3.2006 – II R 74/04, BFH/NV 2006, 1663.
35 BFH v. 15.3.2006 – II R 74/04, BFH/NV 2006, 1663.
36 BFH v. 15.3.2006 – II R 74/04, BFH/NV 2006, 1663.
37 BFH v. 1.9.2011 – II R 67/09, BStBl. II 2013, 210.

um einen **Vorbehaltsnießbrauch**, den sich der Erblasser vorbehalten hatte. Im **Verhältnis zwischen Erblasser und Ehefrau** liegt hingegen ein **Zuwendungsnießbrauch** vor. Für die hier **wesentliche Rechtsfrage**, ob beim Tod des Nießbrauchers für die zum Mitunternehmeranteil zuzuordnenden Wirtschaftsgüter die Betriebsvermögensbegünstigung anwendbar ist, ist es jedoch **unerheblich**, ob mit Wegfall des Nießbrauchs der Mitunternehmeranteil auf einen weiteren Nießbraucher oder den Gesellschafter übergeht, denn **entscheidend** ist, dass überhaupt die **Mitunternehmerstellung übergeht**. Und hierin liegt die **faktische Änderung der Rechtsprechung** des BFH, da die Rechtsfrage ja aus dem Ertragsteuerrecht (zusammen mit dem Erbrecht) heraus zu beantworten ist. Für das **Erbschaftsteuerrecht** ist diese Frage nur bezüglich der Betriebsvermögensbegünstigung bedeutsam. Und nach geltendem Recht ist deshalb aber zu klären, wofür exakt die **Betriebsvermögensbegünstigung gewährt** werden kann. Auch wenn der BFH[38] sich nicht ausdrücklich zu der Entscheidung[39] zugrunde liegenden Konstellation geäußert hat, ist die **jüngere Entscheidung**[40] m. E. nur dann in sich schlüssig, wenn auch der **Fall der Beendigung eines Nießbrauchs**, ohne einen sich daran anschließenden weiteren Nießbrauch, und des anschließenden Übergangs der dem Mitunternehmeranteil zugeordneten Konten etc. auf den Gesellschafter eben dann **nicht zum Wegfall** des Mitunternehmeranteils, sondern auch zu einem **Übergang dieses Mitunternehmeranteils** in toto führt. Soweit **Sonderbetriebsvermögen** existiert, ist jedoch darauf zu achten, dass dies **ggf. mitübertragen** wird, um nicht wesentliche Wirtschaftsgüter zurück zu behalten. Dies ist jedoch bereits im Zuge der Gestaltung der vorweggenommenen Erbfolge zu berücksichtigen, die den Vorbehaltsnießbrauch als Ergebnis zeitigt. Die **Finanzverwaltung**[41] teilt offenbar ebenfalls die hier vertretene Ansicht zum Übergang der Mitunternehmerstellung auf den Gesellschafter beim Tod des Nießbrauchers, ohne jedoch den konkreten Fall zu erwähnen. Denn dort wird ausgeführt, dass **begünstigungsfähiges Betriebsvermögen** vorliegt, wenn **Nutzungsrecht** an einer Beteiligung an einer Personengesellschaft so ausgestaltet ist, dass der **Nießbraucher ertragsteuerlich als Mitunternehmer der Personengesellschaft** anzusehen ist und dies **auch gelten** solle, wenn ein Nießbraucher auf seinen **Nießbrauch verzichtet** und dadurch eine **Mitunternehmerstellung des Nießbrauchers** auf den Gesellschafter übergeht. Damit hat die **Finanzverwaltung** für den **Fall des Verzichts** – der ja wie bereits oben ausgeführt eine eigene, neue Schenkung darstellt – die **Betriebsvermögensbegünstigung für anwendbar erklärt**. Dies ist nachvollziehbar und folgt der jüngeren

38 BFH v. 1.9.2011 – II R 67/09, BStBl. II 2013, 210.

39 BFH v. 15.3.2006 – II R 74/04, BFH/NV 2006, 1663.

40 BFH v. 1.9.2011 – II R 67/09, BStBl. II 2013, 210.

41 ErbStR 2019, R E 13b.30 Abs. 6.

BFH-Rechtsprechung. Es liegt hier m. E. jedoch ein Fall des argumentum ad maiore ad minus vor, da der **Verzicht** ja nur ein **Spezialfall der Beendigung des Nießbrauchs** ist. Deshalb wird man wohl annehmen dürfen, dass die Finanzverwaltung auch in den Fällen der **Beendigung des Nießbrauchs durch Zeitablauf** des zeitlich begrenzten Rechts die **Betriebsvermögensbegünstigung** für **anwendbar** hält. Jedenfalls ist die Anwendung dogmatisch geboten, insbesondere auch aufgrund der jüngeren Rechtsprechung des BFH[42]. Die frühere Rechtsprechung[43] wird man deshalb als **stillschweigend aufgegeben** ansehen dürfen.

Es bleibt damit festzuhalten, dass auf die **Übertragung des Mitunternehmeranteils des Nießbrauchers** sowohl bei **Tod**, als auch bei **Verzicht** die **Betriebsvermögensbegünstigung grundsätzlich anwendbar** ist, gleich, ob dieser Mitunternehmeranteil auf den Gesellschafter übergeht oder auf eine andere Person (wie z. B. einen weiteren Nießbraucher). 930

Bei **atypisch stillen Beteiligungen** oder **Unterbeteiligungen** liegt ebenfalls eine **ertragsteuerliche Mitunternehmerschaft** vor, ohne, dass gesellschaftsrechtlich eine Beteiligung an einer Gesellschaft vorliegt. Der BFH[44] stellt im Leitsatz klar, dass für die **Gewährung der Steuervergünstigung** nach § 13a ErbStG a. F. (nunmehr § 13b ErbStG; der *Verf.*) der **Übergang der Mitunternehmerstellung maßgeblich** und der **Übergang einer zivilrechtlichen Beteiligung** an der Gesellschaft hingegen **nicht erforderlich** sei. Tatsächlich ist diese Auslegung sehr zu begrüßen und wurde mittlerweile auch von der Finanzverwaltung in die Erbschaftsteuerrichtlinien (R E 13b.30) übernommen. Aufgrund der Rechtsprechung des BFH[45] gilt dies bei allen Arten sachen- oder schuldrechtlicher Beteiligungen an einer Personengesellschaft, die beim Beteiligten zu einer ertragsteuerlichen Mitunternehmerschaft führen. Für die Gestaltungspraxis ist dies wesentlich. 931

b) Das begünstigungsfähige Vermögen ist gem. **§ 13b Abs. 2 ErbStG begünstigt (begünstigtes Vermögen)**, soweit sein gemeiner Wert den Nettowert des Verwaltungsvermögens übersteigt. Dabei wird der Nettowert des Verwaltungsvermögens vorab noch um den Wert **des sog. unschädlichen Verwaltungsvermögens** (gem. § 13b Abs. 7 ErbStG) gekürzt. Das begünstigte Vermögen ist wertmäßig **vollständig nicht begünstigt**, wenn das **Verwaltungsvermögen 90 %** oder mehr des gemeinen Werts des begünstigungsfähigen Vermögens beträgt. Hierbei werden bestimmte **Altersvorsorgeverpflichtungen** aus dem Verwaltungsvermögen für diese Berechnung ausgenommen. Verkürzt kann also festgehalten werden, dass das **Verwaltungsvermögen weniger als 90 %** des begünsti- 932

42 BFH v. 1.9.2011 – II R 67/09, BStBl. II 2013, 210.
43 BFH v. 15.3.2006 – II R 74/04, BFH/NV 2006, 1663.
44 BFH v. 1.9.2011 – II R 67/09, BStBl. II 2013, 210.
45 BFH v. 1.9.2011 – II R 67/09, BStBl. II 2013, 210.

gungsfähigen Vermögens betragen muss, um die Begünstigung in Anspruch nehmen zu können. Dies kann im Einzelfall mit Blick auf **Finanzmittel**, **junges Verwaltungsvermögen** und **Dritten zur Nutzung überlassener Grundstücke** zur Herausforderung werden und ggf. eine u. U. längerfristige (Stichwort: ertrags- und umwandlungssteuerliche Haltefristen etc.) Umstrukturierung im Vorfeld vonnöten werden lassen.

933 **c)** In **§ 13b Abs. 4 ErbStG** wird das **Verwaltungsvermögen** definiert.

934 **aa)** Zum **Verwaltungsvermögen** gehören gem. **§ 13b Abs. 4 Nr. 1 ErbStG** Dritten zur Nutzung überlassene **Grundstücke, Grundstücksteile, grundstücksgleiche Rechte** und **Bauten**. Damit wären an sich nur selbst im eigenen Betrieb genutzte Objekte nicht Verwaltungsvermögen. Diese sehr weitgehende Regelung wird in **§ 13b Abs. 4 Nr. 1 S. 2 ErbStG** sogleich wieder **eingeschränkt** und verschiedene Fälle der Nutzungsüberlassung an Dritte doch als unschädlich kategorisiert. Gemein ist allen diesen Ausnahmen für Grundstücke, dass sie auf einkommensteuerliche Aspekte abstellen.

935 **(1)** So enthält **§ 13b Abs. 4 Nr. 1 S. 2 a) ErbStG** erstmalig eine **Legaldefinition** der als Richterrecht entstandenen ertragssteuerlichen Konstruktion der Betriebsaufspaltung. Denn „eine **Nutzungsüberlassung an Dritte** ist **nicht anzunehmen**, wenn der Erblasser oder Schenker **sowohl im überlassenden Betrieb** als auch im **nutzenden Betrieb allein** oder **zusammen mit anderen Gesellschaftern** einen **einheitlichen geschäftlichen Betätigungswillen** durchsetzen konnte oder als Gesellschafter einer [Personen] Gesellschaft [mit gewerblichen oder freiberuflichen Einkünften; der Gesetzestext verweist hier auf die entsprechenden Vorschriften des EStG] den **Vermögensgegenstand der Gesellschaft zur Nutzung** überlassen hatte, und diese **Rechtsstellung** auf den **Erwerber übergegangen** ist, soweit **keine Nutzungsüberlassung an einen weiteren Dritten** erfolgt“. Entscheidend dabei ist also, dass die **Betriebsaufspaltung beim Erblasser/Schenker bereits vorhanden** und auf den **Erwerber übergegangen** ist. Weder wäre es ausreichend, wenn zwar eine Betriebsaufspaltung beim Erblasser/Schenker bestanden hätte und diese aber nicht auf den Erwerber übergegangen ist. Noch reichte die Begründung einer Betriebsaufspaltung beim Erwerber aus. Es ist nach dem Wortlaut sogar erforderlich, dass diese Betriebsaufspaltung, also wohl die identische, vom Erwerber fortgeführt wird. Bei der Gestaltung einer vorweggenommenen Erbfolge ist deshalb darauf zu achten, dass etwaig vorhandene Betriebsaufspaltungskonstellationen auch überhaupt übertragbar sind. Ggf. empfiehlt es sich eine **Betriebsaufspaltung** in eine **mitunternehmerische Betriebsaufspaltung** zu **überführen**, das heißt meist, die Grundstücke in eine **gewerblich geprägte GmbH & Co. KG** zu überführen. Dies verhindert zum einen, dass durch

eine nicht ausreichende testamentarische Regelung (ggf. eben auch bereits beim Vermögensübernehmer!) eine **unbeabsichtigte** Aufdeckung von stillen Reserven erfolgt, wenn z.B. vorher bloßes Sonderbetriebsvermögen vorlag. Dies kann aber auch dazu verwendet zu werden, im Rahmen der Vermögensübergabe die **Übernehmer zu bündeln**, und so den **gemeinsamen Einfluss** z.B. im Rahmen der Gruppentheorie bei der Betriebsaufspaltung zu sichern. Im Regelfall empfiehlt es sich, derartige Umstrukturierungen vor der Übertragung zu vollziehen, um so die geforderte Beherrschung übergehen zu lassen. Der Ausschluss der Weiterüberlassung an Dritte ist konsequent. Eine mehrfache Anwendung der Vorschrift bei komplexen Strukturen ist damit aber nicht ausgeschlossen, wenn auch der weitere Dritte wieder über eine Betriebsaufspaltungskonstellation beherrscht wird.

(2) Ebenfalls **unschädlich** sind die Fälle der **Nutzungsüberlassung** von **Grundstücken** bei **Verpachtung** eines **ganzen Betriebs**, wenn der Verpächter aus der Verpachtung **gewerbliche** oder **freiberufliche Einkünfte** im Sinne des EStG erzielt, **§ 13b Abs. 4 Nr. 1 b) ErbStG**, und der Pächter bei **unbefristeter Verpachtung testamentarischer** oder **Vertragserbe** des Verpächters ist oder der **Beschenkte aufgrund seines Alters** den Betrieb noch nicht führen kann und die **Verpachtung auf zehn Jahre beschränkt**, wobei im letzten Fall die Frist erst mit Erreichen des 18. Lebensjahrs des Beschenkten beginnt. Erfüllen die verpachteten Betriebe vor ihrer Verpachtung nicht die sonstigen Voraussetzungen der Betriebsvermögensbegünstigung (inkl. Grundstücksüberlassung an Dritte), wird eine Begünstigung nicht gewährt. 936

(3) Gem. **§ 13b Abs. 4 Nr. 1 c) ErbStG** sind **Grundstücksüberlassungen zwischen Betrieben desselben Konzerns** ebenfalls begünstigt. Für die Bestimmung der **Konzernzugehörigkeit** wird auf die Regelung zur Zinsschranke gem. § 4h EStG verwiesen. Der **Konzernbegriff des § 4h EStG** ist weit zu verstehen[46], dennoch sollte dies im Detail geprüft werden, falls die Klausel zur Anwendung gebracht werden soll. 937

(4) § 13b Abs. 4 Nr. 1 d) ErbStG enthält die Ausnahme für sog. Wohnungsunternehmen: Eine **Nutzungsüberlassung an Dritte ist nicht anzunehmen**, wenn die überlassenen Grundstücke, Grundstücksteile, grundstücksgleichen Rechte und Bauten zum **Betriebsvermögen**, zum **gesamthänderisch gebundenen Betriebsvermögen einer Personengesellschaft** oder zum **Vermögen einer Kapitalgesellschaft** gehören und der **Hauptzweck des Betriebs** in der **Vermietung von Wohnungen** im Sinne des § 181 Abs. 9 des Bewertungsgesetzes [„BewG"] besteht, dessen Erfüllung einen wirtschaftlichen Geschäftsbetrieb (§ 14 AO) erfordert. Die 938

---

46 Vgl. nur *Loschelder* in Schmidt EStG § 4h EStG Rn. 27ff.; vgl. auch BMF-Schreiben v. 4.7.2008, BStBl. I S. 718, Rz. 59 bis 68.

Vermietung eigener Wohnungen ist dann Hauptzweck des Betriebs, wenn sie den **überwiegenden Teil der betrieblichen Tätigkeit** ausmacht (R E 13b.17 Abs. 2 ErbStR). Unschädlich ist in diesem Zusammenhang dann die Vermietung von Grundstücken oder Grundstücksteilen zu anderen als Wohnzwecken, wie z. B. gewerblichen, freiberuflichen oder öffentlichen Zwecken. Bei **Leerstand** kommt es nach Ansicht der Finanzverwaltung (R E 13.b.17 Abs. 2) auf die **Zweckbestimmung** an. Der wohl häufigste Fall ist die Vermietung eines **Ladengeschäfts** oder eines **Büros** in einem Gebäude, das **ansonsten nur aus Wohnungen** besteht. Ob die **Grenze** erst bei **50 %** oder bereits früher zu ziehen ist, ist ersichtlich bisher nicht abschließend geklärt. Die Formulierung „**überwiegend**" legt diese Grenze jedoch nahe. Die **Finanzverwaltung** stellt auf die **Grundbesitzwerte** ab und setzt die Summe der Werte der zu Wohnzwecken vermieteten Grundstücke oder Grundstücksteile ins Verhältnis zur Summe aller Grundstückwerte. Dient der Betrieb danach im Hauptzweck – also überwiegend – der Vermietung eigener Wohnungen, zählen auch Grundstücke und Grundstücksteile, die nicht zu Wohn-zwecken vermietet werden, gerade **nicht zum Verwaltungsvermögen**, sondern sind mit begünstigt. **Problematisch** kann jedoch die **Auffassung der Finanzverwaltung** werden, wonach diese **Prüfung jeweils betriebsbezogen** vorzunehmen ist und nicht für das gesamte auf den Erwerber übergehende Vermögen. Denn gerade bei größeren Vermögen ist das Vermögen nicht selten auf **mehrere Gesellschaften** aufgeteilt, von denen jede aber eben ihren **eigenen Betrieb** hat (vgl. § 15 Abs. 1 S. 1 Nr. 2 EStG bzw. § 1 i. V. m. §§ 7 ff. KStG), so dass hier **ggf. im Vorwege umstrukturiert** werden muss, um die Quote zu erfüllen. Häufig ist jedoch ohnehin eine **Umstrukturierung** erforderlich, wenn die Wohnungen noch nicht Teil eines steuerlichen Betriebsvermögens sind. Es ist hierzu nach dem Wortlaut des Gesetzes das Vorliegen einer **gewerblich geprägten Personengesellschaft** (z. B. GmbH & Co. KG, bei der die gewerbliche Prägung nicht ausgeschlossen wurde) ausreichend. Auch **Kapitalgesellschaften** haben immer steuerliches Betriebsvermögen. Fraglich ist, wie mit steuerlichen Organschaften umzugehen ist, da dies ersichtlich noch nicht entschieden wurde. M. E. ändern diese aber nichts am Vorliegen eines Betriebs auf Ebene der Organgesellschaft, so dass der Betrieb der Organgesellschaft und des Organträgers nicht zusammen betrachtet werden können. Denn das in den §§ 14 ff. KStG geregelte Rechtsinstitut der steuerlichen **Organschaft** hat zum Grundsatz die **Zurechnung von Einkommen** und **nicht von Vermögen**.

939 Die **Definition von Wohnungen** in **§ 181 Abs. 9 BewG** ist nicht zu unterschätzen, führt sie in der Praxis doch häufig dazu, dass **Wohnheime**, wie z. B. Studentenwohnheime, gerade **nicht** davon **erfasst** sind. Denn § 181 Abs. 9 BewG fordert für eine **Wohnung** eine bauliche Trennung von Wohnräumen und die Ermöglichung der Führung eines selbständigen Haushalts, was durch das Vorhandensein von notwendigen Nebenräumen wie Küche, Bad oder Dusche und Toilette konkretisiert wird. Außerdem wird eine **Mindestgröße der Wohnfläche von 23 qm** gefordert. Garagen sind, soweit vorhanden, den Wohnungen zuzuordnen[47].

Weiterhin ist das Vorhandensein von **einkommensteuerlichem Betriebsvermögen** erforderlich. Bei Kapitalgesellschaften stellt sich die Frage so nicht, da diese immer Betriebsvermögen haben. Häufig ist jedoch auch bei großen Immobilienbeständen noch kein ertragsteuerliches Betriebsvermögen gegeben, sondern die Objekte sind Teil **privater Vermögensverwaltung**, so dass **Einkünfte aus Vermietung und Verpachtung** erzielt werden. In diesen Fällen findet die Betriebsvermögensbegünstigung **keine Anwendung**. Es ist dann mit den Mandanten zu besprechen, ob die schenkungssteuerlichen Vorteile wie meist die ertragsteuerlichen Nachteile aufwiegen. Hierbei sollte insbesondere die sog. **erweiterte Grundstückskürzung gem. 9 Nr. 1 S. 2 GewStG** berücksichtigt werden, wonach bei der Gewerbesteuer der Teil des Gewerbeertrags gekürzt wird, der auf die Nutzung eigenen Grundvermögens entfällt. 940

Problematisch und dogmatisch verfehlt ist das gesetzliche Merkmal des Vorliegens eines **wirtschaftlichen Geschäftsbetriebs** im Sinne von **§ 14 Abgabenordnung („AO")**. Dieser soll nach den Erbschaftsteuerrichtlinien (R E 13b.17 Abs. 3) nach **folgenden Merkmalen** bestimmt werden: 941

- **Umfang** der **Geschäfte**;
- Unterhalten eines **Büros**;
- **Buchführung** zur **Gewinnermittlung**;
- **Umfangreiche Organisationstruktur** zur Durchführung der Geschäfte;
- Bewerbung der Tätigkeit;
- **Anbieten** der Dienstleistung/Produkte einer **breiteren Öffentlichkeit** gegenüber.

Sieht man sich diese Merkmale näher an, stellt man schnell fest, dass es sich teils um **unbestimmte Rechtsbegriffe** handelt, die in der Praxis schwerlich zur Planung taugen, und teils bereits durch das **Merkmal des Betriebsvermögens** gesetzlich unterstellt bzw. gefordert werden. Der „Umfang der Geschäfte" hängt direkt mit der Anzahl der Wohnungen an, wenn nicht gerade ein Hotelbetrieb, Pensionsbetrieb oder ein Wohnheim vorliegt, wobei die soeben genannten Betriebe meist deshalb kein Wohnungsunternehmen (ggf. aber ein normaler Geschäftsbetrieb) sein dürften, weil keine abgeschlossenen Wohnungen im Sinne des § 181 Abs. 9 BewG vorliegen. Damit ist das Merkmal Umfang der Geschäfte aber eigentlich 942

47 BFH v. 24.10.2017 – II R 44/15, BStBl. II 2018, 358.

untauglich, da es nur **repräsentativ** für die Anzahl der Wohnungen steht. Auch das nächste Merkmal des **Unterhaltens eines Büros** erscheint eher wenig geeignet als eigenes Merkmal, da die **notwendigen Verwaltungsarbeiten** in irgendeinem Büro erledigt werden müssen. Die **Notwendigkeit eine Buchführung** zu unterhalten, ergibt sich für gewerbliche Betriebe bereits aus den **§§ 140, 141 AO**, so dass auch dieses Merkmal eine bloße Wiederholung darstellt. Die Forderung nach dem **Bestehen einer umfangreichen Organisationsstruktur** ist wiederum ein **nicht quantifizierbares Merkmal**, das zur Planung nicht taugt, da weder Art, noch Umfang der geforderten Organisation präzisiert werden. Eine **Bewerbung der Tätigkeit** dürfte auch immer vorliegen, da auch Mund-zu-Mund-Propaganda, z. B. wenn der Mieter einen Nachmieter sucht, eine Bewerbung der Immobilie darstellt. Und auch das Anbieten einer **breiten Öffentlichkeit** stellt in den allermeisten Fällen ein wenig hilfreiches Merkmal dar, welches auch noch mit dem Merkmal der Bewerbung massive Überschneidungen hat. Der **Gedanke der Finanzverwaltung** ist durchaus **nachvollziehbar**, die in den Erbschaftsteuerrichtlinien niedergelegten Kriterien helfen in der Praxis leider nicht. Der Begriff des **wirtschaftlichen Geschäftsbetriebs gem. § 14 AO** wird wohl auch von der Finanzverwaltung eher als gesetzgeberischer Fehlgriff gesehen. Teils wird gefordert, auf das Vorliegen eines **kaufmännischen Handelsgewerbes** abzustellen[48], was gem. § 1 Abs. 2 HGB für jeden Gewerbebetrieb unterstellt wird, es sei denn, er erfordert nicht einen in kaufmännischer Weise nach Art und Umfang eingerichteten Geschäftsbetrieb. Dies wäre dann die **Abgrenzung zur Vermögensverwaltung** und vor allem zur bloßen gewerblichen Prägung z. B. einer GmbH & Co. KG oder den qua gesetzlicher Fiktion immer gewerblichen Einkünften einer Kapitalgesellschaft. Dem **Gesetzgeber** geht es wesentlich darum zu **vermeiden**, dass durch das **bloße Vorliegen von Betriebsvermögen** bereits ein **Wohnungsunternehmen** errichtet werden kann[49]. Diese Vorschrift ist für große Immobilienvermögen von erheblicher Bedeutung. Denn gem. 13b.17 Abs. 3 S. 2 ErbStR R E ist **ab einer Anzahl von 300 Wohnungen** regelmäßig anzunehmen, dass ein **wirtschaftlicher Geschäftsbetrieb** vorliegt. Mit Blick auf die **Rechtsprechung** des BFH stellt sich die Frage, wann ggf. bei **weniger als 300 Wohnungen** ein Wohnungsunternehmen vorliegen kann. Ab 300 Wohnungen wird die Frage, welche weiteren Leistungen ggf. erbracht werden müssen, in der Praxis nicht relevant werden, solange die Finanzverwaltung in den Erbschaftsteuerrichtlinien bei ihrer Regelannahme bleibt. Der Leitsatz des **BFH**[50] lautet: „**Woh-**

48 Vgl. *Ivens*, DStR 2010, S. 2168, 2172; *Viskorf* in Viskorf/Schuck/Wälzholz ErbStG § 13b Rn. 252.

49 So auch BFH v. 24.10.2017 – II R 44/15, BStBl. II 2018, 358, der hierzu jedoch auf das Vorliegen eines wirtschaftlichen Geschäftsbetriebs abstellt.

50 BFH v. 24.10.2017 – II R 44/15, BStBl. II 2018, 358.

nungen, die eine Wohnungsvermietungsgesellschaft an Dritte zur Nutzung überlässt, gehören nur zum **begünstigten Vermögen** i. S. d. § 13b Abs. 2 S. 2 Nr. 1 S. 2 ErbStG 2009, wenn die Gesellschaft **neben der Vermietung** im Rahmen eines wirtschaftlichen Geschäftsbetriebs Zusatzleistungen erbringt, die das bei langfristigen Vermietungen übliche Maß **überschreiten.** Auf die **Anzahl** der vermieteten Wohnungen kommt es dabei **nicht** an." Im Fall des BFH hatte die Gesellschaft, deren Kommanditanteil der Kläger als Erbe erworben hatte, 37 Wohnungen und 19 Garagen. Der BFH[51] stellt auf das **Gesamtbild der wirtschaftlichen Verhältnisse** ab; liegt danach private Vermögensverwaltung vor, so liege kein wirtschaftlicher Geschäftsbetrieb vor, sei dagegen eine gewerbliche Wohnungsvermietung gegeben, sei auch davon auszugehen, dass hierfür ein wirtschaftlicher Geschäftsbetrieb erforderlich sei. **Dogmatisch** ist dies m. E. ein **Zirkelschluss** und damit als Begründung nicht haltbar. Dem BFH ist aber zuzugeben, dass es im Ergebnis einer **Gesamtschau** bedarf und dafür die ertragsteuerlich maßgebenden Abgrenzungskriterien heranzuziehen sind und der Begriff des wirtschaftlichen Geschäftsbetriebs hierzu nicht geeignet ist. Der BFH führt aus, dass die Vermietung von Grundbesitz auch dann Vermögensverwaltung bleibt, wenn an eine Vielzahl von Mietern vermietet wird und zur Verwaltung ein in kaufmännischer Weise eingerichteter Geschäftsbetrieb unterhalten wird[52], denn entscheidend sei der Zweck, der in der Einkünfteerzielung in Form von Vermögensanlage und -nutzung liege. Die Grundstücksvermietung habe dagegen **gewerblichen** Charakter, wenn **besondere Umstände** gegeben seien und eine Tätigkeit vorliege, die **über das normale Maß** der Vermietungstätigkeit hinausgehe. Dies sei der Fall, wenn besondere, bei der Vermietung von Räumen nicht übliche **Sonderleistungen** erbracht würden. Als Beispiele führt der BFH die **Reinigung** der vermieteten Wohnungen oder die **Bewachung** des Gebäudes an. Auch eine besondere, mit dem Mieter besprochene **Ausstattung** oder ein **Wäscheservice mit Wechsel** wird genannt. Die Diskussion über die Ansicht des BFH ist bereits seit längerem im Gange. Man wird wohl festhalten müssen, dass die vom BFH[53] aufgeführten Kriterien problematisch sind, denn wenn die weitere Tätigkeit derart in den Vordergrund rückt, dass ihretwegen bereits eine originär gewerbliche Tätigkeit gegeben ist, dann bleibt **kein eigenständiger Regelungsbereich** mehr für den **Begriff des Wohnungsunternehmens.** So läge wohl bei Reinigung und Wäscheservice sehr schnell eine Art Hotelbetrieb und damit eine originär gewerbliche Tätigkeit vor. Es bleibt die weitere Entwicklung der Rechtsprechung und die Diskussion in der Literatur abzuwarten.

---

51 BFH v. 15.3.2006 – II R 74/04, BFH/NV 2006, 1663.

52 BFH v. 15.3.2006 – II R 74/04, BFH/NV 2006, 1663.

53 BFH v. 15.3.2006 – II R 74/04, BFH/NV 2006, 1663.

943 Im Ergebnis ist festzuhalten, dass die Betriebsvermögensbegünstigung für ein Wohnungsunternehmen mit weniger als 300 Wohnungen in der Praxis kaum gewährt werden dürfte.

944 Aus Sicht der **Finanzverwaltung** muss ein vorhandener **wirtschaftlicher Geschäftsbetrieb** aber **nicht direkt** bei dem Betrieb vorliegen, der übertragen werden soll bzw. an dem die Beteiligung besteht. Es reicht vielmehr aus, wenn die Vermietung durch eine andere Gesellschaft im Rahmen einer **Betriebsaufspaltung**, einer **Beteiligung** oder auch von einem **externen Dienstleistungsunternehmen** vorgenommen wird, solange nur ein wirtschaftlicher Geschäftsbetrieb vorliegt (vgl. R E 13b.17 Abs. 4). Im Ergebnis ist diese seitens der Finanzverwaltung hier zugestandene Flexibilität zu begrüßen, da ja gerade bei größeren Wohnungsbeständen meist aus diversen Gründen mehrere Gesellschaften vorhanden sind, die arbeitsteilig agieren.

945 **Problematisch** ist, dass **Gewerbe- und Büroimmobilien**, soweit sie nicht unwesentlicher Teil eines Wohnungsunternehmens sind, **nicht** unter die **Betriebsvermögensbegünstigung** fallen. Es leuchtet mit Blick auf die Gesetzesbegründung[54], wonach Wohnungsunternehmen in die Verschonungsregelungen einzubeziehen seien, da sie in nicht unerheblichem Umfang **Arbeitsplätze** zur Verfügung stellten, nicht ein, weswegen ein Unternehmen, welches Gewerbe- und/oder Büroimmobilien vermietet, weniger Arbeitsplätze zur Verfügung stellen sollte. Auch bei Gewerbe- und Büroimmobilien ist in gleicher Weise ab einer gewissen Größe eine **professionelle Organisation auf Vermieterseite** erforderlich, die ebenso Arbeitsplätze schafft. Unter dem **verfassungsrechtlichen Gleichheitsgebot** ist diese gesetzgeberische Unterlassung m. E. zu hinterfragen.

946 **(5)** Gem. **§ 13b Abs. 4 Nr. 1 e) ErbStG** sind **Grundstücksüberlassungen** etc. im Zusammenhang mit Lieferverträgen, die vorwiegend dem Absatz der eigenen Erzeugnisse und Produkte dienen, **keine (schädliche) Nutzungsüberlassung** an Dritte. Erfasst werden hiervon z. B. **Bierlieferungsverträge von Brauereien**, die gleichzeitig Eigentümer der Gaststätten sind und diese an die Wirte verpachten.

947 **(6)** Die **Überlassung von Grundstücken** etc. an Dritte zur **land- und forstwirtschaftlichen Nutzung** ist ebenfalls **keine schädliche Überlassung** an Dritte, vgl. **§ 13 Abs. 4 Nr. 1 f) ErbStG**.

948 **bb) Verwaltungsvermögen** sind weiterhin **Anteile an Kapitalgesellschaften** bei einer **unmittelbaren** oder **mittelbaren Beteiligung von 25 % oder weniger, § 13b Abs. 4 Nr. 2 ErbStG**. Eine Ausnahme greift nur, wenn die Beteiligung dem **Zweck eines Kreditinstituts, Finanz-**

54 BT-Drucks. 16/11107, 12.

dienstleistungsinstituts, Wertpapierinstituts oder eines **Versicherungsunternehmens** dient. Bei der Berechnung der 25 %-Grenze werden sog. **Poolvereinbarungen** positiv berücksichtigt, also die Beteiligungen der Mitglieder des Pools zusammengerechnet, wenn die Poolmitglieder nur einheitlich über die Anteile verfügen oder sie nur an andere Poolmitglieder übertragen dürfen und das Stimmrecht nur einheitlich ausgeübt werden darf. Gerade bei größeren **Familienkapitalgesellschaften** ist eine Poolvereinbarung ein probates Mittel, um trotz der bei jeder Generation meist zunehmenden Anzahl an Gesellschaftern dennoch kein Verwaltungsvermögen entstehen zu lassen.

cc) Falls der **Handel**, die **Herstellung** oder **Verarbeitung** oder die **entgeltliche Nutzungsüberlassung** an Dritte von **Gegenständen**, die üblicherweise der **privaten Lebensführung** dienen, der **Hauptzweck eines Betriebes** ist, dann sind diese Gegenstände **nicht Verwaltungsvermögen, § 13b Abs. 4 Nr. 3 ErbStG**. Das Gesetz zählt unter anderem nicht abschließend beispielhaft Kunstgegenstände, Kunstsammlungen, wissenschaftliche Sammlungen, Bibliotheken und Archive, Münzen, Edelmetalle und Edelsteine, Briefmarkensammlungen, Oldtimer, Yachten, Segelflugzeuge auf. 949

dd) Zum **Verwaltungsvermögen** gehören gem. **§ 13b Abs. 4 Nr. 4 ErbStG** weiterhin **Wertpapiere** sowie **vergleichbare Forderungen**, wenn sie nicht dem Betrieb eines Kreditinstituts, eines Finanzdienstleistungsinstituts, eines Wertpapierinstituts oder eines Versicherungsunternehmens gehören. Damit sind grundsätzlich bei Unternehmen, die nicht zu der genannten Gruppe gehören, alle Arten von Wertpapieren, gleich, ob festverzinslich oder nicht, sowie **alle Forderungen** dem **Verwaltungsvermögen zugeordnet**. Die Finanzverwaltung definiert in R E 23b.22 Wertpapiere, als auf dem Markt gehandelte Wertpapiere gem. § 2 Abs. 1 Wertpapierhandelsgesetz (WpHG). Vergleichbare Forderungen sollen danach solche sein, über die keine Urkunden ausgegeben wurden, die aber auch unter § 2 Abs. 1 WpHG fallen. Auch wenn die Definition nicht zwingend erscheint, kann man in der Praxis damit arbeiten. **Kaufmännische Orderpapiere** sollen hingegen **keine Wertpapiere** im Sinne dieser Vorschrift sein, R E 13b.22. Problematisch ist die zu Grunde liegende Entscheidung des Gesetzgebers, der **Wertpapiere als unternehmensfremd** und deshalb als nicht begünstigungswürdig einstuft, da damit in der Regel weder Arbeitsplätze noch zusätzliche volkswirtschaftliche Leistungen erbracht würden[55]. Diese gesetzgeberische Anmaßung zwingt im Rahmen einer vorweggenommenen Erbfolge dazu, **zum Übergabezeitpunkt** einen **mög-** 950

55 BT-Drucks. 16/7918, 35 f.

lichst geringen Bestand an Wertpapieren zu halten, so betriebswirtschaftlich nachteilig dies im Einzelfall auch sein mag.

951 **ee) Gem. § 13b Abs. 4 Nr. 5 ErbStG** gehören zum **Verwaltungsvermögen sog. Finanzmittel**. Die Einführung dieses **Finanzmitteltests** ist eine Reaktion auf die nach Einführung der Betriebsvermögensbegünstigung in der ursprünglichen Form stark verbreiteten „Cash-GmbH" und „Cash-KG", also Gesellschaften, deren Vermögen ausschließlich aus Liquidität bestand und die darüber hinaus keinen weiteren Geschäftsbetrieb hatten. Entsprechend wurde durch das Amtshilferichtlinienumsetzungsgesetz 2013[56] der Begriff der Finanzmittel eingeführt. Danach wurde die Vorschrift mehrfach geändert. Wesentlich ist, dass der **gemeine Wert des Bestands an Zahlungsmitteln, Geschäftsguthaben, Geldforderungen** und **anderen Forderungen** – nachdem davon die Schulden abzogen wurden – **Verwaltungsvermögen** darstellt, soweit dieser Wert **15 %** des Werts des Betriebs oder der Gesellschaft übersteigt. **Junge Finanzmittel** sind dabei herauszurechnen, da sie **immer Verwaltungsvermögen** sind. Finanzmittel gelten als jung, wenn sie weniger als zwei Jahre im Betrieb waren. Finanzmittel sind dann nicht Verwaltungsvermögen, wenn sie dem **Hauptzweck eines Kreditinstituts, Finanzdienstleistungsinstituts, Wertpapierinstituts** oder **Versicherungsunternehmens** gehören. Der Freibetrag von 15 % ist nur anwendbar, wenn ein land- und forstwirtschaftlicher Betrieb (§ 13 EStG), ein Gewerbebetrieb (§ 15 EStG) oder ein freiberuflicher Betrieb (§ 18 EStG) vorliegt oder in einer Gesellschaft ausgeübt wird[57]. Auch wenn die Motivation des Gesetzgebers, die Cash-Gesellschaften nicht unter die Betriebsvermögensbegünstigung zu subsumieren, anzuerkennen ist, kann die **Regelung im Einzelfall überschießend** wirken. Für die Gestaltungspraxis bei der vorweggenommenen Erbfolge besteht aber, anders als im Erbfall, meist die Chance, das zu übergebende Unternehmen auf den Punkt fit zu machen. Denn es kommt beim Finanzmitteltest **nur auf den Zeitpunkt der Übertragung** an. Dennoch gibt es eine Reihe von Geschäftsmodellen, bei denen über einen längeren Zeitraum ein hoher Bestand an Liquidität aufgebaut werden muss. Dies Konstellationen stellen bei der Gestaltung Herausforderungen dar.

952 **d) § 13b Abs. 5 ErbStG** enthält die sog. **Investitionsklausel** und ermöglicht aufgrund eines **vom Erblasser vorgefassten Plans** innerhalb von **zwei Jahren** ab Erwerb von Todes wegen Verwaltungsvermögen im Sinne des Abs. 4 in begünstigungsfähiges Vermögen zu investieren. Dann entfällt rückwirkend die Zurechnung zum Verwaltungsvermögen. Das Gleiche gilt bei Erwerben von Todes wegen auch für **Finanzmittel bei wiederkeh-**

56 BGBl. I 2013 S.1809, BStBl. I 2013 S. 802.

57 Vgl. zur Diskussion dazu z. B. *Jülicher* in Troll/Gebel/Jülicher/Gottschalk ErbStG, § 13 b, Rn. 328 ff.

renden saisonalen Schwankungen. Die Voraussetzungen müssen jeweils vom Erwerber gegenüber dem Finanzamt nachgewiesen werden. In der Praxis sollten die Ansprüche an den Nachweis nicht unterschätzt werden, denn der **Plan des Erblassers** muss nach Ansicht der Finanzverwaltung (R E 13b.24 Abs. 3 ErbStR) so **konkret** sein, dass er vom Erben **einfach** nur **umgesetzt** werden kann. Es empfiehlt sich deshalb gerade in Konstellationen, in denen von der Investitionsklausel ggf. Gebrauch zu machen wäre, doch lieber eine lebzeitige Gestaltung der vorweggenommenen Erbfolge vorzunehmen.

e) Der **Nettowert des Verwaltungsvermögens** gem. **§ 13b Abs. 6** 953
ErbStG ergibt sich durch **Abzug des anteiligen gemeinen Werts der Schulden** (nach Anwendung der Abs. 3 und 4) **vom gemeinen Wert** des Verwaltungsvermögens. Die anteiligen Schulden werden dabei nach dem Verhältnis des gemeinen Werts des Verwaltungsvermögens zum gemeinen Wert des Betriebsvermögens bestimmt, zuzüglich der nach Anwendung der Abs. 3 und 4 verbleibenden Schulden. Die Erkenntnis aus dieser Vorschrift sollte sein, dass man das **Verwaltungsvermögen berechnen** muss. Und zwar sollte zur Planung vorab eine Berechnung erfolgen und dann **bei der Gestaltung entsprechende** Puffer eingebaut werden. Kurz vor dem Stichtag ist im Rahmen einer Planbilanz auf den Stichtag dann nochmals zu rechnen, ob die Annahmen noch passen.

f) Gem. **§ 13b Abs. 7 ErbStG** wird der **Nettowert des Verwaltungs-** 954
vermögens wie begünstigtes Vermögen behandelt, soweit er 10 % des um den Nettowert des Verwaltungsvermögens gekürzten gemeinen Wert des Betriebsvermögens nicht übersteigt, sog. **unschädliches Verwaltungsvermögen**. Jedoch sind **junges Verwaltungsvermögen** – solches, das dem Betrieb weniger als zwei Jahre zuzurechnen war – und **junge Finanzmittel nie unschädliches Verwaltungsvermögen**. Die Erkenntnis aus e) bestätigt sich: das unschädliche Verwaltungsvermögen, ebenso wie das junge Verwaltungsvermögen, sollte berechnet und ein großzügiger Puffer auf den Stichtag eingebaut werden.

g) Nach **§ 13b Abs. 8 ErbStG** ist eine **Saldierung mit Schulden** gem. 955
§ 13 Abs. 6 ErbStG für **junge Finanzmittel** und **junges Verwaltungsvermögen nicht möglich**. Eine Verrechnung mit Verwaltungsvermögen ist bei sog. wirtschaftlich nicht belastenden Schulden und darüber hinaus ausgeschlossen, soweit die Summe der Schulden den durchschnittlichen Schuldenstand der letzten drei Jahre nicht übersteigt. Dies gilt **nicht**, wenn die **Erhöhung des Schuldenstands** durch die **Betriebstätigkeit veranlasst** ist. Als Nettowert des Verwaltungsvermögens ist mindestens der gemeine Wert des jungen Verwaltungsvermögens und der jungen Finanzmittel anzusetzen. Die Vorschrift zeigt einmal mehr, wie problema-

tisch der Begriff der Finanzmittel ist. Auch die Rückausnahme bei durch „Betriebstätigkeit" veranlassten Schulden ist nicht ausreichend konkret. Denn im Rahmen eines Betriebs ist grundsätzlich jede Tätigkeit, die nicht in einer Entnahme oder einer verdeckten Gewinnausschüttung mündet, betriebsbezogen. Es steht dem Gesetzgeber wohl eher nicht zu, eine Wertung vorzunehmen, welcher Art von Tätigkeit im Rahmen eines Betriebs nun betriebsbezogen ist und welche nicht. Die **Finanzverwaltung** gibt in **R E 13b.28 ErbStR** leider auch keine griffigen Anhaltspunkte. **Nicht belastende Schulden** sollen aber nach den R E 13b.28 ErbStR z. B. **bei Rangrücktritt** vorliegen. Für die Praxis bedeutet dies eine weitere Falle, die im Rahmen der Planung abzuprüfen ist.

956 **h) § 13b Abs. 9 ErbStG** verlangt die **Aufstellung einer Verbundvermögensaufstellung**, in die die Vermögensgegenstände in- und ausländischer Gesellschaften (Personen- oder Kapitalgesellschaften), an denen mittelbar oder unmittelbar eine Beteiligung besteht, mit **einzubeziehen** sind. **Forderungen** und **Verbindlichkeiten** der Gesellschaften untereinander dürfen **gekürzt** werden. Die Aufstellung hat auch junge Finanzmittel und junges Verwaltungsvermögen zu erfassen, die jeweils gesondert aufzuführen sind. Hintergrund für die Verbundvermögensaufstellung ist die **Vermeidung von Kaskadeneffekten**, die sich früher ergeben konnten, da nach altem Recht nur auf die jeweilige Gesellschaft abgestellt wurde. Bei entsprechender Gestaltung ergab sich so ggf. z. B. mehr unschädliches Verwaltungsvermögen, als es nun im Rahmen der Verbundvermögensaufstellung der Fall ist.

7. Großerwerbe und Verschonungsbedarfsprüfung

957 Die Betriebsvermögensbegünstigung wird nicht unbeschränkt gewährt, vgl. bereits oben unter Rn. 911 ff. zu § 13a ErbStG. Ab **Überschreiten des Werts** des begünstigten Vermögens von **EUR 26 Millionen** wird eine Begünstigung **nur** mehr im Rahmen der Vorschrift über Großerwerbe gem. § 13c ErbStG gewährt. Alternativ kann der Erwerber die **sog. Verschonungsbedarfsprüfung gem. § 28a ErbStG** beantragen. Beide Vorschriften werden nachfolgend kurz behandelt.

a) Großerwerbe (§ 13c ErbStG)

958 Bei **Überschreiten** des **Erwerbs begünstigten Vermögens** (§ 13b Abs. 2 ErbStG) **von EUR 26 Millionen** kann der Erwerber **beantragen**, dass er dennoch den **Verschonungsabschlag** erhält, dieser sich dann aber um jeweils einen Prozentpunkt für jede volle EUR 750.000 vermindert, die der Wert des begünstigten Vermögens EUR 26 Millionen übersteigt.

Ab einem **Erwerb begünstigten Vermögens von EUR 90 Millionen** wird ein **Verschonungsabschlag nicht mehr gewährt**. Wichtig ist, dass die Vorschrift auf den **jeweiligen Erwerber** abstellt, jeder Erwerber also selbst entscheiden kann, ob er einen solchen Antrag stellt. Auch erfolgt **keine Zusammenrechnung** des Erwerbs mehrerer Erwerber.

Die Vorschriften des **§ 13a Abs. 3 bis 9 ErbStG**, insbesondere die **Lohnsummenregelung** und die **Behaltensregelungen**, finden **entsprechende Anwendung**. Bei **mehreren Erwerben innerhalb von zehn Jahren** werden für die Bestimmung des Verschonungsabschlags für den letzten Erwerb die **früheren Erwerbe mit ihrem früheren Wert** dem letzten Erwerber **hinzugerechnet**. Das Gesetz enthält noch detaillierte Regelungen für den Wegfall der Begünstigungen für frühere Erwerbe. Im Rahmen einer vorweggenommenen Erbfolge muss bedacht werden, dass neben dem momentan geplanten Vermögensübergang ggf. **später im Rahmen eines Erbfalls weiteres begünstigtes Vermögen** auf den Erwerber übergehen könnte. Derartige Konstellationen sollten im Rahmen der Planung bereits berücksichtigt werden, damit es nicht später zu einem **unbeabsichtigten Großerwerb** und einer ggf. nicht erwarteten Steuerbelastung kommt. 959

Wichtig ist, dass der **Antrag auf Gewährung der Begünstigung** für Großerwerbe gem. § 13c Abs. 1 ErbStG **unwiderruflich** ist und einen **Antrag** auf **Verschonungsbedarfsprüfung** gem. § 28a ErbStG **ausschließt**. Im Ergebnis ist festzuhalten, dass eine Berechnung und eine Abwägung erforderlich ist, ob die Vorschrift für Großerwerbe oder die Verschonungsbedarfsprüfung im Einzelfall günstiger ist. Wie wir gleich unter Rn. 962 ff. sehen werden, ist im Rahmen dieser Abwägung vor allem auch das bereits **vorhandene nicht begünstigte Vermögen** des jeweiligen Erwerbers zu **berücksichtigen**. 960

Die Vorschrift über Großerwerbe findet gem. § 13c Abs. 3 i. V. m. § 1 Abs. 1 Nr. 4 ErbStG auch für die **Erbersatzsteuer** Anwendung, die alle 30 Jahre bei **inländischen Familienstiftungen** anfällt. 961

b) Verschonungsbedarfsprüfung (§ 28a ErbStG)

Bei Überschreiten eines Erwerbs begünstigten Vermögens von EUR 26 Millionen kann der jeweilige Erwerber – anstelle des Antrags für Großerwerbe nach § 13c ErbStG – einen **Antrag nach § 28a ErbStG** stellen. Es ist dann die auf das begünstigte Vermögen entfallende **Erbschaft- oder Schenkungsteuer** insoweit **zu erlassen**, als **nachgewiesen** werden kann, dass der **Erwerber persönlich nicht in der Lage** ist, die Steuer **aus seinem verfügbaren Vermögen** zu begleichen, § 28a Abs. 1 ErbStG. Das verfügbare Vermögen ist in Abs. 2 der Vorschrift definiert als **die Hälfte der Summe der gemeinen Werte** des 962

1. mit der Erbschaft oder Schenkung **zugleich übergegangenen** Vermögens, das **nicht zum begünstigten Vermögen** gehört, **und**
2. dem Erwerber **im Zeitpunkt der Entstehung der Steuer** gehörenden Vermögens, das **nicht zum begünstigten Vermögen** gehören würde.

963 Mit anderen Worten: Der Erwerber muss **die Hälfte** des nicht für die Betriebsvermögensbegünstigung qualifizierenden Vermögens **einsetzen**, das er bereits hat oder das er im Wege der Zuwendung (aus Schenkung oder Erbschaft) erhalten hat. Im Einzelfall kann dies prohibitiv wirken, wenn bereits viel nicht begünstigtes Vermögen vorhanden ist, oder, wenn ggf. früher begünstigtes Vermögen nach den für den aktuellen Erwerb geltenden Vorschriften nicht mehr begünstigt wäre. **Vor Antragstellung** ist also eine **Analyse des Vermögens** mit einer entsprechenden Berechnung unumgänglich.

964 Der Erlass kann **nicht in Anspruch** genommen werden, soweit der Erwerber begünstigtes Vermögen aufgrund einer **letztwilligen** oder **rechtsgeschäftlichen Verfügung** des Erblassers oder Schenkers **auf einen Dritten** übertragen muss oder ein Erbe im Rahmen der **Teilung des Nachlasses** begünstigtes Vermögen **auf einen Miterben** überträgt. Der Dritte kann dann jedoch entsprechend vom begünstigten Vermögen profitieren, vgl. § 28a Abs. 1 S. 4 ErbStG.

965 Die Steuer kann **in Härtefällen auf Antrag bis zu sechs Monate gestundet** werden. Härtefälle liegen vor, wenn der Erbwerber **einen Kredit aufnehmen** oder **verfügbares Vermögen** veräußern müsste.

966 Der Erlass der Steuer steht gem. § 28a Abs. 4 ErbStG unter der **auflösenden Bedingung**, dass **Lohnsummenregelung** (Höhe und Lohnsummenfrist) gem. § 13a ErbStG eingehalten wird. Bei Unterschreiten der **Mindestlohnsumme** wird der Erlass in **selben prozentualen Umfang gemindert**, in dem die Mindestlohnsumme unterschritten wird. Das Gleiche gilt bei **Verstoß gegen die Behaltensfrist** von sieben Jahren. Bei Erwerb **weiteren verfügbaren Vermögens** im Sinne von § 28a Abs. 2 ErbStG **innerhalb von zehn Jahren** ist das neu erworbene Vermögen **ebenfalls zu 50 %** einzusetzen und es kommt insoweit zum **rückwirkenden Wegfall** des Erlasses, wobei jedoch **erneut ein Antrag auf Erlass** gestellt werden kann. Bei **Änderung der durch Steuerbescheid** festgestellten Werte, soweit diese dem Erlassantrag zugrunde lagen, oder bei **Aufhebung eines Feststellungsbescheids** oder einer sonstigen dem Erlass zugrunde liegenden **Steuerfestsetzung** kann es ebenfalls zum **Wegfall des Erlasses** kommen. Jedoch ist auch in diesen Fällen ein **erneuter Antrag** auf Erlass zulässig.

967 Der **Erwerber** selbst muss das für die Erbschaftsteuer zuständige Finanzamt **innerhalb von sechs Monaten** nach Ablauf der Lohsummenfrist über ein Unterschreiten derselben in Kenntnis setzen. Das Gleiche gilt bei **Verstoß gegen die Behaltensfrist** oder **Hinzuerwerb weiteren Vermögens innerhalb von zehn Jahren** von derselben Person, jedoch mit dem Unterschied, dass die **Frist** hier nur **einen Monat** beträgt. Diese Art von **Anzeige** stellt jeweils eine **Steuererklärung** dar und hat **schriftlich** zu erfolgen.

Grundsätzlich ist die **Verschonungsbedarfsprüfung** als korrektiv der willkürlich anmutenden, starren EUR 26 Millionen-Grenze zu begrüßen. Denn sie ermöglicht gerade im Rahmen einer **vorweggenommenen Erbfolge** eine **Planung der Vermögensübergabe**. So wird es also meist wenig attraktiv sein, einem Abkömmling mit hohem eigenen, nicht begünstigten Vermögen wie z. B. einem Einfamilienhaus, einem Wertpapierdepot oder einem nicht unerheblichen Portfolio an fremdvermieten Wohnungen (vorausgesetzt, es liegt kein Wohnungsunternehmen vor), begünstigtes Vermögen von mehr als EUR 26 Millionen zukommen zu lassen. Man wird daher ggf. **Enkelkinder** mit in die Vermögensplanung einbeziehen, da diese meist noch kein hohes Vermögen haben. Entsprechend sollte aber in solchen Fällen auch **vermieden werden, nicht begünstigtes Vermögen** in erheblichem Umfang **auf die Enkelgeneration zu übertragen**. Werden jüngere Abkömmlinge in die vorweggenommene Erbfolge eingebunden, empfiehlt sich meist eine **Familiengesellschaft** (vgl. hierzu unten Rn. 1054). Alternativ oder zusätzlich kann auch über eine **Stiftungslösung** nachgedacht werden, denn Stiftungen können jedenfalls bei Neugründung so gestaltet werden, dass kein nennenswertes nicht begünstigtes Vermögen vorhanden ist (vgl. zu Stiftungen unten Rn. 1056). **968**

8. Steuerbefreiung für zu Wohnzwecken vermietete Grundstücke

Gem. § 13d ErbStG wird eine **Steuerbefreiung** für zu **Wohnzwecken** **969**
vermietete Grundstücke gewährt. Diese beträgt **zehn Prozent**; die Grundstücke sind also **mit 90 % ihres Wertes** anzusetzen. Dieser Abschlag ist anwendbar auf **bebaute Grundstücke** oder **Grundstücksteile**, die

a) zu **Wohnzwecken vermietet** werden,
b) im **Inland**, in einem **Mitgliedsstaat der Europäischen Union** oder des **Europäischen Wirtschaftsraums** belegen sind,
c) **nicht zum begünstigten Betriebsvermögen** oder **begünstigten Vermögens eines Betriebs der Land- und Forstwirtschaft** gehören.

Die **Begünstigung** wird **nicht** gewährt, wenn die Grundstücke auf- **970**
grund einer letztwilligen oder **rechtsgeschäftlichen Verfügung** des Erblassers oder Schenkers an Dritte **weitergegeben werden müssen** oder ein Erbe im Rahmen der **Teilung des Nachlasses** begünstigtes Vermögen auf einen Miterben überträgt. Der Dritte kann dann jedoch entsprechend

vom begünstigten Vermögen profitieren, vgl. § 13d Abs. 2 S. 3 ErbStG. Die Vorschrift findet auf die alle 30 Jahre anfallende **Erbersatzsteuer** bei Familienstiftungen **entsprechende Anwendung, § 13d Abs. 4 i.V.m. § 1 Abs. 1 Nr. 4 ErbStG.**

971 Der Gesetzgeber wollte mit der **partiellen Steuerbefreiung** für zu **Wohnzwecken** vermietete Grundstücke den **nicht institutionellen Vermietern** entgegenkommen und so ihren **Wettbewerbsnachteil** gegenüber der institutionellen Konkurrenz verringern[58]. Dieses Anliegen ist grundsätzlich zu begrüßen. Jedoch ist ein Abschlag von zehn Prozent auf den Wert bei zu Wohnzwecken vermieteten Grundstücken in Anbetracht der Preissteigerungen der letzten Jahre nicht ausreichend, um die gewünschte Entlastung der Privaten und der Personenunternehmen zu erreichen. Technisch korrekt und nicht zu beanstanden ist hingegen die Herausnahme der Wohnungsunternehmen aus § 13d ErbStG, da diese ja bereits die Betriebsvermögensbegünstigung erhalten.

972 **Problematisch** erscheint weiterhin die **völlige Herausnahme von anderen Grundstücken als Wohnungen** aus der Begünstigung. Dies ist ausweislich der Gesetzesbegründung[59] offenbar beabsichtigt, gleichwohl aber volkswirtschaftlich fraglich und mit Blick auf eine Gleichbehandlung m. E. auf verfassungsrechtlich nicht unproblematisch. Denn die Situation nicht institutioneller Vermieter im gewerblichen Bereich ist nicht anders als bei Wohnraum und stärkt ebenfalls den Wettbewerb. Auch volkswirtschaftlich sind Gewerbe- und Büroräume ebenso notwendig.

9. Tarifbegrenzung beim Erwerb von Betriebsvermögen, von Betrieben der Land- und Forstwirtschaft und von Anteilen an Kapitalgesellschaften

973 Gem. **§ 19a ErbStG** wird bei **Erwerben durch natürliche Personen** der **Steuerklassen II und III** ein **Entlastungsbetrag** von der tariflichen Erbschaft- und Schenkungsteuer abgezogen. Der Entlastungsbetrag wird also nur **natürlichen Personen** gewährt und auch nur dann, wenn diese nicht in direkter Linie mit dem Übertragenden verwandt sind bzw. **nicht** mit diesem durch in eine **Ehe oder Lebenspartnerschaft** verbunden sind (Steuerklasse I). **Juristischen Personen** wie z. B. Stiftungen und Vermögensmassen wird die Entlastung **nicht gewährt** (vgl. auch R E 19a.1 Abs. 1 S. 2 ErbStR). Hintergrund der Begünstigung ist eine Vorgabe des Bundesverfassungsgerichts[60], durch die dem Gesetzgeber aufgegeben wur-

58 BT-Drucks. 16/7918, S. 36, BR-Drucks. 4/08, S. 57f.

59 BT-Drucks. 16/7918, S. 36, BR-Drucks. 4/08, S. 57f.

60 BVerfG v. 22.6.1995 – 2 BvR 552/91, FamRZ 1995, 1261.

de, eine Entlastung für Erwerber von Betrieben zu schaffen, unabhängig von einer verwandtschaftlichen Nähe zwischen Übergeber und Erwerber.

Der Entlastungsbetrag wird gem. § 19a Abs. 2 ErbStG nur für **begünstigtes Vermögen** im Sinne des **§ 13b Abs. 2 ErbStG** gewährt. Er wird **nicht gewährt**, wenn ein **Verschonungsabschlag** gem. **§ 13a ErbStG** oder nach **§ 13c ErbStG** gewährt wird. Bei der **Regelverschonung** wird **der Entlastungsbetrag** also auf den **nach Abzug des Verschonungsabzugs von 85 % verbleibenden Betrag** des begünstigten Vermögens gewährt. Bei der **Optionsverschonung** mit einem Abzug von 100 % ist entsprechend **kein Raum** für den **Entlastungsbetrag**. Im Rahmen des **Abschmelzungsmodells** gem. **§ 13c ErbStG** wird der Entlastungsbetrag folglich für das nach Abzug des dann geminderten Verschonungsabschlags verbleibende Vermögen gewährt (vgl. dazu R E 19a.1 Abs. 2 ErbStR sowie die instruktiven Berechnungsbeispiele in H E 19a.2 ErbStH). Im Rahmen der **Verschonungsbedarfsprüfung** gem. **§ 28a ErbStG** wird der Entlastungsbetrag für das **begünstigte Vermögen** gewährt. Auf **Verwaltungsvermögen** wird ein **Entlastungsbetrag nicht gewährt**. Bei einem **Verstoß** gegen die **Behaltensfristen** fällt der Entlastungsbetrag **rückwirkend** weg. Steuerbescheide sind dann entsprechend rückwirkend zu ändern. Ist **Vermögen** vom Erwerber **an Dritte weiterzugeben**, wird darauf **kein Entlastungsbetrag** gewährt. 974

Zur Berechnung des Entlastungsbetrags wird zunächst die sich nach der tatsächlichen Steuerklasse ergebende Steuer errechnet. Danach wird eine **fiktive Steuer** nach **Steuerklasse I** für diesen Erwerb berechnet. Der Entlastungsbetrag ergibt sich als **Differenz der beiden Steuerbeträge**, vgl. § 19a Abs. 4 ErbStG. 975

10. Steuerschuldner

Steuerschuldner ist grundsätzlich der **Erwerber**. Bei einer **Schenkung** jedoch auch der **Schenker**, bei einer **Zweckzuwendung** der mit der Ausführung der **Zuwendung Beschwerte** und bei der **Erbersatzsteuer** gem. **§ 1 Abs. 1 Nr. 4 ErbStG** die entsprechende Stiftung oder der entsprechende **Verein** selbst. In den Fällen der **Bildung oder Ausstattung einer Vermögensmasse ausländischen Rechts** ist die **Vermögensmasse** immer **Steuerschuldner**, bei einer **Schenkung** auch der **Schenker, der die Vermögensmasse ausstattet** (vgl. § 3 Abs. 2 Nr. 1 S. 2 und § 7 Abs. 1 Nr. 8 S. 2 ErbStG). Die letztgenannten Fälle sind aufgrund der darin enthaltenen gesetzlichen Fiktion von besonderer Bedeutung, da ohne diese Fiktion eine Besteuerung der Fälle wohl nicht in Frage käme. 976

11. Anrechnung ausländischer Erbschaftsteuer

977 Gem. **§ 21 ErbStG** erfolgt bei Erwerbern mit **Vermögen** in einem **ausländischen Staat**, das in diesem zu einer der deutschen Erbschaft- und Schenkungsteuer entsprechenden Steuer herangezogen wird, eine **Anrechnung** auf die **deutsche Erbschaft- und Schenkungsteuer**. Die Anrechnung wird jedoch **nur gewährt**, soweit die ausländische Steuer auf den Erwerber entfällt, festgesetzt ist, im Ausland **keinem Ermäßigungsanspruch** mehr unterliegt, also auch auf Antrag nicht mehr gemindert werden kann und das Auslandsvermögen auch der deutschen Erbschaft- und Schenkungsteuer unterliegt. Eine weitere Einschränkung besteht dann, wenn ein **Abkommen zur Vermeidung der Doppelbesteuerung** (meist kurz und eigentlich missverständlich: Doppelbesteuerungsabkommen oder DBA) eingreift. Nach aktuellem Stand am 1. Januar 2023[61] bestehen aus deutscher Sicht derzeit nur mit **Dänemark, Frankreich, Griechenland, Schweden, Schweiz** und den **Vereinigte Staaten von Amerika** (USA) Doppelbesteuerungsabkommen, die das Gebiet der **Erbschaft- und Schenkungsteuer** abdecken. Da nicht alle DBA den gleichen Regelungsumfang haben, muss jeweils im Einzelfall geprüft werden, ob ein DBA-Schutz besteht. Weiterhin ist im Zusammenhang mit DBA auf dem Gebiet der Erbschaft- und Schenkungsteuer zu beachten, dass Deutschland hier durchgängig die Anrechnungsmethode anwendet (anders als bei den DBA auf dem Gebiet der Steuern von Einkommen und Ertrag, wo in fast allen Fällen eine Freistellung unter Progressionsvorbehalt angewandt wird – Ausnahme z. B. Vereinigte Arabische Emirate). Bei der **Anrechnungsmethode** wird also auf die deutsche Steuer die **ausländische Steuer angerechnet**. Der entscheidende **Unterschied** bei Anwendung eines DBA liegt deshalb nicht in der Anrechnung – die ja so auch gewährt würde –, sondern in **Regelungen zur Bestimmung, welcher Staat sein Besteuerungsrecht** bezüglich welcher Vermögensgegenstände **ausüben darf** und welcher zurückstecken muss. Derjenige Staat, der umfassend besteuern darf, muss dann im Gegenzug aber die Steuer, die der andere Staat erheben darf, auf seine Steuer anrechnen.

978 Wenn **Vermögen in verschiedenen ausländischen Staaten** belegen ist, ist für **jeden Staat eine separate Betrachtung** vorzunehmen. Eine **Anrechnung ausländischer Steuer** ist **ausgeschlossen**, wenn die deutsche Steuer für das Auslandsvermögen **innerhalb von fünf Jahren** seit dem Zeitpunkt der Entstehung der ausländischen Erbschaftsteuer entstanden ist. Die letztgenannte Regelung soll vermeiden, dass eine Anrechnung ggf. auch Jahrzehnte später vorzunehmen ist, wie dies z. B. bei ausländischen

61 Stand der Doppelbesteuerungsabkommen und anderer Abkommen im Steuerbereich sowie der Abkommensverhandlungen am 1.1.2023, GZ IV B 2 – S 1301/21/10048 :002.

Trusts nach dem common law möglich ist. Denn in Fällen, in denen der Vermögensübergang bei Ausstattung des Trust der Besteuerung im ausländischen Staat unterliegt, nach deutschem Steuerrecht der Trust aber – anders als eine Stiftung – nicht als juristische Person anerkannt wird (z. B. weil er nicht irrevocable ist, sondern vom Trusterrichter wieder aufgelöst werden kann oder der Errichter sich wie regelmäßig erhebliche Einflussnahmemöglichkeiten vorbehalten hat), sondern als bloßes Treuhandverhältnis angesehen und folglich dem Errichter weiterhin das Vermögens des Trusts zugerechnet wird, kommt es zu einem **zeitlichen Auseinanderfallen** der **deutschen** und der **ausländischen Steuer**. Denn die deutsche Steuer fällt erst bei Versterben des Errichters an, da dann – aufgrund des Wechsels des Treugebers – ein Vermögensübergang stattgefunden hat. Die zeitliche Begrenzung soll vermeiden, dass Deutschland in diesen Fällen Jahrzehnte später eine Steuer anrechnen muss[62]. Im Rahmen der vorweggenommenen Erbfolge können derartige Konstellationen mit Blick auf common law oder US-amerikanische intervivos Trusts problematisch werden, da ggf. eine Anrechnung wegen des zeitlichen Auseinanderfallens nicht in Frage kommt. Zwar ist nach deutschem Recht gem. § 7 Abs. 1 Nr. 8 S. 2 ErbStG die Bildung oder Ausstattung einer Vermögensmasse ausländischen Rechts, der Zweck auf die Bindung von Vermögen gerichtet ist, eine Schenkung (vgl. für Errichtung von Todes wegen § 3 Abs. 2 Nr. 1 S. 2 ErbStG). Jedoch fällt wohl nicht jeder Trust unter die Vorschrift (vgl. bereits oben unter Rn. 875).

12. Ermäßigung der Steuer bei Aufhebung einer Familienstiftung oder Auflösung eines Vereins

Wird eine **Familienstiftung** oder ein entsprechender **Verein aufgehoben** und damit der Tatbestand des § 7 Abs. 1 Nr. 9 ErbStG bezüglich der an die **in Deutschland steuerpflichtigen Anfallsberechtigten** etc. fließenden Beträge verwirklicht, enthält **§ 26 ErbStG** eine **Anrechnungsvorschrift**, die zu einer **teilweisen Anrechnung der Erbersatzsteuer gem. § 15 Abs. 2 S. 3 ErbStG** (vgl. zur Erbersatzsteuer unter Rn. 898) führt. Die Anrechnung beträgt 50 %, wenn nicht mehr als zwei Jahre und 25 %, wenn mehr als zwei, aber nicht mehr als vier Jahre seit dem letzten Steuertermin für die Erbersatzsteuer vergangen sind. Die Vorschrift ist damit **nur auf inländische Familienstiftungen** anwendbar, da nur diese der deutschen Erbersatzsteuer unterliegen. Bei ausländischen Familienstiftungen stellt sich umgekehrt aber die Problematik deshalb auch nicht. 979

62 Vgl. BT-Drucks. VI/3418, S. 73.

13. Erlöschen der Steuer in besonderen Fällen

980 Das Gesetz bietet für ausgewählte Fälle auch die Möglichkeit, dass eine **bereits entstandene Schenkungsteuer** mit Wirkung für die Vergangenheit wieder **erlöscht**. Bei der Regelung in § 29 ErbStG handelt sich also um einen gesetzlich geregelten Fall der Rückwirkung[63]. Eine bereits **festgesetzte Steuer** ist dann **gem. § 175 Abs. 1 Nr. 2 AO zu korrigieren**, da ein gesetzlich festgelegter Fall eines **rückwirkenden Ereignisses** vorliegt.

981 Für den **Zeitraum**, in dem der Erwerber den **Gegenstand nutzte**, ist er gem. § 29 Abs. 2 ErbStG **wie ein Nießbraucher** zu behandeln. Das heißt, er hat die **erzielten Erträge zu versteuern**, soweit er dadurch bereichert ist. Allerdings wird dies technisch durch eine Kürzung bei der zu erstattenden Schenkungsteuer abgewickelt und nicht etwa über das Ertragsteuerrecht oder eines fiktiven schenkungsteuerlichen Erwerbs[64].

982 Als **Erlöschensgrund** nennt das Gesetz in § 29 Abs. 1 Nr. 1 ErbStG die **Herausgabe eines Geschenks** wegen eines Rückforderungsrechts. Neben **gesetzlichen** ist hier vor allem an **vertragliche** Rückforderungsrechte zu denken. Letzteres können insbesondere auch **Steuerklauseln in Übergabeverträgen** sein, die dem Übergeber bei Entstehen einer Steuerforderung ein Rückforderungsrecht einräumen. Gerade mit Blick auf die **Gewährung der Betriebsvermögensbegünstigung** sind solche Steuerklauseln zu empfehlen. Denn für den Fall, dass wider Erwarten die Betriebsvermögensbegünstigung final (d. h. z. B. nach Rechtswegerschöpfung) nicht gewährt wird, kann in Abhängigkeit des Steuerschadens überlegt werden, die Zuwendung durch **Ausübung eines vertraglich im Übergabevertrag** für diesen Fall eingeräumten Rückforderungsrechts rückabzuwickeln. Ein **vollständig freier Widerruf** sollte aber **nicht vereinbart** werden, da ansonsten bei der Übertragung von steuerlichen Mitunternehmeranteilen (zu Mitunternehmeranteilen vgl. unter Rn. 924 ff.) eine Übertragung **nicht anerkannt** werden kann[65]. **Ertragsteuerlich** können Positionen bei Rückruf der Schenkung aber **regelmäßig nicht rückabgewickelt** werden. Das heißt, die ertragsteuerlichen Folgen bleiben bestehen und ggf. kommen neue hinzu, falls Haltefristen gerissen bzw. stille Reserven aufgedeckt werden.

983 Auch die Abwendung der **Herausgabe eines Geschenks** gem. § 528 Abs. 1 S. 2 BGB durch **Zahlung eines für den Unterhalt erforderlichen Betrags** an den Schenker führt gem. § 29 Abs. 1 Nr. 2 ErbStG insoweit

---

63 Ebenso *Wälzholz* in Viskorf/Schuck/Wälzholz ErbStG § 29 Rn. 1.

64 Vgl. FG Düsseldorf v. 30.11.2016 – 4 K 3976/15 Erb, EFG 2017, 142 = ZEV 2017, 173; vgl. auch *Wälzholz* in Viskorf/Schuck/Wälzholz ErbStG § 29 Rn. 54.

65 Vgl. BFH v. 16.5.1989 – VIII R 196/84, BStBl. II 1989, 877 = NJW 1990, 1751; vgl. auch *Pahlke* in Fischer/Pahlke/Wachter ErbStG § 29 Rn. 19a m. w. N.

zum **Erlöschen einer Schenkungsteuer**, als der **Wert** der Zahlung **reicht**. **Übersteigt** der Wert der Schenkung den Wert der Zahlungen, liegt (weiterhin) eine schenkweise Zuwendung vor. Insgesamt liegt im letztgenannten Fall dann eine **gemischte Schenkung** (vgl. dazu unter Rn. 1002) vor und die Schenkung ist steuerrechtlich ggf. neu zu bewerten. Hierbei ist dann die Gegenleistung nach den Grundsätzen des Bewertungsgesetzes zu bewerten, wenn es sich nicht um eine Einmalzahlung, sondern z. B. um eine Rentenzahlung oder eine dauernde Last handelt.

Die **Schenkungsteuer erlischt** gem. **§ 29 Abs. 1 Nr. 3 ErbStG** auch in den Fällen, in denen **Zuwendungen zwischen Ehegatten** erfolgten und **nun vereinbart wird**, dass diese Zuwendungen auf einen **Zugewinnausgleichsanspruch anzurechnen** sind, denn der Zugewinn ist gem. § 5 Abs. 1 ErbStG steuerfrei. Die Vorschrift erfasst zum einen die Fälle des § 5 Abs. 2 ErbStG, also die **Beendigung der Zugewinngemeinschaft** durch **andere Fälle** als durch Tod sowie den Fall des § 1371 Abs. 2 BGB, wenn der überlebende Ehegatte also **nicht Erbe oder Vermächtnisnehmer** wird. Zum anderen sind die Fälle erfasst, wenn **unentgeltliche Zuwendungen** unter Ehegatten bei der **Berechnung der steuerfreien Ausgleichsforderung** nach § 5 Abs. 1 ErbStG erfasst werden. Wenn im Rahmen einer vorweggenommenen Erbfolge eine Gestaltung unter Verwendung des steuerfreien Zugewinnausgleichsanspruchs erfolgen soll, ist jeweils im Einzelfall zu berechnen, welche Alternative die günstigere ist[66]. **984**

Schließlich ist gem. **§ 29 Abs. 1 Nr. 4 ErbStG** noch die Zuwendung an **Gebietskörperschaften** und bestimmte **gemeinnützige Stiftungen** innerhalb von 24 Monaten nach dem Zeitpunkt der Entstehung der Schenkungsteuer begünstigt. Die Vorschrift ist für Zwecke der **vorweggenommenen Erbfolge** eher nur für Reparaturfälle interessant. Wichtig ist insbesondere, dass **Stiftungen gem. § 58 Nr. 6 AO**, also solche, die bis zu ein Drittel ihres Einkommens für den angemessenen Unterhalt des Stifters und seiner nächsten Angehörigen aufzuwenden haben, von der Begünstigung **ausgeschlossen** sind. **985**

---

66 Vgl. zum Ganzen auch *Pahlke* in Fischer/Pahlke/Wachter ErbStG § 29 Rn. 50 ff.

C. Im Rahmen der vorweggenommenen Erbfolge wichtige ertragsteuerliche Aspekte und Vorschriften

I. Vermeidung der Aufdeckung von stillen Reserven

986 Mit Blick auf das **Ertragsteuerrecht** ist ein **zentrales Ziel** der Gestaltung einer vorweggenommenen Erbfolge regelmäßig die **Vermeidung der Aufdeckung sog. stiller Reserven. Stille Reserven** ergeben sich aus dem **Unterschied zwischen dem Buchwert** bzw. den **Anschaffungskosten** und dem **Verkehrswert** eines Wirtschaftsguts, wenn das Wirtschaftsgut steuerverhaftet ist. Stille Reserven haben bis zu ihrer Aufdeckung noch keine Ertragsteuern, wie Einkommensteuer, Körperschaftsteuer oder Gewerbesteuer ausgelöst. Soweit möglich, sollte bei der Gestaltung einer vorweggenommenen Erbfolge darauf geachtet werden, dass dadurch keine Ertragsteuern ausgelöst werden. Denn **neben** einer ggf. anfallenden **Erbschaft- und Schenkungsteuer** würde ansonsten noch **zusätzlich** eine **Ertragsteuer** treten. Die Einkommensteuer mit einem progressiven Tarif kann in der höchsten Progression zu einer Belastung 45 % (vgl. § 32a Abs. 1 EStG) zzgl. Solidaritätszuschlag zzgl. Kirchensteuer betragen. Mag dies bei laufenden Erträgen noch verkraftbar erscheinen, wird die Problematik bei der Aufdeckung stiller Reserven offenbar. Denn dann kommt es im Moment der Aufdeckung zu einem **außerordentlichen Ertrag**, also gerade nicht zu einer Besteuerung laufender Erträge, denen regelmäßig auch ein **entsprechender Liquiditätszufluss** gegenüber steht. Die Probleme bei der Aufdeckung von stillen Reserven sind deshalb auch nicht die Fälle, bei denen im Rahmen einer Planung ein Wirtschaftsgut veräußert wird. Dabei werden auch stille Reserven aufgedeckt; im Gegenzug fließt jedoch der Kaufpreis zu. Die problematischen Fälle sind diejenigen, bei denen es nach den steuerrechtlichen Vorschriften zur **Aufdeckung von stillen Reserven** kommt, **ohne** dass ein **entsprechender Liquiditätszufluss vorhanden** ist (sog. **dry income**). Denn dann kann die Ertragsteuer nicht aus einer zufließenden Liquidität gezahlt, sondern muss anderweitig finanziert werden. Wenn dann noch eine Erbschaft- und Schenkungsteuerzahlung fällig wird, weil die Aufdeckung der stillen Reserven im Zusammenhang mit einer vorweggenommenen Erbfolge steht, kann die Belastung für Erwerber und/oder Veräußerer (zusammen) schnell die vorhandene bzw. beschaffbare Liquidität übersteigen und ein **ungeplanter Verkauf** von Wirtschaftsgütern notwendig werden. Um solche Situationen zu vermeiden, ist es also unumgänglich, sich die **ertragsteuerliche Konstellation vorab im Rahmen der Planung** einer vorweggenommenen Erbfolge zu überlegen.

II. Betriebsvermögen versus Privatvermögen

Wirtschaftsgüter, die sich **im Privatvermögen** befinden, sind grundsätzlich **nicht mit ihren stillen Reserven steuerverhaftet**, denn hier werden als Einkünfte die Überschüsse der Einnahmen über die Werbungskosten erfasst (**vgl. § 2 Abs. 2 S. 1 Nr. 2 EStG**). **Ausnahmen** bestehen nur in **gesetzlich geregelten Fällen** wie z. B. **§ 17 EStG**, der **Beteiligungen an Kapitalgesellschaften** mit mind. 1 % Beteiligungsquote einmal innerhalb von fünf Jahren im Veräußerungsfall steuerpflichtig stellt, **§ 20 Abs. 2 EStG**, welcher die **Veräußerung von bestimmten Rechten**, wie z. B. Aktien, Rentenpapieren etc., im Rahmen der **Schedulenbesteuerung** des **§ 32d EStG** (gesonderter Steuersatz für Einkünfte aus Kapitalvermögen; im Volksmund „Abgeltungsteuer" genannt) steuerlich erfasst und **§ 22 Nr. 2 i. V. m. § 23 EStG**, welcher **private Veräußerungsgeschäfte** steuerlich erfasst. 987

Bei **Gewinneinkünften** hingegen sind immer auch die **einzelnen Wirtschaftsgüter steuerverstrickt**, also Teil des Betriebsvermögens[67]. Ihr Ausscheiden aus dem Betriebsvermögen kann deshalb zu steuerpflichtigen Veräußerungsgewinnen oder -verlusten führen. Deshalb liegt ein wesentlicher Teil der Vorbereitung einer vorweggenommenen Erbfolge in der **Analyse der ertragsteuerlichen Situation** und deren Veränderung durch die geplante Gestaltung. 988

Bei Gesellschaften ist zwischen **Kapitalgesellschaften** und **Personengesellschaften** zu unterscheiden. **Kapitalgesellschaften** sind **juristische Personen**, haben selbst **immer steuerliches Betriebsvermögen** (§ 8 Abs. 2 i. V. m. § 1 Abs. 1 KStG), sind also selbst Steuersubjekte für die **Körperschaftsteuer** und die **Gewerbesteuer**. Die **Anteile** (Geschäftsanteile an einer GmbH oder Aktien einer Aktiengesellschaft) können hingegen sowohl im **Privatvermögen**, als auch im **Betriebsvermögen** gehalten werden. Ab einer **Beteiligungshöhe von 1 %** oder mehr innerhalb von fünf Jahren ist jedoch ein Veräußerungsgewinn steuerlich wie die Veräußerung im Betriebsvermögen zu behandeln, **vgl. § 17 EStG**. **Personengesellschaften** hingegen werden grundsätzlich transparent besteuert, das heißt, der Gewinn bzw. die Einkünfte werden **den Gesellschaftern zugerechnet** und auf deren Ebene bei der **Einkommensteuer** bzw. **Körperschaftsteuer des Gesellschafters** berücksichtigt, abhängig davon, ob der Gesellschafter eine natürliche oder eine juristische Person ist. Erzielt die **Personengesellschaft selbst gewerbliche Einkünfte**, spricht man von einer **steuerlichen Mitunternehmerschaft** (vgl. § 15 Abs. 1. S. Nr. 2 EStG). Für die Gewerbesteuer ist die **Personengesellschaft** hingegen **selbst Steu-** 989

67 Vgl. nur *Weber-Grellet* in Schmidt EStG § 2 Rn. 7.

ersubjekt. Erzielt eine Personengesellschaft hingegen **keine gewerblichen Einkünfte** und ist sie auch nicht gewerblich geprägt oder infiziert (vgl. § 15 Abs. 3 EStG), dann ist diese Gesellschaft **vermögensverwaltend** und steuerrechtlich **vollständig transparent** und die Erträge und Veräußerungsgewinne, die aus den darin enthaltenen Wirtschaftsgütern resultieren, werden den **Gesellschaftern anteilig** zugerechnet. Bei **Ein- und Austritt von Gesellschaftern** werden dann auch jeweils **Veräußerungen** und **Anschaffungen** der in der **vermögensverwaltenden Personengesellschaft gehaltenen Wirtschaftsgüter** fingiert.

III. Gesamtrechtsnachfolge, Einzelrechtsnachfolge, Fußstapfentheorie, keine Übertragung von steuerlichen Verlustvorträgen

990 Im Rahmen eines **Erbfalls** liegt eine **Gesamtrechtsnachfolge** gem. § 1922 BGB vor. Dies wird im Wesentlichen auch im Steuerrecht nachvollzogen und zwar durch die **sog. Fußstapfentheorie**, die besagt, dass der Gesamtrechtsnachfolger in die Fußstapfen des Erblassers tritt, also bezüglicher **steuerlicher Rechte und Pflichten** dessen Stellung einnimmt und die Werte fortführt.

991 Für **Absetzung für Abnutzung** (AfA) im **Privatvermögen** ist dieses Prinzip exemplarisch in § 11d EStDV niedergelegt, für § 17 EStG in § 17 Abs. 1 S. 4 und Abs. 2 S. 5 und S. 6 EStG und für von § 20 Abs. 2 EStG erfasste Kapitaleinkünfte in § 20 Abs. 4 S. 6 EStG. Dieses Prinzip wird **sachwidrig durchbrochen bei Verlustvorträgen**, die nach der Rechtsprechung des Bundesfinanzhofs[68] **nicht vererblich** sind. Entsprechend kann es sich anbieten, durch **dosierte aktive Aufdeckung von stillen Reserven** etwaig vorhandene Verlustvorträge noch zu Lebzeiten des potentiellen Erblassers zu nutzen. Auch dies kann Teil einer vorweggenommenen Erbfolgeplanung sein. Für **Betriebsvermögen** ergibt sich die **Anwendung der Fußstapfentheorie** aus **§ 6 Abs. 3 EStG**, welcher als **zentrale Vorschrift** der Gestaltungsplanung unten noch näher erläutert wird.

992 Bei einer vorweggenommenen Erbfolge liegt gerade **keine Gesamtrechtsnachfolge** vor, sondern vielmehr eine durch Schenkung begründete **Einzelrechtsnachfolge**. Der **Erwerber** tritt also **nur bezüglich einzelner Wirtschaftsgüter** an die Stelle des Veräußerers. **Steuerliche Verlustvorträge** können ebenfalls **nicht übertragen** werden (die Problematik des Wegfalls von steuerlichen Verlustvorträgen bei Gesellschafterwechsel einer Kapitalgesellschaft gem. § 8d und § 8c KStG ausgeklammert); Speicher-

---

68 BFH v. 17.12.2007 – GrS 2/04, BStBl. II 2008, 608.

verluste gem. § 15a EStG können hingegen zusammen mit dem Mitunternehmeranteil übertragen werden[69]. Für Betriebsvermögen ist ebenfalls **§ 6 Abs. 3 EStG** die **zentrale Vorschrift** bezüglich der **Buchwertfortführung**.

IV. Unentgeltlichkeit, Teilentgeltlichkeit, Entgeltlichkeit, Fremdvergleichsgrundsatz

Die Abgrenzung zwischen **unentgeltlichen**, **teilentgeltlichen** und **voll entgeltlichen Rechtsgeschäften** ist auch für ertragsteuerliche Fragen erheblich. Bei einem **entgeltlichen Rechtsgeschäft** stehen sich **Leistung** und **Gegenleistung** in kaufmännischer Weise ausgewogen gegenüber, haben abstrakt also denselben Wert. Da es **keinen objektiven Wertbegriff** gibt, wird hierzu richtigerweise auf die **subjektive Einschätzung der Vertragsparteien** abgestellt. Die Grenze stellt dabei jedoch der **sog. Fremdvergleichsgrundsatz** dar, der fordert, dass für die steuerrechtliche Anerkennung einer Vereinbarung diese von fremden Dritten unter sonst gleichen Umständen ebenfalls so abgeschlossen worden wäre. Ist dies nicht der Fall, hält die Vereinbarung dem Fremdvergleich nicht statt. Im Englischen wird hierzu anschaulich das umgekehrte Bild mit dem Grundsatz „**dealing at arm's length**" bezeichnet. Gerade unter nahen Angehörigen, und damit regelmäßig bei der vorweggenommenen Erbfolge, ist der Fremdvergleichsgrundsatz immer aktiv zu berücksichtigen. 993

In manchen Fällen ist die Gegenleistung jedoch nicht auf den ersten Blick ersichtlich. So stellen im Rahmen der Übertragung eines im Privatvermögen befindlichen Grundstücks vom Erwerber mit übernommene, vom Übergeber begründete **Verbindlichkeiten** eine **Gegenleistung** dar, so dass in diesen Fällen kein voll unentgeltliches, sondern ein **sog. teilentgeltliches Geschäft** vorliegt. Bei teilentgeltlichen Geschäften ist das Rechtsgeschäft in **zwei Teile aufzuteilen** und zwar in ein **voll unentgeltliches** und in ein **voll entgeltliches Geschäft**. Im Rahmen des entgeltlichen Teils hat dann der Erwerber **Anschaffungskosten** und der Veräußerer möglicherweise ein **steuerpflichtiges Veräußerungsgeschäft** realisiert. Dementsprechend ist also im Vorwege zu prüfen, ob es eine Gegenleistung gibt, auch wenn diese vielleicht nicht auf den ersten Blick ersichtlich ist. 994

69 Vgl. BFH v. 1.3.2018 – IV R 16/15, BStBl. II 2018, 527 = ZEV 2018, 471.

V. Übertragung von Privatvermögen

995 Soweit **Privatvermögen unentgeltlich lebzeitig übertragen** werden soll, ist zu prüfen, ob die Wirtschaftsgüter des Privatvermögens **steuerverhaftet** sind oder nicht. **Grundsätzlich** sind **Wirtschaftsgüter** des **Privatvermögens**, die also nicht Teil eines steuerlichen Betriebsvermögens sind, **nicht steuerverhaftet. Ausnahmen** sind gesetzlich geregelt wie z. B. **§ 17 EStG**, der Beteiligungen an Kapitalgesellschaften mit mind. einmal erreichten 1 % Beteiligungsquote innerhalb von fünf Jahren im Veräußerungsfall steuerpflichtig stellt, **§ 20 Abs. 2 EStG**, welcher die Veräußerung von bestimmten Rechten, wie z. B. Aktien, Rentenpapieren etc., im Rahmen der Schedulenbesteuerung des § 32d EStG (gesonderter Steuersatz für Einkünfte aus Kapitalvermögen; im Volksmund „Abgeltungsteuer" genannt) steuerlich erfasst und **§ 22 Nr. 2 i. V. m. § 23 EStG**, welcher private Veräußerungsgeschäfte steuerlich erfasst. Wenn die Wirtschaftsgüter steuerverhaftet sind, tritt bei **unentgeltlicher Übertragung** der **Erwerber in die Fußstapfen des Übertragenden** und **führt** grundsätzlich **dessen Anschaffungskosten, AfA** und **Haltefristen** fort. Soweit die **Übertragung** hingegen **entgeltlich** erfolgt, ist auf **Ebene des Übertragenden** zu prüfen, ob ein **steuerpflichtiger Vorgang** vorliegt; der **Erwerber** hat dann ggf. eigene – und nicht nur fortgeführte – Anschaffungskosten etc. Wichtig in diesem Zusammenhang ist, dass eine **verdeckte Einlage** in eine **Kapitalgesellschaft** sowie ggf. weitere ähnliche Vorgänge einer **Veräußerung gleichgestellt** sind, vgl. § 17 Abs. 1 S. 2 EStG, § 20 Abs. 2 S. 2 EStG und § 23 Abs. 1 S. 5 EStG.

1. Private Veräußerungsgeschäfte

996 **Private Veräußerungsgeschäfte gem. § 22 Nr. 2 i. V. m. § 23 EStG** sollen bezüglich einiger Aspekte näher betrachtet werden, da sie im Rahmen einer vorweggenommenen Erbfolge eine erhebliche Bedeutung haben können. Wichtig ist, dass es **drei Gruppen von Wirtschaftsgütern** gibt, die von § 23 EStG erfasst sind:

- **Grundstücke** und **grundstücksgleiche Rechte** (§ 23 Abs. 1 S. 1 Nr. 1 EStG), die den Vorschriften des bürgerlichen Rechts über Grundstücke unterliegen. Das Gesetz nennt selbst die in der Praxis wichtigen Erbbaurechte als Beispiel. Hier liegt ein Veräußerungsgeschäft vor, wenn die **Veräußerung innerhalb von zehn Jahren seit der Anschaffung** erfolgt. Gebäude und Außenanlagen sind in den Zeitraum einzubeziehen. Bei ausschließlicher Selbstnutzung zwischen Anschaffung oder Fertigstellung und Veräußerung sowie dann, wenn im Jahr der **Veräußerung und in den beiden vorangegangenen Jahren** ausschließlich Selbstnutzung vorliegt, wird kein privates Veräußerungsgeschäft verwirklicht. In der Praxis problematisch sind die später auf Grundstücken **errichteten Gebäude**, da deren **Fertigstellung** ebenfalls eine **zehnjährige Frist auslöst**, auch wenn das Grundstück schon länger im Eigentum des Steuerpflichtigen steht. Problematisch ist auch die Frage der **Selbstnutzung**, wenn z. B. Kindern die Wohnung unentgeltlich überlassen wird. Leben dort ausschließlich die Kinder, liegt eigentlich eine Vermietung vor und die **nicht erhobene Miete** wird **monatlich geschenkt** (was Schenkungsteuer auslöst). Viel problematischer ist aber, dass das Grundstück dann **nicht durch die Eltern selbst genutzt** wird, sondern vermietet und die zehnjährige Spekulationsfrist gilt.

- **Andere Wirtschaftsgüter** (§ 23 Abs. 1 S. 1 Nr. 2 EStG) bei denen der Zeitraum zwischen Anschaffung und Veräußerung nicht mehr als ein Jahr beträgt. Gegenstände des täglichen Gebrauchs sind ausgeschlossen. Bei gleichartigen **Fremdwährungsbeträgen** gilt die **Fifo-Methode – first in first out** –, es wird also für Besteuerungszwecke unterstellt, dass die zuerst angeschafften zuerst veräußert wurden. Bei anderen Wirtschaftsgütern, mit denen **zumindest in einem Kalenderjahr Einkünfte** erzielt wurden, gilt ein **Zehnjahreszeitraum**. Andere Wirtschaftsgüter sind insbesondere auch **physisches Gold** und **Kryptowährungen**, was gerne übersehen wird.
- Wirtschaftsgüter, bei denen die **Veräußerung früher erfolgt als der Erwerb, § 23 Abs. 1 S. 1 Nr. 3 EStG**. Hierunter können z. B. Leerverkäufe an der Börse fallen, soweit der Steuerpflichtige nicht ohnehin als Händler gilt.

Wichtig ist, dass als **Anschaffung** auch die **Überführung eines Wirtschaftsguts aus dem Betriebsvermögen in das Privatvermögen** gilt, § 23 Abs. 1 S. 2 EStG. Hier lauert in der Praxis ggf. eine Falle, wenn die Entnahme nicht erkannt wird, weil die vorherige Zuordnung des Wirtschaftsguts zum Betriebsvermögen – z. B. wegen Missachtung der **Geschäftschancenlehre** – nicht gesehen wurde. 997

Für die vorweggenommene Erbfolge wichtig ist, dass bei **unentgeltlichem Erwerb** dem Erwerber die Fristen bzw. deren Beginn zugerechnet werden. Er führt diese im Rahmen der **Fußstapfentheorie** fort. Bei **vermögensverwaltenden Personengesellschaften** – also solchen, die kein steuerliches Betriebsvermögen haben – gilt die Anschaffung oder Veräußerung einer **unmittelbaren oder mittelbaren Beteiligung** an der Gesellschaft als **Anschaffung oder Veräußerung** der anteiligen Wirtschaftsgüter**. Steuerlich** werden vermögensverwaltende Personengesellschaften also wie **Bruchteilsgemeinschaften** behandelt. 998

Als Veräußerung von Grundstücken gilt auch die **Einlage in ein Betriebsvermögen**, wenn dann eine **Veräußerung aus dem Betriebsvermö-** 999

gen innerhalb von zehn Jahren seit der Anschaffung beim Steuerpflichtigen erfolgt. Diese Frist wird leider in der Praxis häufig übersehen. Außerdem gilt die **verdeckte Einlage in eine Kapitalgesellschaft** als Veräußerung. Letzteres ist im Rahmen der vorweggenommenen Erbfolge zu beachten, falls z. B. ein Wohnungsunternehmen (vgl. dazu bereits oben Rn. 938) begründet werden soll.

2. Veräußerung von Anteilen an Kapitalgesellschaften gem. § 17 EStG

1000 Im Rahmen von § 17 EStG ist vor allem zu beachten, dass gem. **§ 17 Abs. 5 EStG** nicht nur die Veräußerung, sondern auch der **Ausschluss oder die Beschränkung des Besteuerungsrechts** der Bundesrepublik Deutschland hinsichtlich des **Gewinns aus der Veräußerung** der Anteile an einer Kapitalgesellschaft gleichsteht, wenn dies durch **Verlegung des Sitzes** oder **Orts der Geschäftsleitung** erfolgt. Eine **Ausnahme** besteht bei Sitzverlegungen in einen **anderen Staat der EU**; hier wird trotz der Sitzverlegung bei einer späteren Veräußerung so besteuert, als hätte die Sitzverlegung nicht stattgefunden.

1001 Wichtig ist jedoch, dass gem. **§ 6 Abs. 1 S. 1 Außensteuergesetz** (AStG; vgl. zu § 6 AStG ausführlicher unten Rn. 1046) einer Veräußerung von Anteilen in Sinne des § 17 Abs. 1 S. 1 EStG die (i) **Beendigung** der **unbeschränkten Steuerpflicht des Anteilsinhabers**, (ii) die **unentgeltliche Übertragung** auf eine **nicht unbeschränkt steuerpflichtige Person** sowie (iii) der **Ausschluss** oder die **Beschränkung** des **Besteuerungsrechts** der Bundesrepublik Deutschlands hinsichtlich des **Gewinns aus der Veräußerung** der Anteile gleichsteht. Damit erhält § 17 EStG über die **Regelung zur Wegzugsbesteuerung** in vielen Fällen der vorweggenommenen Erbfolge, gerade unter Beteiligung **ausländischer Familienstiftungen**, eine erhebliche Bedeutung.

VI. Teilentgeltlichkeit bei Übernahme von Verbindlichkeiten

1002 Bei der **Übernahme von Verbindlichkeiten** des Übergebers durch den Übernehmer, die sich im **Privatvermögen** befinden (zu Verbindlichkeiten im Gesamthandsvermögen eines Mitunternehmeranteils vgl. Rn. 1003) handelt es sich um ein **teilentgeltliches Geschäft**, welches in einen **voll entgeltlichen** und in einen **voll unentgeltlichen Teil** aufgeteilt wird. Soweit das Geschäft entgeltlich ist, hat der Veräußerer **Veräußerungsgewinn** und der Erwerber **Anschaffungskosten**. Ob der Veräußerungsgewinn beim Veräußerer **steuerpflichtig** ist, muss nach den allgemeinen Regelungen bestimmt werden (vgl. dazu bereits oben unter Rn. 993). Bezüglich des **unentgeltlichen Teils** liegt eine Schenkung vor und es greift die **Fußstapfentheorie**, d. h. der Erwerber tritt bezüglich der **Anschaffungskosten** und der **Haltefristen** regelmäßig in die **Fußstapfen des Übertragenden** und führt dessen Werte fort (vgl. bereits oben unter Rn. 990; vgl. auch R E 10.4 ErbStR). Für direkt im Privatvermögen gehaltene Vermögensgegenstände, wie z. B. Immobilien, erschließt sich dies meist noch auf den ersten Blick, insbesondere, da eine Übernahme der Verbindlichkeiten ausdrücklich im Übergabevertrag geregelt werden muss. Für **Wirtschaftsgüter**, die **in vermögensverwaltenden Personengesellschaften** gehalten werden und bei denen neben den Wirtschaftsgütern auch die **Verbindlichkeiten im Gesamthandsvermögen** liegen, ist jedoch eine **Kenntnis** der steuerlichen Behandlung solcher Personengesellschaften für das Verständnis nötig. Entsprechend dem mehrfach im EStG (vgl. § 20 Abs. 2 S. 3 EStG sowie § 23 Abs. 1 S. 4 EStG) niedergelegten Rechtsgedanken wird bei **vermögensverwaltenden Personengesellschaften** eine **Zurechnung** der darin **gehaltenen Wirtschaftsgüter** zu den **Gesellschaftern** entsprechend ihrer **Beteiligungsquote** vorgenommen. Die **Gesellschaft** wird **für Besteuerungszwecke quasi negiert** und es wird so getan, als läge eine **Bruchteilsgemeinschaft** vor. Die Konsequenz hieraus ist aber, dass bei Erwerb eines Gesellschaftsanteils auch etwaig im Gesamthandsvermögen – an der gesellschaftsrechtlichen Zuordnung ändert die steuerrechtliche Behandlung ja gerade nichts – **vorhandene Verbindlichkeiten** grundsätzlich anteilig übernommen werden (ob gesellschaftsrechtlich eine steuerrechtlich anzuerkennende abweichende Zuordnung möglich ist, wäre im Einzelfall zu prüfen; auch mit Blick auf eine etwaige Umgehungsgestaltung gem. § 42 AO). Etwas anderes gilt nur, wenn – ähnlich Sonderbetriebsvermögen bei Mitunternehmerschaften –, der Gesellschafter außerhalb des Gesamthandsvermögens der Personengesellschaft **selbst eigene Verbindlichkeiten** aufgenommen hat; diese gehen wiederum nur bei ausdrücklicher Regelung im Übergabevertrag auf den Erwerber über.

VII. Übertragung von Betriebsvermögen, § 6 Abs. 3 EStG

Bei **unentgeltlicher Übertragung von Betriebsvermögen** greift regel- 1003
mäßig **§ 6 Abs. 3 EStG**, wenn ein **Betrieb**, eine **Teilbetrieb** oder der **Anteil** eines Mitunternehmers an einem Betrieb übertragen wird. Voraussetzung ist also, dass eine **Gesamtheit von Wirtschaftsgütern** übertragen wird, die in einem Betrieb, Teilbetrieb oder einem Mitunternehmeranteil im Sinne von § 15 Abs. 1 S. 2 Nr. 2 EStG zusammengefasst sind. Im Betrieb, Teilbetrieb oder Mitunternehmeranteil **enthaltene Verbindlichkei-**

ten stellen insoweit **keine Gegenleistung** des Erwerbers dar, da diese als **Teil des Betriebs** etc. – der insoweit quasi als black box anzusehen ist – automatisch mit übergehen und nicht separat übernommen werden. Ein im Betrieb, Teilbetrieb oder Mitunternehmeranteil vorhandenes und mit übernommenes **negatives Kapitalkonto** stellt **keine Gegenleistung** dar[70]. Die Vorschrift ist also **nicht anwendbar**, wenn nur ein **einzelnes Wirtschaftsgut** aus dem Betriebsvermögen übertragen wird. Denn im letztgenannten Fall wird unterstellt, dass dieses Wirtschaftsgut **vor der Übertragung** durch **steuerpflichtige Aufdeckung von stillen Reserven aus dem Betriebsvermögen** in das Privatvermögen **überführt** und dann aus dem Privatvermögen übertragen wurde. Auch wenn ein Betrieb, Teilbetrieb oder Mitunternehmeranteil vorliegt, aber die sogleich näher zu beschreibenden **Voraussetzungen des § 6 Abs. 3 EStG nicht eingehalten** werden, kommt es beim Übergeber zur **Aufdeckung der stillen Reserven** im Betrieb, Teilbetrieb oder Mitunternehmeranteil. Der Erwerber hat dann die erhaltenen Wirtschaftsgüter mit ihren Verkehrswerten (bzw. dem sog. Teilwert) zu aktivieren.

1004 Ist **§ 6 Abs. 3 EStG anwendbar**, ordnet das Gesetz als Rechtsfolge **Buchwertfortführung** an, es kommt also gerade nicht zur Aufdeckung von stillen Reserven; ein **Wahlrecht** hat der **Steuerpflichtige** insoweit **nicht**. Voraussetzung hierfür ist jedoch, dass die **Besteuerung der stillen Reserven** in Deutschland **sichergestellt** ist. Letzteres ist eine Frage des internationalen Steuerrechts und insbesondere anhand etwaig **anwendbarer Doppelbesteuerungsabkommen** zu prüfen. Denn liegt das Besteuerungsrecht für die stillen Reserven nicht mehr bei Deutschland wird eine Buchwertfortführung nicht gewährt, da ansonsten eine Besteuerungslücke eröffnet würde.

1005 Auch die **Aufnahme einer natürlichen Person** in ein bisher bestehendes **Einzelunternehmen** ist begünstigt, wenn die Aufnahme unentgeltlich erfolgt. Dies meint die Fälle, in denen z. B. ein Vater seinen Sohn in das Unternehmen unentgeltlich aufnimmt und damit aus dem bisherigen Einzelunternehmen eine steuerliche Mitunternehmerschaft in der Form einer offenen Handelsgesellschaft, also einer Personengesellschaft, wird. Ebenfalls begünstigt ist die **unentgeltliche Übertragung** eines **Teils eines Mitunternehmeranteils** auf eine **natürliche Person**. Diese harmlos klingende Regelung hat jedoch bei **vorweggenommenen Erbfolgen mit Stiftungslösung** u. U. eine erhebliche Auswirkung. Denn hieraus folgt, dass die schenkweise Übertragung auf juristische Personen **nur bei Übertragung der gesamten Beteiligung begünstigt** ist. Ggf. muss also, um diese Falle zu umgehen, eine weitere **Holding-Gesellschaft** etabliert werden, deren **Mitunternehmeranteile** dann **vollständig übertragen** werden können.

70 Vgl. BFH v. 1.3.2018 – IV R 16/15, BStBl. II 2018, 527; vgl. auch *Ehmcke/Krumm* in Brandis/Heuermann Ertragsteuerrecht EStG § 6 Rn. 1223.

Denn nach h. M. ist bei einer doppelstöckigen Mitunternehmerschaft **§ 6 Abs. 3 EStG** bei Veräußerung der **Beteiligung an der Obergesellschaft** nur auf den Anteil an der Obergesellschaft **anzuwenden**[71]. Dogmatisch jedenfalls ist diese Beschränkung m. E. nicht überzeugend[72].

Wichtig in diesem Zusammenhang ist, dass zusammen mit dem **Anteil am Gesamthandsvermögen**, auch **funktional wesentliches Sonderbetriebsvermögen mit übertragen** werden muss, da ansonsten nicht der Mitunternehmeranteil, sondern nur Teile davon übertragen werden. Es geht hierbei um im konkreten Übertragungszeitpunkt vorhandenes **wesentliches Sonderbetriebsvermögen**. Unwesentliches Sonderbetriebsvermögen kann unschädlich zurückbehalten werden. Entsprechend der jüngeren Rechtsprechung darf nunmehr wohl davon ausgegangen werden, dass **in zeitlichem Zusammenhang** vor und zeitgleich mit der Übertragung nach **§ 6 Abs. 3 EStG** vorgenommene **Übertragungen einzelner Wirtschaftsgüter** gem. § 6 Abs. 5 EStG zum Buchwert als **nicht steuerschädlich** gelten[73]. Die **Kombination** aus **§ 6 Abs. 3** und **§ 6 Abs. 5 EStG** gibt die **notwendige Flexibilität**, um ggf. bestehende Verflechtungen zu lösen. Eine **nachträgliche Übertragung nach § 6 Abs. 5 EStG** ist hingegen **wohl nicht zulässig**, wobei es auf den **Zeitpunkt des Übergangs** des **wirtschaftlichen Eigentums** ankommt[74]. Deshalb kann eine **aufschiebend bedingte Übertragung** (z. B. wegen einer Kaufpreiszahlung oder auf die Eintragung im Handelsregister) ggf. zur **Aufdeckung von stillen Reserven** führen. Eine **Zerschlagung der betrieblichen Einheit** darf dabei jedoch nicht erfolgen. **Wesentliche Betriebsgrundlagen** dürfen also **nicht** im zeitlichen Zusammenhang mit der Übertragung nach § 6 Abs. 3 EStG **veräußert** oder **entnommen** werden, wenn dadurch die Lebensfähigkeit des Betriebs beeinträchtigt wird[75]. Eine Besonderheit gilt, wenn ein **Teil eines Mitunternehmeranteils** übertragen wird. Denn in diesem Fall **darf** der Übergeber, der ja dann selbst auch weiterhin Mitunternehmer bleibt, **wesentliche Betriebsgrundlagen zurückbehalten**. Voraussetzung für die Steuerneutralität ist dann allerdings, dass der **Erwerber** den **übernommenen Mitunternehmeranteil** über einen **Zeitraum von fünf Jahren weiterführt**, also weder veräußert, noch den Betrieb einstellt, vgl. § 6 Abs. 3 S. 2 EStG. Eine Veräußerung in diesem Sinne liegt jedoch auch im Falle von **Umwandlungen** vor, wenn diese **nicht zum Buchwert** erfolgen[76]. Das **Gleiche** gilt im 1006

71 Argumentum aus R 16 Abs. 13 S. 8 EStR; ebenso *Korn/Strahl* in Korn EStG § 6 Rn. 471.0.1; a. A. wohl *Kulosa* in Schmidt EStG § 6 Rn. 704.

72 Vgl. auch die Kritik bei *Kulosa* in Schmidt EStG § 6 Rn. 733.

73 BFH v. 9.12.2014 – IV R 29/14, BStBl. II 2019, 723; BFH v. 2.8.2012 IV R 41/11, BStBl. II 2021, 367; BMF BStBl. I 2021, 696 Rn. 13; *Korn/Strahl* in Korn EStG § 6 Rn. 471.4, m. w. N.

74 Vgl. BFH v. 10.9.2020 – IV R 14/18, BStBl. II 2021, 367; BMF BStBl. I 2021, 696 Rn. 9a.

75 BFH v. 2.8.2012 – IV R 41/11, BStBl. II 2019; 715; BMF BStBl. I 2019, 1291 Rn. 11.

76 Vgl. BMF BStBl. I 2019, 1291 Rn. 29.

Falle der Optierung einer **Personengesellschaft zur Besteuerung als Kapitalgesellschaft gem. § 1a KStG**, wenn diese **nicht zu Buchwerten** erfolgt, da die Ausübung der Option gem. § 1a Abs. 2 S. 1 KStG als **Formwechsel** im Sinne des **Umwandlungssteuergesetzes** („UmwStG") gilt.

1007 Eine **unentgeltliche Übertragung** des gesamten unentgeltlich gem. § 6 Abs. 3 EStG erhaltenen Anteils gilt jedoch als **unschädlich**. Eine etwaig laufende **Behaltensfrist geht dabei auf den Erwerber über** und wird von diesem **fortgeführt**[77]. Eine **Einbringung zu Buchwerten** im Rahmen von **§ 20 UmwStG** und **§ 24 UmwStG** führt dazu, dass die **Behaltensfrist** auf den **erworbenen Anteil** übergeht[78].

1008 Problematisch ist die der **Vorbehalt eines Nießbrauchs** durch den Übergeber an einem **Betrieb** oder **Teilbetrieb**, wenn sich der Übergeber die Früchte des Betriebs als Absicherung im Alter zurückbehalten möchte. Denn die **Rechtsprechung**, und ihr folgend die **Finanzverwaltung**, sehen im vorbehaltenen Nießbrauch einen **steuerschädlichen Vorgang**, der zur Aufdeckung der stillen Reserven im übergehenden Betriebsvermögen führt. Zur Begründung wird angeführt, dass der **Betrieb durch den Übergeber nicht beendet wurde**, wenn dieser sich den Nießbrauch am gesamten Betrieb vorbehält[79]. Die Finanzverwaltung schließt sich dieser Auffassung nun ausdrücklich an[80] und behandelt derartige Nießbrauchs-Konstellationen als **nicht von § 6 Abs. 3 EStG erfasst**. Dies soll ebenfalls für die Übertragung **im Ganzen eines verpachteten gewerblichen Einzelunternehmens unter Vorbehalt des Nießbrauchs** gelten[81]. Im Rahmen der Gestaltung einer vorweggenommenen Erbfolge, bei der ein **Nießbrauch** an einem **Betrieb** oder **Teilbetrieb** wirtschaftlich beabsichtigt ist, sollte deshalb **vor der Übertragung eine Umstrukturierung** erfolgen. So stellt die **steuerneutrale Einbringung gem. § 24 UStG** des Betriebs in eine **GmbH & Co. KG** vor der Übertragung möglicherweise eine **Gestaltungsalternative** dar, da so ein Betrieb in einen Mitunternehmeranteil gewandelt werden kann. Der **Mitunternehmeranteil** kann dann unter **Nießbrauchsvorbehalt** gem. **§ 6 Abs. 3 EStG übertragen** werden.

1009 Denn der **Nießbrauch an einem Mitunternehmeranteil** oder einem **Teil** eines Mitunternehmeranteils soll **nach h. M.** – anders als der an einen Betrieb oder Teilbetrieb – die **Anwendung von § 6 Abs. 3 EStG nicht beeinträchtigten**[82]. Wie ausgeführt lässt sich also vielfach durch einen wei-

77 BMF BStBl. I 2019, 1291 Rn. 30.
78 BMF BStBl. I 2019, 1291, Rn. 29.
79 BFH v. 25.1.2017 – X R 59/14, BStBl. II 2019, 730.
80 BMF BStBl. I 2019, 1291, Rn. 7.
81 BMF BStBl. I 2019, 1291, Rn. 7.
82 BMF BStBl. I 2019, 1291, Rn. 7 und Rn. 18; *Götz*, DStZ 2018, 540; FG Münster v. 24.6.2014 – 3K 3886/12F, EFG 2014, 1951; *Kulosa* in Schmidt EStG § 6 Rn. 702f.

teren, **vorgeschalteten** Schritt eine **Buchwertfortführung** im Rahmen der unentgeltlichen Übertragung **sicherstellen.** Wenn ein Mitunternehmeranteil unter Nießbrauchsvorbehalt übertragen werden soll, ist jedoch im Rahmen der **Gestaltung des Übergabevertrags (bzw. Überlassungsvertrags)** sicherzustellen, dass eine **sog. doppelte Mitunternehmerstellung** besteht, also sowohl der **Gesellschafter** als auch der **Nießbraucher steuerliche Mitunternehmer** sind[83]. Hierzu ist es notwendig, dass beide **Mitunternehmerinitiative** ausüben können und **Mitunternehmerrisiko** tragen[84]. Die **Diskussion** zur Frage einer **doppelten Mitunternehmerstellung** bei Nießbrauchsgestaltungen ist noch **nicht abgeschlossen**[85]. Die **Ausgestaltung** im Einzelnen sowie eine ggf. notwendige Abstimmung des Gesellschaftsvertrags und etwaiger (bei Personengesellschaften jedoch nicht allzu häufig) vorhandener Gesellschaftervereinbarungen, ist **im Detail strittig**[86], so dass die jeweils aktuelle Rechtsprechung und Finanzverwaltungsmeinung geprüft werden muss. Unter Umständen empfiehlt sich auch die vorherige (verbindliche Auskünfte werden nur zu noch nicht verwirklichten Sachverhalten erteilt) **Einholung einer kostenpflichtigen verbindlichen Auskunft gem. § 89 Abs. 2 AO.** Es wird von der h. M. jedenfalls als zulässig angesehen, dass die **Ausprägung** der beiden Merkmale **Mitunternehmerinitiative** und **Mitunternehmerrisiko unterschiedlich** sind; es müssen jedoch beide vorhanden sein[87]. Da meist der Nießbraucher nicht an den stillen Reserven der Wirtschaftsgüter (Anlagevermögen, Firmenwert – der selbstgeschaffene Firmenwert ist als selbstgeschaffenes immaterielles Wirtschaftsgut zwar nicht aktivierungsfähig, aber dennoch ein zum Betriebsvermögen zählendes Wirtschaftsgut[88]) der Mitunternehmerschaft, sondern nur an den laufenden Erträgen beteiligt ist, muss der Nießbraucher mehr Mitunternehmerinitiative entfalten. Letzteres kann z. B. durch Stimmrechte erfolgen; so kann z. B. im Rahmen des Übergabevertrags geregelt werden, wie der Nießbraucher an der Verwaltung und bei der Abstimmung auf Gesellschaftsebene beteiligt wird und sich Gesellschafter und Nießbraucher hierzu abzustimmen haben[89].

---

83 Vgl. auch *Kulosa* in Schmidt EStG § 6 Rn. 702 a. E.

84 Vgl. zur Mitunternehmerstellung allgemein BFH v. 3.5.1993 – GrS 3/92, BStBl. II 1993, 616; vgl. auch *Wacker* in Schmidt EStG § 15 Rz. 306.

85 Vgl. zum Streitstand nur *Wacker* in Schmidt EStG § 15 Rn. 306 m. w. N. mit Verweis auf BFH v. 3.12.2015 – IV R 43/13, BFH/NV 2016, 742, in welchem der BFH obiter dictum Zweifel an der doppelten Mitunternehmerstellung geäußert haben könnte.

86 Vgl. nur *Wacker* in Schmidt EStG § 15 Rn. 306.

87 Vgl. nur BFH v. 28.10.1999 – VIII R 66-70/97, BStBl. II 2000, 183; vgl. auch zum Diskussionsstand *Wacker* in Schmidt EStG § 15 Rn. 262 ff.

88 Vgl. auch BMF v. 8.12.2011, BStBl I 2011, 1279 Tz. 3 f.

89 Vgl. dazu BFH v. 12.4.2021 – VIII R 46/18, BStBl. II 2021, 614; BFH v. 6.5.2010 – IV R 52/08, BStBl. II 2011, 261; *Hübner u.* a., DStR 2017, 2353; vgl. auch *Wacker* in Schmidt EStG § 15 Rn. 306 m. w. N.

1010 Eine weitere **alternative Gestaltung** bei der geplanten Übergabe eines Betriebs oder Teilbetriebs (vgl. oben Rn. 1003) kann in der Vereinbarung von Versorgungsleistungen (vgl. unten Rn. 1025) anstelle eines Nießbrauchs liegen. Denn dann muss der Betrieb vollständig übertragen werden und § 6 Abs. 3 EStG ist unstrittig anwendbar[90]. Die **Zahlung** der Versorgungsleistungen stellt **ertragsteuerlich keine Gegenleistung** dar[91]. Ein im Zusammenhang mit Versorgungsleistungen **ausschließlich zu Sicherungszwecken vereinbarter Nießbrauchsvorbehalt** zugunsten des Übergebers soll unschädlich sein, wenn der Nießbraucher die **Ausübung des Nießbrauchs** dem Übernehmer überlässt[92].

1011 Grundsätzlich sollte auch mit Blick auf **funktional wesentliches Sonderbetriebsvermögen** geprüft werden, ob dieses **im Vorwege** einer beabsichtigten vorweggenommenen Erbfolge in eine **andere Struktur**, z. B. ebenfalls in eine **gewerblich geprägte GmbH & Co. KG** eingebracht wird, wenn eine Übertragung der Wirtschaftsgüter dieses Sonderbetriebsvermögens nicht zusammen mit dem Betrieb, Teilbetrieb oder Mitunternehmeranteil erfolgen soll.

VIII. Umstrukturierungen im Rahmen von § 6 Abs. 5 EStG

1012 Für **Umstrukturierungen** im Zusammenhang mit einzelnen **Wirtschaftsgütern des Betriebsvermögens** hat der Gesetzgeber mit **§ 6 Abs. 5 EStG** ein mächtiges Werkzeug bereitgestellt. Die Vorschrift ist eher als **Gegenstück zu § 24 UmwStG (bzw. § 20 UmwStG)** zu sehen, der – wie § 6 Abs. 3 EStG – jeweils die Übertragung eines Betriebs, Teilbetriebs oder Mitunternehmeranteils fordert. Andererseits bestehen Betriebe, Teilbetriebe und Mitunternehmeranteile auch aus einzelnen Wirtschaftsgütern und der **Wortlaut von § 6 Abs. 5 EStG** enthält auch **keine Einschränkung** hinsichtlich seiner **Anwendung auf eine Vielzahl von Wirtschaftsgütern**, die dasselbe Schicksal teilen und jeweils einzeln – aber im Ergebnis zusammen – übertragen werden[93]. Die Vorschrift ermöglicht die **Buchwertfortführung**, also die Vermeidung der Aufdeckung von stillen Reserven in folgenden Fällen:

---

90 BFH v. 25.1.2017 – X R 59/14, BStBl. II 2019, 730; vgl. auch *Ehmcke/Krumm* in Brandis/Heuermann Ertragsteuerrecht EStG § 6 Rn. 1223 m. w. N.

91 Vgl. dazu *Kowanda*, DStR 2022, 1791; schenkungsteuerlich liegt hingegen eine Gegenleistung vor.

92 Vgl. BMF Rentenerlass, 11.3.2010, geändert 6.5.2016, Rn. 24.

93 Ebenso *Kulosa* in Schmidt EStG § 6 Rn. 761; ebenso wohl BFH v. 2.8.2012 – IV R 41/11, BStBl. II 2019, 715; a. A. *Ehmcke/Krumm* in Brandis/Heuermann, Ertragsteuerrecht EStG, § 6 Rn. 1287.

– **Überführung eines Wirtschaftsguts** von einem Betriebsvermögen des Steuerpflichtigen in ein **anderes Betriebsvermögen** desselben Steuerpflichtigen. Die auf den ersten Blick ggf. unverständlich klingende Vorschrift erfasst die Fälle, in denen eine natürliche Person zwei voneinander unabhängige Betriebe hat und zwischen diesen Betrieben Wirtschaftsgüter überführt, so dass es **nicht** zu einem **Rechtsträgerwechsel** kommt. **Zivilrechtlich** bleibt der Steuerpflichtige **Eigentümer** bzw. **Inhaber** des jeweiligen Wirtschaftsguts; **1013**

– **Überführung eines Wirtschaftsguts** aus einem eigenen Betriebsvermögen in das **Sonderbetriebsvermögen** dieses Mitunternehmers bei einer Mitunternehmerschaft (an der dieser Steuerpflichtige beteiligt ist); ebenso erfasst ist **der umgekehrte Fall**, also die Überführung aus dem Sonderbetriebsvermögen eines Steuerpflichtigen in sein eigenes (anderes) Betriebsvermögen. Auch hier kommt es nicht zu einem Rechtsträgerwechsel und der **Steuerpflichtige bleibt Eigentümer** bzw. **Inhaber** des entsprechenden Wirtschaftsguts. Lediglich steuerrechtlich wird das Wirtschaftsgut entsprechend seiner Verwendung nun anders zugeordnet; **1014**

– **Überführung eines Wirtschaftsguts** zwischen den **jeweiligen Sonderbetriebsvermögen desselben Steuerpflichtigen** bei **verschiedenen Mitunternehmerschaften**, an denen der Steuerpflichtige jeweils beteiligt ist. Auch in dieser Alternative **ändert** sich an der **zivilrechtlichen Stellung** des Steuerpflichtigen als **Eigentümer** bzw. **Inhaber** des Wirtschaftsguts **nichts**, es kommt also nicht zu einem Rechtsträgerwechsel und nur steuerrechtlich ändert sich die Zugehörigkeit; **1015**

– **Überführung** eines **Wirtschaftsguts** aus einem **Betriebsvermögen** eines Steuerpflichtigen in das **Gesamthandsvermögen** einer **Mitunternehmerschaft**, an der dieser Steuerpflichtige als Mitunternehmer beteiligt ist und zwar entweder **unentgeltlich** oder **gegen Gewährung** oder **Minderung von Gesellschaftsrechten**. Die Gewährung oder Minderung einer gesellschaftsrechtlichen Beteiligung stellt insoweit eine **Gegenleistung** dar und ist deshalb **nicht unentgeltlich**. Es handelt sich vielmehr um einen **tauschähnlichen Vorgang**[94], der jedoch durch die Vorschrift steuerneutral gestellt wird. Der **umgekehrte Fall**, also die Übertragung aus dem Gesamthandsvermögen in das Betriebsvermögen ist ebenso erfasst. Betriebsvermögen bezeichnet hierbei also irgendein anderes Betriebsvermögen des Steuerpflichtigen und damit gerade nicht sein Sonderbetriebsvermögen bei dieser Mitunternehmerschaft. **1016**

94 Vgl. nur *Ehmcke/Krumm* in Brandis/Heuermann Ertragsteuerrecht EStG § 6 Rn. 1323 m.w.N.; vgl. auch BFH v. 11.12.2001 – VIII R 58/98, BStBl. II 2002, 420; BMF v. 20.11.2019, BStBl. I 2019, 1291, i.V.m. BMF v. 8.12.2011, BStBl. I 2010, 1206.

In diesem Fall kommt es **auch zivilrechtlich** zu einer **anderen Zuordnung des Wirtschaftsguts**, denn eine Gesamthand ist als (teil-)rechtsfähiges Konstrukt (soweit eine Personengesellschaft vorliegt) bzw. als Rechtsfigur sui generis bei Erbengengemeinschaften[95] **zivilrechtlich nicht identisch** mit dem Steuerpflichtigen. Mittels dieser Vorschrift lassen sich Wirtschaftsgüter in Gesellschaften einbringen, um z. B. eine Zwangsentnahme bei einer Aufgabe eines Betriebs im Rahmen der Gestaltung einer vorweggenommenen Erbfolge zu vermeiden;

1017 – **Überführung eines Wirtschaftsguts** aus dem **Sonderbetriebsvermögen** in das **Gesamthandsvermögen** der Mitunternehmerschaft, zu der das Sonderbetriebsvermögen gehört, oder aber auch einer **anderen Mitunternehmerschaft**, an der der Steuerpflichtige beteiligt ist; der **umgekehrte Fall** ist ebenso **begünstigt**; erfasst sind jeweils wieder **unentgeltlich Fälle** sowie solche gegen **Gewährung** oder **Minderung** von **Gesellschaftsrechten**. Die Vorschrift ist von großer Bedeutung, um steuerneutrale Umstrukturierungen vorzunehmen, teils auch **in Kombination mit anderen Alternativen des § 6 Abs. 5 EStG**, z. B. um eine zwangsweise Entnahme von Sonderbetriebsvermögen bei der Strukturierung einer vorweggenommenen Erbfolge zu vermeiden (vgl. dazu unter Rn. 1006);

1018 – **Überführung eines Wirtschaftsguts unentgeltlich** zwischen den **Sonderbetriebsvermögen verschiedener Steuerpflichtiger**, die jeweils Mitunternehmer **derselben Mitunternehmerschaft** sind. Mit Blick auf den Umfang des von der Mitunternehmerstellung umfassten Vermögens (Gesamthandsvermögen und Sonderbetriebsvermögen; die Ergänzungsbilanz dient nur zur rechnerischen Ermittlung der Anschaffungskosten für den Anteil am Gesamthandsvermögen und repräsentiert insoweit keine separaten Vermögensgegenstände) erstaunlich ist, dass das Gesetz auch eine steuerneutrale, unentgeltliche Übertragung zwischen verschiedenen Steuerpflichtigen begünstigt. Diese sehr interessante Gestaltungsalternative wird deshalb auch teils als **unvereinbar** mit dem **Subjektsteuerprinzip** angesehen[96], was aber durch die **Behaltensregelungen** in **§ 6 Abs. 5 S. 4 ff. EStG kompensiert** werden soll.

1019 Bei **Kombination** der soeben vorgestellten **Übertragungsmöglichkeiten** käme man zwanglos zur Möglichkeit der **Übertragung von Wirtschaftsgütern zwischen Schwesterpersonengesellschaften** (wenn es sich jeweils um steuerliche Mitunternehmerschaften handelt). Tatsächlich ist aber strittig, ob das Gesetz die Möglichkeit lediglich **nicht explizit genannt** hat, sie aber zulassen möchte, oder, ob die Möglichkeit deshalb

95 Vgl. zur Erbengemeinschaft nur *MünchKomm/Gergen* § 2032 Rn. 19.

96 Vgl. dazu *Danz*, FR 2018, 160; vgl. auch *Kulosa* in Schmidt EStG § 6 Rn. 775.

nicht genannt wurde, weil sie **nicht gewährt wird**. Im letztgenannten Fall, stellt sich dann aber die Frage, ob das Gesetz deshalb ggf. **verfassungswidrig** ist[97]. Die Frage liegt derzeit dem BVerfG zur Entscheidung vor[98]. Bis zur Entscheidung des BVerfG sollte diese Problematik im Vorwege einer beabsichtigten Übertragung auch zwischen beteiligungsidentischen Schwesterpersonengesellschaften beachtet werden. Ggf. bieten sich **alternative Gestaltungen** an, bei denen das nämliche **Wirtschaftsgut** nur in das **Sonderbetriebsvermögen** der anderen Mitunternehmerschaft eingebracht wird oder über eine **Spaltung** nach dem **UmwG i. V. m.** dem **UmwStG** nachgedacht wird.

Eine **Übernahme** von **Verbindlichkeiten** im Zusammenhang mit der **1020** Übertragung von Wirtschaftsgütern gem. den Regelungen des § 6 Abs. 5 EStG stellt ein **entgeltliches bzw. teilentgeltliches Geschäft** dar. Hier greifen die allgemeinen Regelungen, auch wenn ein wirtschaftlicher Zusammenhang zwischen den übernommenen Schulden und dem Wirtschaftsgut besteht. Denn die verschiedenen Optionen der Vorschrift erläutern jeweils explizit, welche Gegenleistungen die Steuerneutralität nicht gefährden (unentgeltlich oder eben auch Gewährung/Minderung der gesellschaftsrechtlichen Beteiligung)[99].

Die eröffneten **Übertragungsmöglichkeiten** sind jedoch **mit Halte-** **1021** **fristen verbunden**, welche in § 6 Abs. 5 S. 5 und S. 6 EStG geregelt sind. Die Haltefristen beziehen sich auf die **Zugehörigkeit des übertragenen Wirtschaftsguts zum aufnehmenden Betriebsvermögen**. Wird das Wirtschaftsgut innerhalb der Sperrfrist entnommen oder aus diesem veräußert, führt die **Einbringung rückwirkend** zur **steuerpflichtigen Aufdeckung** der **stillen Reserven**. Zur Aufdeckung kommt es jedoch dann nicht, wenn die stillen Reserven über eine **Ergänzungsbilanz** dem übertragenden Gesellschafter zugewiesen sind, denn dann kommt es auch gar nicht zu einer Übertragung zwischen verschiedenen Steuerpflichtigen. Die **Haltefrist endet drei Jahre** nach **Abgabe der Steuererklärung** des Übertragenden für den Veranlagungszeitraum, in dem die Übertragung erfolgte. Als **schädlich** gilt gem. § 6 Abs. 5 S. 5 EStG auch die **unmittelbare** oder **mittelbare Beteiligung einer Körperschaft** an der aufnehmenden **Mitunternehmerschaft** innerhalb eines Zeitraums **von sieben Jahren**, da dann ein **Wechsel des Besteuerungsregimes** stattfindet. Die **Option einer Mitunternehmerschaft** zur Körperschaftsteuer gem. **§ 1a KStG** soll ebenso **schädlich** sein wie Umwandlungsvorgänge[100]. Die siebenjährige

---

97 Vgl. zum Ganzen und zur Historie nur *Ehmcke/Krumm* in Brandis/Heuermann Ertragsteuerrecht § 6 EStG Rn. 1347 m. w. N.

98 BVerfG – 2 BvL 8/13 (anhängig).

99 Vgl. BFH v. 11.12.1997 – IV R 28/97, BFH/NV 1998, 836; EStR 6.15 i. V. m. EStH 6.15.

100 Vgl. BMF BStBl. I 2021, 2212; vgl. auch *Kulosa* in Schmidt EStG § 6 Rn. 825 m. w. N.

Sperrfrist führt in der Gestaltungspraxis auch tatsächlich häufig zu Verzögerungen, weil z. B. auch eine schenkweise **Übertragung** an eine **Familienstiftung** zu einer innerhalb der Haltefrist **schädlichen Beteiligung einer Körperschaft** führt[101].

IX. Sonderbetriebsvermögen in der vorweggenommenen Erbfolge

1022 Der Begriff des **Sonderbetriebsvermögens bezeichnet Wirtschaftsgüter**, die zwar **zivilrechtlich** im **Eigentum des Gesellschafters** einer Personengesellschaft stehen, für **Besteuerungszwecke** aber als **Betriebsvermögen** behandelt werden. Sonderbetriebsvermögen ist deshalb ebenso wie Gesamthandsvermögen **Teil des Mitunternehmeranteils,** vgl. **§ 15 Abs. 1 S. 1 Nr. 2 EStG**, der sprachlich zwar nur von Vergütungen spricht, aber im Ergebnis auch die Zuordnung zum Betriebsvermögen regelt. Als **Begründung** für dieses Auseinanderfallen von Gesellschafts- bzw. Zivilrecht und Steuerrecht wird die **Besteuerungsgerechtigkeit** herangezogen, da bei einem **Einzelunternehmer überwiegend betrieblich genutzte Gegenstände** auch **automatisch Betriebsvermögen** seien und ein **Mitunternehmer** hier **nicht besser gestellt** werden solle, nur weil zivilrechtlich das betrieblich genutzte Wirtschaftsgut weiter sein Eigentum ist und nicht der Gesellschaft zugeordnet ist. Wie ausgeführt (vgl. oben zu § 6 Abs. 3 EStG bzw. zum UmwStG) ist es für einige **Umstrukturierungen**, die ggf. notwendig sind, um die gewünschte Struktur oder die erbschaft- und schenkungsteuerliche Betriebsvermögensbegünstigung zu erhalten, **steuerrechtlich geboten** im Übertragungszeitpunkt **vorhandenes Sonderbetriebsvermögen anteilig** mit zu übertragen. Wenn dies aus **übergeordneten, betrieblichen** oder **familiären Gründen** nicht gewünscht ist, muss überlegt werden, ob durch eine **vorherige Umstrukturierung** (vgl. zur steuerrechtlichen Zulässigkeit bereits oben Rn. 1006) z. B. gem. § 6 Abs. 5 EStG (vgl. dazu oben Rn. 1012) das Sonderbetriebsvermögen in ein **anderes Betriebsvermögen steuerneutral übertragen** werden kann. Hier kann es sich anbieten, eine **neue gewerblich geprägte GmbH & Co. KG** (vgl. zur gewerblichen Prägung § 15 Abs. 3 Nr. 2 EStG) zu etablieren, auf die das Sonderbetriebsvermögen übertragen wird. Denn es muss im Rahmen der **Gestaltung** einer vorweggenommenen Erbfolge sowohl die **Situation vor der Vermögensübertragung**, als auch die **Situation danach** bedacht werden. Weiterhin muss auch überlegt werden, ob ggf. später im Zeitpunkt

101 Ebenso wohl BFH v. 18.8.2021 – XI R 20/19, BFH/NV 2022, 403, wo der BFH den umgekehrten Fall der voll entgeltlichen Übertragung als unproblematisch ansieht, da es dort ja ohnehin zur Aufdeckung von stillen Reserven kommt; vgl. auch *Kulosa* in Schmidt EStG § 6 Rn. 841 m. w. N.

des Todes Übergebers **ungeplante Aufdeckungen von stillen Reserven** stattfinden, weil es zu einer **Zwangsentnahme aus dem Betriebsvermögen** kommt. Um dies zu **verhindern** kann es sich eben anbieten, das Wirtschaftsgut – also z. B. ein der Gesellschaft durch den Gesellschafter vermietetes Grundstück – **steuerneutral** gem. **§ 6 Abs. 5 EStG** in eine **gewerblich geprägte GmbH & Co. KG einzubringen**. Denn **durch** die **gewerbliche Prägung** bleibt das Grundstück **Betriebsvermögen**, auch wenn im Rahmen der vorweggenommenen Erbfolge oder später im Rahmen eines Erbfalles die **Sonderbetriebsvermögenseigenschaft** endet oder eine – ggf. durch die Einbringung kreierte – **Betriebsaufspaltung** (vgl. zur Betriebsaufspaltung unten unter Rn. 1023) endet.

X. Betriebsaufspaltung in der vorweggenommenen Erbfolge

Die Rechtsfigur der **Betriebsaufspaltung** ist **Richterrecht**, wurde also durch die Rechtsprechung (vgl. bereits oben Rn. 935 zur erstmaligen gesetzlichen Erwähnung im ErbStG) entwickelt und soll verhindern, dass durch Gestaltungen unter Verwendung einer **operativen Betriebsgesellschaft** und einer **eigentlich vermögensverwaltenden Besitzgesellschaft** die **Betriebsvermögenszuordnung** der Wirtschaftsgüter der **Besitzgesellschaft verhindert** werden kann. Entsprechend wird das **Vermögen** der **Besitzgesellschaft** ebenfalls als **Betriebsvermögen** behandelt und die Einkünfte als gewerblich. Insbesondere ist damit auch ein **Veräußerungsgewinn** sowie ein **Entnahmegewinn** (bei Ausscheiden aus dem Betriebsvermögen) bezogen auf die betrieblichen Wirtschaftsgüter immer **steuerpflichtig**. Neben der soeben beschriebenen **klassischen Betriebsaufspaltung** gibt es noch weitere, wie z. B. die **mitunternehmerische** und die **kapitalistische** Betriebsaufspaltung. Im Rahmen einer vorweggenommenen Erbfolge ist neben der auch für **Betriebsaufspaltungskonstellationen** gewährten **Betriebsvermögensbegünstigung** (vgl. bereits oben unter Rn. 935) noch die Vermeidung einer unbedachten bzw. unbeabsichtigten Beendigung einer Betriebsaufspaltung wichtig. Denn bei **Beendigung der Betriebsaufspaltung** kommt es zu einer **zwangsweisen Entnahme** der in der betroffenen Besitzgesellschaft gehaltenen Wirtschaftsgüter, da die Gesellschaft ihren **gewerblichen Status verliert**. Gerade wenn es um Grundstücke geht, können hier erhebliche stille Reserven zu versteuern sein, ohne dass dem ein Liquiditätszufluss gegenüber steht (sog. „dry income"). Da eine Betriebsaufspaltung technisch auf der **Theorie der Beherrschungsidentität** beruht, also darauf, dass eine Person oder eine Gruppe von Personen sowohl in der **Betriebsgesellschaft**, als auch in der **Besitzgesellschaft** ihren **Willen durchsetzen** können, kann es im Rahmen einer vorwegge- 1023 nommenen Erbfolge zu einer Situation kommen, in der eine solche Beherrschungsidentität nicht mehr gewährleistet ist. Entscheidend ist, dass dies bei der Planung berücksichtigt wird. Ebenso muss bereits antizipiert werden, ob sich eine **Beendigung der Beherrschungsidentität** ggf. durch einen **späteren Erbfall** ergeben kann. Eine probate Lösung zur Vermeidung der Aufdeckung von stillen Reserven in der Besitzgesellschaft ist die Änderung des Status der Besitzgesellschaft in eine **Gesellschaft mit gewerblichen Einkünften**, und zwar auch dann noch, wenn die Betriebsaufspaltung hinweggedacht wird. Es wird quasi ein „**doppelter Boden**" eingezogen. Fällt dann die Betriebsaufspaltung aufgrund der Vermögensübergabe oder aus einem anderen Grund weg, kommt es wegen des immer noch vorhandenen Gewerbebetriebs nicht zu einer Aufdeckung von stillen Reserven. Ein probates Mittel in diesem Zusammenhang ist wiederum die Etablierung einer **gewerblich geprägten GmbH & Co. KG**. Denn wird aus einer Gesellschaft bürgerlichen Rechts (GbR), in der die Immobilien gehalten werden, aufgrund einer bestehenden Betriebsaufspaltung eine Besitzgesellschaft und damit steuerlich eine Mitunternehmerschaft mit Betriebsvermögen, ist es im Rahmen eines **homogenen Formwechsels** unproblematisch möglich, die GbR in eine GmbH & Co. KG zu **wandeln**. Das **Umwandlungsgesetz (UmwG)** muss bei derartigen homogenen Formwechseln nicht bedient werden, wohl aber das **Umwandlungssteuergesetz** (UmwStG), da die Aufnahme eines neuen Gesellschafters – im Beispiel also der GmbH als neue Komplementärin – in eine bestehende Gesellschaft steuerrechtlich als Einbringung der Mitunternehmeranteile jeweils durch die bisherigen Gesellschafter in eine neue **Mitunternehmerschaft** gem. **§ 24 UmwStG** gewertet wird. Dieser Vorgang kann gem. § 24 UmwStG **grundsätzlich steuerneutral gestaltet** werden. Die im Rahmen von § 24 UmwStG geforderte und häufig problematische **gleichzeitige Übertragung** von **Sonderbetriebsvermögen** ist in der Praxis bei einer Besitzgesellschaft jedoch meist kein Problem. Denn die Besitzgesellschaft ist ja die eigentlich vermögensverwaltende Gesellschaft, die nur aufgrund der Betriebsaufspaltung gewerblich wurde. Bei einer solchen Besitzgesellschaft existiert im Regelfall kein Sonderbetriebsvermögen. Allenfalls könnte man die Anteile an der Betriebsgesellschaft als Sonderbetriebsvermögen ansehen. Diese werden vorliegend aber nicht verändert und gehen entsprechend – wie gefordert – anteilig mit über.

XI. Eine kurze Übersicht zu Umwandlungen in der vorweggenommenen Erbfolge

1024 Eine **ausführliche Behandlung** der Regelungen des Umwandlungsgesetzes und des Umwandlungssteuergesetzes kann in diesem Rahmen nicht erfolgen. Umwandlungen stellen aber ein **wichtiges Gestaltungsmittel** dar, um **steuerneutral** eine **vorhandene Struktur** so zu verändern, dass die **Zielstruktur** z. B. mit Blick auf die Betriebsvermögensbegünstigung der Erbschaft- und Schenkungsteuer günstiger ist, als die Ausgangsstruktur. Die meisten im **UmwStG** behandelten Vorgänge wie **Verschmelzung**, **Spaltung** (inkl. Aufspaltung, Abspaltung und Vermögensübertragung) sowie **Formwechsel** sind auch im **UmwG** geregelt (vgl. zu möglichen Umwandlungen und den steuerlichen Regelungen des UmwStG die Übersicht im Erlass zum UmwStG[102]). Die **Einbringungstatbestände** in **Kapitalgesellschaften (§§ 20 bis 23 UmwStG)** und **Personengesellschaften (§ 24 UmwStG)** stellen jedoch **gesellschafts- und handelsrechtlich Sachkapitalerhöhungen** dar und haben **kein Pendant** im **UmwStG**. Gleichwohl sind gerade auch die Einbringungen gem. §§ 20 ff. UmwStG in Kapitalgesellschaften und gem. § 24 UmwStG in Personengesellschaften wesentlich, um steuerneutral Betriebe, Teilbetriebe und Mitunternehmeranteile in Kapital- oder Personengesellschaften einzubringen. Auch der in **§ 21 UmwStG** geregelte **qualifizierte Anteilstausch** kann im Rahmen der Gestaltung einer vorweggenommenen hilfreich sein. Denn mit Blick auf die **Haltefristen des UmwStG** kann es manchmal notwendig sein, sehr langfristig zu planen und mit der Verwirklichung des nächsten Schritts zu warten, bis die Haltefrist abgelaufen ist. So ergibt sich z. B. aus **§ 22 Abs. 1 S. 1 UmwStG** für den Einbringenden einer Sacheinlage eine **Haltefrist von sieben Jahren** für die erhaltenen Anteile. Und gem. § 22 Abs. 1 S. 5 Hs. 2 UmwStG gilt auch der Ausschluss des Besteuerungsrechts Deutschlands als **schädlich**. Gerade mit Blick auf die Errichtung einer **ausländischen Familienstiftung** kann dies problematisch sein, weil nach den meisten DBA[103] nach der Übertragung Deutschland **kein Besteuerungsrecht** mehr an den Anteilen hätte. Aber auch in anderen Konstellationen zur Vorbereitung der vorweggenommenen Erbfolge können die Haltefristen bedeutsam sein. Z. B. ist nur über **§ 24 UmwStG** die **steuerneutrale Einbringung** eines bisher als **Einzelunternehmen** geführten Betriebs **in eine Personengesellschaft** möglich. Wie bereits ausgeführt, ist die derzeit Voraussetzung für eine steuerlich vertretbare Nießbrauchslösung, da nur der Nießbrauch am Mitunternehmeranteil nicht zur Aufdeckung der stillen Reserven im Betriebsvermögen führt, ein Nießbrauch am – nicht in eine Mitunternehmerschaft eingebrachten – Betrieb hingegen steuerschädlich wäre (vgl. bereits oben Rn. 1008 ff.). Es ist also festzuhalten, dass häufig nur das UmwStG die notwendigen Umstrukturierungen ermöglicht.

102 Umwandlungssteuererlass. Schreiben betr. Anwendung des Umwandlungssteuergesetzes i.d.F. des Gesetzes über steuerliche Begleitmaßnahmen zur Einführung der Europäischen Gesellschaft und zur Änderung weiterer steuerrechtlicher Vorschriften (SEStEG) vom 11.11.2011, BStBl. I S. 1314.

103 Vgl. zum OECD Musterabkommen *Reimer* in Vogel/Lehner, DBA OECD-MA 2017 Art.13 Rn. 179 ff.

XII. Übergabe gegen Versorgungsleistungen

1025 **Wiederkehrende Leistungen** im Zusammenhang mit einer Vermögensübertragung können **Versorgungsleistungen**, **Unterhaltsleistungen** oder Leistungen sein, welche im **Austausch mit einer Gegenleistung** stehen[104]. Unter den Voraussetzungen des **§ 10 Abs. 1a Nr. 2 EStG** können die **Versorgungsleistungen** beim Leistungsverpflichteten als **Sonderausgaben** abziehbar sein. Beim **Empfänger der Versorgungsleistungen** liegen dann korrespondierend gem. **§ 22 Nr. 1b EStG steuerpflichtige sonstige Einkünfte** vor. Ein **steuerwirksamer Abzug** beim Leistungsverpflichteten scheidet jedoch aus, soweit **Unterhaltsleistungen** vorliegen[105].

Eine **Versorgungsleistung**, welche gem. § 10 Abs. 1a Nr. 2 EStG als Sonderausgabe abgezogen werden kann, liegt vor, wenn eine **wiederkehrende Leistung** im **Zusammenhang mit einer Vermögensübertragung** steht[106]. Damit steht eine Versorgungsleistung regelmäßig mit der **künftigen Erbfolge** in **Zusammenhang** und stellt einen Akt der **vorweggenommenen Erbfolge** dar, denn der Übergeber partizipiert durch die Versorgungsleistungen lebzeitig weiterhin an seinem Vermögen, da die Versorgungsleistungen grundsätzlich aus den Erträgen des übergebenen Vermögens erwirtschaftet werden müssen[107]. Entsprechend sind **Versorgungsleistungen**, soweit diese im Zusammenhang mit der Übertragung eines Vermögensgegenstands stehen, **kein Veräußerungsentgelt** und – damit korrespondierend – auch **keine Anschaffungskosten**[108]. Veräußerungsentgelt und Anschaffungskosten liegen hingegen bei der Zahlung von **Gleichstellungsgeldern an Geschwister** sowie bei der **Übernahme von Verbindlichkeiten** oder der **Zusage einer Abstandszahlung** vor[109]. Grundsätzlich können neben **Angehörigen** auch **fremde Dritte** Empfänger einer Versorgungsleistung sein, wenn der **Übernehmer ein persönliches Interesse** an der lebenslangen Versorgung des Übergebers hat und die **Vertragsbedingungen** sich alleine nach dem **Versorgungsbedürfnis des Übernehmers** richten[110].

---

104 Vgl. BMF BStBl. I 2010, 227, Schreiben betr. Einkommensteuerrechtliche Behandlung von wiederkehrenden Leistungen im Zusammenhang mit einer Vermögensübertragung (Rentenerlass) Rn. 1.

105 Vgl. BMF BStBl. I 2010, 227, Schreiben betr. Einkommensteuerrechtliche Behandlung von wiederkehrenden Leistungen im Zusammenhang mit einer Vermögensübertragung (Rentenerlass) Rn. 1.

106 Vgl. BMF BStBl. I 2010, 227, Schreiben betr. Einkommensteuerrechtliche Behandlung von wiederkehrenden Leistungen im Zusammenhang mit einer Vermögensübertragung (Rentenerlass) Rn. 2.

107 Vgl. BFH v. 15.7.1991 – GrS 1/90, BStBl. II 1992, 78.

108 Vgl. BFH v. 5.7.1990 – GrS 4-6/89, BStBl. II 1990, 847.

109 Vgl. BFH v. 5.7.1990 – GrS 4-6/89, BStBl. II 1990, 847.

110 Vgl. BFH v. 16.12.1997 – IX R 11/94, BStBl. II 1998, 718.

Bei der Übergabe gegen Versorgungsleistungen **unter Angehörigen** spricht eine **widerlegliche Vermutung** dafür, dass die Bestimmung der Versorgungsleistung nach dem **Bedarf des Übergebers** und der **wirtschaftlichen Leistungsfähigkeit** des Übernehmers nicht in einer kaufmännischen Abwägung von Leistung und Gegenleistung erfolgt ist. Unter **fremden Dritten** ist dies **umgekehrt** und **nur in Ausnahmefällen** besteht eine widerlegliche Vermutung für eine nicht kaufmännische Abwägung, insbesondere dann, wenn die **wiederkehrenden Leistungen** auf Dauer die **erzielbaren Erträge übersteigen**[111]. **1026**

Die Übergabe gegen Versorgungsleistungen führt nur dann zu gem. **§ 10 Abs. 1a Nr. 2 EStG abzugsfähigen Sonderausgaben**, wenn ein im Sinne dieser Vorschrift **begünstigter Vermögensgegenstand** übergeben wird. Begünstigt sind die Übergabe von **1027**

- **Mitunternehmeranteilen** an Personengesellschaften, wenn die Gesellschaften eine **land- und forstwirtschaftliche Tätigkeit (§ 13 EStG)**, eine **gewerbliche Tätigkeit** im Sinne von § 15 Abs. 1 S. 1 Nr. 1 EStG oder eine **freiberufliche Tätigkeit** im Sinne von § 18 Abs. 1 EStG ausüben. **Gewerblich geprägte Personengesellschaften** sollen **nicht begünstigt** sein, **wohl aber gewerblich infizierte**[112]. Im Rahmen der Übertragung muss **Sonderbetriebsvermögen** (ggf. anteilig) mit übertragen werden[113]. Gemeinschaften, wie **Erbengemeinschaften** oder **Gütergemeinschaften** sollen u. U. ebenfalls unter die Begünstigung fallen, wenn die Beteiligten eine **wirtschaftliche vergleichbare Stellung** haben[114]. **1028**
- **Betrieben** oder **Teilbetrieben. Verpachtete Betriebe** – soweit sie mangels Aufgabeerklärung fortgeführt werden – sollen **ebenfalls begünstigt** sein[115]. **1029**

111 Vgl. BFH Urteil v. 16.12.1997 – IX R 11/94, BStBl. II 1998, 718; vgl. auch BMF BStBl. I 2010, 227, Schreiben betr. Einkommensteuerrechtliche Behandlung von wiederkehrenden Leistungen im Zusammenhang mit einer Vermögensübertragung (Rentenerlass), Rn. 6.

112 Vgl. BMF BStBl. I 2010, 227, Schreiben betr. Einkommensteuerrechtliche Behandlung von wiederkehrenden Leistungen im Zusammenhang mit einer Vermögensübertragung (Rentenerlass) Rn. 9f.

113 Vgl. BMF BStBl. I 2010, 227, Schreiben betr. Einkommensteuerrechtliche Behandlung von wiederkehrenden Leistungen im Zusammenhang mit einer Vermögensübertragung (Rentenerlass) Rn. 9.

114 Vgl. BMF BStBl. I 2010, 227, Schreiben betr. Einkommensteuerrechtliche Behandlung von wiederkehrenden Leistungen im Zusammenhang mit einer Vermögensübertragung (Rentenerlass) Rn. 8.

115 Vgl. BMF BStBl. I 2010, 227, Schreiben betr. Einkommensteuerrechtliche Behandlung von wiederkehrenden Leistungen im Zusammenhang mit einer Vermögensübertragung (Rentenerlass) Rn. 12.

1030 – **Geschäftsanteile an einer GmbH**, wenn der Übergeber dort **Geschäftsführer** war und der **Übernehmer diese Tätigkeit übernimmt** und **mindestens 50%** der Anteile übergeben werden. Ebenfalls begünstigt sind der Rechtsform einer GmbH **vergleichbare ausländische Rechtsformen** eines **EU-** oder **EWR-Staates**[116]. Unklar bleibt nach den Ausführungen der Finanzverwaltung, ob – wie m.E. anzunehmen – auf den Sitz der Gesellschaft abgestellt werden soll oder ob die Verwaltung tatsächlich auf die Rechtsformen ausländischen Rechts, und damit unabhängig vom Sitz der Gesellschaft auf die Gründungstheorie abstellen möchte[117]. M.E. ist davon auszugehen, dass schlicht auf den **Sitz der Gesellschaft** innerhalb **der EU/EWR** abgestellt werden soll, unabhängig davon, nach welchem Recht die dort ansässige Gesellschaft gegründet wurde. Im Zweifel empfiehlt sich die vorherige Einholung einer verbindlichen Auskunft für den konkreten Fall.

1031 Soll Vermögen übertragen werden, dass **nicht** unter die aufgeführten Kriterien **subsumiert** werden kann, können etwaig dennoch vereinbarte Versorgungsleistungen **nicht als Sonderausgaben** abgezogen werden und es ist **grundsätzlich** davon auszugehen, dass **eine Gegenleistung vereinbart** wurde[118]. Eine Übertragung unter **Nießbrauchsvorbehalt** ist grundsätzlich **nicht begünstigt** und führt zu einem **entgeltlichen Leistungsaustausch**, es sei denn, der Nießbrauch wird **ausschließlich zu Sicherungszwecken** vereinbart und die **Ausübung des Nießbrauchs** wird dem Vermögensübernehmer überlassen[119].

1032 Eine Übergabe gegen Versorgungsleistungen gem. § 10 Abs. 1a Nr. 2 EStG liegt nur vor, wenn das **übertragene Vermögen ausreichend Ertrag** erwirtschaften kann, um **wenigstens teilweise** die vom Erwerber zu erbringenden wiederkehrenden Leistungen zu decken. Die Finanzverwaltung[120] geht davon aus, dass dies dann der Fall ist, wenn die wiederkehrenden Leistungen **nicht höher** sind als die mit den übertragenen Vermögen

---

116 Vgl. BMF BStBl. I 2010, 227, Schreiben betr. Einkommensteuerrechtliche Behandlung von wiederkehrenden Leistungen im Zusammenhang mit einer Vermögensübertragung (Rentenerlass) Rn. 15 mit Verweis auf die Tabellen zum BMF, Schreiben v. 24.12.1999, BStBl. I 1999, 1076.

117 Vgl. zu Sitz- und Gründungstheorie nur *Leible* in Michalski/Heidinger/Leible/J.Schmidt GmbHG – Systematische Darstellung Internationales Gesellschaftsrecht Rn. 4ff.

118 Vgl. BMF BStBl. I 2010, 227, Schreiben betr. Einkommensteuerrechtliche Behandlung von wiederkehrenden Leistungen im Zusammenhang mit einer Vermögensübertragung (Rentenerlass) Rn. 21f.

119 Vgl. BMF BStBl. I 2010, 227, Schreiben betr. Einkommensteuerrechtliche Behandlung von wiederkehrenden Leistungen im Zusammenhang mit einer Vermögensübertragung (Rentenerlass) Rn. 24f.

120 Vgl. BMF BStBl. I 2010, 227, Schreiben betr. Einkommensteuerrechtliche Behandlung von wiederkehrenden Leistungen im Zusammenhang mit einer Vermögensübertragung (Rentenerlass) Rn. 27.

langfristig erzielbaren Erträge, wobei als Erträge **nur Einnahmen** zu erfassen sein sollen, die zum Tatbestand einer **Einkunftsart** gem. **§ 2 Abs. 1 EStG** führen. Bei der Übergabe eines **Betriebs** oder **Teilbetriebs** besteht nach Ansicht der Verwaltung eine **widerlegliche Vermutung** dafür, dass die **Erträge ausreichen**, um die wiederkehrenden Leistungen zu decken, wenn der Betrieb auch **tatsächlich fortgeführt** wird. Das Gleiche soll bei Übertragung eines **Mitunternehmeranteils** oder eines **begünstigten Anteils an einer GmbH** gelten, **nicht** aber bei **verpachteten Betrieben.** Wird zusammen mit dem begünstigten auch **nicht begünstigtes Vermögen** übertragen, soll die **widerlegliche Vermutung nicht gelten**[121]. In den Fällen ohne Beweiserleichterung sind die für die Prüfung maßgebenden Erträge auf Basis des steuerrechtlichen Gewinns zu ermitteln[122].

Bei **Betriebsaufgabe, Übertragung, Umwandlung** oder **Umschichtungen** des übergebenen Betriebs, gleich, ob hierzu im Übertragungsvertrag eine Verpflichtung bestand oder nicht, **endet grundsätzlich** die Eigenschaft als **begünstigtes Vermögen**. Die Zahlungen sind dann nicht mehr als Sonderausgaben abziehbar, sondern stellen **ggf. Unterhaltsleistungen** gem. § 12 Nr. 2 EStG dar [123]. Eine **Weiterübertragung** des erhaltenen Vermögens durch den Erwerber im Rahmen **seiner eigenen vorweggenommenen Erbfolge** soll hingegen **unschädlich** sein. Es muss dann jedoch entweder die **Pflicht zur Erbringung** der wiederkehrenden Leistungen mit **auf den weiteren Erwerber übergehen** oder der **bisherige Erwerber** (der nun auch Übergeber ist) die wiederkehrenden Leistungen an den ursprünglichen Erwerber aus den nun durch ihn **bezogenen wiederkehrenden Leistungen erbringen** können[124]. **1033**

Versorgungsleistungen sind grundsätzlich alle im Übertragungsvertrag vereinbarten **wiederkehrenden Leistungen**, die in Geld bemessen werden können, insbesondere also **Geld- und Sachleistungen. Keine Versorgungsleistungen** sind **höchstpersönlich** zu erbringende **Dienstleistungen**, die nicht durch eine fremde Arbeitskraft substituiert werden kön- **1034**

---

121 Vgl. BMF BStBl. I 2010, 227, Schreiben betr. Einkommensteuerrechtliche Behandlung von wiederkehrenden Leistungen im Zusammenhang mit einer Vermögensübertragung (Rentenerlass) Rn. 29.

122 Vgl. zu den Details der Ermittlung BMF BStBl. I 2010, 227, Schreiben betr. Einkommensteuerrechtliche Behandlung von wiederkehrenden Leistungen im Zusammenhang mit einer Vermögensübertragung (Rentenerlass) Rn. 32 ff.

123 Vgl. BMF BStBl. I 2010, 227, Schreiben betr. Einkommensteuerrechtliche Behandlung von wiederkehrenden Leistungen im Zusammenhang mit einer Vermögensübertragung (Rentenerlass) Rn. 36 f.

124 Vgl. BMF BStBl. I 2010, 227, Schreiben betr. Einkommensteuerrechtliche Behandlung von wiederkehrenden Leistungen im Zusammenhang mit einer Vermögensübertragung (Rentenerlass) Rn. 38 f.

nen[125]. Im Zusammenhang mit der **Nutzungsüberlassung von Wohnungen** sollen Sachleistungen, wie Strom, Heizung, Wasser und Instandhaltungen zählen, wenn der Übernehmer aus dem Übergabevertrag eindeutig verpflichtet ist, diese zu erbringen[126].

1035 **Empfänger der Versorgungsleistungen** können neben dem **Übergeber** des Vermögens dessen **Ehegatte, Lebenspartner** einer eingetragenen Lebenspartnerschaft sowie die nach gesetzlicher Erbfolge **erb- und pflichtteilsberechtigten Abkömmlinge** des Übergebers sein, sowie ggf. auch die Eltern des Übergebers, wenn er das Vermögen gegen Versorgungsleistungen von diesen erhalten hat (vgl. dazu bereits oben Rn. 1033)[127]. Bei **Geschwistern** besteht hingegen die **widerlegliche Vermutung**, dass es sich nicht um **Versorgungsleistungen**, sondern um **Zahlungen zur Gleichstellung handelt**, welche **nicht begünstigt** sind[128]. **Andere Personen**, die keine nahestehenden Personen sind, wie z.B. die langjährige Haushälterin oder die nichteheliche Lebensgefährtin, können **nicht Empfänger** von Versorgungsleistungen gem. § 10 Abs. 1a Nr. 2 EStG sein[129].

1036 Versorgungsleistungen können grundsätzlich nur dann als **Sonderausgaben** abgezogen werden, wenn der **Empfänger** der Leistungen **unbeschränkt einkommensteuerpflichtig** ist. Eine **Ausnahme** besteht für **Staatsangehörige der EU** und des **EWR-Raumes**, die in diesen Gebieten auch **steuerlich ansässig** sind, wenn der Übergeber unbeschränkt einkommensteuerpflichtig ist. Die Besteuerung im EU/EWR-Land ist dann gegenüber der deutschen Finanzverwaltung nachzuweisen[130].

1037 Um als Versorgungsleistungen gem. § 10 Abs. 1a Nr. 2 EStG zu qualifizieren, müssen die Leistungen für den **Rest des Lebens des Empfängers** erbracht werden. Werden die Leistungen für eine **Mindestzeit** erbracht (sog. Mindestzeitrenten oder verlängerte Leibrenten oder dauernde Lasten) oder auf eine **bestimmte Zeit beschränkt** (sog. abgekürzte Leibrenten oder dauernde Lasten) liegen **keine Versorgungsleistungen** vor, sondern

---

125 Vgl. BMF BStBl. I 2010, 227, Schreiben betr. Einkommensteuerrechtliche Behandlung von wiederkehrenden Leistungen im Zusammenhang mit einer Vermögensübertragung (Rentenerlass) Rn. 44ff.

126 Vgl. BMF BStBl. I 2010, 227, Schreiben betr. Einkommensteuerrechtliche Behandlung von wiederkehrenden Leistungen im Zusammenhang mit einer Vermögensübertragung (Rentenerlass) Rn. 46f. mit weiteren Beispielen.

127 Vgl. BFH v. 27.2.1992 – X R 139/88, BStBl. II 1992, 612; BMF BStBl. I 2010, 227, Schreiben betr. Einkommensteuerrechtliche Behandlung von wiederkehrenden Leistungen im Zusammenhang mit einer Vermögensübertragung (Rentenerlass) Rn. 50.

128 Vgl. BFH v. 20.10.1999 – X R 86/96, BStBl. II 2000, 602.

129 Vgl. BFH v. 26.11.2003 – X R 11/01, BStBl. II 2004, 820.

130 Vgl. BMF BStBl. I 2010, 227, Schreiben betr. Einkommensteuerrechtliche Behandlung von wiederkehrenden Leistungen im Zusammenhang mit einer Vermögensübertragung (Rentenerlass) Rn. 51ff.

es sind **wiederkehrende Leistungen** im Austausch mit einer **Gegenleistung** gegeben, die nicht als Sonderausgaben abgezogen werden können[131].

Im **Übergabevertrag** müssen die **gegenseitigen Rechte und Pflichten** **1038** und damit auch die Versorgungsleistungen für die Zukunft vereinbart werden. Sie müssen sich dabei an den **Bedürfnissen des Empfängers** orientieren und **langfristig** vereinbart sein. **Änderungen der Versorgungsleistungen** sind nur zulässig, wenn sie durch ein **verändertes Versorgungsbedürfnis** des Berechtigten oder die **veränderte wirtschaftliche Leistungsfähigkeit** des Verpflichteten veranlasst sind[132]. Hier sollte mit besonderer Vorsicht vorgegangen und im Zweifel nur nach enger **Abstimmung mit der Finanzverwaltung** etwas geändert werden, da der Wegfall der steuerlichen Abzugsfähigkeit ggf. für den Verpflichteten erhebliche Auswirkungen haben kann. **Rückwirkende Änderungen** werden auch hier **steuerrechtlich nicht anerkannt**[133]. Im Zweifel kommt es bei Änderungen zur Einstufung der Zahlungen als nicht abziehbare Leistungen gem. § 12 Nr. 2 EStG[134].

Anhand des Barwerts der **wiederkehrenden Leistungen** im Verhältnis **1039** zum **Wert des übertragenen Wirtschaftsguts** ist zu entscheiden, ob und ggf. in wieweit ein **entgeltliches Geschäft** vorliegt (vgl. zur Ausgewogenheit zwischen Vermögenswert und Versorgungsleistung bereits oben unter Rn. 1026). Wenn der **Barwert** der wiederkehrenden Leistungen **höher** ist als der **Wert des übertragenen Wirtschaftsguts** liegt – bei einem fremdüblichen Wert – bis zu diesem Wert ein **entgeltliches Geschäft** vor und der Barwert der wiederkehrenden Leistungen ist Zahlung des Kaufpreises. Soweit der Barwert höher ist als die Gegenleistung liegt dann eine **nicht abziehbare Zuwendung gem. § 12 Nr. 2 EStG** vor. Falls der **Barwert** hingegen **mehr als doppelt so hoch** ist wie der Wert der übertragenen Wirtschaftsgüter soll nach Ansicht der Finanzverwaltung insgesamt eine **Zuwendung gem. § 12 Nr. 2 EStG** vorliegen[135]. **Teilentgeltlichkeit** soll vorliegen, wenn der **Wert** des übertragenen Wirtschaftsguts **höher ist als**

131 Vgl. BFH v. 21.10.1999 – X R 75/97, BStBl. II 2002, 650; vgl. auch BMF BStBl. I 2010, 227, Schreiben betr. Einkommensteuerrechtliche Behandlung von wiederkehrenden Leistungen im Zusammenhang mit einer Vermögensübertragung (Rentenerlass) Rn. 56.

132 Vgl. BFH v. 15.7.1992 – X R 165/90, BStBl. II 1992, 1020; BMF BStBl. I 2010, 227, Schreiben betr. Einkommensteuerrechtliche Behandlung von wiederkehrenden Leistungen im Zusammenhang mit einer Vermögensübertragung (Rentenerlass) Rn. 59 ff.

133 BMF BStBl. I 2010, 227, Schreiben betr. Einkommensteuerrechtliche Behandlung von wiederkehrenden Leistungen im Zusammenhang mit einer Vermögensübertragung (Rentenerlass) Rn. 60.

134 BMF BStBl. I 2010, 227, Schreiben betr. Einkommensteuerrechtliche Behandlung von wiederkehrenden Leistungen im Zusammenhang mit einer Vermögensübertragung (Rentenerlass) Rn. 61 mit weiteren Beispielen.

135 BMF BStBl. I 2010, 227, Schreiben betr. Einkommensteuerrechtliche Behandlung von wiederkehrenden Leistungen im Zusammenhang mit einer Vermögensübertragung (Rentenerlass) Rn. 65 f.

der Barwert der wiederkehrenden Leistungen. Im Rahmen dieser Betrachtungen wird konsequenterweise jeweils auf den Barwert der wiederkehrenden Leistungen abgestellt, da der **Zinsanteil** ja gerade die **Kompensation für die zeitlich gestreckte Zahlung** darstellt. Ggf. ist in einen entgeltlichen und einen unentgeltlichen, nicht steuerbaren Anteil aufzuteilen[136]. Soweit ein **entgeltliches Geschäft** vorliegt, hat der **Veräußerer** ggf. einen **steuerpflichtigen Veräußerungsgewinn** zu versteuern und der Erwerber hat **Anschaffungskosten.**

XIII. Wichtige Aspekte der Gewerbesteuer im Rahmen der vorweggenommenen Erbfolge

1040 Bei **Immobilienunternehmen** kann gem. **§ 9 Nr. 1 S. 2 GewStG** auf **Antrag** der Teil der **Gewerbesteuer gekürzt** werden, der auf die **Verwaltung** und **Nutzung eigenen Grundbesitzes** entfällt, wenn das Unternehmen **ausschließlich eigenen Grundbesitz** oder neben eigenem Grundbesitz **eigenes Kapitalvermögen** verwaltet und nutzt oder daneben **Wohnungsbauten** errichtet und veräußert. Diese als sog. **erweiterte Grundstückskürzung** bekannte Vorschrift sollte bei Umstrukturierungen im Rahmen einer vorweggenommenen Erbfolge immer mit berücksichtigt werden, um nicht aus Versehen eine dafür **qualifizierende, reine Immobiliengesellschaft** mit einer anderen Tätigkeit zu **infizieren.**

1041 Ein weiterer wichtiger Aspekt bei der Gewerbesteuer ergibt sich aus dem Abstellen des BFH auf die **Unternehmeridentität** bezüglich etwaig vorhandener **gewerbesteuerlicher Verlustvorträge gem. § 10a GewStG.** Denn für die Bestimmung der Unternehmeridentität wird von der Rechtsprechung auf die **Zusammensetzung der Gesellschafter** und auf die gesellschaftsvertragliche **Gewinn- und Verlustverteilungsabrede** abgestellt[137]. Hieraus folgt, dass beim **Ausscheiden** eines Gesellschafters dessen **Verlustanteil** untergeht[138]. Im Rahmen der vorweggenommenen Erbfolge problematisch ist nun, dass dieser Grundsatz bei der **Übertragung eines Mitunternehmeranteils** auf einen Neugesellschafter, wie eben den Übernehmer, ebenfalls Anwendung findet. Behält sich der Übergeber einen Teil des **Mitunternehmeranteils** zurück, kommt es wie bei der Aufnahme eines Neugesellschafters (nur) zu einer **Streckung der Verlustnut-**

136 BMF BStBl. I 2010, 227, Schreiben betr. Einkommensteuerrechtliche Behandlung von wiederkehrenden Leistungen im Zusammenhang mit einer Vermögensübertragung (Rentenerlass) Rn. 1.

137 Vgl. nur *Kleinheisterkamp* in Lenski/Steinberg GewStG § 10a Rn. 69.

138 R E 10a.3 Abs.3 S. 9 Nr.1 GewStR, vgl. auch BFH v. 3.5.1993 – GrS 3/92,BStBl. II 1993, 616; vgl. zum Ganzen *Kleinheisterkamp* in Lenski/Steinberg GewStG § 10a Rn. 70.

zung, nicht aber zu einem (partiellen) **Wegfall eines Verlustvortrags.** Die Streckung ergibt sich daraus, dass der Verlust nur von den im jeweiligen **Zeitpunkt seiner Entstehung beteiligten Gesellschaftern abgezogen** werden kann. Da diese Handhabung auch für von Todes wegen erworbene Mitunternehmeranteile greift, ist eine vorweggenommene Erbfolge per se jedoch nicht schädlich. Allerdings kann es sich u. U. empfehlen, den Zeitpunkt der Übergabe von der Höhe des vorhandenen, auf den Übergeber entfallenden Anteils am Verlustvortrag abhängig zu machen.

XIV. Gewerblicher Grundstückshandel als Falle

Die **Rechtsfigur des gewerblichen Grundstückshandels** beruht auf Richterrecht und wurde von der Finanzverwaltung übernommen[139] und muss auch im Rahmen der Gestaltung einer vorweggenommenen Erbfolge immer mit berücksichtigt werden. Der grundsätzliche Ansatz besagt, dass ein Steuerpflichtiger, der mit **Immobilien** handelt, zum einen steuerliches Betriebsvermögen hat und die **Immobilien** deshalb **steuerverhaftet** sind und nicht nach Ablauf von zehn Jahren steuerfrei veräußert werden können (vgl. zu § 23 EStG bereits oben unter Rn. 996). Zum anderen sind die Immobilien dann aber auch als **Umlaufvermögen** – und nicht als Anlagevermögen – zu behandeln, so dass eine **Absetzung für Abnutzung (AfA) nicht** gewährt wird. Selbstverständlich erzielt ein gewerblicher Grundstückhändler in seinem Gewerbe auch **gewerbliche Einkünfte** und keine Einkünfte aus Vermietung und Verpachtung. Grundsätzlich liegt ein gewerblicher Grundstückshandel vor, wenn **innerhalb von fünf Jahren mehr als drei sog. Zählobjekte** veräußert werden. Bei **Großobjekten** reicht ggf. bereits die Veräußerung eines einzigen Objekts[140]. Es wird dann unterstellt, dass die **Objekte** bereits **mit unbedingter Veräußerungsabsicht erworben** wurden und deshalb ein Handel vorliegt, also im Ergebnis mit den Objekten spekuliert wird. Als **Zählobjekt** gilt dabei ein Objekt, bei dem **zwischen Anschaffung und Veräußerung** ein Zeitraum von weniger als zehn Jahren liegt. Bei **Marktkenntnis** reduziert sich der **Zeitraum auf fünf Jahre**[141]. Weiterhin höchst problematisch und bedenklich ist, dass bei Vorliegen der Merkmale eines gewerblichen Grundstückshandels unterstellt wird, dass alle im **Eigentum des Steuerpflichtigen** stehenden Objekte, die **nicht länger als zehn Jahre** gehalten wurden, **automatisch Teil des gewerblichen Grundstückshandels** sind. Bei **Beteiligungen an Personengesellschaften** wird ab einer **Beteiligungsquote von** 1042

139 Vgl. BMF-Schreiben v. 26.3.2004, BStBl. I 2004, 434.
140 Vgl. BMF-Schreiben v. 26.3.2004, BStBl. I 2004, 434, Rn. 29.
141 BMF-Schreiben v. 26.3.2004, BStBl. I 2004, 434, Rn. 6.

10 % bzw. einem **Wert der Beteiligung von EUR 250.000** unterstellt, dass die Beteiligung des Steuerpflichtigen Teil seines **gewerblichen Grundstückshandels** ist und die in der Gesellschaft **veräußerten Objekte ebenfalls Zählobjekte** sein können[142]. Die **Personengesellschaft** kann selbst ebenfalls einen **gewerblichen Grundstückshandel** begründen.Liegt hingegen eine **rein vermögensverwaltende Personengesellschaft** vor, gelten ggf. die darin gehaltenen Objekte für Besteuerungszwecke als **anteilig veräußert** (vgl. dazu bereits oben unter Rn. 998). Lediglich **Kapitalgesellschaften** schützen immer vor einer Zurechnung der Zählobjekte (etwaig denkbare Missbrauchsfälle im Sinne einer **Umgehungsgestaltung gem. § 42 AO** ausgenommen). Nicht nur bei **Wohnungsunternehmen**, sondern bei jedem **Vermögen mit mehr als drei Immobilien** sollte bei Umstrukturierungen die Problematik des gewerblichen Grundstückshandels berücksichtigt werden. Insbesondere immer dann, wenn z. B. die **Einbringung von Immobilien gegen Gewährung von Gesellschaftsrechten** gem. § 6 Abs. 5 EStG oder Ähnliches angedacht ist. Denn hierbei liegt ein **tauschähnlicher Vorgang** vor[143].

XV. Zuwendungsnießbrauch bei vermieteten Immobilien – ertragsteuerliche Gefahr

1043 Wird das **Nießbrauchsrecht an fremdvermieteten Immobilien** übertragen, liegt also ein **Zuwendungsnießbrauch** vor, also eine Konstellation, bei der der Nießbrauch selbst **Gegenstand der Zuwendung** ist, sollte der nachfolgend skizzierte **ertragsteuerliche Nachteil** bedacht werden. Anders als beim Vorbehaltsnießbrauch, bei dem sich der **Schenker das Nießbrauchsrecht vorbehält** (rechtstechnisch betrachtet wird es ihm im Übergabevertrag vom Übernehmer eingeräumt), hat beim **Zuwendungsnießbrauch** der Nießbraucher **nicht** zuvor wirtschaftlich die Aufwendungen aus dem Erwerb bzw. der Errichtung der Immobilie **getragen**. Auch hatte der Nießbraucher nicht selbst ein etwaiges **Darlehen** im Zusammenhang mit der Errichtung aufgenommen. Ihm werden jetzt lediglich die Erträge (also die Früchte) der Immobilie übertragen; Aufwendungen dafür hatte er nicht. Folglich kann **weder der Nießbraucher** noch der **Eigentümer** die **Absetzung für Abnutzung (AfA)** geltend machend; diese verfällt steuerrechtlich[144]. Das Gleiche gilt m. E. für **Zinsaufwendungen**, die der Eigentümer trägt.

---

142 BMF-Schreiben v. 26.3.2004, BStBl. I 2004, 434, Rn. 14.

143 BMF-Schreiben v. 26.3.2004, BStBl. I 2004, 434, Rn. 7 i. V. m. BMF v. 29.3.2000, BStBl. I 2000, 462.

144 Vgl. nur *Kulosa* in Schmidt EStG § 21 Rn. 74.

D. Wichtige Einzelaspekte und ausgesuchte Themen zur vorweggenommenen Erbfolge

I. Vorbehaltsnießbrauch und Wohnrecht bei Übertragung von Immobilien im Privatvermögen

Der **Vorbehaltsnießbrauch** bei im **Privatvermögen** befindlichen **Immobilien** ist ein Klassiker der vorweggenommenen Erbfolge. Und zwar sowohl bei zu **privaten Wohnzwecken** genutzten, als auch bei **fremdvermieten Immobilien**. Denn er bietet mehrere Vorteile auf einmal. Bei der **Schenkungsteuer** kann der **Nießbrauch** mit seinem Barwert als **Belastung** abgezogen werden. Tatsächlich ist nicht ganz klar, ob der Abzug bei der Wertermittlung des Grundstücks oder erst bei der Steuerfestsetzung als Abzug gem. § 10 Abs. 5 ErbStG[145] vorzunehmen ist, ob also bereits ein **wertgemindertes Grundstück** übertragen wird oder eine Gegenleistung bzw. als Belastung **abzugsfähige Auflage** besteht. Eindeutig ist jedoch, dass der Gesetzgeber einen **doppelten Abzug** auf jeden Fall **verhindern** wollte[146], da **§ 10 Abs. 6 S. 11 ErbStG einen Abzug ausschließt**, soweit sich **Grundstücksbelastungen** bereits bei der **Ermittlung des Grundstückswerts** ausgewirkt haben (vgl. dazu auch H E 10.10 ErbStH). Ein **Wohnrecht** wird insoweit **steuerrechtlich gleich** behandelt. Der **Barwert eines Nießbrauchs** ermittelt sich dabei aus der **ortsüblichen Vergleichsmiete** und der **statistischen Restlebensdauer** des Nießbrauchers aus den amtlichen Sterbetafeln entsprechend den Vorgaben des ErbStG und des BewG (vgl. § 12 ErbStG i. V. m. § 14 BewG)[147]. **1044**

Einkommensteuerlich kann der Nießbraucher weiterhin die **AfA** und **Zinsenzahlungen auf Darlehen**, welche zur Finanzierung der Immobilie aufgenommen wurden (es gilt der sog. **Veranlassungszusammenhang**), als **Werbungskosten geltend machen**[148]. Dies gilt allerdings nur **insoweit**, als er die Zinsaufwendungen auch weiterhin **trägt** und nicht die Darlehen vom Erwerber übernommen wurden. Als Argument wird angeführt, dass ihm als Nießbraucher weiterhin die **Früchte des Wirtschaftsguts** in Form der Erträge zustehen und der **Nießbraucher wirtschaftlich** auch die **entgegenstehenden Aufwendungen** getragen hat bzw. trägt. **1045**

---

145 So auch *Schur/Schur*, ZEV 2020, 317.

146 Vgl. FG München v. 16.6.2021 – 4 K 347/19, EFG 2021, 1752; vgl. auch *Halaczinsky* in Rössler/Troll BewG § 198 Rn. 53.

147 Vgl. auch BMF v. 4.10.2021, BStBl. I 2021, 1821.

148 Vgl. nur *Kulosa* in Schmidt EStG § 21 Rn. 75.

II. Wegzugsbesteuerung im Rahmen der vorweggenommenen Erbfolge

1046 Wenn ein Steuerpflichtiger aus dem Anwendungsbereich des deutschen Einkommensteuerrechts ausscheidet, ist zu prüfen, ob die sog. **Wegzugsbesteuerung** gem. **§ 6 Außensteuergesetz (AStG)** greift. Kommt § 6 AStG zur Anwendung, wird bei Verwirklichung der dort genannten und sogleich näher zu besprechenden Tatbestände eine **Veräußerung von Anteilen** gem. **§ 17 Abs. 1 S. 1 EStG zum gemeinen Wert** (also dem Verkehrswert) gesetzlich **fingiert** und entsprechend besteuert. Die Problematik für den Steuerpflichtigen besteht im Wesentlichen darin, dass er – anders als bei einer tatsächlichen Veräußerung – **keinen Liquiditätszufluss** hat, die Steuer also zu sog. dry income führt.

1047 Schädlich sind nun folgende Tatbestände:

a) Die **Beendigung der unbeschränkten Einkommensteuerpflicht** infolge der **Aufgabe des Wohnsitzes** oder des **gewöhnlichen Aufenthalts**. Es wird hierbei nicht danach unterschieden, ob diese Aufgabe auf **tatsächlichen Handlungen** beruht oder auf der Anwendung eines **Doppelbesteuerungsabkommens** (ggf. dort aufgrund der Tie-Breaker-Rule, also der Regelung, dass bei Wohnsitzen in beiden Anwenderstaaten und nicht feststellbarem Mittelpunkt der Lebensinteressen im Zweifel der Staat der Staatsangehörigkeit das Besteuerungsrecht hat, vgl. Art. 4 Abs. 3 OECD-MA[149]).
b) Die **unentgeltliche Übertragung** auf eine **nicht unbeschränkt steuerpflichtige Person**. Hiervon erfasst sind wohl auch **Schenkungen an ausländische Familienstiftungen**, auch wenn der Wortlaut Interpretationen zulässt, da auf eine „Person" übertragen werden muss und nicht klar ist, ob darunter auch juristische Personen fallen.
c) Vorbehaltlich der Nr. 1 und 2, der **Ausschluss** oder die **Beschränkung des Besteuerungsrechts** der Bundesrepublik Deutschland hinsichtlich des **Gewinns aus der Veräußerung der Anteile**. Dieser Auffangtatbestand erfasst nun wohl tatsächlich alle Fälle, in denen Deutschland das Besteuerungsrecht gem. § 17 EStG verliert.

1048 Die Veräußerung wird gem. § 6 Abs. 1 S. 2 EStG fingiert für den Zeitpunkt der **Beendigung der unbeschränkten Steuerpflicht** im Fall a), den Zeitpunkt der **Übertragung** im Fall b) und für den Moment, der unmittelbar vor dem Zeitpunkt, zu dem der **Ausschluss** oder die **Beschränkung** des Besteuerungsrechts **eintritt**, im Fall c).

---

149 Vgl. auch *Ismer/Blank* in Vogel/Lehner DBA OECD-MA 2017 Art. 4 Ansässige Person.

Die Wegzugsbesteuerung gem. § 6 AStG findet nur auf **unbeschränkt Steuerpflichtige** (im Fall b) – also auf unbeschränkt steuerpflichtige Übertragende – Anwendung, wobei in § 6 Abs. 2 AStG eine **besondere Definition** für die unbeschränkte Steuerpflicht im Sinne der Vorschrift enthalten ist. Unbeschränkt steuerpflichtig im Sinne der Vorschrift sind **natürliche Personen**, die innerhalb der **letzten zwölf Jahre** vor der Verwirklichung eines der in a) bis c) genannten Tatbestände insgesamt **mindestens sieben Jahre unbeschränkt steuerpflichtig** im Sinne des EStG gewesen sind. Grundsätzlich werden bei **unentgeltlichem Erwerb** die **Zeiten** des Rechtsvorgängers und die des Erwerbers **zusammengerechnet**. Nachteilig ist die Definition also vor allem für **zugezogene Ausländer**, wenn diese wieder wegzuziehen beabsichtigten. 1049

Vorübergehende Abwesenheiten bei Rückkehr in die unbeschränkte Steuerpflicht **innerhalb von sieben Jahren** ab steuerlichem Wegzug sind gem. § 6 Abs. 3 AStG ebenfalls begünstigt, **soweit** 1050

a) **keine Veräußerung, Übertragung** oder **Einlage** in ein Betriebsvermögen der Anteile erfolgte,
b) **keine Gewinnausschüttungen** und **keine Einlagenrückgewähr** erfolgte, deren **gemeiner Wert mehr als ein Viertel** des gemeinen Werts der Anteile beträgt,
c) das **Besteuerungsrecht Deutschlands** bezüglich eines **Veräußerungsgewinns** aus den Anteilen wieder im mindestens **selben Umfang** wie vor dem Wegzug **begründet** wird.

Übertragungen auf natürliche Personen von Todes wegen können unter bestimmten, in § 6 Abs. 3 S. 2 ff. AStG näher definierten Voraussetzungen **unschädlich** sein, wenn der **Erwerber** dann selbst die Voraussetzungen des § 6 Abs. 3 AStG **erfüllt.** Dies kann auch im Rahmen der Planung einer vorweggenommenen Erbfolge bedeutsam sein, soweit z. B. vor Vollendung der Gestaltung ein unerwarteter Todesfall eintritt und in der weiteren Gestaltung durch **Herzug des Erwerbers** ggf. die Wegzugsbesteuerung **rückwirkend geheilt werden muss**. Wichtig ist aber, dass die **lebzeitige schenkweise Übertragung** gerade **nicht begünstig** ist. Ähnlich gelagert ist der in **§ 6 Abs. 3 S. 5 AStG** beschriebene Fall, bei dem nach der an sich tatbestandserfüllenden unentgeltlichen Übertragung auf eine nicht unbeschränkt steuerpflichtige Person die **Steuer nicht erhoben** wird, wenn die Person **innerhalb von sieben Jahren** in Deutschland unbeschränkt steuerpflichtig wird. Zu denken ist hier z. B. an das im Ausland studierende Kind. Der **Wortlaut begrenzt** die Anwendung dieser den Herzug des Erwerbers regelnden Ausnahme auf **natürliche Personen**. Im Ergebnis dürfte diese Beschränkung aber nicht schädlich sein, denn bei Übertragungen auf nicht unbeschränkt steuerpflichtige juristische Perso- 1051 nen, wie ausländische Familienstiftungen, erfolgt regelmäßig eine sorgfältige Planung.

1052 Die **Steuer** kann gem. § 6 Abs. 4 AStG auf **Antrag** in **sieben gleichen Jahresraten** entrichtet werden, wenn **Sicherheitsleistung** gestellt wird. Die dahinter stehende Problematik wird aber durch eine Stundung nicht geheilt. In der **alten Fassung** von § 6 AStG, die bis zum 30.6.2021 galt, war eine **immerwährende Stundung** für die Wegzugsteuer vorgesehen, wenn der Wegzug nur in einen **anderen EU- oder EWR-Staat erfolgte**. Und erst bei einem späteren Wegzug aus der EU oder dem EWR-Raum wurde die Steuer fällig. Diese damalige Regelung berücksichtigte ausreichend die **Kapitalverkehrsfreiheit** und vor allem die **persönliche Freizügigkeit** unter dem **EU-Vertrag**. M. E. verstößt die aktuelle Regelung in § 6 AStG gegen diese Freiheiten[150].

1053 Im Ergebnis ist also festzuhalten, dass im Rahmen der Planung einer vorweggenommenen Erbfolge, bei der entweder der **Empfänger** einer Schenkung steuerrechtlich bereits im Ausland ansässig ist oder dorthin zu verziehen beabsichtigt, die **Wegzugsbesteuerung** zu beachten ist. Gerade dadurch, dass auch die **schenkweise Überlassung** an eine **ausländische Familienstiftung** sowie **jede Einschränkung** des **ertragsteuerlichen Besteuerungsrechts** Deutschlands bereits tatbestandserfüllend ist, bleibt hier wenig Gestaltungsspielraum. Zum einen kann es sich natürlich anbieten, auf Basis einer **Unternehmensbewertung** in schlechteren Zeiten eine Übertragung vorzunehmen. Zum anderen empfiehlt es sich, in geeigneten Konstellationen ggf. die Kapitalgesellschaft oder die Beteiligung daran in eine **gewerbliche Personengesellschaft** umzuwandeln (z. B. durch einen Formwechsel) oder steuerneutral einzubringen (hier greifen ggf. aber wieder Haltefristen) (vgl. dazu oben unter Rn. 1024). Denn **§ 6 AStG** greift **nicht** für **Mitunternehmeranteile**, da die im Gesamthandsvermögen einer Mitunternehmerschaft enthaltenen Kapitalgesellschaftsanteile als Betriebsvermögen erfasst und damit nicht in den Anwendungsbereich von § 17 EStG fallen[151]. **Anders** ist dies jedoch für Anteile an **vermögensverwaltenden Personengesellschaften**, die deshalb nicht vor § 6 AStG schützen (vgl. zu vermögensverwaltenden Personengesellschaften bereits oben unter Rn. 998). Die Lösung über eine Mitunternehmerschaft mag auf den ersten Blick unbefriedigend erscheinen, da dann die **betrieblichen Erträge** weiterhin dem deutschen Ertragsteuerrecht unterfallen und auch die **stillen Reserven** in den betrieblichen Wirtschaftsgütern weiterhin im **Inland steuerverhaftet** sind. Wenn man sich aber vor Augen führt, dass eine Kapitalgesellschaft mit Sitz im Inland ebenfalls hier unbeschränkt körper-

150 Ebenso *Pohl* in Brandis/Heuermann Ertragsteuerrecht – AStG § 6 Rn. 7 und Rn. 13 ff. m. w. N.

151 Vgl. nur *Vogt* in Brandis/Heuermann Ertragsteuerrecht EStG § 17 Rn. 47.

schaftsteuer- und gewerbesteuerpflichtig ist mit ihren Erträgen und die betrieblichen Wirtschaftsgüter ebenfalls inländisches Betriebsvermögen sind, zeigt sich, dass der **Unterschied** sich eigentlich auf die **Steuerpflichtigkeit** einer **Veräußerung der Anteile** reduziert. Und hier besteht in der Tat ein erheblicher Unterschied. Denn nach den meisten **DBA** liegt das **Besteuerungsrecht** für die **Veräußerung von Anteilen an Kapitalgesellschaften** beim **Sitzstaat des Gesellschafters. Mitunternehmeranteile** gelten jedoch im DBA-Recht als **Betriebsstätten** der Gesellschafter und damit steht das Besteuerungsrecht dem Sitzstaat der Betriebsstätte zu. Allerdings ist regelmäßig **Ziel** einer vorweggenommenen Erbfolge nicht die ertragsteuerliche Optimierung, sondern die **Optimierung** im Bereich der **Erbschaft- und Schenkungsteuer** (sowie als außersteuerliches Ziel z. B. die planmäßige Herbeiführung einer dynastisch vorteilhaften Struktur). Kommt es aber nicht auf Ertragsteuer an, stellt sich die Verwendung einer Mitunternehmerschaft nicht mehr als nachteilig dar. Im Übrigen sollte nicht unbedacht bleiben, dass die im Inland versteuerten Gewinne eines Mitunternehmers – z. B. einer ausländischen Familienstiftung als Mitunternehmer – steuerfrei entnommen und ins Ausland transferiert werden können, da sie auf Ebene der Mitunternehmerschaft bereits versteuert wurden. Über die Jahre kann so unter Umständen, falls also die deutsche Personengesellschaft einen Teil des dann nicht stehengelassenen Eigenkapitals sowie der Liquidität entbehren kann, außerhalb des deutschen Besteuerungsrechts investiert werden.

III. Familiengesellschaften in der vorweggenommenen Erbfolge

Als **Familiengesellschaften** werden in der vorweggenommenen Erbfolge **Personengesellschaften** bezeichnet, mit deren Hilfe **Vermögen auf Familienmitglieder** übertragen werden kann. Dies kann in mehreren Schritten passieren, so dass z. B. bei Minderjährigen immer wieder die Freibeträge (vgl. dazu bereits oben Rn. 900) alle zehn Jahre ausgenutzt werden können. Auch ist es möglich, ältere **Kinder an die Verwaltung** des Familienvermögens – gleich, ob es sich um ein gewerbliches Unternehmen oder nur um Vermögensverwaltung handelt – **heranzuführen**, da z. B. über **Mehrstimmrechte** oder **Zustimmungsvorbehalte die Eltern** weiterhin die **Kontrolle** behalten können. Schließlich können sich die **Übergeber** noch den **Nießbrauch vorbehalten**, um weiterhin von den Erträgen zu profitieren. Hierbei ist zu unterscheiden, ob es sich um **Mitunternehmerschaften** oder **vermögensverwaltende Personengesellschaften** handelt (vgl. dazu oben unter Rn. 998). Ggf. bietet sich auch ein **Quotennießbrauch** oder der **Zurückbehalt eines Zwerganteils** an. Letzterer hat 1054 den Vorteil, dass darüber einfach Kontrolle ausgeübt werden kann. Soweit Betriebsvermögen vorliegt, sollte die **Betriebsvermögensbegünstigung** in Anspruch genommen werden (vgl. dazu bereits oben unter Rn. 911). Da es bei **Personengesellschaften** für die Betriebsvermögensbegünstigung **keine Mindestbeteiligungsquote** gibt, spricht auch dies für die Verwendung von Personengesellschaften und gegen Kapitalgesellschaften als Familiengesellschaften. Selbst wenn Familiengesellschaften nur als **Holding** fungieren und es deshalb insbesondere auf die darunter hängenden Beteiligungen ankommt, bleiben die genannten Vorteile.

1055 Um eine **ungewollte Beteiligung Familienfremder** zu vermeiden, sollten im Gesellschaftsvertrags entsprechende **Nachfolgeklauseln** und ggf. **Sanktionen** (z. B. falls erwachsene Familienmitglieder keinen **Ehevertrag** abschließen) vorgesehen werden. Ein weiterer in der Praxis häufig begangener **Fehler** ist die unbedachte **disquotale Einlage** in die **freie Kapitalrücklage** – auch in eine Personengesellschaft –, wenn die Kapitalrücklage gesamthänderisch gebunden und nicht nur dem entsprechenden Gesellschafter zugeordnet ist, da diese eine **Schenkung an die anderen Gesellschafter** in Höhe ihrer jeweiligen Beteiligung an der Gesellschaft darstellt (vgl. hierzu bereits oben unter Rn. 889). Soweit eine solche Gestaltung intendiert ist und die steuerrechtlichen Rechtsfolgen beachtet werden, ist dagegen jedoch nichts einzuwenden.

IV. Familienstiftungen in der vorweggenommenen Erbfolge

1056 **Familienstiftungen** bieten unabhängig vom Steuerrecht den Vorteil, dass das **Vermögen langfristig zusammengehalten** wird und **keine Zersplitterung** droht. Gerade über mehrere Generationen besteht häufig die Problematik, dass die einzelnen **Familiengesellschafter unterschiedliche Interessen** haben. Es droht auch immer der **Verkauf an Familienfremde**. Ein ähnliches Problem besteht, wenn im Falle einer **Scheidung** keine ausreichende Vorsorge durch **ehevertragliche Regelungen** getroffen wurde.

1057 Problematisch bei Familienunternehmen ist insbesondere auch eine Belastung mit **Erbschaft- und Schenkungsteuer**, die die Erwerber ggf. zu einer **Veräußerung des Anteils** zwingt, denn nicht immer greift die **Betriebsvermögensbegünstigung** (vgl. dazu oben unter Rn. 911) bzw. es ist unklar, ob es sie immer in der vorliegenden Form geben wird. Die Übertragung auf eine Familienstiftung kann langfristig den Vermögenszusammenhalt sichern und bei Verwendung einer im **Ausland ansässigen Stiftung** auch vor der deutschen Erbschaftsteuer schützen.

Aus **ertragsteuerlicher Sicht** sind Familienstiftungen mit Ansässigkeit in Deutschland **körperschaftsteuerpflichtig** gem. **§ 1 Abs. 1 Nr. 4 KStG.** Der **Gewerbesteuer** unterliegen inländische Familienstiftungen nur dann, wenn sie selbst einen **wirtschaftlichen Geschäftsbetrieb** unterhalten, vgl. **§ 2 Abs. 3 GewStG**. Bezüglich der Steuerpflichtigkeit **ausländischer Familienstiftungen** ist das im **jeweiligen Sitzstaat** geltende Steuerrecht maßgeblich, da Stiftungen als **juristische Personen nicht transparent** sind, es also für die Besteuerung ihrer Erträge grundsätzlich **nicht** auf **ihre Destinatäre** ankommt (vgl. zu ausländischen Familienstiftungen jedoch sogleich unten unter Rn. 1060). **1058**

Die von Familienstiftungen an im Inland **unbeschränkt steuerpflichtige Destinatäre** gezahlten **Zuwendungen** unterliegen grundsätzlich gem. **§ 20 Abs. 1 Nr. 9 EStG als Kapitaleinkünfte** der Einkommensteuer. Die Besteuerung ist also an die **Gewinnausschüttung** von Kapitalgesellschaften angelehnt und der gesonderte **Steuertarif** für Einkünfte aus Kapitalvermögen gem. **§ 32d EStG** kommt grundsätzlich zur Anwendung. **1059**

Eine Besonderheit ergibt sich für **ausländische Familienstiftungen** jedoch insoweit aus **§ 15 AStG**. Denn gem. **§ 15 Abs. 1 AStG** werden die **Einkünfte**[152] einer **ausländischen Familienstiftung** dem **unbeschränkt steuerpflichtigen Stifter** oder den ansonsten unbeschränkt steuerpflichtigen Anfalls- und Bezugsberechtigen, also den **Destinatären, zugerechnet.** Als **Familienstiftungen** gelten dabei gem. **§ 15 Abs. 2 AStG** Stiftungen, bei denen der **Stifter**, seine **Angehörigen** und deren **Abkömmlinge** zu mehr als der Hälfte bezugsberechtigt oder anfallsberechtigt sind. Sonstige **Zweckvermögen, Vermögensmassen** und **rechtsfähige** oder **nichtrechtsfähige Personenvereinigungen** stehen Stiftungen gem. § 15 Abs. 4 AStG gleich. Letzteres bedeutet, dass z. B. auch **Trusts** – bei entsprechender Verselbständigung (vgl. zum Wesen von Trusts bereits oben unter Rn. 875) – der **Zurechnungsbesteuerung** unterliegen[153]. Stiftungen, welche die **Förderung** der **leitenden Mitarbeiter** etc. zum Zwecke haben, werden gem. **§ 15 Abs. 3 AStG** wie **Familienstiftungen** behandelt. **1060**

Für den Fall, dass eine **ausländische Familienstiftung** von ihrer satzungsmäßigen Aufstellung sowie der praktischen Durchführung her **nicht** mit einer **deutschen Stiftung vergleichbar** ist, sondern wegen eines möglichen Hineinregierens des Stifters nach deutschem Steuerrecht **nicht** als **selbständiges Rechtssubjekt** anerkannt wird (vgl. dazu bereits oben unter Rn. 873), scheidet eine Anwendung von **§ 15 AStG** aus und es kommt zu **1061**

---

152 Das Gesetz nennt auch noch das Vermögen, was aber derzeit keine Bedeutung hat, da momentan in Deutschland keine Vermögenssteuer erhoben wird, weil diese derzeit nicht verfassungskonform ist, vgl. BVerfG v. 22.6.1995 – 2 BvL 37/91, FamRZ 1995, 1264.

153 Vgl. *Rundshagen* in Strunk/Kaminski/Köhler AStG § 15 Rn. 46, Rn. 70 ff.

einer **direkten Zurechnung** bereits der **Vermögensgegenstände** – und nicht nur der Einkünfte daraus (sic!) – zum „Stifter"[154].

1062 **Bezugsberechtigte** sind Personen, die **laufende Zuwendungen** aus der Stiftung erhalten. Strittig ist, ob zu fordern ist, dass die Personen die Zuwendungen nach dem **Stiftungszweck** oder sonstigen Vorgaben erhalten müssen oder, ob sie gar einen **Anspruch gegen die Stiftung** haben müssen[155] bzw. ob es **ausreichend** ist, dass nach der **Satzung** damit zu rechnen ist, dass die Person Zuwendungen aus der Stiftung erhalten wird[156]. **Zufallsdestinatäre** gelten deshalb **nicht als bezugsberechtigt** im Sinne der Vorschrift. Die problematische Sichtweise des Gesetzgebers auf Stiftungen ergibt sich bereits aus dem Wortlaut des **§ 15 Abs. 1 S. 1 AStG**, wo von einem Anteil der bezugsberechtigten Person die Rede ist. Ein **Anteil** an einer **Stiftung** ist logisch **ausgeschlossen**, da eine Stiftung eben gerade eine **Vermögensmasse ohne Gesellschafter oder Anteile** daran ist[157]. Für die Beratungspraxis bleibt zu konstatieren, dass jede **vom Stiftungszweck** als bezugsberechtigt angedachte Person in der **Planung** auch **als Zurechnungsempfänger** behandelt werden sollte. Dies völlig unabhängig davon, dass aus Gründen des Vermögensschutzes (Asset Protection) in der Praxis **keinem** Bezugsberechtigten ein (pfändbarer) **Anspruch** gegen die Stiftung eingeräumt werden sollte.

1063 **Anfallsberechtigt** sind Personen, die zwar **keine laufenden** Zuwendungen erhalten, aber denen das **Vermögen der Stiftung** (unter bestimmten Umständen) zusteht, z. B. bei **Auflösung** der Stiftung[158]. Die grundsätzliche Problematik des gesetzgeberischen Ansatzes entspricht derjenigen bei den Bezugsberechtigten (vgl. soeben oben Rn. 1062).

1064 Die **Zurechnung gilt nicht für die Erbschaftsteuer**, vgl. **§ 15 Abs. 1 S. 2 AStG.** Dies ist konsequent, denn da die Stiftung nicht verstirbt, kann es nicht zu einem Erbfall kommen. Und eine **Erbersatzsteuer** entsprechend einer im Inland ansässigen Familienstiftung **scheidet aus**, da eine ausländische Familienstiftung gerade **nicht im Inland steuerverhaftet** ist (vgl. zur Erbersatzsteuer bereits oben unter Rn. 898).

1065 **Zurechnung** bedeutet, dass die Zurechnungsempfänger gem. § 15 Abs. 8 AStG die **Einkünfte** grundsätzlich als **Kapitaleinkünfte gem. § 20 Abs. 1 Nr. 9 EStG** in ihrer eigenen Einkommensteuererklärung anzugeben und damit im **Inland zu versteuern** haben. Sind **Körperschaften** Zurechnungsempfänger, ergeben sich insoweit **Besonderheiten**, als dass das

154 Str., wie hier *Vogt* in Brandis/Heuermann Ertragsteuerrecht AStG § 15 Rn. 36; vgl. zum Streitstand *Rundshagen* in Strunk/Kaminski/Köhler AStG § 15 Rn. 45.

155 Vgl. *Rundshagen* in Strunk/Kaminski/Köhler AStG § 15 Rn. 35ff.

156 Vgl. BMF 14.5.2004, IV B 4 – S 1340 – 11/04, BStBl. I 2004, Sondernummer 1/2004, Tz. 15.2.1.

157 Vgl. nur *Schwarz* in Schwerdtfeger Gesellschaftsrecht Anhang BGB Stiftung Rn. 3.

158 Vgl. *Rundshagen* in Strunk/Kaminski/Köhler AStG § 15 Rn. 39ff.

Schachtelprivileg gem. § 8b KStG nur dann zur Anwendung kommt, soweit diese bei **unmittelbarem Bezug** der Einkünfte durch den Stifter, bzw. die Anfalls- und Bezugsberechtigten ebenfalls anwendbar wäre. Letzteres ist eigentlich nur denkbar, wenn es sich **nachgeschaltete Stiftungen** im Sinne von **§ 15 Abs. 10 AStG** handelt. Durch die Zurechnung kommt es also unabhängig von einer etwaigen Auszahlung aus der Familienstiftung zu einer Versteuerung der Einkünfte, welche auf Ebene der Stiftung erzielt wurden; **tatsächlich durch Auszahlung zugewendete Beträge** werden ebenso wie gem. § 15 Abs. 1 AStG fiktiv zugewendete Beträge versteuert. Dieses **dry income-Problem** muss unbedingt im Rahmen der Gestaltung einer vorweggenommenen Erbfolge mit Stiftungslösung beachtet werden.

Eine Lösung dieses Problems liefert für in der **EU** oder dem **EWR** an- **1066**
sässige Stiftungen § 15 Abs. 6 AStG, der die Anwendung der **Zurechnungsvorschrift § 15 Abs. 1 AStG** dann ausschließt, wenn das Stiftungsvermögen nachweislich der **Verfügungsmacht des Stifters** sowie der **Anfalls- und Bezugsberechtigten** entzogen ist (§ 15 Abs. 6 Nr. 1 AStG) und zwischen Deutschland und dem Ansässigkeitsstaat der Stiftung **zur Besteuerung notwendige Auskünfte** erteilt werden (**§ 15 Abs. 6 Nr. 2 AStG**). Die letztgenannte Voraussetzung bereitet in der Praxis meist keine Probleme mehr, seit mit dem EWR-Staat **Liechtenstein** nicht nur ein **Informationsaustauschabkommen**, sondern sogar ein **DBA** existiert[159] und die häufig genutzten anderen Destinationen für Familienstiftungen **EU-Länder** sind. Der **Nachweis**, dass das Stiftungsvermögen der **Verfügungsmacht** der **Anfalls- und Bezugsberechtigten** sowie derjenigen des **Stifters entzogen** ist, gelingt dann, wenn diese Voraussetzung bei der **Strukturierung der Stiftung** und der **Ausgestaltung der Stiftungssatzung** ausreichend berücksichtigt wird. Es ist also insbesondere auf die **Besetzung des Stiftungsrats** zu achten, sowie darauf, dass nicht etwaig **schädliche Gründerrechte** etc. vorbehalten werden. Wenn im Ergebnis aufgrund der Satzung und der Besetzung bzw. der Besetzungsregeln der **zwingenden** sowie ggf. der **fakultativen Stiftungsorgane** sichergestellt ist, dass der **Stifter** und die **Destinatäre keinen Einfluss** auf die Stiftung nehmen können, kann in der Praxis der Nachweis gem. § 15 Abs. 6 Nr. 1 AStG meist auch unproblematisch erbracht werden.

Kommt es jedoch tatsächlich zu einer **Zurechnung der Einkünfte**, **1067**
weil der **Nachweis** gem. § 15 Abs. 6 Nr. 1 AStG **nicht erbracht** werden kann, oder weil die Stiftung in einem **Drittland** (und nicht EWR-Staat) wie z. B. der **Schweiz** sitzt, sind die **Einkünfte** der Stiftung nach **deutschen steuerrechtlichen Grundsätzen**, also nach dem KStG und dem

159 DBA vom 17.11.2011, Neufassung durch BGBl. II, 2021, 566 i.V.m. Bek. v. 18.11.2021, BGBl. II, 1294; Informationsaustauschabkommen in Steuersachen vom 2.9.2009, BGBl. II 2010, 950.

EStG, **zu ermitteln**, wobei die Stiftung trotz ihrer Qualifikation als Körperschaft **nicht** in den Genuss des **körperschaftsteuerlichen Schachtelprivilegs** gem. **§ 8b KStG** kommt (**§ 15 Abs. 7 AStG**). Eine **Zurechnung** erfolgt auch **nur** im Falle von **positiven Einkünften**.

1068 Wenn es nach einer Zurechnungsbesteuerung noch zu tatsächlichen Zuwendungen kommt, wird eine **Doppelbesteuerung** dadurch **vermieden**, dass die Zuwendungen nur insoweit gem. **§ 20 Abs. 1 Nr. 9 EStG** beim Zuwendungsempfänger steuerpflichtig sind, als diese **nicht bereits Gegenstand einer Zurechnung** waren, **§ 15 Abs. 11 AStG**. Es ist jedoch darauf zu achten, dass ein entsprechender **Antrag** gestellt wird.

1069 Nicht verschwiegen werden soll, dass es bei **nicht satzungsgemäßen Zuwendungen** aus **ausländischen Familienstiftungen** ggf. zu einer **Doppelbesteuerung** mit **Einkommensteuer** und **Schenkungsteuer** kommen könnte, wobei die Feststellungslast dafür das Finanzamt trifft. Bei **satzungsgemäßen Zuwendungen**, also solchen, die nach der Satzung der Stiftung vorzunehmen sind, kann dies mittlerweile wohl als **ausgeschlossen** gelten[160].

1070 Werden **mehrere Stiftungen** derart kombiniert, dass eine Stiftung alleine oder zusammen mit dem Stifter oder Anfalls- und Bezugsberechtigten unmittelbar oder mittelbar zu mehr als der Hälfte anfalls- oder bezugsberechtigt an einer **nachgeschalteten Stiftung** ist, werden der **ersten Stiftung** gem. **§ 15 Abs. 10 die Erträge** der nachgeschalteten Stiftung **zugerechnet**. Die Ausnahme des **§ 15 Abs. 6 AStG** findet jedoch **auch bei nachgeschalteten Stiftungen** Anwendung.

1071 Ob eine **Stiftung** ihren **Sitz** wirksam **verlegen** kann, ohne dabei zivilrechtlich – und in der Folge auch steuerrechtlich – als aufgelöst zu gelten, ist noch nicht abschließend entschieden. Es spricht jedoch viel dafür, die gesellschaftsrechtlichen Grundsätze der **Gründungstheorie** hier ebenfalls anzuwenden[161]. **Steuerrechtlich** bestehen hier jedoch **erhebliche Unsicherheiten** bzw. es droht eine **Aufdeckung der stillen Reserven** im Wegzugsstaat, sodass hier nur zu äußerster Vorsicht und einer intensiven **Abstimmung mit der Finanzverwaltung** im Vorwege eines derartigen Vorhabens geraten werden kann.

1072 Es bleibt also festzuhalten, dass **ausländische Familienstiftungen** bei sorgfältiger und korrekter Strukturierung grundsätzlich ein sehr **brauchbares Vehikel** sind, um langfristig den mehrfachen Anfall von Erbschaft-

---

160 Vgl. BFH v. 3.7.2019 – II R 6/16, BStBl. II 2020, 61; Landesamt für Steuern Bayern v. 5.3.2020, DStR 2020, 599; vgl. zum Diskussionsstand *Vogt* in Brandis/Heuermann Ertragsteuerrecht AStG § 15 Rn. 143 m. w. N.; vgl. auch *Rundshagen* in Strunk/Kaminski/Köhler AStG § 15 Rn. 63, vgl. zur Problematik auch *Wunderlich,* DStR 2018, 905 ff.

161 Vgl. *Omlor,* DStR 2021, 2644.

steuer zu vermeiden. Bezüglich der **Einkommensteuer** lässt sich ebenfalls durch sorgfältige Strukturierung der Stiftung und gezielte Auswahl des Ansässigkeitsstaats erreichen, dass die Situation der **einer deutschen Familienstiftung entspricht** und die **Zurechnungsbesteuerung vermieden** wird. Familienstiftungen sind damit m. E. ein sehr probates Mittel im Rahmen der Gestaltung einer vorweggenommenen Erbfolge.

Es muss an dieser Stelle jedoch darauf hingewiesen werden, dass in der **1073** Praxis der Weg in die Familienstiftung aus schenkungsteuerlicher Sicht meist steinig ist. Denn wenn eine möglichst **schenkungsteueroptimierte Übertragung** erfolgen soll, gelingt dies im Regelfall nur unter **Inanspruchnahme der Betriebsvermögensbegünstigung** (vgl. dazu bereits oben unter Rn. 911). Auch dürfen die in der Praxis hohen **laufenden Kosten**, nicht zuletzt für die Anmietung eines **eigenen Büros**, nicht unterschätzt werden. Denn gerade bei **ausländischem Familienstiftungen** ist **sicherzustellen**, dass auch ihr **steuerrechtlicher Sitz tatsächlich** in der **gewünschten Destination** ist, was in der Regel nur gelingt, wenn entsprechende **Substanz** wie z. B. ein Büro vorhanden ist.

V. Gemeinnützige Stiftungen und Doppelstiftungen

Gemeinnützige Stiftungen können ein Element einer vorweggenom- **1074** menen Erbfolge sein, wenn sie z. B. mit einer Familienstiftung zu einer sog. **Doppelstiftung** kombiniert werden. In diesen Fällen (der prominenteste Fall ist die Bosch-Doppelstiftung) hält meist die Familienstiftung die **Mehrheit der Stimmrechte** an einem Unternehmen, ihr stehen aber nur **geringe Erträge** zu. Das Gros der Erträge wird an die gemeinnützige Stiftung ausgekehrt, wobei die Quoten selbstverständlich frei wählbar sind. Der Hintergrund für solche Doppelstiftungen ist meist in der **Steuerfreiheit der Übertragung** auf eine gemeinnützige Stiftung zu finden (vgl. hierzu oben unter Rn. 872).

Vorsicht ist jedoch geboten, falls bezüglich der gemeinnützigen Stiftung **1075** auf die Vorschrift des **§ 58 Nr. 6 AO** gesetzt wird. Diese ermöglicht zwar, dass eine **gemeinnützige Stiftung** bis zu **ein Drittel ihres Einkommens** verwendet, um den Stifter und seine nächsten Angehörigen in angemessener Weise zu unterhalten, ihre Gräber zu pflegen und ihr Andenken zu wahren, ohne, dass dies die Gemeinnützigkeit gefährdet. Die Problematik ist aber, dass der Begriff der **Angemessenheit** noch nicht final geklärt ist, in jedem Fall aber **keine bedürfnislose Zuwendung** ermöglichen soll. Es wird teils auf den **Lebensstandard** des **Zuwendungsempfängers** abgestellt (AEAO § 58 Nr. 6 S. 3), teils auf den **Lebensstandard** des **Stifters** zum Zeitpunkt der Errichtung der Stiftung[162]. Die **Finanzverwaltung** hält **Leistungen mit Ausschüttungscharakter** wie z. B. einen Prozentsatz der Erträge, für **nicht zulässig** (AEAO § 58 Nr. 6 S. 4). Eine allein stehende gemeinnützige Stiftung eignet sich daher m. E. nur eingeschränkt in speziellen Fällen als Instrument der Gestaltung einer vorweggenommenen Erbfolge.

VI. Grundzüge der Grunderwerbsteuer bei der vorweggenommenen Erbfolge

1076 Die Idee der **Grunderwerbsteuer** ist, den **Erwerb** eines **im Inland belegenen Grundstücks** steuerlich zu erfassen[163]. Neben dem Abschluss eines **Kaufvertrags**, eines anderen Vertrags, der den **Anspruch auf Übereignung** begründet – wie z. B. auch ein Überlassungsvertrag (vgl. § 1 Abs. 1 Nr. 1 GrEStG) – und der **Auflassung** ohne Abschluss eines Rechtsgeschäfts, das einen Anspruch auf Übereignung begründet (vgl. § 1 Abs. 1 Nr. 2 GrEStG), gibt zahlreiche **weitere Tatbestände**, die Grunderwerbsteuer auslösen. Wichtig sind im Rahmen der vorweggenommenen Erbfolge insbesondere auch die **Ersatztatbestände**, die bei der **Übertragung** von Anteilen an Personen- oder Kapitalgesellschaften eine **steuerpflichtige Übertragung** des in der Gesellschaft gehaltenen **Grundstücks fingieren**. Hier sind z. B. **§ 1 Abs. 2a, Abs. 2b, Abs. 3, Abs. 3a GrEStG** zu nennen. Diese Ersatztatbestände können hier nicht im Detail besprochen werden, führen aber – wegen der **Schädlichkeit** einer Übertragung von mindestens 90 Prozent der Anteile auf neue Gesellschafter – wegen der darin begründeten **Haltefristen** ggf. dazu, dass eine **Wartezeit von teils zehn Jahren** ablaufen muss, bis nach einer **gesellschaftsrechtlichen Umstrukturierung** erneut eine steuerneutrale Umstrukturierung möglich ist[164].

1077 Im Rahmen einer vorweggenommenen Erbfolge sind jedoch die **Ausnahmen** von der Besteuerung gem. **§ 3 GrEStG** von zentraler Bedeutung. Denn zum einen sind **Grundstücksübertragungen von Todes wegen** und **Grundstücksschenkungen unter Lebenden** im Sinne des Erbschaft- und Schenkungsteuergesetzes grundsätzlich gem. **§ 3 Nr. 2 Hs. 1 GrEStG** von der Grunderwerbsteuer **ausgenommen**. Dies gilt jedoch **nicht**, soweit eine **Schenkung unter einer Auflage** erfolgt und die Auflage als Belastung bei der Schenkungsteuer abgezogen werden. Damit würde z. B. grundsätzlich der durch den Schenker vorbehaltene Nießbrauch an einem Grundstück (vgl. dazu oben Rn. 1044 f.) bezüglich seines **Werts** der Grunder-

---

162 Vgl. zum Diskussionsstand *Seer* in Tipke/Kruse AO § 58 Rn. 13 m. w. N.

163 Vgl. *Meßbacher-Hönsch* in Viskorf GrEStG § 1 Rn. 8 ff.

164 Vgl. zur GESt nur *Meßbacher-Hönsch* in Viskorf GrEStG §§ 1 ff.; *Hofmann* in Hofmann GrEStG §§ 1 ff.

werbsteuer unterliegen, da er als **Belastung** bei der Schenkungsteuer abgezogen werden kann[165]. Es ist jedoch möglich, die in **§ 3 GrEStG** enthaltenen **Ausnahmen** miteinander zu **kombinieren**, so dass in diesem Fall auch der als Auflage abziehbare Nießbrauch keine Grunderwerbsteuer auslöst, wenn denn die Übertragung unter eine **andere Steuerbefreiung** fällt. Hier kommen z. B. der **Erwerb** des Grundstücks durch **Ehegatten** oder **Lebenspartner** gem. **§ 3 Nr. 4 GrEStG** oder der Erwerb des Grundstücks durch **Personen**, die mit dem Veräußerer **in gerade Linie verwandt** sind oder deren **Verwandtschaft** durch die **Annahme als Kind** bürgerlich-rechtlich erloschen ist, in Betracht (vgl. **§ 3 Nr. 6 GrEStG**). Eine **Übertragung in gerader Linie** liegt damit vor, wenn die Personen in gerader Linie miteinander verwandt sind, also von Eltern auf Kinder oder von Großeltern auf Enkel[166]. **Geschwister** sind nicht in gerader Linie miteinander verwandt. Die Stiefkinder stehen hierbei den Abkömmlingen gem. **§ 3 Nr. 6 S. 2 GrEStG** gleich. **Ehegatten** und **Lebenspartner** stehen dabei wiederum den Verwandten in gerader Linie gleich, so dass auch an diese Personen grunderwerbsteuerfrei übertragen werden kann (**§ 3 Nr. 6 S. 3 GrEStG**).

Ebenfalls möglich ist die Anwendung der **personenbezogenen Befreiungsvorschriften** – insbesondere z. B. des § 3 Nr. 6 GrEStG – im Rahmen einiger **Ersatztatbestände des § 1 GrEStG**, soweit diese **Personengesellschaften** betreffen. Zu nennen ist hier vor allem **§ 1 Abs. 2a GrEStG**. Auf die für **Grundstücke haltende Kapitalgesellschaften** geltenden Ersatztatbestände wie **§ 1 Abs. 2b GrEStG** sollen die **personenbezogenen Befreiungsvorschriften** hingegen **nicht anwendbar** sein[167]. **1078**

Weiterhin können im Rahmen der Gestaltung einer vorweggenommenen Erbfolge die Vorschriften zur Regelung des **Übergangs auf eine Gesamthand (§ 5 GrEStG)**, zum **Übergang von einer Gesamthand (§ 6 GrEStG)** sowie zur Steuervergünstigung bei der **Umstrukturierung im Konzern (§ 6a GrEStG)** Anwendung finden. Die Idee hinter § 5 und § 6 GrEStG ist, dass bei Übergang auf eine Gesamthand von einem Gesamthänder – also z. B. einem Gesellschafter einer Personengesellschaft, um den häufigsten Anwendungsfall zu nennen – (oder umgekehrt), Grunderwerbsteuer für diesen Übergang **insoweit nicht anfällt**, als der **Anteil des Gesamthänders** am Vermögen der Gesamthand seinem **Bruchteil**(seigentum) am Grundstück **entspricht**. Denn **wirtschaftlich betrachtet** ändert sich seine Möglichkeit, das **Grundstück zu verwerten**, insoweit **1079**

165 Vgl. BFH v. 20.11.2013 – II R 38/1, BStBl. II 2014, 479; vgl. auch *Meßbacher-Hönsch* in Viskorf GrEStG § 3 Rn. 259 mit weiteren Beispielen für Auflagen.

166 Vgl. auch *Meßbacher-Hönsch* in Viskorf GrEStG § 3 Rn. 403.

167 BFH v. 11.6.2008 – II R 58/06, BStBl. II 2008, 879; BFH v. 25.9.2013 – II R 2/12, BStBl. II 2014, 329; vgl. auch *Meßbacher-Hönsch* in Viskorf GrEStG § 3 Rn. 39 ff.

nicht bzw. die anderen Gesamthänder erhalten wirtschaftlich insoweit keine Möglichkeit, das Grundstück zu verwerten, weil ja der bisherige Eigentümer weiterhin berechtigt ist[168]. Die Vorschrift des **§ 6a GrEStG** soll nun **Umstrukturierungen in Konzernen** ermöglichen, ohne Grunderwerbsteuer auszulösen. Die Vorschrift ist im Detail kompliziert und setzt eine **Umwandlung**, eine **Einbringung** oder einen anderen **gesellschaftsrechtlichen Erwerbsvorgang** voraus[169].

VII. Bedeutung der Umsatzsteuer in der vorweggenommenen Erbfolge

1080 Die **Umsatzsteuer** ist selten ein Hemmnis im Rahmen der Gestaltung einer vorweggenommenen Erbfolge. Denn der Umsatzsteuer unterliegen gem. **§ 1 Abs. 1 UStG** Umsätze, die Lieferungen und sonstigen Leistungen darstellen und die ein Unternehmer im Inland gegen Entgelt im Rahmen seines Unternehmens ausführt. Damit ist klar, dass die **schenkweise Übertragung** von Wirtschaftsgütern, aber auch von **Gesellschaftsanteilen, nicht** der **Umsatzsteuer unterliegt**, weil es keine Leistung eines Unternehmers gegen Entgelt ist, sondern eine **freigiebige Zuwendung**, die – selbst wenn jemand umsatzsteuerlicher Unternehmer sein sollte – regelmäßig **außerhalb seines Unternehmens** stattfindet[170].

1081 Soweit jedoch ein **teilentgeltliches Geschäft** vorliegt, ist auf den entgeltlichen Teil ggf. auch Umsatzsteuer zu entrichten, soweit der Veräußerer umsatzsteuerlicher Unternehmer ist und das Geschäft im Rahmen seines Unternehmens ausgeführt wird. Bei einem Tausch oder einem tauschähnlichen Umsatz liegen hingegen zwei entgeltliche Geschäfte vor, § 3 Abs. 12 UStG[171].

1082 Etwas komplexer stellt sich die **unentgeltliche Übertragung** eines Unternehmens oder ein in der Gliederung eines Unternehmens gesondert **geführter Betrieb im Ganzen** (entgeltlich oder) unentgeltlich übertragen oder in eine Gesellschaft eingebracht wird. Dieser Vorgang ist in § 1 **Abs. 1a UStG** als **Geschäftsveräußerung** legal definiert und wird nicht steuerbar gestellt. Als Folge davon tritt allerdings der **Erwerber** in die **umsatzsteuerliche Rechtsstellung des Übertragenden ein** und führt für

168 Vgl. zum Ganzen auch *Viskorf* in Viskorf GrEStG § 5 Rn. 4.

169 Vgl. gleich lautende Erlasse betr. Anwendung des § 6 a Grunderwerbsteuergesetz (GrEStG) nach den Urteilen des Bundesfinanzhofs vom 21. und 22.8.2019 vom 22.9.2020, Oberste Finanzbehörden der Länder BStBl. I S. 960.

170 Vgl. EuGH v. 22.06.2016 – C-11/15 – Český rozhlas; vgl. auch *Robisch* in Bunjes UStG § 1 Rn. 7 und Rn. 20 f.

171 Vgl. nur *Brandl* in Bunjes UStG § 3 Rn. 306 ff. m. w. N.

umsatzsteuerliche Zwecke dessen bisheriges Unternehmen als eigenes fort. Letzteres kann vor allem im Rahmen der **Korrekturvorschriften der §§ 17 und 15a UStG** zu Folgen für den Erwerber führen, falls er z. B. ein Wirtschaftsgut in **umsatzsteuerlich relevanter Weise anders verwendet** bzw. aus dem Unternehmen **entnimmt** oder gar den **Betrieb einstellt**[172].

VIII. Versuch eines Prüfungsschemas für die Gestaltung einer vorweggenommenen Erbfolge

1. Prüfungsschema vorweggenommene Erbfolge (Steuerrecht)

1083

Betriebsvermögen	**Privatvermögen**	
	Kinder	Ehegatten/Lebenspartner
• Betriebsvermögensbegünstigung -> ggf. Umstrukturierung? (911 ff., 923 ff.) • Familiengesellschaft (1054 ff.) • Familienstiftung (979 ff., 1056 ff.) • Versorgungsleistung (1025 ff.) • Nießbrauch (911 ff.) • Freibeträge (896 ff.)	• Familienheim (906 ff.) • Nießbrauch/Wohnrecht (911 ff.) • Familiengesellschaft (1054 ff.) • Freibetrag (ggf. mehrfach) (896 ff.) • Familienstiftung (Inland/Ausland) (979 ff., 1056 ff.) • Überführung in Betriebsvermögen möglich? (1012 ff.)	• Zugewinnausgleich (980 ff.) • Familienheim (906 ff.) • Nießbrauch/Wohnrecht (911 ff.) • Freibetrag (ggf. mehrfach) (896 ff.) • Familienstiftung (Inland/Ausland) (979 ff., 1056 ff.) • Überführung in Betriebsvermögen möglich? (1012 ff.)

Die Zahlen im Prüfungsschema verweisen auf Randziffern im Text. Dort finden sich vertiefende Ausführungen zu der jeweiligen Thematik.

172 Vgl. § 15a Abs. 10 UStG; vgl. auch *Korn* in Bunjes UStG § 17 Rn. 30.

2. Prüfungsschema steuerliche Betriebsvermögensbegünstigung

1084

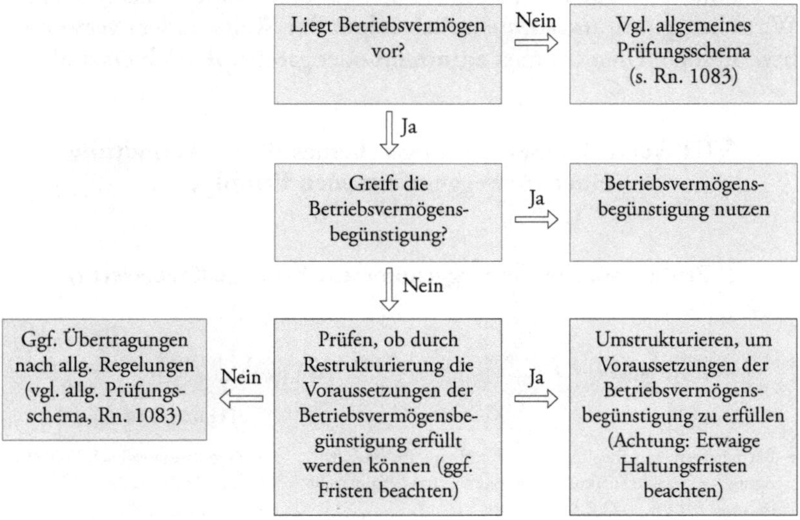

Stichwortverzeichnis

(Die Zahlen verweisen auf Randziffern.)

V

W